HISTOIRE DE LA GASCOGNE

DEPUIS LES TEMPS LES PLUS RECULÉS

JUSQU'A NOS JOURS

TOME VI.

Auch. J. A. PORTES,
IMPRIMEUR DE LA PREFECTURE

HISTOIRE
DE LA
GASCOGNE

DEPUIS LES TEMPS LES PLUS RECULÉS

JUSQU'A NOS JOURS.

DÉDIÉE

A MONSEIGNEUR

L'ARCHEVÊQUE D'AUCH

ET A NOSSEIGNEURS

LES ÉVÊQUES

DE BAYONNE, D'AIRE, DE TARBES ET DU PUY.

Par l'Abbé J. J. MONLEZUN,

CHANOINE D'AUCH.

TOME SIXIÈME.

AUCH,
BRUN, Libraire-Éditeur.

1849

HISTOIRE DE LA GASCOGNE

DEPUIS LES TEMPS LES PLUS RECULÉS

JUSQU'À NOS JOURS.

COUTUMES,

FONDATIONS DE VILLES ET DOCUMENTS IMPORTANTS

TOUCHANT LA PROVINCE DE GASCOGNE.

PRIVILÉGES DU COMTÉ DE FEZENSAC EN 1283.

Noverint universi præsentis paginæ litteras inspecturi quod nobilis dominus Bernardus Dei gratiâ comes Armeniaci et Fezensiaci in presentia mei Bardini publici Tolosæ et curiæ domini vicarii Tolosæ et sigilli senescalliæ et vicariæ Tolosanæ notarii et testium infrà scriptorum, cupiens, uti asseruit, statum sui prædicti comitatus Fezensiaci suis temporibus in melius reformari, considerans, ut asseruit, idem comes ad hoc ex debito se teneri propter subsidia et honores quæ et quos subditi sui dicti comitatus ratione prædicta tam ipsi quam domino Geraldo de Armeniaco bonæ memoriæ genitori suo liberaliter impenderunt, et quia per dictum genitorem ejus, uti asseruit, hæc promissa vel permissa fuerant prædictis subditis, quod magis cordi sibi est ut opere impleatur, idem comes non deceptus, non coactus nec dolo ad hoc inductus, imo habito super hoc consilio, pro se et successoribus suis per puram donationen inter vivos perpetuo valituram concessit et donavit omnibus subditis suis præsentibus et futuris libertates, francalitias, consuetudines, privilegia et statuta, prout inferius continentur.

Imprimis siquidem nos prædictus comes volumus et concedimus quod dominus castri de Montealto, dominus castri de insula d'Arbessano, dominus castri de Montesquivo, dominus castri de Petrucia, dominus de Birano et Ordano, dominus castri de Bellovidere, dominus castri de Lagrauleto et dominus castri de Lauraeto, barones nostri comitatus prædicti in baronniis suis et earum pertinentiis, merum et mixtum imperium, altam et bassam justitiam et jurisdictionem omnimodam habeant et exerceant deinceps et furcas justiciarias erigere valeant et erectas tenere quilibet in uno loco tantum in castris suis prædictis seu pertinentiis eorumdem, volentes etiam et concedentes quod dominus castri de Marambato et dominus castri de Gondrino, dominus Affarii seu territorii de Francaserra, dominus castri de Marsano, dominus de Manhauto, dominus castri de Bonasio, etiam dominus castri de Pratonerone, milites seu domicelli nostri ejusdem comitatus, in castris suis seu locis prædictis, similiter justitiam altam et bassam, merum et mixtum imperium et omnimodam jurisdictionem habeant et exerceant, et furcas justiciarias in prædictis castris seu locis erigere valeant, etiam erectas tenere vel eorum pertinentiis tantum quilibet in uno loco prædictorum castrorum.

In quibus terris jurisdictionem feodalem debent exercere.

Item nos comes prædictus de consensu et assensu expresso nobilium virorum domini Bartholomæi de Caillaveto, militis et Odonis de Pardeillano, domicelli, procuratorum universitatis baronum, militum, domicellorum et aliorum nobilium nostri comitatus Fezensiaci ut ibidem asseruerunt dicti dominus de Caillaveto miles et Odo de Pardeillano domicellus prædicti et de hoc mandatum se habere asseruerunt et ad faciendum fidem suæ procurationis de prædictis produxerunt quoddam instrumentum quod pro vero et publico ejus tenore inferius est insertum, retinemus nobis et successoribus, quod si dicti barones vel milites seu domicelli extra baronias et castra seu loca prædicta casalia seu terras particulares junctas seu dispersas habeant quod in illis nullam jurisdictionem habeant vel exerceant nisi tantùm feodalem.

De nobilibus jurisdictionem habentibus præter merum imperium.

Item volumus et concedimus quod alii homines nobiles seu locum nobilium tenentes, habentes castra antiqua et populata seu castellaria nobilia et antiqua quod in ipsis et terris et proprietatibus suis et terris subditorum suorum mediatè vel immediate tenebuntur ab ipsis, intrà pertinentias prædictorum locorum seu castellariorum habeant et exerceant deinceps omnem jurisdictionem præter merum imperium et altam justitiam quod et quam in eis ad nos retinemus, vel ille baro qui hæc habeat, seu miles vel locum nobilis tenens habens tamen altam justitiam et merum imperium in cujus jurisdictione consistunt.

De jurisdictione hominum nobilium seu feoda franca tenentium.

Item volumus et concedimus quod alii homines nobiles seu loca nobilium tenentes, habentes militias, francalitias vel feoda franca, si sint populata vel si in eis inhabitent vel inhabitarent vel habitatores haberent in posterum habeant in eisdem locis et pertinentiis eorumdem minorem jurisdictionem scilicet in illis casibus in quibus gatgium seu lex esset v. sol. morl. et infra; et si minor lex ordinaria vel gatgium excederet summam v. sol. morl. quod in illo casu similiter haberent cognitionem et legem, omnem aliam verò jurisdictionem retinemus nos comes prædictus vel baro qui hoc habeat seu miles vel locum nobilis tenens in cujus jurisdictione essent.

Quis possit causas terminare pro domino comite

Item de consensu prædictorum baronum et militum fuit ord.... vm et concessum per nos quod nos prædictus comes et successores nostri in dicto comitatu nostro Fezensiaci teneamus et habeamus senescallum nostrum vel unam seu plures discretas personas qui verbaliter eorum causas et lites criminales et civiles audire possint et terminare ad examen curiæ nostræ Fezensiaci pertinentes sub modo et formâ quæ inferius continetur. Videlicet quod si ageretur vel inquireretur viâ ordinariâ vel extraordinariâ de crimine vel de hæreditate seu de toto patrimonio alicujus subditi vel de majori parte bonorum suorum quod in causâ seu lite baronis sive militis et cujuslibet alterius nobilis in receptione testium vocentur et intersint alii duo barones vel milites seu alii duo nobiles bonæ opinionis de comitatu Fezensiaci.

In causâ vero burgentium et aliorum subditorum vocentur sive intersint in receptione testium duo burgenses vel aliæ duæ personæ bonæ opinionis de eodem loco vel de comitatu Fezensiaci. Et in prædictis causis seu litibus baronum et aliorum nobilium nos prædictus comes seu senescallus noster vel ille qui præerit et tenebit seu exercebit jurisdictionem pro nobis, vocatâ curiâ Fezensiaci per ix. dies ante diem ferendæ sententiæ litteratoriæ per nos vel per illum qui tenebit, aut exercebit jurisdictionem pro nobis et aliis discretis personis si haberet possint, requisito et deliberato consilio cum illis qui erunt præsentes in curiâ seu majori parte vel saniori vel cum illis quorum consilium nobis vel præsidenti jurisdictioni pro nobis sanius vel melius videretur, definitiva sententia proferatur.

In causis vero burgentium et aliorum subditorum per nos prædictum comitem vel per illum qui præsit jurisdictioni pro nobis similiter definitiva sententia proferatur, deliberato consilio cum illis qui præsentes erunt in curiâ burgentium vel majori parte seu saniori vel cum illis quorum consilium nobis vel præsidenti jurisdictioni pro nobis sanius vel melius videretur.

Fuit tamen concessum et ordinatum quod parti litiganti sit salvum jus recusandi duas personas quæ debent examinationi testium interesse, si etiam eas suspectas haberet et causam seu causas suspicionis infrà breves dies ad cognitionem curiæ posset sufficienter probare.

Quomodo debet cognoscere dominus comes de causis criminalibus.

Item fuit ordinatum et concessum per nos quod nos comes prædictus seu senescallus noster vel ille qui præerit jurisdictioni nostræ cum "cordeillan" modo et formâ superiùs expressatis de causis criminalibus cognoscamus et facinorosos et delinquentes homines puniamus et condemnemus in personis et bonis secundùm qualitatem criminis seu delicti : ita tamen quod nos comes prædictus et successores, si sint ætatis xiv. annorum, nisi absentes essemus vel alio justo impedimento detineamur et causa sit criminalis quæ tangat baronem vel alium nobilem, nos prædictus comes et successores simus semper præsentes in curiâ in prolatione sententiæ et quod curia Fezensiaci, si necesse fuerit, ad requisitionem illius cujus causa erit, vocetur ter per nos vel per illum qui præerit jurisdictioni pro nobis.

De bonis damnatorum quæ veniunt in commissum.

Item fuit ordinatum et concessum quod bona damnatorum qui per judicium nostrum vel locum tenentem et curiæ nostræ Fezensiaci venient in commissum, si prædicta bona sunt in districtu et jurisdictione nostra immediate, quod ad nos devolvantur et veniant in incursum, si verò sint in districtu et jurisdictione baronis vel alterius nobilis habentis altam et bassam justitiam, merum et mixtum imperium, quod dicta bona penès illum baronem vel nobilem in cujus jurisdictione essent, pleno jure remaneant ut incursa.

Bona autem immobilia quæ invenientur in tenemento et jurisdictione militum vel loca nobilium tenentium, habentium jurisdictionem sine mero imperio et alta justitiâ deveniant penitùs in commissum ad illos dominos in quorum tenemento et jurisdictione erunt; videlicet de fœodis quæ tenebuntur mediate vel immediate ab ipsis : de bonis autem mobilibus habebunt et levabunt prædicti Domini LXV. sold. morl. quibus levatis totum residuum mobilium habebimus nos prædictus comes vel baro, miles vel nobilis habens merum imperium in cujus jurisdictione erunt. Alii verò nobiles seu loca nobilium militias seu francalitias tenentes de quibus suprà dictum est quod debent habere gatgium seu legem usque ad v. sold. morl., habebunt et recipient penitùs omnia bona immobilia quæ mediaté vel immediaté tenebuntur ab ipsis in jurisdictione sua; et de bonis mobilibus habebunt et levabunt v. sol. morl. vel simplicem legem ordinariam si major esset v. sol. morl., et residuum quod supererit de dictis bonis mobilibus habeamus nos prædictus comes vel baro seu nobilis habens merum imperium in cujus jurisdictione erunt.

Per quod tempus debeat teneri incursus ab illo qui habet jurisdictionem.

Item fuit ordinatum quod si contingeret terram aliquam vel fœodum nobis comiti prædicto seu alii domino jurisdictionem habenti majorem vel minorem venire in commissum, quæ terra vel fœodum teneretur ab alio domino in fœodum seu in emphyteosim, quod nos comes prædictus vel ille dominus ad quem dicta terra seu fœodum veniret in commissum teneamur infrà annum et diem dictam terram seu fœodum extrà manum nostram ejicere et transferre in personam habilem ad solvendum jura fœodalia et cautionem seu pensionem domino à quo tenebuntur.

In quibus causis licitum sit appellare seu appellationem facere.

Item fuit ordinatum et concessum quod in omnibus causis criminalibus et civilibus contingentibus in curiâ nostrâ vel quorumlibet aliorum in comitatu nostro Fezensiaci jurisdictionem habentium, omnibus quorum intererit licitum sit appellare à definitivis sententiis et aliis casibus de jure permissis.

Consuetudo de quittatione herbarum, etc.

Item fuit ordinatum et concessum quod nos comes prædictus absolvimus et quittamus perpetuo pro nobis et successoribus nostris omnibus baronibus, militibus ac aliis nobilibus et quibuscumque aliis hominibus habitantibus vel aliis subditis suis comitatus nostri Fezensiaci et qui deinceps habitabunt omnes herbas, ligna, fustes, glandes, aquas, et quodlibet aliud expletivum terrarum nemorum et possessionum suarum, concedentes eisdem quod prædictis terris, nemoribus, pascuis amodo liberaliter uti possint pro libito suæ voluntatis sine omni impedimento quod nos prædictus comes vel successores vel ministri nostri non præstabimus eisdem in futurum.

De quittatione Albergatarum.

Item fuit ordinatum et concessum quod nos comes prædictus absolvimus et quittamus perpetuo pro nobis et successoribus nostris omnibus baronibus, militibus, religiosis, clericis, burgensibus et aliis nobilibus et quibuscumque subditis militias seu francalitias tenentibus et eorum hominibus ac omnibus rusticis cujuscumque conditionis seu status existant, omnes albergatas, tailhas, seu collectas, dona, seu munera quæ occasione seu ratione albergatarum recipi consueverunt vel levari possint, promittentes nos comes prædictus quod occasione seu ratione prædictarum albergatarum nullam amodo ab eis exactionem, prestationem seu oppressionem exigemus, requiremus, inferemus, seu inferri faciemus nec permittemus.

Est tamen sciendum quod nos comes prædictus retinemus quod de pagesiis seu rusticis nostris propriis possimus et nobis liceat recipere albergatam prout hactenus recipere consuevimus, et exceptis commestionibus seu albergatis quas homines nostri proprii pro fœodis seu terris et possessionibus nobis faciunt et consueverunt facere annuatim.

Nemo ejiciatur de possessione sua sine causæ cognitione.

Item fuit ordinatum et concessum per nos comitem prædictum quod nullus homo cujuscumque status seu conditionis existat in comitatu nostro Fezensiaci, de possessione terrarum, possessionum, seu rerum suarum dissasietur seu spolietur sine causæ cognitione, vel bannum vel aliud impedimentum illicitum apponatur per nos vel per quemcumque jurisdictionis nostræ subjectum.

Nullus capiatur si præstare poterit cautionem nisi pro crimine.

Item fuit ordinatum et concessum per nos comitem prædictum quod nullus subditorum comitatus nostri prædicti Fezensiaci capiatur vel captus detineatur dum tamen offerat et præstare velit idoneam cautionem de parendo seu stando juri nisi pro tali crimine quo probato pœna esset corporalis infligenda, et si pro tali crimine aliquis capiatur, celeriter super illo crimine inquiratur et quod captus non ducatur nec detineatur extrà comitatum nostrum Fezensiaci qui de comitatu prædicto est.

Quantùm percipere debent notarii curiæ pro actis.

Item fuit ordinatum et concessum per nos quod notarius curiæ nostræ recipiat de processu causæ à qualibet parte duos denarios morl. tantùm et de qualibet pactione unum obolum morl. tantum, et de libello incorporando duos d. morl. tantùm, et de quolibet palmo ubi debent esse xx. lineæ, xiii. d. morl. tantùm, et de instrumento sententiæ faciendo in formam publicam xii d. morl. tantùm, et de litterâ citationis duos d. morl. tantùm, de aliis vero quæ contingerint recipiat pro incoporando in libro curiæ ad arbitrium curiæ, et illius qui præerit seu exercebit juridictionem pro nobis.

Quantùm debeat solvi pro defectu.

Item fuit ordinatum et concessum per nos quod pro contumaciâ seu defectu non levetur gatgium, seu lex nisi viginti denariorum morl. tantùm.

Quomodò habitantes debent depascere sua animalia.

Item fuit ordinatum et concessum per nos quod habitantes in proprietatibus nostris non depascant cum animalibus suis pascua vicinorum suorum, nec habere padocentiam in eisdem, nisi sicut alii vicini in proprietatibus subditorum nostrorum habitantes et si damnum cum animalibus suis dederint vicinis suis, debent emendare sicut alii vicini extrà proprietates dicti comitis habitantes.

Quales homines habitantes potest accipere dominus comes.

Item fuit ordinatum et concessum per nos quod homines quæstales de corpore et de casalagio subditorum nostrorum, in proprietatibus nostris non recipiamus nec subditi nostri præter voluntatem dominorum dictorum hominum quæstalium, et si recepimus debemus ipsos restituere cum rebus suis dominis eorum.

De illis qui transferunt se causâ mutandi domicilium suum.

Item fuit ordinatum et concessum per nos quod si habitantes in terris subditorum nostrorum se transferant habitandi causâ et mutandi suum domicilium ad loca aliorum subditorum nostrorum vel ad loca nostra, quod possessiones et aliæ res immobiles quas tenent à dominis à quibus recedunt, debent penès illos dominos remanere nisi prædictis habitatoribus prædictæ res in emphyteosim vel alias datæ sibi et concessæ essent, juxtà usus et consuetudines alicujus villæ comitatus nostri, ad faciendum suas proprias voluntates.

Qualiter de bonis illius qui transfert se ut fiat ei breve jus et maturum.

Item fuit ordinatum et concessum per nos quod si aliquis homo recederet de castris, villis, seu locis nostris vel de castris, villis, seu locis subditorum nostrorum transferendo se habitandi causa ad aliud castrum villam seu locum et bona illius se transferentis capta seu bannita seu occupata fuerint per dominum in cujus jurisdictione consistent, quod nos seu ille dominus super occupatione seu banni appositione de bonis prædictis ad requisitionem prædicti hominis vel ejus procuratoris per judicium suæ curiæ faciat breve jus et maturum, quod si facere differret per prædictum hominem requisitus, quod dicto homini sit licitum ad nos vel ad superiorem dominum habere recursum et nos vel superior dominus eidem homini faciamus super præmissis justitiæ complementum.

De bastimentis domini comitis noviter faciendis.

Item fuit ordinatum et concessum per nos quod si nos comes prædictus in aliquâ parte nostri comitatus bastiremus vel bastitam faceremus non dabimus ad bastitam venientibus terras subditorum nostrorum præter illorum quorum fuerit voluntas.

Quibus est commissum arma portare pro domino comite.

Item fuit ordinatum et concessum per nos quod habitantes in proprietatibus nostris non debent ire cum armis vel sine armis, nec cum bajulo vel sine bajulo illius loci contra aliquem subditum nostrum propriâ auctoritate indebitè et maliciosè accedere seu venire nec terras alicujus subditi nostri indebitè et maliciosè intrare, sed si de aliquo conqueratur sicut alii subditi nostri in proprietatibus nostris non habitantes debent coràm nobis petere justitiæ complementum.

De bastimentis novis.

Item fuit ordinatum per nos quod nos comes prædictus non debemus bastitam facere in terrâ aliquorum subditorum nostrorum præter voluntatem ipsorum et si faceremus quod teneamur restituere eisdem.

In quibus locis dominus comes potest facere bastimentum.

Item fuit ordinatum per nos quod nos ad requisitionem alicujus subditi nostri nec aliter bastitam faceremus in aliquo loco in quo sit controversia inter subditos nostros, nec pariatgium faciemus quousquè de dictâ controversiâ per nos et curiam nostram fuerit definitum, sed fiat breve justitiæ complementum requirenti vel contradicenti si hoc persequi voluerit infrà tres menses nisi dominus dictum terminum prorogaret.

Coràm quo domino debeat quis respondere de aliquo crimine.

Item fuit ordinatum et concesssum per nos quod quilibet habitator comitatus nostri Fezensiaci debet respondere et stare juri in contractibus et delictis coràm domino et curiâ ubi habet domicilium suum nisi ratione contractus vel delicti esset super præmissis facienda remissio.

Ubi super crimine vel hæreditate aliquis debeat quis respondere.

Item fuit ordinatum et concessum per nos quod omnes nobiles et omnes alii locum nobilium tenentes, jurisdictionem habentes vel non habentes et qui tamen debent stare juri apud Vicum (*Vic-Fezensac*) responderent, super criminibus et in causâ hæreditatis, et si quis in aliquo alio loco caperetur et alibi vocaretur, non tenetur comparere.

In quo loco de omnibus appellationibus sit cognoscendum.

Item fuit ordinatum et concessum per nos quod omnes appellationes quæ interponentur ab audientiâ officialium nostrorum seu aliorum quorumcumque judicantium in comitatu Fezensiaci, apud Vicum debent per nos vel per illum qui præerit jurisdictioni pro nobis et curiam nostram Fezenciaci terminari, et si contingeret quod in dictâ causâ appellationis esset testium receptio facienda, quod adhibeantur in eorum receptione duæ personæ bonæ opinionis de comitatu Fezensiaci in illis causis tantùm de quibus superniùs est ordinatum quod duæ personæ habent adhiberi in receptione testium. Et tamen est sciendum quod si pars appellata cadat vel succumbat in appellatione primâ, vel secunda, vel tertiâ, aut si pars appellans in sententiâ succumbat, in illis tantùm expensis litis puniatur in quibus de jure fuerit per sententiam condemnatus, nec dominus nec nos à quo appellatum esset in nullo alio puniamus aliquâ consuetudine seu jure aliquo non obstante.

Qualiter nuntii curiæ sint mittendi ad citandum et pignorandum.

Item fuit ordinatum et concessum per nos quod si nos vel officiales nostri seu bajuli mittamus aliquos servientes ad pignorandum aliquos subditos nostros pro debitis gatgiis seu deveriis nostris vel officialium seu bajulorum nostrorum dictus subditus non teneatur solvere dictis servientibus gatgium seu expensas ratione pignorationis prædictæ; pro citationibus vero portandis et aliis executionibus de qualibet leuca habeat tantùm duos d. morl. ab eo serviens aut nuntius curiæ ad cujus instantiam dictus nuntius citabit vel dictam executionem faciet, et quandò contigerit quod citatio sit facienda, eat unus nuntius tantum et quod credatur eidem nuntio per juramentum de citatione factâ, pro pignoratione vero facienda eant duo nuntii communiter in omnibus casibus, si verò resistentiam invenirent, quod possint ire plures ad arbitrium illius qui præsit jurisdictioni.

Quod nuntius non possit citare extrà sine litterâ.

Item quod nuntius non possit citare vel pignorare sine litterâ extra villam.

Nemo sit pignoratus vel mercatus pro alieno debito.

Item fuit ordinatum et concessum per nos quod nullus sit pignoratus vel marchatus vel bona illius capiantur nisi principaliter vel fidejussorio nomine pro debito illo teneatur.

De quibus rebus venditis debent solvi vendæ.

Item fuit ordinatum et concessum per nos quod si res francales vendantur de quibus certus census non solvitur annuatim et prædictæ res francales descenderent, fuissent, exivissent, seu essent de militiâ, vel prædictæ res fuissent vel extitissent liberæ seu francales ab aliquo tanto tempore de cujus contrario memoria in contrarium non esset vel nosceretur et prædictas res francales tenerent nobiles seu milites vel burgenses vel locum nobilium tenentes, nos nec aliqui subditi nostri debemus habere seu recipere vendas.

In quibus sit securitas præstanda.

Item fuit ordinatum et concessum per nos quod nullus de Fezensiaco teneatur præstare securitatem alicui hanc petenti quousque per nos seu curiam nostram cognitum fuerit securitatem fore præstandam.

Nullus pro debito capiatur nisi pro laudamento præstando.

Item fuit ordinatum et concessum per nos quod nullus pro proprio debito seu alieno (sive domino comiti sive alii debeatur), capiatur seu arrestetur et si aliquis propter hoc caperetur seu arrestaretur, et non petitâ licentiâ recederet, quod propter hoc in nulla pœnâ seu gatgio teneatur nisi pro laudatione seu confirmatione venditionis et distractionis suarum rerum in casu necessario faciendæ eum alias laudare nollet, tunc tantùm posset esse captus seu arrestatus.

Quæ pignora sint promissa ad pignorandum.

Item fuit ordinatum et concessum per nos quod nullus ratione alicujus obligationis nec pro debito seu gatgio nec pro pœnâ, lege vel expensis in vestibus proprii corporis sive pannis lectorum seu in animalibus terram excolentibus vel in equitaturam alicujus nobilis sui corporis seu armis pignoretur. Et si fortè casu aliquo in aliquibus de prædictis pignoratus fuit nos et officiales nostri et bajuli sine gatgio et diffugio restituamus eidem si pignoratus alia bona habuerit undè satisfieri completè possit creditoribus suis.

In quibus casibus est duellum recipiendum in comitatu Fezensiaci.

Item fuit ordinatum et concessum quod nos non recipiamus duellum de subditis nostris nisi in duobus casibus scilicet in murtro pro ditorio seu scelerate facto vel fundo terræ nec tunc nisi de libera utriusque partis processerit voluntate.

Quod nullus pro debito alieno puniatur in comitatu Fezensiaci.

Item fuit ordinatum et concessum per nos quod nullus pro facto seu delicto alterius per nos vel quemcumque judicantem in Fezensiaco in aliquo puniatur, nec pater pro filio nec è converso, in corporibus seu bonis suis.

In quibus casibus sit aliquis pignorandus.

Item fuit ordinatum et concessum per nos quod nullus pignoretur per nos seu bajulos nostros vel per quemcumque judicantem in Fezensiaco nisi pro re judicata et in curiâ confessatâ.

De pœnis illorum qui talham vel combustionem faciunt.

Item fuit ordinatum et concessum per nos quod nullus in comitatu Fezensiaci ratione guerræ vel discordiæ bordas, domos et alia loca populata intùs et extrà fortalicia murata vel vallata, molendina, piscaria, et etiam paysseras, vineas, vinidaria seu alias arbores, blada, fœna, fenaria et paleas comburere et talhare audeat; quod si in contrarium factum fuerit, damnum passo qui convictus vel probatus fuerit duplum restituere teneatur et nihilominùs de crimine seu delicto delinquens seu malefactor puniatur juxta qualitatem criminis seu delicti per nos prædictum comitem cum curiâ nostrâ Fezensiaci sub modo et formâ superiùs expressatis.

In quibus locis venari seu piscari quis audeat.

Item fuit ordinatum et concessum per nos quod nullus in piscario vel stagno in gorguato piscari audeat, nec aliquis columbos, columherii, cyrogrillos claperii alicujus venari seu capere audeat, quod si fecerit et deprehensus fuerit vel convictus, vel probatus fuerit legem LXV. sold. morl. nobis vel illi domino in cujus jurisdictione commiserit solvere teneatur et pœnam xx. sol. morl. solvere teneatur damnum passo et emendam damni integrè solvere teneatur et ad solutionem eorumdem compellatur et si solvere non possit fiat de ipso sicut de fure.

In quibus terris quis venari vel prædam capere audeat

Item fuit ordinatum et concessum per nos quia nullus cum furone vel filato in terrâ alterius venari nec capere audeat sine voluntate domini cujus terra erit, scilicet perdices cum filato vel pinholello, lepores, cyrogrillos, columbos, vel columbas, seu turtures, quod si fecerit, dictam legem LXV. sold. morl. nobis seu domino illius loci in quibus dictum maleficium fuerit perpetratum solvere teneatur et pœnam XX. sold. morl. damnum passo et emendam damni incurrat et filatum et furonem amittat et si solvere non possit, fiat de ipso sicut de fure.

Quomodo quis bedatum facere vel habere possit.

Item fuit ordinatum et concessum per nos quod quilibet circa castra vel locum suum bedatum suum rationabiliter faciat et facere possit salvo jure alterius de cujus jure infrà tres menses per nos vel per alium quemcumque in cujus jurisdictione esset cognoscatur nec aliquis ipsum frangere audeat vel pascere cum animalibus suis et contrafacientes, quotiescumque inventi fuerint, pœnam V. sold. morl. incurrant et ferramenta amittant et emendam damnum passo solvant.

Quot baccas quis tenere possit.

Item fuit ordinatum et concessum per nos quod nullus pagesius ultrà duas baccas in uno loco seu pargo suo audeat tenere; nec miles vel locum nobilis tenens ultrà sex baccas, alioquin si ultrà tenuerit, de quolibet capite IV. den. morl. solvere teneatur illi domino cujus herbam pascerent, quotiescumque inventæ fuerint, et ille dominus possit pignorare auctoritate sua propria sine pœnà et gatgio pro quatuor denariis prædictis.

Qualiter emendæ fieri debeant damnum passo.

Item fuit ordinatum et concessum per nos quod maleficia occulta vel clandestinè perpetrata, quæ non poterunt per nos inveniri per inquestam, emendentur per parochias circumvicinas, omni appellatione remota, ita tamen quod talia non excedant XX. den. morl. de quolibet foro.

Quando debeat fieri advocatio et quando non debeat.

Item fuit ordinatum et concessum per nos quod nos non recipiamus ab aliquibus aliquam advocationem novam exceptis sacramentis fidelitatis de rebus de quibus esset controversia seu quæstio in judicio vel aliquis separatim offerat facere promptam fidem ad cognitionem curiæ de jure suo.

Sub quo foro debeat quis respondere.

Item fuit ordinatum et concessum per nos quod si aliquis se transtulerit ad aliquem locum seu bastitam et larem fovet sub aliquo domino quod non obstante vicinitate quam alibi faceret, teneatur respondere coram illo domino sub quo larem fovet de excessibus commissis seu factis et de omnibus aliis utfacere consuevit.

De pœnâ sive incursu austurconum sive ancipitrum.

Item fuit ordinatum et concessum per nos quod nullus sit ausus capere austurcones seu ancipitres de leguâ ubi nidum consueverunt facere aut ova eorum ; quod si fecerit et captus in facto fuerit, solvat domino fundi terræ vel nemoris in cujus jurisdictione hoc factum esset pœnam LXV. sol. morl. et quod austurcones et ancipitres et ova eorum reddat eidem, et si probatus fuerit et non inventus in facto, quod compellatur tunc per dominum sub quo inventus fuerit ad restituendum austurcones aut ancipitres aut ova prædicta et ad solvendum pœnam prædictam cujus pœnæ seu legis medietatem dominus qui compellet habeat et recipiat, et si non posset solvere, fiat de ipso sicut de fure.

De restitutione spoliatorum seu quando quis spoliatur sine cognitione.

Item fuit ordinatum et concessum per nos quod si aliquis dissasiatus aut spoliatus fuerit in comitatu Fezensiaci aliqua possessione sine causæ cognitione quod de plano restituamus eidem vel alius quicumque habeat jurisdictionem in Fezensiaco et reducatur in possessione dissasiatus vel spoliatus.

Ultima constitutio seu consuetudo.

Item fuit ordinatum et concessum per nos quod prædictus dominus prædicti castri de Bellovidere in dicto castro et in tota baroniâ suâ de Pardeilhano merum imperium et omnimodam jurisdictionem habeat et exerceat et in uno loco baroniæ suæ tantùm ubi magis sibi placuerit furcas justiciarias erectas teneat, seu habeat excepto quod in castellario de Pardeilhano, seu infrà *decos* dicti castellarii dictas furcas minime construat, habeat seu teneat sine licentia et concessione nostra expressa vel hæredum nostrorum. Quas libertates, donationes, francalitias, consuetudines, privilegia seu statuta, nos comes prædictus pro nobis et nostris omnibus in posterum successoribus pura donatione et irrevocabili perpetuo valitura concedimus et donamus dominis Bernardo de Polastrono, Bartholomæo de Caillaveto, Gaillardo de Besola militibus, Odoni de Pardeilhano, domicello, procuratoribus totius curiæ Fezensiaci et dominis Raymundo Aymerici de Montesquivo, Guilhelmo de Podenasio, Vitali de Maignauto, Raymundo de Siono, Arnaldo de Malartico militibus, Geraldo de Lagrauleto, Odoni de Cazanova, tractatoribus electis à prædicta curiâ super prædictis et tibi notario infrà scripto præsentibus et recipientibus concessionem et donationem pro se et tota curia et omnibus et singulis subditis dicti comitatus et successoribus eorumdem: quam donationem nos prædictus comes ad sancta Dei evangelia corporaliter manu tacta juramus pro nobis et successoribus nostris omnibus prædictis et singulis comitatus prædicti et successoribus eorumdem tenere et complere et perpetuo inviolabiliter observare et nos non contravenire per nos vel per alium in toto vel in parte ullo tempore, etc.. etc... Promittentes et obligantes nos prædicti procuratores, milites et domicelli prædicti pro nobis et successoribus nomine omnium qui in comitatu prædicto nunc habitant seu in posterum habitabunt dicto comiti et tibi notario infrà scripto stipulantibus omnia præmissa et singula tenere et observare et non contravenire.

Acta fuerunt hæc et concessa per nos prædictum comitem et per procuratores, barones, milites et domicellos prædictos apud Vicum Fezensiaci in aulâ Domini Archiepiscopi Auscitanensis VI die in exitu mensis februarii in præsentiâ et testimonio Fortii de Salis, senescalli nostri Armaniaci et Fezensiaci, Petri de Baulaco, Arcidiaconis Astarianensi citrà Gersium in ecclesiâ Auscitanensi, Bertrandi de Maurieto, canonici Auscitani, Guillermi Arnaldi de sancto Aurensio clerici, magistri Bernardi de Ampello canonici Lactorensis, magistri Bernardi de Lavardaco, magistri Arnaldi Durandi de Bellomonte, magistri Bernardi de Monte de Condomio clericorum, Bernardi de Cossio notarii civitatis Auscitanensis, Arnaldi Guillelmi Guisces notarii Vici et ad hoc specialiter vocatorum et aliorum plurium et mei Guillermi de Molera, notarii Fezensiaci, qui ad requisitionem prædicti domini comitis et procuratorum et nobilium prædictorum pro ipsis et omnibus aliis quorum interest et interesse potest prædicta solenniter stipulatus fuit. Hanc cartam scripsi et in publicam formam redegi et signo meo consueto signavi in testimonium prædictorum die quo suprà anno Domini millesimo ducentesimo octuagesimo sexto regnante Philippo rege Francorum, Bernardo comite Armeniaci suprà dicto et Amanevo, archiepiscopo Auscitano.

Voluit etiam et concessit prædictus comes hoc præsens publicum testimonium valere cum sigillo et sine sigillo vel cum sigillis et ad majorum roborum firmitatem prædictus dominus comes et ne in posterum prædicta revocari possint hoc præsens publicum instrumentum sigillo proprio duxit sigillandum promittens quod promissa faciet sigillare sigillo domini nostri regis Franciæ, majoris curiæ vicariæ et senescalliæ Tolosanæ et alio quo utitur dominus rex Franciæ et sigillo reverendæ dominæ matris reverendæ Mathæ Dei gratiâ, comiticæ Armaniaci et Fezensiaci : signum vero meum tale est.

Tenor vero procurationis dictorum procuratorum talis est.

Noverint universi præsentes hoc publicum instrumentum inspecturi quod universitas baronum militum domicellorum et aliorum nobilium curiæ suæ comitatus Fezensiaci, scilicet dnùs Raymundus Emericus de Montesquino, dnùs Guilhelmus de Podanasio, dnùs Raymundus Bernardus de Gelanis, dnùs Geraldus de Verdusano, milites Arnaldus Guilhermus de Montelugduno, Bernardus de Pardeillano, Carbonelus de Petrucia, domicelli, dnùs Raymundus de Siono, dnùs Arnaldus de Malartico, dnùs Arnaldus de Bautiano, dnùs Odo de Filartigua, dnùs Bernardus de Siùraco, dnùs Bernardus de Lagardera, dnùs Hugo de Marrens, dnùs Odomarius de Besola, dnùs Gaillardus de Cassaignet milites. Item Amaneus de Verdusano, Arnaldus Guilhermus de Maignauto, Fortanerius Lupati, Gaillardus de Insula, Bajulus Gondrini, Petrus Bertrandus de Insula domicellus frater suus, Guilhermus de Feraboco. Item Bernardus de Aubian, Geraldus de Ulmo, Bernardus de Nolens, Vitalis de Seaillas, Bernardus de Besola, Garsias Arnaldi de Vallibus, domicelli, Bernardus de Liano clericus, Bertrandus de Lagardèra junior bajulus Gondrini pro dnò Fortanerio de Casonova milite, Guilhermus de Caneto, item Bernardus Densos, Bernardus de Ferraboco domicelli, item magister Gaillardet de Salis clericus pro dnò Abbate de Condom bajulo, universi vel universi et singuli fecerunt et constituerunt ac etiam ordinaverunt certos et veros pro curatores suos sindicos vel actores generales et speciales Odonem de Pardeilhano domicellum, dm Gailhardum de Besola, dm Bertrandum de Polastron et dm Bartholomæum de Caillaveto milites exhibitores præsentis publici instrumenti vel quemlibet eorum in solidum ita quod non sit melior conditio occupantis in omnibus et singulis causis et negotiis motis et movendis quas vel quæ dicta universitas vel aliqui seu singuli de dictâ universitate movent vel movere intendunt contra aliquos seu aliqui contra ipsos coram quocumque judice sivè quibuscamque judicibus ordinariis seu extraordinariis delegatis seu subdelegatis arbitris seu arbitratoribus seu aliis quibuscumque citatis seu deputatis cujuscumque conditionis existant et specialiter ad persequenda negotia eorum vel communia et totius comitatus et curiæ Fezensiaci coram reverendo patre in Christo dno Amaneo divinâ permissione archiepiscopo Auxitano et nobili dno Dei gratiâ comite Fezensiaci et Armeniaci et nobilissimâ dnâ Marthâ eâdem gratiâ comitissâ prædictorum comitatuum Armeniaci et Fezensiaci vel cum singulis vel cum omnibus eorumdem et coram magistro Bernardo de Lupo judice appellationis in Agenio pro illustrissimo dno rege Angliæ et aliis consiliariis dicti comitis testoribus ejusdem ac executoribus ordinis et testamenti nobilis viri dni Geraldi Dei gratiâ quondam comitis Arm. et Fezensiaci specialiter ad tractandum faciendum et ordinandum cum dno archiepiscopo et dno comite et dnâ comitissâ supradictis vel eorum quolibet consuetudines et libertates comitatus et terræ Fezensiaci, meliorationes et utilitates eorum omnium et utriusque eorum singulorum et totius terræ Fezensiaci, et ad faciendum advocationes et submissiones et super omnibus demandis quæstionibus et petitionibus quas habebant et habere intendebant omnes vel singuli cum prædictis dno archiepiscopo et dno comite et dnâ comitissâ vel eorum quolibet cum eis vel eorum singulis, dantes et concedentes dicti barones, milites, domicelli, et alii omnes singuli dictis procuratoribus syndicis vel authoribus et cuilibet eorum plenam et liberam potestatem agendi, defendendi, respondendi, excipiendi, replicandi, conveniendi, reconveniendi, componendi, proponendi, alligandi, imprecandi, contradicendi, sententiam seu sententias audiendi, et ad quemcumque dm vel judices appellandi, appellationem seu appellationes prosequendi coram ipsis vel eorum quocumque et se et sua in protectionem eorum ponendi et advocationem aut advocationes de bonis eorum faciendi vel eorum quicumque et se et sua eis et eorum cuicumque permittendi si necesse fuerit juramentum deferendi et delatum in se suscipiendi, jurandi de calumniâ aut de veritate dicendâ in animas suas et subeundi cujuslibet alterius generale juramentum, petendi et recipiendi expensas et super eisdem jurandi, beneficium restitutionis in integrum petendi, procuratorem seu procuratores substituendi ante lites contestatas et post et in lite substitutum aut substitutos, quantumcumque eis procuratoribus seu syndicis vel auctoribus et eorum cuilibet videbitur, amovendi seu etiam revocandi testem, acta instrumenta et alia documenta producendi et explicandi et eorum omnia alia singula faciendi, agendi, procurandi quæ ipsi et eorum singuli facerent vel facere possent aut deberent si præsentes essent et quæ de jure generale mandatum exigunt aut speciale et quæ boni viri et legitimi debent et possunt facere procuratores, syndici vel auctores.

Gratum et ratum perpetuò habebitur quodcumque in prædictis causis et negotiis omnibus et singulis per dictos procuratores suos syndicos vel auctores vel quemlibet eorum aut per substitutum aut substitutos ab eis vel eorum quilibet in judicio vel extra judicium factum, defensum et petitum fuerit vel etiam procuratum; promittentes dicta universitas et singuli sub obligatione et hypothecâ rerum suarum mihi nuntio infra scripto stipulanti loco et vice omnium prædictorum et singulorum et partis absentium aut partis absentis et omnium aliorum quorum interest vel interesse potest vel intererit in futurum pro ipsis procuratoribus suis syndicis vel auctoribus et quolibet eorum in solidum et pro substituto et substitutis et eis vel eorum quolibet cum omnibus suis clausulis judicatum, reservantes nihilominùs sub consimili obligatione rerum suarum dictos procuratores suos syndicos vel auctores et quemlibet eorum in solidum et substitutos ab eis vel alio aut aliis ab omni honore satisdandi et significantes omnia supradicta judicibus et dnis supradictis partibus omnibus quorum interest vel interesse potest vel intererit per hoc præsens publicum instrumentum. Factum fuit hoc apud ecclesiam Justiani in Fezen. septimâ die mensis januarii in præsentiâ et testimonio Jordani de Gorlent, Vitalis de Fertino consulum vici Fezene., Petri de Longulo burgensis vici et mei Guillaermi de la Molera publici vici notarii qui cartas istas procurationis subscripsi et meo signo consueto signavi in prædictorum omnium et singulorum testimonium et voluntate prædictorum, anno Dni millesimo ducentesimo septuagesimo quarto regnante Philippo rege Franciæ dominante prædicto dno Bernardo comite Fezene, et Arm. et dno Amaneo, Dei gratiâ archiepiscopo Auxitano supradictis hoc dictum dnas com. et procuratores prædicti nomine procuratorio quo supra, ratificaverunt apud Malamvicinum Tholosæ diocesis die sabbati ante diem palmarum regnante Philippo rege, Hugone Tholosæ episcopo anno Dni millesimo ducentesimo septuagesimo sexto in præsentiâ et testimonio dni Arnaldi de Sperberiis militis Forcii de Salis Seneschalli dictorum comit. Arm. et Fezene, magistri Guilhermi de Lavardaco juris periti, magistri Peregrini de Bartera clerici, Odonis de Monengis domicelli, magistri Petri Carcini juris periti, Petri Ramundi de Furno, Bernardi de Vicino, Burgensis Mali vicini et mei Bernardi publici Tholosæ curiæ dni vicarii Tholosæ et prædicti sigilli seneschalliæ et vicariæ Tholosæ notarii qui hanc cartam cum aliâ ejusdem tenoris scripsi et in formam publicam redegi ad requisitionem dni Bernardi comitis et nos Raymundus Arnaldus miles vicarius Tholosæ tenensque dictum sigillum seneschalliæ et vicariæ Tholosæ ad velationem dicti notarii et ad majorem firmitatem præmissorum perpetuò obtinendam sigillum prædictum seneschalliæ et vicariæ Tholosæ fecimus huic cartæ sinè publico instrumento.

Manuscrits du Séminaire et de M. d'Aignan.

CONFIRMATION DES COUTUMES ET PRIVILÉGES

DU COMTÉ DE FEZENSAC

Par Bernard, comte d'Armagnac 14 novembre 1393.

In nomine Domini, Amen. — Noverint universi et singuli præsentes pariter et futuri hujus præsentis publici instrumenti seriem inspecturi, visuri, lecturi ac etiam audituri quod anno ejusdem incarnationis Domini millesimo trecentesimo nonagesimo tertio et die decima quarta mensis novembris in castro vicecomitali Lectoræ in mei notarii et testium suscriptorum præsentia personaliter constitutis coram egregio et magnifico principe domino Bernardo Dei gratiâ comite Armaniaci, Fezensiaci et Ruthenæ vicecomiteque Leomaniæ et Alti-Vilariæ, ac domino terræ Ripariæ et Montanorum Ruthenensium nobilibus et potentibus viris dominis, Joanne de Barta, domino de Aurâ et barone de Monteleone, Aussino, domino de Montesquivo, Oddo domino de Montealto militibus, Bernardo, domino de Pardalliano, Domicello, ad invicem promissa scribenda, ut dixerunt, ibidem congregatis, recolentibus se et quemlibet ipsorum eidem domino comiti fecisse hommagia et fidelitatis præstitisse juramenta pro omnibus castris, locis, villis et aliis rebus quæ ipsi et eorum quilibet tenent et possident à dicto domino comite infrà comitatum prædictum Fezensiaci et hoc conditionaliter et cum certis exceptionibus, præstationibus, et conditionibus per ipsos et eorum quemlibet minimè certificati ut asseruerunt, de jure dicti domini comitis, prout hæc clarius continentur in quibusdam instrumentis supra præstatione dictorum hommagiorum ad partem per me notarium infrà scriptum receptis, omni dolo, metu et fraude cessantibus seu gratis et sponte, pure et liberè ac consultè ut dixerunt ad plenum nunc de jure dicti domini comitis certificati, recognoscentes et confitentes dictum dominum **Bernardum** filium legitimum et naturalem bonæ memoriæ domini Joannis quondam comitis **Armaniaci, Fezensiaci, Ruthenæ et Carlienensis,** vicecomitisque **Leomaniæ** et **Alti-Vilariæ** ac domini terræ **Ripariæ** esse ejusdem patris sui hæredem universalem immediatè personæ bonæ memoriæ domini Joannis quondam comitis **Armaniaci** et **Convenarum** filii dicti quondam domini Joannis ac germani etiam dicti domini Bernardi nunc comitis Armaniaci, proùt eisdem ut dixerunt constat per ultimum testamentum dicti quondam domini Joannis patris dicti quondam domini Joannis comitis Armaniaci et convenarum et ipsius domini Bernardi nunc comitis necnon etiam per ultimum testamentum incertæ recordationis domini Joannis quondam comitis Armaniaci, avi paterni dictorum fratrum et consequenter propter hoc esse et esse debere nunc verum legitimum et dilectum dominum superiorem immediatum ut comitem Armaniaci et Fezensiaci, supplicaverunt præfato domino comiti moderno ibidem præsenti quatenùs civili modo eisdem et cuilibet ipsorum et omnibus aliis dicti comitatus Fezensiaci nobilibus eisdem adhærentibus suprà præmissis dicta homagia et fidelitatis juramenta per quemlibet ipsorum conditionaliter facta et præstita unà cum omni rancore et pœnà, si quis ergà ipsum dominum comitem pro præmissis incurrerunt, remittere et quitare dignaretur et dictis homagiis et fidelitatis juramentis conditionaliter ut prædicitur factis et passatis renuntiare et ipsa penitùs annullare, cumque etiam parati essent ut dixerunt et propter hoc ibidem congregati faciendi et præstandi sibi domino comiti eorum legitimo domino homagia et fidelitatis juramenta pura, mera, absquè ulla exceptione et præstatione, proùt et quemadmodùm eidem facere et præstare tenebantur, supplicaturi etiam quatenùs ipsos et eorum quemlibet ad ea iterùm facienda et præstanda admittere eisdemque antè omnia tamquam eorum verus legitimus dominus modernus ut moris est in dicto comitatu Fezensiaci hujus consuetudines, franchesias, libertates et privilegia per prædecessores ipsius domini comitis nobilibus dicti comitatus Fezensiaci olim datas, confirmatas et juratas, confirmare, ratificare et approbare dignaretur et jurare essa eisdem et aliis nobilibus dicti comitatus Fezensiaci bonus dominus et dictas consuetudines, franquesias, libertates, usus et privilegia observare, ipsosque et eorum quemlibet de re et suis et aliis juribus pro posse ab omni oppressione indebità defendere et tueri; qui quidem dominus comes modernus, audità dictà supplicatione, reperiens ipsam in parte fore justam et consonam rationi, ut dixit, gratis et benignè, ut decet nobilitatem principis cujuscumque singulorum obsequia promiscuè oculis bene-

volis intueri et eorum supplicationem facilius admittere, qui onera
gravia et labores pro sui principis honore sustinuerunt, attentis ut
dixit gratituis servitiis per ipsos supplicantes et eorum quemlibet in
solidum eidem domino comiti et prædecessoribus suis in eorum guerris
et multipliciter impensis et quæ per eosdem magis impendi spera-
bat in futurum eisdem supplicantibus et eis adhærentibus et eorum
cuilibet in solidum dicta homagia et fidelitatis juramenta condition-
naliter per ipsos antè eorum alterum facta et præstita tamquam nulla
omnemque rancorem ac pœnam si quos ergà ipsum pro præmissis
incurrerunt quitavit remisit et perdonavit, ipsosque supplicantes et
eis adhærentes et eorum quemlibet in solidum ad faciendum et præstandum de novo homagia legitima et pura et fidelitatis juramenta,
omni exceptione et præstatione amotis, proùt sibi facere et præstare
debent, admisit, necnon dictis dominis de Montesquivo, de Monte-Alto
et de Pardaliano expressè petentibus et pro se ipsis et omnibus aliis
nobilibus dicti Fezensiaci comitatus absentibus una cum me notario
publico infrà scripto ratione mei officii stipulantibus et recipientibus
dictas consuetudines, libertates, franchesias, usus et privilegia dudum
per prædecessores suos Fezensiaci comites eisdem seu prædecessoribus
eorum datas, concessas, confirmatas et juratas ratificavit et confirmavit
eaque, quæ de jure fuerunt, servanda tenere et observare promisit ac
etiam juravit suprà librum missalem apertum et crucem desuper positam existentes inter manus dictorum dominorum de Montesquivo,
domini de Monte-Alto et domini de Pardaliano et eisdem ac aliis
nobilibus absentibus dicti Fezensiaci comitatus et eorum hæredibus
et cuilibet ipsorum esse bonus dominus ligius, ipsos et eorum quemlibet de et suis et aliis personis juxtà posse ab omni indebita oppressione defendere prout quilibet ligius dominus superior immediatus
defendere tenetur et proùt in dicto comitatu Fezensiaci per prædecessores suos est fieri consuetum et ibidem tam dictus dominus comes
quam dicti supplicantes requisiverunt me notarium infrà scriptum....
notas quascumque omnium et singulorum instrumentorum per me
receptorum suprà dictis homagiis et fidelitatis juramentis condiciona-
liter per ipsos antè eorum alterum factis dicto domino comiti et
præstitis ac suprà retentione dictarum exceptionum et præstationum
receptis cancellare, ipsa instrumenta ipsi et eorum quilibet proùt ad
eum pertinebat, annullabant, irritabant et revocabant in quantùm
poterant et eisdem penitùs tanquàm vanis, irritis et annullatis renun-
tiabant postque prænominati supplicantes unus post alium singula
riter et sigillatim homagia et fidelitatis juramenta ligia et jura.
omnibus exceptionibus, protestationibus et resomtionibus quibuscumque cessantibus et exclusis, quæ ipsi domino comiti facere et

præstare tenebantur fecerunt et præstiterunt prout in instrumentis suprà hoc confectis per me notarium infrà scriptum et receptis plenius continetur; de quibus omnibus universis supradictis dictus dominus comes pro parte sua et dicti supplicantes pro eorum parte petierunt et requisiverunt cuilibet ipsarum partium fieri publicum instrumentum unum antè plura per me notarium infrà scriptum et de consilio peritorum si opus fuerit, facti substantia non immutatâ, quod et quæ ego notarius infrà scriptus eisdem concessi prout per me fuerat concedendum.

Acta fuerunt hæc apud ut suprà in camera propria dicti domini comitis anno et die quibus suprà serenissimo principe et domino nostro domino Carolo Dei gratiâ, Francorum rege, regnante, reverendo patre in Christo et domino Raymundo Lactorensi episcopo, præsidente, et dicto domino comite in dictis suis comitatibus, vicecomitatibus et terris dominante, testibus præsentibus nobilibus et potentibus viris dominis Beraldo de Lebreto, domino de sancta Baselia, Pontio de Cardaliaco, vicecomite de Murato, Manaldo, domino de Barbasano, Joanne de Paroliis, domino de Blanquoforti, Joanne domino de Magnauco, Forcano de Lavaleta, domino de Sancto Mensan, Bernardo de Riparia, domino de Labatuto, militibus, Joanne domino de Feudomarcone, venerabilibus et discretis viris dominis Bernardo de Prato, Oddone de Verduzano, in legibus licentiatis ad præmissa vocatis et rogatis.

(Copié sur un extrait tiré de la Trésorerie de Montauban le 13 mai 1634 et signé Delort, conservateur).

COUTUMES DU COMTÉ D'ARMAGNAC
ET DE LA VICOMTÉ DE LOMAGNE (4 mai 1428).

Joannes, Dei gratiâ comes Armaniaci, Fezensiaci, Ruthenæ et Insulæ, vicecomesque Fezensagueti, Brullesii, Carselli et Gimoesi, ac dominus terrarum Ripariæ Auræ et Montanorum Ruthenensium, universis et singulis præsentes litteras inspecturis, salutem. — Cùm sit cujuslibet principis subditorum vota oculis prospicere benevolis, eorumque supplicationes benignè exaudire, nam eorum princeps dominus incrementum suscipit, cum subditorum vota oculis prospicit benevolis eorumque supplicationes benignè exaudit, nostram adeuntes præsentiam dilecti et fideles nostri milites et conciliarii domini

Bertrandus de Gualardo, dominus de insulà Bozonis, dominus Bertrandus de Gutto, dominus de Rolbaco, dominus Joannes de Vicomonte, dominus de Tornacopa et Gailhardus de Lucomonte, dominus de Podiogaillardo pro se et nomine omnium et singulorum nobilium vicecomitatus Leomaniæ et Altivillariæ, viâ humilis supplicationis exponere curaverunt, quod cùm prædecessores nostri claræ memoriæ, quorum animæ cœlestibus fruantur gaudiis, vicecomites Leomaniæ, omnibus et singulis nobilium eorumdem vicecomitatuum dederint, concesserint, juraverint et promiserint tenere et observare foros, usus, consuetudines et privilegia contenta in quodam publico instrumento manu publica confecto et signato per eos nobis oblato, exhibito et tradito hujus qui sequitur tenoris. Noverint universi præsentes pariter et futuri hoc præsens publicum instrumentum visuri etiam audituri quod magnificus et potens vir dominus Bernardus Dei gratiâ comes Armaniaci, Fezensiacique, Ruthenæ, Cadralhesique, vicecomes vero Leomaniæ et Altævillariæ, dominusque terræ Ripariæ constitutus in mei notarii publici et testium infrà scriptorum præsentià ad humilem requisitionem dominorum Raymundi Arnaldi de Gutto dni de Rholaco, baronis de Lossa, Castellani, Garsiæ de Manassio, dni de Pinu, Bertrandi de Lucomonte, dni de Podiogaillardo militum et nobilium Othonis de Montealto, de Agromonte, Sancii Garsiæ de Manassio, de Avesano, Gastoni de Serilhaco, de sancto Leonardo, Onhaci de Caumont, Petri de Fieus, de Capella Sancti Georgii, Vitalis de Preyssaco d'Esclinaco, Geraldi de Podio de Ulnis, Joannis de Lucomonte de Maurosio, de sancta Christina in Corrensaguello, Gaillardi de Lucomonte, de Podio Gaillardo de Cadeto, Othoni et Andræi de Bonofonte, de Feudis, Joannis de Marsaco, Arnaldi de Marestagno vice et procuratoris nobilis Geraldæ de Viveriis, Bertrandi de Gualardo, Bertrandi de Caumonte, Cond. de insulà Bozonis, Joannis de Faudoanis de Pluma, Pontii de Gardia, Joannis de Astremeaco, Othonis et Vesiani de Montealto filiorum domini Gallini de Montealto militis, Condomini, Raymundi de Brollio, de Pellafica et de Saubrimonté dominorum et condominorum dictorum locorum pro partibus suis, Othonis de Cabiraco, condomini de Cadeilhano, Raymundi de Bosetto, dni de Bosetto et sti Joannis de Bosetto, domicellorum et vice et nomine dictorum dominorum et aliorum nobilium dictorum vicecomitatuum dicentium et asserentium quod primò et antequàm ipsi nobiles tenerentur facere homagia et præstare fidelitatis juramenta de bonis, rebus, castris, jurisdictionibus altis et bassis, meris et mixtis imperiis, et aliis juribus quæ ab ipso domino tenebant et tenent in feudum nobile et gentile et aliàs quod dictus dominus tenebatur et tenetur primitus facere et eisdem jurare et præstare juramentum, quod ipse pro se et suis hæredibus et successoribus universis tenebit et tenet, servabit et servare faciet eorum foros, usus et consuetudines et libertates et privilegia quæ de præsenti habebant et jura, feuda et alia quæ poterit illos tangere et quæ poterunt debita probare, et quod eisdem et suis erit bonus dominus legalis et fidelis et alia facere, proùt in quodam rotulo scripto certos articulos consuetudinum continente, ut ab eisdem dictum et assertum fuit, cujus quidem scripturæ tenor dignoscitur esse talis et concessionis per ipsum dominum dictis nobilibus factæ de prædictis, petitis et postulatis.

Seguen las causas que monseignur d'Armaignac fara als gentius de Lomagne. Prumerament que lous deu mandaa generalomen en lo loc de Miradoux et a qui ajustar et no anar en autre loc de ce viscomtat ny deforas. — Item que lodit seignor viscomte los deu prumerament jurar de escer lor bou seignor et gardar lor de trac et de forsa et de tener et conservar lors usatges et lors coustumos et lors franquesas et de ne portar l'un mesque l'aute ny mostrar partida. Item que lo seignor vescomte no puesca far vedas ni inhibitions a nul gentius que no anen fora pays que sens tota licentia, sino per la guerra dessus dita de Lomaigne. Item que seignor no puesca home moilherar ni femma maridar sens lo voler de lors amics ni lou bens ensequestrar sine que lo fossen obligat expressament per sorsdits deuheus. — Item que si lo seignor fassa veda en losdists vescomtats de Treze o blat, o bin, o bestia, o autes bes mobles, que los gentius no en contrasten la veda ny puescan treze obs de lors necessari si tenen hostau fora desdits vecomtats ni per benda o per fa lors propres bens sès nat contrat. Item que si per aventura senguessa, per aquestres causes, presas de locs et destrusimens de hostaus, Que lo seignor no los puesca reprochar de treze ni de meffert lor destrusiment, si no que agossan promettut al signor de no meffer. Item que tot gentiu qui aia guerra la hunt ab l'autre, que puescan ajudar de totas gens que ajudar lor voldra, sian ennemics deu seignor o autre, sens tot menteytet, sense que al ayan al signor. Item que en nul cas nuls gentius de Lomagno no puesca essar aperat traido, si no que anes contra la propria persona de sou seignor o prengue son castel o fes violenza a sa morlhé o damnatge à sos conneguts. — Item lo seignor no deu mandar nul gentius desdits vecomtas per cosseilh ny per aute cause si no en lo loc de Miradoux, ni los gentius no en son tengut de respondre en autre part per nulle causa si no en lo loc de Mirados. — Item que lo seignor no deu fa tenir court a son jutge ni mette officiers per cause que nul gentius aya faita, si no en lo loc de Miradoux et si lo fasca, que loi gentius no son tengut de respondre en autra part

Item que si per ventura degun desdits gentius de la vecomtat abia debat de seignoria, que lo seignor ny sos officiers no prenguenda la cause ni se mustren de partide, mais lechan cadun en lor dreyts et rendan rason a cada partida, et si per aventura fascan lo contra, que lo gentius no sian damnatgeaz ny compelits de respondre en la court per contestar la cause, entro per tant que lo seignor lor ara reparada la causa, et que lo seignor no puesca compellir, ans si puescan appellar a la court soubirane, sens lort prejudici, del seignor. Item que negun des gentius no sera tengut de pagar clamor ny defense a nul bayle desdits vescomtats ny autra ley apertenguda a lor. Item que nul gentius desdits vescomtats ny los sos meados no son tengut de pagar peatge ni venda a la intrada ni a la gysseda desdits vescomtats per feyra ni per mercat, ans poescan crompar et vendre, sans prejudici del seignor ny pagar a luy ny a sos officiers nulle ley. Item que si per aventura lo seignor bolia anar en degun loc desdits gentius desdits vescomtats et a que volia estar, otre lo voler desdits gentius, que nul sia tengut den recebre, si no am son argent pagan, et aysso per l'espassi de dos jours et duas netz, et d'aqui avant lo seignor no y den estar ny los gentius ne son plus tengutz den tengue venda.

Quibus per dictos nobiles domino comiti et vicecomiti monstratis et significatis, dictus dominus comes et vicecomes habito et vocato cujuslibet gentilis et sui consilii tractatu et deliberatione integra et matura, visis tenoribus petitorum et sibi postulatorum, motu gratia ad finem majorem gratis pro se et suis volens et asserens pro posse tenere et servare per eum promissa et conventa dictis nobilibus vicecomitatuum prædictorum, et eorum quemlibet et eorum usus juxtà tenorem cujusdam rotuli in hoc præsenti publico instrumento nunc et perpetuum valituro, specificato, contento et antequàm dicti nobiles dictorum vicecomitatuum fecissent et præstassent fidelitatis juramenta et homagia præstando, de præmissis supra contentis et specificatis, Sponté promisit et juravit ad sancta quatuor Dei evangelia sua manu dextra corporaliter tacta, ut moris est et fuit præstare consuetum per dominos comites et vicecomites et eorum successores pluriés in similibus præstare quod ipse dominus pro se et suis tenebit, servabit et servare faciet foros, consuetudines, libertates et franchesias de præsenti per eum eis datos, approbatos pro veris et concessis, in quodam alio instrumento dictæ inquisitionis hujus præsentis instrumenti latius contentos et specificatos et expressos et alios qui pro tempore futuro poterunt legitimé et debité probari et quod ipse dominus pro se et suis, prout supra, erit dictis nobilibus et suis bonus dominus fidus et legalis. Item quod et aliis dicentibus et asserentibus etiam esse eorum consuetudines antiquas nondum cessas, eis dabit et concedet unum commissarium et eis providebit, videlicet dominis Bernardo de Prato, licenciato in legibus, judice majore appellationum omnium et Petri de Coma, baccalaureo in decretis, pro eorum parte electis pro concordando dictum factum. Item dictus dominus de sua benigna gratià faciet, tenebit, et servare faciet ea, omni dolo et fraude cessantibus; recognoscendo quod priùs tenetur jurare dictis nobilibus et vassallis, et laudare et approbare eorum foros, usus et consuetudines et libertates confirmare antequàm dicti nobiles dicto eorum domino faciant homagium et teneantur facere et præstare fidelitatis juramentum, renunciando super his gratis omnibus canonibus, juribus et privilegiis et statutis minoris ætatis et restitutionis in integrum; mandando, præcipiendo et insurgendo universis et singulis suis senescallis, judicibus, bajulis, castellis et officiariis dictorum vicecomitatuum, vel eorum loca tenentibus qui nunc et qui pro tempore fuerunt et aliis quibuscumque suis subditis ut dictos nobiles dictorum vicecomitatuum tàm præsentes quàm absentes et eorum hæredes et eorum partes utriusque sexus....

Hac sua præsenti gratià concessionis, assertionis et confirmationis ad ordinationem et declarationem dominorum Bernardi de Prato commissarii et magistri Petri Coma supernis per dictum dominum comitem et vicecomitem et dictos nobiles super dictis foribus, usibus, libertatibus et consuetudinibus suprà incertis nondùm approbatis visum fuerit faciendum eorum conscientiæ et ordinationi rationabiliter eorum et cujuslibet conscientiæ, dictus dominus comes promisit præmissa omnia et singula tenere, servare, et non contra facere vel venire per se nec per alium ullo modo et gratis juravit, nec ratione minoris ætatis nec opponere nec opponi facere aliquam contrariam exceptionem juris vel facti per quæ aut cum quibus hic præsens hujusmodi contractus posset vitiari aut modo aliquo annulari sed nunc et semper in sua roboris firmitate habeat perdurare. Dictus dominus comes et vicecomes concessit dictis nobilibus et eorum gentibus prout supra et eorum cuilibet unum vel plura publicum seu publica instrumenta fieri, sicuti judicaverint ad utilitatem et commodum dictorum nobilium et proùt supra cum consilio sapientium et peritorum semel et pluries, facti substantià non mutatà. Et ita requisiverunt fieri dicti nobiles per me notarium infra scriptum.

Actum fuit hoc Lectoræ in domo Arnaldi de Dulceto, domini de Podio propè Lavardens Auxi diocæsis, die sexta mensis januarii, anno Domini millesimo trecentesimo nonagesimo primo, regnante Carolo Dei gratià Franciæ rege, domino Bernardo eàdem gratià Armaniaci, Fezensiaci, Ruthelæ et Cadrellensis comite et Leomaniæ et Altum Villariæ vicecomite, dominoque terræ Ripariæ, domino

Raymundo permissione divina Lectorensi episcopo existente. Hujusrei sunt testes domini Bernardus de Rippariâ, miles, dominus de Labatut, Bernardus de Prato, Franciscus de Lauro, licenciatus in legibus, nobiles Aissinus de Gualardo, dominus de Terraubia, Petrus Ramundi de Ligardis, condominus de Ligardis, Oth o de Lucomonte, Arnaldus Guillelmus de Vico, alias de Lartiga, Bernardus Ramundus de Gozyna domicellus, Guillelmus de Labat, Petrus de Lagrula, dominus Arnaldus de Quillano, canonicus Auxis, et plures alii et ego Arnaldus de Franco, notarius publicus auctoritate dicti domini comitis Armaniaci et vicecomitis dictorum vicecomitatuum qui in præmisssis dum sic agerent, ut præsens fui et de mandato dicti domini comitis et vicecomitis voluntate ad requisitionem dictorum nobilium pro se et quibus supra nominibus hoc præsens publicum instrumentum retinui et in nica papyru notarii et per alium occupatus pluribus arduis negotiis dicti mei officii publici in hanc formam publicam redegi, feci, et ruesum inferius meo solito signo signavi.

Approbo etiam foros, usus et consuetudines et privilegia contenta in quibusdam articulis nobis per eos humiliter et cum debitis honore et reverentiâ oblatis, exhibitis et traditis hunc qui sequitur tenorem continentibus.

Que lous gentious no sian tengut armar, o en armas ny autrament lodit vescomte seguir, sino per guerra deldit vescomtat o an las terras et seignorias deldit vescomte, provent, que si en losdits vescomtats aujia guerra, que losdits vescomtat fossan et remangossan sufficiement garnits de defensa, davant que lous gentious fossan tengut de anar en las autras terras et heyssir deldit vescomtat; e en lo cas que augo guerra en lodit vescomtat, que losdits gentious no son tengut de servir a lor despens sino per un jour et de qui avant al despens del vescomte tant dedins lo vescomtat coma deforas. Item que si lo seignor vescomte anava fors pays per qualia causa que fors per son propi heritatge o per propria causa sua et peraventure gentius y avio encontro luy, que hom nols puesca reprochar en tal seignor. Item que tout gentius puesca vendre et alienar de sos bens en á qui lig luy playra sens pagar vendas ny acaptes ny nul autre dret; sino aquet que es tengut en la carta de l'homatge de las causas que veneran et per aysso que lodit seignor no deu fer nulle retention ny nul empediment. Item que si per aventura nul gentius home cometia nul crim, per a degos prendre morto, mutilation de membre, que en far l'information et lo proces de la inquesta et dovan la sententia, sian præsens quatre dels gentius de Lomaigne, si esser y volen, los quauls quatre gentius sien sufficiens elegit per tot los autres gentius de Lomaigne o de la mulhor partida et donada la sententia, que los bens tornen a fillo o filles se ny a als plus proches de son linatge, exceptat crim de leze magestat en lo premier cap et en lo segon, crim de horratge, en los quals delicts lo seignor vesconte sia tengut de mettre losdits bens foras la man dedens un an, et que lo plus prochan deu linatge sia preferit a tout autre, donan al seignor lo prets que un autre y donaria. Item que losdits vescomtes ni altre per lui no puesca mettre nul gentius de Lomaigne en puynition, sino que prumer sia feyta information, et que a fer tadito information los quatre gentius y sian apperat, ayssi com dessus esdict et prumerement que lo prengut se podie detene, que lo seignor lo sia tengut de far tot quitti de toutes despenses et si es condemnat que no sia tengut de pagar si no lo principal et la mestat de las scriptures et aqueras que sian temperades et moderament. Item que los gentius puescan levar las oblias per la manière que lodit vescomte pren la moneda et que lodit seignor sia tengut de sostener aquestas causas et de fer gaudir aldits gentius, o si per aventura negun gentius avia fieu en la proprietat del seignor, que lo seignor los falle compellir de pagar per la forme que pagan a son thesaur. Item que lo seignor ez tengut a tot gentius que aran vendas en sas proprietats de fer gaudir et pagar et si per aventura lo fieusaté ere rebelle, que lo bayle del seignor meta ban en lodit fieu et aquet no bene, sino de voler del gentius dequi lou fieu se moura. Item que si lo senhor fasia veda en losdits vescomtats de treze blats o vis et bestias o autres bens mobles que los gentius non contrasten la beda et lou subjet ne puescan tretze abs de lors necessaris si tenen hostaus foras lesdits vescomtats, o per vendre o per fer lors bolers sens lots contrast. Item que lo seignor vescomte no diu fer nuls demanda aux gentius sino que fosque no agos de que viure, o fos prisone per la guerra de Lomaigne o fer lo passatge de ostramar, ny los gentius nol sian tengut en autre cas, et so que lo donaran en aquet cas, que sia a la conegude desdits gentius et la somma que lo donaran, que seignor no deu levar ny home per luy sino deux gentius desdits vescomtats per los autres gentius deputats, losquas sien tengut de respone audit vescomte de ladite somme donada per losdits gentius. Item que lo seignor no a encos ny puesca aver per nul exces sobre aucun gentius de Lomaigne ny en las possessions que tien gentius deldit seignor per cessament del homenatge si no que fos requeat, ny per defailliment de paga las reconneschenses deus fieux que tien de luy; et si per aventura ny avia degun que no pagues son degut al seignor fasien son homenatge et no l'agos pagat a lun o autres que son passat, que lo seignor nol puesca compellir si no en lons que abia retardat et autre dreyt ny action no puesca demandar ny lo gentius nol sia tengut plus a fe. Item que lo gentius qui sera arrestat, lo seignor nol deu tenir en prison estreyta ny dens los murs, si no que lo cas fos capital, ans puesca anar defora dens locs dels vescomtats on a lui plaira, et per l'arrest de la persona en sos bes lo seignor no aura que bézé ny home per luy.

Et licet foros, usus et privilegia prædicta nos eisdem nobilibus juraverimus tenere penitùs et observare in novo adventu dominationis nostræ, nihilominùs tamen nonnulli officiarii nostri conati sunt ea infringere, quam plurima acta præmissis contraria attentando, quinimo verius peragendo nobilium damnum, præjudicium, detrimentum et prædictorum suorum privilegiorum ac libertatum lesionem. Quamobrem nobis humile supplicatum exstitit quatenus in et super præmissis de remedio providere dignaremur opportuno. Notum igitur fieri volumus universis quod nos comes prædictus et vicecomes cupientes privilegia præmissa, foros, usus et libertates in premissis instrumento et articulis contenta ipsis eisdem nobilibus vicecomitatus Leomaniæ perpetuo et inviolabliliter tenere, complere et observare prædictos foros, usus, consuetudines, libertates et privilegia in prædictis instrumento et articulis supernis insertis, contentis et descriptis pro nobis nostrisque hæredibus et successoribus Leomaniæ vicecomitibus in perpetuum laudavimus, ratificavimus, omologavimus et approbamus, laudamusque, ratificamus, omolagamus et approbamus. Ac denuò et in quantùm fuit ipsis eisdem nobilibus vicecomitatus Leomaniæ damus et concedimus, harum nostrarum præsentium litterarum serie et tenore; promittentes insuper præsentium per tenorem pro nobis nostrisque hæredibus et successoribus et nostra bona fide comitali jurantes præmissos foros, usus, consuetudines, libertates et privilegia superiùs contenta pro supradictis Leomaniæ comitibus præsentibus et futuris.

Mandantes fidelibus nostris judici procuratori et thesaurario Leomaniæ cæterisque officiariis et justiciariis nostris præsentibus et futuris ne amodò in anteà aliquid adversus seu contra prædictos foros, usus, consuetudines, libertates et privilegia superiùs contenta et descripta faciant, procurent aut attentent, quinimò ea omnia et singula præmissa teneant, compleant de puncto ad punctum et observent quoniam ita fieri volumus ex nostra certa scientia et jubemus per præsentes. In quorum omnium et singulorum præmissorum fidem et testimonium hasce nostras præsentes fieri jussimus litteras sigilli nostri munimine impendenti roboratas. Datum in castro nostro Insulæ Jordani die quarto mensis madii anno Domini millesimo quadragintesimo vicesimo octavo.

Voici quels étaient les privileges de l'an 1091, mentionnes plus haut.

Que nul gentilhomme des viscomtes de Lomaigne et d'Auvilar ne soit tenu d'armer, ni en armes ou autrement suivre le seignor vicomte de Lomaigne et Auvillar que pour la guerre de Lomaigne, pourvu que s'il y avait guerre dans lesdits vicomtés, les vicomtés fussent bien pourveus, munis et suffisement garnis de toutes choses nécessaires pour leur défense avant que les gentilshommes fussent obligés de sortir du vicomté pour aller ailleurs, et en cas que la guerre sera dans les dits vicomtés, les gentilshommes ne seront tenus de servir qu'un jour seulement à leurs despens et de là en avant aux despens du sr vicomte dedans et hors du vicomté;

Que si le sr vicomte allait hors pays pour autre cause que ce soit que pour son propre héritage ou pour sa propre cause, et si par avanture il trouvait contre lui quelques-uns de ses gentilshommes, que nul ne puisse leur reprocher cet acte auprès de leur seigneur;

Que tout gentilhomme puisse vendre et aliéner de ses biens où bon lui semblera sans être obligée de payer ventes, acaptes, ny nul autre droit que celui de l'homatge pour les choses vendues, et le seigneur ne doit rien prendre ny porter nul empeschement;

Que pour crime de mort, mutilation de membre ou autrement commis par un gentilhomme, l'information, enqueste et entière procedure ne puissent être faits, ni la sentence donnée que quatre gentilshommes de Lomaigne ny soint présens, s'ils veulent y assister, lesquels seront choisis par la plus grande et saine partie de la noblesse de Lomaigne, et la sentence donnée que les biens reviendront aux enfans s'il y en a eu aux plus proches, excepté le crime de leze-majesté au premier chez et au second le basfroy ou souslevement dans lesquels le seigneur vicomte sera tenu de mettre les biens hors de sa main dans l'an et de préférer le plus proche parent de la ligne à tout autre, ce parent donnant au seigneur le prix qu'un autre y aura dict;

Que le seigneur ny autre pour luy ne puisse punir un gentilhomme que l'information n'ayt été faicte, quatre gentilshommes y assistans comme dessus a été dit, et avant que le gentilhomme saisi puisse être détenu, le seigneur payera tous les dépens, et si le gentilhomme est condamné, il ne sera tenu de payer que le principal et la moitié des écritures et encore celles-ci devront être modérées.

Que les gentilshommes seront payés et leveront leurs oblies et rentes par la même voie que le seigneur viscomte prend son argent et que le seigneur sera tenu prester la main; et si par avanture quelque gentilhomme avait des fiefs sur les propriétés du seigneur, le seigneur les fera payer avec la même rigueur que ses receveurs les levent et les payent;

Que le seigneur est obligé à tous gentilshommes ayant des rentes dans ses terres propres de les en faire jouir, que si le feudataire refuse de payer, que le bayle du seigneur fera saisie sur les biens du fief, qui ne pourront être vendus que du consentement du gentilhomme de qui les fiefs sont mouvants;

Que si le sr vicomte défendait de transporter hors du vicomté des bleds, vins, bestiaux et autres biens meubles, que les gentilshommes ne seront nullement subjects à cette défense, mais qu'ils pourront transporter tout leur nécessaire s'ils ont des maisons hors du vicomté et pour vendre et en faire à leur plaisir sans nul empeschement ny contradiction;

Que le sr vicomte ne doit rien demander aux gentilshommes, si ce n'est qu'il n'eust pas de quoi vivre ou qu'il feust prisonnier de guerre de Lomagne ou pour le passage d'outre-mer; ni les gentilshommes ne sont pas obligés en autre cas et ce qu'on lui donnera en ce cas, que ce soit à la cognoissance des gentilshommes et la somme qu'on luy aura promise ne se levera ni par le sr comte ny par homme pour luy; mais par deux gentilshommes du vicomté députés des autres gentilshommes, lesquels respondront au seigneur vicomte de la somme promise par les autres;

Que le seigneur n'ait rancœur ni ne puisse avoir excès sur nul gentilhomme de Lomaigne ny dans les biens que les gentilshommes tiennent à homage du seigneur comte, à deffaut d'homage, si ce n'est qu'il eust été requis, ny à faute de payer les reconnaissances des biens à fiefs, qu'ils tiennent de luy et que s'il y avait quelqu'un qui ne payat pas ce qu'il doit au seigneur en faisant l'homage et qu'il n'est pas payé à nul des seigneurs passés, que le seigneur ne le pourra contraindre que dans le fonds du retardement sans pouvoir demander nul autre droyt ny action, et le gentilhomme n'est pas obligé de luy rien plus payer ny faire;

Que le gentilhomme qui sera arrêté pour quelque forfait, le gentilhomme ne le doit tenir en prison serrée ni dans les murs, si ce n'est que le cas ne fut capital, mais qu'il puisse estre en sa liberté d'aller par tout le vicomté où il voudra aller et à cause de l'arrestation de la personne, le seigneur n'aura rien à voir sur ses biens ny nul autre pour luy.

Manuscrit du Seminaire.

Hæ sunt consuetudines generales Fezensaguetty.

In nomine Domini nostri Jesu Christi, Amen. — Noverint universi præsentes pariter et futuri quod nobilis vir Gasto vicecomes Fezensaguetty filius quondam nobilis viri domini Giraudi Dei gratiâ, comitis Armaniaci et Fezenciaci constitutus in præsentiâ Ramondy de Orto publici notarii Tholosæ domini nostri regis francorum et in præsentiâ similiter infrà scriptorum testium, sua sponte non vi vel metu ad hoc inductus sed sua mera liberalitate..... Postquam cognitus et decretus fuit majorem esse quatuordecim annis auctoritate judiciariâ et decreto intervenientibus et per discretum virum magistrum Stephanum de Scolquenchiis, judicem Verdunii et Vasconiæ pro dicto domino rege, prout de instrumento ipsius cognitionis et decreti confecto et recepto per notarium ante dictum liquid apparet : Idem dominus vicecomes volens et cupiens, ut asseruit, statum terræ suæ et dicti vicecomitatus Fezensaguetti suis temporibus in melius reformare, consideransque idem vicecomes, ut dixit, ad hoc ex debito se teneri, potissimè quod multotiès promissum idem vel quasi promissum fuisset, ut dixit per dictum quondam dominum Guiraudum de Armaniaco comitem, ejus parentem, idem dominus Gasto vicecomes pro se et suis hæredibus et successoribus res quibus cumquè donatione et concessione purâ, liberâ, simplici et irrevocabili inter vivos et in perpetuum valiturâ dedit, donavit, statuit et concessit subditis suis præsentibus et futuris dicti vicecomitatus Fezensaguetty et specialiter, expresse personis infra scriptis ibidem præsentibus et pro se et eorum hæredibus et successoribus et pro omnibus aliis, dicti vicecomitatus absentibus... Vidilicet domino Arnaldo de Giera militi, domino, ut dicitur, villæ seu Castry Mansumpodii in Fezensaguetto et Guilhelmo Assini vocato Saubolæna domicello, condomino, ut dixit castri seu villæ de Brifa in Fezensaguetto, procuratoribus, ut dixerunt majoris partis nobilium vicecomitatûs Fezensaguetty ibidem præsentibus et nomine procuratorii dictorum nobilium et suo nomine proprio recipientibus, et domino Arnaldo de Sparveriis militi, et Arnaldo Anerii domicello, Condominis dicti castry, seu villæ de Brifa, et Pellisono dominicello, filio domini Gailhardy de Fortina militis, et Fortanerio de Cyrac Fezensaguetty, et Aymeric de Turribus dominicello, et Oddoni de Turribus dominicello, filio domini Oddonis de Turribus militis vice et nomine prædicti sui patris et Bartholomæo de Astariaco, dominis dictorum castrorum sine villarum de turribus et de santo quirico Fesensaguetty, et domino Gauterio de Turribus domino castry seu villæ de Montignac Fezensaguetti et domino Petro de Ros milliti Bertrando de Montebruno domicello pro se et Jacobo ejus Patre et pro barono de Blancaforti domicello absente dominis ut dicitur castry seu villæ de Montebruno Fesensaguetti et Bernardo de Giersa domicello, condomino ut dicitur castry seu villæ d'Ausonpoy in Fezensaguetto et domino Ramondo Bernardy de santo Joanne militis, domino ut dicitur castry seu villæ d'Ognax in Fezensaguetto et Azemario de Marabato domicello, domino ut dicitur castry seu villæ de Marabato in Fezensaguetto, et domino Arnaldo de Laureto mi liti et Bernardo de Laureto domicello, condominis castri seu villæ de Laureto in Fezensaguetto et Ramondo Bernardi domicello de Santa Gemma in Fezensaguetto et Vitali de Montegailhardo domicello, condomino castrorum seu villarum de Esclignaco et de Bajoneta in Fezensaguetto et Nebulo de Grassano et Arnaldo de Orzano et Bertrando ejus fratre domicello, dominis, ut dicitur, castri seu villæ de Cerano in Fezensaguetto, et Gilhermo de Maurens et Bernardo Anerii domicello dominis, ut dicitur, villæ seu castri d'Engalin in Fezensaguetto prædicto ibidem præsentibus et pro se ipsis et hæredibus et successoribus eorum et pro eorum compareriis seu consortibus in dictis castris seu villis et universitatibus omnibus et singulis dictorum universitatum dictorum castrorum seu villarum recipientibus præsentibus et futuris et vice et nomine eorumdem et eorum hæredum et nihilominus Guilhermo Procelli et Joanni de Borgos consulibus castri seu villæ Malivicini dicti vicecomitatus Fezensaguetti ibidem præsentibus et recipientibus pro se ipsis et pro tota universitate et singulis ipsius universitatis ipsius castri seu villæ Malivicini predicti præsentibus et futuris hæc quæ sequuntur.

Hic fuit concessa nobilibus juridictio.

In primis idem dominus vicecomes statuit donavit et concessit pro se et suis hæredibus et successoribus ex nunc et in perpetuum nobilibus et aliis infra scriptis videlicet, domino Arnaldo de Giera militi, domino, ut dicitur, dicti castri seu villæ Mansempodii et domino Arnaldo Desparberiis militi et Guilhermo Assini domicello, dicto Saubolena et Arnaldo Anerii domicello, dominis, ut dicitur, dicti castri seu villæ de Labrifa et domino Gailhardo de Fortina militi et Fortanerio de Cyraco domicello dominis, ut dicitur, dicti castri seu villæ de Cyraco et dicto Oddoni de Turribus et Bruno de Turribus domicello et Bartholomeo de Astaraco dominis, ut dicitur, castri seu villæ de Turribus et dicto domino Petro de Roth, militi et Bertrando et Jacobo de Montebruno domicellis et barono de Blancafort domicello, dominis ut dicitur dicti castri seu villæ de Montebruno et domino Ramondo Bertrandi de Santo Joanne militi domino, ut dicitur, dicti castri seu villæ de Ognax et hæredibus et successoribus eorumdem et causam seu titulum habentibus ab eisdem quod ipsi suprá proxime nominati et hæredes et successores ipsorum et causam seu titulum ab eis habentes habeant et exerceant deinceps et in perpetuum in dictis castris eorum, locis et villis videlicet quilibet eorum pro parte ipsum contingenti in territoriis et pertinentiis ipsorum castrorum, villarum et locorum, altam et bassam justitiam merum et mixtum imperium et omnimodam juridictionem et fureas justiciarias et costillum seu pillori et eas facere et erigere valeant et erectas tenere in uno loco in quolibet dictorum castrorum seu pertinentiarum eorundem tantùm et quod domini prædicti habeant et habere possint et exercere per se vel per alium observationem et exercitium omnium prædictorum et omnia et singula quæ ad prædictum merum et mixtum imperium et altam juridictionem et bassam et omnimodam juridictionem pertinere noscuntur et sine quibus prædicta explicare et expediri non possent et quod quilibet ipsorum in eorum castris et locis in quibus habebunt merum imperium, jure possint habere et facere et creare notarium seu tabellionem publicum.

De juridictione nobilium usq. ad sexaginta quinque solidos Tolosanos.

Item statuit et concessit dedit et voluit idem dominus vicecomes ut suprà quod omnes milites, domicelli, nobiles seu loca nobilium tenentes, habentes castra antiqua populata seu castellaria naturalia et antiqua quod in ipsis terris et proprietatibus suis et terris subditorum, quæ mediate vel immediate tenebuntur ab ipsis intra territoria et pertinencias prædictorum locorum seu castellariorum habeant et exerceant per se vel per discretas personas vel eorum accessores deinceps omnem civilem et ordinariam juridictionem usque ad summam sexaginta quinq. solidorum Tolosanorum et infra et ultra hoc usq. ad causam fustigationis et cursum villæ et ipsam fustigationem et cursum et ea omnia sine quibus dicta fustigatio et cursus explicari seu expediri non possunt. Retinuit tamen dictus vicecomes sibi et successoribus suis quod si dicti milites, dominicelli, nobiles seu nobilium loca tenentes extra territoria et pertinentias castrorum seu locorum, haberent casalia seu terras particulares munitas seu dispersas quod in illis nullam juridictionem habeant vel exerceant. nisi tantum simplicem legem feodalem.

De juridictione usq. ad quinq. solidos.

Item voluit et concessit dominus vicecomes quod alii nobiles seu loca nobilium tenentes, habentes militias, francalitias vel feoda franca atque populata, si in eis habitent vel inhabitarent vel habitatores haberent, in posterum habeant et exerceant in eis locis vel pertinenciis eorum minorem juridictionem scilicet in illis casibus in quibus gagium seu lex esset quinq. solidorum Tolosanorum et infra ; omnem vero aliam juridictionem et merum imperium retinuit sibi dictus vicecomes vel quod baro habeat seu miles vel locum tenens nobilis in cujus juridictione hoc esset.

Super examinatione testium nobilium et burgentium.

Item voluit et concessit dominus vicecomes et fuit ordinatum de consensu dictorum procuratorum et aliorum superius nominatorum nomine aliorum subditorum de Fezensaguetto quod prædictus dominus vicecomes et successores sui in dicto vicecomitatu suo Fezensaguetti teneat et habeat senescallum suum et unum vel plures judices seu discretas personas qui vel alter eorum causas et lites criminales et civiles criminare vel audire possint sub modo et formâ quæ inferius continentur videlicet quod si ageretur vel inquireretur viâ ordinariâ vel extraordinariâ de casu qui importaret amissionem omnium bonorum vel de hæreditate tota seu de toto patrimonio alicujus subditi vel majori parte omnium bonorum suorum, quod in causa seu lite baronis seu militis et cujuslibet alterius nobilis in receptionne testium vocentur et intersint alii duo barones vel milites seu alii duo nobiles bonæ opinionis de vicecomitatu Fezensaguetti; in causa vero burgentium et aliorum Laicorum subditorum vocentur similiter et intersint in receptione testium duo burgenses vel duæ aliæ personæ bonæ opinionis de eodem loco ubi causa erit qui habeant potestatem una cum illo qui tenebit et exercebit juridictionem eligendi et habendi notarium de dicto vicecomitatu Fezensaguetti pro scriptione testium faciendâ et in prædictis causis seu litibus baronum et aliorum nobilium dictus dominus vicecomes seu senescallus suus seu ille qui præerit, tenebit seu exercebit juridictionem pro ipso dicto comite, vocata curiâ Fezensaguetti per novem dies ante tempus ferendæ sententiæ per ipsum dominum vicecomitem vel per illum qui tenebit et exercebit juridictionem pro eodem vicecomite et alias discretas personas, si haberi possint, requisito et deliberato consilio cum illis qui præsentes erunt in curiâ seu majori parte et saniore et cum illis quorum consilium ipsi domino vicecomiti vel præsidenti juridictioni pro ipso dicto vicecomite sanius vel melius videbitur, inimicis ac suspectis et aperte oppositis exclusis, definitiva sententia proferatur. in causis vero burgentium et aliorum subditorum per ipsum dictum vicecomitem vel illum qui præerit juridictioni pro ipso dicto vicecomite, simul definitiva sententia proferatur, deliberato consilio cum illis qui præsentes erunt in curiâ burgentium et aliarum idonearum personarum vel majori parte seu saniori, vel cum illis quorum consilium ipsi dicto vicecomiti vel præsidenti juridictioni pro ipso sanius et melius videbitur, inimicis et suspectis exclusis. Item fuit concessum et ordinatum et actum per dictum dominum vicecomitem quod parti litiganti sit salvum jus recusandi prædictas duas personas, quæ debent examinationi testium interesse, si eas suspectas habuerit, et causam seu causas suspectionis intra breves dies ad cognitionem curiæ possit sufficienter probare.

De cognitione delicti secundum qualitatem criminis.

Item fuit ordinatum, statutum et concessum ut suprà quod prædictus dominus vicecomes seu senescallus suus vel ille qui præerit juridictioni suæ cum curiâ sub modo et formâ superiùs expressatis, de causis criminalibus cognoscat et fascinorosos et delinquentes puniat et condemnet in personis et bonis delinquentium secundum qualitatem criminis seu delicti, prout de jure seu ratione sit faciendum, ita tamen quod prædictus dominus vicecomes et successores sui, si sit ætatis viginti annorum, nisi absens esset vel alio justo impedimento detineretur et causa esset criminalis quæ tangeret baronem vel alium nobilem, idem dominus vicecomes et successores sui sit semper præsens in curiâ et prolatione sententiæ et quod curia Fezensaguetti vocetur tribus vicibus et dominicis diebus per dictum dominum vicecomitem vel illum qui præerit juridictioni pro eodem ad requisitionem illius cujus causa erit.

De bonis damnatorum.

Item fuit ordinatum statutum et concessum ut suprà per dictum dominum vicecomitem de consensu præditorum procuratorum et aliorum superius nominatorum quod bona damnatorum quæ per judicium dicti domini vicecomitis vel locum ejus tenentis et curiæ suæ Fezensaguett venirent in commissum, si prædicta bona sint in districtu et juridictione dicti domini vicecomitis immediatè quod ad ipsum dominum vicecomitem devolvantur et veniant in incursum : si non sint in districtu, sed in juridictione baronis vel militis vel alterius nobilis habentis altam justitiam merum vel mixtum imperium, quod dicta bona pœnès illum baronem, militem vel nobilem in cujus juridictione essent pleno jure remaneant ut incursa. Bona autem immobilia quæ invenientur in tenemento et juridictione militum vel loca nobilium tenentium, habentium juridictionem ordinariam sine mero imperio et alta justitia, deveniant penitùs in commissium ad illos dominos in quorum tenemento et juridictione essent, videlicet de terris et feodis quæ tenebantur mediatè vel immediatè ab ipsis; de bonis autem mobilibus habebunt et levabunt prædicti domini sexaginta quinque solidos Tolosanos; quibus levatis et receptis totum residuum rerum mobilium habebit idem vicecomes vel baro, miles vel nobilis habens merum imperium in cujus juridictione erunt. Alii vero nobiles vel loca nobilium, militias seu francaliscias tenentes, de quibus prædictum est quod debent habere gagium seu legem usq. ad quinq. solidos Tolosanos, habebunt et recipient penitùs omnia bona immobilia quæ immediatè tenebunt ab ipsis; et de bonis mobilibus habebunt et levabunt quinq. solidos Tolosanos et residuum, quod super erit de dictis bonis mobilibus, habeat prædictus vicecomes, baro, miles seu nobilis in cujus juridictione essent.

Qualiter dominus debet extrahere bona de manu sua.

Item fuit ordinatum, statutum et concessum ut suprà quod si contingeret aliquando terram seu feodum domino vicecomiti prædicto seu alii domino juridictionem habenti majorem vel minorem, venire in commissum, idem dominus vicecomes vel ille dominus a quo dictam terram seu feodum teneret, licet sibi veniat incomissum, teneatur intra annum et diem, dictam terram seu feodum extra manum suam erigere et ponere, et transferre in personam habilem ad solvendum jura feodalia, canonem seu petitionem solitam domino a quo tenebitur.

De appellationibus.

Item fuit ordinatum statutum et concessum ut suprà quod in omnibus causis criminalibus et civilibus contingentibus in curia ipsius domini vicecomitis vel quolibet aliorum in vicecomitatu Fezensaguetti juridictionem habentium, omnibus quorum intererit licitum sit appellare a definitivis sententiis et in aliis casibus ante sententiam a jure permissis.

De herbis et pascuis.

Item fuit.... quod prædictus dominus vicecomes absolvit et quitat pro se et successoribus suis omnibus militibus et nobilibus et quibuscumq. aliis habitantibus et aliis subditis in dicto vicecomitatu et qui deinceps habitabunt ibidem et dicto notario pro prædictis absentibus et eorum quorum interest stipulanti omnes herbas, ligna, fustes, glandes, aquas et quodlibet aliud expletuum terrarum, nemorum et possessionum suarum, concedens eisdem quod de prædictis terris, nemoribus et pascuis amodò liberaliter uti possent pro libito suæ voluntatis, salvo jure quolibet alieno, sine aliquo impedimento, quod prædictus dominus vicecomes et successores sui et sui officiales non præstabunt eisdem aliquatenùs in futurum.

De albergatis quitatis.

Item fuit... quod dominus vicecomes absolvit et quitavit perpetuo pro se et successoribus suis omnibus militibus domicellis bur gensibus et aliis omnibus subditis suis quibuscumque militias seu francalicias tenentibus, eorum hominibus seu feodatariis cujuscumque status seu conditionis existant omnes albergatas, talias seu collectas, dona seu munera quæ occasione seu ratione dictarum albergatarum recipi vel levari consueverunt, promittens idem dominus vicecomes quod, occasione seu ratione prædictarum albergatarum, nullam amodo ab eis exactionem prestationem, oppressionem exiget, requiret, inferet seu inferri per aliquem vel aliquos permittet aliquatenus in futurum.

De dessaisina possessionis.

Item fuit.... quod nullus homo cujuscumq. status seu conditionis existat in vicecomitatu Fesenzaguetti de possessione terrarum, possessionum seu rerum suarum dissaycietur seu spolietur, sine causæ cognitione; vel bannum, impedimentum illicitum apponatur vel per dictum dominum vicecomitem vel per quemcumq. suæ juridictionis subjectum et si contingeret inter subditos dissaycina fieri quod, petitione factâ, statim respondeatur et simpliciter et de plano inquiratur, et causâ cognitâ celeriter rezaysina fiat.

De carcere prohibito.

Item fuit... quod nullus subditorum dicti domini vicecomitis prædicti in vicecomitatu Fezensaguetti capiatur et captus retineatur dum tamen offerat et præstare voluerit cautionem idoneam de parendo seu stando juri, nisi pro tali crimine, quo probato, pœna corporalis esset infligenda, et si pro tali crimine quis capiatur, celeriter super illo crimine inquiratur, et quod captus non ducatur, nec detineatur extra vicecomitatum Fezensaguetti qui captus de dicto vicecomitatu esset.

Qualiter notarii et sigillatores recipiantur.

Item fuit ordinatum statutum et concessum ut suprà per dictum dominum vicecomitem quod notarii curiæ ipsius vicecomitis seu senescalli et aliorum judicantium terræ suæ recipiant de processu causæ cum assignatione diei a quâlibet parte Tol. denarios tantum, quamvis testes nominentur vel producantur et de examinatione cujuslibet testis publicatione facta unum denarium et de qualibet possessione unum denarium tolosanum, de libello incorporando duos denarios tolosanos de instrumento debiti incorporando duos denarios Tol. de litteris citationis recipiant duos denarios Tol. et pro scripturâ duos denarios Tol. Illi qui tenebunt sigillum pro recitatione sententiæ et scribenda in libro curiæ sex denarios Tol. Item de constitutione procuratoris in actis unum denarium Tolosanum pro quolibet procuratore constituto, item si instrumentum compromissi inseratur in actis sex denarios Tolosanos ; de aliis instrumentis donationum testamentorum et aliorum quæ inseruntur in processu causæ recipiat notarius ad arbitrium judicantis, item de instrumentis seu litteris assignationum donationum mulierum, tutelarum, curæ et inventariorum et mancipationum a quolibet prædictorum octodecim denarios Tolosanos, pro scriptura et sex denarios Tolosanos pro sigillo, item pro contumacia seu deffectu lex non solvatur sed expensæ solum taxatæ et partis solvantur.

De notariis bajuli, qualiter recipiant.

Item notarii bajulorum domini seu aliorum bajulorum dominorum judicantium seu curias tenentium in dicto vicecomitatu Fezensaguetti pro clamore scribendo nec pro responsione nec pro negatione, confessione seu percepto facto in confessum nec quando cancellat clamorem, nihil recipiat seu exigat nisi unum denarium Tolosanum a condemnatione tantum nec etiam scribat aliquem processum nisi ex comissione sibi factâ, sed quando negatio intervenit, remittantur partes coràm judice ad proximam Assiziam, de littera vero commissionis si fiat per judicem, recipiantur duo denarii Tolosani tantùm pro sigillo et scriptura, item de litteris citationum, pignorationum et aliis scripturis quæ pertinent ad officium notarii. recipiat et faciat, ut de notario senescalli et judicis est superius ordinatum.

De gagiis servientium.

Item nuntii et servientes curiæ senescalli, judicum seu bajulorum et aliorum curias tenentium in Fezensaguetto nihil recipiant pro citationibus faciendis intrà castrum seu villam nisi de curia tenebitur sed si vadat extrà pro citationibus seu pignorationibus faciendis recipiat pro qualibet leuca duos denarios Tolosanos tantùm et quod si plures vadant non recipiant nisi pro uno, nisi resistentiam invenirent et tunc eant cum litteris superiorum senescalli, judicum seu bajulorum ; item quod nuntii eant extensis salariis ad quorum instantiam vadunt et quod pignora capta per eos absque reverentiâ secum apportent et creditoribus reddant et aliter salarium eis non solvatur. Servientes vero, contraistam ordinationem venientes, puniantur in quinque solidos, item nullæ litteræ fiant per notarios curiæ nec ipsas nunciis tradant nisi ad requisitionem partis, item si pro legibus, gagiis seu aliis dominium tangentibus citant seu pignorant, nihil recipiant.

De juramento officialium.

Item quod senescallus et bajulus et eorum notarii et servientes in sua novitate jurent omnia præ li.ta tenere, servare et non contra venire.

De præventionibus faciendis.

Item fuit... statutum quod præventiones non fiant nec curia utatur nisi in criminibus seu delictis in quibus consuetum est levari seu recipi lex seu gagium sexaginta quinque solidorum Tolosanorum vel importari amissionem bonorum ultrà dictam summam. In aliis vero casibus, sine accusatore seu denuntiatore vel conquerenti seu partem faciente et procuratore domini, curia se non intromittat.

De clamoribus et pedagiis non solvendis per nobiles.

Item fuit... quod nullus miles, domicellus, nobilis seu de genere militari solvat legem seu gatgium quod pro clamore recipitur, sed quod fiat emenda, quærelantibus eisdem, per illum qui prohibuerit juridictionem pro domino, proùt juris fuerit et rationis; nec pedagium de rebus emptis ad proprios usus eorumdem.

De mutatione locorum.

Item fuit... quod si aliqui homines de proprietatibus dicti domini vicecomitis vel aliorum subditorum suorum seu de loco ad locum se transferre voluerint, quod non præstetur eis impedimentum injustè nec in personis nec in rebus eorumdem.

De bastitiis.

Item fuit... quod si dictus dominus vicecomes in aliqua parte sui vicecomitatus in terra propria bastiret seu bastitam faceret, non dabit venientibus ad habitandum terram seu terras subditorum suorum præterquam de eorum, quorum fuerit, processerit voluntate, et si bastitam faceret et ibi aliquis miles vel alius terram haberet extra juridictionem castrorum populatorum et non populatorum necessariam bastimentis novis dictæ bastidæ, quod dictus vicecomes det emendam ei ad cognitionem duorum proborum hominum ab eis communiter electorum, nec bastitam faciet in terra alicujus sui subditi nisi de ejus processerit voluntate nec pedagium faciet seu recipiet in aliquo loco, de quo esset controversia inter subditos suos, quousque de dictà controversià fuerit definitum.

De juridictione nobilium et Malorumvicinorum.

Item fuit... ordinatum concessum et ordinatum per dictum dominum vicecomitem, quod nobiles seu generosi nec homines Malivicini non possint trahi seu conveniri nec etiam detineri tam in civilibus quàm in criminalibus nisi apud Malumvicinum in curiâ dicti loci, nisi in civilibus ratione contractus seu obligationis in alio loco fuerint obligati.

De appellationibus emissis a subditis

Item fuit... quod omnes primæ appellationes quæ interponentur ab audientiâ officialium dicti domini vicecomitis seu aliorum judicantium in vicecomitatu Fezensaguetti apud Malumvicinum per ipsum dominum vicecomitem vel per illum judicem qui præerit juridictioni pro ipso vicecomite debent terminari, et alibi respondere nec comparere nimium teneantur et si contingerit quod in dicto casu appellationis esset receptio testium facienda, quod adhibeantur in eorum receptione duæ personæ bonæ opinionis dicti vicecomitatus in illis causis tantùm de quibus superius ordinatum est quod duæ personæ debent adhiberi in testium receptione.

De eodem.

Item fuit... si pars appellans vel appellata cadat vel succumbat in appellatione succumbens non puniatur in expensis litis sed in eo quod per sententiam fuerit condemnata, aliquo jure seu consuetudine in aliquo non obstante.

De rebus francalibus.

Item fuit... quod si res francales venderentur de quibus certus sensus non solvitur annuatim et predictæ res francales descenderent, fuissent, extitissent de militia vel predictæ res fuissent, extitissent liberæ seu francales ab antiquo a tanto tempore de cujus contraria memoria non existit et predictas res teneret miles vel alii loca nobilium tenentes, predictus dominus vicecomes nec aliquis officialis subditi sui seu nobiles habentes juridictionem seu non habentes non debent habere seu recipere vendas pro laudamine venditionis : persona vero quæ prædictas res emerit seu inquam alienatio vel translatio rei fuerit facta, teneatur venire intra annum et diem coram domino et facere et præsentare deberia sua.

De securitate prestanda.

Item fuit... quod quilibet de dicto vicecomitatu Fezensaguetti teneatur prestare securitatem cuilibet petenti seu suplicanti, dum tamen jurent ad sancta dei evangelia se timorem habere ab ipso a quo petit de proprio corpore et bonis suis et quod maliciose seu calumniose dictam securitatem non petit ; quà securitate prestità fractores puniantur, juxta usum et consuetudinem regni franciæ seu senescalli Tolosæ quà fractores et invasores puniuntur.

De non capiendo aliquem de Fezensaguetti.

Item fuit... quod nullus pro proprio seu alieno debito, sive dicto domino vicecomiti seu alii debeatur, capiatur seu etiam arrestetur et si aliquis forte propter hoc caperetur seu arrestaretur et non petità licentià recederet, quod propter hoc in nulla pœna seu gagio teneretur, nisi pro laudatione seu confirmatione venditionis et distractione rerum suarum in casu necessario facientes, cum aliàs laudare nolet, tunc tamen capi possit seu etiam arrestari.

De pignoratione prohibita.

Item fuit... quod nullus ratione alicujus obligationis nec pro debito seu gagio nec pro pœna, lege domini vel expensis curiæ vel aliis, in vestibus sui corporis vel pannis lectorum seu de animalibus terram arantibus nec de æquitatura alicujus nobilis, seu episcopi vel alterius personæ locum nobilis tenentis sive armis pignoretur et si forte casu aliquo in aliquo de prædictis pignoratus fuerit, prædictus dominus vicecomes et officiales seu bajuli sine diffugio ea gagia restituant eisdem si pignorati alia bona immobilia habeant, unde possint satisfacere completè creditoribus suis.

De duello recipiendo vel non.

Item fuit... quod dictus dominus vicecomes non recipiat duellum de subditis suis nisi in duobus casibus murtro proditoriose seu scelerate facto vel exheredatione terræ, nec tunc etiam, nisi de liberà utriusque processerit voluntate.

Nec pater pro filio nec unus pro alio puniatur.

Item fuit... quod nullus pro facto seu delicto alterius per dictum dominum vicecomitem seu curiales ejusdem seu per quoscumq. judicantes in Fezensaguetto in aliquo puniantur nec pater pro filio nec e converso nisi prius clarum esset, seu liquidum curiæ appareret prædicta præcomissa mandasse seu ratum habuisse ex post facto.

De non diruendo hospicia, molendina et similia.

Item fuit...quod nullus in vicecomitatu Fezensaguetti ratione guerræ vel discordiæ hordas, domos, et alia loca populata intus, fortarassia murata vel vallata, vel extra molendina vel etiam porteria, vineas et alias arbores fructiferas, blada, fæna, fœnaria, paleas comburere vel talare audeant, quod si contrarium factum fuerit, duplum restituere teneatur et nihilominùs de crimine seu delicto delinquens seu malefactor puniatur secundum qualitatem criminis seu delicti per dictum dominum vicecomitem sub modo et formâ superius expressatis.

De clandestinis maleficiis et eorum emenda.

Item fuit... quod clandestina maleficia occulta seu clandestine perpetrata, de quibus certi autores non poterunt deprehendi seu capi, factâ inquæstâ ut justitia seu vindicta possit fieri vel haberi, juxta qualitatem criminis seu delicti emendentur per par.œsias circumvicinas, omni appellatione seu provocatione remotâ et omnino cessante; ita tamen quod talia non excedat viginti denarios Tolosanos pro quolibet foro.

De piscatione et venatione prohibita.

Item fuit... quod nullus in piscario, stagno vel in gorgato piscari audiat nec aliquis columbos columberii cum rete seu palesta, cirogrillos capere cum furone vel aliter seu in honore claperii venari seu capere, quod si fecerit et deprehensus fuerit vel convictus vel probatus, legem sexaginta quinque solidos Tolosanos domino vicecomiti vel illi domino in cujus juridictione commisit, solvere teneatur et viginti solidos Tolosanos solvat damnum passo et furonem et filatum amittat et si non possit solvere, luat in corpore.

De eodem.

Item fuit... quod nullus cum filato vel balista in alterius terrâ venari vel capere audeat sine voluntate domini cujus terra erit, scilicet perdices cum filato vel pirilillo lepores, quod si fecerit dictam legem sexaginta solidos Tolosanos solvat domino vicecomiti seu domino illius loci in cujus juridictionis erit perpetratum.

De defensis et vedatis.

Item fuit... quod quilibet circa castrum vel locum suum vedatum seu deffensum rationabiliter faciat et facere possit, salvo jure alterius de cujus jure intrà tres menses cognoscatur nec aliquis ipsum frangere audeat vel depascere cum animalibus suis, contra facientes, quotiescumque inventi fuerint, pænam quinque solidorum Tolosanorum incurrant et ferramina amittant et emendam damnum passo ultra hoc solvere teneantur.

De avocationibus.

Item fuit... quod dictus dominus vicecomes non recipiat aliquam novam avocationem in præjudicium alicujus sui subditi, exceptis sacramentis fidelitatis de rebus de quibus esset controversia seu quæstio in judicio, vel aliquis se offerat paratum facere promptam fidem in judicio, ad cognitionem curiæ, de jure suo.

De austoribus.

Item fuit... quod nullus sit ausus capere austurones seu ancipitres seu sparberios delego seu de loco ubi nidum facient aut ova eorum ; quod si fecerit, probatus fuerit vel convictus, solvat domino terræ vel nemoris in cujus juridictione hoc factum fuerit in pœnâ sexaginta quinque solidos Tolosanos et quod austores, ancipitres, et ova capta reddat et nisi possit solvere, luat in corpore ad cognitionem curiæ.

De fractione carceris.

Item fuit... quod habentes nobiles juridictionem seu cognitionem causarum civilium et legem sexaginta quinque solidorum Tolosanorum et casum fustigationis, possint habere, exercere et uti carcere seu prisione, et si aliquis captus, eorum carcerem seu alterius habentis juridictionem majorem fregerit seu evaserit, quod domino carceris credatur cum juramento ejusdem et duorum bonorum bonæ opinionis dicti loci et si jurent quod sine eorum dolo vel culpa carcerem evaserit sed aliter, quod eis credatur, et pœnâ aliquâ propter hoc dominus prædictus minimè teneatur, et si captus fuerit in casu remissionis seu restitutionis, majori domino intrà triduum dictum captum restituat bonâ fide et significet. Ita tamen quod major dominus vel locum ejus tenens dictum captum recipiens veniat ad locum ubi captus erit et ibi eidem domino dictus captus restituatur et nihilominùs expensas rationabiles juxtà conditionem personæ factas ratione dicti capti, domino qui tenebit dictum captum, restituere teneatur.

De successione primogeniti.

Item fuit... ad supplicationem et postulationem nobilium et ut status eorum in meliùs reformetur, quod eorum filius primogenitus masculus succedat in hæreditate paterna videlicet in baronniis castris et militiis, ita tamen quod filiabus, sororibus primogeniti, provideatur in eis maritandis, nubendis et dotandis ad cognitionem propinquorum parentum juxtà qualitatem et nobilitatem patrimoniorum et si loco patrimonii esset matrimonium *les biens venant de la mère*, quod primogenitus masculus succedat eodem modo, et si masculus deficiat primus, secundus et ultimus et primogenita filiis succedat et quod aliis sororibus provideatur, ut suprà extitit ordinatum.

De confirmatione consuetudinum.

Item fuit... statutum, ordinatum et concessum ut supra quod idem dominus vicecomes ex certà scientià confirmabit et approbabit consuetudines scriptas et concessas per dominum Geraldum bonæ memoriæ patrem suum hominibus Malivicini et aliis dicti vicecomitatus et omnes usus approbatos et padoantias et omne genus explectuum, et plateas communes, salvo jure quolibet alieno, prout ea omnia nunc tenent et possident absquè præjudicio quod eis propter hoc non fiat pro præmissis consuetudinibus nunc scriptis et concessis.

Item fuit statutum ordinatum et concessum per dictum dominum vicecomitem quod consules et universitas Malivicini teneantur facere exercitum communem domino vicecomiti et generalem cum mandabit bannum nobilium et aliorum ad defensionem rei seu terræ suæ intrà terram suam vicecomitatus Fezensagueti et Brullesii quam nunc habet et in posterùm habebit in diœcesi Auscitanà et extra terram suam per sex dies, videlicet duos dies ineundo et duos instando et alios duos dies in redeundo computandos à villà Malivicini et non ulteriùs, nisi cum ipsorum voluntate et expensis dicti domini vicecomitis. Item dictus dominus vicecomes cognovit et concessit se habuisse et cepisse ratione et causà prædictorum à dictis nobilibus et consulibus et subditis suis ejusdem vicecomitatus mille libras Turonenses in præmia numeratas, in suam utilitatem et commodum specialiter convertendas et expressè ad armandum et ponendum se et milites et scutiferos et servientes suos in arnesio et equis et armaturis et aliis necessariis ad eundum in exercitum domini nostri regis Franciæ ducatus Aquitaniæ versùs Burdigalam.

Item promisit et voluit et concessit dictus dominus vicecomes quod successores sui in novitate suà jurent approbent et confirment omnia prædicta statuta consuetudines et ordinationes tenere servare et non contravenire, et hoc antequàm nobiles, barones, milites, consules et universitates locorum vicecomitatus Fezensagueti jurent et aliter non teneantur facere hommagium nec præstare fidelitatis juramentum; postque dictus dominus vicecomes sponte et ex certà scientià juravit ad sancta Dei evangelia manu tacta se majorem esse quatuordecim annis et minorem viginti quinque et juravit militibus et promisit prædicta omnia et singula tenere, servare, facere et complere et non contrafacere..... Postque prædicti milites, domicelli et alii supra nominati videlicet dominus Arnaldus de Giera et dominus Arnaldus de Sparberiis milites, Guilhelmus Assini de Sauboloena, Arnaldus Auerii Pelissonus filii domini Galliardi de Fortinà militis, Fortanerius de Siraco, Odo de Turribus domicellus, Bartholomæus de Astaraco, Aymericus de Turribus, domicellus, Petrus de Rolh, Bertrandus de Montebruno, Raymundus Bernardus de S^{to}-Joanne et dicti Guilhelmi Porelli et Joannes de Borgos consules Malivicini pro seipsis et totà universitate ea receperunt. Facta sunt, ordinata et concessa prædicta statuta, concessiones et ordinationes apud Malumvicinum in Fezensaguetto nonà die mensis aprilis, regnante Philippo, Francorum rege, Hugone episcopo Tolosano, anno millesimo ducentesimo nonagesimo quinto ab Incarnatione Domini. Hujus rei sunt testes dominus Raymundus de Astaraco miles, de Brullesio, dominus Galterius de Turribus et Raymundus de Magnas domicellus, Petrus Raymundus de Furno, Martinus de Marrasto, etc., et dominus Raymundus de Orto, publicus Tolosæ notarius qui cartam istam recepit et scripsit.

Emancipation de Gaston, vicomte de Fezensaguet.

Noverint universi quòd, ad petitionem et instantiam nobilis dominæ Mathæ dei gratià Armaniaci et Fezensiaci comitissæ ibidem præsentis, discretus vir dominus d'Escalquenchis, judex Verduni et Vasconiæ pro domino nostro rege Francorum pro tribunali sedens, factà priùs sibi fidei summarià per testes idoneos et per aspectum personæ et aliàs nobilis domicelli Gastonis vicecomitis Fezensaguetti, filiique dictæ dominæ comitissæ et nobilis viri domini Guiraudi dei gratià Armaniaci et Fezensiaci comitis, proùt est in talibus conjuncturis adhibita et observata cautela et solemnitate ut congruit in talibus adhibità, ipsum Gastonem vicecomitem declaravit, cognovit et decrevit et pronunciavit sub decreto instrumenti et judiciarià cognitione majorem esse quatuordecim annis et in pubertatem per dei gratiam pervenisse, quibus omnibus et singulis prædictis dictus dominus judex pro tribunali sedens auctoritatem suam interposuit et decretum. Actum fuit hoc apud Togetum propè Malumvicinum in Fezensaguetto octavà die introitûs mensis Januarii, regnante Philippo Francorum rege, Hugone Episcopo Tolosano, anno millesimo ducentesimo nonagesimo quarto ab incarnatione domini in præsentià et testimonio discreti viri domini Ademari de Offariis abbatis de Togeto prædicto, magistri Guilhelmi de Lavardac, etc.

(*Extrait du Chartier du Séminaire.*)

FIN DES COUTUMES DU FEZENSAGUET.

COUTUMES DU PARDIAC.

Noverint universi præsentes pariter et futuri quod in mei notarii et testium infrà scriptorum præsentiâ constitutus nobilis vir Arnaldus Guilhelmus de Montelugduno, Dei gratiâ comes Pardiaci suâ liberâ et spontaneâ voluntate certus de facto et de jure certioratus pro se et successoribus perpetuò ad instigationem suorum subditorum nobilium et innobilium et plurimorum proborum hominum pro se ipsis et successoribus suis cum instantiâ postulantibus concessit has libertates et consuetudines quæ sequuntur. Primò concessit eisdem quod ipse dominus comes nec aliquis pro eo non vendet eorum herbagia nec pascua, sed quod ipsi possint liberè vendere, cui voluerint et quod pro guidonagio non impediat venditorem, hoc tamen retento quod ipsi nobiles vel alii qui vendent sua herbagia seu pascua, ipsius domini comitis inimicis herbagia seu pascua non possint vendere, juncto et retento quod si majoralis ratione guidonagiis vel alias volebant illi aliquid dare vel alii, nomine ipsius comitis, quod ipse dominus comes id possit et valeat acceptare; item concessit eisdem dominus comes quod ipse nec judex suus senescallus seu bajulus non pignorabunt aliquem subditorum dictorum nobilium indebitè, nec ipsos facient per aliquos pignorare, et si contigerit eorum subditos pro ipsis seu pro eorum debitis pignorare, quod primò de illis deveriis quæ debent ipsi seu nobiles facere, si sufficiat ad solvendum illud debitum pro quo prædicti nobiles obligati fuerint, pignorentur. Item concessit eisdem dictus dominus comes quod ipse nec judex suus seu bajulus non accipiet subditos dictorum nobilium qui sunt de corpore et de casalitio in locis propriis ipsius domini comitis seu bastidis. Item concessit eisdem dominus comes quod ipse nec judex suus seu bajulus non bannient nec bannire facient terras ipsorum nobilium seu deveria quæ ipsis debentur fieri, dùm tamen illi quorum bona bannita fuerant de stando juri et judicatum solvi, velint præstare idoneas cautiones. Item concessit eisdem dictus dominus comes quod ipse nec judex, senescallus, seu bajulus non impediet dictos nobiles quominus jurisdictione suâ uti valeant atque possint, neque eorum subditos citabunt nec citari facient nisi pro contractibus initis in proprietatibus ipsius domini comitis seu pro defectu nobilium prædictorum seu pro illis qui ad juridictionem ipsius domini comitis possint et valeant pertinere. Item concessit eisdem dictus dominus comes quod si contingeret aliquem locum de novo construere seu rebastire quod in primis seu in primâ perticatione ipse dominus comes et procurator ipsius domini comitis una cum notario ipsius habeat mædietatem per ticationis sive medietatem ipsius emolumenti quod inde exhibeatur et dominus proprietatis aliam medietatem habeat et percipiat pacificè et quietè. Item concessit eisdem quod ipse dominus comes nec judex senescallus, seu bajulus non impediet ipsos in suis justis possessionibus et suis proprietatibus. — Item concessit eisdem dictus dominus comes quod ipse nec procurator suus nec aliquis pro ipso non dabit, dividet seu etiam justificabit terras ipsorum nobilium sive ipsorum quondam proprietates, sine licentia speciali. — Item concessit eisdem dictus dominus comes quod ipse nec familia sua non albergabit in locis, castris, villis ipsorum nobilium, seu aliquas res suas seu subditorum suorum sine voluntate ipsius cujus erunt, non accipient: hoc tamen retento, quod si contingebat ipsum dominum comitem cum familià suà transire per loca seu per castra seu villas dictorum nobilium, quod ibi possint manere et stare, emendo res sibi necessarias vel si fortè ipsi nobiles vel aliqui subditorum suorum volebant sibi gratis dare seu accommodare aliquid, quod illud possit et valeat commodè acceptare. — Item concessit eisdem dictus dominus comes quod ipse nec judex senescallus seu bajulus non ponent seu poni facient servientes super eorum bonis nisi pro causâ cognitâ, et in judicio declaratâ. — Item concessit eisdem dictus dominus comes quod ipse seu judex suus tenebunt eis assisias loco et tempore opportunis, quandoque apud Montemlugdunum, quandoque apud Villamcomitalem, vel in loco in quo sibi vel judici suo meliùs videbitur expedire. — Item concessit eisdem dictus dominus comes quod illi qui nomine suo levabunt pedagium seu leudam in comitatu suo non vocentur nomine bajuli sed quod leudarii vel pedagiarii nuncupentur, quæ omnia et singula eisdem dominus comes tenere et servare jurabit, non contra facere seu venire per se seu per aliquam personam interpositam, palàm, clandestinè seu occultè. Acta fuerunt hæc apud Montemlugdunum in ecclesiâ dicti loci die lunæ post octavam Paschæ Domini, anno Domini ab Incarnatione millesimo trecentesimo regnante Philippo domino Francorum rege et arhiepiscopo Aucix. Hujus rei sunt testes frater Vitalis Ducasse, dominus Geraldus Debon, presbyter, Raymundus Sans de Antino, frater Henricus d'Astugna, abbas monasterii Sancti Severii de Rustano, dominus Augerius de Balatibus, magister Hugo de Rogeriis, Augerius de Aussio, Arnaldus Guilhelmus de Colobre, Bernardus de Riperia, frater Bernardus de Robino, præceptor hospitalis beati Antonii propè Montemlugdunum et Arnaldus Guilhelmus de Fita, publicus notarius Pardiaci qui ad requisitionem nobilium et innobilium hominum de Pardiaco præsentem chartam retinuit et in suo protocolo scripsit.

Les différends élevés entre les seigneurs de Pardiac et les comtes donnèrent lieu à la transaction suivante qui expliqua et étendit les coutumes données en 1300.

Noverint universi præsentes pariter et futuri quod cum dissentio orta esset inter egregium virum dominum Arnaldum Guillelmum de Montelugduno Dei gratiâ comitem Pardiaci et Arnaldum Guillelmum ejus filium ex unâ parte et nobiles viros dominum Bertrandum de Samazano militem et Condominum de Samazano et Centulum de Troncens, dominum de Troncens, Othonem de Seriano dominum de Seriano, Bernardum de Monte, dominum dicti loci de Monte, Augerium de Casalibus, dominum de Casalibus, Bernardum d'Aux, dominum d'Aux. Othonem de Saucedâ, Condominum de Laveracto, Vitalem de Fita, Condominum dicti loci de Laveracto, Vitalem de Ricourt dominum de Ricourt, Raymundum Bernardum de Samazano, dominum de Samazano, Bernardum de Pausaderio et Othonem de Lanis, domicellos et alios nobiles dicti comitatus Pardiaci et homines subditos eorumdem ex alterâ, super exercitione jurisdictionis, quam dicti nobiles in locis suis asserunt se habere et omnibus aliis rancoribus et actionibus, omnibus controversiis et demandis quas una pars poterat alteri petere aliquâ ratione vel causâ super quibus dictæ partes unanimiter et concorditer se compromiserunt videlicet in nobilem virum dominum Garsiam Arnaldum de Séailles, militem, dominum de Séailles ut in arbitrum arbitratorem seu amicabilem compositorem sub pœnâ duarum millium librarum turonentium parvarum, prout hæc et alia continentur in quodam publico instrumento per me notarium infrà scriptum recepto. Idcircò idem dominus Garsias Arnaldus de Séailles miles, arbiter, arbitrator seu amicabilis compositor in ecclesia parochiali sancti Joannis de Marciaco personaliter constitutus, vocatis per eum ibidem consulibus et aliis probis hominibus dictæ villæ.... auditis, visis et intellectis dictis quæstionibus et demandis partium, habito cum probis viris diligenti consilio et tractatu, die infra scripto, dicto domino comite et ejus filio non comparentibus nec aliquo pro eisdem licet citatis, comparentibus autem dicto Centulo de Troncens, Vitali de Fita, Raimundo Bernardo de Samazano, Vitali de Ricourt, Bernardo de Ju. Othone de Saucedâ, Bernardo de Monte, Augerio de Casalibus et Bertrando de Pausaderio domicellis pro se ipsis et procuratorio nomine aliorum omnium nobilium et subditorum suorum, sedens in dictâ ecclesiâ, in nomine Patris et Filii et Spiritus Sancti amen, dictam suam ordinationem seu pronunciationem protulit et pronunciavit ut sequitur.

In primis dictus dominus arbiter Garsias Arnaldus de Séailles, miles, ut arbiter arbitrator seu amicabilis compositor dixit et pronuntiavit quod omnes rancores ab utràque parte, occasione dicti contractus orti, de cætero sint cassi et sibi ad invicem remissi et pax et concordia deinceps perpetuò more solito remaneat inter ipsos et nihilominùs quod si dicti dominus comes seu ejus filius seu alii, eorum nomine, seu mandato seu familia eorumdem ceperunt boves, baccas, moutones, porcos, capreolos, agnos, agnieres, seu gallinas, seu aliqua alia animalia comestibilia ab dictis nobilibus seu subditis eorumdem, quod omnia supra dicta sint illis remissa, et quod de cætero aliquid non posset repeti ab eisdem, nisi per aliquem alium promissa fuerit solutio facienda et de certo pretio illis quorum fuerint animalia supra dicta et quod idem dominus comes nec ejus familia nec aliquis alius ejus nomine de cætero non capient dicta animalia nec aliqua alia a dictis nobilibus seu eorum subditis contra ipsorum voluntatem, nisi illis quorum essent dicta animalia prius satis fieret de valore captionis, taxatione factâ proùt est fieri consuetum. Item dixit et pronuntiavit quod prædictum instrumentum superius insertum juratur et concessum per dictum dominum comitem cum omnibus membris et clausulis et perpetuò remaneat in sui roboris firmitate et quod omnia et singula contenta in dicto instrumento per dictum comitem et successores ejusdem perpetuò teneantur et observentur juxta formam et tenorem dicti instrumenti. Item dixit et pronuntiavit super articulo contento in dicto publico instrumento continente quod dictus dominus comes seu officiarii sui non perturbent dictos suos nobiles in suâ juridictione et pronuntiando declaravit, habito concilio et partium rationibus auditis et intellectis, quod dicti nobiles, teneant in dictis castris et locis curias suas videlicet de omnibus causis civilibus et tangentibus ad civile et illud idem faciant in minimis causis juridictionem civilem tangentibus, videlicet super abstractionibus gladiorum et percutionibus et invasionibus baculorum, pugnorum et alaparum et effusionibus sanguinum, quoquo modo fiant de unâ parte contra aliam et in aliis consimilibus, excepto tamen quod si contingebat quod pars contra aliam, pensatis insidiis irrueret, de quibus constet per duos testes vel amplius, nobiles, sub cujus juridictione delictum commissum fuerit, vocato secum procuratore seu bajulo dicti domini comitis et consulibus dictæ villæ, cognoscant et punitio spectet domino comiti supradicto seu ejus judici, puniendo juxta qualitatem delicti et hoc idem fiat si congregatio hominum fieret cum armis unius contra alterum vel cum aliquo genere armorum et excepto etiam quod si contingebat quod in locis seu castris dictorum nobilium fiat de cætero plaga legalis tàm in longitudine quam in profunditate quod ille qui dictum vulnus commisit solvat sexaginta quinque solidos tolosanos videlicet sexaginta solidos dicto domino comiti et quinque solidos nobili sub cujus juridictione delictum fuerit commissum et si forte ille qui dictum vulnus commisit neget dictum vulnus fecisse vel solvere contradicat ut est dictum quod curia dicti domini comitis seu ejus judex possint contra ipsum procedere ut fuerit rationis, hoc excepto quod ille qui deliquerit pro dictâ plaga, si convicta fuerit, non possit per dictam curiam condemnari nisi in dictis sexaginta solidis Tolosanis dividendis et solvendis, videlicet sexaginta solidis dicto domino comiti et quinque solidis Tolosanis nobili sub cujus juridictione dictum delictum commissum fuerit, hoc tamen addito quod priusquam ille, qui deliquerit, ponatur in pronunciatione prædictâ, vel per dictam curiam dicti domini comitis procedatur contra ipsam, quod cognoscatur prius ante dicta plaga sit legalis nec ne per nobilem sub cujus jurisdictione dicta plaga commissa fuerit et per consules dicti loci vocatos ac præsentes cum ipsis uno procuratore seu bajulo domini comitis supra dicti, et si cognitum fuerit quod dicta plaga sit legalis, ut dictum est, per dictam curiam dicti domini comitis procedatur, aliter non. Item dixit et pronuntiavit quod si aliquis homo dictorum nobilium committat crimen propter quod bona sua veniant in commissum, quod bona mobilia dicti delinquentis sint domini comitis supradicti et bona immobilia sint et eveniant nobili sub cujus juridictione extiterint dicta bona et omnia bona prædicta teneantur et custodiantur per unum probum hominem loci in quo dicta bona fuerint, quoadusque ille qui delinquerit fuerit condemnatus et convictus. Item dixit et pronuntiavit, quod si dictus dominus comes velit mandare seu citare homines dictorum nobilium universaliter vel singulariter, quod prædictus dominus comes seu ejus judex teneantur mandare dictis nobilibus seu eorum bajulo traditores vel aliter proùt sibi visum fuerit expedire, qui dictos homines citent coram ipsis, ad quorum mandata prædicti nobiles seu eorum bajuli parere teneantur, et si dicti homines mandati seu citati non compareant ut dicta mandata sibi facta complerent eodem modo ac si immediate per gentes ipsius domini comitis mandati fuissent, quod eodem modo dicti homines puniantur, ac si per proprium famulum dicti domini comitis citati fuissent seu mandati. Item dixit et pronuntiavit quod si contigerit quod proprietates leprosorum venderentur, quod duæ partes pretii eorumdem sint nobilibus sub cujus jurisdictione fuerint, et tertia pars sit domini comitis supradicti, et quod fructus dictarum hæreditatum, interim quoadusque venditi fuerint, colligantur per unum hominem probum cujuslibet loci et

modo prædicto dividentur, satisfacto prius de dictis fructibus dictis
nobilibus de eorum feudis et aliis deveriis quæ habent et habere
debent in hæreditatibus supra dictis. Item dixit et pronuntiavit quod
officiarii banna apposita in bonis et hæreditatibus supradictis subditorum ipsorum nobilium per ipsos nobiles seu eorum bajulos non
amoveantur per dictum dominum comitem seu ejus officiarios, nisi
prius ipsis nobilibus citatis seu vocatis. Item dixit et pronuntiavit
quod dictus comes faciat emendam competentem domino de Laas
cognitione duorum virorum proborum de illo loco in quo contrà
ipsius voluntatem erexit furcas justiciarias prope villam de Thilaco,
de solo terræ et fructibus et proventibus qui exinde perpetuo venire
possent dicto domino de Laas et successoribus suis et quod dictus
dominus comes seu ejus officiarii de cætero aliquas furcas non possint erigere in proprietatibus nobilium prædictorum sine voluntate
ipsorum. Item dixit et pronuntiavit, quod dominus comes nec ejus
officiarii de cœtero non capiant nec arrestent dictos nobiles, nec
eorum homines nec garnitionem ponant super eorum boves pro casu
pecuniario, dùm tamen cavere possint et velint de stando juri. Item
dixit et pronuntiavit quod si banna posita fuerint in bonis seu
proprietatibus dictorum nobilium per ipsum dominum comitem seu
ejus officiarios, sine cognitione causæ quod cum cautione idoneâ
amoveantur, sine dilatione quâcumque, dum fuerint requisiti, nisi
positum fuerit pro crimine vel alio casu quod de jure non debean-
tur amoveri. Item dixit et pronuntiavit quod dictus dominus comes
seu ejus officiarii non teneant de cætero curias suas in proprietatibus dictorum nobilium contra voluntatem ipsorum. Item dixit et
pronuntiavit quod cum eidem constet per testes fide dignos quorum
aliqui sunt de familiâ domini comitis supradicti, quod cum antiquitus usquè nunc aliquis homo domini de Troncens committebat vulnus, vel aliud crimen, propter quod condemnabatur in sexaginta
quinque solidos monetæ currentis, quod idem dominus de Troncens
accipit et accipere consuevit de dictis sexaginta quinque solidis, quinque solidos ut alii nobiles dictæ terræ et ultrà hoc medietatem aliorum sexaginta solidorum et dictus dominus comes aliam medietatem,
quare idem arbiter arbitrator dixit et pronuntiavit, quod de cætero
idem dominus de Troncens et successores sui quando talis lex seu
condemnatio evenerit, habeat et percipiat dictos quinque solidos et
ultrà hoc medietatem dictorum sexaginta solidorum sine contradictione quâcumque. Item dixit et pronuntiavit quod prædicti nobiles
dent et solvant dicto domino comiti prædicto pro quolibet homine
fruente lare sub eorum juridictione ultrà dictum comitatum semel
tantum duos solidos turonensium parvorum infra quindecim dies

post requisitionem eis factum per dominum comitem supra dictum; quod si non facerent, quod quilibet nobilis pro subditis suis per dictum dominum comitem ad solvendum juris remediis compellatur. Item dixit et pronuntiavit quod partes prædictæ laudent, ratificent et approbent omnia dicta ordinata pronuntiata superius sub pænâ et sacramento supradictis, et quod pænâ solutâ vel non solutâ, prædicta remaneant in sui roboris firmitate et nihilominus mandavit mihi notario infra scripto, ut de prædictis omnibus et singulis facerem duo publica instrumenta, unum dictis nobilibus præsentibus et requirentibus, aliud vero dicto comiti, si petierit; ad majoris roboris firmitatem, dictum arbitratum, pronuntiationem seu ordinationem arbitragii nobiles supradicti præsentes, pro se ipsis et procuratorio nomine quo supra aliorum nobilium dicti contractûs et subditorum suorum laudaverunt, ratificaverunt et etiam approbaverunt et ad tenendum et servandum se et sua compulsioni curiæ sigilli regii submiserunt. Actum fuit hoc in ecclesiâ parrochiali Sti-Joannis de Marciaco, die Sabbati post festum Epiphaniæ domini, anno domini millesimo trecentesimo vigesimo secundo regnante domino Carolo Franciæ et Navarræ rege, sede Auscitanâ vacante archiepiscopali, in præsentiâ et testimonio domini Gailhardi de Prato, dictæ ecclesiæ rectoris, Augerii de Saunaco, Bajuli de Marciaco, et mei Guilhelmi de Collibus publici notarii.

Chartier du Séminaire.

COUTUMES

D'AURE, MAGNOAC, NESTES ET BAROUSSE.

Au nom de Diu, Jesus, de la Sante Trinitat et de la Vierge Marie, assi commensan las presentas costumas, libertats, franquesas, usances donades, inferidas et octroyadas per lous encestres seignours de la terre de Labarte et val d'Aure, aux manans et habitans de lad. val d'Aure et de toute enciennetat tengudas servadas et usadas per lous encestres habitans et après la mort deudit seignour de Labarthe, per lous seignours comtes d'Armagnac lours successours, tengudas et confirmadas, et apres per nostre seignour le rey que Diu donne longo bido, ab sas lettres patentes desus signadas, ratificadas, approbadas et confirmadas, donnee ley ab mense libertat et franquesa, don en toutes sas terres aux predecessours habitans en la val d'Aure, per leu noble Moussen Bernard de Labarthe, en l'an de nostre Seignour Diu, mil tres cents et lou dimars d'avant la feste St-Barnabe apostol. Louis par la grâce de Dieu, roi de France et de Navarre, comte de Cominges, régent, la sede de Commenges vacant, en lou loc de

Balerabere, aussi per la forme et maniere que dessus. Lenseguissent en prentia de Moussen Pey Raymund de Repisses, senechal de la baronnie, et de Mossen Pey de Argut, et de Moussen Arnaud de Cura, Caperan, et de Bernard Dargul, et de Guilhem de Rieus Escuiés, et de M⁹ Guilhem Arnaud notari publici de la ville de Balerabere. De mandement deudit Seignour.

Lou senhor majour de la val et terre d'Aure, et autres nobles hommes, per los fieus, lebades, faran executar lous fiuates, et lou baile ou lou sergent ny aura degune clamour, ny lou senhor ou son lebador, ne de autres nobles nou sen pousque clamar, mais que tous fasse engatjar per lou degut; si questio y abia, sera remetut a la coegneissence deu jutge de la terra.

Item lou senhor majour de la dite val d'Aure et terre d'Aure restituisque et restituera, laissera en pats las communautats et lous nobles de ladite val d'Aure, en lous ports, montagnes et bosques, lousquals Moussen Bernard de Fumel lous escribit ou son clerc occupec, a la composition que faite aff loudit Moussen Bernard per lou senhor le tengue et le observe. Item lou senhor majour permet que tous habitans de ladite val d'Aure pousquen et lous sio permes pourtar armes et armets a gardar lousdits ports, montaignes et bouscatges, non faran mal ny injuria a aucun. Item a ñul habitant de la val et terre d'Aure nou sio permes de fero bandol ne congregation illicite de parens ny de deffore per conget deu senhor majour, sur la peyne de soixante sols Tolzas applicadoures au senhor majour. Item lou senhor majour, constituara et metra en la dite val d'Aure bailes prudhommes et sufficiens, et juraran en pouder de son jutge, bien et legalement regir et exerçar et servar las costumes de la terra, gardar tous drets deu senhor. Item lou senhor majour constituara et fara en sa terre, un jutge prudhome et sufficient, que sio de la terre ou deu plus prochain loc, per tal que tous sujets y pousquen abe recours et esvitar despensas. Item si nul habitant de la val ou autre accuse ou appelle degun de trahison, habans que guerre ou duel le denoncie ou le monstre, ou lou accusat cesse, ou composen entre la un ny l'autre, nou sio pourtat per lou senhor ou son loctenent, exceptat despense, si lou senhor ou son loctenent ny abe faite ou faite fer, que paguen los contendans. Item si par après l'accusat vol agir ny appellar lou accusant sur ço que lou aura appellat traidour, ny de trahison, per devant lou jutge posquen venir ; si lou accusat nou probe la trahison, sio condemnat à la peine du talion, et si probe, selon lou cas sio administrade justicia.

Item si nul habitant de ladite val es pres per degun cas per lou senhor ou son loctenent ou autres officiers, nou den este questionat ny mes a la questio, sinon que lou jutge y sio present et se fasse per sa ordonnance; et lou prisonnier non deu estar en prison outre quaranta jours per degun crime, si dessus aquet, nou lou es proubat lou que lou es empausat, autrement sio relaxat en fermenses idoneas et sufficientes destar a dret, et de lou representar toutes begades que sera requis sur la peine criminelle à l'arbitre deu jutge. Item nul habitant de la val per degun cas nou deu este pres ne arrestat ny sous bens sequestrats, si bol baillar fermensas destar à dret à la cognessense deu jutge, exceptat si ere troubat en furt, ou metut foc, ou bataillat oustal, ou fait plague mourtal, ou autre crime enorme que lou cas et lou bens degussen benir en recours juxte la qualitat deu crime et delitte; et si es troubat sens coulpe, deu este relaxat francamens et quittat. Item si nul simplemens et de plain aucun doute ou autre cause confesse en lou judici, pensan que sio estade feite clamour ou deban la conteste ou après : si lou actour cesse de agir, et la partide le satisfay, ny a point de ley ny clamour, exceptat si, après que aura confessat, refuse ou nou le bol pagar dedins nau jours la begade, lou senhor nou leue vingt dines jaesia que aye agudes diverses demandes ou clamour, et de quadune clamour simple qu'en plaidarie sera contestade, lou condamnat, après que sententia sera jetade, pague per feit vingt dinés toulousas: et si demande feite es mendre que la clamour, que non pague de la clamour si non tant que montara lou deute; et lou qui faillira à la cour et sera en coutumacie, paguara per la contumacie vingt dinés Toulousas, exceptat sa legitime excuse que sio counegude per lou jutge. Item si nul es produisit en testimoni en degune cause et ses esperjurat, et après se trobe que ses esperjurat en aquere cause ou en autre, en après nou deu este cresut en nulle cause, ains deu este infami et tal tengut, et deu este punit à l'arbitre deu jutge, et deu este condamnat per la ley à satisfay à la partide qu'aura baillat lou doumatge per son faux juramen.

Item si nul habitant de la val et terre d'Aure a pergude aucune cause per furt, ou per rapine ou autrement, lou es permes ensemble ab lous cossous ou jurats de la terre, ou ab deux ou tres testimonis ou prudhommes de la terre, sercar et enquerir de sas causas pergudes ; et si las pot trouba, las prene de son autoritat propie sense pene ny roumou. Es permettut à tout habitant de la terre, si a troubat nul furtadour en sa maison, de lou prene ab las causes que aura furtades, et aqueres pot retenir, et si lou lairon fui, lou pot enseguir ab armes, et lou estrema lou rapinat : et si se deffent et interben plague, nou es tengut de ren. Item si en lad. val d'Aure nul pane ou furte, ou met foc en borde ou en maison, ou en autre parc, donant domatge ou ausit, vist ou coumet crime publiquement, ou si se trobe en crime flagrant, incontinent se prengue et mette en prison, et autement sio feite information, et diligentement enquerir deu cas ; et lou que se troubera coupable, sio **punit per justicie**; et lou qui aura pres lou doumatge, sio restituit. Item si aucun ou aucune habitant de lad. val se plague per sy meteiz, non sio tengut au senhor d'aucune ley. Item si enfant ou enfante consent dedens l'estat de sept ans, se plaguen l'un et l'autre, ou se fey plague, ou coumeten autre crime, non seran punits ny seran tenguts de pagar ley au senhor, *quia in illa ætate non sunt capaces*. Item si negun can ou canha plague à degune dedens lou courrau, borde, ou maison, ou termes d'oustau, non sio tengut de pagar ley ni esmende à partide.

Item si nul animal ou bestia de qual condition que sia, plague ou infère autre doumatge ou aussit, **relachan la bestia et la dounan per lou doumatge**, nou es tengut de paga autre ley au senhor ni à partide. Item si refuse dona la bestia qu'aura donnat lou doumatge, sio tengut d'esmenda lou doumatge à la counechense deus consuls deu loc ou sera la bestia ; et au senhor, nou sio tengut de pagar ley. Item si nulle bestia proprie de un chacun plague ne aussit son mestre, fils ou serbidou, ou femelle, lou senhor ny autre noble de la terre nou deu prene ley ny condamnation de aquet, ne autre justicie. Item si nulle bestia plague ou aussit enfant, ou femne, ou bestia, aquel de qui sera la bestia sia quitti baillan et relachan la bestia à qui aura donnat ou feit lou cas, et de toute autre ley. Item si nul homme ou fenne plague degun, et fe plague lejau, ou trenca os ou la pet de deux parts, encor la ley au senhor majour de soixante sols tolosans; et si es subjet de nul noble, neu po lebar lou noble plus de cinq sols. Item si la plague nou es lejau, lou senhor majour no y a d'aquet qui l'aura feite, per ley, vingt dinés tolosans; et si es subjet deu noble, que sio la ley deu noble de vingt dinés. Item la coneschense, si la plague es lejau ou non, se expecta à la cour deu senhor majour, et pareillement sio a l'arbitre deus jutge. Item la esmenda de la partide leze sera jutjade et estimade per lou jutge, augida partide leze et considerat lou doumatge et intérêts de la partide, en sera condamnada en ço qui sera ordonnat. Item lou qui sera plagat ou plagade, se vertara et demonstrara au senhor-majour, ou au noble, ou à deux ou tres pradhommes deu loc ou sera lou plagat, que veyran et regardaran si la plague sera lejau ou non, et per après sera referat au jutge.

Item si nul homme ou femne es tengut ou tengude à autre sossehor de la terre, ou estranger, en deguna somme de pecunia, blat, bin ou autre mercadaria, et presente ou donne gatge suffisament que baille lou tier dine plus deu deute, si es lou cresidou de la terre, sio lou gatge moble ou immoble, sios tengut que sio lou gatge moble, lou cresidour es tengut de lou prenne; et si nou lou bol prenne et per apres s'enclame apres lad. presentation, lou deutor sie quitti deu clam, et lou cresidour que lou aura feit, que sio tengut d'en pagar. Item deu este crezut lou qui es plagat ab sacramen qui lou a plagat; et si aquet qui es accusat aber feit lou cas, probe ab testimonis dignes de fe l'absentia deu loc au tems que se fe la plaga, et que autre a feit la plaga, lou accusat sio quitti, et lou accusant plagat pague la ley, ou non pot probar, sio condemnat a pagar la ley au senhor et esmende à partide; et si es subjet deu noble, com dessus la esmende, a la cogneschence deu jutge. Item lou gatge que sera presentat sio gardat quatorze jours en la ville ou sera lou deutor; et si nou y a loc, que sio mes au plus pres loc de aqui, per lou gardar a despens deu crezidour, et au peril deu qui sera lou gatge; et que sio gardat lou gatge et non usat, sinon ab licentia de aquet de qui es lou gatge, et apres lousd. quatorze jours, sio vendut loud. gatge et liurat; et si ren y sobra, paguat lou crezidour de ço qui deura prene et despens, lou demourant, si ny a, que sio restituit à partide de qui sera lou gatge; et si aquet qui aura dit au gatge nou lou pren, la begade, a la cogneschense deus coasuls deu loc on sera lou gatge, sio baillat et liurat au crezidour per son deute et despensa.

Item à tout homme de la terre et val d'Aure es permes et pousca ont se bouilhe en la terre ab armes, ho sens armes, cassar, pescar et prenne bestias saubatges et ausets sense pene ni ley. Item lous testamens feyts ou à fer en lad. val per aquets que loas bouleran fer en presentia de deux ou tres testimonis dignes de fe, si major troupe nou s'en trobe, aperat lou rectour deu loc ou son vicari, bailhen et tenguen, et ayen toute vallour com si toute la solemnitat deu dret civil et Canon y era ajustade et servade. Item si degun habitant de la val d'Aure crompe degune bestia ou autre mercadaria en lou mercat ou feyre ou autre loc public, de jour publicament, en presentia de testimonis dignes de fe et non suspectes, ya sio que per apres la cause que sera crompado se troba furtade ou estremade, que non nogue nou se pousque inculpar lou croumpadour, mes aquet de qui sera estade la cause, si la bol crubar, la pousque crubar en bailhan lou pretx que en aura pagat lou qui premier la crompado; sen si fraud et dol se pot conneche en nulle maniere. Item si homme ou femne es condamnat ou condamnade à la mort per lou jutge à cause de sos merits, lous bens datal condamnat mobles, sont deu noble deu qui es lou condamnat, exceptar las despensas que lou senhor Majour aura feytes en la persute de justice de tal condamnat, lo qual se leue dus bens mobles; et si es subjet deu senhour Majour, lou bens mobles deu condamnat seran deu senhor Majour et lous immobles seran deus hereters et successous, exceptat crim d'heresie, leze majestat et seduction contre lou senhor, la begade mobles et immobles son deu senhor majour per confise.

Item quand lou senhour Majour de la terre ou sous officiers mandaran la terre et lous homes per ana à la guerre en Aragon ou en autre part, ou per autre cas, nou deu prene que un home de chacun hostal, et nou son tenguts de lou segui, si non entre au port d'Aragon et entre al pas de Rebouc, et entre à Lespin blanc de Adervielle de Loron, et entre au port de Baretge deu coustat de Bigorre, per nau jours à lours despens propis, et asso per la deffense de la terre d'Aure; et lous nobles soum tenguts de lou segui acaouats, et si noum an, ab tres hommes à pied et plus si bol; et en aquel cas nou deu mandar lou senhor lous susdits gens nobles. Item tout habitant de la val d'Aure pot et posca tenir et possedir casa-latges et locs de maison en la terre, en diverses locs entre al nom-bre de nau, et daqui en bas qui poudera contestar ou acquerir, et que nou sio tengut de y demourar ni fer residence, si non en la une où mes lou plaira, ne pousca estre compellit de plus. Item si degun ou degune habitant de la terre bat ou fer ab le man, ou ab lou pung, ou ab baston, ou ab peyra ou autrement, à son voisin ou autre personne, juxta la qualitat deu doumatge, sio punit à la con-nechence deu jutge, exceptat si es molhé, fil ou fille, enfans pupils, ou per cause de doctrine, ou enfans de parentelle, per correction, en aquet cas non sian tenguts en degune ley. Item si aucun habi-tant de la val d'Aure violentemens devolle ou coumbat nul ostal ou maison, et maliciousement y entre et y fe clamour, pague per la clamor, lou qui aura fait lou cas, soixante sols tolozas au senhor majour, et satisfasse la injurie à la partide à la cogneschensa deu jutge.

Item si aucun habitant de la terre, per deute ou per autre cause, a action a la instance de aucun crezidour se deu pugnerar, nou deu este pugnerat en las raubes bestidures, ny raubes de leit, en armes ou armadures per sa deffense, ny en blat que ajen au moulin ny farine, ny semence despus ques fors de la maison per semenar, si autres bens et gatges se troben. Item si aucun habitant de la terre ferma ou entre fermensa envers lou senhor, per la recreance d'au-cune personne ou per autre cause quelconque quina que sio de sa obliganse, aquera deu este liberat et quitti bailhan au senhor lous bens daquet per qui ero obligat, ou estimar daquets, mes que nou sio obligat en certa pena, ou certa cause, ou quantitat d'argent. Item si degun habitant de la terre d'Aure ou d'autre loc, contre autre emplegue ou autrement ab couratge, tenant coutet, espasa, lansa ou dart, ou autres armes, tirant ou tire de la geyne, et per apres son fé clamour, no y a composit dab lou senhor entre a dex sols; et si es subjet de aucun noble, ne pagara qu'un sol tolzas. Item si aucuns maridats ab fennes maridades ou non maridades ensemble son troubatlejaumes et in honnesta conversan, et in adulterisan, precis en aquo, se accorden ab lou senhor entre à soixante sols, et sion corregits et porten pene publica à l'ordonnance deu jutge. Item touts et sengles habitants de las villes et locs d'Aure, deus bosques coumuns, exceptat lous bedats ajen et lous sio permes et pouscan prene legnas, foielhas tant vert que sec, herbes et aigues, et fer construir fours de causea per fer sos hostals et deus vesins, et mole sous blats, et fer coze on boleran, et aber moulins et paixeres et menamens daigues, basti colombiés, pesqués, bans per fer tailha carn, et fours per coze pan, forgues en lours propris, à toute lou volontat. Item en chaque ville et loc d'Aure, en lesquaux es accoustumat daver consuls, conseillers, jurats et sindics, à la fin de lour consulat pousquan rende compte juxta lou Sacramen per els prestat aux consuls, conseils que lous auran faits et autres prudhommes, de ço que auran administrat et recebut duran lou tems de lour consulat.

Item lous consuls ajen et an autoritat de fer impositions et ordonnances et constitutions à tems et perpetuellement duradoures per la utilitat comune durant leur tems, et aux transgressours, rompedours et contreviendours penes impausar, et aqueras levar fermamens et sens pene, las tailhes impausados de lours communautats levar et fer levar, lous qui nou bouleran pagar, pugnerar, et fer pugnerar, et las pegneres vendre. Item poden fer messegués, institui, ordonna et desordonna quand lous sera vist, et fer jurar en lours mas que en lour office fidelements anaran en las causes de lour messeguerie, et aqueres messegueries arrendar, et lou arrendement en lous usatges de lour communautat applicar et convertir, et non en autres propris. Item es permes auxd. consuls, aperat lou baile deu senhor majour, pausar peses et mesures en las causes touquan à vita et vituailhe, et empausar pretx just et raisonnable en aqueres mesures deu senhor majour. Item qui venera bin, sal, oli, carn et blads, sense pes et mesura, incourra la pene de cinq sols tholosans, laqualle pene sera divisade la meitat deu senhor majour, et l'autre meitat deus consuls deu loc on se trouberan, et se mettra en usatges de la universitat; et toutes causes que se trouberan esta vendudes sense pes et mesure, sian confiscades au senhor majour. Item si lou pan de venda se trobe de petite quantitat, segon deu pretx deu blad, sia pres per lous consuls de chacun loc, et sia divisat aux praubes publicamens, et lous consuls ourdonaran de la quantitat que deu estre. Item a chacun habitant de la val d'Aure, pusque et sia permes vendre à sous hostes pan, bin, carn, et toutes vitrailles, à prest juste et raisonnable; et ses troubat per lou contrari, sia punit à l'arbitre deu jutge.

Item home habitant de la val, qui tiendra banc ou mazet, vendera carns que sian lejaux, bonnes et marchandes, que nou sian infecides; et si se troba lou contrari, sio punit en cinq sols, et las carns applicades au senhor majour. Item tout habitant de la val, pot et pousca maridar son fil ou fille, là on lou plaira, et lous pousca dotar et constitui dots certs ou en argent, ou en terres, maisons ou autres poussessions, noun sera tengut en paga lausement au senhor d'aqueras, et se pousca mette en poussession sense conget et licentia deu Senhor. Item nul habitant de la terre et val d'Aure pague, ne sia tengut paga en port ne terre deu senhor majour, ne d'autre de sa terre, peatge, leude ne autre bertegal de deguna mercadaria, anan ne tournan nou lou sia feit empechement ne destourbi. Item sia et es permes aux consulats et habitants d'Aure mandar conseil et se justar et congregar là on sera vist per las arrentes et afferes de la val et de la cause publique, et fer et construir sindics, et aquets en destituir, empausar tailles, et aqueres levar et mandar levar, et fer pugneres et las pugneres vendre, entro à fin de pague per las besognas de la terre, par conget et licentia deu senhor majour et sense lou demandar ne requerir.

(Chartier du Séminaire.)

COUTUMES DE LA VILLE D'AUCH DE L'AN 1301.

SOUS PHILIPPE-LE-BEL.

Quæ geruntur in nostro tempore collapsu temporis ne labantur poni debent sub linguis testium et scripturæ testimonio perennari. Idcirco noverint universi præsentes et futuri, quod anno Domini millesimo trecentesimo primo, die veneris in crastinum festi ascensionis Domini, Dominus Odo de Massanis miles, et Arnaldus Guillelmus Avione, cives Auscitani, arbitri arbitratores et amicabiles compositores electi communiter et amicabiliter, prout in quodam instrumento publico confecto per manum mei notarii infra scripti pleniùs continetur per magnificum et potentem virum Dominum Bernardum, Dei gratiâ comitem Armaniaci et Fezensiaci, et per venerabiles et discretos viros dominos Guillelmum Arnaldum de Monte-alto et per dominum magistrum Bernardum de Maurieto, canonicos et archidiaconos Pardiaci et Summipodii, in ecclesiâ Auscitanâ procuratores seu iconomos, reverendi patris in christo Domini Amanei miseratione divinâ archiepiscopi auscitani et per dominum Petrum de Baulato, canonicum et archidiaconum Savanesii in eadem ecclesiâ auscitanâ et nomine ejusdem ecclesiæ ex parte unâ, ac per Raymundum de Fabricâ, civem et syndicum hominum et gentium totius universitatis auscitanæ et nomine, vice, assensu ac voluntate universitatis prædictæ fidem facientes mihi notario infra scripto per litteras et instrumenta de potestate eorumdem ipsorum et eorum alteri attributa super controversiâ et quæstione motâ inter prædictum dominum archiepiscopum auscitanum ex parte unâ, ac universitatem prædictæ civitatis auscitanæ ex alterâ, prædicti arbitri unanimiter et concorditer super his, super quibus dicta controversia mota fuerat, inter ipsos in nomine patris et filii et spiritus sancti Amen Dixerunt et pronuntiaverunt dictum suum laudum arbitrum et pronunciationem prout in præsenti instrumento publico plenius videbitur contineri. Dixerunt primo et pronuntiaverunt prædicti arbitri quod domini dictæ civitatis videlicet dominus comes Armaniaci et Fezensiaci et dominus archiepiscopus Auscitanus et universitas et consules civitatis Auscitanæ et successores eorum habeant domum communem per medium et in emendo eam, ædificando vel reparando teneantur per medium ad expensas quas ad hoc facere oportet, vel in posterum oportebit, in quâ domo erit carcer communis et carcerarius dictorum dominorum, universitatis et consulum, in quo tamen carcere ponantur incarcerandi ratione delicti in dictâ villâ et civitate Auscitanâ vel ejus pertinentiis perpetrati et non alibi, conserventur insuper et ponantur armaturæ et alia arnesia communia civitatis Auscitanæ, et ibi teneatur arca, ubi reponantur libri seu papyri dominorum consulum seu civium dictæ villæ: fiant insuper in domo eâdem convocationes civium et consulum civitatis prædictæ, cum aliquid occurrerit tractandum, seu etiam ordinandum, sive id quod agendum est spectet ad dominos prædictos et consules conjunctim, sive ad consules tantum. Item quod notarius eligatur per consules civitatis Auscitanæ, qui per juramentum præstandum dictis dominis consulibus scribat fideliter ea quæ fuerint conscribenda in faciendis inquestis, et aliis spectantibus ad officium consulatus, qui notarius mutetur de anno in annum, cum consules mutabuntur. Item quod dicti domini in creatione carcerarii communis, qui etiam de anno in annum est mutandus, eligantur per dictos dominos duo idonei ad officia dicti carceris, quorum duorum dicti consules teneantur unum recipere et anno transacto consules eligant alios duos ad dictum officium quorum duorum dicti domini alterum eodem modo teneantur recipere, et sic mutuâ vicissitudine fiat electio per dominos et consules ad officium dicti carceris de anno in annum.

Item quod octo eligantur consules idonei qui jurabunt dominis seu eorum bajulis, in consulatus officio bene et fideliter se habere, durabunt autem per annum et in capite anni eligentur alii octo de villâ idonei per antiquos consules et electi jurabunt dominis prædictis in officio suo fideliter se habere, proùt superius est dictum et sic fiat in futurum de anno in annum : fiat autem mutatio consulum annuatim in festo beati Joannis-Baptistæ. Item super criminibus in civitate commissis et villâ Auscitana seu ejus pertinentiis inquiratur, et judicetur per dominorum bajulos et consules prædictos, exceptis nobilibus comitatus Fezensiaci, qui ibi delinquentes, ratione delicti, capi potuerint, sed puniendi ad dominum comitem seu Fezensiaci curiam remittantur; qui quidem nobiles si propter delictum fugientes, seu in defensionem et rebellionem se ponerent, ne caperentur impune, sicut alii malefactores, in capiendo resistentes interficiantur.

Item si bajuli et consules in ferendis sententiis non convenirent, eligantur discreti homines de dictâ villâ per ipsos bajulos et consules tot quod eis videbitur, et jurabunt bajuli et consules quod ad hoc non eligent suspectos, et illi electi jurabunt bajulis et consulibus prædictis fideliter dare consilium super rebus requisitis, et juxta eorum consilium judicabunt, et si non concordarent quærent aliorum consilia sapientium, expensis communibus dominorum et villæ.

Item bajuli et consules prædicti capere poterunt criminosos simul vel divisim; inquirere autem vel sententiare, non nisi simul. Item si aliquis positus fuerit per bajulum vel consules in carcere et non fecerit tale quid propter quod corporali pœna debeat puniri, cum cautionibus recredatur. Item in rapinis mercatorum peregrinorum, rerum sacrarum et ecclesiarum et in murtro perpenso et in proditione dominorum et vicinorum et villæ, tunc si quis talia commiserit, amittat corpus et bona; si verò alio modo quemquam occiderit, morte puniatur et sexta pars bonorum suorum applicabitur domino comiti vel archiepiscopo, secundum quod delinquens suberit eorum jurisdictioni : si autem ad sui defensionem vel alias jure permittente homicidium commiserit, nullo modo incursus bonorum locum sibi vindicet. Item consules in sui creatione recognoscent semper à dictis dominis comite et archiepiscopo se habere et tenere jurisdictionem inquæstas et eorum judicia et omne exercitium jurisdictionis, domum communem et carcerem, pœnas et pechas, pro quibus facient domino comiti annuatim, in creatione consulum, unum par calcarium et domino archiepiscopo unum par chirothecarum, cujuscumque valoris velint consules, et quod dicti consules et universitas Auscitana pro aliquo forefacto non possint privari prædictis, nisi in illo casu ubi universitas sit delinquens, et quod quilibet universitatis sit delinquens, deberet amittere de jure scripto corpus et bona, tunc tamen singuli de universitate delinquentes, puniri possunt in corporibus et rebus, secundum quod superius est expressum. Item pronuntiaverunt quod de omnibus pechis messeguerriis domini prædicti, scilicet comes et archiepiscopus tertiam partem habeant, quilibet pro regione suæ jurisdictionis et duas partes consules et universitas prædicta; ad expensas autem, quas ratione pecharum fieri contigerit, domini contribuere teneantur secundum partem, quam de dictis pechis recipiunt, et præstare auxilium dictis consulibus et universitati contra rebelles in solvendis pechis commissis.

Item pronuntiaverunt, voluerunt et ordinaverunt quod omnia infra scripta sint et esse debeant consuetudines et statuta consulum et universitatis civitatis Auscitanæ. Consuetudo est in villa universitatis Auscitanæ et suis pertinentiis quod consules civitatis et villæ Auscitanæ cognoscant et judicent de quæstionibus seu litibus, quæ sunt inter cives Auscitanos, super terminis vinearum, casalium, domorum et aliarum possessionum, in dicta villa et ejus pertinentiis, et invasionibus quæ fiunt in prædictis terminis, super legibus vero quæ ex prædictis deberentur, si sint LXV solid. Morl. et cognoscant et judicent bajuli et consules simul, ut superius est dictum. Item consuetudo est in villa et civitate Auscitana quod consules ponunt communem præconem in civitate et villa, qui jurat bajulis prædictorum dominorum et consulibus se esse fidelem in suo officio et obedientem prædictis dominis et consulibus, secundum morem civitatis prædictæ. Item ponunt prædicti consules messegarios et custodes, mensuras bladi et vini et olei et aliarum mercium quæ pondere vel mensura venduntur, et canas seu alnas, cum quibus panni vendendi mensurantur, quæ quidem prædictæ mensuræ, canæ seu alnæ per prædictos dominos et consules signabuntur, et qui cum aliâ non signatâ signo prædicto mensurasse vel vendisse invenietur, puniatur in LXV solid. Morl. applicandis dominis prædictis. Item consuetudo est in villa et civitate Auscitana, quod consules Auscitani eligant notarios publicos, et electos præsentent dominis dictæ villæ et præsentatos prædicti domini debent recipere, et etiam confirmare, potestate tamen creandi per se notarios dominis non adempta. Item post mortem dictorum notariorum, consules prædicti debent habere in suo posse et custodiâ papiros, libros seu protocolla dictorum notariorum, de quibus conficiantur instrumenta per præsentatum à consulibus, auctoritate dominorum. Item consuetudo est in civitate et villâ Auscitanâ, quod consules ordinent et disponant pro se et aliis super vallis et plateis vicinalibus, clausuris et portis vicinalibus construendis et reparandis, claudendis et aperiendis, statutis faciendis perpetuo vel ad tempus cum pœnâ vel sine pœnâ super catenis ponendis et tollendis, super padoenis restringendis vel etiam ampliandis, ad eorum omnimodam voluntatem, cum consilio tamen curiæ et villæ civitatis Auscitanæ.

Item consuetudo est in civitate et villâ auscitanâ, quod aliquis qui fuerit consul civitatis et villæ auscitanæ, non possit in questionibus poni, nisi in casibus in quibus consul de jure torquendus esset. Item consuetudo est in civitate et villâ auscitanâ, quod consules, finito eorum officio, reddant bonum computum et fidele consulibus de novo creatis de his quæ gesserunt vel exercuerunt, durante eorum consulatu, et dominis vel eorum bajulis de his quæ eos tangunt. Item consuetudo est in villâ et civitate auscitanâ, quod quicumque consul fuerit factus, a tempore consulatus sui finiti, non possit esse consul infra duos annos. Item consuetudo est in civitate auscitanâ prædictâ, quod si aliquis de consulatu auscitano et ejus pertinentiis teneat ab aliquo ejusdem consulatus fundum, honorem seu possessionem aliquam in feodum vel emphyteosim pro quo honore, fundo vel possessione tenetur domino ad certum censum, servitium seu prestationem annuam, quod feodarius vel emphyteota in illa possessione fundo vel honore non possit alii constituere aliquam annuam præstationem vel quamcumque aliam in perpetuum, vel ad tempus, quocumque titulo inter vivos vel in ultimâ voluntate sine consensu domini à quo tenet. Item consuetudo est in civitate et villa auscitanâ, quod quicumque fuerit consul electus, si se excusaverit, puniatur in xx solid. Morla. applicandis civitati et quod exeat civitate et villa per duos menses. Item consuetudo est ibidem, quod si aliqua persona infamis, condemnata de aliquo crimine, aliunde veniens ad dictam civitatem et villam, et ibi velit habere domicilium et esse vicinus, nullo modo permittatur ibi morari, sed statim expellatur à dictâ civitate et villâ et toto consulatu : si autem sit persona externa aliunde veniens bonæ famæ, et velit domicilium in dictâ civitate et villâ et ejus pertinentiis habere, et vicinus fieri, admittatur. Item consuetudo est ibidem, quod consules pro talliis et collectis impositis hominibus civitatis et villæ auscitanæ, item pro pœnis, statutis villæ et civitati applicandis, item pro quibuscumque debitis ad ipsam civitatem et consulatum pertinentibus possint rebelles auctoritate propriâ pignorare, et pignora capta vendere, et distrahere, secundum quod eisdem consulibus visum fuerit faciendum. Item consuetudo est ibidem quod in quocumque casu præstatur fidejussio de stando juri, quod cives civitatis ipsius dent unum fidejussorem vel duos de iis qui degunt vel habitant civitatem prædictam firmabunt autem in manu domini sub cujus juridictione degunt, et prædicta firmantia seu fidejussio cum præstanda fuerit, præstetur et exigatur in quadravio vel in carreriâ majori, vel in domo communi ad voluntatem domini ; si vero jurent se non posse dare fidejussorem credatur eorum sacramento, cum obligatione bonorum suorum. Item consuetudo est, quod in casu vel casibus quo vel quibus quis habet detineri personaliter, utpote propter crimen, de quo imponenda esset mors vel membrum abscindendum, vel deportatio perpetua imponenda, quod licet is qui perpetrasse dicitur paratus sit dare fidejussorem unum vel duos vel plures personaliter, nihilominus in carcere detinetur, et bajuli et consules prædicti cognoscunt et judicant utrum sit detinendus vel recredendus, et etiam condemnandus vel absolvendus, modis et conditionibus quibus supra. Item consuetudo est ibidem quod consules civitatis auscitanæ possint inhibere et facere præconisari sub certâ pænâ per eos imponendâ, et eis applicandâ si contra fieret, quod nemo extrahat bladum de civitate prædictâ à festo B. Joannis-Baptistæ usque ad festum omnium Sanctorum ; in antea potest bladum extrahi de civitate prædictâ, dum tamen procedat de voluntate consulum prædictorum et non aliter.

Item consuetudo est ibidem, quod quotiescumque quis conqueritur de aliquo super certâ pecuniâ sibi solvendâ vel re aliquâ sibi restituendâ debet conqueri domino, sub cujus jurisdictione debitor stat, et reus, si convictus fuerit, tenetur dare domino **XX** denar. Morl. pro clamore ; si vero dicatur quis sanguinem effudisse, ex suo officio inquirunt bajuli et consules supra dicti, et si condemnaverint illum, ille condemnatus solvit domino, sub cujus jurisdictione stat, quinque solidos Morl. si vulnus lethale non fuerit ; si vero lethale sit, solvit dominis prædictis LXV sold. Morl. cuilibet dominorum pro ratione suæ jurisdictionis. Item consuetudo est ibidem, quod cum dominus recipit clamorem de aliquo vel querimoniam ad instantiam alterius, quod ille de quo quærimonia sive clamor fit vel fieri dicitur, si vult, non tenetur canere nec respondere, donec viderit illum, qui dicitur clamorem vel quærimoniam proponere vel proposuisse contra eum et dominus tenetur ei illum ostendere, qui dicitur clamorem vel quærimoniam proponere vel proposuisse, et antequam ille per dominum seu bajulum vel ejus locum tenentem eidem ostendatur, ad aliquid non astringitur. Item consuetudo est ibidem quod non potest imponi bannum in possessione seu bonis alicujus, quamdiu vult fidejussorem offerre et dare de parendo juri et si ultra hoc appositum fuerit, pro non apposito habeatur.

Item consuetudo est ibidem quod si aliquis deliquerit, vel damnum dederit alicui, propter quod delictum vel damnum debeat condemnari ad emendam faciendam injuriam passo et ad legem solvendam domino, prius debet fieri emenda injuriam passo quam domino solvi pœna, et si quid deest quod de bonis solvi non potest, domino deest. Item est consuetudo ibidem, quod quando quis inculpatur de crimine aliquo in curia communi auscitana super morte alicujus, vulnere, furto, aut alio casu criminali, et ille inculpatus absentet se, quod inculpatus citetur ter et inter citationem unam et aliam debet esse spatium trium dierum, die qua fiet citatio computata, et sic illæ tres citationes continent spatium novem dierum completorum et post modum, si bajulis et consulibus videatur, una dies competens datur arbitrio dictorum bajulorum et consulum amicis requirentibus et proximis accusati ad quam diem venire facient accusatum ; quod si ad datam diem non veniat, vocabitur ter per præconem communem cum tuba, qualibet vocatione trium dierum spatium continente ; si vero postea non venerit, procedatur contra absentem, prout est alias consuetum. Item consuetudo est ibidem, quod quicumque piscatur seu venatur in piscariis, stagnis, claperiis, deveriis et columbariis contra voluntatem dominorum quorum sunt, quod tenetur solvere prædictis dominis comiti et archiepiscopo pro regione jurisdictionis suæ, sexaginta quinque solidos Morl. dum tamen illud cognitum fuerit et judicatum per communem curiam dominorum et consulum ; si vero esset talis persona quod non posset solvere dictam legem, amittat auriculam et cum tuba quæ est consulum dictæ civitatis, currat villam et relegetur perpetuo à civitate prædictà. Item est consuetudo ibidem, quod quando bajuli dominorum scilicet comitis et archiepiscopi creantur per prædictos dominos, quod in præsentia consulum jurent quod in suo officio bene et fideliter se habebunt et quod usus et consuetudines civitatis auscitanæ bene et fideliter observabunt, et contra eas non venient. Item est consuetudo ibidem, quod homines civitatis auscitanæ vel villæ seu pertinentiæ ruræ ejusdem non teneantur exire cum armis vel sine armis contra aliquem militem, vel baronem, domicellum vel vicinum vel homines villæ seu castri vel universitatem comitatus Fezensiaci, si baro domicellus, miles, vel vicini, homines villæ vel castri vel universitatis, requisiti sint per consules civitatis prædictæ quod stent juri ad cognitionem curiæ Fezensiaci et prædicti parati sint stare juri et firmare ad cognitionem dictæ curiæ Fezensiaci.

Item est consuetudo ibidem, quod domini per familiam suam privatam contra civem probare non possint in causis civilibus nisi in quantum jus permittit. Item est consuetudo ibidem, quod si aliquis furatus fuerit aliquid non excedens valorem XX denar. Morl. quod pro furto prædicto ad aliquam legem nullatenus condemnetur, tamen ascendat in pilhoricum et currat villam ; quod si currere nolit, solval. LXV sold. Morl. dominis dictæ villæ, videlicet domino, comiti et archiepiscopo supradictis, pro regione suæ jurisdictionis. Item est consuetudo ibidem, quod consules civitatis prædictæ per se et sine aliis ponant custodes in villâ et eis jurant legem LXV sol. Morl. quam ipsi exigunt ab eis qui ire de nocte sine lumine reperiuntur, ultra cistam diam quatuor domorum, ex quacumque parte in quibus inhabitent. Ii vero qui de nocte inveniantur sine lumine venientes de laboribus suis, vel si sint extranei, ad legem prædictam minime teneantur. Item est consuetudo ibidem, quod pro aliqua pignoratione vel venditione vel alienatione vel permutatione non datur aliquid ratione venditionis impignorationis vel alienationis nec permutationis nec laudamimium nec retrocapita nec vendæ nec pignorationes nec aliqua alia, quocumque alio nomine creantur, et venditor seu permutator, pignorator vel alienator, non tenetur reddere ei à quo tenet rem vel res quas vendit vel impignorat, permutat, vel alienat; ille vero qui emit vel pignore accipit vel ex permutatione seu alienatione habeat rem vel res prædictas, tenetur ei à quo tenetur res prædictæ ad ea ad quæ tenebatur pignorator alienator, permutator seu venditor superius memoratus; debet tamen venditor impignorator, permutator vel alienator ostendere ei à quo tenentur prædicta res quas vendidit, impignoravit, permutavit vel alienavit illum cui vendidit, alienavit seu impignoravit, vel permutavit rem vel res prædictas, ut ab illo exigat ea quæ prædictus pignorator venditor vel permutator seu alienator eidem facere tenebatur.

Item consuetudo est ibidem quod domini seu eorum bajuli non citent nec citare possint aliquem civem prædictæ civitatis pro uno facto nisi semel in die de tertiâ die in tertiam: quæ citatio fiat testibus vel per nuntium juratum et aliter facta non valeat, et si sic citatus non venit, solvat legem XX denar. Morl. cuilibet dominorum pro regione suæ jurisdictionis, cum constet per testes quod fuit citatus. Item consuetudo est ibidem quod aliquis civis vel vicinus, nobilis vel clericus pro re quæ venditur, non solvit copam domino, nec pugnum præconi, et præco libere debet præconisari, si quid est amissum in foro.

Item consuetudo est ibidem quod si aliquis ingreditur domum alterius de die vel de nocte et sit inimicus vel aliter suspectus illius cujus domum ingreditur de uxore, filia, vel nepte vel alia sibi conjuncta persona vel sit suspectus quod domum prædictam intravit causa inferendi damnum quod si prædictus ingrediens occidatur vel percutiatur vel vulneretur vel aliter male tractetur quod occidens vulnerans vel percutiens vel aliter maletractans pœnam nullatenus pati sit et in aliquo dominis vel defuncti proximis non teneatur, quod de adveniente de die intelligimus, si de nocte si quis intraverit probabitio processerit. Item consuetudo est ibidem quod si aliquis cognoverit per vim mulierem maritatam, viduam vel virginem vel aliam honestam personam, vel ille reus prædictus crimine **probato per bajulos et consules capite puniatur vel suspendatur**; si vero quis mulierem suspectam de fornicatione seu libidine **carnaliter per vim cognoverit, puniatur in LXV sol.** Morl. applicandis domino comiti et archiepiscopo prædictis secundum regionem suæ juridictionis. Item consuetudo est ibidem quod si aliquis occidit injuste aliquem, quod si invenitur in villa vel intra decos villæ interficiens prædictus possit in quocumque capi et ad dominum comitem captus duci; quod si capi se non patiatur et fugit vel si in defensionem se posuerit ne capi possit, insequendo occidatur vel in conflictu, nulla pœna interficienti imponatur. Item est consuetudo ibidem quod quicumque tenet falsam mensuram vini amittat vinum a clepsedra seu canula per quam exit vinum de doliis, supra quod vinum applicetur dominis dictæ villæ scilicet domino comiti et archiepiscopo secundum regionem suæ juridictionis; qui vero tenet falsam canam seu alnam vel pondus falsum vel mensuram, solvet domino de cujus juridictione est LXV sol. Morl. cum hoc contra eum probatum est in curia supradicta. Item consuetudo est ibidem quod qui percutit aliquem cum pugno vel pede vel impingit vel trahit alium maliciose solvit consulibus decem sol. et unum denarium Morl.; si vero solvere præmitiens non possit, ponatur in pillario de exitu missæ matutinalis usque ad vesperas, nisi interim legem prædictam solvere velit et emendam facere damnum passo juxta qualitatem personæ suæ et damnum passi ad arbitrium bajulorum dictorum dominorum et consulum prædictorum.

Item consuetudo est ibidem quod si aliquis dicat alteri: Tu es spurius, vel proditor vel latro, vel dæmoniacus vel leprosus vel perjurus, solvit X solid. Morl. dominis et consulibus dictæ villæ pro regione suæ juridictionis, et si ille cui hoc dictum fuerit respondet mentimini, non tenetur ad aliquam legem. Item est consuetudo ibidem quod si aliquis teneat aliquam rem in emphiteosim sive ad annuum censum et die statuta ad solutionem faciendam non solvit quod emphiteota feodatarius sive censuarius teneatur censum seu canonem domino rei solvere duplicatum et ultra hoc legem XX denar. Morl. applicand. domino feodi vel rei emphyteoticariæ, et siquidem per diem statutum, quâ solutio debet fieri, facta non fuerit et dominus per se sive per procuratorem suum requisiverit prædictum emphyteotam seu feodatarium quod eidem solvat prædictum censum seu canonem duplicatum et ultra hoc legem statutam et non solverit, post quamque requisitionem eidem factam quæ requisitio antequam ad aliam procedat, habeat terminum unius diei dictus feodatarius emphiteota seu censuarius cadat in pœnam legis xx denar. Morl. prædicto domino applicandam usque ad integram solutionem faciendam et per hoc nihilominus remaneat obligatus domino pro solutione prædictorum facienda et de firmantia sufficienti pro dictis præstanda et ultra hoc dominus rei potest apponere bannum supra rem quæ tenetur in emphiteosim sive ad censum et si prædictus emphyteota censuarius vel feodatarius removerit seu fregerit bannum domini, pro fractione cujuslibet banni est obligatus domino in x denar. Morl.; prædictis autem solutis si censuarius emphiteota vel feodatarius velit resignare feodum in manu domini, possit; qua resignatione facta et pro prædictis satisfacto domino ut supra dictum est, prædictus censuarius emphyteota seu feodatarius in nihilum domino teneatur. Item consuetudo est quod si quem puberem vel impuberem seu aliquem vel aliquam intestatum absque prole legitima mori contigerit quod ille qui proximior est sibi in linea parentelæ succedat in bonis ipsius et in illis bonis quæ provenient ex parte parentelæ ipsius absque omni quæstione et lite. Item consuetudo est in loco prædicto quod mulieres civitatis et villæ Auscitanæ nihil lucrentur constante matrimonio de bonis mariti cum nihil possint amittere et habeant dotem salvam hoc excepto quod æstimatio vestium nuptialium quæ fiunt tempore quo fuerint factæ finito matrimonio residatur eis cum pretio æstimationis lecti in civitate prædicta. Item est consuetudo ibidem quod si aliquis civis vel extraneus conqueratur de aliquo debitore suo coram dominis vel eorum bajulis vel eorum loca tenentibus vel consulibus civitatis prædictæ de summa duodecim denar. Morl. vel de minori et debitor confiteatur pecuniam prædictam, consules sive domini vel eorum loca tenentes coram quibus clamor proponitur præcipiant debitori quod solvat pecuniam contestatam, quo præcepto subsecuto ad aliquam legem non teneatur dominis ratione prædicta si solvat intra triduum a tempore præcepti facti computandum; elapso vero triduo et solutione non facta ille dominus coram quo ventita est causa potest tunc extrahere legem xx denar. Morl. et nihilominus prædictum debitorem compellere ad solvendum.

Item est consuetudo ibidem quod homines de auxio habeant usum et expletam lignorum omnimodam depascendi cum animalibus suis herbas, folia, glandes et cæteros fructus arborum sylvestrium, aquas et alia necessaria prædictis animalibus per omnes pertinentias et laborantias civitatis prædictæ in quantum in die ire et redire possunt dicta animalia circumquaque per comitetum. Ex consuetudine dicta animalia exeant de manso de auxio et eadem die revertantur in manso ad civitatem prædictam ; habent ultra hoc dicti cives expletam omni modam apud auxium et ejus pertinentias et per totum comitatum Fezensiaci, morando tamen apud auxium et ibi larem tenendo, facultatem venandi omnem venationem cum canibus et retibus vel filatis et quocumque alio modo voluerint venari vel recipiendi capiendi et piscandi in omnibus aquis exceptis piscariis et stagnis, columbariis, claperiis et deffensis. Item consueti sunt insuper et usi cives prædicti incædere ligna et fustes ad suam omnimodam voluntatem pro suis expletis et necessariis suis, illi tamen qui habitant et larem habent in civitate prædicta et ejus pertinentiis per omnes forestas et nemora comitatus prædicti libere et absque aliquo denario, excepto quod qui operatur cum dolabro debet solvere unum denar. Morl. pro quolibet die domino seu dominis quorum sunt nemora vel forestæ prædictæ quas concesserunt prædicti domini seu eorum procuratores, salvo sacramento per comitem curiæ Fezensiaci præstito. Item consuetudo est ibidem quod quicumque de nocte fregit albaria vel recepit, vel quodcumque aliud damnum dedit de nocte et probatum fuit coram bajulis et consulibus prædictis solvat legem dominis cuilibet pro regione suæ jurisdictionis txv sol. Morl.: si vero de die fregit vel accepit albaria prædicta vel aliud damnum dedit, solvat quinque solid. Morl. dominis et consulibus dictæ villæ et nihilominus teneatur ad æstimationem reddendam duplicatam ei qui damnum passus est ad cognitionem curiæ. Item consuetudo est ibidem quod quicumque vicinus seu habitator civitatis Auscitanæ et pertinentiarum ejusdem petit alicui debitum cum instrumento non suspecto vel cum testibus sufficientibus et fide dignis et fidem faciat de hujusmodi sibi debito quodsine omni libello et sine mora debitor compellatur quod debitum dicitur et probatum fuit per instrumentum vel per testes sufficientes infra decem dies solvere, nisi reus contrà quem probatur per instrumentum vel per testes solutionem factam, vel factum de non petendo sibi factam vel alio modo probet infra decem dies se ad solvendum non esse compellandum: veruntamen si aliquo tempore ille probavit se indebitum solvisse per errorem cum ipso jure non teneatur nec ad solvendum compelli posset exceptione legitima sibi competente ille cui solutum est solventi reddere compellatur.

Item consuetudo est ibidem quod quicumque civis seu habitator civitatis Auscis possit facere nemus inhibitum sufficienter et quicumque fecerit fustes in dicto nemore contra voluntatem illius cujus est tenetur domino dicti loci solvere txv sol. Morl. et nihilominus damnum restituere passo damnum secundum communis vocis. Item consuetudo est ibidem quod quam o aliquis vult vendere sua elligram debet in ecclesia per præconem significare vel notificare cum expressione et declaratione nominis et agnominis et praenominis per quod magis cognoscitur et appellatur in villa tribus diebus dominicis hora qua missa matutinalis cantatur rem praedictam esse venalem ad hoc ut proximiores domini rei venalis possint deliberare apud se ipsos an rem velint emere supra dictam quod si veniunt post tres dominicas praedictas infra unum mensem computandum a tempore ultimae publicationis emere volentes praeferantur omnibus aliis extraneis emere volentibus dum tamen parati sint jurare rem dictam sine dolo pro se ipsis velle emere et retinere et offerant pretium quod pro re vera ab aliis ad plus est oblatum et si contrarium probaretur coram consulibus quod prima venditio valere haberet et digerens de perjurio ad arbitrium consulum puniatur quo tempore elapso venditio praedicta rei possit fieri cuicumque videbitur venditori et praedicti proximiores ultra praedicti temporis spatium nullatenus audiantur et valeat facta venditio si facta sit infra annum a tempore praedictarum publicationum quo anno elapso si venditor vendere voluerit praedicta solemnitas iterum fiat et servetur et si quis dolose aliquid in iis perpetraverit puniatur in XX sol. Morl. quicumque vero rem venalem sub ficto nomine vel ignoto vel cognitionem publicare fecit pro non publicata habeatur et iterum publicetur. Item est consuetudo ibidem quod in rebus quas cives tenent ratione generis vel alias quando praedicti vendere voluerint quod possint vendere alienare vel alias distrahere ad suam voluntatem veruntamen propinquiores venditoribus quantum praedictis venditoribus ab aliis offertur possunt potere et venditores tenentur per suum sacramentum dicere quantum pretium ab eis emere volentibus offeratur. veruntamen post venditionem perfectam si proximiores offerant tantum quantum emptores dederunt et solverunt seu solvere promiserant ratione emptionis vel emptionum praedicte vel praedictarum rerum ratione tornariae praedicti proximiores praedictis primoribus emptoribus restituant et reddant quas res tornatas habebunt praedicti proximiores sub conditionibus et modis in contractu venditionis vel venditionum appositis ubi autem quis non habet prolem et vult testari et disponere de rebus suis et bonis potest in omnibus suam omnimodam facere voluntatem prout jura permittant.

Item consuetudo est ibidem quod si pater dat uxorem filio suo et recipit eum et eam in domo quod teneatur eidem filio et uxori ipsius et filiis et filiabus praedictorum in necessariis providere secundum proprias facultates alioquin si hoc facere noluerit teneatur eidem dare tantum de bonis suis quod praedicti possint exinde sustentari et sibi in necessariis suis providere juxta facultates patris et etiam dignitatem. Item consuetudo est ibidem quod si quis teneat rem aliquam sub certo censu annuo præstando et ille reinfeodavit alteri quod potest secundum usum et morem loci prædicti ita tamen quod ille cui fecit reinfeodatam pro parte illi reinfeodata priorem dominum recognoscere teneatur et censum præstare, si tertia pars tertiam partem census illius quæ pro tota repræstabatur, si media pars, mediam partem census secundum magis et minus.

Item consuetudo est ibidem quod si aliquis habens uxorem vel non habens deprehendatur cum uxore virum habente et ambo sint nudi vel depositis femoralibus cum vestitu quod isti sic deprehensi vel reperti hoc probato per duos testes solvat quicumque eorum LXV solid. Morl. dominis prædictis comiti et archiepiscopo secundum regionem jurisdictionis suæ vel currant villam nudi et hoc sit in voluntatem dictorum sic deprehensorum vel pœnam prædictam solvere, vel nudos currere per villam auscitanam cum tuba. Item consuetudo est ibidem quod si mulier moriatur marito superstite sine filiis ex ea descendentibus vel filiis superstitibus descendentibus intra ætatem quatuordecim annorum in masculis vel duodecim annorum in fæminis quod dos à patre profecta ad patrem revertatur et si pater non superest ad hæredes patris quibus deficientibus ad proximiores mulieris defunctæ. Item consuetudo est ibidem quod quicumque consul civitatis auscitanæ habeat pro suo salario XXX solid. Morl.

Item consuetudo est ibidem quod in honore domini comitis est præceptor unus seu manader et in honore domini archiepiscopi alius et in parochia sancti Orenti alius : qui præceptor sive manader id quod faciat faciat de mandato consulum civitatis auscis et aliter factum non valeat, debet ire ad exercitum cum aliis hominibus civitatis auscis ad expensas dictorum consulum quando prædicti homines ire teneantur. Verumtamen prædictus manader potest quittare unum ex vicinis quem vult ad cognitionem consulum ne vadat ad exercitum prædictum et tenetur facere dictus manader quæ ei mandantur per dictos consules et ille manader quando collecta imponitur per consules civitatis prædictæ in prædicta civitate est immunis, nisi sit collecta extra impositionem quatuor denariorum Morl. quando autem per consules civitatis prædictæ mandatur aliquibus civibus quod vadant ad valla curanda vel alia utilitatis prædictæ facienda prædictus manaderius est immunis et unum vicinum civitatis prædictæ potest quittare a prædictis faciendis et quando collecta imponitur per dictos consules exigitur per dictum manaderium qui habet pro suo labore quatuor denar. Morl. in die et debet esse cum collectoribus in exercitio per totam diem. Item est consuetudo ibidem quod quicumque abstraxit gladium malitiose contra aliquem solvit X solid. et unum denar. Morl. communi curiæ applicando. Item est consuetudo ibidem quod quicumque dixerit mulieri alicui maritatae, vel virgini, vel viduae: tu es meretrix, vel fur, vel leprosa, vel proditrix solvet quinque sol. et unum denar. Morl. applicandos curiae communi. Item in muliere hoc probo viro dicente. Item est consuetudo ibidem quod quicumque sive masculus, sive faemina dixerit alteri : tu mentiris, solvet duos sol. Morl. applicandos curiae praedictae nisi hoc dixerit ad tuitionem famae suae propter aliquod mendacium per adversarium sibi injuriose dictum. Item est consuetudo ibidem quod si aliquis extraneus ad civitatem praedictam ingrediatur cum sale, vel cum oleo vel cum piscibus marinis, vel cum avibus silvestribus quod non possit praedicta vendere alicui revenditori, nisi prius steterit in praedicta civitate per unum diem die qua venit minime computata nulloque cive super venditione praedictorum ipsos volentes vendere in aliquo dirigente et si praedicto tempore vendere non potuerit tunc possit revenditori vendere plus offerenti, qui vero contra fecerit solvat decem solid. Morl. communi curiae applicandos qua paena astringi volumus revenditorem emptorem et ipsum in aliquo dirigentem, infra tempus statutum.

Item est consuetudo ibidem quod nullus qui non sit de legitimo matrimonio procreatus si tamen alii reperiantur aeque idonei vel cui non interest sanguinis ubi membrum abscinderetur vel mortis paena imponeretur non possit esse consul civitatis et villae auscitanae nec ad consulatus officium eligatur nisi propter personae scientiam vel industriam pro utilitate publica eligeretur. Item est consuetudo ibidem quod nullus depascat cum animalibus prata alterius vel extrahat herbam de prato alterius a festo purificationis beatae Mariae usque ad festum beati michaelis, si contra fecerit de die puniatur XVIII denar. Morl. applicandis consulibus dictae villae et aestimationem damni dati teneatur duplicatum reddere damnum passo: si de nocte praedicta fecerit puniatur in LXV sol. Morl. applicand. domino dictae villae in cujus jurisdictione damnum datum fuerit et aestimationem damni duplicatum teneatur reddere damnum passo. Item est consuetudo ibidem quod nullus diebus dominicis vel aliis majoribus festivitatibus anni teneat operatorium suum apertum, si contra faciat puniatur in II den. Morl. applicandis consulibus dictae villae. Item est consuetudo ibidem quod nullus ingrediatur vineam vel agrum in quibus sit nullum seminatum causa vendendi cum canibus ab introitu mensis maii usque ad festum omnium sanctorum : qui vero contra fecerint puniantur in duobus denariis morlanis applicandis consulibus dictae villae et aestimationem damni dati duplicatum reddere damnum passo ad cognitionem consulum praedictorum. Item est consuetudo ibidem quod si aliquis dixerit aliquid convitii consulibus vel eorum alteri exercenti vel exercentibus ea quae ad eos spectant ratione consulatus, si vir sit puniatur in xx solid. Morl. si mulier, in x. applicandis consulibus dictæ villæ. Item est consuetudo ibidem quod aliquis ex civibus vel hominibus civitatis et villæ auscitanæ non compellatur per dominos dictæ villæ ei facere quæstam albergam, talliam vel communem, vel aliquam aliam servitutem vel aliquid aliud et a prædictis omnibus perpetuo sint immunes cives et habitatores civitatis et villæ prædictæ exceptis debevis ratione rerum debitis et juramento fidelitatis.

Item consuetudo est ibidem quod consules prædictæ civitatis non possint in totum nec in partem remittere pœnam quam quis solvere teneatur et hoc sub pœna præstiti juramenti. Item consuetudo est ibidem quod porci non intrent prata, neque casalia neque vineas in aliquo tempore anni infra decos civitatis prædictæ, si contra fiat ille cujus porcus vel porci fuerint, puniatur in XVIII denar. Morl. applicandis consulibus dictæ villæ et æstimationem damni dati teneatur duplicatum reddere damnum passo. Item est consuetudo ibidem quod dominus sive quicumque alter extraneus non potest ponere animalia videlicet porcos, vaccas, oves extraneas infra decos civitatis prædictæ et si contra fiat damnum datur prædictis animalibus: qui dederit remaneat impasitus; quicumque vero ex civibus potest tenere duas vaccas cum fœtibus seu vitulis usque ad quatuor capita et oves et capras quantascumque pro sua voluntate infra dictos decos, porcos vero aliquis ex civibus vel de villa seu ejus pertinentiis non potest tenere a festo pentecostes usque ad festum omnium sanctorum nisi vicinales infra decos prædictos, qui vero contra fecerit puniatur in x solid. Morl. applicandis consulibus dictæ villæ. Item est consuetudo ibidem quod si aliquis invenerit aliquam vaccam vel aliquam aliam bestiam mala morte mortuam, necatam vel submersam et carnes illas vendere voluerit, non vendat eas in macello, sed extra hoc pro notificato et præconisato per præconem per villam quod quicumque vult emere carnes tales vadat ad talem locum, especificando mortem qua illa bestia mortua sit; qui contra prædicta faciet puniatur in xx sol. Morl. applicandis consulibus dictæ villæ et quod per annum non vendat carnes. Item est consuetudo ibidem quod si aliquis repertus fuerit habere carnes leprosas in macello puniatur in x sol. Morl. applicandis consulibus dictæ villæ. Item consuetudo est ibidem quod consules ponant duos custodes in macello juratos qui custodiant ne illi deferant nec teneantur malæ carnes et si aportent vel teneantur, eas extra projicient.

Item consuetudo est ibidem quod quicumque malitiose et scienter incenderit vineas de nocte vel ignem imposuerit in bladis, fænis, paleis vel in domum alterius et probatum et cognitum fuerit per curiam capite puniatur et suspendatur, et nihilominus ad emendam faciendam damnum passo, si in bonis reperiatur delinquentis unde satisfieri potest, si vero in bonis ipsius non reperietur unde possit satisfacere vel damnum illatum adeo sit occultum quod non possit sciri quis damnum dederit, communibus sumptibus civitatis et villæ emenda condigna fiat damnum passo ad cognitionem dictorum consulum ; si vero plane non probetur contra accusatum vel suspectum de prædictis criminibus judicia videantur consulibus dictæ villæ sufficentia accusatos vel suspectos de prædictis ponatur in quæstionibus seu tormentis. Item consuetudo est ibidem quod messeguerii apponuntur per consules civitatis prædictæ.

Item consuetudo est ibidem quod si aliquis de jurisdictione domini comitis ubicumque deliquerit sive in jurisdictione ipsius sive domini archiepiscopi infra decos tamen prædictæ civitatis vel in pertinentiis vel laborantiis pœna quæ debetur domino comiti solvatur et vice versa si quis de jurisdictione domini archiepiscopi delinquat ubicumque infra decos civitatis prædictæ sive in juridictionem domini archiepiscopi sive Domini comitis lex seu pœna quæ ex hoc imponitur domino archiepiscopo applicetur. Item est consuetudo ibidem quod quando collecta imponitur in prædicta civitate quod exacte fiat usque ad quingentos solidos Morl. et cognitionem dictorum consulum et collectorum ultra vero summam prædictam collecta imponitur et exigitur ab hominibus dictæ civitatis pro solido et libra quando vero portæ fiunt et reficiuntur vel fossata fiunt vel purgantur vel clausuræ aliquæ villæ vel fontes curantur vel carreriæ vel calciatæ vel pontes fiunt vel reficiuntur vel aliqua alia fiunt pro communi utilitate civitatis prædictæ, tunc collecta quæ imponitur prædictorum occasione vicinaliter exigitur. hoc excepto quod si aliqua sint necessaria ad portas civitatis sive sint ferraturæ vel aliqua alia prædicta, fiunt ad expensas civitatis prædictæ; idem observatur de salario et de expensis magistrorum prædicta facientium quæ quidem expensæ solvantur per consules dictæ villæ de communi. Si vero aliquis reperiatur non habens in bonis ultra decem libras Morl. talliatur ad arbitrum collectorum et consulum et tenentur jurare quicumque civis tactis corporaliter sacrosanctis scripturis quando collecta imponitur in prædicta civitate et villa quod fideliter manifestabit omnia bona sua quæ sint pretii sint et ubicumque sint et quod in rebus suis fidele pretium ponit et solvitur duplum pro mobilibus quam pro immobilibus videlicet ubi de re immobili valente x libras solvet decem solid. Morl. si decem libras habeat in pecunia vel rebus aliis mobilibus vel se moventibus solvat viginti sol. Morl., excipiuntur tamen omnes annui fructus et vestimenta et omnia utensilia hospitii exceptis vasis argenteis et de illis quibuslibet ex civibus unum quintum et non computandum pro servitio suo vel dosi duo sint domini in eadem illa domo. Excipiuntur res suas habentes divisas similiter armaturæ quas qui habet pro suo corpore et dolabra et quæcumque alia ferramenta cum quibus quis utitur officio suo seu lucratur victum et vestitum suum. Excipiuntur etiam necessaria pro victu hominis et expleta unius anni, videlicet pro illo qui habet in bonis suis valorem quingentorum sol. Morl. excipiuntur t. sol. Morl. pro victu suo; si valeant mille, centum sol. Morl.; si mille quingentos, centum quinquaginta sol. Morl.; si duo millia, ducenti sol. Morl. appellatione vero immobilium continentur secundum morem loci consuetum prædia rustica urbana prata domus vineæ terræ cultæ et incultæ et quæcumque alia quæ de jure nomine immobilium continentur et est secundum quod. Consuetudo est ibidem quod si videretur consulibus et collectoribus dictæ villæ quod aliquis ex civibus fidele pretium non dedit bonis suis consules et collector prædicti cum probis hominibus dictæ villæ æstimant bona illius quorum æstimatio pro eorum juramento firmè stat super prædictis; si qui vero sint qui habeant terras incultas ex quibus nullam percipiant utilitatem illi quorum sunt pro prædictis quamdiù nullam utilitatem habent collectam aliquam nullatenus præstare compellantur, quando autem collecta imponitur in civitate prædicta pro solido et libra consules debent eligere octo probos homines de civitate prædicta quatuor de honore beatæ Mariæ et quatuor de Parrochia beati Orentii, videlicet duos de minoribus et duos de menestralibus et quatuor de laborantibus et illi consules qui prædictos eligunt debent esse conditionis ejusdem et illi corporale præstant juramentum, quod fideliter cum dictis consulibus talliabunt et collectam imponent in civitate prædicta et fidele computum reddent et reddere teneantur de prædictis quæ fecerint sexdecim hominibus qui ponuntur per comunitatem prædictam et illi collectores mutantur quando consules mutantur.

Item consuetudo est ibidem quod nullus teneat carnes mortuas in macello de una die ad aliam a festo Paschæ usque ad festum beati Michaelis, nisi usque ad horam primam, excepta die sabbati quod tunc potest eas tenere usque ad diem lunæ hora prima nec debet tenere aliquis agnum nec hædulum cum pelle intus macellum ex quo mortuus est, sed illa die qua mortuus est debet excoriari et contra faciens punitur in duobus sol. Morl. consulibus dictæ villæ. Item consuetudo est ibidem quod nullus projiciat sanguinem vel aquam putridam seu aliud quidquam putridum vel arcobatum domus in carreria nec excoriat in carreria vel pelles teneat, contra faciens puniatur in duobus sol. Morl. Item consuetudo est ibidem quod nullus macellarius ovem vel trojam ponat in macello et contra faciens puniatur in x sol. Morl. et carnes dentur pauperibus. Item consuetudo est ibidem quod si aliquis promittat se soluturum intra certum tempus vel in die certa certam pecuniæ quantitatem alteri quod quamvis bajulus domini præcepit debitori volenti et concedenti quod solvat dictam pecuniam termino assignato sub certa pœna domino vel dominis villæ applicanda si non solveret prout promisisset quod pœna non recipiatur nec exigator si non solveret in dicto termino et perinde ac sit si pœna non esset apposita nisi eam per stipulationem promiserit. Item consuetudo est ibidem quod quicumque potest operari in suo ædificando vel quocumque alio modo et elevare domum suam altius ad suam voluntatem et usque ad cælum dummodo non impediat rationa alicujus servitutis debitæ de sua re altius non tollenda, ita tamen quod hoc faciat sine damno cujuscumque et si contingat ex hoc aliquem damnificari damnum teneatur emendare damnum passo ad cognitionem consulum dictæ villæ simpliciter et de plano. Item consuetudo est ibidem quod quicumque ex civibus prædictis potest emere prædia, domos et possessiones et quæcumque alia a nobilibus cum consensu domini et laudamento. Item consuetudo est ibidem quod si aliquis emit rem liberam ratione cujus rei nullum servitium præstabatur quod emptor non tenetur nec astringitur ad aliquam servitutem præstandam emptionis prædictæ ratione.

Item consuetudo est ibidem quod quicumque fuit habitator civitatis et villæ prædictæ vel pertinentiarum ejusdem cujuscumque conditionis, status, dignitatis vel sexus existat, teneatur contribuere collectas et tallias dictæ civitatis secundum qualitatem et quantitatem bonorum suorum honorum et rerum aliarum tam mobilium quam immobilium quæ bona et res infra terminos dicti consulatus inveniantur possidere et habere omni privilegio et immunitate in hoc casu cessante. Item consuetudo est ibidem quod si aliquis extraneus qui non sit habitator intra terminos dicti consulatus acquisiverit quod secundum qualitatem dictarum possessionum et bonorum teneatur collectis et talliis dictæ civitatis et villæ contribuere et ipsius possessionibus collecta vel tallia indicetur ac si ipsi possessores et domini dictarum possessionum et honorum essent habitatores intra terminos consulatus prædicti omni privilegio et immunitate in hoc casu cessante. Item consuetudo est ibidem quod nullus debet dejici vel expoliari aliqua possessione sua sive sit possessio mobilium vel immobilium bonorum sine causæ cognitione: quod si contra fiat de facto incontinenti sine omni impedimento debebit restitui spoliato. Item est consuetudo ibidem quod omnes habitatores civitatis et villæ de Auxio et pertinentiarum ejusdem possint in omnibus molendinis intra terminos et pertinentias prædictæ civitatis et villæ moleturam habere pro trigesima parte nec plus poterit a volentibus molere exigi ratione moleturæ. Item consuetudo est ibidem quod si pater et mater habentes plures filios vel filias, filium vel filiam, et filiam in matrimonium copulavit dote sic data quod filia contenta sit dote ei assignata nec aliud in aliis bonis petere possit nisi de parentum processerit voluntate, si filio vero uxorem dederit et dotem filio datam receperit pater reddendo illi dotem ipsum et uxorem suam de domo expellere possit.

Item consuetudo est ibidem quod si aliqua mulier sortilega vel homo qui alia fatigabilia maleficia fecerit seu fieri machinaverit seu fieri docuerit, seu se abhortire fecerit vel aliam abhortire procuraverit et de his per suam confessionem aut per testes idoneos constare poterit et condemnata sit per curiam prædictam, currat per villam cum tuba et postea igne comburatur. Pronuntiaverunt insuper prædicti arbitri quod prædicti domini comes et archiepiscopus necnon capitulum beatæ Mariæ remittant omnem rancorem, omnem iram et omnem malam voluntatem quam habent vel habere possint contra universitatem prædictam vel aliquos universitatis prædictæ fautores consiliarios quoscumque et cujus conditionis fuerint usque ad diem præsentem ratione controversiæ super contentis in præsenti ordinatione inter eos motæ et vice versâ quod universitas et singuli de universitate prædictâ similiter remittant dominis et eorum familiæ et consiliariis omnia supradicta modis et conditionibus quibus supra. Pronuntiaverunt insuper quod omnes litteræ regiæ, sententiæ vicariorum, judicum, eorumdem delegatorum vel subdelegatorum, processus et sententiæ impetratæ vel habitæ seu prolatæ super controversiâ prædicta usque ad diem præsentem sint nulli et nullæ et pro nullis, cassis et ipso jure irritis de cætero habeantur nec fidem faciant aliquam. Præterea pronuntiaverunt quod prædictus dominus comes et dominus archiepiscopus universitati et singulis de universitate remittant integre leges quas possent petere ab universitate et cuilibet et prædictis usque ad diem præsentem ea ratione quod nemora seu defensa aliena dicebantur invasisse et arbores incidisse protestato tamen per dictos dominos seu eorum procuratores et sindicum universitatis prædictæ quod prædicta non procuraverint nec procurant ad detrahendum juri alieno sed ad pœnam habendam et concordiam et reipublicæ utilitatem legaliter et fideliter procurandam. Actum fuit hoc die veneris in crastinum festi ascensionis Domini millesimo trescentesimo primo regnante domino Philippo Franciæ rege prædicto domino Amanevo dei gratia archiepiscopo auscitano existente et prædicto Bernardo .... comite Armaniaci et Fezenziaci hujus pronuntiationis

ordinationis, compositionis et rei sunt testes domini B. de Montea
cuto, abbas Fageti, Genses de Montesquivo, domicellus, dominus B.
de Balerino miles, B. de Pardeilhano, A. de Podanas, Hugo de Arbeissano, domicellus, dominus P. Darros, miles, fratres A. De-
prato, R. de Baulenx ordinis praedicatorum fratrum, Joannes de
Burgo, B. de Sariaco, R. de Bineto, R. de Fransiaco, ordinis minorum, dominus Guillelmus de Sedilhaco, miles, dominus Augerius
de Tilh, officialis auscitanus, Maurinus de Birano, rector ecclesiæ
de Barrano, Pictavinus de Montesquivo clericus et Ego Oliverius
Despina, publicus Auscis notarius, qui requisitus per dictum dominum comitem et per dominum Guillelmum Arnaldum de Montealto
et per dominum B. de Maurieto, canonicos et archidiaconos in ecclesia Auscitana procuratores praedicti domini archiepiscopi Auscitani,
per P. de Baulato, canonicum et archidiaconum in ecclesia Auscitana, syndicum et canonicum venerabilis capituli ejusdem ecclesiæ
Auscitanæ, per dominum Odonem de Massanis militem, per Arnal-
dum-Guillelmum de Artone arbitros supradictos, per B. de Fabricà
et P. de Estrabo, syndicos et procuratores universitatis civitatis
Auscitanæ istas consuetudines retinui de officio meo et recepi signoque meo solito consignavi.

(Mmss. de M. d'Aignan.)

COUTUMES DE LECTOURE.

El nom del Pay et del Filh e del Sant-Esperit Amen. Comensan las
costumas los usadges longament obtenguts usats en la ciautat de
Laitora e en las appartenensas tant en judjament cant deforas au-
trejads sa enarre par los senhors de la meissa ciautat que la done-
ran als ciautadans e ciautadanas presens e abiedors en la meyssa
ciautat segunt que a nos Helias Talayran par la gracia de dion vesconte de Lomanha es estada fes faita tant par publics estruments sa-
gellats e autentics quant par leial testimoniadge de tropas e diversas
personas dignas de fe e de crezensa. E tout prumerament es coustuma e usatge en ladita ciautat que se era guerra o discordia en la
terra entre los senhors de ladita ciautat li meiss senhors a la requesta
del cosseilh o del autres prohommes de Laitora si cosseilh noy avia
deno liourar al meys cosseilh e alsdits prohommes los castels e las torrs
e las autres fortalessas que aurian dins la ciautat de Laitora e lodi'
cosseilh o li autri prohomne deuan tenir e gardar lesdits castels e las
ditas torrs e fortalessas entro patz e concordia sia faita de ladita
guerra e discordia.

Item si era contrast o discordia entre losdits senhors sobre alcuna causa apartenent a la senhoria de ladita ciutat li meys senhor deuo estar daquel contrast a esgart e a coneguda de la cort de la meyssa ciutat so es assaber del cosselh e dels prohommes de la dita ciutat esperats per lodit cosselh. Et si algus delsdits senhors no volia estar al esgart de ladita cort la quen fos requerit per la universitat o per lo cosselh de meys lac passats XL dias aprop ladita requesta ladita universitat deu esser ab aquel senhor qui voldra tenir lor esgards e contes, batre e retenir los dreyts que la meyssa ciutat et universitat denia far ad aquel senhor desbobedient tant entro quels fossen complits. Item algus dels senhors de ladita ciutat no pot ni deu far enquesta contra alcun ciutadan dldit loc. Item tots et sengles li ciutadans de ladita ciutat deuon esser franes e quitis ab totas las causas per tota la terra e per totas las terres dels predits senhors luenh o prop de tot peadge e de tota levda. Item tut li predit ciutadans deuon anar villa e caza e batalla e cria per lor e per tots lors bailes per tota la terra dels predits senhors exceptat que no deuo tenir cabana de bestiar lagun en la terra del senhor vescomte de Lomanha ses volontat de luy. Item lo vescomtat de Lomanha no deu esser devesit ny partit ny leyxat mas d'un senhor so es assaber lo premier nat e si lo senhor vescomte a una filla o filhas noy deuo auer alcuna part eldit vescomtat mas que deuo esser maridadas ab dins empero de mestre que y nia alcun filh legal del senhor vescomte. Item si algus dels predits senhors e sos bailes per si meys demandaua alguna causa o questio contra algun dels predits ciutadas aquel ciutadan o ciutadas no es tengut de firmar aldit senhor ni al dit son baile mas lo meys senhor o sos bailes quel deu judiar senes gran alongament ab la cort de la meysa ciutat sober son cors o sober sas causas. Item algus desdits senhors ni de lors bailes no pot anar contra algun dels predits ciutadas sino ab recort de ladita cort de la meissa ciutat e per causa en la meissa cort antrejada e si algus delsdits ciutadas era accusat per losdits senhors o per algun de lor deu esser souts (absolts) e quitis daquera acusatio ab sagrament quen fassa que no es tengut d'aquo deque es accusat sino quel senhor proes ab recort de ladita cort segunt que dit es lo crim de que seria accusat. Item li predit senhor ni algus de lor companha no pot albergar ab algus dels predits ciutadas sino ac fassia ab volentat del meys ciutada o que fos albergador usat e acostumat alqual deu pagar aysi cum faria us autres. Item tot ciutadas de ladita ciutat pot penherar autre per son crezut deute o per combent si ho sia estrani o privat solament quel dit contrast obligatio o promission sien estats feyts en la ciutat de Laytora o en la perienh e aqui meis els predits cas tots hom estrani pot penherar tot cioutadas en la predita cioutat. Item algus cioutadas auant dits no deu esser gitat de sa possessio ses conoyshensa de causa.

Item algus cioutadas de Laytora no pot far clamor dalgun autre cioutada del meys loc per rason dalgun dente o combent sino quel deutor lo vedes la penhera ol negues lo combent sino que agues renunciat a la costuma. Item li predit senhor deuon tenir lor cort en la carrera major de Laytora e no deuo judgear alcuna causa senes recort de prohomes de la meissa cioutat.

Item si algus cioutadas se clama dalgun autre cioutada lo clamant e aquel del qual sera fayta la clamor deuo fermar al senhor laus e l'autre e si fermar no poden deuo lor fermar per lor meissors et per lors bes fayt sagrament que no poden fermar per autre e que seguiran la causa a lesgard de la cort e mustraran los bes; e aquel delqual sera fayta la clamor no deu fermar tro quel senhor la mustrat lo clamant; e si la demanda era de dines o dautras causas moblas solament que no sia de forsa o de violencia aquel del qual sera fayta la clamor pot auer tots sos dias costumals so es assaber dia per cosselh per avocat e per giurent e destin e per verenhas per ferias losquals dias auant dits aguts pot auer sos autres dias costumals so es assaber de viij dias en viij dias; empero si la demanda era de possessios o de honors lo deffendent pot auer tots los predits dias e plus dia per terragarda o per dize contra ladita terragarda e pot auer e crezer tres giurents en tota la causa no a sino una garda; e si la clamor era de violensa lo deffendent deu respondre al prumer dia si doneys la violensa no era de causa moabla el qual cas lo deffendent deu auer dia per terragarda sil demanda aprop lo cal dia de terragarda deu respondre lo deffendent e ades ses tota dilacio.

Item tot hom acuy hom domandera ab carta en la cort dels senhors de Laytora o deuant los bailes si ladita carta es estada autreiada per aquel acuy hom domandera sia tengut de respondre mantenent al premier dia si la ten per publica o per varaia o no e no y deu auer plus dilacio sino que enpugnes la carta de falsetat o allegues pagua; e si no era autreiada per luy na dia per respondre e copia del atta sino que aquel fos procuraire daquel qui principalment auria la carta autregada. Item tot hom qui domandera en la cort dels bailes de Laytora o dels cosselhs jure sus los sans Evangelis al comensament del plait que bona demanda e leial fara e vertadera a son sen e a son scient e que falsetat ni messonia noy ajustara e que bos testimonis e lials itayra o autras probacios e quel playt al mays que puesca abreuiara e menara ayssi son dreit mustran, e la part ques deffendra deu jurar per aquera meyssa maneyra que veritat e leyaltat respondra e autrajara totas hets quel sia domandada senes ajustament de mensonia e que diffugiment ni alongament ni dilacio de jorns maliciosament ni per lo playt alongar no domandera sino aquels quel seran necessaris tant solament e sas deffensas mustrar seguont los usatges e las costumas de Laytora. Item en tot playt sia reals o personals la demanda proc aquela part que a proar aura lo prumer dia sa entencion si pot e si no pot e vol autre dia aia le ab que jure sus los saus euangelis quel a fayt leyalment et diligentment son poder daner sas proansas e que no las a pogudas auer e que leyalment fara e procurara son poder que al autre jorn las aia; en aquesta maneyra fazen pot auer entro tres jorns e no plus. Item tots hom que voldra reprobar e mal dire a testimonis de son adversari aia un dia ses plus per dize contra testimonis, ij dias per proar so que dit auria contra testimonis ab que fassa sagrament cum desobre es dit. Item tots hom qui aura pleyt en la cort dels senhors de Laytora si mentan sos testimonis e dits que no volon venir per sas pregarias e requer compulsion que hom los destrenga a far venir tant solament en causas civils, e en causas criminals que lo cosselh los costrenga a far venir devant lo senhor e far jurar de portar testimoniatge. Empero asso senten tant solament sils testimonis son ciutadas de Laytora e que en algun crim que tocon los senhors ni la cort no podon ne deuo algun home ni alguna femna costrenher de far testimoni si far nol volon ni nulhs autre home mas lo cosselh ols senhors a la requesta del coselh. Item de la cort dels senhors ni des bayles de Laytora nos deu nis pot algus hom ni alguna femna apelar si no en iiij cas so es assaber si los bayles o la lor cort las lors razos no layshauan escriure a lor escriva, e la segunda si dona tal enterloqutoria que obtinges o deffezes tot lo dret de la partida; lo ters si los bayles o lor cort depuest que seria renunciat e conclus el plait no volian donar sentencia o menauan home per alongament depuest que iij dias nagossan assignats de viij dias en viij dias la partida se poyria apelar; e aquel senhor que conoysheria de lapel que a luy fos cert de la deffaute dels bayles puesca e deia conoysser e judiar del prencipal els bayles en a quel cas no deuo auer algun gadge del appellant: lo cart cas es apres la deffinitiva sentencia e pot se apelar lo condempnat ol gremat sis vol en ladita sententia e deu se apelar lo meteys dia e deu fermar de seguir lapel si pot o jurar quel segra e que no pot auer fizensa e de redre las messios e de deffar e de complir la execution de ladita sententia principal si es vencut el playt del apel e la conoyssensa de la cort dels senhors de Laytora e pagar las messios del principal e del appel. En autra guiza sil appellans de la cort no deu esser escoutats ni ausits ny sen deu retardar proces ni exeputio e sil appellans no ferma per fermansas sufficiens las causas desus ditas als predits senhors deuo esser mustrats tant dels bes mouables e no mobles del appellant que valhan be lo principal e las messios de que sera appellat entro que sia cognogut per lo judge de lapel si a be o mal appellat; e sil appellant no seguis son appel dintz xlj dias que caia del appel et sia costret del principal salvas sas excusatios. Item tots hom qui auocara ni razonara deuant los bayles ni deuant lo coselh de Laytora sia tengut de jurar al comensament del pleyt que be e leialment acoselhara la sua partida e que vertat e leialtat dira e mettra auant per luy a son sen e a son escient ses mensonia e ses falsetat; e si conoyshia que la sua partida calumpniosament ni contra dreit demandes ni deffendes que laysharia lo captenh el patrocini en aquela causa que li auria promes. Empero so que segret auria ausit de la partida secret o deu tenir e no deu acoselhar lautra partida segont ladita costuma. Item tots hom qui aura pres loguer o donat son captenh a partida que aia a plaideiar deuant la cort dels senhors de Laytora o deuant lo coselh que sia fora del coselh dels bayles e dels cosselhs cant ad aquela causa que no puesca esser cort ni cosselhador de la qual aura pres loguer o fayt convenent. E si esta el coselh seladament e no sen hieys o no sen part coste le xx sols de morlas lescals sian donats e applicats als senhors si pera en la lor cort e als senhors e als cosselhs si pera en la lor cort e als senhors e als cosselhs si pera en la cort dels coselhs laque sia cert als senhors en tant cant a lor toca e als coselhs en tant quant alor toque dit prumerament per lo senhor e per lo coselh que sen parta si nia algus aital. Item nulhs ciutadas de Laytora nos pot clamar dalgun appanat dalgun autre ciutada del meys loc senes requesta del senhor daquel appanat.

Item si algus ciutadas de Laytora entendia si esser agramats dalgun judjament o dalguna sententia o dalgun autre grengh de la cort dels senhors de Laytora o de lors bailes se deu apelar al senhor senescale de Gasconha o a son loc tenent ses tot meian e no daqui en ios. Item sil senhor vescomte de Lomanha per aventura auia guerra o contrast ab algun son bezi e requeria al coselh e a la universitat de Laytora quel aiudassan e seguissan ab armas lo predit coselh deu requerir lenemic el aversari del meys senhor vescomte tres bets de viij dias en viij dias quel estia el recepia dret per esgard de cort criminal de lor o de lor sobiran. E si aquel enemixs o adversaris vol far e recebre dret aissi cum dit es li predit coselh e universitat no son tenguts de seguir ab armas lodit senhor vescomte. Empero si lodit enemixs o adversaris no volia far dret e recebre en la maneyra desus dita lo predit coselh e universitat deuo aiudar e seguir ab armas lo predit senhor vescomte aissi cum lor senhor. Empero sos tal forma que lodit senhor vescomte deu auer companhas ab las quals lo predit coselh e universitat puscan anar saubs e segurs a son poder e deuo lo seguir lo primier dia ab lors proprias despensas el dit senhor deu los tornar aquel meys dia dins la vescomtat de Lomanha. E si plus los tenia deu lor far tots lor messio del primier dia euant el dit vescomte deu promettre als coselhs e a la universitat de la dita vila que lor portara giurentia del senhor sobiran e non de tot autre deportament darmas e de tot dampnatge donar al enemic o adversari deldit vescomte e asso es assaber iij begadas lan. Item si li predit coselh e universitat auian guerra o contrast ab algunas personas eldit senhor vescomte venia a Laytora per aiudar lor, li predit ciutadas lo deuo tenir venda cum a lor bezi ab bonas penhoras quel dit senhor meta al vendedor lasquals penhoras deuo valer lo tertz dier plus que la causa comprada. E si lasditas penhoras no auia soltas lodit senhor deuant lo cap del mes aquel que las auria recebudas las pot vendre e alienar daqui enla a son profieyt e a grenh del senhor.

Item los establiments feytz per los coselhs de Laytora e per los bailes an valor e fermetat per totz temps. Item algus dels senhors de la ciutat de Laytora ni lors bailes ni lors companhas no podon ni deuo metre ni pausar ban sober aleus bes de alcun ciutada o ciutadana de ladita ciutat en alcun cas sino que li ben daquel ciutada o ciutadana fossan encorreguts per murtre o per autre cas e la dones deuo esser pres losdits bes per losdits senhors e per lo coselh de ladita ciutat. Empero si algus ciutadas o ciutadana de ladita ciutat per plaga o per qualque autre malefici o per deshobedientia deffalhia a dreit que no bolgues benir ni comparer deuant losdits senhors o deuant lor cort lidit senhor podon bandir e penre los bes daquel defalhent tro que sia bengut e fassa dret e la dones deuo esser desbandit. E si per auentura en autre cas losdits senhors o lors bailes o lors companhas metian ban tant cost cum ne serian requereguts per aquel o per aquela ciutada o ciutadana de Laytora de cuy serian lidit be bandits o per lo coselh deldit loc li auantdits senhors o lors bailes ne deuo estar e moure lodit ban e si no o fazian e aquel e aquela de cuy serian lidit be lon ostana o usana elsdits bes que no fos tenguts de gadge ni de pecha per razo de ban trencat. Item es costuma e usadge e franquessa en la ciutat de Laytora que lidits senhors de la meyssa ciutat ni lors bailes no an gadge de deffaulta sober algun ciutadant ni habitant de ladita ciutat si citats deuant lor no comparon, mas si non comparon las que sian citats deuant lor lidit senhors los podon costrenher per penhoras de lors bes tant entro que benga per deuant lor, e si bes no auian en que poguessan esser penhorats quen deuo esser destreits per prenement de lors cors. Item li servent des auantdits senhors no podon ni deuo prener algun salari dalgun habitant de ladita ciutat per citar ni per penhorar dedins los murs els barris de la bila.

Item li auant dits senhors ni lors bailes no podon ni deuo metre sergent ni hostadges ni basto senhoril sober los bes ni en lostal dalgun ciutadan ni habitant de ladita ciutat ni de las apartenensas per deute ni per obligacion per lor meyssor ni a la requesta dautruy. Item es costuma e usadge en ladita ciutat que alcun habitant de ladita ciutat ni de las apartenensas no es sosmes ni subjugat ad algun judge ordinari o ordinaris dels senhors de Laytora ni dalgun de lor come judge sober principal ni sober apel : mas si contrast es entre alcus delsdits habitants li baille dels auants dits senhors son lor judges ordinaris e deuo ausir los plaits e deffenir e determenar segont las costumas de ladita ciutat, e per la cort de la meyssa ciutat e dels auant dits bailes per appel es lo ressort del senescalle de Gasconha de dreit en dreit ses tot meia. Item totas las pechas e condempnacios que venon ni sapartenon al cossolhat de Laytora e son judjadas e conogudas per lo cosselh del meys loc de Laytora e tots los encorrements endenenents en ladita ciutat ni en las apartenensas de murtre o de larronia o dautra causa qualque sia deu benir a la man deldit cosell e per lo esser tretz e departits als senhors e a la bila e ad aquels a cuy saporte segont que desober es declarat. Item es costuma e franquesa en la ciutat de Laytora que tot habitant de ladita ciutat e de las apartenensas pot comprar sal en tot loc on a luy plaira e portar o far portar peadges deguts pagan a ladita ciutat o aqui on a luy playra e al meilhs que porra vendre o cambiar e far sas voluntats alcun establiment de terra o de principit no contrastan.

Item algus abitans ni abitarrits de ladita cioutat ni de las apartenensas ni autra persona aqui auent heretadge no es tengut de pagar pecha ni ley per serbici ni per oblias que fassan a mason d'ordre ni de religio ni a gleyza per fious que tenguan de lor, mas tant solament lo serbici o las oblias laque lor sia demandat per aquels a cuy lasditas maizos e gleysas se regardan gobernadoras. Item si algus ciutadas de Laitora se clama als senhors del meis loc dalcun habitant en porta cluza de la cadena enjus, lodit habitant no deu pagar mas xx dines Morl. si es bencut per clamor laqual clamor es deldit senhor vescomte loqual senhor vescomte o son baile pot e deu ausir la causa ses los autres senhors e determenar. E si algus dels autres cioutadas fazia clamor dalgun habitant en Laytora so es assaber de la carrera de Pericer e de la carrera de B. Bs. en sus, losdits habitants en Laytora no deuo pagar mas autres xx dines Morlas per clamor si aquel de cuy seria feyta la clamor era bencut, lacal clamor deu esser del rey e del capitol e lors bailes deuo auzir la causa e determenar ses los autres senhors. E si algus se clama a ladita senhoria dalgun habitant de ladita cadena de porta cluza entro a las preditas carreras de Pericer o de B. Bs. lo meis habitant si era bencut deu pagar a ladita senhoria so es assaber del rey e del vescomte e del auesque cinq sols de Morlas per la clamor laqual causa tots li predit senhors deuon auzir e determenar. Item si algus o alguna cioutadas de Laytora o ciutadana desanaua o moria ses testament o ses heret o ses algun parent o cozi, li senhors del meys loc deuon recebre e tenir los bes daquel e deuo metre losdits bes en salvagarda ad algun prohome ciutada del meys loc local deu tenir e gardar los meys bes un an e un dia. E si dedins lo cap del an e un dia no be, o no apareys alcun o alcuna del parentadge deldit deffunt, li predit be deuon esser encors alsdits senhors. Item calcus dels habitans de ladita cioutat pot far forn en son hostal obs de coze son propi pa el pot prestar a son bezi o ad autruy solament que loguer o mendage non prenga. E si prenga loguer o mendage que sia tengut de pagar als senhors LXV sols Morl. de pena.

Item li senhor de ladita cioutat deuo auer una betz cada an de cascuna mazo que es dens la meyssa ciutat en la carrera major exepta el loc aperat de Laytora o en las autras carreras mijanseras qui son dejus un dine Morl. per cada estat de cara de captazal, exeptat maisos de francalesas. E tot hom qui ten maso captazalera deu tenir escut e lansa e espaza e cofa punta lasquals armas deuo auer e tenir a la requesta dels predits senhors per gardar ladita cioutat. Item tot hom e femna que aia mason captazalera pot vener o alienaro dar a fius aquera maiso que no es tengut de representar a ladita senhoria ladita benda oldit afiuzament. Item cascuna de las masos captasaleras e las autras francas e servicials deuo reffar lo mur de ladita cioutat a lor apartenents si cazia lodit mur ab los proceres els capcasales podon esser obres, e quan a las mazos e mazo sobirana conenda a pagar un dine Morl. en ladita obra la mazon mejancera deu pagar tres poges e la maizo iuzan un Morl. e la senhoria deu penherar e contrenher lors senhors de lasditas maisos per paguar so que ladita obra costara. Item alcuna femna o alcuna molher depuys que son pay laura maridada no pot demandar re els bes o en la heretat deldit son pay outra la dot quel aura donat o promes si no ac fazia per razo de tornaria so es assaber sil dit son pay e li autri filh o filha del meys pay eran morts o que las causas de lor fossan alienadas per lor o per autruy el cal cas pot aquelas causas bendudas retenir per razo de tornaria per cemblant pretz quel autre y dones o y presentes e asso ses tot frau o quel meys pay laguessa fayta heretera o certa causa layssada o donatio en causa de mort feyta enter biuos, e asso meis es entendut si la may lauria maridada sa filha de sos bes que aquela filha ni sien successor no podon domandar re plus sino per razo de tornaria o dels predits cas segont que dit es. Item si als coselhs de ladita ciutat se rancura alcus ciutadas o alcuna ciutadana del meys loc li senhor deuon prene aquel o aquela a la requesta deldit coselh el meis coselh aperat de prohomes de la meyssa cioutat deuo judiar aquel o aquela e apres lidit senhor deuo lo justiciar aquel o aquela e complir e exequir lo jutjament deldit coselh ses tota dilacio a la requesta deldit coselh.

Item si algus cioutadas de Laitora compra alguna bestia per son serbir o per son espleyt o alcuna autra causa mangadora no es tengut dautre recebre en parcerer ni en partida quant a lasditas crom pas. Item si algus dels ciutadas de ladita ciutat es pres en alguna de las prezos dels senhors de ladita bila no deu pagar torradge ni presonadge sio pres a tort o a dret, ni home estrani si era pres a tort. Item si alcus o alcuna porta cambis o alcuna autra mercadaria al obrador o a la taula dalgun autre cioutada de Laytora li senhors del obrador o de la taula no es tengut de recebre procerer (parcerer) el dit cambi o en ladita mercadaria. Item si li senhors de ladita ciutat meton o pauzan baile o alcus de lor en ladita ciutat eldit baile deu jurar al coselh de la meyssa cioutat que lor sia bos e lials e fizels e hobediens e que lors secrets no revelara ad alguna persona e que los habitants de ladita bila gardara de tort e de forsa de si meys e dautruy a son poder e que lor servara e lor gardara lors fors e lors costumas e lors usadges ancias o obtengutz en ladita cioutat. Item li predits senhors ni algus de lors companhas no deu prene algun fruit ni alcuna autra causa dalcun ciutadan de Laytora senes sa boluntat e si ac faze lo senhor o los senhors son tenguts e ac deuo emendar aldit ciutada la tala el dampnatge al esgard del coselh e dels autres prohomes si coselh noy auia. Item si dos ciutadans de Laytora tenon fious dalgun autre ciutada daquel meis loc e per razon daquel meis fious auian contrast, lidit fiuzaters entre lor deuant lo senhor del meys fious ne deuo far dreit e recebre e no deuant autre senhor, sino o fazian per apel deuant la cort dels senhors de ladita bila.

Item la universitat elcomunal de Laytora pot e deu elegir cosselhs ol meys cosselh autra cosselh successioument ab voluntat deldit comunal aperat prumerament lodit comunal ab corn o ab trompa e en apres auant que li dit cosselhs sian mentenguts deuo esser demustrats als predits senhors e a lors bailes, liquals senhors o lors bailes deuo confermarlo meys coselh senes tot perlongament, e si far no o bolian quel coselh pogues elegir gardas e que poguessan tiese pechas acostumadas. Item lidit coselh deuo jurar que be e leialment se auran en lor offici tant cant lor offici durara e que gardaran be e leialment a lor poder lo dreit dels senhors e del comunal e seran comunals als paubres e als rixs. Item quel dit coselh pusca far tot judgament en totas causas e far tot aquo que al poder ni a la senhoria del coselh aparten si nulh cas ni nulha fazenda si auenia que requeregues e que toques tota la comunaltat puscan far ab jurats. Item las causas obligadas al coselh o determenadas per lor coselh las deu far tenir e mandar a execucion. Item li senhor de ladita ciutat no deuo citar ny mandar algun ciutada de Laitora defora ladita ciutat tant cant lodit ciutada sia aparelhat de far dreit e recebre dins la meyssa ciutat a conoguda de la cort del meys loc. Item li predit senhor no deuo prene alcun o alcuna ciutadana de Laytora per adulteri ses clamor de marit o de molher daquels, e aitals clamors deu esser feyta ab cort. E si alcus o alcuna asine era pres lodit adulteri deu esser proat per duas personas bonas dignas de fe o per plus e deu esser judgat per la cort del meys loc lacal cort li baile deuo menar e establir al loc on lodit adulteri sera feyt.

Item lo marit deu sa molher deffunta sepelir del son propi del marit, e aquo meis deu far la molher al marit sil marit no auia re de que poguer esser sebelit. Item alcuna appellatio feyta del senhor no bal sino quel appellans ferme en la cort de proseguir la appellatio per fermansas o per sagrament cum desus es dit. Item giurent no deu esser recebut sino que ferme estan en la cort de portar la giurentia. Item li senhors de Laitora so es assaber lo rey el vescompte el auesque deuo aner de cascun mazerer de Laitora un dine Morlas per cada buou e per cada bacca e que seran benduts els mazels de Laitora. E de porc e de truega un chapotes; e dautra carn no deuo re donar lidits mazerers. Item lo capitol de sent Geruasi ab lo rey e ab lauesque deuo auer lo dimenge deuant la sent Miqueu de setembre el dimenge aprop ladita festa totas las paolhas dels porcs e de las truegas e la carta part del pieytz del buou e de la bacca que seran benduts els predits mazels en aquels ij. dias. Item si alcus hom o alcuna femna era acusats de peadge panat e negaua aquel layronici deure esser crezut per son sagrament, e si no vol jurar deu pagar a la senhoria lxv sols de Morl. per nom de pena e de ley; e si li dit senhor podon proar ab la cort de Laytora que aquel acusat agues confessat si no auer pagat lo dit peage es tengut de pagar ladita pena. Item tots hom qui mustre terragarda per si o per procurador es tengut de dire iij. causas de lascals sin layssaua neguna no bal la garda; so es assaber que mustrara per cuy e acuy e deuant cuy. Item sentencia donada per qualque un dels senhors de Laytora o per son baile sober causa que deuant luy sera benguda per clamor o en autra maneyra bal ayssi cum si era donada per tots los senhors del meis loc. Item si alcus ciutadas de Laitora vendia algus fious que tengas dalgus dels senhors del meis loc e de tot ayso que sos bailes ne fassa on autrege on estanque a e deu auer balor exeptat a gleysa o maysoñ d'ordre e de religio laqual no pot retener fious ni estancar si no o fazia obs dalgun ciutada de Laytora al cal lo layshes tant cost cum lauria retengut. Item qualque cioutadas de Laytora que tenga fious dautre si bol bendre aquel fious es tengut mustrar la renda e presentar deuant lo senhor de cuy man el meys senhor deu en pot auer viij dias aprop ladita presentatio per auer coselh si la voldra estancar la causa vendida on autreiar ladita venda per lo semblant pretz que autre comprador y dona oy presentaua o pot auer sagrament del bendedor que la benda fos faita ses frau sus lautar de sent Jehan.

Item si algus cioutadas de Laytora auia pleyt deuant los senhors de ladita ciutat o deuant alcun e no podia trobar captenh o auocat lo senhor lo deu donar dels auocats que usan en sa cort e li cioutada deuo pagar aquel auocat razonabloment al esgard dels senhors. Item alcuna molher maridada no pot far testament de las causas dotals si a effant de son marit si no ac faze ab boluntat del meys marit. Empero si auia alcus autres bes parafernals o quel fossan benguts per cazensa, daquels pot far sa boluntat. Item si alcuna molher auia donat per nom de son dot a son marit dines ho honors per nom de dines, si la molher mort fenit lo prumer an, la terza partida daquel dot deu esser del marit. E si mor acabats .ij. ans las doas parts deuo esser del marit; e si mor complitz .iij. ans tot lo dot entier deu esser del marit o temps per temps. Empero si ladita molher lauia donadas honors e possessios, no feyta mention de diners, daquel dot pot far la molher tota sa boluntat si no que aguos filh o filha de lor enteranis. Item si alcun cioutadan auia comprat alcuna honor o possessio e apres eran bendudas, la tornaria daquelas causas se regarda als filhs o a las filhas daquel o a lors successors per dreita linha descendens. Item lo marit no es tengut de pagar los deutes de sa molher sino que la molher sia mercadera o aia fait los dits deutes ab boluntat de son marit o al profieyt del marit. Item si alcus ciutadas de Laytora mor e layssa alcun leial hereter filh o filha e desana aquel filh o filha senes heret leial o ses testament, los bes daquel deuo esser e se regardan als plus propdas parents daquel meys so es assaber ad aquel qui seran deuers la part on lidit be seran benguts e en deffauta daquels als autres plus propdas parents. Item si alcus cioutadas de Laytora desana ses filh o ses filha que noy laysses de leial matrimoni no pot ordenar ni far testament ni codicilli ni per alcuna disposicio que fassa que no sia tengut de layssar dels bes que seran endeuenguts de son pay o de sa may o de calsque autres parents la quarta part al menhs als plus probdas parents ascendens o descendens o collateraus so es assaber dels bes no mobles e adaquels parents que seran daquera partida on lidit be seran benguts.

Item algus dels predits cioutadas no deu pausar ni metre en man morta alcun fious que tenga dautruy. Item si era contrast entre los predits senhors duna part elsdits cioutadas de Laytora dautra sober alcuna costuma li coselh del meys loc deu enquerre e cerquar vertat daquera costuma ab dels plus ancias homes de Laitora dignes de fe ab sagrament e Auangelis. E asoque ab aquels trobaran deu auer balor e esser judiat per costuma ; e aso meys es si lodit contrast era entre alcus dels predits ciutadas el cal cas li predits senhors ab la cort lor deuo cerquar e enquerir de ladita costuma e de usadge : car del predit usadge es tengut de cercar lo cosselh ab los predits prohomes ancias los predits senhors empero senes sagrament. Item alcus cioutadas de Laytora no pot penhorar autre per algun deute armas ni draps de lieyt ni rauba de son corps sino que fos fugitious o specialment obligats. Item si algus ciutadas de Laytora aferma mesadge o sirvent o sirventa e en apres lo vol gitar desi senes tort que nol aia, tengut es lo senhor quel pague tota la sondada quel aura promessa sol quel mesadge lo vulha servir be e fizelment : E si lo mesadge o la sirventa se bolian partir dels senhors senes razo ans que agon complit son temps, lo senhor no es tengut de pagar re de la sondada ni nulhs hom nol deu emparar dins lo terme on seria affermat. Item si lo marit e la molher san donat alcuna causa entre lor per razo despozalici el temps del matrimoni fazedor entre lor aquel que sobrebiura deu tenir assa bita la causa a se donada per nom que desus, e aprop sa fin deu tornar als plus propdas parents daquel quel espozalici aura donat. Item molher no pot domandar re els bes de son marit saub son dot e lieyt que portat laura sino quel marit lac vulha dar en sa darrera voluntat o que remases prenhs de filh o de filha de son marit el cal cas deu vioure dels bes de son marit tro que sia deliurada : E si no era prenhs que de la messio que auria faita sober los bes deldit son marit estan vesoa e regardat son dot lo cal auria portat en lostal deldit son marit satisfassa e sia tenguda de paguar al hereter deldit son marit a lesgard e a lo coneguda del coselh de Laitora e dels prohomes si cosselh noy aue, si era pagada de son dot e si lidit hereter lauian presentat a pagar en autra maneyra ladita molher aura sos obs dels bes del hereter entro que sia pagada de son dot. Item si alcus cioutadas de Laitora ten alcus fious dautre cioutada del meys loc el meys fiouzater fa alcuna causa per razo de la cal sos bes deuon esser encorreguts a la senhoria e al cosselh e al communal deldit loc lidits senhors e cosselh deuo bendre los bes daquel dins 1 an e 1 dia e si no ac fazian las causas flusals deuo esser encossas al senhor o als senhors delsquals seran tengudas en fious. Item si alcuna partida en ladita cioutat ardia e alcuna mazo per razo del destenher aquel fuec sera darrocada o trencada o destruita en tal maneyra quel fuec no anes e no passes daqui auant ladita maizo trencada deu esser emendada al senhor de cuy es per la bila, e si per razo deldit fuec destenher dalcuna autra maizo periua hom bi lo meys bi deu esser esmendat a son senhor si la maizo en la cal lodit bi seria remania salva mas si ardia lodit bi no deu esser esmendat. La cal emenda deu esser faita per la universitat de ladita ciutat. Item si algus ciutadas de Laitora plaga autre e la plaga sia leial en sia feyta clamor a la senhoria e a la senhoria sia cert e manifestat e a la cort, aquel que ladita plaga aura feyta deu pagar LXV sols de Morlas al senhor per nom de ley o de pena e satisfar al plagat de sas despensas e sas messios a coneguda del senhor e de la cort : empero si rancura nera feyta al cosselh de part del plagat lo plagant deu pagar per nom que desus LXV sols de Morlas al senhor o als senhors e XL sols de Morlas al cosselh e XX sols de Morlas al plagat e satisfar al meis plagat de sas messios e dels dampnatges que fayts o sufferts naura a conoguda deldit cosselh o dels autres prohomes de Laytora e parti per lodit cosselh.

Item si algus cioutada de Laitora feria autre el ferit ne fazia clamor al senhor laqual seria cert al senhor e a sa cort per leials sabensas lo firent deu pagar a la senhoria .v. sols de Morlas per pena e satisfar au ferit del dampnatge que donat laura e de la onta al esgard del senhor e de sa cort. E la cort deu senhor deu esser per tots temps en tots cas dels prohommes de Laitora. Empero si de part del ferit era feita rancura al cosselh la que seria proat lo firent deu pagar .xx. sols de Morlas per nom de pena dels quals la senhoria deu auer .v. sols de Morlas el ferit autres .v. eldit cosselh x. sols de Morlas, e asso si li be del ferit e del firent de cascun balon xx sols de Morlas : e si li be de cascun no balion xx sols de Morlas lo firent no es tengut de pagar mas .v. sols de Morlas delscals deu auer la senhoria .ij. sols de Morlas, el cosselh autres .ij. sols el ferit .xij. dines : e si losdits .v. sols no podia auer lo firent que deu esser mes el fons de la tor e aqui estar atant tro que be sia comprat leeces que fait aura. Item si algus hom o femna auci autre o autra molher no degudament lo murtrer deu morir la que cert sera e tots sos bes deuo esser encors a la senhoria e al cosselh de Laitora en tal maneyra que la senhoria en deu auer .lxv. sols de Morlas elsdits cosselhs .xj. sols e tot tant que plus y sera denon partir sols per sols e libri per libra segont que desobre si no que a agues fait en cas forciu e si deffenden o en autra maneyra que pogues si escusar a lesgard e a la conoyssensa dels cosselhs e dels jurats de Laitora. Item tots hom e tota femna que sia cridat fora la ciutat de Laytora per murtre o per exses e esteran .j. an bandits fora la bila sia tengut per artent e tengut del fait e de tots sos bes mobles e no mobles encors als senhors e al coselh. Si empero lo banit be dins lan es pot purgar e deffendre del crim pague las messios que seran faytas contra luy, car se rendia suspeccos e fugitious e trobe sos bes apres lan sis liura per son grat als senhors e al cosselh de la bila es pot deffendre del crim.

Item si hom arde mazo o borda o talaua vinha o ardia blat escostissament e que no fos trobat qui auria faita la malafeyta que sia emendat cum en la terra es acostumat. Item can algus hom o alcuna femna fara plaga leial o mort e cometra negun autre crim capital si sen fugh sian pres tots sos bes e fait enventari e mes en salva garda : e sia la messio dels bes si nia e sia seguit lo fugitious per los senhors e per los amixs daquel a cuy aura fayt lo dampnatge entro que sia atents e tornats en la vila quil pot auer e trobar, e si el no a de bes de que far se puesca sia fayt a la messio dels senhors e del cosselh e las messios sian partidas entre lor aysi cum los encorrements son partits. Item li notari can son creats en la cioutat de Laytora deuo esser examinats e cercats per lo cosselh del meis loc si son de leial matrimoni ni son personas de bona fama ni sufficients al offici e si aquo troban deuo esser presentats al communal e apres als bailes e li baile a la requesta del cosselh e ab lo meys cosselh deuo los ades recebre. Item li senhor el coselh podon quantas begadas lor plaira falsas mesuras e fals per cercar e si o troban a neguna persona aquel o aquela deu pagar .v. sols de Morlas a la senhoria e al cosselh e la mesura deu esser trencada el pes yssament e de lasditas causas deuo conoyshe lidit cosselh.

Item si era compromes escriout o no escriout entre alcus dels cioutadas o estranis ab los cioutadas en arbitres ab pena e ab sagrament *o ses pena e ses sagrament* sober algun contrast o domanda e sober aquel contrast o demanda sia estat deffenit per aquels meys arbitres cant per alguna de las parts compromettents sera cert al cosselh de Laytora, quel meis cosselh fassan tenir lo dit delsdits arbitres de mentre que a lor sia cert per testimonis o per estrument o autres leials documents. Item de tot contrat o obligatio feyta per algun cioutada o per estrani al cosselh de Laitora li predit cosselh puscan costrenher aquel meys obligat e far la executio a pagar ladita obligatio e promotio deuant lor feyta; e calque causa li predit cosselh aian feyta o determenada que armagua tots temps en sa forsa. Item li senhor de ladita ciutat no deuo ni podo bedar blat ni bedar vi ni autras viandas mens de recort del cosselh e de la comunaltat de ladita cioutat, nil cosselh e la comunaltat mens de voluntat dels senhors soberdits. Item alcus hom estrani no pot penherar autre estrani dintz la ciutat de Laytora ni en la pertenh per sa auctoritat en algun cas : Empero tot habitant de Laytora lestrani per son deute pot penherar en mercat o en autre loc dintz la pertenh de ladita cioutat e lestrani pot penherar labitant de ladita ciutat per deute o per conbent feyt en la meyssa ciutat.

Item si algus hom o alguna femna prenia o panaua alguna relha de alguna terra o aray que fos dintz los dexz e las pertenensas de ladita ciutat se nes voluntat daquel de cuy seria e de sa companhia laque lo cosselh ne seria cert sia penut e sos bes encors a la senhoria e als cosselhs. Item que si las gardas auan gardan e gardiegan gastan ny prenon fruyta ni autras causas si no passan que non metan en capayron ni en sauda ni autra loc que pechen dobla pecha que autra persona deure far o paguar e que las pechas que trobadas auren dens .4. mes a lyssit de lor gardiadge fassan escriure en la maison comunal en la pena de perjuri.

Item que si nulhs hom ni nulha femna auia ni tenia albas ni payshers ni nulha maneyra de lenha eniaba nas de baques o en autre loc la tenia e la vendia, si ginrent noy auia o mostrar no podia don lauria aguda que peche .xx. sols de Morlas als senhors e a la bila lor que sia trobat per testimonis o per gardas o per autras leials sabensas. Item que nulhs hom ni nulha femna o molher tenia o talhaua en sa taula o deuant sa taula en algus dels mazelhs majors de ladita ciutat que fos sabut per rancura feyta als dits cosselhs que seran per temps carn de porc mezera o granada que peche o pague als senhors e a la viela .lxv. sols de Morlas partidors entre lor e de truega en la mesissa maneyra si ni tenia on vendia que pague la soberdita pena .lxv. sols de Marlas.

Las quals costumas e usages longament aproats e obtenguts en la cintat de Laytora per los habitans del meys loc,

Nos vescomte auant dit segont que a nos es faita fe per nom e en la manera que desober es dit e contengut lauzan e aproam e conferman aquelas en tant quant a noses ni saparten coma observadas e obtengudas sa en derrer per losdits habitans. Los costumas e usages per nos e per nostres successors volens e autrejans valer e obtenir per tots temps fermetat lo nostre sagel pauzem en pendent en lan de la Encarnatio de notre senhor Diou Jhesus-Christ de M. CC. XC. e quatre lo disapte apres la festa de Santa Quiteria berge lo qual jorn nos arcebom sagrament de fizeltat de la universitat de Laitora e nos lor jurem tenir e gardar lors fors e lors usages e lors costumas.

FIN DES COUTUMES DE LECTOURE.

COUTUMES DE CATÉRA-BOUZET.

Assi comensa la costuma deu loc deu Castelar del Bozet, feyta copiar per lo noble Ramon del Bozet seignor deldit loc deu Castelar copiada e estreyta de la costuma antiqua qués en una pel de pargam, escriuta et senhada per la man de mestre Johan Codonbz notari de Lomanhia et deu dit loc deu Castelar e sagellada dun sagel vert pendent ab un cordon de seda roja autroyada per lo noble vir potent mosu Barrau del Bozet cavalher seignor deldit loc deu Castelar en ayez cum apparia en ladita costumas per la man de my pey de casa notari habitant del loc de la Capera de Lomanhia, per la maneyra et forma que sensec part de Jus...

In nomine Patris et Filii et Spiritus sti Amen. Nos Barrau del Bozet donsel seignor del castel del Castelar del Bozet donan et autrayan per nos et per nostes successors per tostemps als nostes amats a tots et a cadahun los abitans et abitadors et abitairez del Castelar del Bozet de Lavescat de Laitora, loqual nos aben edificat a l'honor de Diu tot poderos et de la gloriosa Vierges nostra dona sta Maria et de tots sos sans e de totas las santas, las costumas dejus scriutas.

Et tot prumerament los autrayam en costuma que tot homé del predit loc del Castelar delcal nostré baylé de la metisa bila aura clam, donara fermensas a nostré baylé, si donar ne pot nil bayle len demanda, et si fermar no pot, jurara sobre los sans Euangelis que el en aquel pleyt persegra a lesgard del bayle et de sa cort et que ne pot donar fermensas en aquel pleyt.— Et la cort del nostre bayle deu estré del metis baylé et del cosseilh et dels autres prohomes deldit loc del Castelar.— Et nos ho nostré baylé auren 5 p. Arnaudenxs de gatge del vencut, et 5 p. Arnaudenxs en defalhiment de dia assignat, et 5 p. Arn. de tot homé qui no des fermensa silhen demanda, si clamor na per cada dia que las demandara sil medis dia quel demandara fermensas no len donaba o si no lhi fasia lo segrement en aichy cum dit és.—

Empero tot homé a qui sia dia assignat dauant lo baylé, o sia demandayré o sia defendeire pot lo dia desempliar dauant lo dia per aobs conegut, et no es tengut de gatgé al bayle ny demanda far a lautra part.

Et tot home quaja pleyt ab autré dauant lo baylé o dauant lo cosselh et non aja razonador, deu aber viii. dias continuablés per aber razonador sillo demanda. — Et nostre bayle aura sobré tot homé deldit loc del Castelar a qui sia juiat sagrament deuant lo medis baylé si far no oauza 5 s. Arnaudens de gatge, empero si aquel a qui deura far lo sagramen libol laychar far, o pot sés bol, el baylé noy deu aber deguun gatge, el bayle deu far pagar tot prumerament lo clamant auant que prenga nulh gatge. — Et sil bayle jujoua alcun pleyt ab sa cort calcune de las personas que pleyt auran dabant lay sententia paragramada daquel jujament als iiii prohomes helegitz pel feyt de las apellatios pot se apelar, et si aquel que sera appellat es bencut daquela appellato, donara 6 s. Arnaudenxs de gatge per la meissa appellatio. Et entretant lo pleyt principal non deu tirar auant, tant cum la metissa appellation durara, ompero si hya obs adop en aquel jutiament delqual sia apellat degunas de las partidas non son tonguts de gatgé donar al baylé ny de cost, ny de messio la una part a lautra

Et tot homé aura de tot pleyt que ba dauant nostré baylé o dauant lo cosselh deldit loc del Castelar si es jurat de ladita bila 8 dias continuablés per cosselh et 8 dias per aresposta sia demandada.— Empero si lo deuteyrés nauia carta publica lo deffendeyret non aura mas tres dias per resposta apres los 8 dias de cosselh saub de tot dessasiment que ades fas fayré, ho de murtré o de Layronissi non aura deguun dia mas que adés responde et de patz embazida ny de resposta tant salament e no plus per cosselh ny per als. — Et tot home que trayra testimonis sobré alcun cas dabant nostre bayle, o dabant lo cosselh deu aber 8 dias continuables per proar homens si le demanda, et si al permer dia no pot auer sos testimonis en cort deu ne auer altré dia per far beni sos testimonis en cort entro que aya aguts 3 dias cadahun de 8 dias continuables abquo al purmer dia mentau sos testimonis al jutgé o als jutgés queysan en segret, et que jure sobre sans Euangelis en la cort que a bonafé agra aquels testimonis hpegner. Et si per luy no bolen benir lo bayle los deu far benir per portar testimoni daquo don fan trach a gut corporal segrament daquel que los trayra, que per luy no bolon benir et que na fayt son podé a bonafé. Empero si alcus dels testimonis no eran en la terra deu ne auer dia a albire del bayle et de sa cort abque jure sobre sans Euangelis que no fa per nulla defucha ny per lo playt alongar et aquels qui auran ausit los testimonis nominar et mentauré et sian estats al jutiament deuon tenir çelat tot quant que sia dit ne fayt entro sia publicat, et si negus ho descubria quey fés estat, deu se gatyar en xx p. Arnaudens de gatgé.

Et si alcus que aya pleyt ab autre dauant lo bayle o deuant sa cort et no pot auer rasonador lo bayle et sa cort len deuon donar si lo demanda abquel done rasonablemen de sos deiners, daquels que sian en la cort, et si en la cort non auia et nauia trops de lautra part lo bayle et sa cort lo deuen donar hun rasonador daquels que hy sian de lautra part aquel que demandara apres. Et si aquel rasonador no bolia rasonar aquel home quant lo bayle et la cort lo auran comandat, no rasonara dagun pleyt dun an en la cort del bayle ny del cosselh deldit loc del Castelar si per justa desencusa desencusar nopodia que voldegues rasonar a coneguda de la cort.

Et si alcus home hazia fals testimoni contra alcun home ho alcuna fempna per loguer ni per als, aquels que los trayria els metis fals testimoni correran ladita bila publicamens las lengas traucadas et totas lors causas sian encorsas al senhor los deutes pagats. Empero volem que si els, o negus dels tenon nulla heretat a fius que aquela ha venduda din un an et un dia a tal persona que faza los forts et las costumas de la metissa bila sans que no lo pot vendre a clere nj a cauallé, ny a nulla mayso d'ordré nj de Religio, et sian publicats per falsaris et forjurats de ladita billa per tostemps, et de non aber 8 dias continuables si o demando per dise lod contra dels testimonis et contra la persona delsdits testimonis cant le testimonis et lorsdits siant publicats.

Et tota batesa et de maldit don benga clamor al bayle o al cosselh siaa rencura den esté deliurada dins tres dias continuables et los testimonis deuon esse traits dins los metis tres dias, et si los testimonis no bolon benir per aquel que los aura trach, lo bayle et sa cort los deu far benir ader, de maniera que dedins aquels tres dias sia tot deliurat. Empero si lo demandayré non auia sos testimonis apareilhats si lon convenia a trayre testimonis deu aber aychy cum dessus es dit en la production dels testimonis.— Et sy alcus home fa anuca ni iniuria a autre per fayt o per dits, deu ne far esmenda a daquel a quy aura fayt aquela anuca o dicta a aliure deu bayle et de sa cort si lo demanda.

Et si alcus home trazia sanc a dautres ab basto ho am fust o ab peyra, o ab teulé, o ab ferroment lo senhor ly deu auer lxv p. Arnaudens de gatge daquel que lo cop aura feyt si clamor nes fayta sia proat aychy cum deu. Empero se lo cop es mortal deu esse gardat aquel que lo cop aura feyt el poder del bayle entro sia conegut si lo plagat morra daquela plaga o no, et si mor daquela plaga aquel homicidy sia sepelit deius la mort eaquo ader et totas sas causas seran encorssas al senhor pagat sos deutes et lauer de sa molher et aquo que lo plagat aura costat de mecyar. El cosselh del Castelar del Boset pot enquerré communalament ab lo bayle de tota mala feyta que homé aura feyta en ladita bila ni en sos apartenemens quant clamans o rencurrans ne iehis qualque sia fayt de neyts e de dias de foc metré, o dalbres o de binhas o de blah talar, o dautras malas faytas rescostissas el senhor nil bayle non pot far daquo inquisicio sens lo cosselh nil cosselh sens lo bayle o sens son cosselh.

Et si nullz home estrangé de .iii. legas en fora a pleyt am autre que sia deldit loc del Castelar de denier o de causa mobla deu enquerre lome de ladita bila auans que s'en clamé, et si bol far dret a coneguda del bayle et del cosselh no sen deu clamar et deu adés far son deman et lautre deu ades respondré aldit demandan, et si testimonis y a obs de non benir per los dias assignatz aychy cum dessus es dit sobre lo feyt dels testimonis. Empero si alcus home o alcuna fempna a fayt conuent am home de ladita bila entre alcuna causa daquel medis comuens deu proar lo remanent a qui on li conuens san estats faytz si testimonis hia obs. Et de tot pleyt que sia dauant lo bayle o dauant lo cosselh del capelar entre alcun home stranh o priuat nulh no pot proar lome jurat deldiit loc del Castelar si de la metissa bila non hiauia o ab carta de notari public ne quin fayt que sia de la dita bila ni de sos apartenemens si non era de deboulemens de terras o dautras honors o dels conuens auantdits. Et tot home que sia prés ab fempna maridada o tota fempna que sia pressa ab home molherat ambedos correran la bila tots nutz et nutz liatz de una corda estucats au pontion et sacerdaran del tot ab nostre bayle rasonablamens.

Et si alcuns home o alcuna fempna lor o donaba en retrech quant auran corregut deu se gatiar en xx p. Arnaudens al bayle e dressara la anta a daquel o adaquela a qui aura retrach ad albire del bayle et de sa cort. Si lome o la fempna que aura corregut sen rencura alor, empero lo senhor ny lo bayle no deu prendre ny pot home nj fempna en adulteri sens dus almens o mays del cosselh, o dab autres prohomes de ladita bila et que sian trobats nutz et nutz o bragas treytas. Et apres aysso autreyan que nos ny home per nos ne deuen auer questa nj maleu ny prest ni doo per forsa, de senioria nj en nulla autra maneyra per nul temps dels homes de ladita bila si non era per voluntat de tota la uniuersitat dels prohomes del Castela o per lor voluntat. El senhor ni lo bayle nj home perlor no pot ni deu prendré nul home nj nulla fempna de ladita bila tant cum dret li bulha far lopuesta nj per nul pleyt nol deu mandar nj menar foras de la metissa bila sino era forfeyt de mort o per deffazement.

Et bolem quel marcat del Castelàr sia per tot temps cascun dijaut, et quel marcat sia segur dins los dexz de ladita bila. Et tots homes et totas fempnas que al mercat bendran et al tornar sian segurs lo dia et lendoman si home mort noy auia, o prés nol tenia, o no deuia deute conogut a home del Castelar. El senhor aura per tots temps tot dia leuda en la metissa vila en las causas venals soés assaber en porc o en treya que sia benduda o benduda per home estranh mealha arnaudenca o en doas bestias menudas sian aolhos, o crabas, o bocx, o motos o crestos mealha Arnaudenca, et en una sola daquestas bestias menudas noy deu re aber ne en .v. mas .I. Arnaudenc et en bueu o en baqua biu o biua .I. Arnaudene, et en azé o sauma .II. Arnaudenes, et en tota autra bestia caualina .IV. dinés Arnaudenes si no es popant, et en mul o mula si no es popant .IV. dines Arnaudenes. Et si nulh homé estranh panaba ladita leuda que no la pagués, lo baylé ne deu auer .v. sos Arnaudenes de gatge.

Et tot home et tota fempna de la metissa vila es franc et franca en la metissa vila et en sos apartenemens de ladita leuda. El senhor aura en porc o en troya qui sia vendut o venduda al mazel .II. Arnaudenes, et en bueu o en baqua .IV. dines Arnaudenes, et en aolha o en moto, et en cresto, et en boc, et en cabra, mealha Arnaudenca. et tot caualer de dita vila sos franx de totas messios de la metissa vila saub la sarradura de la metissa vila et saub esté al gach. Empero de las causas que dayssy auant conquerran daquelas personas que las lors franquessas non an ny deuon auer quals que sian ni cum que las ajan per crompa, per do ni per empench ni en nulh autra maneyra deuon far en totas causas las costumas del Castelar aychj cum los autres prohomes de la medissa vila, et que diuen venir los preditz caualés al mendamen del nostre baylé et del cosselh de la medissa villa totas horas que les mandon, et deuon demandar et seguir ab los autres abitans del Castelar tota forsa et tota enjuria et tota malafacha que hom fezes a laditcha bila del Castelar nj als estatjans de la medissa vila.

Et tots los abitans del Castelar so es a saner los senhors dels ostals o lors propras personas gacharan los caualès de ladita vila debon far escungacha an los cors et am los cauals et an lors armanduras totas horas que obs hy aura per cocyta de la medissa vila. Et per la metissa maneyra los abitans del Castelar debon demandar et seguir tota injuria et tota malafeyta que om fezés als caualers de la metissa vila nj a las lort causas. Et si aleus homes o alcuna fempna demandaba en cort terra ni heretat a autre qui tenga possessio lo de fendeyré aura .8. dias per cosselh si lho demanda a la demanda et .8. dias per resposta, et .8. per terra garda o mens si mens ni bol et trés dias per terra garda. Et si vol trayre guerent o rasonador aura .8. dias per garent o mays si lo guerent no és en la terra a conegnda de la cort deuant qui lo pleyt sia, et jurara sobre sans Euangelis aquel que lo guerent trayra que no lo fa per malafé ni per nula defeyta et pot ne auer aysi ho demanda entro tres dias de guerent entro qu'en sian treyts tres guerens que aura per cada guerent .8. dias, et si lo guerent es en la terra et no bol per luy benir pot sen clamar al baylé sis vol danant qui lo playt suya, et lo pleyt deu se çessar tant entro quel guerent sia bengut en cort per portar guerencia daquo per destrecta del bayle jurat sobre sans Euangelis aquel qui treyt lo guerent que non o fa a malafé ni per fugir au pleyt.

Et tot los pés et totas las mesuras del Castelar bolen que sian dreyturiers cum los pés et las mesuras d'Agen la senhoria delsquals pes et de lasquals mesuras es nostra et de nostres successors per tostemps et nos deuen auer del mesuratge del blat que sera bendut et mesurat en ladita vila de la emina, mealha Arnaudenca, et .1. dinie Arnaudenc de la concha et si no y a concha integra tant que ny aya daqui en ius non deuen auer mas mealha Arnaudenca, et si noya emina entegre noy deuen re auer del mesuratge et deu o pagar aquel qui crompa. Et si no pagaua lo dia o lendoma lo senhor y deu auer .v. p. Arnaudenx de gatge. Et tot home o tota femna que tendra fals quintal o fals marc, o falsa liura, o falsa cana enqueregut per lo baylé et per lo cosselh et lo feyt proat lo senhor y deu auer .LXV. p. Arnaudenx de gatge et lo pes fals et la mesura encors.

Et en mesura falsa de blat o de vin v. p. Arnaudenx de gatge de la purmera vegada, et daqui en auant .LXV. p. quant proat no çera, et la mesura falsa encorsa. Et tot fornier et tota pescoressa que tendra pan a vendre et no trobara hom que sia de pes alor donat aura lo baylé .v. p. Arnaudenx de gatge et lo pan que no sia de pes leal és nostre encors et volem que sia tot donat per armor de Diu. Et tot homé que deura dente a dautre et reclamara per non poder aura terme de .XL. dias per terra vendre si lavio demanda et jurara sobre sans Euangelis que dins aquel terme o aja vendut et deu mentaure la terra que vol vendre. Empero si lo crezedor pot mostrar causa mobla que sos dentors aja don la pusca pagar non aura aquet terme auant deu estre costrech de pagar son crezedor a lesgard deu bayle et deu cosselh de ladita vila. Et si no ha terra ni heretat que posca vendre deu jura sobre sans Euangelis de mes en mes que no pot pagar de son mobli .v. p. et que ayssi cum elo aoura lo pagara saluat rasonabloment sa messio. Et nulh home et nulha fempna del Castelar del Bozet nj dels barris de alentor no deu esse penhorat per deutés que deya de son lieyt det, ni de sa maynada, ni de sas armaduras ni de sos ferramens abqué gassanche sas messios, ni de sas delpulhas ni de sos testimens de si ny de sa maynada ni de sa molher ni de sos efans.

Et nulh home ny nulha fempna nos deu clamar domé ni de fempna de la dita vila tant cum dret li vulha far dabant lo bayle o dabant lo cosselh si lho demanda, et si lenquier et lautre dits vee nos dret dabant lo bayle o danant lo cosselh, deu lho affermar ades que dret li fassa dabant lo bayle o dabant lo cosselh si lo demanda et si no lho fermaba si lo demanda et pot proar que len aja enqueregut vesinalment et nolh aja volgut fermar que dret li fassa, pot sen clamar al bayle, et si sobredret s'en clama va ayssi cum dit es bayle no deu recebre aquel clam entro que sia fach et enqueregut en la maneyra auant dita.

El bayle deu far totas justicias de ladita vila et deu las jutjar ab lo cosselh et ab dautres prohomes de ladita vila. Et si alcus home o alcuna fempna de ladita vila mor sens ordents et non aja heret ni home ni fempna a qui per heretadge o per dreta succession o per parentatge de luy o delhes, sas be delhuy o delhiés deyan scazer. Lo bayle et los cosselhz debon perucyré comunalement las causas del mort o de la morta et las deuon comunaloment comanda a lhuna o a doas personas, personas de la metissa vila que las tenga en comanda un an et un més, et si dins aquel temps venia home o fempna a qui per dreta succession de parentadge aquelas causas deguesse scazer, deu hom rendre totas aquelas causas integrament, et si noye venia tals homes o tals fempnas cum dit es dins lo predit terme tot lo moble es del senhor, el fius tornara al senhor de cuy o tendra a fius sos deutes pagatz per engals partidas del moble et del nomoble.

Et bolen que publicz notaris sian establitz en ladita vila per lo bayle e per lo cosselh del Castelar loqual jurara sobre sans Euangelis que sera fizelh et leal dreiturer en son ofiej acort et a cadahun et sia franc de totas messios de ladita vila et dostz et de caualgada et de manobra. Et si proat era quajes fayta fausa carta perdra lo pung dret, et totas sas causas serian encorsas al senhor et seria forjurat de ladita vila por tostemps. Et tots altres homes que carta contrafaria o en siement de carta falsa uzara sera gitat de tot testimoni et de tot jutjament et de tot fach leyal et seria fortjurat per tostemps de ladita vila et totas sas causas serian encorsas al senhor empero sos deutes dagust et del notari pagats.

Et tota fempna sia auedoza de lauer et de las causas que son payre o sa mayre ly aura donadas en son maridatge e non aura retorn els autres bes ni en las autras causas que sian de son payre et de sa mayre si lo payre o la mayre no lho donauon et no lhj endeuenia torn per defalliment de linatge, empero totz conuens feyts en maridatge aujan valor. Et negune fempna de ladita vila estan ab son marit no pusca donar neguna causa no mobla a son marit ni a dautre en deguna maneyra, et so a fazia no aja valor si donar o promes volera en son maridatge per far sas volontatz.

Et tot heretat o tot honors que conuenga essé venduda per paga deutés de mort o de morta o per ordeilh o per darrera volontat complir sia cridada per ladita vila publicament .III. dias et qui mays y dira aquel laura, pero o bonafe et sens varat et nulh ordemens non o poscan retenir o crompar, et tots ordenlh et totz testamens aja valor et fermetat aychy cum deura, et nulh home ni nulla fempna que sia dins ladita vila del Castelar ni dens sos apartenemens no deu far egun deman et neguna honor qualaquesia que sia estada venda o donada o afeuzada o per escazensa de linatge a alcun home o alcuna fempna del dit loc del Castelar que la tenga et la posse disca .X. ans continuables en bona possessio sens defaliment de dret et sens demanda que home dedins aquels .X. ans no li aja facha exeptat deorfanol que en aquel tems no fos de etat .XVIII. ans o de mens si demandar o vol, empero dels metis .XVIII. ans en la no y aja valor, nulha demanda que el ni hom per luy hifezes sienes demet demenda facha non avia. Et nuls home ni nuls fempna no bendra el dit loc del Castelar ni els varris denuiro engros ni en tauerna vin ni en nulha autra maneyra a nuls home stranh ny priuat ny que autreges blot sens aygua et sens tota mesclantia si no jura sobre sans Euangelis que el ni homé per luy ni fempna que o sapia no y a meza ayga ni nulha mesclantia no y a faycha, et si alcun home ni alcuna fempna nera proat donara al bayle .LXV. p. dinés Arnaudenx de gatge.

Et tot home que fos perjuri proat deu essé gatiat en .LXV. p. d. Arnaudeux saub sagrament de calumpnia. Et si alcun home o alcuna fempna raubaba de neyt autruy vinha o autruy cassal, o autruy prat, o autruy albre et proat nera sia gatjat en .LXV. p. d. Arnaudenx et la malafeyta adobada. Et si desanaua de alcuna fempna maridada de la metissa vila sens heret que no agues, sos a saber filh o filha de son leal matrimoni las honors que serian per luy donadas en maridage si non es donat per vendre o per far sas proprias volontatz o per prets de deniers de non tornar aquel quy plus prés presentessio deluy hy deuria heretar. Et nulh home no deu prendre layro que ades tantost cum pres laura o bonafe nol rendra al bayle o si lo fasia deust gatjar en x lb. Arnaudens al bayle et randra lo layronisi aquel don lo layron lo auria agut. El bayle ny home per luy ni en loc de luy no deu penhorar nul home ny nulh fempna de ladita vila del Castelar ny de ses apartenemens si no lo fasio per son gatje conegut o per deute des quaguet aguda et clamors. Sil bayle no pot reproar si vols o fazia causa que fossa stada feyta et dita en cort vestida ab carta de notari public. Et si nulh home ni nulh fempna tornava nulha penhora que lo bayle aget fayta per arazonados don la aura auguda sens sa voluntat donaria .v. p. d. Arnaudens al bayle et la tornaria arreyre a sa messio a qui la penhora a qui non aura aguda ni moguda.

Et tots home sia cauale o bayle o autre dehum tenguet fius dens los dex de la metissa vila pot tenir fius et tots fius que home tenga de luy cora ques venda per aytant cum o autre hom lhy donara per sa propra taula ab que jure sobre sans Euangelis si ly es demandat que per ses obs sens autres o uol retenir et quel tenga hun an et un mes et pot n° auer sil vol viii dias continuables per cosselh so que no deu lo ades autroyat de par de senhoria bsane ne la acui louen de pres naura feyt que et ab tornara as que na y a so es a sauer ques deun dener de cada .xii. deneys et sols acaptes. Empero tot torniers o pot auer si o vol dauant tot autre home o denant lo bayle per aytant cum hun autre y voldria donar a bonafé. Et tot home de ladita vila pot vendre o donar o laysar ho ordounar tota honor que tenga del senhor a fius et pot far toutas sas propras voluntats saub que non o pot vendre ni donar ni empenhar ni alenar ni laychar a gleysa ny a clargue ny a mayso d'ordre ni de religio si expressoment no ho fazia al couuent que dins un an et un mes cal cap del medis terme lo meme fius vendut a home laye que fes las costumas de la dita vila.

Et deu auer le senhor .v. p. Arnaudenx de gatje de son feuzater de cada dia quel demandara fermensas si no uolen dounar si las hy demanda ni na rencurant per lou metis fius. Et tot senhor de fius deu autrayar de part de senhoria tot fius que delis moua a cuy ses fiuzaters lou vouiha empenhar en sa man e en tot contrest ab comuens que al cap d° dus ans los pague aquel quel pench prendra na sos capsols so es a sauer un dine de cada .xii. diners, si tant sta penchs. Et quant aquel quelpench tendra aura pagat sos capsols deu los auer en lo pencha de la sobradita causa ab son autre auer que hi aura prestat dabant. et sils penchs retenia per aquez dines quel y aura dessus lo senhor no y deu auer vendas mes de tant cum mays y donaria car des purmes dineys aura agutz sos capsols aychy cum dit es. Et tot home cap dhostau que habitara en ladita vila del Castelar ou dedensos apartenens es tenguera hec ou boluguo pagara cadan au jour et festo sant Julhian d'aoust tres liurals et mey de sibasado portada a son castet. Et nulh home no deu ni pot sos fius que tendra de nos afeusar tot ni en partida.

Et totas las despensas que seran feytas per lo comunal de ladita vila sian treytas et pagadas liura per liura de tots los auitans de la dita vila tant ric que an pauure segon que a cadahun abondaran sas riquesas per qualque nom aquelas messios et aquelas despensas sian apelades saub ost et gacha et manobres, mesties des caualiers que sion fraux aychy cun dessus est dit. Et si nulh home de ladita vila es apelat no se deu cabara ab queu velha far dret a esgart del bayle et de sa cort si per sa propria volontat conbattre nos volia. Et tot home de ladita vila del Castelar et dels barris pot fa forn sil vol per son pan coser dens son hostal. Et tota pastorella pot far for ses vol dens sa mayso per cose son pan venal et a son ...... ab que pague cascuna sempmana .II. Arnaudenx al senhor tant cum fara pan a vendre. Et tots homes de la metissa vila et dels barris pot far forn comunal dens sa mayso per coze son pan et lautruy absque pague cascuna sempmana al senhor .XII. Arnaudenx autant cum tendra forn comunal.

Et la feyra de ladita vi' ...ensa per tostemps cascun an lo dia de la santa Maria d'Aost ... .o durara may .VIII. dias en tendren segur a nostre poder en to... ostra terra tots homes et totas fempnas que a la feyra vendran a la... et al torna .VIII. dias dauant la feyra et .VIII. dias darrez, si home ...ort no y auia don nos acordat fer o pres nol tenia. El senhor au... er tostemps de iuychida o dintrada .II. dines Morlas del iroes e... .I. dine decargua de vestia menuda et .I. diné Arnaudenc de ...lis queques portes et en una pessa de drap ses entegra .I. Arnaudene et en autra pessa de drap sia pauca o granda una alba Arnaudenca si non es talhada, et en un parelh de sabatos naus una alba Arnaudenca sihom no las porta causah. Et en una taula de home stranh .I. dine Arnaudene saub taula de cambi et en obrador que home estranchsy tenga .IIII. dines Arnaudenx, et en tota bestia caualina o en autra aychy cum dessus es dit.

Et tots los forns de ladita vila et dels barris denbiro cogu u per tostemps al conte delvinte et que lo fo... er ne porte la pasta de la mays al forn et quen torne lo pan cueyt del forn a la mayso et se se affolaua lo pa per sa colpa que lesmende ades. Et totz los molis de ladita vila et dels apartenamens moleran per tostemps tot lo blat de forment et de mestura al comte de cetze et qu' no prenguen per carestia ny per minutat plus. Et totz homes de ladita vila del

Castelar et dels barris puscan tot home guidar dins la metissa vila et din les dex de la metissa vila si home mort no auya don acordat nos fes apres nol tenia o defendement non auia agut daquel home aura tort per voca de luy o per crida. Et los autres senhors deus fius denon autrayar et lanzar los fius que de lor ni auran saluat lors senhorias et lors dreehuras.

Et quels cosselhs de ladita vila del Castelar se cambie cascun en lodia de la santa Maria daost et cadum cosselh nouel elegiscan per la metissa maneyra lautre cosselh que et aquels que elegiran lo cosselh nouel elegiscan per la metissa maneyra a qui metis ensemps quant lo cosselh auran elegit .IIII. prohomes de la metissa vila que sian jutges per tot lan per lo feyt de las appellatios. Et donan planier poder als cosselhs de ladita vila que ab cosselh de nostre bayle et ab sa expressa voluntat et dels autres prohomes de ladita vila puscan far stablissemens sobre terras et vinhas et blah gardar et sobre totas autras causas que sian al nostre proer al pro do ladita vila et de la honor de la metissa vila, et quels stabliments totz o lahmia partida lo bayle o lo cosselh ne puscan ostar cant se bodran, et a quo saluan nostra senhoria en totas causas, et aquels stablimens no deben ave valor mas per un an otant de lan cum lo cosselh de ladita vila et dels barris denbiro estara en cosselhatge.

Et toh los mazels de ladita vila et dels barris denbiro son nostres per tostemps. Et qui no yra a la gacha segon que lo bayle lo man dara sia punhit a regard del bayle et del cosselh de ladita vila. Et que la comunaltat de ladita vila fassa ost et caualcada al senhor segon que faran los autres locs de Lomanhia. Et nos Barrau predit per nos et per totz nostres successors juram sobre sans Euangelts de Diu tocas ab nostra man dreta corporaloment que totas aquestas et singulas causas et costumas et franquesas et libertats abant ditas aurem et tendrem et serbarem aychy cum plus plenariament son entendudas et debesidas et declaradas donadas et autreyadas foren al Castelar del Bozet dus dias en leychan daost en lan de Nostre-Senhor mil c.c.c. regnant lo rey Filip rey dels Francx et Helias Talayran comte de Peyragort et vescomte de Lomanhia et de Autvilar, Etpey avesque de Laytora. Testimonis y foren appellats en P. de Palatinhos, En Palhart Dartigalonga donzels el senhen Vidal Melhon rector de la gleysa del Castelar. Et P. Dastrueras de Lavit. Et B. de la costa de St-Amans Dorsinada de Querey. Et hio Jean Codonh notari public de Lomanhia et del Castelar del Bozet que de voluntat et d'autrech et de cossentoment del predit senhor Barrau del Bozet senhor deldit loc deu Castera del Bozet et de tota la universitat deldit loc aquesta present costuma scrigu et mon senhal y pausegui.

Et per mays de forsa et valor nos Barrau predit en aquestas caussas et costumas nostre sagel pausem en pendent.

La present copia de costuma foc et és a son vertadel original extreyta, et ab aquel corrigida et collationada le x jorn deu mes de juin lan de Nostre Senhor mil ccccLxvi per mi notari jus scriut laqual se acorda am lo predit original, enque jo pey de caza notari public habitant deu loc de la Capera assi metis me son scriut et de mon signet manual ey senhada. Decasa notari aychi ac affermj.

Fin des Coutumes de Castéra-Bouzet.

COUTUMES
OU PLUTÔT STATUTS ET RÈGLEMENTS

faits par les habitants de Labourt et approuvés par le roi d'Angleterre Henri IV, mort en 1413.

PREMIÈREMENT. A cause des fréquentes voleries qui se commettent en la Terre de Labourt, et qu'il y a des gens qui ne veulent reconnoître l'Armandat de votre dite Terre de Labourt, ains aiment mieux retourner au mal, et en freindre les droits de votre Armandat, au préjudice du pauvre Peuple : lesdits Habitants ont convenu qu'aucun dudit Païs ne pourra donner retraite, ni protection à aucun Etranger: c'est à dire qui soit hors dudit Armandat, à peine de cinq Escus payables la moitié au Roy, et l'autre moitié audit Armandat, et si aucun prend par force ou violence quelque chose qui apartienne à autruy que celuy qui aura receu le dommage sera obligé de dénoncer, ou faire sçavoir à l'Alcade de Paroisse, duquel sera le voleur, et s'il ne veut faire lad. denonciation, qu'il sera obligé d'en courre la peine desdits cinq Escus payable comme dessus : et au cas que ledit Alcade, après la dénonciation faite, ne fait incontinent son devoir, qu'il soit à la mercy dudit Armandat, et que ledit Armandat poursuive incessamment, et prenne ledit voleur, ou malfacteur. Item. Que le Baillif sera tenu de jurer, de tenir, et observer les présens Articles par luy et ses successeurs, et qu'il ne fera aucun tort, ni préjudice aux voisins, aux Habitants de ladite Terre qui sont dudit Armandat.

Item. A été convenu, que si aucun homme du lieu, ou étranger donne soufflet malicieusement à un autre, qu'il payera deux Escus, la moitié au Roy, et l'autre moitié audit Armandat. Item. A été convenu, que si quelqu'un est battu, blessé ou tué par mégarde, ou inavertance, que celuy qui l'aura fait, ne sera tenu de payer nulle Loy, ni chalange au Baillif. Item. Lesdites gens ont convenu, que si quelqu'un est blessé malicieusement, et que la plaie soit de Loy chalange, que celuy qui l'aura commis payera douze escus, la moitié au Roy, et l'autre audit Armandat ; et si la playe n'est de Loy, qu'il payera quatre Escus en la forme et maniere susdite, que celuy qui aura receu le tort préalablement satisfait. Item. A esté convenu, que si on vole de l'argent, ou quelqu'autre chose à quelqu'un, que celuy qui le découvrira, sera tenu de le dénoncer moyennant un escu, ou un franc, qui sera payé par celuy à qui on aura volé.

Item. A été convenu, que si aucun commet vol nuitament, avec effraction de Maison, ou Portes que celuy qui l'aura commis, payera le double de ce qu'il aura pris : la moitié au Roy, et l'autre moitié audit Armandat, la partie préalablement satisfaite, et s'il peut être atteint, qu'il sera puny suivant la Loy Civile. Item. A esté convenu, que si aucun commet vol sur le Grand Chemin de jour, qu'il payera le double de ce qu'il aura pris, en la maniere susdite. Item. Que si aucun viole, Femme ou Fille sur le Grand Chemin, ou ailleurs, qu'il payera vingt Escus, la moitié au Roy, et l'autre moitié à l'Armandat, et s'il peut être atteint, qu'il sera puny suivant la Loy Civile, celle qui aura receu le tort préalablement satisfaite. Item. Que si aucun commet Adultere, et que le crime soit notoire : l'homme tenant publiquement la femme d'autruy, que ceux qui auront commis l'Adultere perdront tous leurs biens, Meubles et Immeubles : le tiers pour le Roy, l'autre tiers pour l'Amandat, et l'autre à celuy qui aura receu le tort, et qu'ils soient chassez hors du Païs.

Item. Lesdites gens ont demeuré d'accord, que si aucun bœuf, ou autre bête tuë ou blesse quelque personne, que le Baillif ne pourra prendre connoissance, contre le Propriétaire ; mais que ledit Bétail sera saisi, le tiers pour le Roy, le tiers à l'Armandat, et l'autre tiers, pour celuy qui aura receu le dommage. Item. A été ordonné, que si aucun homme ou femme tué, ou étrangle, ou étouffe son Enfant, qu'il ne sera tenu de payer nulle Loy. Item. A été convenu, que lorsque quelque Habitant de Labourt est accusé de crime, et que le Baillif le veüille mettre en prison, il pourra offrir caution audit Baillif et à la Partie, en ce cas ledit Baillif sera tenu de le laisser en liberté, et si le Baillif veut passer outre que l'Armandat sera tenu de donner le secours audit accusé. Item. Lesdits Habitans ont convenu que tous les hommes dudit Armandat, de l'âge de quatorze ans et au dessus, seront tenus de jurer l'exécution des présens Articles conformement à l'usage.

Fin des Coutumes du Labourt.

COUTUMES DU MONTBERNAD

AUJOURD'HUI LACASTAGNÈRE.

Sabient touts aques, qui las presentas heyran, que nos Gaspar de la Ylha senhor et baron de la Ylha d'Arbeyssan, de Monbernard, de Palaminie, de Colareda per nos et per los nostres successors aux habitans deu loc de Monbernard et a tos los, qui au ressort d'audit loc habitaran, ny habitans presens et abenidors concedan libertaz et consfietuz dedens escriutas so a saber tailhas, aubergas, ny questes ne receuran, ne auran don sinón que de grat et voluntat an volhan far los habitans deu dit loc de Monbernard. Item que los habitans deu dit loc de Monbernad et au temps abenidor habitadors poscan bene, donar, alienar tos lors bens mobles et immoblez aqui voleran exceptat que losdits bens immoblés no poscan allienar..... personas religiosas, cabaliés, ne autras personnas exemptas per que lo dret deu dit senhor se podos perdré. Item que los ditz habitans deu dit loc de Monbernard poscan los filhas marida la ont lor plasera et a lor voluntat, he lors filz metré en estudi, ho en religion a lor propria voluntat. Item que nos ne nostré bayle no preneran aucun habitant deu dit loc de Monbernard per forsa, ne autrament audit habitant en cors ne en bens, ab so que het bailhe fermanses d'estar en dret exceptat per murtré ho mort de home, plaga mortau, ho autré enorme caz ho delicté per los cans, son cors et sos bens a nos degosan estré bengutz per encos sinoü que per forfeytz a nos, ho a nostras gens cometuz.

Item que la question, ho clamor d'aucun no sera citat, ne extreyt, ny aysimedis, que per los nostrés propis afes, ny per excez ho forfeytz en nos et en nostras gens... La juridiction deu dit loc de Monbernard de fora la honor, ne juridiction deu dit loc, mas per danant' nostré bayllé et cosas deu dit loc de Monbernad compariran et responeran et aqui preneran l'acompliment de justicia ab so que la aultra senhoria demorara au baron de la Ylha d'Arbeyssan coma es que un prisonnié que sera prez per aucun cas où delict per los cans de gosa prené justicia sera de sens vingt quatre horas rendut au castet de la Ylha et lo senhor de Monbernard aura la ley de soixante cinq sols Morlas et prenera justicia la on plasera au baron de la Ylha. Item que si aucun homme ho fempna de jorn entraba en casaux, vinhas hoü prat d'un autré sens voluntat ho mandament daquet dequi sera ab so que tot an si a deffendut que pagné dozé ardits au bayllé deu dit loc et si lo dapmatgé hera jutgat, los dits dozé ardits seran la mitat au baylé et l'autra meytat aux cossos et poyran despensar los dits baylé et cossos... dozé ardits...... despens deu rey et si neguna condition de bestia grossa ho menuda aux dits casaux, vinhas, ho prats, ou blas ne en autra malafeyta hera trobada pagué lo maesté de ladita bestia coma dessus es dit. Item, qui de neyt entrara en casaux, vinhas, ho prats de l'autre sens mandament et voluntat d'aquet de qui es et ab pané, sac, ho capel, ou ab autré es pleyt los fruts ne trassé, pagara a nos vingt sols Morlas ab so que cadan sera deffendut per la justitia et si aquet ho aquera ab las mas et ses autré espleyt ne trassé los frutz pagara deux sols Morlas et esmendara lo dapnatgé. Item qui tiera faux pes, faussa mesura, faussa cana, ho autra faucetat pagara à nos soixante cinq sols Morlas moneda corabla et la marchandisa confisca absoque sera conegut per las justicia et per nostés baylé et cosos.

Item que..... qui seran..... Monbernad juraran fiscument gardar nostré cors et nostres membrés et nostrés dretz et que l'offici de cousolat tant cum seran en l'offici, fiscument; lo excerserian, don ne servici a causa dou dit offici, de aucun no preneran per hez mitissez, ne per autra persona sinon so que de dret es consedit a cascun demorant audit offici; aissimedis si aucuns conseilhes ho autrés debens jura, juraran en presencia deus cossos, de nos, ho nostré mandament bailhar et fisen conselh perlor poder totas fes quantas begadas requisit ne seran, saubant en tot nostré drét. Item si aucun ho aucuna trese cotel de neguna condition contre aucun autré et encaro que no lo per pue aiso ne toquessa que pagué a nos cinq sols Morlas et si cas hera que lo percucissa et sang ne geyciba et si plaga leyau y abié, pagué soixante cinq sols de Morlas et amendé au bulnerat, et si mutillation demembre y a ten.... satisfasa a la mutillation deu menbré et en totas autras causas que seran a condamnar, consideran aussi bien la personna a la cau lo dapnatgé sera dat, et ayssimedis sia punit a la coneyssensa nostra et de nostra cort deu dit loc et si cas hera que lo bulnerat morissa, que lo qui a dat lo dapnatgé sia punit per nos et per nostra cort deu dit loc et que los sos bens sian prés et metutz a nostra man ayssi que de dret sera mandat. Item au dit loc de Monbernad se créaran lendoman de la nativitat de nostré senhor Dieu Jesus Christ los cossos et si cas hera, que los, qui seran elegit cossos no eran de present a recebé lo sagrament, lo causagrament se prenera per nos, ho per ung deputat per nos, de que los cossos creats regiran et exerceran l'offici deu cousolat, de qui aptant que los autres auran préz los sagramens, ayssimadis, que los cossos elegudos seran representas a nos, ho autré deputat per nos.

Item doman.... ses heretiers et successors, auxdits habitans deu dit loc de Monbernad nostras herbas, fulhas, boses, pastencz fustas et lenhas, cassa et pesca, exceptat lo plapé deu dit castel et tot espleyt ad aquel necessaris, ayssimedis tot espleyt alors bestias grossas et menudas de canqué condition que sian necessaris en nostrés terrados, exceptat nostré prat et nostré bosc apérat lo bosc clar per ansi que los dits habitans auran bestia competent lor propi, et no beuran fusta, ne lenha en autras mas, aysi com se mention en la coustuma general de Fezensac. Item nos volen, que los dits habitans de Monbernad, que benguan molé au molin deu dit loc et aysimedis a la forgua agusar, que sera audit loc de Monbernad, ho au molin nostré de la baronia. Item que la taberna et mazet deu dit loc sera au profit de .... deux habitans deu dit loc de Monbernad, saubant nostra magenca. Item que si aucun .... ny autre .... grossas, que pagué aux dits baylé et cossos cinq sols Morlas et sia indicat a la conoissensa deu dit baylé et cossos. Item que los habitans deu dit loc seran tenguts de benir au forn deu dit loc de Monbernad, et pagaran per una vintea de pans un pan per lo fornatge. Item, que los dits habitans de Monbernad seran tenguts cadun homé cap d'ostau de quinzé en quinzé jours a lobre deu castel et per reparation deu dit castel et nos seran tenguts de fé los despens aux dits habitans. Item que si negun, ho neguna maridat, ho maridada se trobaban en adulteri et cometen lo dit delicté abso que sia ben probat, que corra las carreras deu dit loc una ab lo maesté et las autras obras, ho que pagué a nos cent dinés Morlas. Item et si cas hera, que lo baylé de Monbernad no volé executar aucun .... de justicia, ho si lo dit baylé hera absent, que los cossos deu dit loc poscan elegir ung loctenent de baylé per exerçar aquera causa tantsolamens.

Acta fuerunt hæc intus dictum castrum de Insula Arbeyssani, anno, die et mense (16 mars 1493) .... regnante clarissimo principe et domino nostro domino Carolo Dei gratiâ Francorum rege et reverendissimo in Christo Patre et domino Joanne de Tremolhia miseratione divinâ Auxensi archiepiscopo existente præsentibus Martino Vocali, Augerio de Milhano, Remundo d'Aspes et Gaspare de Parissio ejusdem loci de Insulâ Arbeyssani habitantibus.

Noverint universi præsentes pariter et futuri quod nobilis vir dominus Oddo de Arbeysano domicellus, dominusque castri de Montebernardo pro se et suis in præsentiâ mei notarii et testium infra nominandorum dedit, cessit et concessit hominibus habitantibus villæ stellæ de Barrano præsentibus et futuris, et ordinio eorumdem, et mihi notario infrà scripto præsenti et nomine dictorum hominum recipienti, totas terras suas quas habet, et tenet, et habere, et tenere debet, in affario et territorio dicti castri de Montebernardo et hoc pro cæteris aliis habitatoribus et hominibus de Auxio ad excolendum, laborandum, utendum, et possidendum eas, pro se et suis animalibucujuscumque pili sint et cujuscumque conditionis existant, retentis tamen et salvis suis juribus et deveriis, et retento tamen quod habitatores castri prædicti de Montebernardo, ibi habeant terras pro utilitate ipsorum facienda, et sic dictus domicellus de prædictis terris nomine quo suprà me notarium infrà scriptum præsentem et solemniter recipientem investivit et in corporalem possessionem misit cum hac præsenti cartha in perpetuum valitura, quam donationem seu cessionem ..... dictus domicellus fecit in recumpensione multorum serviciorum ab hominibus prædictæ villæ de Barrano sibi impensorum et quare de eis quam plurimum se tenebat propagato, ut de bonis suis vicinis, et promisit et convenit et mandavit dictus domicellus pro se et suis, contra dicta vel aliquis de prædictis ullo tempore non venire in judicio juris extrà per se vel per interpositam personam sub bonorum suorum omnium obligatione, super præmissis, volens dictus domicellus cersioratus de jure et de facto gratis, et scienter omnibus modis, erroris, fraudis, deceptionis, læsionis, doli, mali, sine causà vel injustà causà juridicanti donationem, non valere nisi insinuatio juris præcedat, et demùm omnibus exceptionibus, defensionibus, allegationibus, utriusque juris tanquàm canonici quam civilis, quibus mediantibus in contrarium posset iri, et renunciavit, actum et factum fuit hoc die Mercurii ante festum Trinitatis Domini anno Domini millesimo ducentesimo octogesimo primo, hujus rei sunt testes Guillelmus de Priano, Arnaldus Guillelmus Darton, Thomas de Lera, Petrus de Cocio, cives Auxitani, et ego Bernardus de Gajano publicus notarius de Barrano.

COUTUMES DE BARRAN.

Celles de Bassoues étaient les mêmes).

In nomine sanctæ ac individuæ Trinitatis amen. Notum facimus universis tam præsentibus quam futuris quod nos Geraldus gratià Dei comes Armaniaci et Fezensiaci et nos Amanevus permissione divinà archiepiscopus Auxitanus pro nobis et nostris successoribus habitatoribus bastitæ de Stella de Barrano Auxitanensis diœcesis, præsentibus et futuris, concedimus libertates et consuetudines infrà scriptas, videlicet, quod per nos vel successores nostros non fiat in dicta villa tallia, aubergata, questa, nec recipiemus ibi mutuum nisi gratis nobis mutuare voluerint habitantes dictæ bastitæ, nisi generaliter in aliis villis eadem faciamus. Item quod habitantes dictæ bastitæ et in posterum habitaturi possint vendere, dare, alienare, omnia bona sua mobilia et immobilia cui voluerint, excepto quod immobila non possint alienare ecclesiæ, religiosis personis, militibus, nisi salvo jure dominorum a quibus res in feudum tenebantur. Item quod habitantes dictæ villæ possint filias suas liberè et ubicumque voluerint maritare, et filios suos ad clericat's ordinem facere promoveri. Item quod nos vel bajulus noster non capiemus aliquem habitantem dictæ villæ, vel vim inferemus, vel faciemus vel bona sua dum tamen velit et fide jubeat stare jari nisi pro murtro vel morte hominis vel plaga mortifera vel alio enormi, quo corpus suum vel bona sua nobis debeant esse incursa, nisi pro forefactis in nobis vel gentibus nostris commissis.

Item quod ad questionem seu clamorem alterius non mandabit vel citabit nec extrahet senescallus noster, seu bajulus vel bailivi nostri nec etiam pro facto nostro proprio, seu querelâ, seu excessibus vel forefactis in nos vel gentes seu officiarios nostros, vel familiam nostram commissis infrà districtum dictæ bastitæ aliquem habitantem in dicta villâ extrà honorem dictæ bastitæ super his quæ ita fuerint in dicta villâ, et honore et pertinentiis dictæ villæ et super possessionibus dictæ villæ, et honore..... et quod per nos vel locum nostrum tenentes et curiam dictæ villæ recipiant justitiæ complementum. Item quod si aliquis homo vel femina de die intraverit hortos, vineas aut prata alterius sine voluntate vel mandato illius cujus fuerit, postquam de mandato nostro quolibet anno defensum fuerit, solvat XII denarios Morlanos consulibus dictæ villæ si habeat undè solvat: alias ad arbitrium nostri judicis vel bajuli puniatur et quælibet bestia grossa quæ ibi inventa fuerit solvat unum denarium Morlanum consulibus supradictis; pro porco et sue si intraverit I obol Morlan et pro ove, caprâ seu hirco vel quolibet alio pecore solvat dominus bestiæ pittam. Si anser vel alia avis consimilis, pittam et neominus dominus cujus fuerit bestia vel avis damnum tenebitur emendare; denarios vero quos pro emendis habuerint consules, mittent in utilitatem dictæ villæ utpotè in reparationem pontium, itinerum et viarum, alienigenæ transeuntes qui dictum defensum ignoraverint pœnas non subeant antedictas: aliter ad nostri judicis vel bajuli sive bajulorum arbitrium puniantur.

Item quicumque de nocte intraverit hortos, vineas aut prata alterius sine mandato aut voluntate alterius illius cujus fuerint, et cum panerio, sacco, vel capucio, aut cum alio expleto fructus extraxerit nobis in XX solidos Morlanos sit incursus, postquam de mandato nostro similiter fuit quolibet anno defensum, et si tantum modo manibus et sine alio expleto extraxerit, pro justitia in solidis Morlanis nobis sit incursus et damnum insuper emendabit. Item quicumque in dicta villa tenuerit falsum pondus, falsam mensuram, falsam canam,

vel alnam falsam, nobis in sexaginta solidis currentis monetæ punia
tur. Item carnifices qui carnes vendiderint in dicta villa bonas carnes
et sanas vendant, quæ si bonæ vel sanæ non fuerint carnes, per bajulum seu bajulos erogentur, et illis qui emerunt pretium refundatur,
et lucrentur carnifices in unoquoque solido unum denarium currentis
monetæ, et quicumque carnifex in hoc mandatum nostrum excesserit
in duobus solidis et uno denario, domino sit incursus. Item quilibet
pistor seu pistorissa vel quicumque alius panem faciens ad vendendum
in villa prædicta lucrentur in unoquoque sextario frumenti II. denarios Morlanos, et furfur tantummodo, secundum magis, et minus et
si amplius lucratus fuerit, totus panis capiatur et pauperibus tribuatur.
Item omnes res comestibiles ex quo ad villam prædictam fuerint
apportatæ ad vendendum non vendantur revenditoribus donec prius
ad placiam fuerint apportatæ dum tamen hoc prius ex parte nostrâ
defensum fuerit et clamatum, aliis vero vendi possint impunè: et hoc
defensum duret a festo beati Joannis Baptistæ usque ad festum
sancti Michaelis: et qui contravenerit, in quatuor denarios Morlanos
condemnetur: perdix vero, lepus et cunicnlus vendantur ad pretium
quod in foro ex parte nostra fuerit proclamatum.

Item quicumque res comestibiles ad dictam villam apportaverint,
volatilia, silvestrem bestiam, poma, pira et consimilia non dent leudam de re quam emant vel vendant in villa prædicta ad usus suos die
fori vel alio in foro vel extra, sanè consules dictæ villæ jurabunt se
deffendere fideliter et servare corpus nostrum, et membra nostra, et
etiam jura nostra et quod officium consulatus quamdiù erunt in officio, fideliter exequentur, nec munus nec servitium, ratione officii, ab
aliquo non capient, per se, vel per alium nisi id quod de jure est concessum cuilibet in officio existenti. Communitas si quidem dictæ
villæ in præsentiâ consulum jurabit nobis, vel mandato nostro bonum
consilium et fidele, pro posse suo, dum requisita fuerit, salvo etiam
in omnibus jure nostro. Item instrumenta facta a publicis notariis, a
nobis vel senescallo nostro creatis vel creandis, illam firmitatem
habeant quam habent publica instrumenta. Item testamenta facta ab
habitatoribus dictæ villæ in præsentiâ testium fide dignorum valeant,
licet non fuerint facta secundum solemnitatem legum, dum tamen
liberi non fraudentur legitima portione. Item si quis decesserit sine
hærede legitimo, et testamentum non fuerit, consules dictæ villæ, de
mandato nostro, bona ejus per annum et diem custodiant descriptis
tamen per bajulum seu bajulos nostros bonis hominis prædicti, si interim non venerit hæres qui hæreditare debeat nobis redeant bona
prædicta ad voluntatem nostra faciendam..... Si non negetur debitum, qui victus fuerit in expensis partis, et in duodecim denarios

Morlanos, pro justitiâ puniatur. Et si quis alicui dixerit verba contumeliosa et grossa nisi super hoc fiat questio, non tenetur ad emendam, si non facta fuerit quæstio tenetur nobis in duodecim denariis Morlanis pro clamore.

Item si quis aliquam ducat uxorem, et cum eâ mille solidos acceperit pro dote, ipse det uxori suæ propter nuptias quingentos solidos, et hoc secundum magis et minus, nisi aliud pactum venerit inter eos : et si maritus suprâvixerit, nec de uxore infantem habeat tota vita sua tenebit totam dotem ; et post mortem suam, parentes uxoris vel hæredes dotem illam recuperabunt, nisi in perpetuum dederit marito; sed si infantem habet ipsa mulier, et supravixerit marito, ipsa recuperabit dotem suam et donationem propter nuptias ; qua mortua, infantes quos a marito habuit, donationem propter nuptias rehabebunt, vel ille quem maritus in testamento suo duxerit ordinandum. Item si quis gladium extraxerit contra aliquem, licet non percutiat, nobis in viginti solidos Morlanos condemnetur : si vero percusserit, quod sanguis exeat, in triginta solidis Morlanis puniatur, et emendet vulnerato ; et si mutilatio membri intervenit, in sexaginta solidos Morlanos condemnetur, et satisfaciat mutilato, et in omnibus nihilominus considerata persona cui damnum illatum fuerit, et inspecta negotii qualitate puniatur amplius, ad cognitionem nostram, vel tenentium locum nostrum et curiæ dicti loci : si autem percussus moritur, qui ictum fecerit, puniatur secundùm jus per nos, vel locum nostrum tenentes, et curiam dicti loci, et bona sua omnia ad manum nostram capientur. Item si bona alicujus habitatoris veniunt in commissum, de bonis prædictis, si sufficiant, ejus creditoribus satisfaciat, et nobis residuum applicetur.

Item latrones et homicidæ et quicumque alii committentes tale crimen quod inducat, seu infligat membrorum mutilationem vel deportationem vel incurrimenta bonorum, mortem vel aliam pœnam sanguinis, quod puniatur secundùm jus per........ Item si quis in adulterio deprehensus fuerit currat per villam, ut in aliis villis nostris fieri consuevit, aut solvat nobis vel mandato nostro centum Morlanos, et quod voluerit, optionem habeat, eligendi, ita tamen quod capiatur nudus cum nuda, et vel vestitus, braccis depositis, cum vestita, per aliquem de curiâ nostrâ, præsentibus cum eo duobus consulibus, vel aliis duobus probis hominibus dictæ villæ, vel aliis duobus vel pluribus undecumque sint fide dignis. Item si quis pro alio fide jusserit, si principalis debitor solvendo non fuerit, idem qui fidejussit, satisfaciat si bona habeat unde solvat et quicumque in dictâ villa venire voluerit seu habitare et mansionem facere sit habitato-

sicut alii habitantes, si sine præjudicio alterius fieri possit. Item in domo qualibet, seu ariali dictæ villæ, longa de duodecim pergonibus et ampla de quatuor, debemus habere annuatim in festo omnium Sanctorum tres denarios Morlanos censuales et hoc secundùm magis et minus. Item furni dictæ villæ erunt nostri, et quicumque ibi panem fecerit decoqui, vicesimum panem pro fornagio dare tenetur. Item mercatum fiet in dicta villa die martis de quindecim in quindecim dies. Item de quolibet bove vendito in foro ab extraneo habebimus ab illo qui emerit unum obolum currentis monetæ, item de porco unum obolum, item de asino unum denarium, et de pelle vulpis, de una libra ceræ, de una salmata ollarum, de una fiola unum obolum de quolibet prædictorum. Item de medietate porci recentis vel salsi quæ vendita fuerit in foro propinquiori antè Nativitatem Domini semel in anno unum obolum. Item homines prædictæ villæ sunt liberi a dictis leudis de his quæ ad proprios usus emerint in villà vel in foro. Item quicumque extraneus in die fori tentorium tenuerit quarumcumque mercium dabit pro leuda unum obolum. Item saumata ferri de foris apportata det pro leuda unum denarium Morlanum. Item saumata salis det unam palmatam salis et unum obolum.

Item quicumque extraneus voluerit emere in dicta villà bladum, vinum, vel sal, pro salmata bladi det unum obolum pro leuda, pro salmata vini unum obolum et pro salmata salis unum obolum et hoc secundùm magis vel minus pro onere unius hominis...... Item de uno onere scutellarum..... Item de uno onere scyphorum vitreorum unum obolum ab extraneo. Item de quolibet semine hortorum secundùm quod rationi videbitur. Item si quis leudam debens a villà vel a foro exierit, et leudam non solverit, paguet II solidos Morlanos et obolum pro emenda. Item qui in foro aliquem percusserit ad arbitrium judicis et pro qualite delicti puniatur. Item qui de possessione litigaverit vel quacumque actione reali vel personali civiliter convictus victori condemnetur in expensis litis et damno tantum, in lege XII denariorum Morlanorum superius constituta. Item si bajulus pignoret aliquem prius quindecim dies assignatos debitori ad solvendum, ille cujus erit debitum per alios quindecim dies pignora custodiat, quibus elapsis vendat si voluerit pignora, et si pretium pignori venditi excedat debitum suum, residuum habitum a dicto pignore teneatur reddere debitori. Item bajulus dictæ villæ jurabit in præsentia consulum quod officium fideliter faciet, et munus vel servicium pro suo officio sive ratione sui officii non capiet, et unicuique jus suum pro posse suo reddet et usus bonos, et consuetudines scriptas villæ et approbatas, salvo jure nostro custodiet et defendet. Item in villa prædicta consules creabuntur annuatim in crastino

Nativitatis Domini et si tunc instituti vel creati non fuerint duret potestas consulum qui immediatè extiterint donec alii per nos vel mandatum nostrum ibidem fuerint instituti, ità tamen quod nomina consulum instituendorum in duplo reddantur curiæ inscriptis per consules veteres tot quod curia possit eligere magis idoneos usque ad numerum in consulatu consuetum. Item consules qui pro tempore fuerint potestatem habeant vias publicas et mala passagia reparandi.

Item si quis in dicta villâ jactaverit fetentia et nocentia aliqua per nostrum bajulum et consules puniatur. Item nundinæ sint in dictâ villâ in octavo Pentecostes annuatim et quilibet mercator extraneus habens trossellum vel plures trossellos in dictis nundinis pro introïtu et exitu et mulagio, pro leuda det quatuor denarios Morlanos et de onere hominis quidquid apportantis unum denarium Morlanum, et de rebus emptis ad usum domus cujuslibet habitatoris dictæ villæ nihil dabitur ab emptore pro leudâ. Item expressè exercitum et cavalgatam ut in aliis villis nostris retinemus. Item burgenses et habitatores dictæ bastitæ possint possessiones suas et res immobiles reinfeodare seu concedere ad super feudum quibuscumque personis voluerint, illis dumtaxat exceptis quæ superius exprimuntur, salvis et retentis nobis vendis impignoraturis retro a capitibus dominationibus et aliis juribus, et salvo etiam in omnibus jure nostro. Item burgenses et vicini dictæ bastitæ a solutione et præstatione decimæ partis sint omnino liberi et immunes: damus insuper et in perpetuum concedimus habitatoribus bastitæ prædictæ et cuilibet eorum et hæredibus et successoribus suis terras nostras quas nunc habemus, tenemus et possidemus ad opus agriculturæ vinearum, pratorum, hortorum sub censibus, seu obliis, agrariis et pactionibus quæ sequuntur, videlicet cuilibet illorum unum arpentum ad pratum vel ad vineam, quod arpentum habeat et debet habere XXXII perticos de lato, et sexaginta quatuor de longo, qui perticus debent habere quinque cubitos de longo bonos et largos, pro decem denariis Morlanis de quolibet prædictorum, videlicet, de vineis in festo beati Thomæ apostoli, et de pratis in festo Pentecostes annuatim nobis et nostro ordinio seu mandato nostro dandis et solvendis, et pro quinque denariis Morlanis retrocapitis quando evenerit, et pro quatuor denariis pro justitia sine pluris si ratione feudi inculpati fuerint, et de quolibet arpento ad opus cazalium sexdecim denarios Morlanos in festo beatæ Mariæ Magdalenæ quolibet anno, videlicet, pro quolibet cazali integro quatuor denarios et pro medio duos denarios, et medietatem retrocapitis quando evenerit; et pro quolibet solido vendarum unum denarium Morlanum et pro quolibet solido pignoris unum obolum, et hoc secundum magis et minus præter justitiam quæ sit una in minori feudo quam majori. Item si aliquis habitator seu habitatrix dictæ villæ prædictas oblias in prædicto festo non persolverit vel infra quindecim dies post, in aliis quatuor denariis Morlanis pro justitia nobis et nostris successoribus et hæredibus teneatur, prius tamen a nobis vel a successoribus nostris seu mandato requisitus et sic de quindecim in quindecim dies usque ad caput anni ; et si tunc habitatores prædicti dictas oblias et justicias quæ ita evenerint persolvere noluerint nobis et nostro ordinio redeant arpenta et cazalia supra dicta, non obstante donatione, seu infeudatione eis facta.

Item si dicta bastita depopuletur, quod absit, omnia feuda, terræ et honores debent nobis et nostro ordinio liberè redire. Item feudum concessum ad vineam faciendam, prædicti habitatores debent plantare de vineâ medietatem ad minus totius feudi, infrà octo annos, quod si non fecerint nobis et nostro ordinio seu mandato nostro reddant et persolvant agrarium sine obliis de blado, si ibi fuerit ad modum aliarum terrarum. Item de terris quæ fuerunt datæ et concessæ ad laborandum debemus habere agrarium de omnibus bladis, scilicet nonam partem in grano vel in garba ad electionem nostram, et nostri ordinii, et unum denarium de qualibet concata retrocapitis quando evenerit, et quatuor denarios pro justitia si clamor factus fuerit de dicto feudario. Præterea damus et in perpetuum concedimus pro nobis, nostrisque hæredibus et successoribus prædictis habitatoribus et eorum hæredibus et successoribus aquas nostras, herbas, et nemora, pascua, fustes et ligna, et totum explectivum, et ad emprarium et animalibus suis grossis et minutis necessariis cujuscumque generis et pili sint in territoriis nostris quantum in die hinc poterunt redire.

Acta sunt hæc apud........ die aprilis anno Domini millesimo ducentesimo septuagesimo nono dominante dicto domino Geraldo Armaniaci et Fezensiaci comite et domino Amanevo existente archiepiscopo Auscitano. Hujus rei sunt testes dominus Raymundus Aymerici de Montesquivo, dominus Bernardus de Montepesato, dominus Guillelmus de Sedilhaco, dominus Guillelmus de Grysinhaco, dominus Oddo de Insula milites, dominus Fortius de Salis, frater Petrus de Bordis, Bernardus de Ortsegerio, et quam plures alii et ego magister Vitalis de Monte publicus Auscis et curiæ Armaniaci et Fezensiaci notarius qui hanc cartam scripsi et in publicam formam redegi, et signo meo consueto signavi.

Et ad majorem firmitatem habendam et in testimonium omnium præmissorum nos dictus comes et dictus archiepiscopus sigillo nostro præsentibus duximus apponenda, volentes valere præsens instrumentum cum sigillis et sine sigillis.

Tiré de l'ancien Cartulaire de Barran

CONFIRMATION DES COUTUMES DE MARCIAC

PAR PHILIPPE IV, ROI DE FRANCE (Juillet 1300).

Philippus, Dei gratiâ Francorum rex, notum facimus universitam præsentibus quam futuris quod nos litteras sub hoc tenore vidimus infrà scriptas.

Noverint universi præsentes pariter et futuri quod nobilis et venerabilis vir dominus Guichardus de Marciaco, miles illustris domini regis Franciæ ejusque senescallus Tolosanus et Albiensis vice et nomine dicti domini regis dedit et concessit habitatoribus et in posterum habitantibus novæ bastidæ de Marciaco diœcesis Auscitanensis et pertinentiarum et districtus libertates et consuetudines infra scriptas videlicet : quod per dominum regem et successores suos non fiet in dicta villa talia alberguada, quæstæ, nec recipiet ibi dominus noster rex mutuum nisi gratis sibi mutuare voluerint habitantes, nisi generaliter in aliis villis domini nostri regis eadem facient. Item quod habitantes dictæ villæ et districtus possint et etiam in posterum habitaturi vendere, dare, alienare omnia bona sua mobilia et immobilia cui voluerint excepto quod immobilia non possint alienare ecclesiæ personis religiosis militibus nisi salvo jure dominorum, à quibus res in feuda tenebuntur. Item quod habitantes dictæ villæ possint filias suas liberè et ubi voluerint maritare, et filios suos ad clericatus ordinem facere promoveri. Item quod dominus rex vel ejus bajulus non capiet aliquem habitantem dictæ villæ vel vim inferet aut saisiet bona sua dum tamen velit et fide jubeat stare juri nisi pro murtro, vel morte hominis aut plaga mortifera vel alio crimine quo corpus suum aut bona sua domino nostro regi debeant esse in cursa vel nisi pro forefactis in dominum nostrum regem vel in gentes suas commissis. Item quod ad quæstionem seu clamorem alterius non mandabitur aut carcerabitur aliquis habitator dictæ villæ per gentes domini nostri regis, nisi pro facto proprio domini nostri regis seu querela extrà honorem dictæ villæ super his quæ facta sunt in dicta villa et honore et pertinentiis dictæ villæ et super possessionibus dictæ villæ et honore ejusdem.

Item quod nullus habitator dictæ villæ solvat clamorem extra dictam bastidam nec etiam contumaciam nisi parti, sed quod super hoc clamore non solvendo servetur usus aliarum bastidarum domini nostri regis. Item quod si aliquis homo vel femina de die intraverit hortos, vineas aut prata alterius sine mandato vel voluntate illius cujus fuerint præter quod de mandato domini regis, comitis Par diacensis et abbatis Casæ-Dei parieriorum domini regis quolibet anno defensum fuerit, solvat duodecim denarios Tolosanos consulibus dictæ villæ, si habeat unde solvat, aliter ad arbitrium bajuli et consulum puniatur : et quælibet bestia grossa quæ ibi inventa fuerit duos denarios Turonenses consulibus suprà dictis. Item pro porco et sue si intraverit, unum denarium Turonensem : et pro ove, capra, hirco aut quolibet alio pecore solvat dominus bestiæ unum obolum Turonense. Item si anser vel alia avis consimilis fuerit obolum Turonense, et nihilominùs dominus, cujus fuerit bestia vel avis, damnum tenebitur emendare. Denarios vero quos pro hujusmodi consules emendis habuerint, mittent in utilitatem dictæ villæ utpotè in reparationem pontium, itinerum et viarum. Alienigenæ transeuntes qui decreti defensum ignoraverint pœnas non subjicient antedictas, sed aliter ad cognitionem dictorum consulum et bajuli punientur. Quicumque de nocte intraverit hortos, vineas aut prata alterius sine mandato aut voluntate illius cujus fuerint et cum paniero, vel sacco vel capucio aut cum alio expleto extraxerit fructus domino nostro regi et ejus parieriis prædictis, in viginti solidis Tolosanis sit incursus, propter quod de mandato domini nostri regis et dictorum parieriorum similiter fuerit quolibet anno defensum et si tantummodo manibus et sine alio expleto extraxerit, pro justitia in duobus solidis Tolosanis domino nostro regi et dictis parieriis sit incursus et damnum insuper emendabit. Item quod per consules dictæ bastidæ instituantur sufficientes messagerii homines bonæ famæ qui in manibus bajuli et consulum prædictorum jurent suum officium fideliter exercere et quatenùs domino regi et ipsis consulibus pertinet talia facientes revelare et nemini parcere prece, amore aut timore. Item quod consules dictæ bastidæ unà cum gentibus seu officialibus domini regis dictæ bastidæ possint custodire villam cum armis de die et de nocte et facere capi et arrestari delinquentes et malefactores et eos reponere in carcere dictæ bastidæ pro meritis puniendis.

Item quicumque in dicta villa tenuerit falsum pondus, falsam mensuram, falsam canam aut alnam falsam domino nostro regi et dictis parieriis in sexaginta solidos Tolosanos puniatur. Item carnifices qui carnes vendiderint in dicta villa bonas carnes et sanas vendent, quæ si bonæ vel sanæ non fuerint carnes pauperibus per bajulum et consules.......... et illis qui emerint pretium refundatur et lucrentur carnifices in uno quoque solido unum denarium currentis monetæ et quicumque carnifex in hoc mandatum prædictum excesserit, in duobus solidis et uno denario Tolosano domino sit incursus. Item quilibet pistor seu pistoressa aut quicumque alius panem faciens ad vendendum in villa prædicta lucretur in unoquoque sexterio frumenti quatuor denarios Turonenses et furfur tantummodo, et hoc secundum magis et minus; et si lucratus fuerit ampliùs totus panis capiatur et pauperibus tribuatur. Item omnes res comestibiles ex quo ad dictam villam fuerint deportatæ ad vendendum, non vendantur revenditoribus donec ad plateam fuerint apportatæ, dum tamen hoc priùs ex parte domini nostri regis et dictorum parieriorum defensum fuerit et clamatum, aliis vero vendi possint impunè et hoc defensum duret a festo beati Joannis-Baptistæ usque ad festum sancti Michaelis et qui contravenerit in quatuor denarios Tolosanos condemnetur. Perdix vero, lepus et cuniculus vendantur ad pretium quod in foro ex parte domini nostri regis et dictorum parieriorum fuerit proclamatum. Item quicumque res comestibiles ad dictam villam apportaverit, volatilia, sylvestrem bestiam, poma, pira et consimilia non det leudam. Item nullus habitans in dicta villa leudam det de re quam vendat aut emat in villa prædicta ad usus suos die fori vel alio in foro vel extra : sanè consules dictæ villæ jurabunt se fideliter defendere et servare corpus domini nostri regis et membra et dictorum parieriorum et etiam jura sua et quod officium consulatus quamdiù erunt in officio fideliter exequentur nec munus nec servitium ratione officii ab aliquo capient per se vel per alium nisi id quod de jure est concessum cuilibet in officio existenti.

Item communitas si quidem in præsentiâ consulum jurabit domino nostro regi et dominis parieriis vel mandato eorum bonum consilium et fidele præstare pro posse suo dum requisita fuerit salvo etiam in omnibus jure domini nostri regis. Item instrumenta facta a publicis notariis a domino nostro regi aut antecessoribus suis aut a senescallis suis creatis vel creandis habeant illam firmitatem quam habent publica instrumenta. Item testamenta facta ab habitatoribus dictæ villæ in præsentiâ testium fide dignorum valeant, licet non fuerint facta secundùm solemnitatem legum dummodo liberi non fraudentur legitimâ portione. Item si quis decesserit sine hærede legitimo et testamentum non fecerit consules dictæ villæ de mandato gentium domini nostri regis et dictorum parieriorum bona ejus per annum et diem custodient, descriptis autem per bajulum domini regis et dictorum parieriorum bonis hominis prædicti, et si interim non venerit hæres qui hæreditare debeat domino nostro regi et dictis parieriis cedant bona ad eorum voluntatem faciendam. Item omne debitum cognitum si clamor factus fuerit nisi infrà quatuordecim dies persolvatur, debitor solvat domino nostro regi et dictis parieriis vel eorum mandato duos solidos Turonenses pro clamore. Si vero negetur debitum qui victus fuerit in duobus solidis Turonensibus puniatur. Item si quis alicui verba contumeliosa et grossa dixerit nisi super hoc fiat quæstio domino nostro regi et ejus parieriis non tenetur ad emendam. Si vero facta fuerit quæstio tenetur domino regi et ejus parieriis in duodecim denarios Tolosanos pro clamore et pro æstimatione injuriæ domino regi et ejus parieriis nihil solvat. Item si quis aliquam ducat in uxorem et cum ea mille solidos acceperit pro dote, ipse det uxori suæ propter nuptias quingentos solidos Tolosanos secundùm magis aut minus nisi aliud pactum intervenerit inter eos, et si maritus supervixerit nec de uxore infantem habeat, tota vita sua tenebit totam dotem et post mortem suam parentes uxoris aut hæredes dotem illam recuperabunt, nisi in perpetuum dederit marito suo; sed si infantem habeat ipsa mulier et supervixerit marito, ipsa recuperabit dotem suam et donationem propter nuptias, qua mortua infantes quos à marito habuerit donationem propter nuptias rehabebunt aut ille quem maritus in testamento suo duxerit ordinandum. Item si quis gladium extraxerit contra aliquem licet non percutiat domino nostro regi et dictis parieriis in viginti solidis Tolosanis condemnetur, si vero percusserit ita quod sanguis exeat in triginta solidos Tolosanos puniatur et emendet vulnerato, et si mutilatio membri inveniatur, in sexaginta solidos Tolosanos vel amplius si dicto domino regi et dictis parieriis placuerit, condemnetur et nihilominus satisfaciat vulnerato. Si autem percussus pro ictu moriatur, qui ictum vero fecerit ad voluntatem domini nostri regis et dictorum parieriorum, vel eorum mandati puniatur et bona sua ad manum domini capiantur.

Item si bona alicujus habitatoris dictæ villæ venerint in commissum de bonis prædictis si sufficiant ejus creditoribus satisfiat et domino residuum applicetur. Item latrones et homicidæ ad cognitionem bajuli et consulum dictæ bastidæ puniantur. Item si quis in adulterio deprehensus fuerit currat per villam ut in aliis villis domini nostri regis fieri consuevit, aut solvat domino regi et ejus parieriis aut eorum mandato viginti solidos Tolosanos et quod voluerit optionem habeat eligendi, ita tamen quod capiatur nudus cum nuda aut vestitus braccis depositis cum vestita per aliquem de curià domini nostri regis et dictorum parieriorum, præsentibus cum eo duobus consulibus, aut aliis duobus probis hominibus dictæ villæ aut aliis duobus vel pluribus undecumque sint fide dignis. Si quis pro alio fidejusserit, si principalis debitor solvendo non fuerit, idem fidejussit satisfaciat, si bona habeat unde solvat. Item quicumque in dicta villa venire voluerit, seu habitare et mansionem facere, sit liber sicut alii habitatores, si sine prejudicio domini nostri regis fieri possit; præterea in domo qualibet seu ariali dictæ villæ longo de sexaginta rasis et amplo de viginti rasis debent habere dominus noster rex et ejus parierii annuatim in festo omnium sanctorum tres denarios tolosanos censuales, et hoc secundum magis aut minus. Item quod quilibet habitator seu juratus dictæ bastidæ possit habere furnum pro pane suo proprio coquendo sine fraude, et quod ipsum teneat expensis suis propriis et pro fornagii jure domino regi et ejus parieriis anno quolibet in festo omnium sanctorum sex denarios Turonenses solvere teneatur; alii vero qui non habebunt, panem suum in furnis domini regis et parieriorum suorum qui ibi erint decoqui teneantur, panem vicesimum pro fornagio soluturi.

Item mercatum fiet die mercurii in dicta villa qualibet septimana. Item de quolibet bove vendito ab extraneo habebunt dominus rex et ejus parierii ab illo qui emerit unum denarium turonensem. Item de porco unum denarium turonensem. Item de asino unum denarium turonensem. Item de pelle vulpis, de una libra ceræ, de una saumata olerum, de una phiola, unum denarium Tolosanum de quolibet omnium prædictorum. Item de medietate porci recentis aut quæ vendita fuit in foro propinquiori ante nativitatem domini semel in anno unum denarium turonensem. Item homines dictæ villæ sint liberi a dictis leudis de his quæ ad proprios usus emerint in villa aut in foro. Item quicumque extraneus in die fori tentorium tenuerit quarumcumque mercium dabit pro leuda unum denarium Turonensem. Item saumata ferri de foris apportata dabit pro leuda unum denarium Tolosanum. Item una saumata salis det unam palmatam salis et unum denarium Turonensem. Item quicumque extraneus voluerit extrahere a dicta villa bladum, vinum aut sal pro saumata salis unum denarium Turonensem, pro saumata bladi unum denarium Turonensem et hoc secundum magis et minus. Pro onere unius hominis de sale unum obolum Turonense.

Item de uno onere cyphorum vitreorum, unum denarium Turonensem ab extraneo. Item de uno onere scutellarum et granallorum, unum denarium Turonensem. Item si quis leudam debens a villa aut a foro exiverit et leudam non solverit paget duos solidos Tolosanos et obolum pro emenda. Item qui in foro aliquem percusserit ad arbitrium judicis pro qualitate delicti puniatur. Item si bajulus pignoret aliquem præter quindecim dies assignatos debitori ad solvendum, ille cujus erit debitum per alios quindecim dies custodiat pignora, quibus elapsis vendat, si voluerit et si pretium pignoris venditi excedat debitum suum, residuum habitum a dicto pignore teneatur reddere debitori. Item bajulus dictæ villæ jurabit in præsentiâ consulum quod suum officium fideliter faciet et munus aut servitium pro suo officio seu ratione officii non capiet et unicuique jus suum pro posse reddet et usus bonos et consuetudines villæ scriptas et approbatas salvo jure domini regis et parieriorum suorum custodiet et deffendet. Item in villa prædictâ consules creabuntur annuatim in crastinum nativitatis domini et si tunc instituti vel creati non fuerint, duret potestas consulum qui immediate exierint donec alii per dominum regem et dictos parierios aut eorum mandato ibidem fuerint instituti ita tamen quod nomina consulum instituendorum in duplo reddantur curiæ inscriptis per consules veteres tot quod curia possit eligere magis idoneos usque ad numerum in consulatu consuetum.

Item consules qui pro tempore erunt habeant potestatem vias publicas et mala passagia reparandi. Si quis in dicta villâ fœtentia aut aliqua nocentia jactaverit per bajulum et consules puniatur. Item nundinæ sint in dicta villâ terminis assignatis scilicet in festo sancti Geraldi in quindena beati Michaelis septembris et in festo inventionis sanctæ Crucis, et quilibet mercator extraneus habens trocellum vel plures trocellos in dictis nundiniis pro introitu et exitu et taulagio et pro leuda det quatuor denarios Tolosanos et de onere hominis quidquid apportet unum denarium Tolosanum et de rebus emptis ad usum domus alicujus habitatoris dictæ villæ nihil dabitur ab emptore pro leuda. Item habebit ibi dominus rex exercitum et cavalcatam ut in aliis suis villis. Item quod nullus qui in carcere dictæ bastidæ detentus fuerit et per sententiam fuerit absolutus, nihil dare pro prisonagio teneatur. Si vero ante tempus sententiæ liberatus fuerit præstet cautiones si eas habuerit aut si non habeat juratoris cautionem de prisonagio solvendo, si per sententiam fuerit condemnatus. Si quis vero in hoc casu solvere prisonagium teneatur et fuerit nobilis, solvat duodecim denarios Tolosanos pro prisonagio, si vero homo alterius conditionis sit, solvat pro prisonagio sex denarios Tolosanos.

Item quod homines dictæ bastidæ possint emere et vendere sal, prout in aliis bastidis est fieri consuetum. Acta fuerunt hæc apud Tolosam, quatuordecimo die exitus mensis septembris, regnante Philippo rege Franciæ illustri anno domini millesimo ducentesimo nonagesimo octavo, in quorum omnium testimonium præmissorum et ad majorem roboris firmitatem habendam nos Guichardus de Marciaco senescallus prædictus sigillum meum huic præsenti cartæ duximus apponendum.

Nos autem præmissa omnia et singula prout plenius sunt expressa, rata et grata habentes ea volumus, laudamus, approbamus, et præsentium tenore perpetuo confirmamus excepto quod sal vendere aut emere non possint in dicta bastida nisi quemadmodum cæteri facient seu utentur communiter in villis aliis seneschaliæ Tolosanæ et salvo in aliis jure nostro et in omnibus quolibet alieno, quod ut firmum

et stabile perseveret jussimus nostras has litteras nostri sigilli muni
mine roborari.

Actum parisis anno domini millesimo trecentesimo mense Julio
(*Fin des Coutumes de Marciac*).

COUTUMES DE MONTESQUIOU.

Noverint universi præsentes pariter et futuri quod nos Gentils
(Genses) de Montesquivo domicellus, dominus castri Montesquivi,
etc., etc., pro nobis et nostris successoribus habitatoribus castri et
territorii et ballivæ Montesquivi præsentibus et futuris concedimus
libertates et consuetudines infrà scriptas videlicet quod . . . .
. . . .
homines castri et balliviæ Montesquivi non tenerentur ipsum domi-
num dicti castri sequi sine invasione extrà ipsam terram, in ipsa
guerra, et exercitu, seu cavalgata, vel alias more hostili, ultra unum
diem, semel in anno, nisi ad ipsius domini dicti castri expensas. Si
vero dominus dicti castri ultrà ipsum diem non providerit eis in
expensis sufficienter, juxtà consulum dicti castri cognitionem et
voluntatem, ipsi homines, et quisque ipsorum, possint cum eis placuerit, ad domum, seu domos, vel hospitia sua impunè reverti, absque
ipsius domini, et consulum dicti castri licentia, et voluntate. Nemo
castri Montesquivi, vel ejus territorii, seu ballivæ habens et tenens
ibidem duos, vel plures boves aratorios, vel alia animalia arantia,
teneatur deinceps dare, seu solvere annuatim domino dicti castri nisi
quatuor sexterios avenæ, ad mensuram antiquam dicti castri, et
habens et tenens ibidem unum bovem, vel aliud animal arans, nisi
tres sexterios, et vidua tenens domum, et ignem unum, ibidem
absque bove vel alio animali arante, nisi unum sexterium, et bras-
serius, sive fossarius, nisi tres eminas, et alius artifex, seu ministralis,
nisi duos sexterios, ad dictam mensuram. Nemo castri prædicti vel
ejus territorii, seu ballivæ habens et tenens ibidem pratum, seu prata,
teneatur dare, seu solvere domino dicti castri, nisi unum fasciculum
fœni, tempore quod fœnum erit ligatum, et congregatum de quolibet
prato, quod tempus debebit domino dicti castri, vel ejus bajulo, seu
ejus locum tenenti bajuli nuntiari, et nisi tunc ipse dominus, vel
bajulus, seu locum tenens bajuli venerit, vel miserit pro illo fasci-
culo, seu fasciculis fœni, et illud fœnum indè tulerit, extunc illud
fœnum si pereat, vel amittatur, erit domino dicti castri perditum,
seu amissum. Nemoque dicti castri, vel ejus territorii, seu ballivæ,
habens et tenens ex suo nutritio, in domo, hospitio, seu bordâ sua,

vel aliena, anseres, seu gallinas, tenetur vendere domino dicti castri, nisi semel in anno, unum de dictis anseribus, pro tribus denariis monetæ communiter currentis, et unam de ipsis gallinis pro duobus denariis dictæ monetæ, qui anseres et gallinæ debebunt peti, et recipi per ordinem ipsarum domorum, hospitiorum, sive bordarum, per justitiarium, et famulum domini ejusdem castri.

Si quis vero habeat anseres, vel gallinas, vel aliàs quam ex suo nutritio, non tenebitur eos, vel eas, vel ipsarum aliquem, seu aliquam vendere domino dicti castri, nisi sicut alii cuicumque. Si vero dominus dicti castri velit plures anseres vel gallinas habere, debebit eas emere sicut alii indigenæ, vel advenæ dicti castri. quisque hominum territorii, seu ballivæ dictæ morans ibi extrà dictum castrum, et burgos seu barria ejus, possit ibi furnum tenere, et in ipso coquere panem suum, et alienum proùt sibi placebit; morans vero in ipso castro, et barriis ejus, coquens panem suum, vel alienum, in furno, seu furnis domini ejusdem castri, non teneatur propter hoc dare, seu solvere domino ipsius castri, vel furneriis suis, vel alii cuicumque, nisi vicesimam partem panum ibi coctorum, videlicet de viginti panibus unum, non meliorem, majorem, sed medium; si verò dominus dicti castri noluerit, vel non possit coquere panem, seu panes pro vicesima parte ipso, in suis furnis, ad suos labores et sumptus, quisque hominum dicti castri et ejus territorii, seu ballivæ, possit licitè et liberè facere furnum in hospitio seu domo sua, in dicto castro vel extrà, et ibi coquere panem suum, vel alienum, proùt ei placebit. Item quod quicumque bordelarius dicti castri, et pertinentiarum ejusdem possit licitè tenere furnum in sua borda, ad decoquendum panem suum, et suæ familiæ tantum. Item quod quicumque bordelarius dicti castri qui tenuerit furnum in borda sua, non valeat in dicto furno decoquere panem vicini sui, nec alicujus alterius personæ, nisi ad opus tantùm dicti bordelarii et familiæ ejusdem; et si fortè familia dicti bordelarii panem decoqueret in dicto furno, et dictus bordelarius moraretur in dicto castro, quod dictus bordelarius non valeat portare ad dictum castrum de dicto pane qui per dictam familiam coqueretur.

Quilibet hominum castri et territorii, seu ballivæ Montesquivi, possit deinceps molere bladum suum, et alienum ubi maluerit, et si velit illum molere in molendino, seu molendinis domini ipsius castri, vel alterius cujuscumque in ipso castro, territorio, seu balliva, possit hæc facere pro vigesima parte ipsius bladi, dominusque dicti castri debet facere et curare quod molendinarii sui et omnes habentes molendinum, seu molendina in ipso castro, territorio, sive balliva, molant bladum ipsorum ibi molere volentium, pro vicesima parte ipsius bladi. Nemo castri Montesquivi, vel ejus territorii, sive ballivæ tenetur, vel debebit compelli, facere, seu præstare domino dicti castri, aliquod servitium, beneficium, sive donum præter prædicta, et præter servitia, sive census, et vendas ipsi domino debitus, pro terris et aliis possessionibus, allodialiter, seu feudaliter tentis ab ipso. Item dominus dicti castri, vel hæredes seu successores ejusdem, non possunt seu debent compellere homines ejusdem castri, vel ejus territorii, seu ballivæ, vel quemquam ipsorum, facere seu præstare aliquod servitium, beneficium, sive donum, aliquibus de mundo, vel alii cuicumque, nisi debeatur eidem, vel concedere alicui, aliquod servitium, beneficium sive donum super ipsos homines vel quemquam ipsorum, vel super bona, vel in bonis ipsorum, vel cujuscumque ipsorum, nisi de licentia et beneplacito, seu spontanea voluntate ipsorum. Quilibet hominum ejusdem castri et ejus territorii, sive ballivæ potest venari et piscari liberè per totam terram et aquam ejusdem castri et baroniæ Anglesii, excepto nemore seu bedato vocato de Montepessulano sito in ballivia castri novi de Anglesio et uti et explectare liberè ipsam terram et nemora ipsius domini, herbis, foliis, aquis, lignis aridis et cassis, ad omnem usum suum, et familiæ suæ, et animalium suorum, absque aliquo herbagio, forestagio, carnalagio, vel alio emolumento quocumque, ipsi domino indè præstando, nisi teneat, nutriat et pascat ibidem ultrà tria capita bovum seu vaccarum majorum, et vitulos earumdum, quod si fecerit, possit hæc licite facere, solvendo indè, quolibet anno, semel pro quolibet capite illorum bovum et vaccarum majorum ultrà dictum numerum ibi pascentium, domino dicti castri, duodecim denarios monetæ communiter currentis, et pro quolibet vaccino seu bove, vel vacca majore anno, et minore quatuor annis, sex denarios dictæmonetæ, et pro vitulo, seu vitula annicula vel minore, nihil.

Item quilibet ipsorum hominum potest omnes oves, capras et omnia animalia sua minuta, equas, pulinos et pulinas ipsarum, asinas, et alia jumenta sua, item omnes porcos et sues, quos et quas porcos et sues tenet et nutrit et tenebit et nutriet per hiemem, in hospitio, domo, borda, seu bordili suo, tenere, nutrire et pascere, et liberè etiam glandibus quandiù sibi placebit, per totam terram et baroniam prædictam, nullo herbagio, pascuagio, vel emolumento domino dicti castri indè præstando, et omnes alios suos porcos, et sues quos emet ratione peysagii d'Aglan usque ad quinquaginta, solvendo indè semel per totum tempus pascuagii eorumdem, domino dicti castri tempore glandium, quatuor denarios monetæ communiter currentis, præter quam de quatuor porcis illorum porcorum, usque ad quinquaginta, pro quorum quatuor pascuagio nihil solvet, si velit ipsos nutrire, et pascere pro comedendo ipsos recentes, vel salsos, cum familia sua, et omnes alios porcos, et sues, solvendo, pro pascuagio eorumdem, sicut advena pascens, et nutriens ibi porcos, et sues. Quilibet hominum castri, territorii, et bailivæ Montesquivi, potest, et poterit in futurum allodia, feuda, et retrofeuda sua ejusdem castri, territorii, seu bailivæ et baroniæ anglezii tenere, colere, explectare, et ipsis plenè gaudere solvendo inde servitia sive census, vendas, et alia deveria debita, et consueta, potest etiam, et poterit facere in eosdem claporios pro cuniculis, columberia pro columbis, stagna et piscaria pro piscibus nutriendis, molendina, et quodlibet aliud melioramentum, et ex ipsis recipere, vendere, vel donare terram, arenam, sabulum, lapides, et quidquid aliud in ipsis, vel sub, vel suprà ipsa existens.

Item potest, et poterit ea, vel partem ipsorum, et cujuscumque ipsorum, cuicumque voluerint, exceptis personis a jure prohibitis, obligare, pignori tradere, vendere, permutare, donare, et aliàs inter vivos alienare, et ultimà voluntate relinquere, absque tamen diminutione juris, et deveriorum domini dicti loci, nec non et dominationis, et ipsa allodia infeudare, seu in feudum, vel in emphiteosim concedere, et feudum seu feuda, et emphiteosim, seu emphiteoses retrofeudare, capcazali in ipso feudo, seu emphiteosi valente annuum servitium, sive censum, et ultrà hæc duos solidos Morlanos, sibi retento dumtamen pro ipsis allodiis, sive rebus francaliter, seu militanter tentis, cum ea vendi contingerit, solvat emptor ipsorum, domino dicti castri, pro laudaminio venditionis et emptionis ipsorum allodiorum, vendas, videlicet de quolibet solido, seu duodecim denariis pretii eorumdem, unum denarium pro ipsis feudis, et retrofeudis, seu rebus feudaliter, retrofeudaliter, vel in emphiteosim tentis, cum ea vendi contingerit, domino immediato illorum feudorum, retrofeudorum, vel in emphiteosim venditorum, pro suo laudaminio ipsius venditionis, et emptionis, de quolibet solido pretii ipsorum feudorum, retrofeudorum, et emphiteosim venditorum, unum denarium, nisi ille dominus immediatus velit ipsas res allodiales, feudales, et retrofeudales, vel emphiteoticas, pro seipso, bonà fide, et non pro alio emere, et retinere, quo casu possit infrà triduum, postquam ei præsentatæ fuerint ad laudandum venditionem de ipsis factam, vel eas emendi, et retinendi, præ aliis emptoribus emere, et retinere pro eodem pretio, et simili modo solvendo, quo alii vel aliis venditæ fuerant, et hæc vera nisi ille, vel illi alii emptores sint partionarii illarum rerum allodialium, feudalium, retrofeudalium, seu emphiteosim venditorum, vel tornerii, seu de parentela, vel genere vendi toris ipsarum rerum. Quo casu illi emptores tornerii, et post portonarii in emptione ipsarum rerum, domino ipsarum rerum sint præferendi, nullis vendis, gaudentiâ, emolumento, domino ipsarum rerum, hoc casu, vel cum pignori traduntur, vel permutantur, solvendis, nisi in permutatione rerum ipsarum certam pecuniæ summam, ab alterutrâ partium, ipsas res permutantium alii ipsarum partium solvi contingat, quo casu solvantur domino ipsarum rerum de ipsa summa pecuniæ, et non de alio ipsius rei, seu rerum permutatarum valore, seu prætio vendere vel aliud gagium, vel emolumentum, excepto quod retinuit pœnes se vendas et dominationes, nisi eis essent datæ per ejus prædecessorem, vel tenerentur à militiis, vel dependerent de eisdem. Si verò dominus feudi, vel retrofeudi, seu emphiteosis, immediatus bannum per ipsum seu mandatum ejus positum, quâcumque ratione, occasione, vel causa, in ipso feudo, retrofeudo, vel emphiteosi, cautione idoneâ ei oblatâ per emphiteotam de stando juri, et judicatum solvi, prout et quantum debebit, ipsum bannum non removerit incontinenti, dominus dicti castri, receptâ hujusmodi cautione, si ipsam recipere velit, ipsum bannum statim amoveat, alioquin habeatur pro non apposito, vel amoto. Nemo castri Montesquivi, territorii, seu ballivæ teneatur vendere, seu tradere panem, vinum, carnes, fænum, avenam vel quæcumque alia bona, domino dicti castri, vel officialibus, familiæ, domesticis, amicis, hospitibus, seu valitoribus eorumdem, nisi sicut alii, vel aliis indigenis, vel advenis dicti castri, soluto sibi priùs prætio ipsorum rerum de quo convenerint inter ipsos, vel cum bonis pignoribus, quæ pignora non petantur, vel exigantur nisi prætio ipsorum rerum ipsi venditori, seu venditoribus primitùs persoluto, et si infrà unum mensem dicta pignora non solverint, ipsi qui ea tenuerint, possint ea vendere, et si plus habent, reddant illud plus illi de quo habuerint pignora antedicta. Testamenta, codicilli, et aliæ ultimæ voluntates, atque contractus, vel quasi facta, vel facta in castri territorio, seu ballivâ Montesquivi, in scriptis, vel sine scriptis, inter filios, vel extraneos, dum tamen constet de ipsis, per publicum instrumentum, vel duos, vel plures testes idoneos, seu fide dignos, ut curiæ dicti castri cognitionem, habeant deinceps valorem, et perpetui roboris firmitatem; si verò quis intestatus ibi decesserit absque filio, seu filiis, vel aliis liberis, parentibus, et cognatis ibi residentibus vel præsentibus, consules, et justiciarius dicti castri recipiant et teneant in manu suâ, omnia bona illius defuncti, de mandato domini, factâ primitùs inventario de eisdem, in præsentiâ notarii, seu scriptoris, et bajuli, et sacerdotis ejusdem castri, vel ejus locumtenentis, et duorum, vel plurium proborum hominum dicti castri, ipsa bona custodiant absque gaudentia, et emolumento quocumque, usque ad annum à confectione ipsius inventarii numerandum, et si infrà ipsum annum nullus cognatus, vel alius de genere, et parentela ipsius deffuncti, usque ad quartum, vel quintum gradum patuerit, ad uxorem ipsius deffuncti si super est, alioquin ad dicti castri dominum devolvantur, exceptis feudis, et retrofeudis, et emphiteosibus ejusdem deffuncti, ad dominum, seu dominos, à quibus immediatè tenentur integrè devolvendis, et exceptâ decimâ parte ipsorum bonorum dandâ et distribuendâ pauperibus, et piis locis ejusdem castri, et ejus territorii et ballivæ, ad consulum, et justiciariorum dicti castri cognitionem, et per manus ipsorum.

Item quod si quis, vel aliqua, habitator, vel habitatrix dicti castri, vel pertinentiarum ejusdem castri exierit extrà dictum castrum, vel extrà baroniam prædictam, causâ mercandi, et sua negotia prosequendi, vel personam suam nutriendi, infrà ætatis perfectæ tempus, vel ministerium aliquod addiscendi, vel alitèr solummodo, quod hoc non faciat causâ mutandi domicilium suum, quod propter hoc bona dicti exeuntis, in toto, vel in parte minimè domino confisquentur, si verò aliquis, vel aliqua habitator, vel habitatrix dicti castri exierit extra dictam baroniam, præter quod in casibus supradictis, et modo superiùs expressato, et requisitus per dominum dicti castri, vel per ejus certum mandatum, non reverteretur infra unum annum, computando à tempore dictæ requisitionis, ad tenendum domicilium suum in dicta baronia vel pertinentiis dictæ baroniæ, quod bona immobilia essent quoad possessionem, ad proprietatem dicti domini dicti castri, vel hæredum suorum, poterit verumtamen dictus requisitus, vel requisita prædicta vendere dicta bona immobilia infrà dictum unum annum cuicumque voluerint commoranti in baronia prædicta, personis à jure prohibitis dumtaxat exceptis.

Item volumus, statuimus, et ordinamus, ut suprà quod casus, in dicto castro, et ejus territorio, seu balliva contingentes per prædicta non deffiniti, deffiniantur per consuetudines villæ Vici-Fezensacii, si possint deffiniri, per ipsas, alioquin per consuetudines, libertates, seu statuta per magnifficum virum dominum Bernardum comitem Fezensiacii nobilibus hominibus ejusdem terræ concessas, alioquin per jura communia, civilia, vel canonica scripta, alioquin de consilio sapientium, seu prudentium virorum, per naturalem rationem humanam à qua omnia jura humana motu Dei sunt stabilita, volentes et concedentes quod omnia supradicta valeant jure consuetudinis, seu usus longævi, et approbati, vel jure, seu statuto municipali, vel jure libertatis per nos concessæ, vel quocumque alio jure, quo melius possint et debeant perpetuò, et inviolabiliter teneri, compleri, et observari, quas quidem consuetudines, libertates, franqualitias, statuta, privilegia, jura supra scripta. Nos dictus Gentilis dominus castri Montesquivi prædicti, pro nobis, et omnibus hæredibus, atque successoribus nostris per in perpetuum, concedimus et donamus ut supra, et ex causa prædicta, seu ex causis supradictis Petro de Barris, Bertrando de Prato, et Petro de Tapia consulibus dicti castri ibidem præsentibus, et recipientibus, ac solemnitèr stipulantibus, pro se, et nomine consulatus eorumdem, et universitatis ejusdem castri, et singularum personarum, ac hominum castri antedicti, et notario publico infrà scripto stipulante, nomine, et vice ejusdem universitatis, ac hominum prædictorum, et pro hominibus quorum interest, et intererit.

Item nos Gentilis prædictus dominus dicti castri, ex nostra certa scientia, et deliberatione, ac diligentèr tractatu præhabitis, gratis, de nostra mera, liberaque gratuità voluntate, et proprio motu nostro, omnique dolo, fraude, metu, vi, seductioneque, caligine, procul pulsis, penitùsque rejectis, pro nobis, et omnibus hæredibus ac successoribus nostris, per in perpetuum concedimus, et donamus donatione verà, purà, et simplici, irrevocabili inter vivos factà, cum insinuatione præsentium, nullo tempore revocanda, et ex causa prædicta, sive ex causis antedictis superiùs expressatis, et in emphiteosim juxta consuetudines antedictas, totum quoddam nemus, et territorium inferius confrontatum, et limitatum, cum introitibus, exitibus, et juribus omnibus, ac pertinentiis suis, consulibus supradictis, pro se, et nomine quo supra, accipientibus, et solemniter stipulantibus, et ipso notario subtùs scripto quo suprà nomine, stipulante, et ad habendum, tenendum, possidendum, utendum, explectandum, vendendum, et alienandum, infeudandnm, et refeudandum, seu retrofeudandum nemus et territorium supradictum, cum suis pertinentiis universis, et omnimodas voluntates consulum prædictorum, et omnium successorum eorumdem, et totius universitatis prædictæ indè perpetuò faciendam, investientes indè feudalitèr, nos præfatus domicellus, dominus castri prædicti, consules superiùs nominatos, pro se, et nomine quo suprà, recipientes, de nemore et territorio antedictis inferiùs confrontatis, videlicet pacto et conditioni per nos ibidem appositis, et addictis, quod præfati consules, et omnes successores eorumdem, dent, et solvant, facere atque solvere, per in perpetuum teneantur, infrà dictum castrum, in die dominica post festum omnium sanctorum annuatim, et ex causa servitii sive census annui, nobis Gentili prædicto, et omnibus hæredibus, et successoribus nostris, duodecim denarios monetæ communitèr currentis, pro nemore, et territorio antedicto, quod quidem servitium, sive censum annuum, nos consules superiùs nominati promittimus pro nobis, et successoribus nostris omnibus, facere, dare, et solvere dicto domino dicti castri, vel hæredibus suis, modo et causâ, atque termino superiùs expressatis, et insupèr nos dictus Gentilis, dominus castri prædicti promittimus, et concedimus sub hypoteca et obligatione omnium bonorum nostrorum præsentium, et futurorum et sub juris, et facti renuntiatione qualibet, et cautela, et sub virtute dicti juramenti per nos suprà præstiti, atque facti consulibus supradictis, pro se, et nomine quo suprà stipulantibus, et dicto notario quo suprà nomine stipulanti, bonam et validam guirentiam facere, perpetuoque portare ab omnibus personis quæ venirent contra donationem prædictam territorii et nemoris prædictorum inferiùs confrontatorum, vel contra alia suprà scripta, in toto vel in parte, vel quæ eisdem consulibus, vel ipsorum successoribus, super possessione, et proprietate territorii et nemoris antedicti, in judicio, vel extrà, per aliquam rationem, aliquam causam, quæstionem, vel litem, vel aliquem, seu turbationem aliquam, moverent, facerent, seu inferrent, ipsosque consules, et eorum successores, universitatem prædictam, super possessione, et proprietate prædictis, in causa evictionis, perpetuò sustinere, defendere, et comparere, et in nostrum ipsum, ad nostros sumptus proprios inde suscipere omnem litem, salvis et retentis, ac exceptis nobis, et omnibus hæredibus nostris, nemore, et territorio antedicto, de voluntate expressa consulum prædictorum domino directo, et totius nostræ superioritatis, et vendis, et aliis juribus et deveriis nobis omnibus, sicut in cæteris aliis terris, quæ tenentur à nobis in emphiteosim, in dicto castro, et in pertinentiis, et territorio dicti castri. Consequenter retinemus, et exceptamus nos prædictus dominus dicti castri, nobis, et hæredibus nostris, de expressa voluntate consulum prædictorum quod omnes, et singulæ oves herbaceres, nostræ, et dictorum hæredum nostrorum valeant libere depascere in nemore et territorio antedicto inferiùs confrontato, videlicet tantummodò a festo natalis domini, usque ad festum paschæ, perpetuò, annuatim, scilicet tunc demùm, et non alii, quandocumque à dicto festo oves hominum universitatis prædictæ depascent in nemore, et territorio antedicto.

Item promittimus nos prænominatus Gentilis dominus dicti castri, ad requisitionem consulum prædictorum, vel eorum successorum, sigillum nostrum proprium hinc præsenti publico instrumento apponere, seu apponi facere impendenti. Subsequenter nos dictus Gentilis, dominus dicti castri promittimus consulibus antedictis, pro se, et nomine quo suprà stipulantibus, quod dum Raymundus Aymericus de Montesquivo canonicus auscitanensis, frater noster, et prior hospitalis Montesquivi, fuerit in terra Anglesii, quod nos requisitus per ipsos consules, vel per ipsorum successores, infra octo dies, à tempore dictæ requisitionis factæ computando, faciemus dicto fratri nostro expressè laudare, confirmare, ratifficare, et approbare prædictam donationem, per nos superiùs factam, de nemore, et territorio inferiùs confrontato, nec non et omnia, et singula in hoc præsenti instrumento scripta, et contenta, et eidem fratri nostro, de dicto laudimio et confirmatione prædictis, eisdem consulibus, vel eorum successoribus, concedere publicum instrumentum, eidemque fratri nostro suum sigillum proprium apponere, seu apponi facere in pendenti huic præsenti publico instrumento. Dictum verò nemus et territorium de cujus confrontationibus superiùs mentio facta est. prout ibidem fecit dictum, est situm in balliva dicti castri Montesquivi, et confrontatur cum nemore dicti hospitalis, ex parte una, et terra magistri Martini de Lapalut, ex alia, et terra Gayssioni Dent'isano, ex altera, et cum terra Geraldi Grossolles, ex alia parte, et via publica per quam itur per serram vocatam del mason, versus aquam vocatam barraoce, ex alteris partibus. Insuper nos prædictus dominus dicti castri volumus et concedimus, quod nobis præsente, vel absente, vocato, vel non vocato, præfati consules, vel ipsorum successores, suâ auctoritate propriâ, valeant, et eis licitum sit, quandocumque, et quotiescumque voluerint, et eis placuerit, et omnes, et singulos in dicta universitate, per se, vel per alios seu alium, nomine eorumdem, ingredi, recipere, et nancisci possessionem corporalem nemoris, et territorii antedicti superiùs confrontati, et cum sit adepta, pœnes se perpetuò retinere.

Item nos dictus Gentilis dominus castri prædicti, volumus, et concedimus consulibus supradictis pro se, et nomine quo supra stipulantibus, quod nobis præsente, vel absente, vocato, vel non vocato, excellentissimus, ac magnificus vir dominus comes Armagnaci, et Fezensiaci, vel quicumque alius nobis superior valeat apponere, seu apponi facere suum sigillum proprium inpendenti huic præsenti publico instrumento, ad requisitionem vel preces consulum prædictorum, vel eorumdem successorum, jure nostro, et omnibus nobis salvo. Insuper nos dictus Gentilis dominus dicti castri volumus et concedimus quod prædictis sigillis, vel aliquo eorumdem apposito, vel non apposito, vel eisdem, seu altero ex eisdem, dum fuerint apposita, amissis, fractis, consumptis, vel deletis propter vetustatem, vel aliter modocumque, quod præsens istud publicum instrumentum, et omnia et singula in eodem contenta nihilominùs tamen habeant perpetuam, et obtineant roboris firmitatem, quæ omnia et singula supradicta, in præsenti instrumento contenta, Montesquivus, et Bertrandus, ac Guillelmus Arnaldus de Montesquivo, fratres dicti domini

Gentilis, ibidem præsentes, et quilibet ipsorum in solidum, gratis et expressè pro se ipsis, laudaverunt, confirmaverunt, et approbaverunt, et ea tenere et irrefragabiliter per in perpetuum observare, et nunquam contrafacere, vel venire ad sancta dei Evangelia, eorum manibus propriis tacta corporaliter juraverunt. Acta et concessa fuerunt hæc apud castrum de Montesquivo, primâ die introitus mensis februarii, anno domini millesimo trecentesimo septimo, in præsentia et testimonio discretorum vivorum magistri Arnaldi Gasc de Tussano jurium periti, Vitalis de Barris præsbiteri, et Barrani de Calciata, Pictavini de Bartha, Guillelmi de Lasserano domicellorum, et magistri Bernardi de Buco, et Raymundi Bernardi de Bartha clericorum, et mei Philippi Dinhasse publici Vici notarii, qui ad requisitionem consulum prædictorum, et de voluntate expressa dicti domini Gentilis, et fratrum suorum prædictorum præsentium ibidem, hoc præsens instrumentum recepi, et in præsentibus duabus pargamini pellibus conjunctis scripsi, et in formam publicum redegi, et in fine præsentis instrumenti, signum meum proprium apposui consuetum, in testimonium præmissorum, regnante Philippo, rege francorum, dominante domino Bernardo comite Armagnaci, et Fezensiaci, et Amanevo Archiepiscopo Auxitano.

(*Fin des Coutumes de Montesquiou*).

PRIVILÈGES DE LA VILLE DE PAU.

Henric, per la gracie de Diu, rey de Navarre, seignour souviran de Bearn, et de Donesan, de Vandomois, et de Beaumont et d'Albret, comte de Fouix, d'Armagnac, de Bigorre, de Rodés, a touts aquets quy las presentes beiran, salut. Noustes cars et bien amats lous jurats gardes besins, manans et habitans de nouste ville de Pau, nous an remonstrat que en l'an 1464 et lou 23e jour deu més de septembre, lou defunt Gaston, comte de Foix et de Bigorre, seignour soubiran de Bearn, biscomte de Castelbon, Marsan, Tursan, Gabourdan, Nebousan et Viellemur, par bonnes et justes considerations, auré donnat et autreiat aux predescessours deus remonstrans habitans de lad. bille, quy labets ere aperade locq, plusiours priviletges, et enter autres que lou sietge de la court deu senechal de Bearn sere perpetuellament en lad. bille, et que touts lous habitans et lous successours seren quites, francqx, et exempts et immunits per lour et lours marchandises à perpetuellament per toutes las terres deudit seignour.

comme foussen al son patrimony conquestades ou à conquestar, bis-cambiades ou acquisides de touts tributs, peatges, pontatges, portat-ges, leudes, et de toutes autres contributions, impositions et exac-tions et subsidis en la mediche forme que eren plusiours autres besins, manans, et habitans de las billes, bals, bourgs, et logs deudit pays aussi que en ladite bille de Pau y sera tengut un marcat de hoeit en hoeit jours lou dileux abant lou marcat de fourquie de Morlas ab touts et cascuns caregx, peatges et leudes, priviletges, fran-quesses et libertats à la fourquie de Morlas et autres marcats circon-besins impansats, concedets et autreiats et finallement que en ladite bille de Pau y aura et s'y tiendra, tres feires l'an, la prumere, lou dimars après la feste de Pentecoste, la seconde lou jour de St. Lau-rens, et la darrère lou jour de St. Martin onzal de novembre, ab las franquesses, libertats et exemptions semblablement autreiades, aus marchands et autres persones qui yran à lasdites feyres, ainsy qu'ere concedit, permetut en lous autres marcats et feyres deudit pays, et de tals priviletges, franqueses et exemtions, et permissions en seren estades expedides lettres-patentes en bonne et autentique forme ; que per despuix seren estades confirmades, continuades, aproba-des et emologades per madame Magdeleine princexo de Biane, may tutrisse et gouvernadoure de Frances Phœbus, comte de Foix, sei-gnour soubiran de Bearn, per sas lettres patentes datte au Mont-de-Marsan lou 9e jour de feurer l'an 1472 et après elle, per lous deffunts de bonne mémoire lou rey Joan et la regine Catherine per autres lours lettres patentes de datte en la comtat de Tarbe lou 4e jour de feurer l'an 1513, en lasquoalles las lettres patentes deudit deffunt comte Gaston son de mout a mout inserides et consentemen per lou dit deffunt de gloriouse memoire lou rey Henric nouste trez honno-rat seignour et grand pay, dautant que plusours sons subiets habi-tans deudit pays Soubiran de Bearn, eren constrets de pagar peatge et leude en auguns locqs de sas terres et seignouries à la requisition deus ters estats deudit pays per sas lettres patentes deu 28e jour de jener 1521 confirman generallement aux habitans de Bearn touts lous priviletges, exemptions, franqueses et libertats aure expressamen mendat aux vendadours deuts peatges et leudes tant de nouste dit pays soubiran que comtat de Foix et de Bigorre, biscomtat de Cas-telbon, Marsan, Tursan, Gabourdan et Nebouzan et autres sas terres et seignouries conquestades et a conquestar, de lechar permeter et far jouir deus susdits pribiletges, exemptions a sousdits subiets, com eren lous besins manans et habitans deus bourcqs de Morlas, Orthez. Oloron et Saubeterre, las ballées d'Oursan, d'Ayre et Baretous, las billes de Lembege, Pau, Nay, Nabarrens, Moneinh, Gan, Brutges

Lagor, Biellesegure et Garros de nou pagar auguns peatges, leudegabelles ou impositions per lour ny per degunes conditions de marchandises crombades ou bendudes anan, passan ou retournan per lasdites comtat de Foix et Bigorre, biscomtats de Marsan, Tursan, Gabardan, Nebouzan et autres sas terres et seignouries.

Et finallement lou tout sere estat aussy confirmat, continuat, et ratificat et aproubat per lous deffunts de gloriouse memorie, lous rey Anthony, et reginé Joanne, noustes trez honorats seignours et dame pay et may per lours lettres patentes de datte à Pau lou prumer jour d'octobre l'an 1557, en bertut de toutes lasquoales lettres patentes lousdits jurats goardes besins, manans et habitatores de noste dite bille de Pau et lours predecessours an toujours jouit et gaudit deusdits priviletges, franqueses et exemptions, libertats et immunitats, comme en jouechin de present reserbat que despuix paucq de temps auguns peatgers de noustre coumtat de Bigorre an boulut coustreigner auguns marchans habitans de noustre bille de Pau, de pagar peatge de certaines marchandises, crompades en nouste dit pays de Bigorre ou aillours aussi nostre tres care et tres amade sor madame la princesse de Nabarre régente, et noste loctenente generalle per sas lettres pattentes en datte à Pau lou darre jour de mars l'an 1582 per las causes y contengudes auré donnat permission et autoritat aux jurats et gardes de ladite bille de dressar et establir en aquere un péés publicq auquaou touts marchands, et autres qui auran besoing pesar augune cause per la deliurar en segure quantitat seren tenguts de recouvrer et per medeix moyen que lousdits jurats et gardes pousquen statuer et establir lous drets que rasonablement se deuran pagar per lousdits marchands ou autres quy faxan pesar loudit péés, et las penes qui seran inpausades a daquets quy iran pesar aillours que en ladite bille deusquoals drets et penes faran rolle et aquet representar per dabant nostredit seignour et son conseil per estar examinat et so quy se troubara fasedour, authorisat a perpetual memoire jus noste bon plaser nous requerin et tres humblamen supplican lousdits jurats, goardes, besins manans et habitans de nouste dite ville de Pau, attenduts lousdits anciens pribiletges et que lour se son toujours contenguts enbers nostes predecessors et nous en la fidelitat que nous dehen.

Agut esgoard aussy a las grandes charges que ladite bille et habitans daquere an suportats que son notoris nouste plaser sic tous confirmar continuar et deber donnar, concedir et autruar lousdits priviletges et nous benignament inclinans a ladite requete boules bien et fidellament lous tractar per lous entretenir et conservar en lousdits priviletges saber fasem que per las causes dessus dites et autres bonnes et justes considerations a dano nous moubens per bonne et mature deliberation de nouste conseil aux medeix jurats goardes, besins, manans et habitans de nouste dite bille de Pau, et lous successours, abem confirmat contenuat approubat et rattificat et entant que besoing es et sere de noubat donnam concedim autrejam lousdits priviletges, franquesses, libertats, immunitats et permissions ainsy que son inscrits, escrits et declarats en las lettres cy dessus mentionnades et cy allegades sus noste saget et expressamen que lousdits habitans et chascun de lous et lous successours seran doresénaban quittis, immunits et exemps per lous et lours marchandises quy passaran benderan ou croumperan en nouste royaume pays soubiran de Bearn, comtats de Foix, Armagnacq, et Bigorre, biscomtat de Marsan, Tursan, Gabardan, Nebouzan et toutes autes nostes terres et seigneuries, de touts peatges, gabelles, portatges, pendatges, leudes et de toytes autres contributions, tributs et subsidis per en baler et jouir doresenaban et perpetuallement per lour et lours successours.

En testimony de que, nous a lasdites presentes signades de nouste propy man abem feit mettre et pausar lou saget de noustes armes dades a Pau lou ouestal jour de septembre l'an mil cincq cens hocitante et deux, signat Henric et au replec, per lou rey seignour soubiran de Bearn, de St-Cricq.

La monstre de Ramon Arnaut de Béarn, capitani de Marsan recebude en loc de Villanova, le vingt sieys jorns deu mées de décembre, l'an 1338.

Lo dit Ramon Arn.	Arnaut de Labédan.	Bernad Vaxs ou d'Aux
P. Arn. de Monlezun.	Galhart d'Aure.	Gars'e-Arn. Daxs.
Bernad de Sus.	Bernad de Benca.	P. Arn. de Mirande.
Arn. Guil. de Sanos.	Galhart de Clarac.	Bernad de Genestas.
Amaniu de Casaus.	Bernad de Castanet.	Bertr. de Chabanes.
Johan de Fort.	Bertrand de Lo.	Johan de Malartic.

Cette montre et presque toutes celles qui vont suivre ont été copiées sur l'original gardé dans le chartrier du séminaire. Nous désignerons seulement celles qui auront été puisées ailleurs.

Revue de la compagnie de Thibaut de Barbasan, capitaine de Condom et de Montréal, passée à Condom, le 26 novembre 1352.

Mes. Thibaut, cap.	Bernard de Lauret.	Carbonau de Leypé
Aramon Sac, ch.	Odet de Chavan.	(Luppé).
Manaut de Barbasan, chevalier.	Arnaud de Saman.	Bernard de Leypé.
	Guilhaume de Saure.	Guiraud de Laroque.
Aymont de Riguepeu, chevalier.	Carbon de Maumus, chevalier Banneret.	Merigon de Luppé.
		Galmot d'Isault.
Bernard de Sariac.	Bernard d'Arricau.	Augier Dulau.
Guillot de Baulat.	Bertrand d'Esparros.	Arn. de Lartigue.
Aymeric de St-Sever.	Pierre de Lapeyrie.	Bernard d'Argellés.
Odet de Las	Aramon de Lamothe.	Guil. Gars. d'Asté.
Auger de Caussade.	Besian de Marrast.	A.-G. d'Arribefreite.
Jean Pic.	Vital de Gourgues.	Odet de Caussade.
Aramont Dubernard.	Augier de St-Lane.	Pelegrin de Lau.
Menaut de Daumian.	Arnaud de Canet.	Manaut de Castera.
Aramont d'Esparbés.	Arnaud-Guilhaume de Marrens.	Bernard de Lalanne.
Gaillard de Lembeyge.		Augier de Burosse.
	Pierre de St-Aunis.	Jean d'Angosses.
Aramon d'Aure.	P. de Betous ou Beon.	Auger de Mondegorat.
Sans du Bois.	Arnaud d'Esperet.	
Guilhem de Pic.	Arn. de Capmortères.	Arnaud de Labbadie.
Guil.-Gar. d'Arsas.	Jean du Mont.	*Sergents à pied*.
Gaillard de Genos.	Guillard de Puyoo.	Pierre de Viella.
Aramon de Lafitte.	Bern. de Corneillan.	Arnaud du Mont.

Ardou Fayet.	Pierre de Lagarde.	Arnaud de Vic.
Pierre de Lamarque.	Jean de Lafage.	Arnaud de Burosse.
Aramon de Bidos.	Pierre Dufour.	Pierre de Leomont
Bern. de Comminges.	Pierre de Labarthe.	Guilhaume Ducasse.
G. de Ladevèse.	Pierre de Sadirac.	
Bern. de Mirepeys.	Pierre de Barbasan.	

Dans une autre revue de la compagnie de Thibaud de Barbasan, passée le 28 septembre précédent, nous trouvons

Aramon Sac, ch.	Arnaud d'Esparbés.	Pierre de St-Germain.
Menaud de Barbasan, chevalier.	Guilhaume Duprat.	Sans de Rabastens.
	Arnaud de Lartigue.	Bernard de Malartic.
Pierre de Bedous, ch.	Arnaud d'Avignan.	Pierre d'Arricau.
Aymerie de Barbotan.	Le sire de St-Lanne	Lebort de Fers.
	Arnaud de Deveze.	Bernard du Mont.
Bernard de Sariac.	Guil. de Samon.	Dominge du Berrac.
Guil. de Baulat.	Le bourg de Larée.	
Auger de St-Sever.	Pierre de Lafitte.	

Les autres noms sont dans la montre précédente. Nous trouvons encore dans les papiers de M. l'abbé de Vergés où nous avons puisé les montres de Thibaud de Barbasans, les extraits suivants de montres passées en 1352.

29 octobre 1352,	Jehan de Seméac.	Bertr. du Casteron.
Sergents à cheval.	Jehan de St-Blancat.	Pierre de Navères.
Bernard de Tusayes.	Pierre de Clarac.	Garsie de Morlane.
Menaut de Chelle.	Jehan de Peyret.	Bertr. de Laroque.
Pierre de St-Léon.	*Sergents à pied.*	Guil. de Laporte.
Colet du Bordieu.	Pierre de Larée.	Bertr. de Fontrailles.

18 *octobre* 1352, *sous* Arnaud de Lomagne, *sire de Jumat, capitaine de Marmande.*

Bern. de Leomont.	Gilles de Lartigue.	Gilles de St-Martin.
Domi de St-Lari.	Guil. de Seisses.	Bertrand de Roux.
Menaut d'Auriebat.	Pons de Pardaillau.	Guil. de St-Astier.

28 *octobre* 1325 *ou plutôt* 1352 *sous* Jourdain de Lille *sire de* Clermont, *gouverneur de Moissac.*

Gaston de Barbotan, chevalier.	Raymond d'Esparbés	Raymond de Falgat.
	Raymond de Besus.	Bernard d'Archiac.
Manaud de Vicmont.	Gallois de Casaux.	Aymerie de Bricols.
Bernard de Faudoas.	Helien de Vivés.	R.-A. de St-Mont.
Bernard de Durfort.	Bertrand de St-Lary.	Manaud de Bonnefons

Arnaud de Lartigue.
Raymond de Garat.
Guil. de Blagnac.
Pierre de Lort.
Ramond de Bouilh.
Pierre de Latour.
    1352.
Pierre de Labarthe, chevalier.
Auger de Merens ou Monens.
Guil. de Mont.
Guil. Paga.
Sans de Manas.
  1352, 29 novembre.
Guy de Puymirol-Bachelier.
Pierre de Bergognan.
Bert. de Lamazères.
Bernard de Bernède.
Arnaud de Séailles.

Péramon de Comminges.
Bernard de Sérignac.
Pierre de Castelbajac.
Bertr. de Respaillés.
Arnaud d'Arricau.
Arn. d'Avelanède.
Lobaner de Sarlabous.
Ramond du Lau.
Guil. de Lasalle.
Fort d'Arribeyre.
Pierre de St-Germain.
Sans de Manas.
G. de Séméac.
Manaut de Lasseran.
Arnaud d'Ansan.
Barthoumieu d'Idrac.
Bernard de Bonas.
G.-Arn. d'Arricau.
Odet de Sérignac.

Bernard de Seutos.
Gaillard de Clarac.
Guil. de Sariac.
Auger de Chelle.
Pierre d'Albret.
Jean de la Foya ou Fargue.
Pierre d'Oléac.
  Sergents à cheval.
Guil. de Lanapats.
B. de Ste-Christie.
Dominge de Marca.
Vidau de Salies.
Auger d'Astrac.
Pierre de Clarac.
J. de St-Blancat.
Jean de Séméac.
Jean de Peyret.
Bernard de Joly.
M. de Lomagne.
Guill. de Labarthe.

Montre de N. de Tusaguet, écuyer.

Garin de Clairac.
Auger de Roques.
Espans Dufaur.
Arnaud Dufour.
Pierre de Rivière.
Guil. de St-Pastou.
Bernadet de Béon.
Edmond de Carmain.
Pierre de St-Léonard.

Corbon de Laroque.
Jean de Merens.
Ant. de Plas.
Pierre de St-Lary.
Anét de Pouy.
Odet de Gua.
B. de Betpouy.
Bern. de Labarthe.
  Novembre 1352.

Pons de Pujols.
Auger de Montesquieu.
Aymeric de Rochechouart.
Bernard de Tasques.
Bernard de Segur.
Pierre de Casaux.
N. de Magnac.
Hugue de Rignac.

Montre d'Arnaud de Carmain, écuyer. — 1352.

Guil. de Montlezun.
Sicart de Laroche.
Arnaud d'Espays.

Bertrand de Palats.
Auger de Broqueville.
Pierre de St-Félix.

Assin de Domec.
Guillaume de Béon.

Montre de Gaillard de Castelpujon. — Châtelain de Marmande.

28 septembre 1352.
Bernard d'Aurignac.

N. de Garlens.
Guiraud de Genos.

Bertrand de Labaye.
Arnaud de Casenove.

Bertrand de Beraut.
Guil. de Gontaut.
Pierre de Faget.
J. de Lamothe.
  29 novembre 1352.
Bertrand de Labatut.
Pierre de Ruffec.
Sans du Bois.
Arnaud de Lanes.
Arnaud de Peyrusse.

Stéve Duprat.
Pierre de Mont.
  Autre du 30 novem-
  bre 1852.
Lau de Pardaillan.
Manaut de Garlin.
Martin de Merens.
Guil.-Arn. de Torné.
Meraut d'Arné.
Lober de Verdusan.

Manaut de Bonnefont
Gelles de Benac.
  Autre de 1358.
Pierre Molinier.
Pierre de Ferraboue.
Guilhem de Bières.
Ans du Tillet.
Bernard du Lac.

*Montre de Jean d'Armagnac. — Chevalier Banneret, reçu
  à Toulouse le 8 décembre 1368.*

Menaut de Castelpers.
Jean de Bressolles ou Besolles.
Pierre de Mons.
Jean de Luppé.
Bert. de Comminges.
Merenville d'Aux.
Menot de Peyrusse.
Roger de Laval.
N. de Lascours.
Ramonet de Vic.
Le bastard de Tianges.
Guil. de Rochemont.

Pierre de Laguiche.
Jean de Vayres.
Bernard de Becas.
Perroton de Faget.
Bernard de Labarthe.
Auget d'Aydie.
G. de Marsan.
Roger de Sedirac.
Augier de Burosse.
Pierre de Lafitte.
Guil. de Lafitte.
Jean de Villières.
Bert. de Gourgues.

Arnaud de Mun.
Guil. de Sauveterre.
N. de Caltillon.
  Autre de 1368.
Guil. de Saunac.
Bernard de Laroche.
Bert. de Cardaillac.
Aymeric d'Angles.
Guil. de Lagarde.
J. de Bonnefont.
Raymond de Coloumiers.
Amiel de Seguier.

Montre du 8 janvier 1368.

Le chevalier d'Orthe.
Jacqueminet de Florence.
Labat de Sounniers.
Arn. de Garilh.
Auger de Paul.
Menaud d'Esterac.
Fortin de Lafitte.
Johannet de Solier.
P. de Taurignan.
Joannet de Vic.
Guil. de Lasalle.
Morel de Comminges.

Menaut de Senons.
Bert. de Salins ou Salinis.
G. Arnauton d'Orthe.
Pierre de Ferragut.
  Autre de 1368.
Arnaud de Latour.
Odet de Verdun.
Arnaud de Conte.
Miquel de Lafargue.
Odet de Ricar.
Raymond d'Asté.
Pierre de Tartas.

Autre de Bernard d'Arbats, reçue à Casteljaloux 1368.
N. de Lalande.
Bardot de Betous.
Puyot de Pressac.
Le Basque de Toujouse.
Raymond de Sancéde.
Pierre de Birac.
Arnaud de Harts.
Arnaud de Comes.
Pierre de Rabastens

Bernard de Cahusac. Guillaume de Godos Guil. Tournemire.
Jances d'Isalguier.   ou Godon.   Jean du Barrau.
Raymonet de Montaut Arn. Sabathier.
Paperot de Labarthe. Bernard Molinier.

Montre de Pierre de Pommière, capit. pour la défense de Podenas. — 1369.

Astier d'Aurmusan.   N. de Mauvesin ou   *Autre de 1372.*
Pierron de Ferrabouc.   Malvin.   Mainfroi de Montpe-
Gaillardet de Fer-   Hugues Dufour.   sat.
  baux.   Lebord de Carget.   N. de Lamesan.
Pierre de Laplaigne.   Bernard du Malartic.   Guyon de Baylenx.
Arn. de Corneillan.   Augier de Merens.   N. de Preissac.
Augier d'Argelos.   Jean de Beaupoil.   Montasin de Trignan.

Toutes ces Montres eurent lieu sous le duc d'Anjou. Elles ont été prises dans les cahiers de M. l'abbé de Vergés. Nous trouvons aussi les noms suivants.

28 septembre 1495.   Arnaud d'Andoins.   Lancelot Lambert.
Jean Barrault.   Arn. de Lamarque.   Tussan Tournier.
Pierre de Sounier.   Julien de Polastron.   *Autre du 6 oct. 1495.*
Martin de Houssay.   Barthelemot de Benac   Peyrot de Poyanne.
Autre montre du   Marin de Fabas.   G. de Cassagne.
  même jour, passée à   Lobat de Serc.   Guil. du Plessis.
  Verseil en Piémont. Pierre de Lechac.   Ramonet du Busca.
Hommes d'armes.   *Autre de 1495.*   Antoine Dulau.
Bernard d'Arsac.   Pierre de Fougères.   Colin Chambon.
N. de Panjas.   Bertrand de Boissède. Rigolet de Labadie.
Bertrand de Domeson.   Bertr. de Tournemire   Menaut Dulau.
Bernard de Ricault.   Arn. de Puylausic.   N. de Forcade.
Michel de Lavedan.   Gaillard Dupont.   Guil. de Maignos.
Le Moine de Bouil.   *Autre de 1496.*   *Autre passée à Orléans*
Etienne de Montolieu. Jacques de Lameth.   *le 8 octobre 1495.*
Jean de Segreville.   Jehan d'Artubic.   Jean de Lalande.
Gerauton d'Estansan.   Ademot de Fontaine.   Pierre de Montelam-
Poton de Nestier.   Jean du Vergier ou   bert.
Jean de Casteja.   Vergés.   Guil. de St-Martin.
Jeannot de Sarignac.   Antoine de Laplace.   Jean d'Estrac.
Arn. de Gardouch.   Jeanet de Guerre.   N. de Basillac.
Bernard de Montaut.   Gracian de Gramont.   Francis du Fanget.
    Archers.   Jean Béranger.   R. B. de Monthus.
Pierre de Durfort.   Jean Maignant.   P. de Beutais.

Gaston de Collongues	Laurent de Bats.	Jean de Sousvielle.
Jean de Castandet.	Aymerigot d'Albays.	Menaut d'Albis.
Autres de 1493.	Bernardon de Lahet.	Jeannot d'Estarac.
Bernard d'Arcizan.	Martin d'Arbarasse.	Nardon d'Estou.
Gemot du Verger.	Laurent du Pin ou Pins.	Aymeric de Verdelin
Helie de Fagolles.		Guil. de Bertrand.
Gemot du Lyon.	Pepiot de Bosseaux.	Jean de Luppé.
Guil. de Mellet.	François d'Anglade.	Jacques de Chabanes.
François de Meauleon	Menaut de Poy.	Odoart de Sariac.
Menaud de Pouy.	Saliot de Lamothe.	Jean de Chabanes.
Helion Raffin.	Jeannot de Gestéde.	Meneduc d'Orléans.
Martin du Haut.	De Lac ou Luc.	Jean de Pouy.
Jean d'Anglade.	Jeannot d'Hyrigoync.	Beaumont de Polignac.
Etienne Darrieu.	Pierre de Caumont.	Augier du Lin.
N. de Hureaux.	Pey de Domec.	Robert de Berthier.
Herman de Labaylie ou Bayrie.	Jeannot d'Oilhan.	Joachim de Chambon
	Guil. de la Tour.	Peyrot do Lomagne.
André de Soule.	Menaut de Larte.	
Laurent de Prat.	Marticot de Belsunce.	

Rôle de quelques gens d'armes qui servirent dans la guerre d'Espagne sous le connétable Duguesclin en 1378 et années suivantes.

Gens d'armes.	Perrot de Castaguet.	Johannon d'Orte.
Gaillardet d'Orte.	Perrinet du Puy ou Pouy.	Monjeot de Montegui
Arnaud de Favars.		Johanon de la Serre.
Perrinon de Lahille ou Lisle.	Pierre de Carsin.	Thomelin de Forsas.
	Bertranet de Tholose ou Toujouse.	
Auger de Mun.		

Revue des gens de guerre faite par le seigneur de Soulages en 1387.

La mostre et revue de Mossen Bernard d'Armagnac, de lui de 5 cavaliers, bachevaliers et de 174 escuders et de 10 balestriers amenats et comptats als gatges de 10 escuders faite recebude per davant M. Guillomot de Solatges, cavaler elégit et députat per M. le comte d'Armagnac, capitaine général de la guerre du pays de Languedoc et Guyenne, per M. le duc de Berry, loctenent deu rey nostre seignor els dits pays. A St-Affrique le 2 juillet 1387.

M. Bernard d'Armagnac.	M. Jean de Blanquefort.	Le seigr d'Arpajo.
		Le vicomte de Murat
M. Gumot de la Romeguyeyre.	M. Dando Iralh.	Le seigr d'Estang
	Le seigr de Castelnau.	Rato de Landorre.

Fort Valete.
Hugo de Messac.
Le Bastit de Savayrac.
Steve Borrel.
Le seigneur de Mostuejols.
Francés de St-André.
Olivier de Meylechat.
Jean Guyot.
Jacomi de Panat.
Persaval Delbosc.
Le b^on de Verduzan.
Ponset de Caylus.
Robert de Bar.
Le seigr de Caylar.
Bernard de Lafite.
Ratho Adhemar.
Rolland.
Pierre Marti.
Jean d'Armau.
Mondonet de Lafon.
Bert. de Morlhon.
Jean de Morlhon.
Duro de Balaguier.
Poncet de St-Benasach.
Guillaume de Betbeze
Jean de Solatge.
Jean de la Serre.
Jacques de Levesou.
Mondo de Cugnac.
Guirot Pladier.
Jean d'Aragnon.
Pierre de Guali.
Darmomo de la Bone.
Pierre de Carsiac.
Peyroto de la Rivière
Marot de Bres.
Perproti de St-Paul.
Guillamot du Lac.
Bernard Lescarrier.

Bernard Raissac.
Jacques Frotard.
Lerosseu de la Berbis.
Jean le Ruf.
Raym. de Montamat.
Amango de Serignac.
Lofort d. Lagardele.
Guimbert de Tournemire.
Amalric de Seveyrac.
Gumot Malia.
Bonon de Cabane.
Pierre Balmas.
Colin de Gore.
Hennequin d'Arguillon.
Jean Delpuech.
Pierre du Hart.
Le Guastard.
Ponset Dufau.
Thomas de St-Martin.
Petit de Jean.
Guillaume de Coussac Valhac.
Le baron de Rastel.
Jean Moysso.
Mondo du Bosc.
Guillaume de Lacanal
Le Picard.
Nator.
Guillaume Godart.
Penne.
Jean le Fol.
Audoart.
Odet de Vilar.
Esteve Lalleman.
Jean de Telnon.
Guillamet le Rebelle.
Germain de Linières.
Michelon du Tillet.

Parisot Gérard.
Anhorne de Savoye.
Pierre de Monclar.
Jean d'Apchier.
Jean le Franc.
Petit-Jean du Roussel
Jean de Bouna-Bouna
Le Capitanie de Lamarque.
Jean de Malpré.
Jean de Richo.
Amalrigo d'Arzac.
Jean Ebrart.
Manaut de Bolac.
Lobert de Maurous.
Marot Lenglés.
Le Prince.
Monfaucon.
Matthieu Lalleman.
Lo Bat de Ceussac.
Bernard Blavier.
Pierre Artal.
Aymerigo Pena.
Jean du Chalier.
Jean de Lescure.
Stève Mars.
Perrot de Labinag.
Colin Crespi.
Jacques de Laval.
Domenge de Cortade.
Jean de Badencourt.
Poncet Tardeval.
Jean de Negrepont.
Antoine d'Aost.
Jean d'Espagne.
Jean Raymond.
Guiraud du Faur.
Gaspard de Pelha.
Antonin de Sala.
Bertrand de Michel.
Odart de la Tressonière

Pierre Morot.
Raolet de Torsy.
Pierre de Grenaut.
Olivier Lebreton.
Alain Guonaut.
Guillot Sans-Terre.
Jean d'Apchier.
Bernard le Corren.
Jean Erbaut.
Aliaunet Daurraul.
Tando Desparre.
Jean de Beyneyros.
Le Batard de Castelnau.
Holivo de Borrux.
Beraldo de Roffiac.
Guamoto de Cornac.

Astorg de Lalbaret.
Guillaume de St-Bauleze.
Astorg de Mazel.
Gumot de Lacassagne.
Jean du Lac.
Augier de Pressac.
Guillem Pelegri.
Ponset de Clausel.
Jean de Monteilhs.
Guamolo du Crozat.
Guebalrin de Frenelhier
Fontaner de la Fosse.
Leonel d'Aulin ou du Lin.
Dane de Gili.

Peyrot le Picard.
Adrien Bralhier.
Mahuet de Rieux.
Brugno Signal.
Regino d'Albignac.
Ricard Crossat.
Pompia de Montmejan.
Omiguo Signal.
Arnal Silvestre.
Guitart de Cours.
Jean Delcher.
Le seigr de Monastiers.
Gumot Delpuech.
Olivier de la Tour.
Leonel da Sabano.

Revue de Messire Arnaud de Lavedan reçue à Cahors le 3 novembre 1428.

Ar. de Lavedan chev. ban.
Jehan de Lavedan chev. bach.
Écuyers.
Bertrand de Lias.

Jannet de Lacassagne.
Neyrot de Montignac.
Arnaud Guillaume de Villepinte.
Arnaud de Contite.
Pierre de Peyrun

Raymonet d'Engausse.
Bert. de Pujo.
Raymonet d'Abadie.
Jehan de Bonac, etc.

La Monstre de Nicolas de Boulogne, écuyer, et de 18 autres écuyers de sa chambre reçus à Nîmes le 25 avril 1430.

Nicolas de Boulogne.
Gefroy de Mastilles.
Jean le Breton.
Le sire de Lataillade.
Antoine de Lagasse.
Le sire de Ros.
Guilhemot de Ros.

Bourbonnet de Villars.
Pierre de Sernignet.
Guillemot d'Audos.
Arnoton de Melet ou Melat.
Fortanet de Serres.

Pierre de Noailles.
Pierre Arnault.
Jehan de Lagarde.
Odet de Laclaverie.
Verducon de Nouailles.
Fortounet de Pujolz.
Pierre de Palaz.

Revue de 50 arbalétriers de la compagnie du comte de Foix reçue à Montpellier le 10 septembre 1431

Bertranet de Betbésé.
Idem de Maisonnabe.

Démot de Borse.
Ramonet de Béon

Guilhemot de Ste Colombe.

Bernard de Leguay.
Jeanillon de Castille.
Pierre Ar. de Vergèz.
Bern. de Sauvèze.
Guilh. de Valone.
Guilhard de Labbé.

Johannot de Monin.
Pétricot de Lamarque
Ramonet de Laferrière.
Guilh. de Lanacobe.
Ramonet de Dufort.

Bernardon de Vergès.
Pierre de Lafargue.
Garsiot de Gerdrès.
Guisard d'Audan.
Jacquet de Latapie, etc

Revue de 9 chevaliers et de 102 écuyers de la compagnie de M. le comte de Foix, 14 juillet 1451.

Chevaliers.
Rougier d'Espagne.
Jehan de Carmain.
Amiel de St-Paul.
Bernard Saquet.
Arnaud d'Espagne.
Jehan de Rabat, etc.

Écuyers.
Guil. Ar. du Lyon.
Guil. d'Espis.
Bertranet de Navailles
Joseph de Ste-Christie
Ossibat de Castelpujon
Pascal de Lafargue.
Berguillat d'Arroéde.
Pierre de Bourse.
Joseph d'Ossun.
Henriet de Mélines.
Ménolton de Beaulieu
Gerault de Mollière.
Pélegrin de Montagut
Sens de Garat.
Philippe de Cucille.
Guilhomot d'Embertrand.
Joseph de Pontot.

Gayssion de Larrieu.
Jéhannet de Capdeville.
Bertranet d'Artés.
Tuquet de Lagarde.
Le pillard de Mosquères.
Pierre de St-Julien.
Bernard de Ouarans.
Vital de Lembéje.
Pierre de St-Palais.
Nicolas Aramont.
Bertranet de Labaye.
Ellidiès de Marsan.
Ar. Guilh. de Laas.
Le seigr de Capandut.
Louis de Cauna.
Menot de Montastruc.
Pierre de Benquet.
Pierre de Domi.
Menot de Lissoer.
Bert. de Lestandard.
Hodet de Lordat.
Hugues de Casenove.
Gassion de Château-Verdun.

Guillaume Arnaud de Lagorsan.
Pierre de Florence.
Pierre de Méritens.
Raymond de Lasalle.
Arnaud-Guillaume de Gestas.
Archambaud de St-Cric.
Savarie de Mauléon.
Le seigneur de Serres
Idem de Bénac.
Idem d'Arros.
Gassion de St-Geniès.
Bernardon de Lagouery
Bert. de St-Martin.
Guilh. de Peyron.
Bertranet d'Espagne.
P. Ar. du Pont.
Adam du Faur.
Arnaud de Lort.
Jehan du Château.
Arnaud-Guillaume d'Odas, etc.

Rôle de la Montre faite à Térouane le 23 octobre 1491.

Hommes d'armes.
Philibert de Clermont, cap.
Jehan d'Anignan.

Lehillot de Poyanne.
Arn. de Malleville
Amblard de Poutrain
Simonet de Mailles

Pierre Dufar.
Antᵉ de Lafontaine.
Philibert de la Beaune
Jehannot de Miran.

Simon de Rieux.
Jean de Corbeil.
Grange de Pontanis.
Claude Rivière.
Louis de Poitiers.
Maurigon de Lavigne
Jean de Champagne.
Bernard de Toujouse.
Lahillette.
Suze.

Castelbajart.
Archers.
Adenet du Menil.
Pierre de Touze.
Jeannot de Puypardin
Jeannot de Thoux.
Alexandre de la Loue.
Girardin du Puy.
Le bâtard de Roquebrunne.

Thomas de Puydueau
Bernardin de Blaichon.
Etienne de Larivière
Carbonneau.
Paul Dupré.
Géraud d'Esprecental
Arnaud de Ricaut.
Jehan d'Escosse.
Labaulme Tournillan.

Revue reçue de Castres en Albigeois le 27 juin 1498.

Mgr d'Arbret.
Raym. de Cardaillac.
Bertrand de Magnan.
Jean de Caupenne.
Bernard d'Aure.
Jean de Gavarret.
Odet de Pouypardin.
Roger de Béarn.
Artier de Roquetaillade.
Guil. de Besoles.
N. de Polastron.
Hugues de Lafaurie.
Rogier de Cassaignes
Jeannet du Puy.
Auger d'Auriebat.
François d'Espelette.
Jean de Montbeton.
Jean de St-Chamans.
Antoine de Serillac.
Guyot de Lassagne.
Jean de Lamothe.

Pierre de la Boissiére.
Leberon d'Espagnet.
Odet de Besoles.
Bertr. de Labarthe.
Odet de Verdusan.
Pierre de Montpesat.
Pierre de Varennes.
Gaspar de Marcillac.
Pierre de la Rommagère.
Perroton de Lillet ou Gillet.
Juyot de Merens.
Blanchet.
Pierre de Lisle.
Colart de Lusignan.
Bertrand de Bordes.
Pont de St-Cric.
Perroton de Sajous.
Bertr. de Juillac.
Bertr. de Lagarde.
Jean d'Antras.

Pierre de Salles.
Bertr. de Lamarque.
Pierre de Durfort.
Arnaud de St-Elix.
Bernard de Domeson.
Bert. de Ste-Colombe.
Menaut du Hart.
Robert de Barrault.
Gemot de Pontac.
Guyot de Minville.
Germain de St-Laurent.
N. de Maisonneuve.
Ar. G. d'Etchaux.
Ailleurs:
Beaumont de Polignac.
Pierre de Caliège.
Augier du Lin.
Robert de Bertheis.
Joachin de Chambon.
Peyrot de Lomagne.
L'abbé de Vergès.

Revue faite au Castelviel et Louis Dupont St-Esprit de Bayonne, le 1er juillet 1504, sous la charge de Monseigneur d'Albret, gouverneur du château et absent.

Messire Gilles de Labaume, lieut.
Laurens Duprat.

Bernardon d'Etchaux.
P. Ar. de Bordeaux.
Laurens du Pin.

Barth. de Naymes.
Pey. Ar. de Lalande
Peyrot de Vin.

Onartin de Basselue.
Menaut de La Marque
Menaut d'Albarasse.
Peyrot de Bordeaux.
Menaut d'Avasse.
Juliet Hoguet.
Janot de Lassus.
Olivier de Montauzé.

Etien. de La Caussade
P. de Gazae ou Garac.
Bertrand de Bounesse.
Martin de Laclaux.
Jehan de La Rue.
Menault de Belsunce.
Et. de Gontail.
Heliot de Brutail.

Jeannot du Touya.
Jacques de la Vigne.
Bertrand de Casenove
François d'Anglade.
Addan de Huraulx.
Janot d'Albays.
Bernard de Vin.

Revue passée à Queras le 23 juin 1509.

Mons. de Fontrailles.
Bertrand d'Ornesan.
Sans de Roede.
Regnaut d'Antin.
Prades.
Pierre de Montblanc.
Regnaut de Pardaillan
Odet de Caussens.
Le Bâtard de Tournon
Menaut d'Ornesan.
L'Isle.
Regnaut d'Andouins.
Pierre de Rouillait ou Rouilhan.
Ramonet de Binos.
La Palliere.
Arnamont de Beutails
Roger d'Angosse.

Archers.
Remonet de Barbasan.
Remonet de Lavedan.
Jehan de Rambos.
Bernard de Lapeyre.
Hortinay de Saulx.
Jehannot de Montossé
Jehannot de Viemon.
Jehan de Lahas.
Petit-Jean des Barres.
Antoine Beraut.
Constant de Cazeneuve.
Jehannot de Montmerle.
Anescat.
Garennes ou Carennes
Jehan d'Anton.

Et. de Latour.
P.-J. de Lespius.
Laurent de Guismont.
Jehannon Mérens.
Poy de Cazenove.
Bertrand de Ferrières.
Bernard de Vignolles.
Le Bâtard de St-Blancard.
Pierre du Goût.
Jehan d'Engausses.
Girard du Pas.
Petit-Jean Ducassé.
Le Bâtard du Foudras
Guilhaume de Roède.
Sansonnet du Bois.

Revue faite au camp de Carbonnaire en Mantouan le 16 mars 1506.

Hommes d'armes.
Monseigr de Boissi.
Noël du Fay.
Guigan du Solier.
Guil. de Ruffiac.
Matthieu de Preneron
Loys de Cremeaulx.
Gilles de Crémieux.
Georges de Foudras.
Jehan de Lafaye.

Ant. de Lamothe.
Franç. de Lavergue.
F. de Salignac.
Jacques de Lagrange.
Mathurin de Haunet.
Jacq. de St-Bonnet.
Pierre de Laroche.
Philippe du Teillet.
H. de Fontenilles.
Bernard de Béon.

Dominique de Panis.
Jehan de Bar.
Archers.
Pierre de Villars.
Charles de Vaulx.
Georges du Lyon.
Georges de Fontenay.
François d'Audieux.
Vincent de Chatellier.
Pierre d'Ailli.

Laurent du Fer.	Charles de Bayard.	Pierre de Lanal.
Jean de Billères.	Bernard de Saillac.	Loys de Laporte.
Antoine de Bats.	Franç. de Mezières.	André de l'Isle.
Jacques du Chastel.	Jehan de Labeaume.	Philibert de Lannoi.
Jehan de Verdusan.	Pierre de Marche.	François de Laroux.

Revue passée au camp de La Moye dans le Mantouan vers la même époque.

Mgr de Duras.	Sanson d'Andiran.	Jehan de Lannoy.
Bert. de Roquetaillade	Jehan du Maine.	Arnaud de Villemur.
Et. de Polluaut.	Jehannot de Merens.	C. de Lassagne.
Bert. de l'Abbadie.	Bern. de Levignan.	M. du Four.
Pierre de Mauléon.	François d'Antru.	Ch. de Farges.
Franç. de Mezières.	Guillard de Duras	Ch. de Larroque.
Alyot de Byos ou Beon	Jehannot du Frendat.	Léon du Pont.
Polastron.	Le b. de Negrepelisse.	Alyot de Leschaux.
Enguot de Lafaurye.	*Archers.*	Guillem de Verneils.
Jean de Tournemire.	Bernard Berthaud.	Raymonet de Lauzou.
Grégoire de Proust.	Jehan de Bauzac.	Antoine de Beaupuy.
Jean de Gougues.	Loys de Laroche.	Jehannot de Montagu
Et. de Montenart.	Ant. de Vernines.	Jehannot de Montclar.
Claude d'Armeuse.	François de Favas.	Jehan du Bois.
Drago d'Espinan.	Jehan Vassals.	Claude d'Aubigny.
Jehan de Maurian.	Jehan Stuart.	Bernardin de Faussin.
Ramonet de Lescaut.	Méon du Bois.	Bernard de Larocque.
Jehan de Drugeac.	Jehan Baron.	August de Navarron.
Christophet de Ba-	Guillaume le Duc.	Matthieu Bérotult.
rousse.	Georges Chelles.	Bert. de Lamarque.
Bert. de Montclar.	Loys de Bessac.	F. du Plessis.
Jehan de Barbotan.	Pierre de la Cour.	Bertrand de Frans.
Ans. de Beaupuy.	Le baron de Lusignac	Bern. de Roquelaure.
Loys de Gourgues.	Philippe de la Salle.	Guil. de Devant.
Bert. de Montauban.	Simon de Baumont.	Françoise de Lafaye.
Loys de Fontanges.	Jehannot de la Barre.	Guinot de Portes.
Georges de Surin.	Bertrand de Taran.	Gérard de Fontaines.
Gabriel de Laroque.	Pierre d'Allecour.	Menot de Lapasse.
Jehan de Lamothe.	Jehan de Tessonas.	

Rôle de la revue passée à Bassignan dans le duché de Miélan, le 23 mai 1506.

Hommes d'armes.	Bertrand de Bearn.	Bertrand de Lamothe.
Mgr le comte de Foix.	Guillaume de Mauzan	Jehannot de Lacarre.
Le baron de Béarn.	Jehannot de Fauget.	Le capitaine Bernet.

Arn. Guil. d'Etchaux.
Le baron de Mirepoix.
Fr. de Houtbourdin.
Mery de Bazillac.
Bertrand du Lyon.
Jehannot d'Esquirol.
Gratien Daguerre.
Imbert Davanton.
Gaillard d'Avescat.
Tressan d'Harbitte.
Augustin Carle.
Antoine d'Ailly.
Loys de Lauras.
Mascaron.
André d'Ourre.
Mathieu de Ponsan.
Raygnaud d'Aumon.
Bernard de Villars.

Bertr. de Gavaston.
Archers.
Fortin de la Mazière.
Jehan de St-Martin.
François de Faur.
Charles Lefèvre.
Pierre du Puy.
Regnaud de Labathie.
Thomas Marras.
Petit-Jean du Pont.
Gratian de Laroche.
Jacques d'Arbite.
Arnaud de Roustan.
Jehan Boisset.
Raym. de Viedesos.
Le b. de Montcoussan.
Jehannot d'Allos.
Pierre du Lac.

Jehannot d'Agros.
Martin d'Etchaux.
Arnaud d'Andoins.
Bernard de Gerderest.
Gaston de Bats.
Pierre de St-Giron.
Paul de Montpezat.
Jehan Bonnet.
François du Busca.
Jacques de Laroche.
Rues de Bazillac.
Jean-Marie de Cantu.
Antoine de Meillan.
Gratian de Lassagne.
Nojan de Lacroix.
Mathieu de Lachazelle.
Petit-Jean de Belloc.
Lamothe.

Rôle de la montre de la compagnie de Jean de Baudéan, seigneur de Parabère, gouverneur de Brest, faite le 8 juin 1580.

Jean de Baudéan, seigr
De Parabère, capit.
Jean d'Avausse, lieut.
P. Lamothe, enseigne.
J. Vidache, sergent.
Arquebusiers à cheval.
Raymond du Vignau.
Jean du Camieu.
Jehan de Sainvol.
Jehan d'Abadie.

Claude Duval.
Arquebusiers à pied.
Gilles Poitevin.
Pierre Murat.
Arnaud Duclos.
Arnaud Laborde.
Jehan Latouche.
Jehan d'Aurique.
Paul du Chastin.
Jean Ducasse.
Jehan Dunglas.

Jean de Lectoure.
Aynusse de Burosse.
Antoine Maraignon.
Vidard de Mallet.
Jehan d'Ibos.
Antoine Ste-Marie.
Pierre Laelotte.
Jehan Constant.
Pierre d'Antilli.
Jacques Bourdon.

Rôle de la montre passée à Viguessol le 10 juin 1507.

Hommes d'armes.
Msr. de Foix.
Le baron de Bearn.
Bertrand de Bearn.
Augustin Carle.
Guil. de Mansan.

Jeannot de Fanget.
Bertrand de Lamothe.
Jeannot de La Carre.
Le cap. des Pritres.
B. de Castelbajac.
Guil. d'Eschault.

Le bar. de Mirepoix.
Fr. de Haut-Bourdin.
Méon de Bazillac.
Jeannot d'Esquirol.
Bertrand du Lyon.
Graten de Guerres.

Imbert d'Anothon.
Gaillard d'Anescat.
Tressan d'Arbitte.
N. d'Ailly.
Marignan.
Loys de Lauras.
Tressan de Laborde.
Mascaron.
Pierre de Malbeille.
Vincent de Benessès.
Gratien de Lassagne.
Matthieu de Pujau.
Messire Francisque Stampe.

Barthelémi de la Rive
Bertrand de Gavaston
Georges de Sanguinede.

Archers.
J. F. du Bosc.
Francs de Faure.
Pierre de Carlat.
Picot de La Haie.
Charles Lefèvre.
Thomas Marrast
Petit-Jean du Pont.
Gratien de Laroche.
Jacques d'Arbitte.

Arnaud de Roustain.
Marcques de Marignan.
Raymond de Vic-de-Sos.
Le baron de Montusan.
Pierre du Lac.
N. de Laroque.
Martin des Echaux.
Bernard de Gerderest.
Pierre de St-Girons.
Naussant de Lacroix.

Revue faite à Tonnerre le 15 mars 1509 sous la conduite de Jacques de Génouillac, sénéchal d'Armagnac.

Hommes d'armes.
Jacq. de Genouillac.
Jehan do Laroque.
Jehan de Cardeillac.
Jehan de Montillac,
Amigot du Bousquet.
Joannot de Lomagne.
Annet de Turenne.
Campeigno.
Antoine du Bois.
Peyronet de Loupiac.
André Castelpair.
Matthieu de Lasalle.
Jehannot de Laroque.
Le Bastard du Boutet.
Franç. d'Ambignan.
Emile de St-Chamans
Jéhan de Marin.
Fortin du Garrané.
Germain de Montigni.

Arnaud de Rayonat.
Germain de Montigny
Le Capdet de Larroque

Archers.
Franç. de Bourdelle.
Franç. de Lamothe.
Gratien de Bernouilly.
Raymonet du Sollier.
Jacques de Brion.
Pierre de Montdragon
Valentin de Lavergne.
Pons de Castelnau.
Jehan du Grasset.
Jehan Guignard.
Jehan de Labaune.
Antoine Malvoisin.
Bernard de Plieux.
Pierre Hardoin.
André du Bois.
Antoine d'Apchier.

Jacques de Béon.
Petit-Jean de Fontaines.
Pierre de Montauban.
Regnaut de Benac.
Giraud de Mollieres.
Raymonet de Boussas.
Jacques de Castet.
François Chasteaux.
Estienne Lambéye.
Loys du Pouy.
Jehan de Cominges.
Claude de Toux.
Antoine de Verges.
Loys de Themines.
Pierre Hardoin.
Guil. de Mauriat.
Claude d'Esclaux.

Revue faite au château de Chavannes le 11 mai 1512.

Jacques du Faget, cap.
Jehannot de Beaufort.

Guillaume de Bise.
Jeh. de St-Macaire.

Pierre des Champs
Jehan du Molin

Arnoud de Cologne.
Bernard de Lés.
Bertrand de St. Girons
Guilh. de St Clair ou Clar.
Sansonnet de Cologne.
Guilh. de Latreille.
Jehan de Montgaillard
Nicolas d'Estampes.

Matthieu Lambert.
François de St-Remy.
Antoine Pinson.
Jehan de Ville.
Jehan de Fontaines.
Nicolas de la Brosse.
Guillaume du Val.
Jehan de Laplume.
Bernard de Jonsac.

Antoine de Serres.
Matthieu de Castellas.
Jehan d'Auvergne.
Bernard du Cassé.
Jehan de Lasserre.
Jehannot de Barbaste.
Jehan de Lamothe.
Jehan de Francs.
Etienne du Pré.

Revue passée à Pau le 10 Novembre 1515.

Hommes d'armes.
Le Bâtard d'Albret.
Le b. de Castelbajart.
Le sire de Poyanne.
Forcés.
Le Hillot de Poyanne.
Le sieur d'Aignos.
Jehan d'Aure.
Sadirac.
Jehan d'Aguerre.
Jehan de Domyn.
Jourdain de Cassagne.
Roquelaure.
Jehan de Cadillan.
Ognoax.
Belsunce.
Bertrand du Lan.
Labatut.
De Rican.
Francès d'Arros.
La Loubère.
Philippe de Laumoux.
Loys d'Armendarits.
Bernard de Hirette.
Bernard du Moret.
Ganusse d'Eteilles.
Valentin de Jaces.
Guill. de Cadillac.
Martin de Harte.
Arn.-Guil. de Chaulx.

Villars.
Bern. de Mouchan.
Villepinte.
Lavardac.
Jehan, bar. de Béarn.
Roquepine.
Le baron de Rabat.
Le sieur d'Ozon.
Franç. de Guerat.
Pierre Dupin.
Besolles.
Rogier d'Angosse.
Bertrand de Paillas.
Jehan de Labarthe.
Matth. d'Estenabes.
Pierre Garros.
Bertrand d'Antin.
Bertrand de Canet.
Le Bâtard de Montespan.
Giraud de Fourcés.
F. d'Armanderits.
Pierre Raset.
Pierre de Pardaillan.
Sales-Paulon de Montesquiou.
Bern. de Roquefort.
Le sire de Rhoéde.
Le sire d'Antras.
Bernard de Lagarde.

Jehannot de Miran.
Bernard Desmazures.
Le sire des Tozes.
Carbon de Mont.
Guil. de Chantemerle.
Terraube.
Jean de Francs.
Le sire de Durban.
N. de Laussac.
N. de Montestruc.
P. Ar. de Hiriart.
Ant. de Montesquiou.
Bertr. de Cassaigne.
Merens.

Archers.
Petit-Garat.
Salejussan.
Lichesse.
Ant. de Ste-Croix.
Gassan de Montestruc.
Jehan de Cologne.
Jehannot du Lau.
Arn. du Ricau.
Perroton B. de Richault.
N. d'Alboys.
Bertr. de Cazenave.
Jehem de St-Germain.
Laurent de Banos.
Menaut de Campistron

Jehan Daguerre.
Bernard de Miguelot.
Martin du Mont.
Bertr. de Pardaillan.
Matth. de Lauste.
Arnaud du Herret.
Pierre de Labbadie.
Castéra.
Peyrot de Labbay.
Jehan de Gimont.
Girard Maury.
Jehannot de Cazaux.
Gars. Ar. de Lasalle.
Jehan de Lescure.
Jehannot de Laguyan
Hugues de Serignac.
Arn. de Peyraube.
Saunat de Bergiers.
Ar. Ray. de Peyre.
Jehannot d'Antin.
Gabriel de St-Pol.
Jehan de Harembure.
Arn. de Merault.
Arn. d'Arbide.
Loys d'Agoritte.
Bertrand de Vergers.
St-Julien.
Guillem de Pellefigue.
Miquel de Rique.
Jean de Fresus.
Bert. del Poy.
Jehan de Laroque.
Espelette.
Arn. de Vignaulx.
Matthieu de Barsuc.
Guill. de Villeneuve.

Peyrot de Clermont.
Ramon de Brunet.
Arn. de Belsunce.
Bart. du Pony.
Charles de Lalanne.
Ant. Durite.
Garsie Duhalde.
Pierre de Ste-Croix.
Martin de Fargues.
Jehan du Castet.
Et. de Laussidac.
St-Pantaleon.
Pierre Garnier.
P. Ar. de Garac.
Jehannot de Bayon.
Jehan Discherac.
Bertr. de Caupenne.
Franç. de Norrisse.
Fabien de Caubet.
Domin de Mauvoisin.
Ar. G. de Payot.
Jehannot de Baylies.
Jehan. de Puypardin.
N. de Faget.
Odet d'Ornesan.
Ant. Golart.
Jehan Navarre.
Bernard de Durac.
Robert Nacques.
Jean de Bidos.
Ant. Hugon.
Jehan de Labat.
Franç. Calilan.
Latourette.
Bert. Bâtard du Lin.
Pierre d'Arbisse.

Matthieu Doga.
Pierre Melet.
Baure.
Jehan du Gaulart.
Jehannot de Lartigue.
Arnaud Dupleix.
Et. de Castetmerle.
Jeannot de Laussade
Le Bâtard de Miran.
Ar. de Vic.
Jeannot de Fousseret
Le Bâtard de Mons.
Jehannot de Lobons.
Menot d'Adé.
Jehan de l'Abbadie.
Jehan de Bardelon.
Martin de Saubiette.
Gaillar. de Casenave.
Jehannot de Poye.
Bertrand de Bise.
Jehan du Plan.
Jehannot de They.
Jean du Lyon.
Hugues de Mazirier.
Charles de Lautrec.
André des Bordes.
Jehan de Coarraze.
Bernard de Carlet.
Jean Danfoux.
Thomas de Folignen.
Guill. de Laporte.
Sallesfranque.
Bernard Faure.
Ramont de Labat.

Revue faite par Pierre d'Ossun en 1516.

Hommes d'Armes.
Guillaume de Pradine
Antoine de Var.

Nicolas de St-Belin.
Robert de Tarbes.
Hippolitte de Villars

Antoine de Rouy
Anne de Laforest
Jean de Montégu.

Valentin de Montreuil.
Guyon de Rostain.
Jean Deflieux.
Jean d'Illiers.
Jacques Barre.
Bernard Dumas.
Montagu.
Florent de Bourgoin.
Antoine de Plas.
Hugues de Sabazan.
   Archers.
Charles de Montigni.
Jehan de Bournas.
Jehan de Laplume.
Antoine de Lespins.

Nicolas de Latrasaye.
André le Paulmier.
Nicolas Valentin.
Toussaint Dubouisson.
Loys de Lasbenères.
Odet David.
Jacques Roussel.
Le C. de St-Germain.
Jean de Sully.
Pierre de Bise.
Le baron de Trignan.
Le baron de Monteuil.
Gilles Hardoin.
Jeannot de Lafosse.
Jacques de Laveronie.

Elie de Marignac.
Vincent Desprès.
Arnaud de Marseillan.
Loys Lauret.
Jehan Marin.
Jehan du Vignau.
Barillon.
Paul d'Izaut.
Jehan de l'Horne.
Jean de Villeraut.
Jean Desmares.
Jean de Lachau.
Jacques de Laterasse.
Antoine de Rillac.
Jehan de Lairle.

Revue passée en 1520 sous le capitaine Montaut : le commencement a été avarié dans l'original.

Hommes d'Armes.
Manein de Labarthe.
Pyron de Morin.
Bertrand de Godar.
Matthieu de Faudoas.
Esteben de Rozan.
Esteben de Seguin.
Robut de Marsac.
Jehannot de Nolibois.
Bauger de Tausin.
Jehan de Casemajor.
Bertrand de Casevant.
Arnauton du Pas.
Roquan.
Bernard d'Auribat.
Jean d'Ost.
Jean Dufau.
Ant. de Montgaillart.
A. Martin.
Lavedan.
Jehan d'Ornis.
Beauregard.
Matthieu de Pere.

Bertrand d'Antin.
Loys de Saintadoys.
Jehannot de Lalanne.
Guillaume de Césan.
Laurent de Mauléon.
Jehannot de Castelnau.
Arnaud de Bordes.
Bertrand de Nilhas.
Bertrand de Maumes.
Arnaud de Noguére.
Bernard de Ste-Marie.
Dominge d'Abadie.
Bernard de Bidos.
Johannot de Salis.
Bernard de Tapié.
Pierre du Bois.
Essebun de Hargues.
Jehannot de Batss.
Bertr. de Campagne.
Pierre Barres.
Dominge d'Aribe.
Guil. de Laborde.
Goallart de Garrigue.

Nicolas Laurent.
Pierre Baqué.
Jehan Duputs.
Pierre Delong.
Jehan de Monguilhem.
Jehan de Mauléon.
Jehan du Pouy.
Jeh. de Lascombes.
Jehannot du Cassé.
Goutard de Mijebille.
Arnaud de Peyrous.
Jehan de Cassagne.
Jehan du St.-Sevin.
Pierre de Poyaune.
Pierre de la Berne.
Druillet.
Jehan de Haget.
Eneben de Bauthian.
Pierre Duprat.
Jean d'Armentieux.
Guil. de Garlin.
Jean Molis.
Jean de Castain.

Doazan.
Puy de la Houguère.
Sanson de Beliart.
Pure de Saran.
Jehan de St-Sauvi.
Pujrot de la Hage.

Odet de Bats.
Martin d'Aymon.
Esseben de l'Abbadie.
Martissens.
Estelent de Peyre.
Jehan du Bois.

Jeh. de Pouysegur.
André de Lafargue.
Jehan de la Loubere.
Guirraud de Chastel.
Jehan de Tausia.

Rôle de la revue faite à Montreuil-sur-Mer le 6 septembre 1522.

Hommes d'Armes.
Mgr le v. de Lavedan.
Beraut de Lisle.
Arn. de Castelbajac.
Le baron d'Encausse.
Jehan de Campand.
Pierre de Villers.
Jean de Salettes.
Pierre Dupin.
Robert de Lozières.
Pierre de St-Ferréol.
Bertr. de Pelleligue.
Le b. de Montespan.
Arnaud Sainghan.
Bertrand Casaux.
Jean de Bellegarde.
Lamothe-Gondrin.
Anicet de Tournon.
Guillaume de Luppé.
Jehan de Polastron.
Arnaud Manlèche.
Antoine do Villars.
François le Bueil.

Meri de Maimont.
François de Lamothe.
Loys de Laliegue.
Charles d'Aure.
Menaudi de Gossand.
Archers.
Arnaud de Raymond.
Bernard d'Andoins.
Bertrand Sieurac.
Pierre de Gimont.
Gosseran de Beseril.
Jean de Lahillère.
Guill. de Montagut.
Oudet de Peyrecave.
Anteline Lagarde.
François de Bothian.
Arnaud du Moulin.
Pierre de St-Jean.
Guillaume de Boubée.
Dominge de Larion.
Lanc. de Montespan.
A. de Roquetaillade.
Joannet de Dufour.

Jehan Cordier.
Olivier Duran.
Guillaume de Biran.
Birdant de Bari.
Jehan de Montaut.
Jehan d'Autin.
Jehan Malause.
Pierre du Rosay.
Jehan du Toya.
P. de Montgaillard.
Perroton de Gasques.
Pierrot de Casaubon.
Françoes d'Asques.
Guillaume de Cannes.
François d'Hubert.
Pierre de Ste-Croix.
Bertrand de Sarreméa.
Bernard Dupuy.
Bernard de Piderac.
Cazenave.
Sonisques.

Revue faite à Beaune le 5 novembre 1522.

Hommes d'armes.
De Montmor, capit.
Antoine du Fau.
Jehan de Haugest.
Ch. de Dampierre.
Jehan du Tastet.
André de la Varenne.
Louis Boubée.

Peyron du Barral.
Ant. de Miremont.
Charles de Montaut.
Thomas de Rohan.
Menaut d'Aguerre.
Philippe de Crequi.
Guil. d'Apremont.
Piouant du Lac.

Bern. du St-Jean.
Adrien de Roye.
Nicolas du Lyon.
Jehan de Bussi.
Louis de Brion.
Jehannot Donnezon

Revue passée à Besiers en 1525.

Hommes d'armes.
Mr de Foix-Lautrec.
Gérard de Grammont
F. d'Artiguelongue.
Janot d'Andouins.
Raymond de Luppé.
Bern. de l'Abbadie.
Pierre de Lortet.
Odet de Magnault.
Pierre d'Ossun.
Pierre de Boeil.
Janot d'Antin.
Arnaud de Gestéde.
Pierre de Mélet.
Fortuné d'Etchaux.
Ant. de Navailles.
Jean de Lacassagne.
Montaut.
B. de Hérambourc.
Baratnau.
Rogier d'Ossun.
Launay.
Jean d'Ustubie.
Cieurac.
St-Genyes.

Archers.
Manaut de Pouy.
Pierre de Latour.
Jean de Monferrant.
Roger de Malissane.
Lafage.
Janot de Lissac.
Bertrand d'Avise.
Jacq. de Rabastens.
Polin.
Pierre d'Aux.
Duraut de Monredon.
Ettansan.
Arn. d'Avesan

Vincent de Bunisse.
Sanson de Prat.
Paul de Co.
Jean de Monestiers.
Guy de Gondrin.
Bert. de Harambourc
Bertr. de Bonfontan.
Gontault.
Mariot de Montagne.
Jean de Lasagne.
Antoine du Halde.
P.-J. de Montagut.
Barrau.
Roger de Gestede.
Cardaillac.
Jean de Cordier.
Jean de Banots.
Pierre de Castelbajac.
Nicolas de Chardon.
Laurency.
J. de Chainpadagne.
Jean d'Urtubie.
St-Gery.
Molinier.
Benoît de St-Sauveur
Janot de Ste-Marie.
Franç. de Lapeyrie.
Jean de Vernier.
Jean de Ville.
Jean d'Armandas.
Jean de Latour.
Jacques d'Aguerre.
Ant. de Laroque.
Jean du Pas ou Pac.
Ant. Dufrèche.
Arnaud de Mauléon.
Jean de La Lanne.
Bertrand de Monts.
Armantieux.

Louis d'Arnos.
Miquel d'Aurenque.
Bertrand de Lasalle.
Perrot. de Peyrecave
Franç. de Jasses.
Ant. de Laforcade.
Robert de la Mare.
Manaut de Lagarde.
Pierre Dufour.
Claude de Marigni.
Claude Lapalu.
Auger de Pins.
Etienne de Faget.
Loys d'Abadie.
Bern. de St-Jean.
Artur d'Oisi.
Jean du Lau.
Anet de Guerre.
Pierre de Villemur.
Jean d'Auterive.
Jacques de Labarthe.
Robert Courtin.
Honoré de Ferrières.
Claude du Lyon.
Franç. de Moneins.
Géniés du Bernet.
Guyot de Mont.
Bernard de Lescure.
Loys de Cauna.
Arnaud de Las.
Jean Viau.
Chateaudun.
Arn. de la Barrère.
Raymond d'Arnaut.
Rodrigues d'Aragon.
Jean de Bernède.
Jean de Mélet.
L'abbé de Vergés.

Dans une autre montre de la même année nous trouvons :

Paul de Thermes. Claude de Doson. Pirroton de l'Abbadie.
Jean de Besolles. Bertrand de Lalande. Jacques de Castillon.

Revue passée à Castres en 1523.

Le Maréchal de Foix. Guill. de Villeneuve. Pierre de Baulat.
Réné de Monts. Perron. Arnaud de Baudéan.
Jean de Rambos. Michel de Gramont. Poylehaut.
Germain de Levi. Jean de St-Julien. Bernard de Latour.
Lamesan. Jean de Sion. Caupenne.
Bertrand de Luppé. Jean Duprat. Montferran.
Roger d'Ossun. Pierre d'Avensan. M. de Cugnac.
Jean de Lassejan. Guill. de Labadie. *Archers.*
Monluc. Mathieu de Beauvoir. P. de St-Etienne.
Hugues de Polastron. Julien Dupleix. Testo de Lajus.
Montblanc. Gui de Roéde. Perroton de Labarthe.
Luppé. Bernard de Bagnères. Jean d'Aissac.
St-Felix. Tristan de Meritens. Lepelletier.
Lupiat. Jean de Montaut. Jean du Lyon.
Mansan. Ramonet de Gestas. Paul de Villeneuve.
Jean de Carbon. Pierre de Lamesan. Jean de Lagarde.
Jean de Sariac. Pierre de Rambos. Pierre de Latour.
Jean de Lamesan. Arnaud de Montfort. Jean du Verger.
Pierre de Peguillan. M. du Lyon. Pierre de Bats.
Menicot de Montpezat. *L'abbé de Vergés.* Jehannot de Busca.
Louis de Foix. Autre revue du 28 Thausia.
Arnaud de Domeson. juillet 1523. Pierre Dessolles.
Jean de Castelnau. André de Foix. Jean de Basas.
Bernard de Lavedan. V. d'Esparros. Bertrand du Lau.
Archers. André de Baudean. Germain de Lesat.
Pierre Albert. Le B. de Castelnau. Rogier d'Ossun.
Bert. de Montauban. François de St-Paul. *L'abbé de Vergés.*
Guillaume de Gensac. Barrault.
Jean de Serempouy. La Coste.

Revue faite à Condom le 12 mars 1529 par Roger d'Ossun.

Hommes d'armes. Ch. d'Arzac, guid. Gaston de Bourbon.
Le roi de Navarre, c. J.-J. d'Est.-Fontrailles Matth. de Comminges.
J. de Montpesat, l. Arn. de Pardaillan. Arnaud d'Antin.
A. de Pardaillan, ens. Matth. de Gourmon. Jehan de Duras.

Bernard de Solan.
Franç. d'Arros.
Jh. de Seignan dit Le Compay.
Bertrand de Siurac.
André de Montignac.
Rogier Dalhos.
Pierre de Toujoux.
Pierre de l'Etoille.
Roger de Polastron.
Roger de Mireval.
Jehannot de Miraval.
André de Garrus.
Carbon de Mont.
Raym. de Puylausic.
Jehan. de Castelbajac.
Bellingan-Bardassin.
Arnaud de Polastron.
André de Sus.
Raymonet de Binotz.
Jehan de Sayas.
Jehan de Lahillère.
Raym. de Montauban
Jehan de Casaux.
Jh. de Béon dit Cère.
J. de Baulat-Carchet.
Félix de Labarthe.
G. de Montaut-Benac
Raymond de Lapeyrie
Jean de Montpezat.
P. de St-Lary Montestruc.
Pierre Duvergier.
Charles d'Aure.
Guy de Faudoas.
Bertrand de Lartigue.
Guill. de Cadaillan.
Jehan de Lauredat.
Jehan de Camous.
Girard de Belloc.
Pierre de Castelnau.
Jehan de Montesquiou

Jacques de Lafitte.
Paulou de Montesq.-Salles.
Jehan de Sedirac.
Bert. de Monlezun-Baratnau.
Géraud de Luppé.
Arnaud d'Auzon.
Bertrand Issaulgier.
Arn. de Savignac.
Louis d'Agorette.
Gaspart de Montpesat
François de Sanlary.
Blaise de Monluc.
Menaut de Castelbaj.
Pierre d'Ossun.
Guiton de Gondom.
François d'Estançan.
Pierre du Pré.
Bert. de Lavedan.
Jehan de Besolles.
Gastan de Labay.
Jehannot de Lapeyrie
Jehan de Lamothe.
Bertrand de Casaux.
Jehan du Cort.
Arn. de La Guerre.
Gilles d'Orbessan.
Bertr. de la Beaune.
Matth. de Labarthe.
Cazaux de Fontrailles
Jehan de Nestrard.
P. H. de Lisse.
Jehan de Bats.
Jehan d'Antin.
Sieronnet de Ju.
Franç. de Lanequais.
Pierre de Vivien.
Ant. de Chastanet.
Roger d'Ossun.
Bertrand du Lau.
Blaise de Pardaillan.

Gratien d'Etchaux.
Grégoire de Cessart.
Le baron d'Amou.
Pierre de Carbon..
Pierre de Savignac.
Archers.
Pierre de Bats.
Jehan de Clarac.
Perroton de Marras.
Picot d'Arcizas.
Menaud de St-Paul.
Bert. de Casaux.
Roger de Casaux.
Bertr. de Pousan.
Arn. de la Beaune.
Guillem d'Orlessan.
Pierre de Pradet.
Jeh. de Lamothe-Hisaulx.
Pierre de Florent.
Ant. de Monts.
Bert. de Binos.
Mirepoix de Lortet.
Jehan de Mauléon.
Gaston Isalguier.
Jehan de Lamarque.
Franç. de Lavigne.
Jehan de Seignan.
Pierre de Lauredat.
Jehan de Boulouch.
Arn. de Montauban.
Jehannot de Lasalle.
Noël Gaulay.
Pierre de Bordères.
Loys de Lamothe-Hisaulx.
Jehan de Lapeyrie.
Gervais de Busset.
Saunat Duvergier.
Jehannot de Lavedan
Raymond de Begolles
Pierre de Labarthe.

Carbon d'Esclassan.
Franç. de Polastron.
Francisque de Bacqué
Bern. de Puycasquier
Bertrand de Binos.
Gaspart de St-Paul.
Jacques de Polastron.
Franç. de Monlezun.
Franç. Rivet.
Raymond de Vic.
Jehan de Sayas.
Hugues de Samon.
Charles de Grossolles.
Michaut de Chelles.
Bastien de St-Martin.
Arn. de Bartouillet.
Jehann. de Gourdon.
Franç. de Juilly.
Gilles de Pontoise.
Georges Garranet.
Bert. de Montignac.
Jehan de Thonillet.
Jehannot de Lus.
Pierre de Lesquay.
Jehan de Villeneuve.
Jehannot de Laborde.
Bertrand du Lac.
Pierre de Fougières.
Bidanet de Bido.
Picot de Fornillet.
Bernard de Sergurant
Odet de Ponsan.
Pierre de Linay.
Arnaud de Plantin.
Girard de Pax.
Jehan d'Uston.

Le bastard de Salles.
Bern. de Sayas.
Jeannot de Sailles.
Jehannot de Compay.
P. de Fontan.
Carbonneau de Brane
Jehan de Toujouse.
Pierre de Polastron.
Bern. de Beauregard.
Jehan de Lartigue.
Bertr. du Bélat.
Jehan de Binots.
Pierre Badie.
Odoart de Carchet.
Arn. de Laroque.
Picot de Valence.
Bertrand de Lantois.
Jehan de Savère.
Jehan de Bordes.
Jacques de Mauvaisin
Pierre de Hugues.
Bernard d'Auzé.
Jacq. de Laflette.
Jean de Lormes.
Pierre de Prechac.
Bertr. de Lossignan.
Bern. de Bassus.
Bertr. de St-Paul.
B. de l'Escortegade.
Poy de Passeret.
Michaut de Fautte.
Vincent de Lavedan.
Guillh. de Lagarde.
Jehan de Lupiac.
A. de Lahille ou l'Isle.
Franç. de Fillon.

Antoine d'Osson.
Pierre de Lapeyrie.
Jehan de Billambits.
Ant. de Sarlabous.
Pierron de Tillouse
Duran de Sart.
Ber. d'Esquerebaque.
Arn. de Gavarret.
Julien Duplessis.
Jehan Mallosanne.
Franç. de Ciurac.
Jehan de St-Aubin.
Denis de Mauléon-La-
    bastide.
Jehan de Montestruc.
Jehannot de Cassaloux
Barth. de Marigni.
Arnaud du Casse.
André des Bordes.
Jehan de Lussart.
Franç. de Montaulieu
Fanchonets de Sainte
    Livrade.
Roger de Ste-Mere.
Fiorand d'Angosse.
Léon. de Beauregard.
Jehan de Sallette.
Jehan de Bonts
Le bâtard de Layran.
Jehan de Lahille.
Jehan de Maizrin.
Thomas de Vic.
Picot de Bésian.
Jehan de Cère ou Ceze

Dans une autre revue passée à Limoges le 13 mars 1526, nous trouvons quelques-uns de ces noms.

Revue passée le 8 octobre 1546.

La Vidame de Char- Joachim du Moulin, Ant. de Grammont,
   tres, capit   enseigne   guid

Hommes d'armes à la grande paye.
Bertrand de Baulat.
François de Lamothe.
Bernard de Basus.

Hommes d'armes à la petite paye.
Jehan de Puy ou Pouy
Jehan de Sourches.
Le b. de Bourroulhan.
François d'Ausan.
Raymond de Casaux.
Bertrand du Campet.
Bazus d'Aure.
Ste-Colombe.
Bertr. de Puygaillard

Pierre Duthil.
Bernard d'Ausan.
Jehan de Laguerre.
Regnaut de Constant
Pierron de la Pommarède.
Jehan de Latour.
Milés du Bois.
Pons Duval.
Jehan de Latour.
Jacques du Vergier.
Lebéron de Montigni
Bertrand d'Espagne.
Gasp. de Montespan.
Simon de Labastide.
Le baron de Baudéan.

Le Jeune du Long.
Beaurepaire.
Saint-Pau.
Morand de Serilhac.
Jehan de Besolles.

Archers à la petite paye.
Pierre du Toja.
Antoine de Biron.
André de Launay.
Gilles de Lamaisan.
Jehan de Montlezun.
Louis d'Orléans.
Le Jeune Belzunce.
Le Jeune St-Etienne.

Revue faite à Condom le 10 juillet 1552.

Le roi de Navarre, cap.
Ant. de Pardaillan, l[t]
Charles d'Arzac, ense
Ant. d'Armagnac, m.
Hommes d'armes.
Arniflet de Montesquiou.
Savary de Sajas.
Loys d'Aguerre.
Longin de Polastron.
Franç. d'Estansan.
Jehan de Béon-Sère.
Félix de Labarthe.
Le baron de Montesquiou.
Charles d'Aure.
Gaspard de Montpesat
Guy de Gondon.
Bernard de Lamezan.
François de St-Lary.
Bert. de Comminges.
Martin de Labarthe.
Geoffroy de Fontenac.

Loys de Laudet.
Michel de Narbonne.
Loys d'Agorret.
Jehan de Fodoas.
Arnaud d'Arboot.
Ar.-Guil. de Montagnac.
Jehan de Ponson.
Espin de Charritte.
Jehan de Domec.
Jacq. de Lacassagne.
François d'Arros.
Jehan de l'Isle.
Jehan de Villepinte.
Gaston de Mallet.
Gilles de Domin.
Arnaud de Cauna.
Jehannot de Lostons.
Jehan de Gallard-Castelnau.
P.-F. de Comminges-Puyguillan.
Hector d'Urtubie.

J. de Navailles-Binos.
Jehan de Clarac.
Charles de Lafitte.
P. de Montesquiou-Salles.
Sonat de Vergès.
B. de Montlezun-Baranneau.
Arnaud d'Engosse.
André de Montferrand.
J. de Lamothe-Isaulz.
Fabien de Pasquiers.
A.-Guil. de St-Orens.
Bernard de Guytanet.
Jehan de Gramont.
Franç. de Lacassagne
Arnaud du Busca.
Franç. de Polastron.
Arnaud de Sus.
Guil. de Gastelbois.
Bernard de Bazues.
Antoine de Lamezan.

Carbon de Lupé.
Jehan de Montagne.
Gailhard de Flaran.
   Archers.
Jacques de Poyminet.
Gilles de Labousière.
Jacques d'Etchaux.
Loys de Livron.
Raymond de Vivès.
Jehan de Gout.
Ar.-Guil. de Lacoste.
Antoine de Mons.
Loys de Mont-Lartigue.
Jehan de Lassalle.
Jehan de Lanoix.
Loys de Lamothe-Isaultz.
Hugues de Cazaux.
Pierre de Laussade.
Bertrand de l'Isle.
Johan de Fieux.
Pierre de Lastours.
Pierre de Malossane.

Ramonet de Latour.
Jehan-Bap. de Castelnau.
Jehan d'Ornezan.
Jehan de Noaillan.
Antoine de Foix.
Jehan de Lamothe.
Franç. de Montauban.
Jehan de Lacoste.
Bernard de Bersolay.
François d'Arros.
Jehan de Lanissave.
Bertrand de Florens.
Luyston de Bonrepaire.
Jehan de Lateillade.
Jehan de Lussac.
Arnaud d'Abadie.
Arnaud d'Auga.
Loys de Polastron.
Carbon de Montastruc.
Jehan de Lavigne.
Jehan de Vignaux.
Loys d'Engonin.

Guil. du Béarn.
Bertrand d'Aguerre.
Pey de Passaret.
Georges d'Aspe.
Gilles de Léomon.
Jehan de Cadreils.
Arnaud d'Encausse.
Bernard d'Huc.
Gaillard de St-Pastoux.
Raym. de la Livrade.
Bertrand de Gignan.
Etienne d'Avarse.
Jehan du Bédat.
Jehan de Villeneuve.
Jehan de Las.
Charles de Sentrailles.
Jehan de Pardeillan.
Jehan de Lamothe-Béarn.
Pierre de Peyrous.
Philippe de Preyssac.
Robert de Parabère.

Revue de la compagnie du prince de Montpensier faite en 1554.

Hommes d'armes.
Louis de Salignac.
Marc de Naillac.
Pontues de Bonnefont.
Jacques du Verger.
André de Rance.
Jacques de St-Sauvy.
Gilbert de Duval.
Jacques de Montrond.

Claude de Bourbon.
Jacques de Villedon.
François Chabannes.
Ch. de Montaignac.
Jehan de Montredon.
Hugues de la Châtre.
Jehan de St-Georges.
André Savary.
Jehan de la Hage.

Archers.
André de Vilatles.
Jacques de Laroche.
Gaspard de Lavaur.
Philippe de Villedon.
Jehan de Lesay.
Jehan Dufaur.
Jehan de Lagarde.

Revue passée le 30 mai 1560.

M^r d'Ossun, cap.
Jehan de Laugière, lt.
Ch. de Bounaut, ens.
J^s Durfort, gui.

Matⁱⁿ de Marsan, m.
   Hommes d'armes.
Paul de Billambits.
Jacques Darroux.

Bert. de Thilouse.
Louis d'Aristal.
Dominique Florentin.
Geoffroi de Darfor.

Jehan de Laroque.
Ant. de la Bertrandie.
Antoine de Marsan.
Amiot de Menges.
Arn. de Jaureguy.
Guillaume d'Aure.
Louis de Morillon.
Fr. de Montcorbye.

Jehan de Touges.
Archers.
Arn. de la Boissière.
Jehan de Viosan.
François de Lastour.
André d'Espaignol.
Antoine du Boucher.
Gabriel de Noysi.

Jehan du Bourg.
Charles de Belmont.
Raym. de Gallardon.
Jehan de St-Amand.
Jehan de Lamothe.
Raymond d'Antras.

Revue faite à Valence le 1er décembre 1560.

Lamothe Gondrin, c.
H. de Pardaillan, l.
Ber. de Gironde, ens.
J. Dugout, guid.
Christ. d'Espinois, m.
Hommes d'armes.
Jehan du Gouth.
Balthasar de Laroche.
Louis Leroy.
Pierre de Homville.
Franç. de Boulogne.
Martin d'Ardenay.
Jean de Campanez.
Honnoré de Violette.

Claude Duplessis.
Ambr. de Pigon.
Pierre de Montréal.
Jehan de Launay.
Jehan de Boisguyon.
Louis de Corcelles.
Jehan de Cadreils.
Milés de Maissart.
Fris de Gelas.
Adr. de Coutigny.
Jacques de Romilly.
Fr. de Montesquiou.
Archers.
Nicol. de Bardous.

Jehan de Hersan.
Olivier de Champs.
Perrot de Bretagne.
Louis de Champagne.
Denis de Varannes.
Pierron de Roulhian.
Arn. de Montignot.
Florent de Boisguyon.
Ambr. de Lagrange.
Nicolas de Mercadé.
Franç. de Thore.
Jehan de Laboulaye.

Revue passée en armes à Villeneuve-d'Agenais le 15 juillet 1563.

Le prince de Navarre, capitaine.
Jacques de St-Astier, lieutenant.
Franç. de Daillon, g.
J. de Cochefilet, ens.
F. de St-Laurent, m.
Hommes d'armes.
Géraut de Salignac.
Bern. de St-Geniers.
Franç. de Lajaumont.
Loys de Brye.
Léonard de Rosiers.
Claude de Périgort.
Jehan de Crousan.

Ant. de Seguyn.
Jehan de St-Marsaut.
Vesian de Latour.
Franç. de Manasdan.
Jehan de Campniac.
Arnaud d'Orol.
Franç. de Donyn.
De Lamothe de Béarn
Olivier de Cassabé.
Pierre de Las.
Philip. de Castelnau.
Arn. de Betbése.
Bertr. de Mansan.
Math. de Grammont.
Bastien de Salèche.

Carbon de Luppé.
Jehan d'Aymé.
Antoine du Mas.
Franç. de St-Ours.
Ant. de Nilhac.
Ant. de Lasalle.
Jehan de Longa.
Bern. d'Angosse.
Arn. d'Arbide.
Archers.
Jehan de Bosniger.
Loys de Burg.
Franç. de Madaillan.
Raym. de Lambertye.
Franç. de Salignac.

DE LA GASCOGNE.

Raym. de Clermont. Charles de Boson. Jean de l'Hur.
Charles de Labastide. Fanç. de Montferrant Pierre de Labbay.
Simon de Latour. Jehan d'Amorots. Eloi de Lamothe.
Jehan de Maubin ou Jehan du Bosquet. Jehan de Labbay.
  Malvin. Jehan de Beauville. Arn. d'Angosse.
Arn. de Galos. Guy d'Aguerre. Bern. de Glatens.
Jehan d'Antin. Franç. de Baylens.

Dans une revue faite à Aix en Provence le 17 juin 1560 sous le comte de Tande, nous trouvons parmi les hommes d'armes :

Louis de Chattillon. Toustan de Martin. Marc-Antoine de La-
Franç. de Castellane. Simon de Champolion.   grange.
Charles de Bastar. Barth. de Condillac.

Revue faite en armes dans la ville de Layrac le 2 avril 1568.

Franç. de Cassaignet, Pierre de Marin. Franç. Mellet.
  capitaine. Ant. de Boutet. Hérard Gensac.
Bernard du Barrau, Odet de Monlezun. G. de Carbonneau.
  lieutenant. Jehan de Burguet. Jehan de Patras.
Jacques de Magnaut, Jehan de Morceillan. Bernard de Lestan.
  guide. Ploubes Carbonneau. Bertr. de Lyet (Mar-
P. de St-Martin, ens. Bertr. de Roquan.   solan).
François de Parabère, Géraud d'Amblart. Jehan de Lestrade.
  maréchal-des-logis. Robert de Montagut. Dauyon de Thomire.
Hommes d'armes. Germain de Las.
Menjou de Monlezun Franç. de Beaupuy.

Suivent les archers parmi lesquels nous signalerons :

Arnaud du Bois. Simon de Bonnefonds Ant. de Billères.
Antoine de Noailhan. Charles de Preissac. Bernard de Narbonne
Jehan de Grossolles. Jehan Dufaur.

Rôle de 60 lances sous la charge de M. le prince de Navarre,
10 janvier 1571.

Le prince de Navarre, Jehan du Chemin. Antoine Ayralde, sr
  capitaine. François de Lestrade.   de la Bale.
Js. de St-Astier, lt. Pierre de Domi. Christophe de Mau-
Jh. de Cochefilet, ens. Alem de Cassabé.   rens.
Loys de Lansac, m. Pierre de Las. Bertrand de Vancé.
Hommes d'armes. François de Baylens. Jehan de Grignolles.
Arnaud d'Oxionet. Bertrand de Mansan. Gillot de Laroncière.
Jehan de Gayac. Jehan de Laporte. Pierre de Lanac.

Jehan de Saingla...
Jacques du Touset
Bert. d'Espallungues.
Romanet d'Arboust.
Loys du Boure.
Gaston de Roquefort.
Jules Seignan.
Jehan de Calvimont.
François de Ruble.
Jehan de Lons.
Pierre de Montanet.
Jehan de Boudon.
Guyon de Fumel.
Thomas de Lamothe.
Jacques d'Arros.
Jehan de Roger.
François d'Abzac.
Pierre d'Artigues.
Hasimat de Cazanan.
Antoine Joly sr de la Pomarède.
Raymond de Cugnac.
Jh. de Thomas sr de Labarthe à Fleurance (Gers).
Bernard de Montela sr de Bonas.

Pierre d'Huya...
Archers.
Fr. de Lavergne.
Estienne de Payac.
Antoine Teste.
Ld de Peyrelongue.
Guil. de Lespens.
Pierre de Hirigoyen.
Ant. de Capdeville.
Ant. de Larrougerie.
Antoine d'Achon.
Pierre de Garaignon.
Jacques de Monteil
Bernard de Preissac.
Guy d'Aguerre.
Guil. de Latour.
Raymond du Bendat.
Pierre de Labay.
François du Har.
Pierre du Buros.
Guil. du Badefou.
Antoine Paris.
Jehan de Laleugue.
Lambert de St-Maurice.
François de Bourgoin.
Jehan Bacalan.

... de Pichard de la Réole.
Thomas de Capseigne.
Bertr. Montferrand.
Guicaud de la Barde.
Jehan Guitot.
Joseph de Magnac.
François de Pichard.
François Boinet.
Urbain de Prehanit.
Jehan de Cazenave.
George de Mallières
Jehan Rousseau.
Pierre Castain.
Romanet de Guillembarte.
Léonard de Lalanne.
Pierre de Liborde.
Jehan d'Armagnac.
Jehan de Laviguerie.
Jehan de Labastide.
Antoine de Lautrec.
Gabriel de Rochefort.
Denys Jaubert.
Hortic de Saillas.

Rôle de la compagnie de Fabien de Montluc, seigneur de Montesquiou. — 1572.

Fabien de Montluc, capit., en place de Blaise de Montluc, qui a pris son congé ce jour 26 avril 1572.
Jehan de Berrac-Cadreils, lieut.
Jehan de Labat, ens.
Jehan de Mont, guide
Ber. de Montesquiou, mar.-des-logis

Hommes d'armes.
Jehan de Sendon.
Franç. de Laurial.
Binet Manon (Lyas).
Ph. Barailhé (St-Puy)
Franç. de Ruffon.
Antoine Borbal.
Jehan de Malvin.
Jacques de Forges.
Bertr. de Maignaut.
Franç. de Gordon.
P. de La Barre.

Guill. de Tillac.
P. Mallet (Mirande).
Jehan de Mansan.
Puy de Bourbille.
Jacq. de Giscaro.
Bern. de Lioussens.
J. de Laroque-Ordan
B. de Larroque-Ordan
Jehan de Lascours.
Pierre de Pujos.
Jehan de Bière.
Franç. de Vandoas.

Ant. de Lapenne.
Passiot Dupleix, près Condom.
Guillaume de Pony.
Benoît de Laroche (la Montjoye).
Guillaume Séridos.

Archers.

Léonard du Moulin.
Pierre de Lagravière.
Grassiot de Larroque-Ordan.
Giraudet de Lamothe.
Bertrand de Bats.
Jh. de Bus dit Lasalle (Jegun).
Bern. Lannes (Castelnau-d'Auzan).
Raimond de Davant.
Imberton de Ferbaux.
Jehan de Confolens.
Dominique du Bosc.
Jehan de Bière.
Manaud de Vic.
Carbon de Mons.
Sans. Desconnis (Marciac).
Jehan Deluc.
Jehan de Clermont.
Jehan de Serignac.
Bern. de la Beyrie.
Franç. de Malvin.
Pierre de Labat.
Arn. de Begoul.
Pierre de Casemajor.

Gabriel de Ramensan.
André de Lalanne.
Jehan de Mausan.
Jehan de Lasalle.
Franç. de Lasalle.
Franç. de Labrande.
Jean de Viella.
Jehan de Castin.
Jehan de Casaubon.
J. Lasalle St-Puy.
Jacques Laville.
Bert. Lion (Condom).
Jehan de Faget.
Bernard de Laroque-Siurac.

Rôle de la compagnie de M. de Bellegarde, 4 mai 1572.

M. de Bellegarde, c.
François de Montbernard, lt.
Franç. de Mont, ens.
François de Mauléon, guide.
F. de Mallaussane, m.

Hommes d'armes.

Loys de Barbotan.
Jehan de Barbotan.
Pierre de Billères.
Jehan de Guillassert.
Jehan de Marestang.
Auger de Sariac.
Ant. de Lamiossan ou Miossens.
Jehan de Nogués.
Franç. de Vic.
B. de Boulouch.
Ant. de St-Félix.
Arnauet de Lartigue.
Pierre de Laffitte-Pelleport.
Jh. de Montesquiou-Artagnan.
Pierre Duparc.
Ant. d'Agnan.
Arnauet de Mont.
Jacq. de Castelbajac.
Jh.-J. de Nogarède.
Pierre de St-Pol.
Guill. de Villeneuve.

Archers.

Jehan de Meritens.
André de St-Sulpice.
Jehan de Gaillard.
Pierre de Betous.
Jehan de Betous.
Charles de Gasax.
Jehan de Villebent.
Dom. de Laserre.
Jehan de Boulouch.
Bern. de Barbotan.
Jehan de Mauléon.
Bern. de Lamolelle.
Jehan de Lartigue.
Jehannot de Basins.
Blaise de Pongibault.
Matthieu Ferrières.
Jehan de Grissol.
Bertrand de Lartigue-Mezin.
Jehan de Foix.
Jehan de Mareuil.
Arnauet de Montesquiou.
Charles de Foix.
Paulon Larue.
Ant. de Lamothe.
Etienne Andouis.
Jehan de Mates.
L. J. de Gondot.

Charles de Garrigues. Guill. de Lanux ou Jeh. d'Aubèze et quelques italiens.
Dominique de Durban   Lanion.

Les mêmes se retrouvent dans un autre rôle du 6 août précédent.

Autre rôle de la compagnie de M. de Bellegarde.

M⁀ de Belegarde, c.
Franç. de Tersac, lᵗ.
Franç. de Mont.
Math. de Giscarol, en.
J. de Castelbajac. m.
  Hommes d'armes.
Loys du Lin.
Paul de Casteras.
Ar. de Montesquiou.
B. de Malausane.
François de Sers.
Bert. de Boulouch.
Jehan de Sariac.
Jehan de Nogués.
François d'Aydie.
Bertr. de Lartigue.
Jeh. de Montesquiou.
Arnaud de Mons.
Loys de Lartigue.
Arnaud de Chalabre.
Jean de Garrigues.
François de Montaud.
Guil. de Bethése.
  Archers.
Charles Dupac.

Pierre de Nux.
Chamiot de Sariac.
Dominge de Laserre.
Besian de Marsolier.
Etienne de Montaut.
Bern. de Laplaniole.
Blaise de Pongibaud.
Guil. de Lacassagne.
Charles de Foix.
Antoine de Lamothe.
Carboyran de Mauléon
Sans de St-Sauveur.
  Autre.
Jehan de St-Jean.
Augier de Sariac-Navarron.
François de Canet.
Jehan de Voisins.
Jehan de Montbeton.
Tristan de Lissac
J.-P. de Latran.
Laurent de Marin.
F. de Sers.
Gabriel de Montpesat.
Jehan de Tausia.

Franç. de Plaigne.
François de Ricart.
Michel de Portes.
Lyon du Chasteau.
  Archers.
Ant. de St-Jean.
Fr. de Laroque.
Jacq. de Casemajor.
Arnaud de Vignes.
M.-P. de Mauléon.
Michel de Gayraud.
François Davant.
Gaspart de Castets.
Jehan d'Antras.
Sébastien de Bonnemaison.
Aymond d'Etchau.
Luc Cazes.
Jehan de Portes.
Jehan Roger.
Arnaud de Labarthe.
Arnaud Barsalou.
Bernard Castain.

Revue faite en robbe en la ville de Besiers le 20 décembre 1577.

M⁀ de Joyeuse, c.
Jacq. de Bedos, lᵗ.
Franç. de Chalabre, e.
Pierre de Caylus, g.
Ch. de Franc, m.
  Hommes d'armes.
Matth. de Niort.
Gaston de Chalabre.

Gaspart de Villeneuve
Franç. de Castanet.
Loys de Montjosion.
Pierre d'Andrieu.
Pierre de Montclar.
Jehan de Flottes.
Pierre de Donadieu.
Bertrand de Laroque.

Gemont de Chabrol.
Jacq. de Casemajor.
Hugues de Villeneuve
  Archers.
Jehan du Mont.
Charles de Chambert.
Pierre de Lagrange.
Jacques de Budos.

Revue faite à Cantal le 15 mai 1581.

Leger, capit.	Basus.	Imbert.
Campels, lieut.	Sabaillan.	Belancourt.
St-Pierre, ens.	Polastron.	Lahille.
Beaumont, cap.	Laroche.	Pouy.
Louga, id.	Gary.	Polin.
Espuntons.	Lacroix.	
Caubous.	Laforgue.	

Rôle de la compagnie de M. de Lavalette, avril et juillet 1582.

B. de Lavalette, cap.	German de Rochefort.	Jehan de Serres.
Jehan de Sers, lieut.	Barthélemy de Puy.	Jehan de Boignon.
Jehan de Vinos, ens.	Jean de Mauléon.	Meschior de Gouchaux
P. de Montignac, g.	Jean de Puybonal.	Raym. de Lacoste.
Jehan de Pandor fils, mar.-des-logis.	J.-Raym. de Lordat.	Guilh. de Payros de Grenade.
	Jean de Bonnefoi.	
Hommes d'armes.	Franç. de Canallas.	Ant. de Rousselet.
Hector de Pesqués.	Domin. de Casemajor.	Franç. de Sers.
Pierre de Polastron.	Franç. de Campeils.	Pierre de Manigault.
Franç. de Belluges.	Annebal de Martinet.	Pierre de Malnourry
Jehan de Nicolay.	*Archers.*	Jehan Baron.
Arn. de Vinos.	Pierre de Casemajou.	Pierre de Casteras.
Ressian de Montaut.	P. de Voisins-Montaut.	Aubin de Mauléon.
Jehan de Pouy.	Barth. de Pouy.	Jehan d'Usto.
Firminat de Villemur.	Jehan d'Andofielle.	Jehan de Lourdat.
Jehan de Forcade.	Jehan de la Maureis.	Jehan de Gayme.
Jehan de Casalar.	Barth. de Baulat.	Jacques du Faur.
Pierre du Bourg.	Sansot Darolles.	Raym. de Puymirol
Pierre de la Forêt.	Franç. de Lamothe.	Jehan Cassaigne.
Jean de Pujols.	Jehan de Lissac.	Jehan de Fondeville
Jehan de Nux.	Puy d'Agut.	Jehan de Labadie.
Jehan de Campels.	Franç. de Pisson.	Bern. de Vaux.
Luc de Laterrade.	Jehan de Caulonques.	Ant. Mollinère.
Pierre Lagrange.	Jehan de Luscan.	Jacq. de Vignaux.
G.-Arn. de Lautrade.	Pierre Tonlet.	Blaise Mareschau.
Pierre du Bourg.	Arn. du Troil.	Jehan de Lassus.
Jehan de Sarraute.	Carbon de Basus.	Jehan Gissard.
Jehan de Bustos.	Franç. du Gout.	Guilh. Labarthe.
Jehan Foncaud.	Jehan d'Auros.	Jehan d'Azas.

Revue passée à Narbonne le 25 septembre 1583.

Bert. de la Roque, c.
Loys de Mauléon, lt.
Pierre de Caylus.
Pierre de Narbonne.
Philippe Magne.
R. d'Andoarde dit Lahitte.
Arn. de Lescout.
Guil. Bonnefous.
Odet Roques.
Jehan d'Ibos.
Pierre Sabathier.
Raymond Pouy.
Balth. de Mauvezin.
Dominique Sentoux.
Pierre Escudié.
Arnaud de Gourgues.
Pierre Fabre.
Bernard Dufour.
Charles de Martin.
Noël Girard.
Arnaud Chamon.
Pierre Barthés.
Pierre Boissière.

Revue de la compagnie du capitaine Barquissaut, tenant garnison à St-Sever (Landes), passée dans cette ville le 15 août 1587.

Bertrand de Barquissaut, capitaine.
Bertrand du Roy, lt.
Et. de Laserre, ens.
Bernard de Vales.
Sergens.
Jehan de Vignes.
Bernard de Fontaux.
Première escouade.
Jehan de Laporterie, caporal.
Guilhem de Bonnas.
Augier de Cahusères.
Sanson de la Leuge.
Jehan du Broca.
Jehan de Luguat.
Jehan du Haut.
Pierre Gouraut.
Arnaud de Lapeyre.
Rougier du Bernet.
Simon du Bosc.
Pierre de St-Martin.
Etienne de Casalis.
Pierre de St-Jean.
Mathieu de Londeille.
Jehan de Fosses.
Raym. de Margues.
Jehan du Bernet.
Pierre de Montagut.

Arnaud de Lomagne.
Guisarnaud du Mora.
Jehan de Nolibos.
Seconde compagnie.
Jehan de Labarrère, c.
Arnaud du Perron.
Menson de Lafitte.
Guirauton d'Epiloi.
Jehan de Laferrière.
Menson de St-Girons.
Pierre de Lalanne.
Gratien du Luc.
Jehan de Haget.
Jehan de Lafontan.
Guitard de Portes.
Arn. de Castaignet.
Jehan de Naudé.
Etienne Cahuns.
Etienne de la Sausotte.
Jehan de Vergès.
Jehan de Doat.
Jehan de Lorsimbats.
Jacques de Lartigue.
Pierre de Labeyrie.
Guy de Gamardes.
Etienne Gardelenne.
Etienne de Luguat.
Arnaud du Cournau.
Jehan de St-Germain.

Jehan du Haut.
Meric de Lafitte.
Arnaud de Lasalle.
Troisième escouade.
Bertr. de Lavie, cap.
Jehan de Vergès.
Bern. de Laporterie.
Jehan du Lyon.
Jehan de Labat.
Guitard de Merens.
Guil. de Lartigue.
Jehan de Maubec.
Guil. de Laserre.
Simon de Lasalle.
Jehan de Marsan.
Simon du Fau.
Bernard du Mora.
François de Lafitte.
Jehan du Mau.
Raym. d'Esclaux.
Jehan de Rivis.
Jehan de Laleuge.
Simon de Guibal.
Pierre de Sobette.
Arn. de St-Lusanne.
Arnaud du Mas.
Pierre de Mun, Mus ou Mua.
Charles du Junca.

Il y eut le 15 septembre suivant une seconde revue que nous avons sous les yeux et où figurent les mêmes noms.

Revue passée à Saint-Sever le 15 décembre 1587.

B. de Barquissaut, c.	Andrieux du Busca.	Amanieu de Nacis.
Arquebusiers	Ant. de Lafitte.	Jehan de Marsan.
à cheval.	Matthieu de Las.	Simon de Laleugue.
Jehan d'Agos.	Andrieux de Lau.	Jehan de Labat.
Simon de Lafargue.	Jehan de Paravis.	Andrieux de Mau.
Jehan Tore.	Jehan de Laforce.	

Rôle des gens d'armes de la compagnie de Monseigneur de Fontenilles, 1595.

Philippe de Laroche, capitaine.	Arn. de Laroque.	*Archers.*
	Jehan de Labeyrie.	N. de Bolac.
Jehan-Ant. de Laroche-Gensac, lieut.	Antoine d'Idrac.	Jehan de Lamolle.
	Franç. de Pujaulé.	Franç. d'Orbessan.
O. de Laroche-Fausseries, ens.	Franç. de Polastron.	Pierre de Lassalle.
	Charles de Foix.	Guillh. de Coloignat.
Jehan-Blaise de Larroche, guid.	Gaston de Serres.	J. Berot de Montlezun.
	Ant. de Lissonde.	Jehan d'Aignan.
Antoine de Lasplanes, mar.-des-logis.	Blaise de Jaubert.	J.-Jacq. de Maulion.
	Est. de Pias, sr du Garros (Auch).	Jeh.-Jacq. d'Hières.
Hommes d'armes.		Hugues de Tausin.
Rogier de Bivès.	Cosme de Campan.	Jeh.-Jacq. d'Arsebat.
Galvin d'Espans.	Jehan de Lavedan.	Jeh. de Montgaillard.
Guilhaume d'Agut.	Jehan d'Avensac.	Samuel de Fornier.
J.-Jacq. du Faur.	Pierre de St-Pol.	Bern. de Causs...
Tristan de St-Jean.	Bern. de Laborie.	J... de Fourcgne.
Bert. de Cazaux.	Bertr. des Laes.	

Montre de la compagnie de 30 hommes d'armes de Jean-Blaise de Larroche-Fontenille.

J.-B. de Larroche, c.	Barth. de Gascogne.	Jehan d'Arpignon.
Jacq. de Lavedan, l.	Ant. de Gimbrat.	Philipe d'Astarac.
Jeh. Rog. d'Aignan, ens.	Matth. de Lasplanes.	J. P. de Got.
Buran de Gestas...	L. Duran...	*Archers...*
Hommes d'armes.		
...de Bordères.		

Guilh. de Clarac.
Philip. de Sabardan.
Pierre de Bordes.
Franç. d'Espats.

Franç. de Poujet.
Gabriel de Baulat.
Jehan du Roi.
Guillh. de Castets.

Ant. de Laforgue.
Pierre de Lafont.

Revue faite à Melun le 26 novembre 1603.

J.-Jacques de Ste-Colombe, cap.
Ram. de Lasoubre, l.
Jehan de Lalanne.
Roger de Casaux.
Pierre Castéra.
Ambr. d'Abadie.
Jehan de Lacoste.
Jacq. de Saubiac.
David de Sus.
Jehan de Labeyrie.
Pierre de Butay.
Hector d'Arblade.
Barth. de Lafontan.
Pierre de Montjourat.

Pierre du Mouret.
Arn. de Cauna.
Henry Panat.
Jehan de Pontis.
Charles de Sallas.
Jacq. de Montaut.
Gimot de St-Cric.
Paul de Crastes.
Pierre de Salenave.
Pierre de Lalande.
Hivin d'Avescat.
David de Morlas.
J. d'Espalungues.
Philippe d'Anzac.
Loys l'Archer.
Pierre de Bosc.

Jehan de Laplane ou Laplace.
Abraham d'Arricau.
Charles de Saunis.
Bert. de Pardeillan.
Arnaud de Bodrot.
Jehan de Laplume.
Jeh. de Montesquieu.
Jacques de l'Oyot.
Bern. du Mauret.
Jacq. du Cadreils.
J.-Jacq. d'Ossun.
Henry de Lons.
Pierre de Lagarde.
André de Béarn.

Rôle de la noblesse qui a suivi sous la conduite de M. de Bazillac et le commandement de Mgr. le prince, 14 novembre 1612.

MM.
De Lespouey.
Du Colomé.
De Lafitolle.
De Camalet.
De Cazaubon.
De Drudas.
De Mua.
D'Abadie.
De Laforcade pour Lises.
De Molledous.
D'Ozon.
De Talazac.
Du Pujo.
De Bérot.

De Gascor.
De Montlezun.
De Peyrun.
Du Pin.
D'Arqué.
De Montdupouy.
De Manas.
De Lagarde d'Ibos.
De Gensac.
De Galand.
Du Clo.
De Ramensan.
De Laforgue.
D'Omex pour d'Artagnan.
De Sos.

De Lavillière.
De St-Pastou.
De Sénous.
De Lafargue.
D'Abadie du Plausé.
D'Abadie Arbellay.
De Lapène.
De Lafitte.
Du Blanchet.
De Mansan.
De Barrau.
De Vivès.
De Saubiac.
D'Abadie de Meylogard.
D'Arsas.

De Lacassagne. De Barrat. De Gardères.
De Horgues. De Munda. De Blousson.
Du Bouscat. De Casanove. De Caussens.
De Peyrobe. De Boulin. De Navarron.
De Foisset. De Sirac. De Ponsan d'Astarac.
De St-Michel. D'Arbous. De Lagrange.
D'Astrac. De Vieusac. De Sarraméac.
De Clarac. De Sarreniguette. De Tillouse.
De Fortisson. De Labarthe. De Touviron.
De Thésan. De Mazerolles. De Marsan.
De Beauregard. Du Viger. De Lamolère.
De Clarac d'Hugues. De Laveraët. De Tauzian.

Revue faite à Sens le 14 juin 1618, sous la conduite du maréchal de Châtillon.

Le Maréchal. Alem de Floques. Jehan de Saussay.
Le capitaine Franget. Jehan du Moutier. Bernard de Guerres.
Gilles de Maubec. Taillard. Jacq. de Chammaran.
Jacques d'Avant. Rigalet de Tourne- Antoine de Ricon.
Franç. de Nauzières. mire. Jehan de la Bonne.
Franç. de St-Marc. Poncet de Charry. Jehan de Sallebois.
Jehan de Labarre. Jehan de Laborde. Bastien de Villedieu.
Jehannot de Rasti- Franç. de Courtenay. J. de Lestang.
  gnac. Le bâtard de Mont- Guil. de Montigny.
St-Cyr.   chenu. Melchior de Brada-
Nicolas du Cussat. Jehan de Labiscarre.   ebin.
Fabien de Mondonet. *Archers.* Guil. de St-Giron.
Hugues de Lassalle. Johannet le Fort. Antoine Vivien.

Les deux pièces suivantes n'ont pas de date.

MM. De Fimarcon. De Lamezan.
Le mar. de Biron. Le chev. de Monluc. De Noé.
De Lauzun. De St-Sulpice. De Montaut.
De Duras. De Cauburat. Le baron de Brassus.
De Vaillac. De Veys. De Beaupuy.
Le sénéch. d'Agenais De Fontenilles. De Monbrun.
De Gondrin. De Cornusson. De Belloc.
De Saint-Orens. D'Aubeterre. De Flamarens.
De Barennau. De Laussac. Le vicomte Duga.
De Bajourdan. De Sarlabous. De Cantaloup.
De Devèze. De Noailles. De Lamot.-Mautgauzi

De Mauvezin.
De Lussan-Lassus.
De Lasserre.
Le comm. de Lussan.
De Puygaillart.
De Lamothe-Gondrin.
De Berrac.
De Roquepine.
De Castelnau.
De Montégut.
Le bar. de Puyguillas.
De Beauregard.

De Montcassin.
De Berault.
De Sauviac.
De Caussade.
De Besolles.
De Lachap.-Lagarde.
De Lapallu.
De Lussan.
De Montelar.
De Tanpous.
De Prouilhac.
De Lapeyre.

De St-Marsal.
De Roquefeuille.
De St-Aubin.
Darblade.
De Latour.
Le bar. de Campagne.
De Cadreil.
De Marin.
De Campagno.
De Vignolles.
Le bar. lieut.-génér.
de l'artillerie.

Rôle de la compagnie du seigneur d'Arné.

Franç. d'Arné, cap.
Jeh. de Vezin, lieut.
Georges de Montezun, enseigne.
Jehan Devèze, guid.
Gasp. de Sarp, m.
  Hommes d'armes.
Guilh. de Vic.
Marc de St-Lary.
Thomas de Lamezan.
Guir. de Montauban.
Bertrand de Las.
Bertrand de St-Paston.
Franç. de Pégnillan.
Jehan de Meillan.
P. de St-Marcel d'A-lary.
C. de Luppé-Garrané.
Bert. de Lacassagne.
Gabr. de Montlezun-Sigalas.

Charles de Devèze.
Jehan de Pony.
G. du Mugron.
Bern. de Milhau.
Michel de Colome.
Louis d'Andouin.
P. de Roquettes.
Guilh. d'Urban.
Bern. de Montesquieu.
G. de Bourbilles.
Jehan de Lafitte.
Jacques d'Oms.
Gabr. de Manas.
Bern. de Bezolles.
Gaston d'Andouins.
Jourdan de Tarride.
  Archers.
Antoine d'Albignac.
Phil. de la Baronne.
Guilh. de Garrigues.
Jehan de Lamarque.

Antoine Faur de Miramont-Astarac.
Michel de Lavedan.
Arn. d'Engausse.
Bert. de Pardeillan.
Jehan de Percin.
Bert. du Puy.
Magdalon du Casteron.
Jos. Pujos de Lectoure.
Jeh. Monens id.
Barth. St-Martin.
Georges du Plan.
Andrieux d'Estampes.
Arn. du Cardenau.
André des Vignaux.
A. Roques (Vic-Fez.
Gabr. Lourriter (Lannepax).
Gabr. d'Ornezan.
Arn. du Putz.
Jehan de Ville.

Toutes ces revues ont été tirées du Chartrier du séminaire d'Auch.

Montre de 20 gentilshommes de la sénéchaussée d'Auch qui doivent servir cette année, faite par Irénée d'Aspe, juge-mage, le 30 mai 1693.

MM. Louis de Noaillan, ... de Lamezan, seigneur de Nazaire...

de St Gris et sr de Mérens. — Léon de Seyches, sr de Sirac. — Constantin du Garrané, sr de Montestruc. — Jean de Larroque, sr du lieu. — Jean Pierre de Lassuderie, sr de Campanes. — Pierre-Jean de Podoas, sr de St-Avan et Ayries. — Jean d'Auxion, sr d'Ayguetinte. — Jean de Ferragut, sr du Cos. — Jean de Pins, sr d'Aulaguere. — Jean de Melet-St-Orens, sr de Las. — Auguste de Gajan, sr de St Ost. — Charles de Bellegarde, sr de Sentrailles. — Pierre d'Auriac, sr de Clermont. — Dominique Lacassin, sr de Haulon. — Pierre-Antoine Darroux d'Estansan, sr du lieu. — François d'Auxion-Vivent, sr de Néguebone. — Jean de Baulat, sr de Preneron. — Etienne d'Astain, sr de Castelfranc.

Rôle des frais des MM. du corps de la noblesse qui ont assisté à l'assemblée générale des états du pays et comté de Bigorre tenus à Tarbes le 12 novembre 1759.

Le comte de Barbazan, commissaire du roi, 180 livres. — M. de Béon de Lapalu, sr de Mazerolles, syndic, 70 livres. — MM. de Navailles Poneyferré, de Lacassagne, de Sézalas, d'Odos, de Salles, de Cohitte, d'Aurizacet-Hitte, de l'Hez, de Mont d'Uzer, d'Engaux, de Lizos, de Mansan, d'Arcizan, de Talazac, de Lesponey, de Lapene, de Collongues, d'Oléac Débat, de Gayan, de Clarac, de Mouledous, d'Auronix, de Castéra, de Peyraube, de Villenave près Séron, d'Arricau, d'Astain de Lanttes, les abbés de Vicy, d'Arras et de Sazos : chacun d'eux, 35 livres.

Ban et arrière-ban d'Armagnac.

FEZENSAC.

MM. de Cassagnet, seigneur d'idem, 90 livres. — de Ferrabouc, sr de Camarade, 34 liv., — de Caumont, sr du Malartic, 200 liv., de Miran, 220 liv., — de Las, 14 liv., — de Lasserre, 50 liv., — de Pardeillan, 500 liv., — de Lussan, 200 liv., — de Montégut, 150 l. — de Montaut, 1,200 liv., — de Gajan, 80 liv., — de St-André, 20 liv., — de Roquetaillade, 50 liv., — de Cognax, 100 liv., — de Belloc, 310 liv., — d'Aignan, 50 liv., — de Bezolles, 354 liv., — de St-Jean-Poutje, 32 liv., — de Lafitte, 12 liv., — de Gondals, 70 l. — de Marsan, 320 liv., — de St-Lary, 77 liv., — de Laroque, 50 l. — d'Ardennes, 77 liv., — de Bones, 250 liv., — de Preneron, 101 l. — du Gavarret, 165 liv., — d'Espages, 100 liv., — de Laroque, 86 liv., — de Roquelaure, 306 liv., — de Pardeillan, 500 liv., — de Campanès, 27 liv., — de Marquestat, 200 liv., — de Montserin

325 liv., — de Montesquiou, 1,000 liv., — de Lagarde, 30 liv., — de Lupiac, 138 liv., — de Mansencome, 130 liv., — de Beautian, 40 liv., — de Montbert, 100 liv., — de Crastes, 380 liv., — de Meilhan, 3,800 liv., — de Puysegur, 100 liv., — de Clarac, 10 liv., — de Verduzan, 180 liv., — de Gondrin, 1,500 liv., — de Pouylebon, 200 liv., — de Gaudous, 300 liv., — de Rozès, 100 liv., — de Lalanne, 15 liv., — de Batz, 60 liv., — de Pujos, 344 liv., — de Sieurac, 43 liv., — de Broquens, 28 l., — de Las, 60 liv., — de Labarthe, 30 liv., — de Lagraulet, 75 liv., — de Gajan, 50 liv., — de Meymès, 150 liv., — de Labadie, 100 liv., — de Lescout, de Labarthe, de Lamothe-Sieurac, de Belmont, de Beaulieu, de Lacassagne, de Beauregard, de Sieurac-Beaumarchés, de Mérens (argent, blé, vin), — du Baranneau, 400 liv., — de Ste-Christie, 260 liv., — de Naliès, 25 liv., — du Sindat, 40 liv., — du Caumort, 36 liv., — de Preysac, 300 liv., — d'Aumensan, 30 liv., — de Bazian, 140 liv., — de Gignan, 60 liv., — de St-Martin-Viagre, 60 liv., — du Busca, 190 liv., — de l'Isle-Arbessan, 200 liv., — de Castillon, 872 liv., — de Labatut, 49 liv., — de Lacauderle, 5 liv., — de Lussan, 80 l., — de Herrabouc, 80 liv., — de Las, 20 liv., — de Cézan, 90 liv., — de Lubielles, 50 liv., — de Preignan, 300 liv., — de Montgaillard, 30 liv., — de Cazenave et le Boulin, 108 liv., — de Locaussade, 50 liv., — de Caus, 100 liv., — de St-Jean-d'Anglés, 50 liv., — Coss^r de Casteljaloux, 100 liv., — Coss^r de Pouy, 10 liv.

LOMAIGNE.

MM. de l'Isle, 675 livres., — de Caillau, 15 liv., — de Plieux, 400 liv., — de Bivès, 29 liv., — du Bosc, 100 liv., — de Peyrecave, 384 liv., — de Flamarens, 512 liv., — de Caumont, 495 liv., — de St-Martin, 490 liv., — de Lieux, 253 liv., — de Romegas, 80 liv., — de Fieux, 52 liv., — de Rouillac, 650 liv., — de Tillac, 300 liv., — du Castéra-Lect., 300 liv., — de Gramont, 882 liv., — de Gensac, 365 liv., — de Martres, 50 liv., — de Lacassuigne, 250 liv., — — d'Asques, 338 liv., — de Lagrave, 480 liv., — de Camsegué, 50 liv., — du Bouzet, 400 liv., — du Pin, 300 liv., — de Pordiac, 814 liv., — de Poupas, 600 liv., — du Castéra-Bouzet, 595 liv., — de Lamothe-Bardigues, 400 liv., —Coss^r de Homs, 200 l., — Coss^r de Lachapelle, 200 liv., — Coss^r de St-Pesserre, 20 liv.

FEZENSAGUET.

MM. d'Oignax, 135 liv., — d'Esclignac, 200 liv., — de Maravat. 280 liv., — de Lamothe-Ando et Magnas, 400 liv., — de Ste-Gemme,

250 liv., — de St-Germé, 284 liv., — de Homs, 20 liv., — d'Encausse, 320 liv., — du Serempuy, 00 liv., — d'Engalin, 165 liv., — de Mansempouy, 280 liv., — de Vignaux, 110 liv., — de Montagnac, 150 liv., — de Thoux, 200 liv., — de Civrac, 310 l., — d'Aiguesmortes, 30 liv., — de Poyminet, 40 liv., — de Cadeillan, 851, de Lasserre, 120 liv., — d'Esparbés, 107 liv., — de Polastron, 80 l., — de St-Aubin, 226 liv., — de Corné, 70 liv., — de Beaupuy, 96 l., — de Monbrun, 450 liv., — du Bosc, 100 liv., — Cos. de Betpouy. 16 liv., — de Castelnau, 88 liv. — Tous ces seigneurs doivent aussi fournir en tout ou en partie des chevaux légers et des archers.

Taxe faite sur la noblesse du Bas-Armagnac.

BASSE-COMTÉ D'ARMAGNAC.

MM. Jacques de Luppé, d'Arblade, Cremens, Bascaules, Labarthe, Coignard, Lupé, Lalengne, Capmortères, Sarragachies, $1/2$ cheval léger; — Pierre Lazarey, juge du Bas-Armagnac, $1/6$; — la dame de N., comtesse de Panjas, 1; — Suzanne de Marcilly, dame de Ruteil, $1/20$; — Pierre Tarride, s^r du Haget, $1/30$; — Ant. de Toujouse, s^r de Maupas, de Lau et de Laujusan, $1/5$; — Jacques de Bourrouillan, $1/2$; — Jean-Paul de Garros, s^r de Ste-Christie, $1/5$; — Jean-Jacques, $1/30$; — Jean-Jacques de Caupène, s^r de Lanux, $1/15$; — César de St-Paul, s^r d'Aurensan, $1/2$; — Arnaud d'Aubons, s^r de St-Paul, $1/40$; — Pierre de Médranne, s^r de Verluz, $1/7$; — Fortin de Bacarrère, s^r de Cadillon, $1/40$; — Henri de Médrane, s^r de Camicas, $1/7$; — Jean d'Ahoussés, s^r de Labartète, $1/15$; — Pierre d'Ornano, marquis de Ste-Croix, s^r de St-Martin-Molicherre, Castagnet, Violes, Vieille-Capet, Magnan, 1; — le même pour Lengros, Saint-Aunis et Moulin de Plaisance, dépendant de la vicomté de Labatut, $1/7$; — Daniel Rapasteguy, s^r de St-Griède, $1/30$; — Etienne de Corneillan, s^r de St-Germier, $1/15$; — François d'Abadie, s^r du Pouret, $1/30$; — Isaac de Camicas, s^r de Lagardère, $1/40$; — Bertrand du Benquet, s^r d'Arblade Lassalle, $1/2$; — Jean Dumau ou Dunian, s^r de Vergognan, $1/8$; — Catherine de Salèche, dame de Viella, $1/2$; — Jean d'Auzolles, s^r de Pernillet, $1/8$; — Bertrand d'Armagnac, s^r de Thermes, $1/4$; — Antoine du Coussol, s^r de la Paillère, $1/40$; — Jean de Médrano, s^r de Laguian, $1/12$; — Jean-Bernard de Jollin, s^r de Lateulère près Nogaro, $1/60$; — Jean-François de Fouert, s^r de Sion, $1/30$; — N. de Ferragut, pour la directe du Bédat, etc., $1/8$; — Ant. de Lau, s^r de Lassalle, $1/20$; — Hercule de Batz, s^r d'Espagnet, $1/4$; — Jean de Toujouse, s^r de Laujusan, $1/4$; — Jean-Jacques de Lau, s^r de Mauhle, 1/25; — Jacques de Salles, sr du Bedat, […]; — Jean-Bernard de Gourgués, sr d'Aunian, 1/25; — Antoine d'Arman, sr de Pouydraguin et Mimort, 1/20; — Louis de St-Griède, sr d'Argosse, 1/27; — Jean-Hector du Lau, 1; — Jacques de Fouer, sr de Montlezun, Lapeyrie et Laterrade, 1/6; — Louis Guerre, sr de Bedavet, 1/8; — Hector de Melin, sr de Mau, 1/7; — Jean d'Estalens, sr de Barannau, 1/60; — Jean Montobrie, sr de Lamothe, 1/40; — Jean d'Astouet, sr de Daniat, 1/30; — Antoine de Larée, sr de Rivière, 1/60; — Antoine de Montaigut, sr de Couloumé, 1/5; — Antoine de Sérignac, sr de Laterrade, 1/2; — Jean-Jacques de Gestas, sr de Bétous, 1/8; — Jean-Jacques de Montesquiou, sr de Sabazan, 1/100; — Arn.-Guilhaume de Mont, sr de Lartigue et du Blanin, 1/20; — Claude Marée, sr de Margouet et Ramouzens, 1/6; — Jean d'Unian, sr de Gelennave, 1/12; — Bernard du Coussol, sr de Lapeyrie, Lamothe, Espagnet et Coulomé, 1/2; — Bertrand du Coussol, sr d'Esparsac, 1/8; — Deodat de Montlezun, sr de Campagne et de Projan, 1; — Jacques de Barbotan, sr de Maur, 1/4; — Antoine de Médranne, sr de Beaulac, Maumusson et Ju, 1/4; — Jean de Ferragut, sr de Cos, Tudelle et Cravinsère, 1/5; — François d'Antin, sr de Sauveterre, 1/5; — Frix d'Aurensan, sr de la Bergalasse, 1/40; — Adrien de Montluc, prince de Chabanon, comte de Carmain, baron de Montesquiou, sr de Riguepeu, Bascous, Bouit, Avezan et Agarrière, 4.

Liste des défaillants ou absents à la montre du ban et arrière-ban d'Armagnac, faite à Mauvezin le 2 mars 1553.

DE LA COMTÉ DU BAS-ARMAGNAC.

Les seigneurs
de Viella.
d'Espagnet.
de Castets.
d'Armentieu.
de Damyan.
de Bernéde.
Dulin.
de Préchac.

de Bourrouillan.
D'Estalens.
de Salles.
de Maumusson.
Desparsac.
de Labay de Samazan.
de Fontan.
de Magnan.
de Toujouse.

de Canicas.
d'Ognoax.
de Larroque.
d'Argelos.
de Lasalle de Gures.
la dame de Ferreboue.
les dlles de Clarens.
la dame de Lamothe.

BASSE-RIVIÈRE.

Les seigneurs
de Labatut.
de Lengros.

de Lafitte-Toppières.
de Lagnian.
de Canet.

de Monthus.
de Ju.
de Lecaussade.

FEZENSAC.

Les seigneurs
de Montesquiou.
de Pardeillan.
de l'Isle-Arbeysan.
de Bazian.
de Gondrin.
de Bascous.
de Marambat.
de Maignaut.
de Preignan.
de Montagut.
de Lafitte.
de Roquetaillade.
du Gavarret.
de Pujos.
de Plaihaut.
de Gayan.
du Busca.
de Castillon-Batz.
de Bautian.
de Lagardère.
d'Aurensan.
de Lagarde.
de Bières.
de Syeurac.
de Montgaillard.
de Lacs.
de Lamothe-Castillon
de Bats.
de St-André.
de Tudelle.
de Lacaus.
de Lacassagne.
du Caumort.
les consuls de Montastruc.
noble Philippe Desparbès.
noble Ant. Montlezun.

BRULLOIS.

Les seigneurs
d'Aubiane.
de Manlèche.
de Daubèze.
d'Avezan-Bauté.
de Marin.
de Brax.
de Lagarde.
de Sainte-Colombe.
de Villeneuve.
de Lamothe-Dangot.
de Plaisance.

FEZENSAGUET.

Les seigneurs
d'Encausse.
de Malabat.
de Castelnau-d'Arbieu.
de Razengues.
de Monbrun.
de Pis.

AURE ET MAGNOAC.

Les seigneurs
de Gourgues.
de Laran.
de Bazordan.
de Bazus.
d'Estansan.
de Laterrade.
de Bénac.
Jean d'Acut.
Gabriel de Larroque
Bourtoumieu Boyer

PARDIAC.

Les seigneurs de Lapalu, de Tronsens, de Laveraet.

L'ISLE-JOURDAIN.

Les seigneurs
de Sainte-Livrade.
de Marestang.
de Lamothe.
de Lévignac.
de Montagut.
de Clermont.
de Clarac
de Pibrac.
de Colomès
d'Auradé.
de Peyrous.
de Pontylosie
de Marenvillé

VICOMTÉ DE GIMOIS.

le baron de Fodoas.
    Les seigneurs
de Tarride.
d'Avensac.
de Puygaillard.
de Saint-Etienne.
de Lamothe.
de Larraset.
de Fayoles.
    Gens d'Église.
l'archevêque d'Auch.

l'évêque de Lectoure
Idem de Condom.
le chapitre d'Auch.
Idem de Lectoure.
    Les abbés
de Lacaze-Dieu.
de Belleperche.
de St-Orens-Bigorre.
de Tasque.
de Simorre.
de Bouillas.

de Flaran.
    Les prieurs
de St-Géuy.
de Madiran.
de St-Orens-d'Auch.
de Touget.
de St-Mont.
de Ste-Rose, près Miradoux.
le chapitre de Vic-Fezensac.

Les Communautés. — BAS-ARMAGNAC.

Les habitants des villes
de Nogaro.
de Riscle.
de Barcelonne.
d'Aignan.
d'Eauze.
de Manciet.

RIVIÈRE-BASSE.

Les habitants des villes de Maubourguet et de Ladevèze.

FEZENSAC.

Les habitants des villes
d'Auch.
de Vic-Fezensac.
de Barran.
de Lannepax.
d'Aubiet.
de Perusse-Grande.
de Roquebrune.
de Jegun.
de Valence.
de Lavardens.
de Biran.

LOMAGNE.

Les habitants des villes de Lectoure, de Lavit, de Miradoux, d'Auvillars, de St-Clar.

FEZENSAGUET.

Les habitants des villes de Mauvezin, de Montfort, de Puycasquier, de Touget.

BRULLOIS.

Les habitants des villes de Laplume, de Layrac.

PARDIAC.

Les habitants des villes de Montlezun, de Tillac, de Villecomtal, de Montaigut.

L'ISLE-JOURDAIN.

Les habitants de l'Isle-Jourdain.

CASTELNAU-MAGNOAC.

Les habitants de Castelnau-Magnoac.

Rôle des nobles et sujets au ban et arrière-ban de la sénéchaussée d'Armagnac, écrite dans le XVIe siècle.

Premièrement, la comté d'Armagnac :

MM.	Hommes d'armes.	Archers.	MM.	Hommes d'armes.	Archers.
Le sr de Thermes,	1	1	D'Arblade-Brassal,	»	1
De Cast.-d'Ausan,	1		De Mormès,	»	1
De Viella,	1	»	De Laterrade,	»	1
De Cau,	1	2	De Maumusson,	»	1
De Lupé,	1	»	De Malambits,	»	1
De Sion,	1	»	De Barbotan,	»	1
De Bourrouillan,	1	1	De Lapeyrie,	»	1
D'Aurensan,	1	»	Du Mau,	»	1/4
De Cammortères,	1	»	De Magnan,	»	Idem.
D'Espagnet,	1	»	D'Esparsac,	»	1
D'Arblade-Comtal,	1	»	De Ste-Christie,	»	1
De Castex,	1	»	De Maupas,	»	1
De Campagne,	1	»	De Perchède, de La-		
D'Armentieu,	1	»	badie, de Samazan,	»	1
De Panjas,	»	1	D'Espas,	»	1
De Bernède, de Saint-			Du Pujos,	»	1
Paul, de Bernus,	»	1	De Rivière,	»	1
De Bétous, de Larti-			De Toujouse,	»	1
gue,	»	1	De Bernède, d'Auzan,	»	2
Du Lin,	»	1	De Camicas,	»	1
De Galliax, de Pouy-			D'Augnax,	»	1
draguin, de Préi-			Du Couloume, du Be-		
chac,	»	1	dat,	»	1
De Barrouillan,	»	1	De Boulouch,	»	1
De Corneillan,	»	1	Le baron de Cazau-		
De St-Martin, d'Es-			bon,	»	1
talens, de Clarac,	»	1			

RIVIÈRE.

MM.	Hommes d'armes.	Archers.	MM.	Hommes d'armes.	Archers.
De Labatut,	1	2	De Canet, de Laguian, de Lagrasse,	»	1
De Sauveterre,	1	2	De Montus,	»	1
De St-Lanne,	1	»	De Caussade,	»	1
De Hagedet,	1	2	De Sarragachies,	»	1
De Bolat,	»	2	De J.), de Rassaneuil, de Mondagorat,	»	1
De Tieste,	»	2			
D'Armentieu.	»	1			

FEZENSAC.

MM.	Hommes d'armes.	Archers.	MM.	Hommes d'armes.	Archers.
De Montaut,	1	3	De Marsan,	»	1
De Montesquieu,	1	2	De Magnaut,	»	1
De Pardeillan,	1	2	De Preignan,	»	1
De l'Isle-Arbeyssan,	1	3	De Montégut, de Laffitte, de Roquetaillade,	»	1
De Bazian,	1	»			
De Roquefort, de Casteljaloux,	1	»	De Crastes,	»	1
De Castillon-Massas,	1	»	De Gavarret,	»	1
De Meillan, d'Auzan,	1	2	De Pouylebon,	»	1
			De Mirepoix,	»	1
De Goadrin,	1	2	De Preissac, de Monbert, de Riguepeu,	»	1
De Bezolles,	1	»			
De Lagraulas,	1	»	De Ste-Christie, de Gaudons,	»	1
De Bascous,	1	»			
De Préneron, de Marambat,	1	»	D'Arcamont,	»	1
			De St-Martin-Viagre, de Sembrés,	»	1
De Lagraulet,	1	»			
De Noulens,	1	»	De Verduzan,	»	2
De Lupiac,	1	»	De Bonas,	»	1
De Mansencome, d'Aulagnère,	1	»	De Rozès,	»	1
			De Pouy, de Lescout, de Pujos,	»	1
De Barannau,	»	1			
De Montastruc,	»	1	De St-Jean-Poutje, de Seailles, de Plehaut, de Gajan,	»	1
De Lamothe-Pardeillan,	»	1			

	Hommes d'armes.	Archers.		Hommes d'armes.	Archers.
MM.			MM.		
De Lacaussade, de Carrolle, de Laroque,	»	1	De Beauregard, de Labarthe,	»	1
D'Antras,	»	1	De Biran, d'Ordan,	»	2
De Cazaux, du Busca,	»	1	De Belloc,	»	1
De Cassagnet, de Bautian,	»	1	De Baumont,	»	1
Du Cos, de Gignan,	»	1	De Miran,	»	1
D'Aumensan, de Boulouch, de Bière,	»	1	De Mérens,	»	1
De St-Mézard, de St-Gaillard, de Las,	»	1	De Lamothe, de Meymes, de Batz,	»	1
De Camarade, de Carjet, de Lagarde.	»	1	De St-Jean-d'Anglès, de Pujos, de Roquebrune,	»	1
			De Pouysegur.	»	1

LOMAGNE

	Hommes d'armes.	Archers.		Hommes d'armes.	Archers.
MM.			MM.		
De Roillac,	1	»	De Sempesserre, de Lacassagne,		1
De Gramont,	1	2	D'Oms, de Tillac,		1
De Pordéac,	1	»	Du Pin,		1
De l'Isle-Bouzon,	1	2	De St-Léonard,		1
D'Avezan,	1	»	De Boubée,		1
De Marsac,	1	»	De St-Michel, de Donazan,		1
De Caumont,	1	»	De Plieux,		1
De Castéra-Bouzet,	1	»	De Gensac, de Lamothe-Bartigues, de Balignac,		1
De Castéra-Lect,	1	»	De Martres,		1
De Flamarens,	1	»	De Poupas,		1
De Peyrocave,	»	1	De Lieux, de Lamothe, de Roumegas,		1
De Tournecoupe,	»	1	Du Motet, le baron de Gimat et d'Esparsac.		1
De St-Martin,	»	2			
De Puygaillard,	»	2			
D'Arques,	»	1			
De Bouzet,	»	1			
De La Chappelle,	»	1			
De St-Avit,	»	1			
De Vivés,	»	1			

BRULLOIS.

MM.	Hommes d'armes.	Archers.	MM.	Hommes d'armes.	Archers.
De Montaignan,	1	2	De Brimont,	»	1
De Roquefort,	1	»	De Villeneuve, de La-		
De Móncau,	»	1	mothe d'Auger,	»	1
D'Estillac,	»	1	De Plaisance, de La-		
Du Saumont,	»	2	fosse, de Penne-Va-		
D'Ambiac,	»	1	laguier,	»	1
De Maulèche,	»	1	Du Linpor,	»	1
D'Arribère,	»	1	De Ste-Colombe,	»	1
De Cuc,	»	1	De Batz,	»	1
De Taillac,	»	2			

FEZENSAGUET.

MM.	Hommes d'armes.	Archers.	MM.	Hommes d'armes.	Archers.
D'Encausse,	1	»	De St-Germé,	»	1
De St-Aubin, de Mon-			De Serempuy, de Re-		
taignac, de Pouy,	»	1	zeingues,	»	1
De Marabat, de La-			De Monbrun,	»	1
lanne,	»	1	De Mansempuy, de		
De Castelnau-d'Ar-			Latour,	»	1
bieu,	»	2	De Thous,	»	1
De Magnas,	»	2	D'Esclignac,	»	2
D'Engalin,	»	1	De Piis,	»	1
De Labrie, de Vi-			De Betpouy,	»	1
gnaux,	»	1	De Polastron,	»	1
D'Augnax, de Corné,			De Labarthe, près		
d'Esparbès,	»	1	Fleurance,	»	1
De Ste-Gemme, de			D'Ayguesmortes,	»	1
Séran,	»	1	De Pouymisset,	»	2

AURE ET MAGNOAC.

MM.	MM.	MM.
De Guizeries.	De Bezordan.	De Thermes.
De Montzuel.	De Lassalle.	De Sérignac.
De Lortet.	De Pontous.	D'Estansau.
De Devèze.	De Grezian.	De St-Arroman.

MM.	MM.	MM.
De Bethèze.	D'Espénan.	De Seissan.
De Goussan.	De Laran.	De Faget.
De Dazies.	De Cazaux.	D'Arné.
De Tajan.	De Faulon.	De Preissac.
De Sembrés.	De Laterrade.	Tous 6 archers.

PARDIAC.

MM.	Hommes d'armes.	Archers.	MM.	Hommes d'armes.	Archers.
De Samazan,	»	»	De Laveract,	»	»
D'Aux,	»	»	De Cassagnau,	»	»
De Villepinte, de Bac-			De Corna,	»	1
qué, de Laplatte,	»	1	De Sieurac,	»	»
De Las, de Blousson,			De Tillac,	»	»
de Troncens,	»	1			

COMTÉ DE L'ISLE-JOURDAIN.

MM.	Hommes d'armes.	Archers.	MM.	Hommes d'armes.	Archers.
De Ste-Livrade,	»	»	De Brax,	»	1
De Marestaing,	1	»	D'Escatalens,	»	»
De Lamothe,	1	»	De Lassauvetat,	»	1
De Lévignac,	1	»	D'Aucadé, de Blan-		
De Montaigut,	1	»	quefort,	»	1
De Ségoufielle,	»	1	De Pouylosic,	»	»
De Clermont,	»	1	De Mérenvielle,	»	1
De Pibrac,	»	»			

VICOMTÉ DE GIMOIS.

MM.	Hommes d'armes.	Archers.	MM.	Hommes d'armes.	Archers.
D'Avensac, de Cohas,	»	1	De Ségreville,	»	1
De Tarride,	1	»	Le baron de Fodoas,	1	»
De Cabanac,	»	1			

Le reste des seigneurs du Gimois ainsi que ceux de l'Isle-Jourdain sont désignés d'une manière incomplète dans le manuscrit.

Gens d'Église.

L'archevêque d'Auch, l'évêque de Lectoure, l'évêque de Condom, les chapitres d'Auch et de Lectoure, l'archiprêtre, les abbés de La Case-Dieu, de Belleperche, de Tasques, de Simorre, de Bouillas, de Flaran, les prieurs de St-Geny, d'Eauze, de Madiran, de St-Orens, de Toujet, de St-Giron, le commandeur de St-Antoine, le chapitre de Vic-Fezensac.

État des seigneurs hommagiers du comté de Comminges en 1499.

Senseguier las gens nobles tant de gleyse que temporals qui tenent terres, segnorias et autres causes nobles en ladit comtat de Comminges par lasquales sont tenguts de se segrament de fidelitat et homasge.

Chastellenie de Muret.
Le prieur de Muret.
Les sieurs
de Fontenilles.
de Noé.
de Lhermes.
de Poucharamet.
de Mosac.
du Foga.
de Frosin.
de Roquettes.
de St-Alary.
de Villeneuve.
l'évêque de Lombez.

Chastellenie de Samatan.
Les sieurs
de Noaillan.
de Seisses-Savés.
de Savignac.
de Pompiac.
de Montblanc.
d'Ahillère.
de Montagut.
du Puylosic.
de Garranet.

du Planté.
de Gensac.
de Leymond.
de St-Loberic.
du Pin.
de la Haye.
de Plagnolet.
de Cassanet.
de Madères.
le prieur de Samatan.

Chastellenie de l'Isle-en-Dodon.
l'abbesse de Favas.
le prieur de Mauvezin.
l'abbé de Nizos.
Les sieurs
de Péguillan.
d'Arrioulas.
de Lousfan.
de Labastide-Pomès.
de Fersiat.
de Montesq.-Sieurac.
de Mondilhan.
de St-Ferréol.
de Bonrepos-Sieurac.
de Sélermes.
de Polastron.

de Boixéde.
d'Ambaon.
de Membau.
de Neuigan.

Chastellenie d'Aurignac.
Le prieur de Peyrissas.
Les sieurs
de Benque.
de St-Lary.
de Saman.
de Larcan.
de Samoilhan.
de Ramefort.
de Brignolas.
de Faucon.
de Barsat.
de Montossin.
d'Esquirs.
de Roques.
de Rozan-Fontrailles.
de Montagut.
d'Espaon.
de Marignac.
d'Eouscuns.
de Baysan.
de Parisis.

d'Escanacrabe.
de Mirepoix.
de Lasserre.
de Ruimes.

Chastellenie de
Sallies.

L'évêq. de Couserans.
Les sieurs
d'Aspet.
de Mauléon.
de Roquefort.
de Francasun.
de Taurignan.
de Rozès.
de Montagut.

Chastellenie de
Castillon.
Les sieurs
de St-Pau et Lamothe
de Villeneuve.
de Balongue.

Chastellenie de
Fontignan.
Les sieurs
de Larboust.
de Hayes.
de Sérignac.
de Marignac.
de Binos.
de Visse.
Et quelques autres sei-

gneurs pour terres
dans la châtellenie.

Chastellenie de
St-Julien.

le v^{te} de Couserans.
Les sieurs
de Lantar.
de Gensac.
de Goute Vernisse.
de Lalombère.
de St-Ciry.
de St-Cristaud.
le b^{on} de Montberaud.
le commandeur de
Sallies.

Gatgés ordinaris acoustumats dé baillar aous officiés doudit
de Comengés én la formo qué sensée.

Aou sénéchal, 300 liouros. — aou jatgé, 100 id. — aou percurairé, 100 id. — aou trésaourié, 300 id. — aou mestre de las obras dé Muret, 12 id. — aou castellan dé Muret, 60 id. — aou castellan dé Samatan 25 sestiers blé et autant avoine et autant sivade. — aou castellan dé St-Julien, id. — aou castellan d'Aurignac, 15 sestiers froment et autant sivade. — aou castellan dé Sallies, id. — aou capitani dé Ste-Marie, id. — aou capitani de St-Lézer, 25 liouros. — aou castellan dé Castillan, 10 id. — aou castellan dé Fronsac, 20 id. — aous quonaté de la Isle-én-Dodon, 72 id. — aou claouari dé Muret, 40 id. — aou claouari dé Samatan, 20 id. — aou claouari dé la Islo, 10 id. — aou claouari d'Aurignac, 10 id. — aou claouari dé Sallies, 20 id. — aou claouari dé Castillon, 30 id.

(*Tiré d'un ancien rôle collationné*).

BAN ET ARRIÈRE-BAN DE LA SÉNÉCHAUSSÉE DE LANNES.

Siége de Dax.

François de Navailles, évêque, 100 livres 10 sous 6 deniers. — François de Pardeillan, abbé de Divielle, 105 liv. — Jean Goumard, abbé de Sordes, 105 liv. — Jean Pobla, abbé de la Cagnotte, 70 liv. — Jean du Branard, abbé d'Artous, 37 liv. 6 s. 6 den. — Antoine de Bourbon et Jean de Navarre, 4500 liv. — Antoine de Gramont,

962 liv. 3 s. — Adrien d'Apremont, vic. d'Orte, 300 liv. — Françoise de Cauna, dame de Pouillouat, 540 liv. — Bertrand de Pouillouat, 120 liv. — Le seig. de Brutail, baron de Saubusse, 301 liv. — Pierre de Campène, sr de Méés, 130 liv. — Bernard Laurans, baron de Fertis, 110 liv. — Gilles de Boirie, sr de Poy, 764 liv. — Odet de Lanne, sr de Baillade, 792 liv. — Etienne de Baylens, baron de Labarthe et de Poyanne, 980 l. 17 s. 6 den. — François de Tauloresse, baron de Clermont-Minbaste, Poyartin, etc., 472 liv. — Bertrand de Lavit, sr de Montaulieu, 453 liv. 2 s. — Jehan de St-Martin, pour la baronie des seignaux et la vicomté du Biscarosse, 695 liv. — François de Bézaudun, 110 liv. 15 s. — Jean de Bearn, Bernard de Montagut, Bernard de Magescas, 177 liv. — François d'Arricau, sr de Vignolles, 165 liv. — Pierre de Campène, sr d'Elix, 97 liv. — Françoise de Campène, dame de Fabars, 55 liv. — Jacquette de Cassaigne, dame d'Ossatges, 63 liv. — Jean de Saint-Martin dans Pouillon, 54 liv. — Jean de Fabars, sr de Rostens, 80 liv. — François de Talomon, 11 liv. 5 s. — Pierre de Camon, baron de Laharie, 60 liv. — Augier de Lalanne, 102 liv. — Robert de Bessabat, 105 liv. — Jean, sr de Bédaurède, 92 liv. — Guilh. de Bédaurède, sr de St-Laurent, 60 liv. — Noël de Beyres, sr du lieu, 25 liv. — Adrien du Biodas, sr du lieu, 78 liv. — Jean du Lion, sr du lieu, 80 liv. 10 s. — N., sr de Labatut, près Tartas, 110 liv. — Joseph de Mérignac, cos. de Labatut 20 liv. — François de Mongran, sr de Castillon, 50 liv. — Jeanne de Bézaudun, dame d'Ajes, 67 liv. 10 s. — Blaize de Montaulieu, sr de Carritz, 30 liv. — Guirautine du Huraultz, 130 liv. — Catherine de Bezaudun, dame de Marsillac, 45 liv. — Robert du Poy, sr de Sieste, 86 liv. — Etienne du Brutail, sr de Norton, 372 liv. — Jean de Goalard, sr de Goalard-Lagraulet, 120 liv. 15 s. — François du Haz, sr du Ron, 75 liv. — Robert de Bessabat, sr de Bellepeyre, 25 liv. — Robert de Garat, sr de Bastère, 45 liv. — Arnaud de Bénesse, sr du Poy, 145 liv. — Jean de Pouilhouat, sr d'Ardis, 15 liv. — Bertrand de Bessabat, sr de Montauser, 32 liv. — N. de Biscordan, 10 liv. — Etienne d'Arban, sr de Castelnavelo, 30 liv. — N., sr de Mayrans, 26 liv. 15 s. — N., sr de Mauranne, 45 liv. — François de Lier, 48 liv. — Bertrand d'Oro, 63 liv. — Etienne de Bourg, 45 liv. — Jean Broca, 15 liv. — Jean d'Eyticux, de Hastingues, 36 s. — N., sr de Pomarède, 15 liv. — N. de Labadie, 45 liv. — Bertrand de Lavie, 25 liv. — Catherine de Lasserre, 45 liv. — Laurent de Niort, pour St-Cric, 44 liv. 5 s. — Jean de Béhie, 64 liv. 15 s. — Charles de Campaigne, sr d'Inis, 38 liv. — Jacques Martin, sr de Lasalle, 48 liv. Mengot de Bafouègne, sr de Tosse, 36 liv. — Anne de Maumin, pour Mont-Povat, 32 liv. 7 s. 2 d. — Gabriel de Maumin, sr de Laur-

124 liv. 7 s. — Goucharnot de Maumin, sr de Lorreyte, 18 liv. 9 s. — Gaillard de Lille, pour Cazaux, 10 liv. — François de Campene, pour Labatut, 273 liv. — Bertrand d'Ayrosse, sr d'Oeyre, 32 liv. — François de Fabars, sr d'Abesse, 58 liv. — François Chapelain, sr du Four, 17 liv. — Blaize de Montaulieu, sr de Manos, 12 liv. — Pierre de Montaulieu, sr de Villeneuve, 12 liv. — Bernard de Lanescure, 84 liv. 15 s. — N., sr de Massine, 18 liv. — N., sr d'Anglade, 30 liv. — N., sr de Lassalle de Léon, 3 liv. — N., sr de Larroque, 3 liv. — N., sr de Lagoarde, 3 liv. 15 s. — Pierre de Barriante, 40 liv. 10 s.

Le prieur du St-Esprit de Dax, 48 liv. — Jeannot de Bessabat, sr du Castéra, 20 liv. — Le prieur du St-Esprit, près Bayonne, 164 l. 7 s. 90 den. — N., sieur de Lamothe, 20 liv. — Vincent de St Martin, sr de Gestède, 75 liv. — Catherine de Bordenave, 18 liv. — N., sr de Montgaillard, 10 liv. — Hélène de Masserrote, 70 liv. — François de Six, sr de Cazenave, 20 liv. — N. du Preuil, 20 liv. — Cécile d'Espis pour Bonnefont, 40 liv. — Antoine de Labadie, sr de Garat, 15 liv.

SIÈGE DE SAINT-SEVER.

Jacques de St-Julien, évêque d'Aire et son chapitre, 200 liv. — Jacques Borda, abbé de St-Guirons et son chapitre, 40 liv. — Pierre du Casso, abbé de St-Lomber et son chapitre, 67 liv. — L'abbé de Pontault et son chapitre, 82 liv. — L'abbé et le chapitre de Pimbos, 45 liv. — L'abbé et le chapitre de St-Sever, 434 liv. — Odet de Foix, sr de Sault, 1200 liv. — Paul d'Andouins, pour les baronies de Hagetmau, etc., 1800 liv. — Charles de Gastelnau, 900 liv. — Pierre de Pons, sieur de Montgaillard, 100 liv. — François de Campene, sr de — Françoise de Candale, 5.5 liv. — François de Cauna, 1600 l. — Jean de Goulard, sr de St-Maurice, 500 liv. — Gabriel de Lille, sr de Julliac, 500 liv. — Jean d'Amou, sr d'Amou, 43 liv. — Jean d'Arzac, sr de Mommay, 36 liv. — N. de Poy, dame de Stéliez, 20 liv. — Quitterie d'Abaye, dame de Sarraret, 120 liv. — Antoine de St-Julien, sr de Laumoussans, 286 liv. — Jacques de St-Julien, sr du lieu, 100 liv. — Antoine de Gramont, sr de Respect, 207 l. 10 s. — N., sr de Stéliz, 248 liv. — N., dame de Payros, 250 liv. — Jean de Cloche, sr du Banquet, 260 liv. — Etienne de Bezillac, sr de St Cric, 405 liv. 15 s. — N., sr d'Aubagnan, 123 liv. — Armand de Serres, 70 liv. — Jean de Podeins, 467 liv. — N., sr de Peyre, 221 liv. — N., sr de Ste-Colombe, 275 liv. — N., sr de Larqueyrous, 207 l. — Le prieur de Nerbis, 27 l. — Jean de Marcens, sr d'Aunoux, 80 liv. — Bernard de Prueret, 45 liv. — Menjou du Pouy, sieur de Patz, 25 liv. — Bernard d'Arbo, sr de Tengon, 30 liv. — Jacques de Brieux, 50 liv. — Bernard de Sault, sr de Casterar, 40 liv. — Catherine d'Espin, dame de St-Germain, 116 liv. — Odet de Cinquereuil, sr de Labarthe, 20 liv. — Jean de Muret, sr d'Arzat, 41 l. — François de Liers, sr de Cohiac, 43 liv. — Jean Odet, sr de Cuquereuil, 80 liv. — Jean de Serres, sr de Secrelous, 125 liv. — Jean de N., sr d'Arricau, 60 liv. — Jean du Prélat, sr de Saint-Morin, 182 liv. — N., sr de Poy, 47 liv. — Magdeleine de Gamardes, dame de Soustons, 23 liv. — N., sr de Boyrie, 48 liv. — N., sr d'Amolin, 43 liv. — Ogier de Talazac, sr de St-Agnet, 25 liv. — Pierre de Camons, sr de Dado, 43 liv. — N., sr de Fargues, 30 liv. — Jean de Cautets, sr de Poy, 50 liv. — Georges de Claverie, sr de Marrin, 48 l. — Pierre de Canon, sr de Montfort, 60 liv. — N., sr de Labarrène, 24 liv. — N., sr de Mus, 43 liv. — Antoine de Navailles, 129 l. 10 s. — Bernard de Marreing, sr de St-Germain, 12 liv. 17 s. — Jean de la Teulade, 103 l. — Magdeleine de Gamardes, dame d'Argelos, etc., 54 liv. — Bernard du Lyon, écuyer, sr de Camps, 487 liv. 10 s. — N., sr de Latreille, 546 liv. — Jean de Lalanne, abbé séculier du Man, 12 liv. — Jean de Gabacbielle, sr de Lucpeyrous, 43 liv. — Rogier de Sansac, 100 liv. — Antoine de Vaillières, sr de Labarthe, 74 liv. — Bertrande du Puyon et Ar. Guillh. de Cassun, 57 liv. — Le clergé de Jeoune, 30 liv. — Jeanne de Bessabat, dame de Bocossé, 11 liv. — François de Laborde, sr de la Guisaudie, 33 liv. — Jean Odet, sr Casautets, 12.

SIÉGE DE BAYONNE.

Léon, sr d'Espelette, 100 liv. — Jean d'Alsats, 114 liv. — Marie d'Abatte, dame de St-Martin, 25 liv. — Louis d'Arquier, 70 liv. — Jean d'Harismendi, sr d'Arengosguy, 12 liv. — Pierre de Hiriard, sr d'Arcoeit, 70 liv. — Michaut de Harenbure, sr de Lahet, 117 liv. — N., sr de Gayro, 56 liv. — Jean de Belzunce, sr du lieu, gouverneur de Dax, 135 liv. — Jean de Heitse, sr de Heitse, 100 liv. — N., sr de Hirigoyen, 40 liv. — Jeannot de Sault, sr de Sault le vieux, 21 liv. — Robert de Bonnet, sr de Bonnet, 10 liv. — Martissans d'Ossogarlo, sr d'Ascaing, 10 liv. — Jean de Lasalle, sr de Buits, 20 liv.

VICOMTÉ DE MAULÉON.

Le sr de Luxe n'a pu être taxé. — Marie de Lacarre, mere de Jean de Berterreiche, 50 l. — Catherine, dame de Jaureguissehar, 34 l. —

Arnaud de Belzunce, ab. séc. de Barennes, 40 liv. — Pierre de Domec, 50 liv. — Pierre d'Audurin, 5 liv. — Marie d'Armendarits, dame de Sangunes, 5 liv. — Marie d'Artagny, 60 liv. — Nicolas de Hirigalay, 20 liv. — Ménot de Béhéra, 15 liv. — Martin de Rutigoyti, sr de Jorgain, 46 liv. — Arnaud de Domec, potestat du pays de Soule, 25 liv. — Rogier de Lassagne, 15 liv. — Menot de Harismendy, 18 liv. — Pierre d'Alharry, 11 liv. — Arnaud de Rospide, 33 liv. — Jean d'Urbide, sr de Lassalle, 70 liv. 10 s. — Arnaud de Garat, 48 liv. — Tristan de Ruthie, 137 liv. — Jean de Cazenave, 20 liv. 7 s. — Arnaud de Joret-Guibarry, 52 liv. — Rogier d'Aspes, sr Arzac d'Aspes et de Gestas, 532 liv. — Pierre Jenard, écuyer, 63 liv. — Tristan de Bugnet, 37 liv.

État des gentilshommes-vassaux du Bruilhois, 20 octobre 1...

Les sieurs	de Montagnac.	les sieurs
d'Estillac.	de Plaisance.	d'Auger.
de Fah.	de Ste-Colombe.	de Villeneuve.
de Lamonjoye.	de Brax.	de Flamarens.
du Cuq.	de Trimport.	de Lassalle-Brimont.
de Moirax.	d'Aubiac.	de Roquelaure.
de Manlèche.	du Buscon.	de Montagne.
d'Ampeils.	de Batz.	de Moncaup.
de Daubèze.	le commandeur du	de Brax.
de Baulens.	Nomdieu.	le commandeur de
du Saumont.	le prieur de Leyrac.	Nomdieu.
de Moncaup.	Ont maisons nobles :	l'abbé de Bouillas.

Toutes ces pièces ont été extraites du chartrier du Séminaire.

Copie et quittance de Charles de Betous à la noblesse.

Ce jourdhuy douziesme de juillet mil six cens trente neuf avant midy dans Lectoure et boutique de moy notaire régnant tres crestien prince Louis par la grace de Dieu roy de France et de Navarre par devant moy notaire royal soussigné présents les témoins bas nommés estably en sa personne noble Charles de Betous sr de Betous lequel de son gré a receue présentement présents moy notaire et témoins de nobles Jean François Dantras sr de Cornac, Arnaud Guillem de Mons sr de Lartigue, Jean-Louis de Tronsens sr de Blousson, Hector-Anthoine de Sariac sr de Navarron, Gabriel de Castelbajac sr de Lagarde, François de Mons sr de Gellenave, Bertrand du Coussol sr Desparsac, Arnaud Guillem de Montaut sr de Floures, Jean de Betous sr de Betous et de Bouson, Medrano sr de Camicas,

sr d'Estampes et Marguerin d'Antras sr de Gardères, lesdits sieurs de Cornac, de Lartigue, Blousson, Navarron, Lagarde, Gellenave et Betous présents et acceptants, faisant tant pour eux que pour les autres sieurs absents auxquels promettent faire ratifier la présente quittance, la somme de huit cents livres et ce pour aller faire le service de cheval loger que lesdits sieurs et tous obligés de faire savoir dudit sr de Cornac cent livres, du sr de Lagarde quarante livres, du sr d'Esparsac quarante livres, du sr de Lartigue soixante-six livres quatorze sous, du sr de Betous cent livres, du sr de Lagarde trente-deux livres, du sieur de Blousson cent quatorze livres, du sr de Marguerin quarante livres, du sr d'Estampes cent soixante livres, du sr de Navarron huit livres, du sr de Floures huit livres, du sr de Camicas cinquante livres, revenant toutes lesdites sommes à huit cents dix-huit livres quatorze sous, de laquelle dite somme il se contente et promet auxdits sieurs d'aller rendre le service personnel et servir pendant cette campagne là où il sera commandé par Sa Majesté et rapportera certificat auxdits sieurs du service par lui rendu à Sa Majesté.

Mentre de Béarn. — 1336-1337.

La guerra de Gasconha feyta prumerament per Mossen Rogier Bernat en l'an mil dos cens nabante oeyt et nabante nau et après luy per Mossen Gaston comte de Foix en l'an mil tres cens trente sieys et trente sept de mandament del rey de France et als gatges del rey de cent homes d'armes et cinq cens homes a pé per gardar la terra de Bearn en la frontiera dels Engles et d'autre part an retenuts de cinq cens homes d'armes et de mil et cinq cens sirvents otre los dessus als gatges del rey cum se pot mustrar per los mandaments deldit rey et per los pagaments alors feyts, cum dejos sera feyta mention. En après l'an mil tres cens et trente sept lo dilus davant la feste de Sent Nicolau que foc lo prumer jorn de dezembre, al mandament deldit Mossen Gaston comte de Foix bengueren cent homes d'armes a cavalh et cinq cens homes a pé ordenats per lo rey de France a gardar la terra de Bearn a destar sus las frontieres als gatges del rey per lo terme de dos mezes, et lodit Mossenhor lo comte mandec et cometec al senhor de Lescun que prenguès la mostre de las gens d'armes et la prenguet a qui metixs.

Prumerament se monstrec Ramon-Arnaud de Bearn am son cavalh estimat cent et trente livres. — Manaud de Saut am son cavalh estimat trente cinq livres. — Guilhem de Faucon am son cavalh estimat vingt cinq livres. — Pey Ramon de Salas am son cavalh estimat trente livres. — **Bernat de Lesca** am son cavalh extimat trente cinq livres. — **Lo Lobat de Bearn** am son cavalh de cent cinquante livres. — **Pey Arnaut de Salafa** am son cavalh de vingt-cinq livres. — **Manaud de Salafa** am son cavalh de vingt cinq livres. — **Guilhem Arnaut de Labadie** am son cavalh de vingt cinq livres. — **Pey de Bearn** am son cavalh de sixante livres. — **Guilhem de Faur** am son cavalh de cinquante livres. — **Galhard de Tursan** am son cavalh de vingt cinq livres. — **Fortaner Miramont** am son cavalh de trente livres.

Et per vigor de lasdittes lettres lodit Mossenhor lo comte Lexades sas gens avec debers lo loctenent deu rey dessus dit am loquoal estec per alguns jorns per tractar des negocis deu rey per losquoals foc impedit a fer la monstre de sas gens entro a la quinzene del mes dessus dit de juli, alqual jorn lodit Mossenhor lo comte de sas gens d'armes et des gens a pé fee monstre al loc de Marmande davant Mossen Armen lo coc cavalier deputat a pendre ladite monstre de cinq cens et sept homes à cavalls armats et dos milia et nabante un sirvens aixi cum en lo libre del rey de ladite monstre es contengut laqual monstre abia Jaufre lo Flamant loctenent del thesaurer de las guerres, en laqual companhie dedit Mossenhor lo comte et en la monstre eran luy meteys am los baros cavalliers, et am los baros non cavalliers non baros.

Barons que non eran cavallier, lo senhor de Barbazan baron. — Pons de Vilamur senhor de Sent Paul baron. — Bernat de Durfort hun senhor de Savardu baron. — Galhard de Privac baron.

Collationné à l'original qui est au trésor des chartres du roy au château de Pau.

Montre de Béarn, Bigorre, Foix et Gascogne, sous le comte de Foix, en 1376.

Seguense los baros, gentius, domengers, bireuers et homis noveramment manats per armar que son en Bearn et en Marsan deusquoaus seu presentan per davant Mossen Arnaut-Guilhem de Bearn en la glisi deus frais menors de Morlaas, auguns en l'estat et los autres que y falhin combien que y fossen menats, aixi cum dejus ves escriut lo segond jorn d'aost l'an mil tres cents septante sheys.

BAROOS.

Lo senhor de Coarrase se presenta armat et a cavag.

Soos Companhos.

Mossen Assiu de Coarrase armat et a cavag. — **Lo Bort de Coarrase** armat et a cavag. — **Sansaner de Lascun** ab un roci et armat sino de came et et de péé. — Arnaud-Guilhem de Cosledaa, armat et un rocy. — P. Darribere son cors sees plus. — Bernat den Camps ab dus rocys. Domenger.

Lo senhor de Gerzerest armat et a cavag.
Soos Companhos.

Gassiot de Somolon armat ab un rocy. Gentiu. — Berdos de Labatut armat ab un rocy. Gentiu. — Ramones ie Gerzerest dit de Navalhes armat ab un rocy. — Peyrucoo de Fayet son cors. — Peyrucoo de Gerzerest son cors.

Lo senhor d'Arros armat et montat.
Soos Companhos.

Lo Bort d'Arros ab un rocy. — Lo Bort de Bilheres armat ab un rocy. — Arnaud-Guilhem d'Arros ab un rocy.

Lo senhor de Gavaston armat......

Peyroton son filh armat et a...... — .... de Momaas un rocy et........ — .... filh de Labat de Gavaston dus....... — Berdot de Bearn dus rocys et armat.

Lo senhor de Gayrosse armat et a cavag.
Soos Companhos.

Arnaut-Guilhamet de Gayrosse ab un rocy et l'arneé sino de came et de coexe. — Berdot bort d'Osse un rocy et armat sino goantelets. — Arnauton bort d'Osse son cors sées plus l'autre Arnaut-Guilhamet de Gayrosse, son cors. — Galhardes de Sus un rocy et larnées sino de came et de Coexe.

Seguense los baroos de Bearn qui no comparescon a ladite jornade.

Lo senhor de Navalhes. — Lo senhor de Lascun. — Lo senhor d'Andonhs. — Lo senhor de Miucents. — Lo senhor de Domy. — L'abesque de Lascar. — L'abesque d'Oloron.

Seguense los gentius de Bearn quis presentan per davant lodit Mossen Arnaut Guilhem de la comission de St-Salier.

Berdolet de Casteg armat et a cavag. — Lo senhor d'Artiquelobe armat et a cavag. — Lo senhor d'Arbus armat et a cavag. — Monauton de Navalhes armat et a cavag. — Lo senhor de Barzuu ab un rocy bacinet, jaque came et goantelets.

Lo senhor de Caunar armat et ab un rocy.
Soos Companhos.

Guix Arnaut de Caunar armat et un rocy. — Ramon-Arnaut

d'arros lo medix. — Lo Bort de Beuste lo medix. — Guilhem de Caunar lo medix.

Lo senhor de Segaa armat ab un rocy.
Domengers.

P. de Castanh d'Anat armat et un rocy. — Labat de Juransoo ab dus rocys. — Lo senhor de Sentabit ab dus rocys. — Peregry de Deuponts armat et un roay. — Labat de Flayoo un rocy et armat sino de coexe. — Labat de Julhac ab un rocy. — Augeros de Oere un rocy et armat. — Bertran d'Augar armat ab un rocy. — Peyrot de Beyries ab un rocy. — Lo senhor de Baliros son cors. — Lo senhor de Lagos. — Lo senhor de Lasalle d'Assat.

Homis d'armes nouveau x navegs de la comission de P. Salier presentats.

Peyret deu Colom de Boregariber ab un rocy. — Berthomiu de Bordeu de Morlaas ab un rocy. — Arnauton deu Puts son cors. — Berdolet-Lambert de Morlaas ab un rocy. — Arnautolo Bruu de Morlaas un rocy. — Bernat-Guilhem de Lescar un rocy. — P. de Gers de Morlaaa un rocy. — Guilhem-Arnaut de Castetis son cors. — Berdos de Mirapeix de Pau ab un rocy. — Arnaut-Guilhamet deu Pont de Morlaas un rocy et larnées. — Arnauton de Bordeu ab du rocy bacinet et cote. — Arnauton-Lambert de Morlaas armat ab un rocy. — Berdolet de Pau son cors. Guiranton de Leserre de Sante Colome son cors. — Ramonet deu Fedat de Labastide son cors.

Seguense los gentius de la comission de P. Salier qui nos presentan a la dite jornade per davant lodit Mossen Arnaut-Guilhem de Bearn.

Lo senhor d'Ossat. — Lo senhor de Caubios. — Lo senhor de Momaas. — Lo senhor de Denguy. — Mossen Amaniu de Vinholes. — Lo senhor de Casterar. — Lo senhor d'Urdés. — Lo senhor de Doazon.

Seguense los gents d'armes de l'Ostau de Mossenhor quis presentan per davant Mossen Arnaut-Guilhem de Bearn.

Mossen Spaa deu Leu armat et a cavag. — Mossen P. de Gavaston armat et a cavag. — Ylbanh armat et a cavag — Lo senhor d'Augar. — Lo senhor de Peyre armat et a cavag. — Navarros Gros armat et un rocy. — Arnaut de Senoos armat et a cavag. — Galhard de Navalhes armat et a cavag. — Auger de Navalhes armat et a cavag. — Guiot de Plaihi armat et a cavag. — Galhard de Lasale armat et a cavag. — Lo Beguer de Samadeg armat et a cavag. — Ramon-Arnaut de Brocaas armat et a cavag. — Golhardolo Doroix armat et un rocy. — Galhardet de Montluc armat et un rocy. — Perreu un rocy et armat. — Lo Basquin Dolhabie un rocy et bacinet cote et jaque. — Lo senhor de Brie armat — Johan de Mongay armat et un rocy. — Berduc de Lascun armat et un rocy — Loys d'Augar armat et un rocy. — Bertranet d'Agoes armat et un rocy. — Esteven Darrexat un rocy jaque et bacinet — Laurensot armat et un rocy. — Peyroo de Lacride armat et un rocy. — Lo Ossalées armot et un rocy — Lo senhor de Gestaas armat et un rocy. — Johanet dit Quilhet de Gaston — De Mossen Arnaut-Guilhem de Bearn. — Lo senhor de Morlane. — Ramon-Gassiot de Navalhes armat et a cavag. Guilhemy armat et a cavag. — Monauton de Seeoos armat et a cavag. Lo Bort de Lascun armat et a cavag. — Lo Bort de Sens Germaa armat et a cavag. — Auger d'Escures armat et a cavag. — Arnauton de Monaas armat et un rocy. — Lamigot de Navalhes armat et un rocy. — Guilhem d'Anoye un rocy jaque, cote et goantelets. — Berdolet de Morlaas un rocy bacinet, jaque et goantelets. — Lo senhor de Corberes un rocy. — P. d'Arriquau armat et un rocy. — La Bort de Morlane un rocy et armat sino de cote et goantelets. — Lobados de Castaede un rocy et armat sino came et coexe. — Lo senhor de Serres armat et un rocy. — Berduc de Castaede un rocy et armat. — Perranes de Cassanhe un rocy et armat sino de coexe. — Lo senhor de Jasses. — Lo senhor de Sus. — Lo senhor Daudaus. — Lo vescomte d'Orte. — Lo senhor de Labadie de Laa. — Lo senhor de Labadie Dozenex. — Lo senhor d'Arrestoa. — Lo senhor de Poeydomenge.

Seguense las gents d'armes estranges presentades per davant Mossen Arnaut-Guilhem de Bearn.

Lo senhor de Castegbajac armat et a cavag.
Soos Companhos.

Monoo son filh armat et a cavag. — Berdulhas armat et a cavag. — Bernat-Ramon de Portes armat et a cavag. — Raynaud armat et a cavag sino de goantels. — Guilhonet lo Petit armat et a cavag. — Perro armat et a cavag sino coexots. — Ramonet de Forné armat et a cavag sino de came et coexe.

Lo senhor de Lavedan. — Soos Companhos tots son armats et a cavag sino per quoate rocys. — P. de Begole. — Lo Bort de Begole. — Lo Bort d'Arsisaas. — Peregry de France. — Foles de Banheres.

Lo senhor de Lane armat et a cavag.
Soos Companhos.

Lo Bort de Cardelhac armat et a cavag. — Ramonet d'Angos armat et un rocy. — Arnauton de Lescar armat et un rocy. — Lo Bort de Lane armat sino per un rocy.

Bernat de Basalhac. — Soos Companhos, armats et a cavag sino per tres rocys, un bacinet et une cote. — Bernad-Rodger Denos. — Laurensoo de Sante Spey. — Arnauton de Lalobere. — Lo Bort de Rosalhac, armats et sengles rocys. — Lo Bort de Labatut. — Beros de Beoo. — P. de Peyrot.

Lo senhor d'Ossun armat et dus rocys.

Soos Companhos.

Ramonet de Benac un rocy et armat sino de came et de coexe. — Bernadoo de Casarer un rocy et armat sino de came et de coexe.

Gironsat armat et a cavag.

Soos Companhos.

Esquilhot un rocy bacinet cote jaque et goantalets. — Arnauton de Gironsat un rocy ei larnéées sino de came et de coexe. — Bidau de Beuquet armat et a cavag. — Berdoo de Puyoo un rocy et armat sino de came et de coexe. — P. Arnaut de Maubec louredix. — Arnauton d'Arzac armat ab un rocy. — Lo senhor de Sevy armat ab un rocy. — Labat de Malausane armat ab un rocy. — Ramon-Arnaut de Sos. — Berdos de Sorhets armat. — Lo senhor de Sensac. — Lo Romiu de Puyoo. — Lo senhor d'Amoo dus rocys. — Son fray un rocy et larnéés. — Bernadon Dauriei armat et un rocy. — Johanot deu Laur armat. — Peyroton Despramont armat et un rocy. — Lo Bort de Luxe armat et a cavag. — Peyroton de Farboos armat et un rocy.

Seguense los baledors de Mossenhor qui no soos sosmis.

Le senhor de Lavedan. — Lo Senhor de Feusen. — Lo senhor de Castegbajac — Lo senhor de Baselhac. — Lo senhor de Viusac. — Lo senhor de Benac. — Lo senhor d'Ossun. — Mossen Ramon-Arnaut de Lane. — Lo senhor d'Astéé. — Lo senhor de Fusagueg. — Lo senhor de Lalobere. — Lo senhor de Serremeaa. — Mossen Guiraut Desparros. — Fichaut senhor de Fusagueg. — Monet Desparros — Lo senhor Danty.

BASCOS ET NAVARRE.

Lo senhor de Luxe. — Lo senhor de Gramont. — Lo senhor de Faexe. — Lo senhor Daspes. — Lo senhor Despelette. Lo Costelan de Mauleoo. — Lo senhor de Giestaas. — Perros de Gramont. — Lo senhor de Camer. — Lo senhor de Garro. — Remira d'Orelhano Castelan de Lestele. — Lo senhor de Siang. — Mossen Rodigo Duris mors es. — Johanto Duturbie mors es. — Lo Basco de Sens Palay dit Hurtubie. — Monauton Dangulue. — Monanton de

Lamothe. — Johanicot senhor de Lasale. — Lo senhor d'Ossaranh. — Lo senhor de Domensanh. — Lo senhor Dolhabie. — Lo senhor d'Ans. — Lo senhor Durrutie.

Collationné à l'original qui est au trésor des chartes de la maison, couronne et chambre des comptes de Navarre au château de Pau.

Revue passée à Auch le 15 mai 1386.

Jean de Montlezun, seig^r de Barannau, capitaine.
Ph. de Larroque, l^t.
Géraud de Baudéon, enseigne.
Raymond de Saillas, guide.
Philippe de Pardies, mar.-des-logis.
Hommes d'armes.
Ph. d'Ardenne.
Bernard de Mons.
Ant. de Pardeilhan.
Antoine d'Auxion-Vivent.
Ponyer Filhol.

Jean de Lafitte.
Jehan de Lamarque.
Jehan de Fers.
Réné de Ferraboue.
Bernard de Cossio.
Bernard de Chelle.
Antoine de Gaston.
Cl. de Béon-Lartigue.
Méric d'Idrac.
Jehan Abadie.
Jean Molère.
Heraut Duffoure.
Paurux de Carrère.
Gaspart Larroquan.
Archers.
Pierre de Bic.
Jean de Lamaguere.

Houdet de Vic.
Bernard de Polastron.
Bert. Espéron.
Dominique Espéron.
Pierre de Lacroix.
Pierre du Verdier.
Jean de Casaux.
Larrieu.
Lespin.
Laforgue.
Lacoste.
Tremolet.
Castera.
Pujols.
Savere.
Cassagne

FONDATIONS DE VILLES.

Fondation du Monastère de Saramon, vers 980. — Ce Monastère donna plus tard naissance à la ville.

In Dei nomine. Ego humilis Oddo filius quondam Arnaldi Comitis Astaracensis, et ejus conjugis nomine Atalesæ Comitissæ, his et aliis quàm plurimis exhortationibus, zelo Dei provocatus, calore etiam fidei animatus, atque amore vitæ contemplativæ exagitatus, decrevi in animo meo constituere, cœnobium servorum Dei in commune viventium, tàm pro honore universorum conditoris, quam in redemptione animæ meæ, etiam dictæ genitricis meæ, ac...... nec-non et pro salute clarissimæ animæ inclyti Marchionis totius Vasconiæ, Domini videlicet Sancionis, ex cujus munere beneficiis hoc ipsum mihi pertinet, quod vulgò dicitur, Cella Odulphi, in honorem constructa

Clavigeri Cœli Petri, sitaque in territorio Astariensi; statui, itaque ut superiùs est insertum, ipsum locum ad Monachalem ordinem reducere, pro salvatione animarum cunctorum parentum nostrorum, tàm vivorum, quàm defunctorum, seu universorum Christi famulorum Catholicorum ortodoxorum, ità tamen ut ab hac die deinceps, et in omnibus, et ex omnibus, et per omnia, et in omnia, libertatem ipse locus, et omnes habitantes in eo, cum omnibus appendiciis, sibi pertinentibus quos hodie habere videtur, et postmodum habere debet jure perpetuo, sine aliqua calumnia, integerrimam semper obtineat, et nec ego memoratus Oddo, nec ipse qui supra nominatus Marchio Sancius Guillemizo, nec ullus de nostris hæredibus, vel de nostra genealogia, sivè propagine, nec qualiscumque persona, vel alicujus dignitatis, aut potentiæ vir nullam inquietudinem, vel molestiam inferre præsumat, in eodem Sancto Loco, nec in rebus quas hodie habet, vel posteà habiturus est, quod si qais agere tentaverit, sit sequestratus à consortio cæterorum Sanctæ Dei Ecclesiæ fidelium, ut Cain parricida, et sicut Sodomitæ et Gomorritæ populi inutiles, tanquam crudelis Pharao, etc. etc.

Fondation de l'église de Nogaro, vers 1062.

In nomine Domini nostri Jesu Christi. Noverit tam præsentis quam secuturi ævi ætas, quod ego Austindus Burdegalensis urbis indigena Novempopulanæ Provinciæ metropolita, emi, acquisivi, construxi atque ædificavi locum, qui dicitur Nugarol, magno labore, ingenti cura, quo potui vigore, ad honorem et memoriam atque reverentiam B. Mariæ semper virginis, sicut in subsequenti narrabitur. Bernardus comes cognomento Tumapaler tactus manu divina, reum se esse cognoscens, ægrum se sentiens, curari nitens, liberari laborans, monasticum schema assumere voluit. Sed tunc temporis monachalis religio penitus infra Vasconiam ceciderat donec omnium provisore Deo disponente, doctrina et institutione Cluniensis abbatis, de nomine dicti Hugonis quodammodo recalescere atque reviviscere cœpit. Locus quidam infrà Armaniacensem comitatum habebatur, qui ab incolis terræ illius Sanctus-Mons vulgariter dicebatur, erantque ibi monachi, vel potius cucullati seculariter seculum possidentes, non juxtà apostoli vocem, qua dicitur, *tanquam nihil habentes et omnia possidentes;* imo ordinis atque propositi sui falsificatores, quos ad normam atque regulam beati Benedicti idem Bernardus reducere volens, humilitatem nostram expetiit, suumque nobis patefaciens animum, monachum se fieri velle professus est. Ego de repente spiritum loquentis persentiens, ex industria dissimulare cœpi : ea scilicet de causa quia supra-scriptus locus Sanctus-Mons, quamvis in alodio et dominatu jam dicti comitis foret, tamen cameræ Ausciensis archiepiscopi ecclesiastico jure semper erat : ita quod conventus illi episcopales, vel clericales, sive populares, a prædecessoribus meis semper ibi celebrari consueverant. Denique a pusillitate mea licentia sibi denegata ac pro posse renitente, monachos clam venire parat, eosque invasores loci nostri vi et potentia sui faciens habitare compellit. At ego Austindus ægre ferens, sed non prævalens, tacui quidem in tempore, meis successoribus facti seriem relinquens, clamandi, querendi, et conquerendi vocem relinquens ; de hinc gravari me sciens, atque clamans cum quodam procerum terræ nomine Willelmo Remundi consilio habito, terram ipsius alodii ab eo emi quadraginta solidis monetæ, quæ tunc hac illacque discurrebat. Post hæc Bernardus comes, ut solet fieri in talibus, et ut mos est regionis illius, fundi empti auctorem a me expetere cœpit ; quem præsto habens sibi obtuli. Qui nihil habens quod diceret tacuit ; fundamenta demum jaciens ecclesiæ construendæ, villæ ædificandæ pageramenta composui. Videns vero consul jam dictus me ita insistere labori atque operam dare, per se suosque rogare me instantius cœpit, quod sancti Johannis monasterio discederem, ne episcopales conventus ibi ulterius facerem ; et ut insuper sui amore quartas ecclesiarum duodecim quarum nomina infrà annotata habentur, sibi darem, quæ videlicet ecclesiæ una cum villis, curiæ consulares vocabantur. Et eo in tempore monasterium illud nihil honoris habere videbatur in toto Armaniaco, nisi tantum duas partes ecclesiæ quæ dicitur Arrigada. Satisfeci ergo sibi principi scilicet et secundum quod postulaverat, ad meum placitum quartas illas dimisi tali pacto ut per seipsum manu ac voce auctorisaret terram à me emptam, coram Eicio Guillelmi filio, Guillelmi Raimundi qui pater existens suprà scriptam terram mihi vendiderat quod facere minimè potuit. Posteà vero insistentes monachi Armanus scilicet prior et ceteri, atque propter inquietudinem quam illis inferebam discedere volentes; coactus comes antè præsentiam nostram veniens guerpitionem fecit tam pro se, quam etiam pro filio suo, et filio filii sui, atque omni genere ex eis usque in finem processuram, ne unquam clam, nec saged, nec justitiam vel consuetudinem aliquam, in omni Nugariolensi villa facere præsumant. His itaque peractis, duce Christo, conventu episcoporum adunato, libuit animo dedicare ecclesiam ejusque apostolo sanctoque confessori Nicolao. Convenerunt itaque ex omni Novempopulana provincia episcopi, abbates, consules, proconsules, ceterique domini fideles atque utriusque sexus infinita multitudo, deferentes sanctorum busta martyrum Lupercii, Mammetis, Clari, et Bituricensis archiepiscopi Austregisilis,

Et celebraverunt dedicationem ecclesiæ anno Incarnationis Dominicæ **MLXII.** indictione **XV.** præsidente in Romana sede Nicolao papa, gubernacula regni Francorum tenente Philippo anno 2. regni ejus. Bernardus quoque comes Tumapaler et uxor sua Eimengardis, et filii eorum Geraldus cum Arnaldo fratre suo venerunt ante altare S. Nicolai, in conspectu totius S. conventus; et ibi sub jurisjurandi attestatione reconfirmaverunt guerpitionem suprascriptam, ne ullo unquam tempore censum vel aliquam consuetudinem, ab habitatoribus loci illius expetant Cluniensis abbas, vel monachi sui. Quod si fecerint, statim Auscensis archiepiscopus illud quod volens nolens de loco S. Montis dimiserat, antecessor ejus recuperet. Hæc omnia ego Austindus Ausciorum archiepiscopus successoribus meis scriptum mandare curavi, quo pectoribus eorum tenaci semper memoria habeantur. Nomina vero ecclesiarum quarum videlicet quartas episcopales conventione suprà scripta monachis Sancti Montis dimiseram, hæc sunt Marguet, Castahied, Arblad, Moriners, Sarragachiam, Lartiga, Boson, Fustarroal, Favarolash .... Balanbiz, Arrisele.

Fondation de la nouvelle ville de Simorre, vers 1141.

Occulto Dei judicio, Simorræ villam ignis incendio propter scelera cremasse, nulli dubium est. Unde Petro abbati placuit quod villa mutari debuisset. Statuto igitur die, ante præsentiam abbatis et monachorum Raymundi de Moler, R. Pulchro loco, Wilhelmi Bardie, Amaneus Hugonis, C. de Galian, P. filii ejus, R. Delfresson, B. Faysan, Wilhelmi de Gauzeis, VV. Rosdæ, P. sancti Pauli, A. Raymundi, B. de Sorigano, F. Artigas, R. Bernardi sancti Juliani, Stephani Capellani, Sancii de Albano, venerabilis Bernardus videlicet comes, cum filiis suis Sancio et Bernardo, atque omnes burgenses, tam pauperes quam felices invicem consulentes; et post multa sana atque insania verba, unanimiter statuerunt, ut, salvo jure Dei genitricis Mariæ, abbatis et monachorum prædium invaderent, de quo quisque tantùm sibi acciperet, quantum posset sufficere ad necessaria construenda ædificia : quæ omnia ædificia terraneo muro, atque vallo clauderentur. Decreverunt itaque quod à meridiano ad mansuram locorum ædificiorum, à vallo usque ad torrentem hortos haberent, in Aquinolario similiter, scilicet longitudine similes, de quibus decimas beatæ Mariæ semper redderent, tam de satis quam de plantatis, excepto porro, et olere. Statuerunt namque terminos salvitatis à rivo Garravet usque ad alveum, Laudeæ, et à rivo Gaulepe usque ad torrentem Calavet. Sanxerunt etiam leges, quod omnis advena volens ibi manere, securus infrà terminos erit, præter quod

indè alicui injuriam non inferret, nisi consilio abbatis et burgensium.
Statutum itaque ibi fuit, quod si quis incolarum aliqua necessitate
infrà villam aliquid terræ, loci vel ædificii vendiderit, vel extrà, horti
scilicet, quot solidos acciperet, tot beatæ Mariæ nummos redderet.
Si quis verò fœlicium ægritudine correptus ad extrema devenerit,
abbatem si fieri potest advocet, et quatuor vel tres sani consilii vicinos, consilio quorum, secundum divinam et humanam legem sua
omnia disponat, præcipuè memorans quid erga Deum egerit, vel quò
tendat. Si verò abbas defuerit, loco sui adsit sacrista et capellanus.
Ad pauperum dispositionem, capellanus tantum et propinqui vocentur. Statutum est namque ut omnia inter se utilia negotia cum testibus agerent et cum abbas vel suus procurator sit, suas leges atque
consuetudines in quærelis et vectigalibus et in omnibus à suis antecessoribus constitutis; et nemo à sua lege se liberum excuset. Decreverunt itaque, quod si quis in vineis vel hortis fraudulenter destir-
pans repertus fuerit, vel aliquod infrà terminos furtum fecerit, manu
privaretur, vel eam redimeret. Statuerunt quoque, quod si qui in
adulterio deprehensi fuerint, abbati vel suo procuratori justificationi
traderentur. Decreverunt namque, quod si quis elatione commotus
aliquem vel leviter percusserit, pro lege quinque solidis abbati dam-
naretur, et etiam si quis lætali vulnere aliquem percusserit, vel in
litigium maligna arma ferrea eduxerit, vel attulerit, Abbati cum
omni sua possessione omninò traderetur. Retinuerunt etiam sibi
burgenses conventionem, ut per quinquennium in destructa villa
nullum alicui ædificium abbas fieri permitteret, peracto verò quin-
quennio esset ad libitum sui. Has leges Bernardus comes et Sancius
filius ejus atque Bernardus, ante imaginem crucifixi in ecclesia beatæ
Mariæ sua fide in abbatis manu juraverunt, assistentibus omnibus
suprà scriptis monachis, quod nec violarent nec violari permitterent,
sed salvo jure beatæ Mariæ omni violatori pro posse resisterent.
Prænominatus namque comes antè ecclesiam sancti Sepulchri super
hac re obsides in manu abbatis dederat, Wilhelmum Pajes de Labar-
tere et Centullum de Logorçan, videntibus et concedentibus Dodone
de Semezies, V. Cellæfraxilii, Deus adjudet, A. Bernardi, A. Fratre
ejus, et Ugone de Bedeave, VV. Garsia d'Orbesano, et aliis quam
pluribus tam militibus quam rusticis. Burgenses verò in supra scripta
ecclesia ante Christi imaginem manu sua ferè L., super sancta evangelia pro se et cœteris omnibus juraverunt, ut firmiter leges teneant,
et juri beatæ Mariæ, neque ipsi neque eorum successores unquam
resistant, sed sponte jura reddant : de quibus primi fuerunt B.
Monbardon, B. Sarzaz, R. Arpadere, D. filius ejus, A. Vadan, A.
Elius ejus, S. Modbernade et frater ejus Barbicot, P. gener ejus, B.

Naes, B. Cat., A. frater ejus, VV. Capaure, P. Romen, A. frater ejus, VV. Rivet, A. ejus filius, Ugel Gaujan, et frater ejus, B. Demont, et de cœteris usque ad prescriptum numerum. Facta autem sunt hæc anno à Christi Incarnatione M. C. XLI. indictione IV. epacta XI. concurrente II. mense februario, Wilhelmo archiepiscopo de Montalt regente Auxiensem sedem.

Paréage de Seyssan entre le comte d'Astarac et l'abbé de Faget.

In nomine Domini. Cum sollicitudines et occupationes variæ rerum temporalium occupent animum, ne possit discernere verum quid sit igitur utilius eligendum, ideò dictis prudentium virorum est subtilius insistendum. Scriptum est enim namque væ soli, quia si ceciderit, non habebit sublevantem. Verumtamen cum propter malitias hominum et instantias diversi modas guerrarum nos Bernardus, permissione divinâ abbas Fageti, populum de Seyssano soli nequeamus regere et defendere, ideò brachium seculare, scilicet dominum Bernardum, Dei gratiâ comitem Astariacensem, et ejus legitimos successores, de consilio et voluntate canonicorum nostrorum ecclesiæ sancti Salvatoris Fageto, in nostrum invocavimus auxilium et juramen. Undè ... in fieri volumus universis præsentibus et futuris, quod nos prædic... abbas, de consilio bonorum virorum, cum hac presenti carta in p... .tuum firmiter valitura pensitâ et considerata utilitate dicti castri Seyssano, concedimus pro nobis, et pro omnibus successoribus ... ris, in eadem populatione vobis Bernardo, eâdem gratiâ comiti Astariaci, et legitimis successoribus vestris, omnia quæ inferiùs annotantur : tali videlicet pacto, ut vos et successores vestri, fideliter habeatis, teneatis et deffendatis omnes homines et mulieres, per vos et magnos, intùs et extrà, propè et longè, predicti castri de Seyssano, et omnes res illorum mobiles et immobiles, et omnes familias eorum, cum omnibus suppellectilibus eorumdem, nec à predictis hominibus, occasione defensionis vestræ sive protectionis, seu alio quolibet modo, aliquid percipiatis, vel aliquam exactionem faciatis, vel ab eis servitutem indebitam exigatis, nisi tantum hoc quod à nobis vobis concessum in hoc fuerit instrumento: volumus etiam enim quod in unoquoque foco nostræ populationis de Seyssano pro aubergentia unius militis et unius scutiferi semel in anno, habeant solvere duodecim denarios Morlanorum et unum sextarium avenæ in festo omnium Sanctorum; et nuncius noster colligat denarios dictos et avenam, et teneatur reddere nobis vel nuncio nostro infra mensem post supradictum festum omnium Sanctorum denarios dictos, et si homo perciper vel mulier tenens focum deesset in solvendo ad arbitrarium capituli ejusdem loci et quatuor bonorum virorum, dicta pensio moderetur, et insuper concedimus vobis, quod homines de Seyssano teneantur vobis vendere panem, et vinum, et carnes et alia ad victum necessaria, dum possint et habeant juxtà forum ejusdem castri, et vos persolvatis eis pretii denarios, vel bona pignora, quæ in triplo excedant, eis obligata, quæ poteritis manu levare usque ad caput mensis cum bono fidejussore, qui teneatur denarios solvere, vel reddere creditori pignora. Si non solveritis infrà mensem, ex tunc creditor possit ea vendere prout meliùs poterit, ubicumque voluerit, excepto in Fezensiaco, et Armaniaco, et Magnoaco; et venditis pignoribus creditor teneatur vobis et vestris reddere quod super extiterit bona fide. Et si forte, quod absit, vos vel vestri, offeretis denarios vel pignora dictæ venditionis, homines in Seyssano non teneantur vobis vendere aliquid, vel manu levare, donec de dicta pecunia creditori plenariè fuerit satisfactum. Prætereà volumus et concedimus vobis, ut homines de Seyssano sequantur vos in cavalgatam et in hostem, quando homines de Simorra et de Fageto vos sequentur, alias verò minimè teneantur vel compellantur. Nos verò prædictus B. Dei gratiâ comes Astariaci, videntes et attendentes benevolentiam vestram B. eadem gratia abbas Fageti, et canonicorum vestrorum, insuper inspicientes honorem et profectum totius canonicatus vestri, de consilio nobilium virorum, et maximè totius curiæ Astariaci, recepimus gratuitè ea quæ nobis concessistis in prædicta vestra populatione de Seyssano, et sumus benè parati, et donamus et concedimus vobis, et successoribus vestris et maximè ecclesiæ sancti salvatoris de Fageto, pro nobis et omnibus successoribus nostris, quod prædictos homines, et mulieres, et servos, et ancillas, et omnes res mobiles et immobiles prædictæ vestræ populationis de Seyssano sicut nostros proprios homines deffendemus et tuebimur in quantum poterimus, et de omnibus eisdem injuriantibus, prout facultas sese obtulerit eis justitiam exhibentes. Præterea damus et concedimus eis et peccoribus illorum, pascua et herbagia, et aquas et ligna, et omnes fructus cujuscumque generis sint per totam terram nostram, et per totum comitatum nostrum, solummodo quod quâlibet nocte in prædicti castri termino revertantur. Promittimus etiam vobis, quod si nos, vel nostri, aliquam injuriam scienter, vel nescienter, dictis hominibus irrogaverimus, infrà quindecim dies postquam requisiti fuerimus, emendationem faciemus congruentem; verumtamen ne ab aliquibus in posterum valeat dubitari et in meliùs à nobis, et postmodum à successoribus nostris firmiter asseveretur, nos prædictus B. comes Astariaci, non coactus, nec deceptus, nec invitus sed spontaneus promittens, confirmamus et asserimus omnia, prout superiùs sunt annotata et scripta fideliter servaturos, et ad majorem roboris firmitatem manu nostrâ propriâ tactis sacrosanctis evangeliis juravimus fideliter servaturos et impleturos, si fortè aliquis nostræ successionis in posterum frangere sive rumpere presumpserit, iram et maledictionem omnipotentis Dei incurrat et cum Dathan et Abiron quos terra vivos abstraxit, in infernum demergetur. Actum est hoc septimo calendas maii (25 avril) in claustro Simorræ, in presentiâ illustris viri domini comitis convenarum, et suæ curiæ, et curiæ Astariaci et venerabilis domini Raymundi, abbatis Simorræ et totius conventus ejusdem loci, anno millesimo sexagesimo ducentesimo sexto, regnante Ludovico, Francorum rege, et prædicto domini B. Astariaci, comite; et domino Amanevo, Auxitano archiepiscopo. Horum omnium sunt testes prædicti domini B. comes convenarum, et dominus R. Abbas Simorræ; et Johannes, abbas Cellæ fractæ, et prior Sanctæ Dodæ, et Oddo Delspax, canonicus Lectorensis, et B. Destral, sacrista Simorræ, et Paninus-Anerii Desparros et Gasto de Panassaco et B. de Orbis, et Arnaldus Guillelmi de Vallecava, et Arnaldus de sancto Romano, et ego Brunus scriptor, publicus notarius Astariaci, qui hæc vidi et audivi, et de mandato et voluntate utrarumque partium hanc cartam per alfabetum divisam scripsi, et signo meo signavi in testimonium præmissorum.

(*Ex veteri M. S. tabularii domini Archiepiscopi Auxitani. foliis 75, 76, 77*).

CONCESSION DE L'ABBÉ DU MONASTÈRE DE GIMONT, A ALPHONSE, COMTE DE TOULOUSE. — 1265.

Ad honorem domini Alphonsi, filii regis Franciæ, comitis Pictavis et Tolosæ et domniæ Joannæ comitissæ Tolosæ et successorum suorum in comitatu Tolosano et ad utilitatem evidentem fratrum et habitatorum monasterii de Gimonte, cisterciensis ordinis, diocœsis Auscitanensis et totius conventus et ad tranquillitatem et pacem etiam conservandam.

Nos frater Petrus, abbas prædicti monasterii de Gimonte pro nobis et nostris successoribus universis in præsentiâ fratrum nostrorum dicti monasterii et cum voluntate et consensu expresso et conniventia eorumdem, videlicet fratrum Raymundi Long, prioris dicti monasterii, Guillelmi de Fita, monachi, Grangiarii de Furio, Joannis de Fabrica, magistri conservatorum, et Guillelmi Ramundi Cormano, fratris Arnaldi Nielli majoris Cellarii, fratris Guillelmi de Pellus, fratris Guillelmi Ramundi de Ponpiaco, Bernardi de Aura, Bernardi Despans, Bernardi de Lordea, Bartholomæi de Forgis sub priore,

Guillelmi de Prinliano sacristæ, Petri de Pradis syndici dicti monasterii, Oliverii Arnaldi Depas subventoris, Arnaldi de Arpaignano, Augerii cantoris, Petri de Baurion, Pictavini Ramundi de Molendino, Arnaldi de Sarrade, omnes supradicti monachi prædicti monasterii, damus et concedimus in perpetuum bona et gratuita voluntate prædictis domino comiti Tolosano prædicto et vobis domino Petro de Londrevilla, militi senescallo Tolosano et Albiensi, pro ipsis recipiente nomine corumdem illum locum seu territorium quod vocatur sancti Justini, quod est diocœsi Tolosano et dominio principali domini comitis supradicti prout confrontatur inferius videlicet : rivus de Sucrefous cadit in Gimona et sicut prædictus rivus ascendit usque ad fontem qui dicitur Delpeyra et de ipso fonte usque ad quemdam foveam et ab ipsa fovea usque ad aliam foveam et ab ipsa usque ad illam quæ est infrà locum qui dicitur transversum versus Gimonam et ab ipsa fovea in directum usque ad illam quæ est infrà prædictum transversum et locum prædictum bastidæ et ab ipsa fovea descendendo sicut aqua descendit per illam combam usque ad fontem sancti Justini et sicut aqua descendit ab ipso fonte usque ad Gimonam et sicut Gimona ascendit usque ad rivum de Sucrefous, quod quidem territorium sive locus ad nos et prædictum nostrum monasterium spectat in re plenæ proprietatis et dominii salvo tamen majori seu principali dominio domini comitis supradicti, quam donationem seu concessionem prædicti nostri loci seu territorii superiùs confrontati facimus ad hoc ut dominus comes et vos ejus nomine faciatis seu construatis ibidem novam bastidam seu villam infrà terminos suprascriptos, quam quidem bastidam seu villam cùm ibi fundata fuerit seu constructa intrà prædictos terminos territorii supradicti esse volumus prædictorum domini comitis et dominæ comitissæ et successorum suorum in comitatu Tolosano pleno jure cum districtu et jurisdictione et mero imperio ad quem mixto nihil ibidem temporale infrà prædictos terminos retinentes, neque in furnis neque in obliis neque in muris neque in fossatis neque in personis illorum qui in dicta bastida voluerit commorari.

Damus etiam et concedimus vobis prædicto domino senescallo recipienti nomine prædictorum domini comitis et dominæ comitissæ medietatem redituum et fructuum qui provenient in futurum de molendinis quæ fient in fluvio Gimonæ à rivo de Sucrefous usque ad rivum sancti Justini, qui quidem rivus est inter terram sancti Justini et inter terram del Castellavet, cadit idem prædictus rivus in prædicto fluvio de Gimona intra terminos suprà scriptos sine lesione dampno seu prejudicio molendinorum dicti monasterii de Gimone, ita tamen quod vos nomine prædictorum domini comitis et dominæ comitissæ dent, solvant et faciant medietatem expensarum faciendarum in dictis molendinis ædificandis et conservandis etiam in futurum et nos aliam medietatem expensarum dictarum tenebimus dare et solvere et facere pro alia medietate redituum et fructuum à nobis et monasterio nostro percipienda. Damus etiam insuper et concedimus in futurum habitatoribus dictæ bastidæ, cum ibi constructa fuerit, quod ipsi possint expectare ad opus sui tam cum animalibus grossis et minutis quæ sua propria sine cujusque alterius parte nutrient in dicta bastida aquas nostras proprias et herbagia et nemora nostra propria videlicet quænam habemus, tenemus et possidemus à prædicto fluvio de Gimona usque ad Savam et de castro Affariis usque ad castrum de Tozeto, dum ibi non tengant cabanam sine aliqua exactione, et absque aliquo impedimento à nobis et successoribus nostris faciendo hominibus supradictis. Promittimus insuper vobis recipienti nomine prædictorum domini comitis et dominæ comitissæ, quod nos habitatoribus dictæ villæ concedimus nostras terras circa dictam bastidam intra prædictos terminos positas ad opus agriculturæ et vinearum et hortorum et pratorum sub censibus et obliis aquariis pactionibus quæ sequuntur, videlicet arpentem vinearum et pratorum sub censu seu obliis decem denariorum Tolosanorum cum pertinentibus dominationibus et arpentum hortorum sub censu sexdecim denariorum Tolosanorum cum pertinentibus dominationibus : de aliis vero terris quas eisdem habitatoribus excolendas tradimus dabunt nobis pro agrario nonam partem omnium fructuum inde provenientium in garba videlicet, vel in grano ad electionem nostram et successorum nostrorum.

Veruntamen à prædicta concessione excipimus hortos, vineas et prata quæ ad manum nostram tenemus et terras quas infrà prædictos terminos propriis sumptibus excolimus vel in posterum excolemus; adhuc retinemus nobis et monasterio nostro ecclesiam sive ecclesias quas in dicta bastida contigerit erigi seu ædificari et totum jus spirituale et ecclesiasticum et quidquid ratione juris ecclesiastici sive spiritualis à prælatis ecclesiarum inde percipi consuevit. Retinemus etiam nobis et monasterio nostro prædicto omnes decimas et primitias prædicales et personales et etiam locum seu loca necessaria ad construendum domos seu ædificia ad opus nostri monasterii in quibus personas et res nostras et nostri monasterii recipere et conservare possimus et etiam locum seu loca necessaria ad construendos domos ad opus ministrorum ecclesiæ seu ecclesiarum prædictæ bastidæ. Retinemus cognitionem plenariam feudorum nostrorum in exules feudalibus extrà muros et fossata territorii prædicti superius confrontati. Item retinemus quod si contigerit, quod absit, dictam bastidam penitùs annullari et remanere sine habitatoribus in futurum quod dictum territorium ad jus et proprietatem monasterii nostri prout tempore dictæ donationis seu concessionis plenè et liberè revertatur. Volumus insuper et specialiter retinemus quod si aliquis habitator dictæ villæ commiserit aliquod crimen propter quod debeat amittere bona sua et cadere bona ad manus domini comitis ità quod illæ possessiones intrà dictam bastidam intrà dictum territorium existentes ad ipsum dominum comitem ratione incursus deveniant, quod dictus dominus comes et domina comitissa et successores eorum vel illi qui pro tempore fuerint loco eorum easdem possessiones intrà annum et diem à tempore captionis bonorum computandos vendere et distrahere teneantur personis à jure non prohibitis. Item si aliqui intrà dictam bastidam existentes donatione inter vivos facta mortis vel alio modo ad monasterium nostrum devenerint intrà annum et diem personis à jure has prohibitis easdem possessiones vendere et distrahere teneantur. Retinemuss etiam quod bajulus et consules qui pro tempore fuerint nomine dicti comitis et dominæ comitissæ seu successorum eorum in dicta villa cum creabuntur ibidem in suo juramento exprimere teneantur quod personas et grangias et omnia alia loca et res et bona omnia prædicti monasterii fideliter tuebuntur, defendent et observabunt pro viribus et pro posse. Insuper specialiter retinemus quod prædicti dominus comes et domina comitissa, vel successorum eorum aut aliquis eorum nomine vel mandato non possint intrà dictam bastidam construere seu facere construi domum alicujus alterius religionis vel concedere ædificandum ad aliquam suam causam sine nostra et fratrum nostrorum et successorum nostrorum voluntate expressa . . . .

Promittimus insuper vobis domino senescallo nomine domini comitis et dominæ comitissæ recipienti quod dictam donationem seu concessionem seu omnia supradicta faciemus approbari et confirmari per venerabilem patrem nostrum . . . . monasterii nostri abbatem et conventum de Berdonis : nos vero dictus Petrus de Londrevilla, miles senescallus prædictus, nomine prædictorum domini comitis et dominæ comitissæ Tolosæ prædictam donationem et concessionem superius nobis factam et prædicto domino abbate monasterii de Gimonte de consensu expresso fratrum dicti monasterii sub modis et conditionibus, pactionibus, conventionibus, exceptionibus seu retentionibus supradictis eamdem donationem et concessionem recipimus et acceptamus nomine prædictorum domini comitis et dominæ comitissæ vobis domino abbati et . . . . . dicti monasterii specialiter promittentes quod prædictum dominum comitem et dominam comitissam faciemus esse contentos hisque sibi et vobis eorum nomine in dicto loco seu territorio superius confrontato specialiter concessistis sub modis, dominationibus, pactionibus, conventionibus, exceptionibus seu retentionibus supradictis et prædictam donationem seu concessionem et omnia et singula in his contenta faciemus .... approbari et confirmari per eosdem dominum comitem et dominam comitissam, et insuper ab iis obtinebimus super his et vobis dabimus litteras patentes eorum sigillis pendentibus roboratas vel hanc præsentem paginam donationis seu concessionis prædictæ sigillari eorum sigillis pendentibus faciemus vos prædictum dominum abbatem et conventum fratres et habitatores prædicti monasterii et successores vestros et grangias et omnia alia loca res et omnia bona vestra prædicti monasterii præsentia et futura ubicumque sint et fuerint sub protectionem nostram et prædictorum domini comitis et dominæ comitissæ et successorum suorum eorumdem nomine specialiter in perpetuum recipientes.

Actum fuit hoc apud Gimontem in conversione sancti Pauli et in præsentia domini episcopi Convenarum et magistri Guillermi de Furno, judicis domini comitis Tolosæ et Nogesi de Aperiis, bajuli in Basconis, pro eodem domino comite supradicto et domini prioris sanctæ Fidis et Bernardi Perleperii, bajuli sanctæ Fidis et magistri Bernardi Molinerii judicis in Vasconia, pro domino comite supradicto, anno Incarnationis Domini millesimo ducentesimo sexagesimo quinto.

Paréage de Gimont. — 1280.

Philippus, Dei gratiâ Francorum rex, notum facimus universis, tam præsentibus quam futuris quod cum Petrus, quondam abbas monasterii de Gimonte, Cisterciensis ordinis, Auxitanensis diocesis, pro se et toto conventu, nomine monasterii ejusdem, diligenti deliberatione super hoc præhabitâ inter ipsos, pro se et suis successoribus, in præsentiâ totius conventus ad hoc ex certa scientiâ, prout moris est, specialiter convocat, iolim pareagium fecerunt cum defuncto Petro de Laurevilla, milite, quondam senescallo claræ memoriæ carissimi patrui nostri Alphonsi, quondam comitis Pictaviensis et Tholosæ, nomine ipsius comitis, et Joannæ, ejus consortis quondam, Tholosæ et Pictaviensis comitissæ, super loco seu territorio quod vocatur sancti Justini, quod est in diocœsi Tolosana, et comitatu et dominio principali comitis supradicti; in quo quidem loco fundata est bastita de Gimonte. Idem abbas, totusque conventus dicti monasterii, non decepti, non coacti, non dolo ad hoc inducti, sed utilitatem suam et dicti monasterii in hoc specialiter cognoscentes, voluntate propriâ et gratuitâ dederant eidem senescallo, nomine quo supra, et donationis titulo, et concesserunt prædictum territorium pro dicta bastita facienda, prout inferiùs confrontatur, videlicet sicut rivus rectè ascendit usquè ad fontem qui dicitur de Petyro, et de ipso fonte usquè ad quandam foveam, et ab ipso fonte usque ad aliam foveam, et ab ipsa usquè ad aliam, quæ est infrà locum qui dicitur transversum versùs Gimonem, et ab ipsa fovea in directum usquè ad illam quæ est infrà prædictum transversum, et locum prædictæ bastidæ, et ab ipsa fovea descendendo sicut aqua descendit per illam cumbam usquè ad fontem sancti Justini, et sicut aqua descendit ab ipso fonte usquè ad Gimonam, et sicut Gimona ascendit usquè ad rivum de Fuertfons.

Quod quidem territorium sive locus ad ipsum abbatem et prædictum monasterium suum, spectabat jure pleno proprietatis et dominii, salvo tamen majori seu principali dominio comitis supradicti. Quam donationem seu concessionem loci seu territorii superiùs confrontati idem abbas fecit ob hoc, ut idem comes, vel senescallus prædictus, nomine ipsius comitis et comitissæ prædictæ, faceret seu construeret bastidam novam ibidem seu villam infrà terminos supradictos. Quam quidem bastidam seu villam, cum ibi fundata fuerit seu constructa infrà prædictos terminos territorii supradicti, esse voluerunt prædictorum comitis et comitissæ, et successorum suorum in comitatu Tolosano, pleno jure cum districtu et jurisdictione, et mero imperio ac mixto, nihil ibidem temporale infrà prædictos terminos retinentes, nec in furnis, nec in obliis, neque in muris, neque in fossatis, neque in personis illorum qui in dicta bastida voluerint commorari dederunt et concesserunt eidem senescallo recipienti nomine prædictorum comitis et comitissæ medietatem redituum et fructuum, qui provenient in futurum de molendinis, qui fient in fluvio Gimona à rivo de Fuertfons usquè ad rivum sancti Justini; qui quidem rivus est inter terram sancti Justini et inter terram de Castelar, et cadit idem prædictus rivus in prædicto fluvio de Gimona infrà terminos supradictos, sine lesione damno, seu præjudicio molendinorum dicti monasterii de Gimonte. Ita tamen quod prædictus senescallus, nomine prædictorum comitis et comitissæ, det, solvat et faciat medietatem omnium expensarum faciendarum in dictis molendinis ædificandis et construendis etiam in futurum, et dictus abbas et conventus aliam medietatem dictarum expensarum tenebuntur dare, solvere et facere pro aliâ medietate redituum et fructuum ab ipsis et his monasterio percipienda. Dederunt insuper et concesserunt in futurum habitatoribus dictæ bastidæ, cùm ibi constructa fuerit, quod ipsi possint explectare ad opus sui, tam cum animalibus grossis quam minutis, quæ suâ propriâ, sive cujusquam alterius parte, nutrient in ista bastida, aquas suas proprias et herbagia, et nemora sua propria, videlicet quæ nunc habent, tenent et possident, et tenere et possidere debent a fluvio de Avati usque ad fluvium de Saba, et à territorio sancti Geraldi, usque ad territorium mali vicini, et à territorio castri de Leasar usque ad territorium de Togeto; dum tamen ibi non teneant cabanam, sine aliqua exactione, et absque aliquo impedimento ab ipsis abbate et conventu, et suis successoribus faciendo hominibus supradictis. Promiserunt insuper dicto senescallo recipienti nomine prædictorum comitis et comitissæ, quod ipsi habitatoribus dictæ villæ concederent terras suas circà dictam bastidam infrà prædictos terminos positas ad opus agriculturæ, et vinearum, et hortorum, et pratorum, sub censibus et obliis agreriis et pactionibus, quæ sequuntur. Videlicet arpentum vinearum et pratorum sub censu seu obliis decem denariorum Tolosanorum cum pertinentibus dominationibus; et arpentum hortorum sub censu sexdecim denariorum Tolosanorum cum pertinentibus dominationibus, de aliis verò terrasque eisdem habitatoribus excolendas tradent, dabunt eisdem abbati et conventui pro agreriis nonam partem omnium fructuum inde exivescentium, in garba videlicet vel in grano ad electionem ipsorum et successorum suorum. Verumtamen à dicta concessione exceperunt hortos, vineas et prata, quæ ad manum suam tenent, et terras quas infrà prædictos terminos propriis sumptibus excolunt vel in posterum excolent adhuc retinent sibi et monasterio suo ecclesiam sive ecclesias quas in dicta bastida contigerit erigi seu ædificari, et totum jus spirituale seu ecclesiasticum, et quidquid, ratione juris spiritualis seu ecclesiastici prelati ecclesiarum inde percipi consueverunt diœcesi Tolosana. Retinent etiam sibi et monasterio suo prædicto, decimas omnes et primitias prediales et personales, et etiam locum per loca necessaria ad construendas domos seu edificia ad opus sui monasterii supradicti, in quibus personas et res suas et sui monasterii recipere et conservare possint, et etiam locum seu loca ad construendum domos ad opus ministrorum ecclesiæ seu ecclesiarum prædictæ bastidæ; retinent etiam cognitionem plenariam feudorum suorum in censis feudalibus extrà muros et fosssata territorii prædicti superius confrontati.

Item retinent, quod si contigerit, quod absit, dictam bastidam penitùs annullari et remanere sine habitatoribus in futurum, quod dictum territorium ad jus et proprietatem monasterii sui prout tempore dictæ donationis seu concessionis plene et libere revertatur. Voluerunt insuper et specialiter retinuerunt, quod si aliquis habitator dictæ villæ commiserit aliquod crimen propter quod debeat amittere bona sua, et cadere bona ad manum dicti comitis, ità ut illæ possessiones intra dictam bastidam infrà dictum territorium existentes ad ipsum comitem ratione incursus deveniant, quod dicti comes et comitissa et successores eorum, vel illi qui pro tempore fuerint loco eorum, easdem possessiones vendere et distrahere teneantur. Retinuerunt etiam, quod bajulus et consules, qui pro tempore fuerint nomine dictorum comitis et comitissæ, seu successorum eorum, in dicta villa creabuntur, ibidem in suo juramento exprimere teneantur, quod personas et grangias, et omnia alia loca, et res, et bona omnia prædicti monasterii fideliter defendent et observabunt pro viribus et pro posse. Insuper specialiter retinuerunt, quod prædicti comes et comitissa, vel successores eorum, aut aliquis eorum nomine vel mandato, non possint infrà dictam bastidam construere seu facere construi domum alicujus alterius religionis, vel concedere ædificandam ad aliquam piam causam sine ipsius abbatis, et fratrum suorum et successorum suorum, voluntate expressa. Promiserunt insuper dicto seneschallo, nomine prædictorum comitis et comitissæ, recipienti, quod dictam donationem, et concessionem, et pareagium prædictum, et omnia supradicta facient confirmari et approbari per venerabilem patrem suum et patronum monasterii sui abbatem et conventum de Berdoa, et super his procurabunt dari litteras patentes sigilli prædicti abbatis roboratas. Nos verò Petrus de Landrevilla, miles, seneschallus tunc, nomine prædictorum et comitissæ, predictam donationem et concessionem superiùs sibi factam à prædicto abbate monasterii de Gimonte, de consensu expresso prædictorum fratrum dicti monasterii sub modis, et conditionibus, et pactionibus, conventionibus, exceptionibus, seu retentionibus supradictam eamdem donationem et concessionem recepit et acceptavit, nomine prædictorum comitis et comitissæ, prædictis abbati et fratribus dicti monasterii de Gimonte specialiter promittens, quod dictos comitem et comitissam faceret esse contentos iis quæ sibi eorum nomine in dicto loco seu territorio superiùs confrontato specialiter concessorum sub modis et conditionibus, pactionibus et conventionibus, exceptionibus seu retentionibus supradictis et prædictam donationem, seu concessionem et pareagium, et omnia prædicta et singula in eis contenta et scripta, faceret laudari, approbari et confirmari per eosdem comitem et comitissam et faceret omnia prædicta et singula superiùs scripta sigillis patentibus sigillari et etiam roborari, insuper prædictos abbatem et conventum, fratres et habitatores prædicti monasterii et successores suos, grangias et alia omnia loca, res et omnia bona sua et prædicti monasterii præsentia et futura, ubicumque sint sub protectione sua, et prædictorum comitis et comitissæ, et successorum suorum eorumdem nomine specialiter in perpetuum retinuit et recepit. Nos autem donationem seu concesssionem prædictam et pareagium supradictum, volentes et concedentes præmissa omnia ratificamus et confirmamus ac etiam approbamus, proût superius sunt expressa. Quod ut ratum et stabile permaneat in futurum præsentibus litteris nostrum fecimus apponi sigillum. Actum Parisiis, anno Domini millesimo ducentesimo octuagesimo mense augusto.

Fondation de Mirande et de Pavie. — 1288.

Noverint universi præsentes pariter et futuri, quod nobilis vir dominus Bernardus Dei gratiâ comes Astariaci pro se et hæredibus suis et successoribus universis et religiosus vir frater Petrus de Magueriis eâdem gratiâ abbas monasterii de Berdonis pro se et successoribus suis et toto conventu prædicti monasterii præsenti etiam et futuro et frater Bernardus de Savynhaco, sindicus ut dicebatur ejusdem monasterii nomine dicti monasterii, super bastita de Leziano, quæ alias vocatur de Miranda et de ipsâ bastitâ, hujusmodi pariagium contraxerunt.

In primis fuit actum et ordinatum inter partes prædictas quod dominus rex Franciæ habeat à quolibet igne, id est, à qualibet domo, in quâ fuerit habitator, in dictâ bastitâ de Leziano sex denarios Turonenses tantum sine pluri, ita tamen dum idem dominus rex dellendat dictam bastitam et omnes advenientes ad dictam bastitam. Item fuit actum et ordinatum inter partes prædictas, quod omnis jurisdictio alta et bassa, quoad merum et mixtum imperium et justitiam altam et bassam et simplicem jurisdictionem in dictâ bastitâ, et ejus terminis et pertinentiis intùs et foris, tam in præsenti pariagio quam extrà pariagium ubicumque laborent et operentur homines dictæ bastitæ in territorio et proprietate monasterii de Berdonis animadversio in facinorosos homines, et causarum cognitio civilium et criminalium, et executio earumdem et ea quæ ad causarum cognitionem et executionem faciunt et pertinent et facere et pertinere debent, sit communiter et æquis partibus comitis antedicti et successorum suorum et abbatis et conventus et monasterii prædictorum quoad merum tamen et mixtum imperium et justitiam altam et bassam et omnimodam aliam jurisdictionem, et ea quæ ad ea pertinent ; hoc acto inter easdem partes expresse, quod dimidiam partem incursûs bonorum obvenientium in dictâ bastitâ et ejus terminis alicujus condemnati ibidem habeat dictus dominus comes et abbas conventus et monasterium prædictum aliam medietatem, itâ tamen quod dictus dominus comes et abbas et conventus prædicti, bona immobilia quæ ad manus ipsorum ratione incursûs evenerint in dictâ bastidâ et ejus terminis infrà annum et diem, computandum à die latæ sententiæ condempnati et ex quo dictus dominus comes et monasterium prædictum fuerint possessionem adhepti, extrà manum suam in aliquos habitatores dictæ bastidæ ponant et ponere teneantur.

Item hoc idem fuit concessum ibidem per dictum dominum comitem et abbatem et sindicum prædictos in bastitâ de Pabia et ejus pertinentiis, videlicet quod omnis jurisdictio alta et bassa, quoad merum et mixtum imperium et justitiam altam et bassam et simplicem jurisdictionem in dictâ bastitâ de Pabia et ejus terminis et pertinentiis, intùs et foris, ubicumque laborent vel operentur homines dictæ bastitæ in territorio et proprietate dicti monasterii et animadversio in facinorosos homines et causarum cognitio civilium et criminalium et executio earumdem, et ea quæ ad causarum (cognitionem) et executionem faciunt et pertinent et facere et pertinere debent, sit communiter et æquis partibus comitis antedicti et successorum suorum et abbatis et conventus et monasterii prædictorum, quoad merum tamen et mixtum imperium et justitiam altam et bassam et omnimodam aliam jurisdictionem et ea quæ ad ea pertinent. Hoc acto inter easdem partes expressè, quod dimidiam partem incursus bonorum obvenientium in dictâ bastitâ de Pabia et ejus pertinentiis alicujus condemnati ibidem habeant dictus dominus comes et abbas et conventus et monasterium prædictum aliam medietatem ità tamen quod dictus dominus comes et prædictus abbas et conventus bona immobilia, quæ ad manus ipsorum ratione incursus evenerint in dictâ bastitâ de Pabia et ejus terminis infrà annum et diem computandum à die latæ sententiæ condemnati et ex quo dictus dominus comes et dictum monasterium fuerint possessionem adhepti, extrà manum suam in aliquos habitatores dictæ bastitæ de Pabia ponant et ponere teneantur. Item fuit actum et ordinatum inter partes prædictas quod podium de Leziano seu castellarium sit commune inter dictum dominum comitem et abbatem et conventum prædictos, et si contingeret quod dictus dominus comes vellet in dicto podio aliquid hædificare scilicet aulam, vel palatium, vel castrum, vel turrim, vel capdolium, vel aliud ædificium; quod medietatem dicti podii vel dicti loci teneatur dicto abbati et conventui dicti monasterii reservare liberam et immunem, et si dictus abbas et conventus hoc idem vellent facere, dictam medietatem dicti loci dicto domino comiti liberam reservare teneantur.

Item fuit actum et ordinatum inter partes prædictas quod clamores justitiæ et decima pars litis seu litium et æstimatio et omnia alia quæcumque ratione jurisdictionis evenerint in dictâ bastitâ de Leziano et pertinentiis, inter se æquis partibus, partes prædictæ dividere teneantur et æqualiter et bona fide per medium. Item fuit actum et ordinatum inter partes prædictas, quod dictus dominus comes assignet et assignare teneatur in dictâ bastitâ de Leziano, mercatum semel una die in qualibet septimana et nundinas semel vel bis quolibet anno et ipsas nundinas et mercatum et venientes ibidem ex causa prædicta pro viribus deffensare et custodire teneatur, et leudarum seu pedagiorum (si tamen ratione dictæ bastitæ, seu mercatus vel nundinarum ibi constitutarum de novo, ibi recipiatur pedagium seu leuda) pars dimidia sit domini comitis ante dicti, et alia dimidia pars sit abbatis et conventus prædictorum. Item mensuragiorum seu vectigalium et aliorum omnium proventuum ratione mercati et nundinarum provenientium in dicta bastida et ejus pertinentiis pars dimidia sit domini comitis antedicti et alia dimidia pars abbatis et conventus prædictorum. Item fuit actum et ordinatum inter partes prædictas quod dictus dominus comes habeat pro dimidia parte pro indiviso omnem jurisdictionem altam et bassam et simplicem jurisdictionem in dictâ bastitâ et ejus terminis, sicut dicta bastitâ seu territorium terminatur seu confrontatur ex una parte cum honore domini Geraldi de Marrenchis qui vocatur communiter rivum del Matet, sicut descendit usque ad Baïsam et sicut Baïsa ascendit usquè ad rivum qui dividit terram de Lafitan, usque ad vadum vetus, et sicut vadum vetus ascendit directè ad terram dicti domini Geraldi, et sicut dicta Baïsa descendit versus rivum des Noguers, et sicut dictus rivus des Noguers ascendit usquè ad caput dicti rivi et de capite dicii rivi ut meliùs et rectiùs ire potest usquè ad terram quæ vocatur communiter Lafita Bauforii et sicut dicta terra Lafita Bauforii ascendit usquè ad superiorem foveam, quæ dividit territorium de Leziano et territorium de Mazeriis, et sicut dicta fovea descendit directè per alias foveas usquè ad caput rivi qui dividit terram de Leziano et de Mazeriis et sicut dictus rivus descendit directè usque ad Baysiam.

Item fuit actum et ordinatum inter partes prædictas, quoad dictam bastitam et ejus pertinentias aliqui religiosi habitationis causâ, vel domûs religionis vel oratorii venientes, vel ibidem demorari volentes, per dictum dominum comitem et abbatem et conventum prædictos non admittantur, nec ipsi nec eorum successores locum dare, vel assignare intrà terminos dictæ bastidæ possint: nisi hoc fieret de expresso assensu comitis et abbatis et conventus prædictorum. Hoc idem fuit actum de reclusis hospitalariis, mizellariis seu domibus leprosorum et omnibus aliis religiosis vel religiosorum habitum deferentium cujuscumque conditionis, ordinis, seu religionis existant. Item fuit actum et ordinatum inter partes prædictas quod in Eleemosinis ab habitatoribus dictæ bastitæ dicto monasterio relinquendi dictus dominus comes jus aliquod non habeat neque petat, hoc tamen acto et salvo, quod si aliquod immobile dicto monasterio causâ pietatis fuerit rogatum, quod illud immobile intra annum et diem computandum à die quoad manum dicti monasterii pervenerit dictus conventus et abbas extrà manum suam et in manu alicujus dictæ bastitæ ponere teneantur. Item fuit etiam actum quod si aliquod immobile dicto domino comiti fuerit erogatum in dicta bastitâ, quod illud immobile infrà annum et diem computandum à die quo ad manum dicti domini comitis supervenerit dictus dominus comes extrà manum suam in manu alicujus dictæ bastitæ ponere teneatur.

Item fuit actum inter partes prædictas quod omnes aquæ et aquarum decursus prout sunt et adhærent propriis prædiis abbatis et conventus prædictorum cum ripis et ripariis et ripariorum usu sint propriæ, et in solidum abbatis et conventus et monasterii prædictorum prout adhærent propriis prædiis eorumdem : et eodem modo sint domini comitis antedicti prout sunt et adhærent prædiis ejusdem domini comitis et idem sit in firmis molendinorum quod ubicumque sint in propriis terris dicti monasterii in solidum sint monasterii prædicti. Item quod in illis dictus comes nihil petat vel amparet, nec etiam in ipsis firmis vel molendinis extructis vel per dictum monasterium extruendis, vim vel molestiam inferat monasterio et abbati prædictis.

Item fuit actum inter partes prædictas quod nullus miles vel clericus secularis admittantur ad dictam bastitam, ità quod plateam vel terram eisdem concedant prædicti domini vel eorum bajuli, nisi illud fieret de amborum communi assensu, et tunc si id fieret non aliter admittantur nisi expressè se obligent prædictis dominis et habitatoribus dictæ bastitæ ad munera et onera suportanda et ad contributiones una cum aliis habitatoribus dictæ bastitæ. Item fuit actum et ordinatum inter partes prædictas quod nullus homo de comitatu Astariaci admittatur ad dictam bastitam, si tamen ignem extingueret in loco undè recedit. Fuit etiam actum inter partes prædictas quod dictus dominus comes defendat pro viribus suis defensum quod abbas et conventus prædicti habent propè dictum monasterium vocatum de Bialas, et quod dictus dominus comes possit in dicto defenso venari. Item fuit actum inter partes prædictas quod si aliquis ædificaret domum in qua demoraretur in territorio infrà jurisdictione dictæ bastitæ qui non haberet domum in dictâ bastitâ, quod dictus dominus comes habeat medietatem in obliis quæ ex prædicta domo evenirent et aliis dominationibus provenientibus ex prædictis obliis. Actum etiam fuit inter partes prædictas quod abbas et conventus prædicti donent et dare teneantur dicto domino comiti extrà pareagium prædictum medietatem in centum viginti arpentis terrarum ex parte occidentis quæ habeant pro indiviso idem dominus comes et abbas et conventus prædicti et concedantur per eosdem habitato ribus dictæ bastitæ. Item fuit actum inter partes prædictas quod bajuli dictorum dominorum vel alterius ipsorum, altero absente vel nequente, interesse commmuniter et æquis partibus pro dictis dominis clamores recipiant, et fidantias seu fidejussiones, et cautiones et alia exerceant, quando casus acciderit et quod utiliter et benè gerendo ab ipsis factum fuerit vel eorum altero pro ambobus dominis scilicet comite, et abbate et conventu, et si non dicatur, factum esse intelligatur; præconisationes vero, cridæ, citationes, monitiones, præcepta et edicta fient sub nomine et mandato et ex parte dominorum communiter prædictorum, et si forte negligentia præconis sub nomine alterutrius de dominis factum esset, et si non esset dictum pro ambobus dominis communiter factum esse intelligatur.

Item fuit actum et ordinatum inter partes prædictas, quod quandocumque contingat bajulum vel bajulos mutari, quod uterque bajulorum jurent et jurare teneantur in manibus dominorum antequam aliquid administrent, quod bona monasterii et conventûs prædictorum procurabit, et quod in benè administrando bajulus comitis bajulum abbatis si absens fuerit non expectabit nec bajulus abbbatis bajulum comitis expectabit sed quod unus in absentiâ alterius fecerit, eidem postquam venerit manifestare teneatur. Hoc idem fuit concordatum et actum inter ipsos de judicibus, consulibus, scriptoribus, bedellis seu nuntiis et aliis publica officia in dictâ bastitâ habentibus, quod illi instituantur et ponantur in suis officiis per dictum comitem et abbatem et conventum vel mandatum eorum, et quod in institutione suorum officiorum domino comiti et abbati, vel eorum mandato, teneantur præstare juramentum jura utriusque servare, et quod suum est utrique reddere teneantur. Item fuit actum et ordinatum inter partes prædictas quod dictus dominus abbas et conventus et monasterium prædictum infrà dictos terminos superius constitutos possit habere liberè domum vel boariam vocatam de Leziano, et vineam et bordam et hortum et viridarium et alia isdem coherentia, sicut modo possident et possederunt diù sicut prædicta continentur inter vallata ibidem facta, et sicut dicta vallata adhærent rivo qui dividit terminos de Leziano, et territorium de Mazeriis, et sicut dictum vallatum intrat seu adhæret ex utraque parte Baïsam, retinent similiter abbas et conventus prædicti intrà dictum pariagium, unum pratum ad mensuram trium arpentorum. Fuit etiam actum inter partes prædictas quod dictus dominus comes intrà terminos dictæ bastidæ superius confrontatos possit habere liberè tantam terram ad faciendum domum seu bordam et vineam et hortum et viridarium quantum sibi retinuerunt in articulo suprà proximo abbas et sindicus prædictus. Item fuit actum et ordinatum inter partes prædictas, quod quilibet comes

Astariaci qui pro tempore fuerit vel evenerit et regnabit teneatur jurare fidelitatem et se tenere et observare et custodire omnia et singula contenta in præsenti pariagio et in præsenti instrumento dicto domino abbati et conventui et monasterio prædictis et eorum successoribus qui pro tempore fuerint et existent : et vice versà quilibet abbas cum conventu suo qui pro tempore fuerit illud idem domino comiti et ejus successoribus qui pro tempore fuerint idem jurare teneatur.

Hoc acto expressè inter ipsos, quod si contingeret dictum dominum comitem vel ejus successores venire vel facere contrà præsens pariagium vel contrà aliquod capitulum vel articulum contentum in præsenti pariagio, per se vel per aliquam personam interpositam quod centum marcos argenti nomine pœnæ solvere teneatur, ex quibus medietas applicetur domino nostro regi Franciæ vel vicario Tolosæ, qui pro tempore fuerit nomine ejusdem domini regis ; et alia medietas dicto domino abbati et conventui prædicto : quam pœnam prædictam idem dominus comes per firmam et solemnem stipulationem, si in eam inciderit promisit solvere dicto domino regi, vel dicto vicario Tolosæ nomine ejusdem et prædicto abbati et conventui et mihi Guillelmo de Amatis notario Tolosæ publico infrà scripto stipulanti et recipienti vice et nomine eorumdem : quæ quidem pœna totiens committatur solvatur quotiens per eum vel alium nomine suo seu alias fuerit contrafactum, nisi infrà mensem prædicta dictus dominus comes ad requisitionem dicti abbatis et conventus, valuerit emendare, vel etiam revocare, et vice versà si prædictus abbas et ejus successores vel conventus ejusdem loci venirent vel facerent contrà prædictum pariagium vel aliqua contenta in prædicto pariagio vel in præsenti instrumento, per se vel per aliquam personam interpositam : quod centum marcos argenti nomine pœnæ solvere teneatur : ex quibus medietas applicetur domino nostro regi Franciæ vel vicario Tolosæ nomine ejusdem domini regis, et alia medietas dicto domino comiti, quam pœnam prædictam idem dominus abbas pro se et suis successoribus et conventui prædicto et prædictus sindicus nomine dicti monasterii per firmam et solemnem stipulationem si in eam inciderint, solvere promiserunt domino comiti prædicto et domino nostro regi Franciæ prædicto vel dicto vicario Tolosæ qui pro tempore fuerit nomine ejusdem et mihi Guillelmo de Amatis notario Tolosæ publico stipulanti et recipienti vice et nomine eorumdem nisi infrà mensem prædicta dictus dominus abbas et conventus ad requisitionem dicti domini comitis voluerint emendare vel etiam revocare : quæ quidem pœna toties committatur et solvatur quoties per eos vel alium seu alios nomine eorumdem fuerit contrafactum.

Item fuit actum et ordinatum inter partes prædictas quod si contingeret dictam bastitam non fieri vel factum aliquo casu destrui : quod omnia quæ in isto præsenti pariagio sint contenta expressa et conventa inter partes prædictas sint cassa, nulla, inania, irrita et nullius sint valoris, et in eo statu revertantur in quo erant antequam præsens fieret pariagium et antequam de illo aliquid ordinaretur et omnia jura dicto monasterio pertinentia antè constructionem dictæ bastitæ ad dictum monasterium pleno jure revertantur et suo jure, exceptis operibus factis per dictum comitem in dictâ bastitâ, quæ sint dicti domini comitis et etiam omnia jura dicto comiti pertinentia antè constructionem dictæ bastitæ in ipsâ bastitâ et ejus terminis seu pertinentiis ad dictum dominum comitem integrè et plenariè revertantur. Item retinuerunt sibi prædictus abbas et sindicus prædictus de assensu expresso comitis prædicti potestatem ducendi aquam per villam et extrà villam in dicto pariagio et ejus terminis et omni proprietate dicti monasterii et faciendi aggueres et moles et aquæductus per quacumque loca voluerint et ædificandi seu construendi mollendina seu fullonia, vel piscaria absque contradictione et impedimento, quantumcumque et quocumque vel ubicumque et quandocumque dicto abbati et conventui vel suis successoribus visum fuerit expedire, ità tamen quod si per vineam, hortum, terram, domum vel locum quemlibet alteri datum infeudum contingeret vel necesse esset fieri rivalem, aguerem aquæductum vel piscarium aut ædificari molendinum vel fullonem prædicti abbas et conventus et sui successores qui pro tempore fuerint teneantur facere emendam et satisfacere illi vel illis quorum loca fuerint per dictum abbatem et conventum taliter occupata secundum arbitrium bajulorum dictæ bastitæ, ità tamen quod propter hoc dictus dominus comes non possit perdere sua jura nec in aliquo diminui vel etiam defraudari, et hoc fieri debet sinè damno dictæ bastitæ. Retinuerunt item dictus dominus comes et abbas et sindicus prædictus pacto sibi expresso, infra ambitum villæ terram quantùm necesse fuerit ad construendum pulchram et magnam ecclesiam et cimeterium et atrium et domum, seu liberas domos et francas, in quâ seu in quibus capellanus et clerici possint habitare commodè et honestè secundùm quod dicto domino comiti et abbati et conventui prædicto visum fuerit expedire.

Item retinuerunt sibi abbas et sindicus prædictus (licet habitatoribus dictæ villæ concedant herbagia et pascua per omnia loca et terras monasterii prædicti) quod nullus possit ibi facere cabanas extra villam in proprietate dicti monasterii, nisi tantummodo abbas et conventus prædicti nec pascere terras monasterii cum animalibus cabanarum nec cum aliis animalibus partiariis nisi fuerint propria ipsa

animalia habitatorum dictæ bastitæ et quæ exeant quotidiè de bastita
et revertantur ad bastitam. Item retinuerunt sibi abbas et sindicus
prædictus cognitionem plenariam feudorum suorum extrà pariagium
positorum in qua cognitione nolunt quod dominus comes prædictus
partem habeat, sed quod bajulus abbatis et conventus prædictorum,
vel ille qui ad hoc assignatus per abbatem et conventum prædictos
fuerit, cognoscat de questionibus feodalibus suprà dictis, in dictâ
bastitâ et ejus pertinentiis, intùs et extrà ubi sibi visum fuerit, et
nomine dicti monasterii per ipsum vel ipsos totaliter et perpetuò terminetur, sive agatur de feodo ut de feodo vel alia actione reali (dum
tamen res feodalis petatur) vel alia actione quacumque retentâ plenâ
cognitione rerum feudalium secundùm quod hactenùs consuetum est
de feodis cognoscere. Item fuit actum et ordinatum inter partes prædictas quod illa portio seu pars quam dominus comes habet vel habebit in dicta bastida quod semper ille teneat illam portionem seu partem qui succedet ei in comitatu, scilicet ille qui fuerit comes : et quod
idem comes nec successores sui non possunt aliquomodo prædictam
bastitam vel partem aliquam dictæ bastitæ quæ ad ipsum pertinebit
dare, legare, vendere aut in quamcumque transfere personam, sed
quod semper habeat et possideat ille qui fuerit comes in comitatu
Astariaci et sui successores. Item fuit actum et ordinatum inter partes
prædictas quod si dictus dominus comes et successores sui facerent
talliam sive questam in dictâ bastitâ sine abbate et conventu prædictis, aut abbas et conventus sine ipso comite, tota illa tallia sive questa
sive sit voluntaria sive coacta per mediam dividatur inter dictum
comitem et abbatem et conventum prædictos, nisi hoc factum esset
pro captione personæ comitis prædicti vel pro passagio ultrà marino.
Item retinuerunt sibi abbas et sindicus prædicti in dictâ bastitâ et
ejus pertinentiis et possessionibus dicto domino comiti et sibi communibus omne jus spirituale et ecclesiasticum et spirituali annexum
et quidquid ratione dicti juris debent percipere et habere juxtà consuetudinem ibidem et in locis vicinis hactenùs observatam.

Item fuit actum et ordinatum inter partes prædictas quod una
pars sive altera in dictâ bastitâ quantum pro indiviso est pariagium
intrà terminos suprà dictos dictæ bastitæ non possit nec sibi liceat
aliquas possessiones emere seu quolibet alio titulo acquirere et si
contingeret aliquam earumdem partium intrà dictos terminos pariagii
aliquid acquirere ex causâ emptionis seu donationis vel alio quolibet
modo, quod alia pars quandocumque velit possit habere medietatem in
dictis acquisitis, satisfacto primitus parti ementi in medietate pretii
sine pluri ; si verò per donationem vel alias acquisitum fuerit quod
parti acquirenti per aliam partem satisfiat de medietate valoris rei

acquisitæ et quod quælibet pars, ut superiùs dictum est prædicta sic acquisita teneatur ponere extrà manum suam intra annum et diem in habitatoribus dictæ bastitæ. Item fuit actum quod post mortem domini comitis vel hæredum suorum qui pro tempore fuerint successivè abbas et conventus prædicti recipiant omnes reditus dominationis, et jura ad ipsum comitem pertinentia in dictâ bastitâ quousquè ille qui fuerit comes et succedet in comitatu Astariaci confirmaverit et juraverit se tenere et observare dicto abbati et conventui universa et singula capitula in præsenti pariagio contenta et hoc idem abbas qui de novo successerit facere teneatur comiti supra dicto et bona omnia et reditus prædictos tam ipsius comitis quam abbatis qui prædicta facere recusaverit teneant consules dictæ bastitæ quousquè prædicta per ipsas partes fuerint adimpleta. Item fuit actum quod si dominus comes vel abbas seu conventus duxerint homines dictæ bastitæ in exercitum vel cavalgatam vel ire mandaverint et hujusmodi occasione daretur pecunia vel aliquid aliud dicto comiti vel abbati vel aliis nomine ipsorum quod illud per medium dividere teneantur comes et abbas et conventus prædicti. Item fuit actum quod si populatores postquam bastita incœpta fuerit in dicto loco ædificare neglexerint seu loca illa quæ occasione hujusmodi priùs concessa fuerint vel data, ad jus et proprietatem redeant comitis et abbatis prædictorum concedendis tamen omnibus supra dictis rebus prædictis populatoribus recuperare volentibus vel aliis de novo populatoribus admittendis.

Item fuit actum quod dominus comes vel sui in posterum non compellent nec violenter judicent ullo modo seu occasione quacumque abbatem vel conventum ad faciendum ibi aliquas operationes seu clausuras vel ad solvendum aliquas expensas pro minutionibus seu operationibus dicti loci; sed quod quilibet illorum operetur in suo loco et platea sua de suo proprio, prout cuilibet voluntas fuerit aut facultas et homines qui ibi fuerint claudant et muniant sibi villam prout ipsis videbitur expedire. Item fuit actum quod dictus comes vel sui non prohibeant per se vel alium seu alios hominibus dictæ bastitæ seu terræ suæ nisi de propriis suis locis quod non veniant cum venire voluerint ad molendum in molendinis dicti monasterii quæ in dictâ bastitâ fuerint vel in terminis habitis vel habendis. Item fuit actum inter partes prædictas quod in fabricis et in banquis macellariorum et scribaniis seu notariis et aliis officiis ex quibus aliqui provenient reditus dominationi et aliis redditibus et dominationibus dictæ bastitæ cum suis terminis pars dimidia omnium prædictorum sit comitis antedicti et alia dimidia sit abbatis et conventus prædictorum exceptis furnis qui sunt domini comitis prædicti. Item fuit actum inter partes prædictas quod dictus dominus comes præsens pariagium sigillet sigillo suo proprio et dictus dominus abbas similiter sigillet idem pariagium sigillo suo proprio et etiam quod idem dictus dominus abbas præsens pariagium approbari faciet domino abbati Morimundi et chartam approbationis et confirmationis sigillatam sigillo dicti abbatis Morimundi apportabit et dicto domino comiti præsentabit.... voluerunt etiam partes prædictæ quod hoc præsens publicum instrumentum habeat in perpetuum cum sigillis aut sine sigillis integris vel fractis plenam et perpetuam roboris firmitatem quæ sigilla debent quotiescumque alteri partium placuerit renovari. Fuit etiam actum inter partes prædictas quod dictus dominus comes faciat dictum pariagium et omnia contenta in eodem pariagio approbari domino Centullo filio suo, et etiam quod dictus dominus abbas dictum pariagium et omnia contenta in eodem faciat approbari conventui monasterii suprà dicti.

Acta fuerunt hæc Tolosæ die lunæ post festum Circumcisionis domini regnante Philippo Francorum rege et Hugone, episcopo Tolosæ, anno ab Incarnatione Domini millesimo ducentesimo octuagesimo octavo, in præsentia et testimonio domini Fortis de Montibus, legum professoris, domini Hugonis de Roca, domini Raymundi de Sama, militum, Bernardi de Samarrano, Petri Bertrandi, Joannis Raymundi Molini, Bertrandi de Gualhaco, civium Tolosæ et mei Guillelmi de Amatis prædicti notarii publici Tolosæ, qui chartam ipsam scripsi de voluntate et assensu partium prædictarum.

(*Cartulaire de Mirande*).

Confirmation du paréage de Beaumarchez. — 1290.

Philippus, Dei gratiâ Francorum rex, universis præsentes litteras inspecturis, salutem. Notum facimus quod nos quasdam litteras sigillo Joannis de Longopererio, militis, tenentis locum senescalli Tolosæ et Albiensis, et Arnaldi Guillelmi, comitis Pardiaci, et magistri Sancii de Roquacura, procuratoris ejusdem comitis, prout apparebat prima facie sigillatas vidimus in hæc verba. Pateat universis præsentes litteras inspecturis, quod discretus vir magister Sancius de Roquacura, procurator nomine procuratorio nobilis viri Arnaldi Guillelmi, Dei gratiâ, comitis Pardiacensis, de voluntate et assensu Arnaldi Guillelmi de Monte Lugduno, primogeniti domini comitis prædicti, fecit pariagium cum illustri domino rege Franciæ, et cum nobili viro domino Joanne de Longopererio, milite tenente locum domini senescalli Tolosæ et Albiensis, recipiente nomine et vice prædicti domini regis, et de voluntate et assensu venerabilium virorum reverendi patris domini Bertrandi, Dei gratiâ, abbatis Moissiaci, et domini Laurentis Vicini, capitularis Carnotensis, et domini Petri de Capella, canonici Parisiensis, et magistri Egidii Camelini, canonici Laudunensis, procuratorum domini regis et ejusdem domini regis clericorum tenentium parlamentum Tolosæ nomine ipsius domini regis, videlicet de territorio castri seu villæ de Cererin et de territorio de Rochos in Pardiaco; item de dominio et jurisdictione et deveriis, et pedagiis, et leudis, et feudis, et aliis juribus militiis et aliis locis, quæ et quos dum comes Pardiaci habet et habere dicit in locis prædictis subtùs serram vocatam de Arano in toto comitatu suo videlicet à dicta serra subtùs usquè ad fines dicti comitatus sui Pardiacensis, à parte inferiori versùs Bigorram, et Armaniacum et Fezensiacum: in quibus quidem territoriis possunt esse mille arpenta et plus, cum omnibus hominibus et mulieribus, et jurisdictione alta et bassa in locis supradictis; ità videlicet et sub tali conditione quod in supradictis territoriis debet construi et fieri bastida pro indiviso inter dictum dominum regem et comitem Pardiacensem supradictum: in qua bastida et pertinentiis dictæ bastidæ, et in omnibus territoriis et aliis supradictis, jurisdictione alta et bassa, et aliis suprà expressatis dictus dominus rex, et successores sui habeat medietatem, et dictus dominus comes Pardiacensis, et successores sui, aliam medietatem.

Item quod dominus rex possit eligere sibi in dictis locis, primò locum seu motam unam ad fortalisium faciendum, et dictus dominus comes postmodum aliam ejusdem quantitatem spatii et territorii continentem. Fuit etiam actum et initum quod dicta bastida sit in perpetuum unita Tolosæ et comitatu Tolosano, ità quod dominus rex, qui pro tempore fuerit, non possit partem sibi contingentem extrà manum suam ponere, vel in aliam personam transferre, nisi in illas personas, quæ erunt pro tempore domini Tolosæ et comitatus Tolosani, aliqua ratione vel causâ. Quæ omnia superiùs dicta et expressa, acta, stipulata, pactionata, et conditionata utraque pars alteri solemniter stipulans et promittens promisit, quod prædicta omnia et singula et specialiter bastidam, cùm facta fuerit, approbare, confirmare seu ratificare faciet, et specialiter dominus Joannes, tenens locum prædicti domini senescalli, per dictum dominum regem, et dictus procurator per dictum comitem Pardiacensem; et super prædictis litteram domini regis prædicti suo sigillo patente sigillatam idem dominus Joannes procurabit habere. Super quibus utraque pars duplicem litteram, fieri voluit et concessit, ità quod dominus Johannes pro dicto domino rege unam sibi retineat, et dominus procurator pro prædicto comite aliam. In cujus rei testimonium, dictus dominus Joannes et dictus procurator sigilla sua unà cum sigillo dicti comitis, quod sigillum dictus procurator et dictus primogenitus comitis ad hoc specialiter adportaverunt Tolosæ, et de assensu et speciali mandato ipsius comitis duxerunt hic apponenda.

Actum et datum Tolosæ, octavo idus madii anno Domini millesimo ducentesimo octuagesimo octavo. Nos autem dictum pariagium et associationem prædictam sub modo et forma prædictis inita, facta et conventa, rata et grata habentes, præmissa omnia et singula, prout in prædictis litteris sunt expressata, conventa et promissa, volumus, laudamus, et tenore præsentium approbamus, nostrumque in prædictis omnibus præstamus assensum. Salvo tamen in aliis jure nostro, et quolibet alieno. Quod ut ratum et stabile permaneat in futurum, præsentibus litteris nostrum fecimus apponi sigillum.

Actum Parisis, anno Domini millesimo ducentesimo nonagesimo mense novembris. *(Montauban, chap. d'Astaffort).*

Fours de Beaumarchez.

Jus furni in quo decoquitur panis est quod rex seu ejus bajulus recipit ex viginti uno panibus ibi decoctis unum panem juxta regulam comitis Tolosani Raymundi : qui al nostro forno coquera lo XXI° pan pagera, et in hoc rex tenetur reparare domum et furnum et alignare sive calefacere.

Ampliation du paréage de Beaumarchez. 1294.

Philippus, Dei gratiâ Francorum rex, notum fecimus universis, tam præsentibus quam futuris, nos quasdam patentes litteras sigillo dilecti Eustachii de Bellomarchesio, militis, nostri senescalli Tolosæ, munitas vidisse, formam quæ sequitur continentes. Ego Eustachius de Bellomarchesio, miles, senescallus Tolosanus pro domino nostro rege Franciæ, universis præsentes litteras inspecturis, salutem. Notum vobis fieri volumus quod cum vir nobilis comes Pardiaci, vel ejus procurator pro ipso, asserat se tradidisse mille arpenta terræ ad opus platearum domorum, casaliorum et arpentorum pareagii novæ bastidæ de Bellomarchesio inter ipsum comitem et prædictum dominum regem nostrum juxtà conventiones in initio pariagii habitas inter ipsum comitem, ex una parte, et nos seu nostrum locum tenentem pro domino rege, ex altera, ad requisitionem ipsius comitis inquisitione facta de mandato nostro per dominum Joannem de Longo Peyrerio, militem, tenentem locum nostrum, et magistrum Petrum Montosi, bajulum hujus Bellimontis, vocatis, vocandis super traditione dictorum mille arpentorum, invenimus quod comes, seu ejus procurator pro ipso, tradiderat mille arpenta centum et decem et septem arpenta plus bajulo communi dictæ bastidæ recipienti et tradenti hominibus et habitatoribus dictæ bastidæ pro domino rege et dicto comite, videlicet, CCL arpenta in locis vocatis de Noihos et de Nogumbes.

Item in locis circumvicinis CCXXX arpenta quæ fuerunt empta a Theobaldo de Petrucia domicello. Item à Joanne de Ribaute, domicello CCXL arpenta. Item à Fortenerio de Baulato, domicello, XXIV arpenta. Item à domino Bernardo de Manscaneto, milite, XXX arpenta. Item LXXXX arpenta à Petro de Colomerio. Item LXXX arpenta à Petro Marenni, domicello. Item à tutoribus filiæ Arnaldi Willelmi de Rivo quondam XC arpenta. Item à domino Bernardo de Monteacuto XX arpenta. Quæ omnia arpenta emerat dictus comes, seu ejus procurator ad opus dictæ bastidæ à supradictis venditoribus, prout in instrumentis dictarum emptionum dictæ emptiones continentur. Quare nos dictus senescallus dictam traditionem factam dicto bajulo bastidæ supradictæ de dictis mille et centum et decem et septem arpentis gratam et ratam nomine domini nostri regis habemus, et recognoscimus dictum comitem dictam promissionem factam de dictis mille arpentis ad opus dictæ bastidæ tradendis integraliter complevisse. In cujus rei testimonium litteras præsentes tradimus sigillo nostro impendenti sigillatas.

Datum Tolosæ die lunæ post octavas Paschalis Domini, anno ejusdem millesimo ducentesimo nonagesimo quarto. Nos autem receptionem et traditionem, ac omnia alia et singula prædicta rata habentes et grata eadem volumus, laudamus, approbamus, et tenore præsentium confirmamus, salvo in aliis jure nostro et quolibet alieno, quæ ut rata et stabilia perseverent præsentes literas sigilli nostri fecimus appensione muniri. Actum Parisiis anno Incarnationis Domini millesimo ducentesimo nonagesimo quarto secunda die junii.

(*Extrait de Montauban, chapitre de Rivière-Verdun*).

Paréage de Montferran. — 1263.

Anno Domini millesimo ducentesimo sexagesimo tertio die veneris, proximam post Purificationem beatæ Mariæ, comparuit Jordanus de Insula ex parte una pro se et valitoribus suis et dominus Bernardus de Marestanho pro se et Eynardo fratre suo et valitoribus suis ex altera coràm domino Raymundo de Benca, et domino Adzemario de Maloleone arbitris sive arbitratoribus in quos concorditer fuerat compromissum à prædictis partibus secundùm formam compromissi contenti in alio papiro vel libro per me magistrum Petrum de Planterio scripti, quibus partibus fuerat assignata dies ista Tolosæ, ad

audiendum dictam compositionem vel sententiam super querellis
tunc indè propositis coràm arbitris vel arbitratoribus supradictis
super castro de Monteferrando de Cogotesio et super omnibus injuriis
et rapinis et dampnis, quæ sibi et suis hominibus et valitoribus partes
prædictæ fecerant hinc indè, quâ die partes prædictæ comparuerunt
Tolosæ coràm arbitris supradictis, et cum esset nox, fuit die con-
tinuata usquè in crastinum et prædicti arbitrarii seu arbitratores,
visis querellis et diligenter inspectis utriusque partis et diligenter
intellectis receptis etiam instrumentis quæ prædictæ partes produ-
cere voluerant coràm arbitris supradictis et ipsis diligenter inspectis
auditis rationibus hinc et indè habita plena deliberatione et communicato consilio sapientium post multas dierum assignationes et trac-
tatus plurimos dixerunt, cognoverunt et pronuntiaverunt pro bonæ
pacis et concordiæ quod dominus prædictus Jordanus indulgeat,
condonet et remittat domino Bernardo de Marestanho prædicto et
Eynardo fratri ejus et Odoni de turribus et omnibus valitoribus
prædicti Bernardi de Marestanho et Eynardi fratris ejus prædicti
omnem rancorem, odium, inimicitias, injurias et rapinas et omnia
malefacta et dampna, mortes hominum, combustiones castrorum et
rerum et generaliter omnia maleficia et quidquid prædictus Bernardus de Marestanho et prædicti frater ejus et Oddo de turribus et alii
valitores eorum fecerunt, dixerunt vel facere voluerunt, etiam intu-
lerunt prædicto domino Jordano et hominibus suis et rebus eorum
usquè in hodiernum diem. Dixerunt insuper dicti arbitri seu arbitratores quod si fortè dominus Jordanus vel alius pro eo vel nomine
ipsius abstulit valitoribus prædicti Bernardi de Marestanho vel
Eynardi fratris ejus vel hominibus eorum clericis vel laïcis occasione
guerræ vel discordiæ quæ inter ipsos erat et aliquas terras vel possessiones vel aliquid aliud immobile omnia reddat et reddi faciat eisdem
et è converso. Dixerunt insuper et mandaverunt prædicti arbitri seu
arbitratores quod prædictus Bernardus de Marestanho et frater ejus
domino Jordano prædicto et Jordano de Sedelhaco et Rubeo de Sexses
et omnibus valitoribus et hominibus suis clericis vel laïcis faciant
illud idem quod in quantum eis superius domino Jordano per arbitratores supradictos. Dixerunt arbitri seu arbitratores prædicti quod
omnes valitores et homines utriusque partis et res ipsorum amodò
sint securi.

Item dixerunt, pronuntiaverunt et mandaverunt arbitri seu arbitratores prædicti quod prædictus dominus Jordanus det Bernardo de
Marestanho et ordinio ejus in perpetuum medietatem totius dominationis castri de Monteferrando de Cogotesio et omnium quæ pertinent vel
pertinere debent vel possunt vel in posterum pertinebunt ratione vel

occasione dominationis castri prædicti ad dominum dicti castri clamorum, fidejussionum de clamoribus justitiarum sanguinis effusionem plagarum regalium incursuum fabricarum, furnorum, custodiarum, minutorum et cæterorum quæ dominus Jordanus habet vel habere debet in castro prædicto et in banis ejusdem castri ratione dominationis quam acquisivit ab ecclesia sancti Clementis de Monteferrando prædicto et ecclesia Tolosana, excepta aula quam habet ibi dominus Jordanus ; tamen si prædictus Bernardus de Marestaing vult facere aulam ibi faciat sine injuria alicujus et è converso. Dixerunt etiam prædicti arbitri seu arbitratores quod prædictus Bernardus de Marestanho det domino Jordano prædicto et ordinio ejus in perpetuum medietatem totius dominationis quam habet vel habere debet in prædicto castro et in banis ejusdem et omnium ad dominationem dicti castri et ad ipsum Bernardum prædictum ratione dominationis dicti castri pertinentium seu pertinere debentium vel quæ in posterum pertinebunt in quæsta, in avena, in venda et in omnibus aliis quæ in prædicta et in banis habet vel debet habere. Dixerunt etiam prædicti arbitri quod prædictus Bernardus de Marestanho accipiat medietatem prædictam dominationis castri prædicti à domino Jordano prædicto et eam teneat ab ipso domino Jordano et ordinio ejus Bernardus prædictus et ordinium ejus et quod sit inde bonus miles suus et fidelis et faciat ei et ordinio ejus homagium sicut milites consueverunt facere quando à dominis suis feudum recipiunt honoratum et quod dominus Jordanus prædictus sit ei bonus et fidelis et sit ei quærens de prædicta medietate dominationis prædicti castri de omnibus questionibus quæ illi de isto die in anteà movebuntur de omnibus amparatoribus ex parte dominationis super prædicta medietate dominationis quæ usquè modo motæ non fuerint nec ex veteribus oriantur et defendant juvent se ad invicem sicut dominus et vassallus fideliter pro posse suo.

Item dixerunt prædicti arbitri quod omnes illæ domus de Monteferrando prædicto, de quibus prædictus Eynardus interfecit aliquos homines domus boni Mancipii fratris Raymundi Denbos, Joannis de Fabro, Peregriæ et Boneti de Lerfarini, Salamon de Guelhas à præstatione avenæ quæ debebant de illis domibus prædicto Eynardo in perpetuum sint exemptæ, et de aliis capiat avenam ut consuevit et perceperunt dicto Eynardo quod nec ipse nec ordinium ejus nec aliquis pro eo petat de cetero prædictam avenam ab habitatoribus domorum prædictarum. Item dixerunt prædicti arbitri et etiam mandaverunt quod dominus Eynardus prædictus nunquam intret castrum de Monteferrando prædicto, donec tamen ancore et voluntate domorum militum et consulum dicti castri. Item dixerunt et mandaverunt prædicti arbitri quod habitatores Monteferrandi prædicti et animalia eorum habeant explectam herbarum et foliorum et aquarum, lignorum, fustarum ad opus sui et domorum suorum libere in terra prædicta Bernardi de Marestanho scrutata. Item dixerunt prædicti arbitri quod prædictus Bernardus de Marestanho det domino Jordano prædicto et ordinio ejus in perpetuum illam quartam partem quam habet apud clarum montem, quod est juxtà caminum Frances inter insulam Jordani et Antitzaguas cum omnibus pertinentiis suis juribus et dominationibus ad ipsam quartam partem seu ad ipsum Bernardum de Marestanho et omnia quæ ibi habet et debet habere ratione prædictæ quartæ partis pertinentibus. Item dixerunt et mandaverunt prædicti arbitri quod prædictus Barnardus de Marestanho det prædicto domino Jordano et ordinio suo mille et quingentos solidos Morlanos super illam medietatem dominationis et omnium jurium quam habet apud Lobervillam et in pertinentiis ejus tali pacto quod prædictus Jordanus et ordinium ejus teneat et recipiat omnes redditus qui de prædicto loco exibunt quolibet anno in solidum MD solidorum Morlanorum donec tota summa pecuniæ fuerit persoluta. Dixerunt tamen prædicti arbitri si prædictus Bernardus non posset solvere prædictam summam quod ipse dominus Jordanus recipiat quolibet anno et reddat prædictum locum cum fuerit de toto paccatus, et hoc dat prædictus Bernardus de Marestanho prædicto domino Jordano et ordinio ejus pro emenda et satisfactione dampnorum et injuriarum quæ prædictus Bernardus de Marestanho prædicto domino Jordano et ordinio ejus et Eynardus frater dicti Bernardi et valitores eorum intulerant prædicto domino Jordano et hominibus ejus et mandaverunt prædicti arbitri quod prædictus de Marestanho sit guirens prædicto domino Jordano et ordinio ejus de prædictis et ei promittat guirentiam et evictionem de omnibus amparatoribus qui pro ipso vel nomine ipsius aliqua ubi peterent vel etiam amparent omnes prædictas donationes fecit prædictus Bernardus de Marestanho sine juris præjudicio alieni.

Item dixerunt et mandaverunt prædicti arbitri quod prædictus dominus Jordanus faciat ordinari et indulgeri et remitti ab hominibus Montisferrandi prædicti et aliis sub suo dominio existentibus injurias et dampna universa et singula illata usquè in diem hodiernum dictis hominibus à dicto de Marestanho et Eynardo fratre ejus et valitoribus suis et hoc secundum posse suum; attamen si ad ejus præceptum et preces homines prædicti nollent remittere ut est dictum et dictus Bernardus de Marestanho in aliquo erat condemnatus in judicio eisdem hominibus .... quod dominus Jordanus prædictus servaret eum indemnem à condamnatione prædicta et è converso prædictus Bernardus de Marestanho teneatur idem facere domino Jordano prædicto. Item dixerunt prædicti arbitri quod dominus Jordanus mandet hominibus Montisferrandi quod jurent prædicto Bernardo de Marestanho fidelitatem sicut domino suo. Item dixerunt prædicti arbitri quod si dominus Jordanus prædictus vel ordinium ejus vel dominus Bernardus de Marestanho vel ordinium ejus venirent per se vel per interpositas personas contra aliquas de præmissis quod infrà quindecim dies à tempore monitionis factæ ab altero satisfaciant et emendent sibi ad juditium ad cognitionem curiæ dicti castri de Monteferrando quod si monitus infra dictum spatium non emendaret alterum, ille qui esset in quartam passus et non veniret contra hanc teneat totam dominationem et omnia jura dicti castri tamdiu donec ille qui contravenerit emendaverit malefacta per ipsum vel suos omnia ad cognitionem curiæ Montisferrandi prædicti. Item quod prædictus de Marestanho det domino Jordano quod possit facere paxeriam in allodio de Laberan ad opus molendini de Cazanova et possit accipere libere terram et lignea et vinea necessaria ad opus prædictæ paxeriæ de terra prædicti Bernardi vel .... et in his omnibus supradictis et singulis dictis partibus injunctis, hinc inde tenendis, complendis et servandis in perpetuum, prædicti arbitrii utramque partem sententialiter condemnaverunt et imposuerunt silentium perpetuum prædictis super omnibus aliis petitionibus et quærelis et mandaverunt magistro Petro prædicto quod faceret inde tria instrumenta per alphabetum divisa et reddat duo uni parti et alterum alteri et fuit arbitrium receptum et concessum per partes prædictas et fuit incontinenti jurata fidelitas hinc et inde. Item eodem die quo suprà dominus Bernardus de Astaraco intravit fidejussor pro domino Bernardo de Marestanho et Eynardo fratre ejus quod faciet teneri dictum prædictorum arbitrorum et pro domino Jordano eodem modo secundum posse suum vel solvet pœnam suprà scriptam parti volenti servare dictum vel sententiam prædictorum arbitrorum. Actum Telosæ apud sanctum Nicolaum testes præsentes Bernardus præpositus Tolosanus, Hugo Mascaronis abbas Lomberii et ego.

Item eodem die dominus Jordanus de Insula juravit quod erit bonus dominus et fidelis prædicto Bernardo de Marestanho et bonus Castellanus et fidelis de castro de Monteferrando de Cogotis et ipse Bernardus quod erit ei bonus miles et fidelis et bonus Castellanus et juraverunt sibi .... quod sint securi ipsi et familia eorum actum Tolosæ apud sanctum Nicolaum, testes præsentes Bernardus Dei gratià præpositus Tolosanus, Hugo Mascaronis, abbas Lomberii, dominus Bernardus, Dei gratià comes Astariaci, Fortanerius Conven, Raymundus de Benea, Azemarius de Maloleone. Inde intravit fide dominus Bernardus Dei gratiâ comes Astariaci, pro utraque partium prædictarum promittens per stipulationem solemnem quod secundum posse suum faciet teneri, compleri et in perpetuum servari omnia supradicta vel solvet pœnam prædictam superius in compromisso parti servanti dictum prædictorum arbitratorum vel juvaret illum qui tenebit dictum prædictum de alio qui veniet contrà, fideli posse suo. Actum fuit apud sanctum Cyprianum Sabbato octavo Purificationis beatæ Mariæ anno Domini millesimo ducentesimo sexagesimo tertio regnante Ludovico, præsentes Dominus Bernardus, Dei gratiâ comes Convenarum, dominos Bernardus Dei gratiâ præpositus Tolosanus, Hubo Mascaron, abbas Lomberii, Guillelmus Vacquerius prior Insulæ Jordani, Arnaudus Arganbautus, archipresbyter ejusdem loci, Arnaudus Guillelmi de Billac, Raymundus de Besens, Raymundus de Lacmonte, Oliverius de Lacmonte milites, dominiis Fortanerius Couven, Guillelmus Bernardi de Rupe, Arnaudus Guillelmi de Malnario, Bernardi d'Arros, domicelli, et multi alii.

Ampliation de cet acte fut donné à Samatan le 29 avril 1289 par ordre de Bernard Onis, Arnuad d'Enmanent, Bernerius de Samatan, Vital de Nobert, Pierre de Simorre et Pierre d'Argouts, consuls de cette ville.   (*Chartrier du Séminaire*).

Ratification de la vente de Rive-Haute, actuellement ville de Plaisance, à la Case-Dieu, dans laquelle est inséré l'acte de vente.

Noverint universi, quod cum nobilis vir dominus Joannes de Ripa-Alta, miles quondam habitator castri de Ladeveza in Riparia, non coactus nec deceptus, dolo vel vi, nec fraude aliqua circumventus, sed gratis ac spontaneâ voluntate titulo puræ, perfectæ ac irrevocabilis venditionis et donationis perpetuô valituræ, absolvisset et quietavisset venerabilibus et religiosis viris abbati et conventui monasterii Casæ-Dei, ordinis Premontratensis, Auxis diœcesis............ totum territorium de Ripa-Alta, ipsi militi quondam et hæredibus et successoribus suis præsentibus et futuris pertinent et pertinere debent, tam cultum quam incultum, quod dictus Joannes de Ripa-Alta habebat, vel habere poterat et debebat in dicto territorio de Ripa-Alta, et quidquid terræ et nemoris habere poterat et debebat infrà adjacentias et confines infrà scriptos, videlicet inter fluvium seu aquam vocatam de l'Arros et inter terram nobilis viri Galhardi de Sanguineda et inter terram Augerii de Sentlana, et inter terram domini de Galiax, et inter terram de Peyré, et inter terram monasterii Casæ-Dei ex aliis lateribus seu confinibus seu districtus et dominio domini de Riparia, Turbiensis diœcesis, sub pactis et retentione et conditionibus specificatis et declaratis in instrumento venditionis et donationis inde confectum per manum magistri Joannis de Croseta notarii domini nostri regis Franciæ, et sigilli majoris Senescalliæ et vicariæ Tolosæ dicti domini nostri regis. Cujus tenor dicti instrumenti inferiùs continetur. Nobiles viri Bernardus de Ripa-Alta, et Arnaldus de Ripa-Alta et Joannes de Ripa-Alta, domicelli filii quondam dicti domini Joannis de Ripa-Alta, militis quondam, Bernardus de Beon, dominus de Armentivà, et Arnaldus de Beon ejus frater domicelli, pro se et omnibus successoribus præsentibus et futuris, omnes in simul, et quilibet ipsorum in solidum, volentes et cupientes laudare, ratificare et approbare, ac etiam homologare et ratum habere dicti Bernardus de Ripa-Alta, domicellus hæres universalis dicti domini Joannis de Ripa-Alta, militis quondam, Arnaldus, venditionem et donationem factam ratificaverunt, homologaverunt et approbaverunt .... cum hoc publico instrumento nunc et in perpetuum valituro reverendo in Christo patri et domino Vitali de Garsia potentiâ divinâ abbati monasterii Casæ-Dei ibidem præsenti .... salvo in omnibus et retento feudo usque ad summam decem librarum Turonensium parvorum sine pluri casuale quam dictus dominus abbas Casæ-Dei et conventus ejusdem monasterii debent solvere hæredibus dicti domini Joannis de Ripa-Alta militis quondam et prout in instrumento dictæ venditionis, pleniùs continetur.

Pro quibus omnibus et singulis tenendis, complendis et firmiter et irrevocabiliter observandis, Bernardus de Samasano domicellus Condominus de Lamasano, Vitalis d'Arricorb, domicellus, dominus d'Arricorb in Pardiaco ..... qui omnes et singuli personaliter constituti promiserunt ...... tenor vero instrumenti dictæ venditionis dignoscitur esse talis. Noverint universi præsentes pariter et futuri, quod dominus Joannes de Ripa-Alta, miles habitator castri de Devezia in terra Ripparia non coactus .... dedit, vendidit .... venerabilibus et religiosis viris abbati et conventui monasterii Casæ-Dei locum et territorium de Ripa-Alta ipsius militis, tam cultum quam incultum et nemus defensum inter fluvium de Rossio et inter terram Galhardi de Sanguineda, et inter terram filii domini de Sentlana, et inter terram domini de Galiax et inter terram monasterii Casæ-Dei, ex aliis lateribus et confinibus, sub districtu et dominio domini de Ripparia, sub pactis et conditionibus et retentionibus infrà scriptis ad habendum, tenendum, possidendum et explectandum et faciendum ibi populationem et ad infeudandum et recipiendum inde vendas et inpignorationes et intragia et alia deveria et jura ipsi domino Joanni competentia ..... et hoc pro pretio trium millium solidorum Tolosanorum promisitque dictus venditor et se obligavit expressè dicto syndico et mihi notario infrà scripto pro dictis abbate et monasterio stipulante, quod prædictam venditionem et omnia supradicta cum retentione et conditionibus infrà scriptis faciet laudare per nobilem virum dominum Gastonem de Bearnio, filium domini comitis, seu per dominam Guillermam de Montecathena filiam nobilis viri Gastonis de Bearnio quondam dominam terræ Ripparia, seu per illum qui terram Ripparia tenebit, hinc ad proximè venturum festum beati Michaëlis septembris : ità et tali modo, et retentione et conditionibus quæ sequuntur, videlicet, quod abbas et conventus dicti monasterii, et successores sui, et sindicus, seu mandatum eorumdem, nec possint nec debeant aliquo casu, hominibus de Bellomarchesio, nec alicui eorumdem, terras rei venditæ supradictæ in solidum vel in parte infendare seu concedere in emphiteosim vel aliter, sed exceptis dictis hominibus de Bellomarchesio, dicti abbas et conventus dicti monasterii possint infeudare terras et nemora dictæ rei venditæ supradictæ in solidum, vel in parte infrà dictos confines et cuicumque voluerint, salvo jure domini de Ripparia et retento : et sub tali pacto quod dicti abbas et conventus monasterii Casæ-Dei et eorum successores dent et solvant, et dare et solvere teneantur dicto domino Joanni de Ripa-Alta, vel ejus ordinio et successoribus decem libras Turonensium parvorum nigrorum bonorum sine pluri censuales annuatim in festo quolibet omnium Sanctorum, et si in dicto festo defecerint solvere dictum censum dicti abbas et conventus, quod dicti abbas et conventus teneantur dare et solvere, vel eorum sindicus pro eis, dicto domino Joanni, vel ejus ordinio vel mandato expensas vel quinque solidos Turonenses per octo dies pro quolibet die et transactis octo diebus quod dictus dominus Joannes, vel ejus ordinium vel mandatum possit eos compellere seu facere compelli ad solvendum sibi et suo ordinio dictas decem libras Turonenses et expensas prædictas et ex tunc faciendas pro defectu solutionis, tanquam pro re confessata, clara, liquida et manifesta . . . . . .

Acta fuerunt hæc apud Marciacum quinto decimo die introïtus mensis martii, anno Domini millesimo ducentesimo nonagesimo nono, regnante Philippo, rege Franciæ et Amanevo archiepiscopo Auxitano. Hujus rei sunt testes . . . . et ego Joannes de Crozeta publicus Senescalliæ et vicariæ Tolosanæ, et totius ducatūs Aquitaniæ et terræ Wasconiæ et curiæ sigilli dicti Senescalliæ et vicariæ Tolosanæ notarius qui de prædictis chartam istam scripsi cum alia alphabeto divisa . . . . et signo meo consueto signavi et in fidem et testimonium omnium permissorum, ad relationem dicti magistri Joannis de Crozeta, notarii curiæ dicti sigilli, fuit dictum sigillum appositum huic chartæ. Actum fuit hoc in monasterio Casæ-Dei decima octava die introitûs martis, anno Domini millesimo trecentesimo sexto decimo, regnante domino Philippo, Franciæ et Navarræ rege et Amanevo archiepiscopo Auxitano existenti. Hujus rei sunt testes discretus vir magister Gerardus Valeta, jurisperitus judex Pardiaci, Bellus de Beu, Guillelmus de Cotensis domicelli, frater Guillelmus de Maloburgeto, canonicus et prior monasterii Casæ-Dei : frater Guillelmus Darreix canonicus et sub prior frater Raymundus Paraut, canonicus et provisor : frater Guillelmus de Cossanea canonicus et sacrista : frater Guillelmus de Doati canonicus et pitanserius : frater Guillelmus de sancto Justino canonicus rector ecclesiæ de Sivraco : frater Fortanerius de Birano : frater Bernardus de Tasqua : frater Arnaldus de Montelugduno : frater Petrus de Coucoanta, circator : frater Dominicus de Lomania, canonici monasterii Casæ-Dei : et ego Bernardus de Pardiaco, publicus Marciaci et totius Senescalliæ Tolosanæ et Albiensis et ressorti, notarius et curiæ dicti majoris sigilli Senescalliæ et vicariæ Tolosanæ domini nostri regis Franciæ et Navarræ auctoritate regia creatus, qui requisitus hanc chartam scripsi et in formam publicam redegi et signo meo consueto quo utor signavi. In cujus rei testimonium et ad majorem roboris firmitatem omnium præmissorum habendam fuit præsens charta dicta sigillo regio auctoritate impendente sigillata.

Quittance de partie du prix de l'acquisition de Rive-Haute (Plaisance), en faveur de la Case-Dieu.

Noverint universi, quod cùm reverendus in Christo pater dominus Dominicus Danguays, Dei gratiâ abbas monasterii Casæ-Dei seu ejus prædecessores et suum monasterium Casæ-Dei, præmonstratensis ordinis tenerentur dare et solvere Gualhardo de Sanguineda et Augeninæ de Ripa-Alta, filiæ et hæredi Ramundi Guillelmi de Ripa-Altâ uxorique dicti Gualhardi de Sanguineda, decem libras Turonensium parvarum censuales dandas et solvendas annis singulis de feudo sive de Plazencia prout in publicis instrumentis indè retentis et confectis pleniùs et totius continetur, quod constituti personaliter corum suo notario et testibus infrà scriptis, prædictus Gualhardus de Sanguineda domicellus et Augenina de Ripa-Alta, domicella, filia et hæres Ramundi Guillelmi de Ripa-Alta .... uxorque dicti Gualhardi de Sanguineda, idem prædicti conjuges et dicta Augenina de consensu, auctoritate et voluntate dicti viri sui qui ad infrà scripta facienda et concedenda auctoritatem sibi præstitat, recognoverunt et in veritate confessi fuerunt, se habuisse, emisse et recepisse à reverendo patre in Christo domino Dominiquo, Dei gratiâ, abbate monasterii Casæ-Dei, unum magnum equum pili Liambausani quatuor pedibus bonum sanum et pretio octoginta librarum Turonensium parvarum quem equum ibidem præsentem dicti conjuges ibidem receperunt et se reputaverunt pro contentis et benè pactis de eodem equo et in solutionem dictæ summæ dictarum octoginta librarum Turonensium parvarum faciendam dicto domino abbati, dicti conjuges et dicta mulier, de consensu et auctoritate quo suprà, dicta feuda et deveria, videlicet prædictas decem libras Turonensium parvarum annuales faciendas et insolvendas prædictis conjugibus per dictum dominum abbatem et ejus monasterium, hinc ad octo annos proximos futuros et subsequentes incipiendo terminum dictorum annorum in primo festo omnium Sanctorum; tradiderunt et liberaverunt purè et liberè sine omni dolo et fraude ità videlicet quod dictus dominus abbas, seu ejus monasterium minimè solvere teneatur prædictis conjugibus prædictas decem libras Turonensium parvarum infrà prædictum terminum dictorum octo annorum, imò se tenuerunt et reputaverunt conjuges prædicti defore paccati et contenti de dictis feodis dictarum decem librarum Turonensium parvarum dictorum octo annorum proximis venientibus et futuris ratione emptionis et receptionis prædicti equi magni, dicti pretii dictarum octoginta librarum Turonensium parvarum et accepturi dicti equi non habiti non empti, non recepti et in sui commodum non conversi et fraudis ultrà dimidium omninò renuntiantes in factum actioni et conditioni ob causam et sine causa et omni errori et deceptioni et causæ totius ignorantiæ. Caverunt pro ipsis Arnaldus de Castanho, Guillelmus de Castelario, habitatores de Devessio qui re et nec fidejussoris nomine pro ipsis obligaverunt. Promisit etiam idem Gualhardus sub virtute præstiti juramenti tenere cum suis fidejussoribus infrà castrum de Devezia requisitus per tres dies et de eodem non exire absquè licentia dicti domini abbatis seu ejus certi mandati. Actum fuit hoc apud locum Desplanca, secunda die mensis junii anno Domini millesimo trecentesimo trigintesimo septimo, dominante in Ripparia domino Joanne, Dei gratiâ comite Armaniaci, Fezensiaci, et Rhutenæ et domino Guillelmo Hunaldi, episcopo Tarbiensi existente. Testes sunt dominus Theobaldus de Barbasano, Ramundus Sac de Sanguineda, religiosi viri fratres Ramundus de Savaret, dominus de Leomania, Guillelmus de Ponsano, Petrus de Beu, canonici monasterii Casæ-Dei, Vitalis de Ossonis et ego Vitalis de Atainello, notarius etc.

Ce notaire était de Barcelone en Armagnac. Il en donna un second extrait le 18 juin 1346 de l'ordre de Vital de Cacauto, juge ordinaire d'Armagnac et de Fezensac.

Vente faite à la Case-Dieu de 13 sols 6 deniers Morlas de fief à Rive-Haute.

Noverint universi, quod dominus Joannes de Ripa-Alta, miles, et domina Eugenina ejus uxor, vendiderunt, quitaverunt, garpiverunt et desemparaverunt, ... fratri Vitali de Gardia, sacristæ, agenti et procuratori domini abbatis et conventus monasterii Casæ-Dei ...... tredecim solidos et sex denarios Morlanorum, quos faciunt in festo Circumcisionis Domini annuatim obliarum pro terris quas tenent à dicto milite in affario de Ripa-Alta isti qui sequuntur, scilicet Vitalis d'Artiganova, 23 denarios Morlanos : Vitalis Faur, unum denarium Morlanum : Petrus de Mazalhero, unum denarium Morlanum : Arnaldus Broca, xij. denarios Morlanos : Joannes Payader, jx. denarios Morlanos : Petrus d'Enganadura, sex denarios et obolum Morlanorum : Petrus Laner tres denarios Morlanos : Ramundus de Gueyta et Vitalis deu Sorel, sex denarios Morlanos . Petrus Broca, duos solidos et sex denarios Morlanos : Sancius deu Lanussa , xij. denarios Morlanos : magister Jacobus Paris, notarius, vij. denarios Morlanos . Arnaldus Daudes , sex denarios Morlanos et Quiterie Sorbers, tres solidos Morlanos cum omnibus suis juribus, et omne dominium utile et directum, et leges, et omnia jura et deveria, et omnes actiones .... pretio trecentorum solidorum Morlanorum ...... Actum fuit hoc apud Ladeveziam in Ripparia, ultima die exitus decembris, anno Domini 1300, regnante Philippo, rege Francorum, et Amanevo, archiepiscopo Auxitano. Hujus rei sunt testes .... et ego Guillelmus de Lanalonga, publicus Bellimarchesii notarius.

Serment de Jean de Ribaute sur les limites de Ribaute.

Coneguda causa sie als presens e als abiedors , que en la presencia de N'Arnaut Guillem de Lussagnet, Donzel, loctenent de N'Arnaut de Coaraza, bayle d'Aribera, peu noble senhor en Gastoo, comte per la gracia de Diu, del comtat de Foyx, e senhor lobets de la terra d'Arribera, de mi notarii Desperiis, lo senhor en fray Sans, per la gracia de Diu abat del monestier de la Casadiu, a requeri en senhor en Johan d'Aribauta quet mostros los termes cofis de la endomengadura e de tota la terra, que et ave tenuda au senhor en fray Steven, per la divina permission abas sa enreyre del predit mostier de la Casadin, e al conbens del prediit loc : e aqui metix lo preedit Mossenhe En Johan d'Arribauta respono e disso, que et era apparelhat de mostra ab la asside del senhor mayer, e aqui metix present lo predit mossenher En Johan d'Arribauta a requeri lo prediit bayle que et l'agos los testimonis que et lo dezere, e et ly agos los senhors ho los heretes de tod aqued qui frontaden ablos termes de la predicte endomengadure d'Arribaute, e que y agos los jurats de la cort mayer d'Arribera : el prediit bayle disso et asserta per Bégué d'Arribere que etz are mandatz efeys manar aysi cum es acostumos de manar los nobles en la terre d'Arribere tots los senhors, heretes de tots aquets, qui frontadegen ab los termes de la prediita domengadura, d'Arribaute : e lo prediit bayle aqui metix mana efe manar lo senhor et lérité de l'ostau de Galiax, el senhor el lériter de l'ostau de Leyré, el hereter, ho horn per lux de mossenhor N'Augé de Sent Lana e au senhor de Mondegorat sa en darrer mort, el senhor el lériter de Sierac, el senhor el heriter de Tu, que bésen los termes, cofis et los fiis de la preditta endomengadure d'Arribaute, quel prediit mossenher en mostrare à luy avant diit bayle et al prediit mossenher l'abbat de la Casadiu, e al senhor en Fortaner de Baulat, senhor de Gotz, e al senhor N'Arnaut de Beo, senhor d'Armentiu, jurats de la cort mayor d'Arribera aqui metix presens : por que lo dit bayle manave à l'avant dit mossenher en Johan, que mostres los soberdits termes cum dessus es dit e expressat : e aqui metix lo diit mossenher en Johan en lo maa del diit bayle juro sober los sants evangelis, que et mostraré legaumens los termes els cofiis soberdiitz, anxi cum et e son liage ac aven tenut e possedit, e aqui metix mostra lo soberdiit en Johan à l'avant diit bayle, eals juges e als senhors, e als heritez qui frontigen ab la diit endomengadura, e a los procuradors, e per nom de lor, eals testimonis dejus nommats a l'avant diit abas de la Casadiu e a motre d'autrés gens qui eren præsens e dixo que del terré aperad d'Enganadure, cum va entre houn auzero passat lo Ri, qui gez de la Scribe prez del cami, qui va enta Lengros de Pierre Fore, e d'aqui ental sobira mesple ; de qui endret ental oelh de la font de Barbat ; e daqui en tals cassoos de la Tocoera aperatz ; e daqui aysi cum l'aygua cay en la Basnè : e aysi cum ladite Basnè va e devare lotz bety entro houn goa, qui es al dreyt del coffii de peyre ; e daques goa al dreyt enta hua peyra, que es aperada lo coffy de peyre : e del dit coffy en coffy, e deseignau en seignan au dret entro l'aygua que hom aperada la Ros.

Item mustra e dixo que del prédit terré d'Enganadura, aysi cum lesvarat talha era ferie en la riu aysi cum la riu va feria au cap deu Lobazag, e aysi cum lo camin del cap deu Lobazag, va entremesse enta l'aster mayor e aysi cum l'aster mayor va ferir en la Ros : e aysi cum la Ros debare e va ferir à la motte d'Arribaute, et de laditte motte environ ladite ayga de la Ros. Lo terrador de l'Arosid aperad era firn al goa a la fii del dit Arosid. Daqui en sus cum l'aygo debara entro el prediit terme de peyra, tota la terra que et y ave denz aquetz fermes ab tots los debes et dreytatges dixo que ave venut e alienat per si e per sos successos a l'abbat e al coven de la Casadiu per tot tems enxi cum es contengut en un instrument feyt per maestre Johan de Erozet notari public. Item dixo per sagramen que feyt ave, que aquetz eran los termes que et e son linage aven tengust e possedits entro al die que acuesta mostra fo feyta, acceptar lo terrado e la grange d'Arribaute, ab sas terres e ab sas apertiences, en la quau yo ne mon linage no aven ne agom arré nulh temps ; car antiguamen eren de la maysoon de la Casadiu, acceptat lo feyt de Tilher en quau nulh temps yo ne mon linage no agom arré ..... ensuite on ouit les témoins qui furent Pierre des Angles, habitant de Ladaveze, Arnaut Beterra de Laveraët, Arnaut Barau, Arnaut de Cerni, du lieu de Micumes, Sans de Cerni de Serres, Bernard Lacoste de la Serrada, Arnaut Payssé, de Tourdun, Sans du Bosc, Arnaut de Poy, de Tieste, Pey Laroque, habitant de Goueste, frère Garsie d'Enganadura ci devan vacher de la Casadiu, frère Arnaut de Causade, chanoine de la même abbaye, et Pierre, fils de Fortaner de May habitant de Maubourguet. Jean de Ribaute mit l'abbé et le monastère de la Case-Dieu en possession. Desso son testimonis autreyats e enquerits lo prediit en Arnaut Guillem de Lussayet loctien de bayle en Arribera e fot feyt en sa maysoo senhorinen : mossenh en Fortané de Baulat senhor de Gots, mossenh N'arnaut de Beoo senhor d'Armentiu, jurats de la cort mayor d'Arribera, madona Namos dauna de Sanguineda, mossenh en Gacia capera de Galiats, Arnaut Ramond deu Moret, Arnaut de Lartiga. Nod de Lussaget, Ramond Arnaut d'Estugen donzels ..... ego Ramond Guillem David comun notari del Castelnau, e de tota la terre d'Arribere ..... Asso fo feyt en lo diit terrotori d'Arribaut pres la mosne quinto die introitus mensis julii anno Domini 1302, dominante in terra Ripparie nobili domino Gastone comite prædicto et domino Raymundo Arnaldi de Coarraza Tarbiensi episcopo existente.

Paréage de Plaisance entre le comte d'Armagnac et l'abbé de la Case-Dieu. — 1322.

Notum sit cunctis, quod in mei notarii et testium subscriptorum præsentiâ, personaliter constituti egregius et potens vir dominus Joannes Dei gratiâ comes Armaniaci Fezensiaci et Ruthenensis, dominusque terræ Ripparie, ex una parte et frater Petrus de Pererio, sindicus domini abbatis et conventûs monasterii Casæ-Dei diœcesis Auxitanensis, cum speciali mandato ad infrà scripta ; cujus mandati tenor est inferius insertus, ex alterâ.

Præfatus dominus comes de voluntate et auctoritate egregii ac potentis viri domini Rogerii de Armaniaco, domini baroniæ Malileonis, patris et curatoris dicti domini comitis, ibidem præsentis, et dictus sindicus de voluntate, consilio et assensu, et mandato dictorum abbatis et conventûs et de auctoritate superioris, prout fidem fecit per quasdam patentes litteras, sigillo abbatis sancti Martini Laudunensis sigillatas, quarum tenor inferiùs continetur, et insuper de voluntate et expresso consensu dicti domini abbatis, videlicet venerabilis et religiosi viri domini Vitalis Dei gratiâ præfati monasteri Casæ-Dei, et fratris Dominici de Angalino sacristæ, et fratris Dominici Dangays, canonici prædicti monasterii ibidem præsentium, processerunt ad faciendum inter se pariagium et associationem super faciendâ per eas nova bastida de loco vocato de Ripà-Altà, sito in loco Ripariæ sive terrâ prædictâ, pro utilitate ut dixerunt dictorum comitis et monasterii, sub formis, modis et conditionibus infrà scriptis. Imprimis videlicet, quod omnes terræ cultæ et incultæ, saltus et nemora, quas habet prædictum monasterium Casæ-Dei in totâ terrâ Ripariæ prædictâ et in quâcumque ejus parte, et quas habet in Armaniaco, in loco vocato Diusabol, et in loco vocato de Laforest sint in pariagio dictæ bastidæ, et de Baiiviâ, districtu et jurisdictione et contributione ejusdem et eas in pariagium dedit sindicus ante-dictus; quæ terræ seu territoria sunt hæc videlicet de Ripà-Altà, de Thileto, de Lobaraco, prout limitantur et protenduntur usquè ad fluvium vocatum la Ros, ex unâ parte et territorium de Peyrià usquè ad quoddam vaddum in aquâ vocatâ Basuc, ex alterâ et prout ascenditur per dictam Basuam juxtà territorium domini de Galiax versus furcum de Favas et deinde usquè ad terminum positum juxtà fontem de Barbad, qui terminus dividit territoria de Ripà-Altà, et domini de Galiax et Augerii de Senlane, et prout de dicto fonte de Barbad ascenditur versus quamdam arborem vocatam Mesple, et ex illâ versus aliam quamdam arborem vocatam Auxero et ex illâ versus passum d'Enganadure ex alterâ; et prout descenditur de dicto secus terram Ramundi Sac de Antino, vocatam de Langros; et deinde per viam publicam, usquè ad quoddam lister quod cadit in fluvium de La Ros ex alterâ.

Item territorium vocatum Desplanque quod confrontatur cum fluvio de La Ros et cum aliis territoriis vocatis in instrumento per dominam Willelmam de Montecathano concessis monasterio ante dicto, concessit etiam dictus sindicus omnia et singula territoria et casalia quæ habet vel habere debet dictum monasterium in terrâ Ripariæ .... extrà confrontationes et limites supra scriptas. Item de eisdem terris seu territoriis dictus sindicus, nomine monasterii prædicti, dedit et concessit pro medietate prædictorum domino comiti et suis trecenta et quadraginta arpenta terræ contigua et propinquiora dicti loci de Ripâ-Altâ ut eisdem domino comiti et monasterio sint in omnibus communia pro indiviso, item in territoriis de Diusabol et de la Forest et de la Coste de Serras, dedit pro medietate et pro indiviso dicto domino comiti sexaginta arpenta terræ, si per informationem super hoc factam vel faciendam appareat dictum monasterium tantumdem ibidem habere, et si minus quam sexaginta arpenta habeat in illo minori dedit comiti medietatem pro indiviso : hoc pacto quod si appareat dictum monasterium nihil habere in dictis territoriis, quod nullam emendam occasione hujus donationis teneantur facere dicto domino comiti ; et si appareat dictum monasterium habere ibidem plusquam sexaginta arpenta, quod totum illud ex integro et pleno jure domini comitis sit, ita videlicet quod prædicta trecenta quadraginta arpenta et alia sexaginta si ibi inveniantur, eisdem domino comiti et monasterio sint communia pro indiviso cum omnibus suis emolumentis, sive ex molendinis, sive ex leudà, sive ex quibuscumque rebus vel causis aliis processerint : aliæ vero terræ quas habet monasterium prædictum in terrâ Ripariæ supra dictæ remanebunt prout nunc sunt in proprietate dicti monasterii, et monasterium solum et in solidum ibidem recipiet agreria, feuda, vendas et impignorationes et eas quibus voluerit, dabit, vel infeudabit ad perticam tamen et consuetudines dictæ bastidæ. Juridictio tamen omnis alta et bassa in terris contiguis dictæ bastidæ quæ sunt in terrâ Ripariæ, communis erit dictis domino comiti et monasterio et etiam jurisdictionis emolumentum et medietatem jurisdictionis, meri et mixti imperii dictus dominus comes dedit et perpetuo concessit monasterio supra dicto cum medietate emolumentorum eorum in terris quas habet monasterium in terrâ Ripariæ duntaxat et contiguis dictæ bastidæ ut prædictum est, et in molendino Desplangue cum prato ibi contiguo cujus quantitas non excedet unum arpentum, in terris vero sparsis et non contiguis dictæ bastidæ quas ibi habet dictum monasterium, habebit dictum monasterium, si eas dederit ad perticam dictæ bastidæ, omnia illa, quæ inferius concedentur aliis nobilibus vel religiosis terræ Ripariæ, qui terras suas dabunt ad perticam dictæ bastidæ et in aliis terris Desplangue ; in sexaginta vero arpentis terræ si sint in dictis territoriis de Diusabol, de la Forest et de la Coste de Serras et si non sint in minori parte quantæcumque sit, dedit dicto domino medietatem incursuum et totius emolumentis jurisdictionis alta et bassa jurisdictione omnimodâ, et exercitio jurisdictionis penes ipsum comitem per personas infra scriptas expediendo totaliter remanente.

Item dictus dominus comes dedit et posuit in pariagio prædicto et ad consuetudines dictæ bastidæ, omnes terras suas et subditorum suorum quæ in terra Armaniaci sitæ sunt, inter territoria de Marcelhano et de Podio Draguino et inter aquas vocatas de La Ros et den Miedou, itâ quod sint de contributione et consuetudine bastidæ prædictæ et ad bajulum communem dictæ bastidæ, spectet in dictis locis judicium causarum civilium et minores leges et clamores usquè ad summam decem solidorum Turonensium, erunt communes inter dictos parierios exceptis pechis vedatorum comitis quæ ipsius solius erunt. De causis criminalibus et de criminibus in dictis territoriis perpetrandis, non cognoscatur intrà dictam bastidam, nec etiam de civilibus; sed in aliquo loco intrà comitatum Armaniaci ad hoc deputandum prope et citra fluvium de La Ros et judicabuntur dictæ causæ civiles per solum bajulum communem et criminales secundùm consuetudines dictæ bastidæ, vice, nomine et auctoritate solius domini comitis, et ut judices ejusdem duntaxat judicabunt et cognoscent, et ibidem fiet executio in furcis domini comitis citra dictum fluvium de La Ros, et omnes reditus totius jurisdictionis et emolumentum in eisdem locis prædictis provenientes spectabunt in solidum ad dominum comitem, exceptis decem solidis superiùs expressatis, et quod de prædictis nullum jus in aliis dicto monasterio acquiratur. Item si aliquæ terræ nobilium seu monasteriorum terræ Ripariæ per eos datæ sunt ad perticam et consuetudines dictæ bastidæ, illæ terræ erunt de consuetudine, contributione, jurisdictione communi et Balliviâ dictæ bastidæ, et emolumentum jurisdictionis in eis erit commune inter dominum comitem et abbatem usquè ad decem solidos Turonenses. Item nobilis ille seu monasterium qui terram dederit ad dictam perticam, habeat per manum bajuli dictæ bastidæ quinque solidos Morlanorum in casibus, sicut prout hactenùs habere consuevit et nihilominùs, ubi aliqua bona immobilia de illis quæ tenentur ab aliquo nobili seu monasterio venient in incursum bona illa infrà .... per preconem publicum dictæ bastidæ subtrahantur et vendantur per procurationem domini comitis alicui qui ea teneat ad consuetudinem dictæ bastidæ ab eodem nobili seu monasterio et de pretio illorum immobilium detur quarta pars dicto nobili vel monasterio et tres partes residentes unà cum omnibus mobilibus domino comiti applicentur; itâ tamen quod debita omnia primitùs exsolvantur tam de mobilibus quam de immobilibus, proratâ et valore mobilium et immobilium; itâ videlicet quod si mobilia valent centum libras et immobilia centum, tunc solvatur medietas debitorum de mobilibus et alia medietas de immobilibus et si mobilia duplum valent quam immobilia, vel contra, tunc duplum debitorum solvetur de parte duplum valente ; et sic de aliis summis secundum majus aut minus ; et idem erit de terris sparsis et non contiguis dictæ bastidæ quas habet dictum monasterium Casæ-Dei in terrâ Ripariæ et quas dabit ad perticam dictæ bastidæ. Item quod nullus habitator seu vicinus dictæ bastidæ possit in terris dicti pariagii molendinum aquæ vel venti facere vel habere, nec terras sibi traditas infeudare, vel ad super feudam dare.

Item si loca molendinorum appareant in terris assignandis habitatoribus dictæ bastidæ quod ibi construi molendina per dominum comitem et monasterium prædictum non obstante inhibitione feudatorum ipsorum satisfacto tamen eis de dictis terris ad cognitionem consulum dictæ bastidæ et quod paxeria possint libere firmari in terris monasterii citra fluvium de La Ros. Item prædictus sindicus non obstante donatione et assignatione superius factis retinuit sibi in terrâ Ripariæ quadraginta arpenta terræ vel nemoris contigua vel non contigua ad suam electionem pro vedato seu vedatis extra trecenta quadraginta arpenta superius communicata et eorum confinia. Jam quod in dictis vedatis consignatis et sub banno positis, dictus dominus comes seu ejus gentes aut habitatores dictæ bastidæ seu pertinentiarum ejusdem aut aliqui alii undecumque sint, non sint ausi recipere, deportare vel facere deportari in carro vel animalibus, homine, vel muliere, facere abstrahi ligna sicca vel viridia . . . . seu ligna dictorum vedatorum existentia sine licentia aut voluntate dicti domini abbatis, seu suorum successorum, quod si contra prædicta aliqui de dictis habitatoribus vel aliis adversus venerint in quinque solidos Turonensium parvorum dandis dictis dominis pro justitiâ puniantur, et de damno dicto domino abbati seu ejus successoribus emenda fiat ad cognitionem bajuli et consulum dicti loci. Item quod messeguerii communes dictæ bastidæ custodiant et custodire teneantur dicta vedata seu deffensa et pignorare possint quoscumque talantes cum suis animalibus vel damnum dantes undecumque sint in dictis vedatis de die vel de nocte et quod pro labore et salario dicto suo peccha quantacumque sint recipiant tertiam partem. Item quod dicti messeguerii communes qui pro tempore fuerint dictæ villæ jurent et jurare teneantur in principio suæ institutionis dicto domino abbati se fideliter custodire dicta vedata seu deffensa, denuntiare quoscumque delinquentes, bajulo et consulibus dicti loci.

Item retinuit sibi dictus sindicus, nomine monasterii, bordam de Larrosset, cum terris ibidem inclusis per fluvium de La Ros et grangiam de Ripâ-Altâ, videlicet terradam cum bordis ibidem existentibus, prout extenduntur et concluduntur per circuitum valli usque ad fluvium de La Ros et molendinum Desplangue quod est in terrâ et jurisdictione Rippariæ, cum prato ibi existente, ità quod in prædictis tota proprietas penès dictum monasterium remaneat; jurisdictio autem omnimoda cum omni emolumento suo, communis sit prout superius est expressum. Item retinuit sibi dictus dominus comes sex plateas ubi elegerit in uno loco de extremis dictæ bastidæ pro castro seu domo facienda et vedatum de Ausapte in quibus plateis erit jurisdictio communis. Item in dictâ bastidâ erit unus bajulus communiter instituendus, per dictos parierios qui in eorum vel deputandorum ab eis præsentiâ jurabit quod in suo officio fideliter se habebit, aliàs secum officium non exerceat; et si contingat dictam Baileram arundari, vel alias conjunctim hoc fiat infrà dictam bastidam per ipsos parierios, vel eorum procuratores et in festo Nativitatis beati Joannis Baptistæ. Bajulus autem elapsis duobus annis non assumetur nisi de habitatoribus dictæ Bayliviæ, vel ejus locum tenens, nisi in casu necessitatis. Item judex comitis in dictâ bastidâ tenebit assissiam vice et nomine ipsorum comitis et abbatis cui etiam abbati jurabit quod in suo officio fideliter se habebit, aliter ibi judicare non audeat, et judex ille cognoscet de magnis causis civilibus, in quibus libellus erit offerendus, si hoc actor petierit et de querelis bajuli et consulum et aliorum officialium et de omnibus causa quæ coràm eo introducentur, qui judex recipiet pensionem à dictis dominis comite et abbate communiter pro his quæ tangunt pariagium persolvendum. Item à bajulo vel consulibus dictæ bastidæ cognoscentibus prout ad quemlibet eorum pertinent ut suprà premittitur, de contractibus vel quasi delictis, vel quasi factis, vel perpetratis in terrâ Ripparia prædictâ, vel de aliis causis ad eos pertinentibus appellabitur ad ipsum judicem ordinarium qui de appellatione cognoscet, vice et nomine comitis duntaxat in dictâ bastidâ; ab ipso autem judice ordinario, appellabitur ad senescallum, vel judicem appellationum domini comitis, qui similiter vice solius comitis, et in solidum cognoscet in dictâ bastidâ, vel in terrâ Ripparia, etsi judex ordinarius primam tulerit sententiam et senescallus vel judex appellationum secundam; et ab illâ secundâ contigerit appellari, appellabitur ad dominum comitem, qui causam cui voluerit delegabit infrà dictam terram Ripparia examinandam et decidendam, et eo modo si pluriès appellari contigerit ad comitem ipsum et à suis delegatis vel commissariis specialibus appellabitur, qui modo consimili delegabit et infrà terram Ripparia supradictam, de factis autem vel perpetratis in pariagio de Armaniaco appellabitur prout hactenùs est fieri consuetum.

Item servientes in dictâ Bayliviâ concorditer et communiter per dictos pariarios creabuntur et eis ambobus jurabunt quod in suo officio fideliter se habebunt, et in baculis suis portabunt signum cujuslibet dominorum, aliter suum officium non exerceant. Item notarius curiæ bajuli, et consulum per parierios communiter eligetur et instituetur et utrique eorum jurabit quod fideliter scribet in causis civilibus et criminalibus et aliter in officio suo fideliter se habebit aliter officium suum non exerceat et emolumentum dictæ notariæ erit commune parieriis antedictis. Item consules dictæ bastidæ in creationis suæ primordio jurabunt dictis parieriis, vel eorum vicem gerentibus annuatim, prout in dictis consuetudinibus fuit ordinatum, aliter non exercebunt suum officium consulatûs. Item in dictâ bas-bastidâ fiet fortalitium commune in quo forefacientes et delinquentes in dictâ Bailiviâ custodientur ad expensos communes dictorum dominorum, et si contingat ibi poni castellanum, communiter ponetur per ambos dominos ad communes expensas eorum. Item quod omnes et singulæ præconisationes fient in dictâ bastidâ ex parte domini comitis et abbatis. Item in novitate cujuslibet dominorum, videlicet dictorum Parieriorum, universitas et singulares ejusdem bastidæ teneantur infrà annum juramentum fidelitatis cum suis capitulis præstare novo domino, juxtà juris formam. Item quod habitatores dictæ bastidæ de lignis etiam viridibus pro suis ædificiis de nemoribus propriis domini comitis et abbatis, ubicumque, extrà vedam tamen, recipere possint quantum velint et eis necessaria fuerint hinc ad viginti annos et de siccis in perpetuum, extrà vedam tamen. Item quod dictus dominus comes et ejus successores deffendere teneantur dictum monasterium res et personas ipsius tanquàm fidelium suorum intra suum districtum et etiam extrà quatenùs ad eum pertinebit, et tenebitur jurare domino abbati et ejus successoribus totum præsens pariagium servare in novitate sui regiminis, et antequàm ab universitate dicti loci recipiat juramentum; et vice versâ dominus abbas, consimile juramentum de servando pariagio præstet comiti et ejus successoribus in novitate suâ priusquam à dictâ universitate recipiat juramentum.

Item dominus abbas qui nunc est et qui pro tempore fuerit, tenebitur præstare juramentum fidelitatis et hommagii domino comiti pro jurisdictione prædictâ et aliis quæ habet in terrâ Ripperiæ sicut alii nobiles terræ Ripperiæ, et recognoscet dictus abbas prout hactenùs recognovit se tenere à dicto domino comite, omnia quæ habet dictum monasterium in terrâ Ripperiæ et Armaniaci. Item quod neuter parieriorum prædictorum in personas extraneas partem dictæ bastidæ alienare vel transferre possit nisi in hæredem. Item quod si aliquis vel aliqui litem vel quæremoniam facerent de superiùs concessis per dictum dominum comitem dicto monasterio, videlicet de celsâ jurisdictione et mero mixto imperio idem dominus comes litem

ipsam propriis sumptibus ducere teneatur ; et idem erit vice versâ de dicto monasterio si super concessis per ipsum moveri contingeret quæstionem. Item quod de uno arpento ad feudum annuum pro bordâ, vineâ, nemore vel prato, habitationibus dicti loci concessis, dent pro feudo viginti Turonenses, solvendos annuatìm in festo omnium Sanctorum. Item pro casalo octo denarios Turonenses in dicto festo solvendos. Item pro casaloto quatuor denarios Turonenses solvendos annuatìm in festo beatæ Mariæ Magdalenæ. Item qui in solutionem dictorum censuum diebus in instrumento assignatis ad solvendum defecerint pro defectu solvant domino feudali ..nalibet die quâ defecerint censum duplicatum et ad hoc per bajulum competentur. Item quod terræ concedendæ de habitationibus dictæ bastidæ ....
.... concedantur ad nonam partem fructuum ibidem excrescentium in grano vel gerbâ ad electionem domini feudi et non dividantur nisi in præsentiâ nuntii deputati per dominum territorii, itâ quod nona pars ratione expensarum minuatur. Item de Blado quod portabitur ad molendinum dicti pariagii recipietur tantummodo decima sexta pars pro moturâ. Item quicumque extra jurisdictionem et districtum dictæ bastidæ ligna sicca vel viridia sine voluntate parieriorum abstraxerit pro pœnâ in decem solidos Turonenses condemnetur. Item quod sindicus dicti monasterii Casæ-Dei possit omnes terras monasterii Casæ-Dei in terrâ Ripariæ et extrà dare et tradere habitatoribus dictæ bastidæ, extrà trecenta et quadraginta arpenta territorii de Diusabol communia et indivisa inter parierios prædictos per se et sine procuratore dicti domini comitis infeodare et cartas concedere proùt convenit de prædictis terris cum habitatoribus dictæ bastidæ. Item bajulus et omnes et singuli dictæ universitatis teneantur dicto abbati et ejus successoribus vel ejus mandato obedire pro deffensione bonorum monasterii Casæ-Dei infrà dictum pariagium et Bayliviam dictæ bastidæ quotiescumque per eum seu eos fuerint requisiti. Præmissa omnia et singula proùt suprà scripta sunt et non aliter neque ultra promiserunt una pars alteri per firmam et solemnem stipulationem firmiter in perpetuum observare et contra non facere, vel venire aliquâ occasione vel causâ per se vel alium directè vel indirectè, et renuntiaverunt expressè omni auxilio juris et facti per quod possint contrà promissa vel aliquod promissorum in aliquo dejurare.

Suit la procuration de l'abbé du chapitre de La Case-Dieu, en date du 26 février 1322, jour de Ste Julienne. On y voit :

Vital, abbé.
Arnaud du Bosc, prieur.
Guillaume Darech, sous-prieur.
Sans de St-Saturnin, circateur.
Guillaume de Maubourguet.
Dominique d'Angelin, sacristain.
Guillaume Doat.
Vital de Melhon, vestiaire.
Bernard de Tasque.
Bernard du Poirier.
Guillaume de St-Justin.
Gaillard de Panassac.

Jean de Vidallan.
Raymond de Sarrant, proviseur.
Arnaud de Montlezun.
Dominique Danezan.
Guillaume de Ponsan.
Guillaume de Casaux.
Dominique de Lomagne.
Bernard de Bron.
Jean d'Armagnac.
Guillaume de Labric.
Bernard de Lafitte.
Pierre de Perés, sindic.

Milon, abbé de St-Martin de Laon, avait donné un pouvoir en 1305 dans le chapitre général, tenu alors à Prémontré.

Acta fuerunt hæc apud Motamando in Fezensaguetto decimo kalendas martii anno ab Incarnatione Domini millesimo trecentesimo vigesimo secundo regnante Carolo Francorum et Navarræ rege ; et dicto domino Joanne, Armaniaci, Fezensiaci et Ruthenorum comite existente et in terrâ Ripparia dominante et sede Auxitanâ vacante. Testes hujus rei sunt domini Guillelmus de Barreriâ, senecallus Armaniaci et Fezensiaci, Audebertus Mascaron, milites, domini Guillelmus de Cardillaco canonicus et archidiaconus Anglerii in ecclesia Auxitanâ, Petrus de Baco, decretorum, Guillelmus Amici, legum doctores, Sicardus de Sparverio, domicellus, et ego Joannes de Gorguâ, notarius publicus dictorum comitatuum Armaniaci, et Fezensiaci et dictæ terræ Ripparia, ac vice comitatuum Fezensaguelli et Brolhesii, qui de voluntate, expresso assensu ac requisitione dictorum domini comitis et fratris Petri de Pererio sindici monasterii Casæ-Dei et domini abbatis Casæ-Dei ac fratrum domini de Angelino sacristæ, dominici d'Angays canonici ejusdem monasterii prædicti hoc præens instrumentum scripsi et in formam publicam redegi et signo meo consueto signavi in testimonium præmissorum et ad majorem roboris firmitatem nos comes et Rogerius abbas et conventus prædicti huic præsenti publico instrumento sigillo nostro apponi fecimus et appendi.

Paréage de Marciac. — 1298.

Noverint universi præsentes pariter et futuri, quod frater Sancius de Montesquivo, canonicus et procurator seu sindicus venerabilis domini abbatis et conventûs monasterii Casæ-Dei, ordinis Præmonstratensis, diœcesis Auxitanæ, procuratorio nomine seu sindicatu dictorum domini abbatis et conventûs, cujus sindicatûs tenor inferius continetur, pro se et dictis domino abbate et conventu, et etiam venerabilis et religiosus vir frater Stephanus Lupati, Dei gratiâ, abbas dicti monasterii Casæ-Dei : frater Willelmus de Lanafranca, provisor Casæ-Dei, pro se ipsis et toto conventu prædicto, ex parte unâ et nobilis vir dominus Bernardus de Insulâ, miles et senescallus Pardiaci, pro egregio viro domino Arnaldo Willelmi, Dei gratiâ, comite Pardiaci, et ut senescallus ejusdem domini comitis Pardiaci, ex parte alterâ, comparuerunt et venerunt coràm nobili et discreto viro domino Hugone de Marciaco, canonico Lugdunensi tenente locum nobilis et potentis viri domini Guichardi de Marciaco, militis domini nostri regis Franciæ, senescalli Tolosæ et Albiensis, et in ejus præsentiâ Tolosæ in domo quam inhabitat idem dominus Hugo, dixerunt quod pro utilitate suâ et domini nostri regis, quoddam pariatgium fecerunt de bastidâ construendâ, proùt in instrumento publico, per manum mei Joannis de Croseto, notarii pleniùs continetur. Quod quidem instrumentum ibidem lectum fuit de verbo ad verbum coràm dicto domino Hugone in præsentiâ dictorum partium, et mei notarii, et testium infrà scriptorum : cujus instrumenti tenor sequitur in hæc verba.

In nomine sanctæ et individuæ Trinitatis Patris et Filii et Spiritus sancti, Amen. Noverint universi præsentes pariter et futuri, quod religiosus vir frater Sancius de Montesquivo, canonicus et procurator seu sindicus domini abbatis et conventûs monasterii Casæ-Dei, ordinis Præmonstratensis, diœcesis Auxitanæ, procuratorio nomine seu sindicatu dictorum domini abbatis et conventus, cujus procurationis seu sindicatûs tenor inferiùs continetur, de expresso consensu et voluntate venerabilium et religiosorum virorum, domini Stephani, divinâ providentiâ abbatis et fratris Willelmi de Maloburgeto, prioris, fratris Ramundi Willelmi de Castronovo, subprioris, fratris Willelmi de Lanafranca, provisoris fratris Vitalis de Gardia, sacristæ domûs et monasterii prædicti Casæ-Dei, personaliter existentium et ea quæ sequuntur fieri cum instantiâ requirentium, ex parte unâ : et nobilis vir dominus Bernardus de Insulâ, miles, senescallus Pardiaci pro egregio viro domino Arnaldo Willelmi de Montelugduno, Dei gratiâ, comite Pardiaci, nomine dicti domini comitis, et ut senescallus ejusdem comitis, ex parte alterâ, in præsentiâ mei Joannis de Croseto, illustrissimi domini nostri regis Franciæ, procuratoris in judicaturâ Ripperiæ in partibus Vasconiæ, ejusque notarii et testium infrà scriptorum, personaliter constituti, non coacti, nec decepti, dolo vel vi, nec fraude aliquâ circumventi, volentes, affectantes, ac etiam cupientes facere pariatgium seu associationem cum dicto domino rege de Bastidâ novâ faciendâ cum magnæ nobilitatis, discretionis et providentiæ viro domino Guichardo de Marciaco, milite domini nostri regis senescallo Tolosæ et Albiensis, capitaneo et rectore totiùs ducatûs Aquitaniæ et terræ Vasconiæ, pro dicto domino nostro rege absente, nomine dicti domini regis, de terris et in terris et nemoribus grangiarum de Fulgario et de Andenaco, et aliis terris dicti monasterii Casæ-Dei, quæ sunt infrà adjacentias inferiùs limitaras, videlicet dictus procurator seu sindicus dictorum domini abbatis et conventûs monasterii Casæ-Dei pro dictis domino abbate, monasterio et conventu, et pro omnibus et singulis habitatoribus dicti monasterii præsentibus et futuris, et successoribus eorumdem, pro magnâ, ut asseruit, utilitate dicti monasterii et conventûs, et ad extirpandum speluncas latronum, murtrierorium et malefactorum de illis partibus, et propter hoc ut ipse abbas et conventus et habitatores dicti monasterii sub umbrâ regiâ et præfati domini senescalli quietè vivere valeant, et in pace domino famulari, et ut status terræ in meliùs reformetur, et honor regius exaltetur, et dictus dominus senescallus Pardiaci pro utilitate evidente et augmentatione reddituum et bonorum dicti domini comitis et subditorum ejusdem, ad faciendum pariagium et associationem in terris et de terris et nemoribus dicti monasterii pro dictâ novâ bastidâ faciendâ cum dicto domino nostro rege in modum qui sequitur concorditer processerunt.

Dictus procurator et sindicus domini abbatis et conventûs monasterii Casæ-Dei, pro se et nomine quo suprà, dedit et concessit de terris propriis et nemoribus dicti monasterii, grangiarum de Falgario et de Andenaco et de aliis terris eisdem contiguis, quingenta arpenta terræ ad mensuram seu perticam bastidæ Gimontis partiendam terrarum et nemorum contiguorum ad construendum ibi novam bastidam domini nostri regis, et domini comitis Pardiaci et domini abbatis et conventûs Casæ-Dei, pro indiviso, ad dandum et concedenum ibi domos, localia et casalia et arpenta terræ de iisdem; itâ quod dicta quingenta arpenta sint communia et pro indiviso quantam ad tertiam partem dicti domini nostri regis, et aliam tertiam partem dictorum abbatis et conventûs monasterii Casæ-Dei; et aliam tertiam partem dicti domini comitis Pardiaci, et hæredum et successorum suorum perpetuò. Dedit etiam et concessit idem procurator seu sindicus, nomine quo suprà, pro pariagio, ad usum dictæ bastidæ et habitatorum et vicinorum dictæ novæ bastidæ faciendæ, vicinis et juratis dictæ novæ bastidæ, qui pro tempore fuerint, omnes terras dictarum grangiarum et dicti monasterii, videlicet omnes et singulas terras, quas dictum monasterium et dominus abbas et conventus dicti monasterii habent et habere debent in Pardiaco, proùt sunt et includuntur inter caminum romaeum sancti Jacobi, quo itur de Montelugduno versùs salvam terram de Ripparia à parte superiori, ex parte unâ, et à parte inferiori ex parte alterâ inter fines et limites comitatûs Pardiaci, qui protenduntur usquè ad comitatum Armaniaci et Fezensiaci; ex aliâ parte usquè ad fines dicti comitatûs Pardiaci usquè ad serram Ripparlæ nobilis dominæ Guillelmæ de Montecatheno, quam modò tenet egregius vir, dominus comes Fuxi; et ex aliâ parte inter terras et honores dominorum de Lauraeto, et dominorum Sancti Christofori et de Petrucia, retentis in solidum quantùm ad fundum et proprietatem dicto monasterio, molendinis, molendinorum locis, viridariis, pratis et terris laborantiæ propriæ, et domibus dicti monasteri Casæ-Dei, et padoentiis seu pascuis et duobus defensis nemoribus inferiùs declaratis sub modo et formâ inferiùs expressandis, videlicet dicta molendina Casæ-Dei, cum clausis suis et terris propriis laborantiæ suæ propriæ, et vineis et jardinis quos et quas modò tenent et possident vel quasi, et duobus defensis nemoribus; videlicet, uno defenso, quod est propè dictum monasterium citra fluvium Roscii in loco vocato Boca, Cossanha et Cortiva, proùt dictum nemus defensum se tenet et confrontatur cum rivo de Berrii, ex unâ parte, et cum rivo deu Lys, ex alterâ; et cum Laborancia de Cortiva dicti monasterii et cum terrâ Bertrandi Parquerii Feodatarii dicti monasterii, ut ibi dictum fuit, ex parte alterâ; et cum rivo de la Pale, ex parte alterâ; et alio defenso nemore dicti monasterii, quod est ultrà Roscium in loco vocato Paradisus, proùt est et confrontatur inter rivum vocatum Lafter, ex parte unâ, et inter fluvium Roscii, ex parte alterâ; et terram sancti Justini et laborantiam seu prata de Naureto dicti monasterii, ex alterâ. Et retentis pratis, culturis et laborantiis dicti monasterii propriis viridariis, vineis, hortis et terris cultis et laborantiis propriis dicti monasterii et conventûs, videlicet quæ sunt de rivo de Lys inferiùs usquè ad terminum Bellimarchesii, et terris cultis et laborantiis propriis Rosiæ de Gojano pratis et terris cultis grangiæ de Naureto ultrà Roscium dicti monasterii; et retentis ecclesiâ de Falgaria et grangiâ, et duobus arpentis circâ grangiam prædictam pro cemeterio, et aliis necessariis dictæ ecclesiæ et grangiæ de Falgario; et retentis grangiâ et ecclesiâ de Andenaco cum decem arpentis terræ ad dictam perticam circâ dictam grangiam pro vineis et hortis, et aliis necessariis ad utilitatem dicti monasterii faciendis; et retentis molendino de Falgario sito in flumine vocato de Boez, cum medio arpento terræ circâ dictum molendinum pro padoento, et necessariis dicti molendini et molendino d'Esplangue, et molendino, quod est infra clausum dicti monasterii, cum padoentiis et clausis ditorum molendinorum et molendinariis et locis molendini et molendinorum, quæ sunt et erunt in posterum extrà pariagium seu donationem dictorum quingentorum arpentorum, cum padoentis et necessariis suis ad faciendum ibi molendina, si conventui vel sindico dicti monasterii pro tempore visum fuerit expedire, videlicet, quantùm ad usum, et fundum et proprietatem dicti monasterii et conventûs in solidum ; ità videlicet et sub tali conditione et pacto dedit et concessit dictus sindicus, nomine quo suprà, ad favorem dictæ bastidæ et usum, omnes terras cultas et incultas et nemora infrà dictas limitationes contenta, retentis superiùs expressatis, quod illi seu ille quibus tradentur et concedentur dictæ terræ et nemora, dent et tradant pro dictis terris, de omnibus terris incultis et nemoribus, quæ et quas extirpabunt infrà dictas limites, dicto monasterio agrerium, videlicet nonam partem de omnibus fructibus bladorum ibi excrescentium, et à terris cultis et incultis septimam partem, vel in grano, vel in garbà, ad electionem dicti monasterii, seu ejus sindici, vel mandatarii, et de terris quæ tradentur ad oblias seu censum et ad bordas ædificandas, et prata seu vineas facienda, quod dent et solvant illi quibus tradentur seu concedentur decem denarios Tolosanos pro arpento et secundùm magis et minùs ; et de quolibet solido venditionis unum denarium, et de quolibet solido impignorationis unum obolum, et quatuor denarios Tolosanos pro justitià feodatarii dictarum terrarum seu possessionum prædictis terris seu feudis justè fuerint inculpati, quod homines quibus tradentur seu concedentur dictæ terræ non possint eas dare ad superfeudum, nec vendere, dare, legare seu alienare alicui religioni seu personæ furtivæ, quarè dictus dominus abbas et conventus et monasterium Casæ-Dei possint inde perdere suas partes vel aliquid sui juris ; et sub pacto et conditionibus prædictis domini abbas et conventus dicti monasterii, seu eorum procurator vel sindicus teneantur dare dictas terras et possessiones burgensibus et juratis dictæ bastidæ, incartare, et cartas concedere de prædictis, proùt in talibus consuetum est fieri in pariagio de Gimonte, vel proùt sindicus dicti monasteri conveniet de prædictis cum hominibus dictæ bastidæ.

Dictus verò dominus Bernardus de Insulà, miles, senescallus Pardiaci pro dicto domino comite, et ut senescallus Pardiaci, et ad hoc ut associatio dicti domini nostri regis, et dicti domini comitis, et domini abbatis et conventûs et monasterii Casæ-Dei, utiliter valeat fieri et compleri de novà bastidà faciendà, et de prædictis, et ex pacto, ut dictus sindicus monasterii Casæ-Dei ipsum dominum comitem in Condominum et portionarium dictæ bastidæ, quantùm ad tertiam partem reciperet in prædictis, et in tertiam partem incursuum terrarum dicti monasterii concessarum habitatoribus in posterum in dictâ bastidâ, cùm dictus dominus comes haberet in dictis quingentis arpentis, et in omnibus terris infrà dictas limitationes contentis, ut ibi dictum fuit per dictum senescallum Pardiaci, merum et mixtum imperium, omnimodam juridictionem altam et bassam in solidum, vice et nomine dicti domini nostri comitis et hæredum suorum, tanquam senescallus Pardiaci, pro dicto domino comite posuit in associationem et pariagium totum merum imperium ac mixtum et omnem jurisdictionem altam et bassam in dictis quingentis arpentis dictæ bastidæ, et infrà dicta quingenta arpenta, et limitationes superiùs sæpè dictas de propriis terris dicti domini comitis et monasterii Casæ-Dei sæpè dictis et grangiis supradictis, et dedit de dicto mero et mixto imperio et jurisdictione altâ et bassa, quod et quam dictus dominus comes habet infrà dictas limitationes, ut dictum est, tertiam partem pro indiviso dicto monasterio Casæ-Dei, et dicto procuratori seu sindico Casæ-Dei pro dictis domino abbate et conventu et monasterio stipulanti et recipienti, et domino nostro regi et meo notario infrà scripto pro dicto domino nostro rege stipulanti et recipienti aliam tertiam partem pro indiviso; divestiens se nomine dicti comitis et suo de dicto mero et mixto imperio et jurisdictione altâ et bassâ, et me notarium infrà scriptum nomine dicti domini nostri regis quantùm ad tertiam partem pro indiviso, et dictum sindicum, nomine dicti monasterii et conventûs, stipulantem et recipientem cum chirothecis albis investivit, aliam tertiam dicto domini comiti retinendo; et similiter dictus procurator seu sindicus dicti monasterii Casæ-Dei dedit et concessit per in perpetuum ex causis prædictis dictam tertiam partem dicti pariagii, et incursuum et terrarum dicti monasterii dicto domino comiti absenti, et ejus hæredibus et mihi notario publico infrà scripto, ut publicæ personæ pro dicto domino comite stipulanti et recipienti; et aliam tertiam partem dicto domino nostro regi absenti, et mihi infrà scripto notario, ut suprà stipulanti et recipienti pro ipso domino rege; oblias et census, et agreria et venditiones et impignorationes, et justitiam quatuor denariorum, si feudatarii pro terris dicti monasterii justè fuerint inculpati, terrarum propriarum dicti monasterii, quæ sunt extrà pariagium speciale dictorum quingentorum arpentorum dicto monasterio in solidum retinuit dictus procurator seu sindicus Casæ-Dei.

Et dictus senescallus Pardiaci pedagium in solidum retinuit dicto domino comiti in dictâ bastidâ et in toto comitatu Pardiaci prout in dicto comitatu hactenùs habere consuevit, pro se et suis hæredibus perpetuò sub modo, et formâ et conditionibus quæ sequuntur; itâ videlicet, quod in dicto pariagio, seu in ejus pertinentiis, nunquàm recipiatur aliqua persona religiosa ad fundandum seu construendum ibi domum seu domos religionis, nisi de ipsorum domini abbatis et conventûs monasterii Casæ-Dei processerit voluntate. Item quod pars prædicta quam dictus dominus noster rex habet in dictâ bastidâ, et ejus pertinentiis, remaneat semper incorporata proprietati et dominio domini nostri regis juxtà formam dicti pariagii præsentis; et quod dominus noster rex non possit dictam partem suam dictæ bastidæ et pariagium prædictum à se alienare vel mutare per donationem seu per escambium, vel alio ullo modo, aliquâ ratione seu aliquâ causâ, vel aliàs, extrà manum suam ponere. Item quod in dictâ bastidâ instituantur unus judex, et unus bajulus, et notarius et servientes et similiter omnes alii officiales, qui ibi creabuntur, seu constituentur per dictos dominum nostrum regem, et dominum comitem Pardiaci, et dominum abbatem monasterii Casæ-Dei, pro indiviso; et quod bajulia dictæ bastidæ transactis tribus primis annis novæ bastidæ prædictæ arrendetur in thesaurario Tolosæ domini nostri regis, sicut bajuliæ aliarum bastidarum in senescallia Tolosana domini nostri regis arrendantur, et de pretio quod offeretur in bajuliâ dictæ bastidæ transactis tribus primis annis, dominus noster rex habeat tertiam partem, et dictus dominus comes aliam tertiam partem, et dictus dominus abbas et conventus monasterii Casæ-Dei aliam tertiam partem; et quod dictus judex, et bajulus, et notarius, et servientes, et consules, et alii officiales, qui ibi creabuntur et instituentur pro tempore, jurent et jurare teneantur, et præstare juramentum fidelitatis in principio suæ creationis seu institutionis dictis domino nostro regi, et domino comiti et abbati, et conventui monasterii Casæ-Dei, vel eorum mandatorio pro eis in dictâ bastidâ. Item quod signum domini nostri regis, et signum domini comitis Pardiaci, et signum prædicti domini abbatis et conventûs monasterii Casæ-Dei, in baculis servientium dictæ bastidæ apponentur. Item quod præconisationes quæ fient in dictâ bastidâ, fiant ex parte domini nostri regis, et domini comitis Pardiaci, et domini abbatis Casæ-Dei, dominorum dicti loci.

Insuper dominus Bernardus de Insulâ, senescallus prædictus, ut senescallus dicti domini comitis Pardiaci, nomine dicti domini comitis, et suorum, ad favorem et augmentationem dicti pariagii et dictæ bastidæ faciendæ, dedit et concessit pro dicto domino comite, et suis hæredibus in pariagio et pro pariagio, omnes terras cultas et incultas, et juridictionem et merum et mixtum imperium earumdem, quæ sunt et protenduntur de camino romævo sancti Jacobi citra Roscium et ultra Roscium usquà ad terras Casæ-Dei et pariagii prædicti, videlicet tertiam partem pro indiviso dicto domino nostro regi et aliam tertiam partem dicto domino abbati et conventui monasterii Casæ-Dei pro indiviso, et mihi notario, pro dicto domino nostro rege et conventu monasterii Casæ-Dei, stipulanti et recipienti, aliam tertiam partem dictarum terrarum et dicti meri,et mixti imperii dicto domino comiti, et suis hæredibus, retinendo, prout superius est expressum. Fuit etiam actum et conventum per dictas partes, quod dictus dominus noster rex possit habere locum proprium seu aulam ad usum suum et suorum officialium ; et dictus dominus comes alium locum ad aulam faciendam usquè ad quatuor plateas; retinuit et dictus dominus Bernardus de Insulâ, senescallus prædictus, adhuc ut castra et villæ infrà scriptæ non depopulentur propter dictam bastidam, quod nullus habitator de Montelugduno, de Tilhaco, de villâ comitali et de Bellomarchesio, et de aliis locis propriis dicti domini comitis, et de Haux, non recipiantur de primis sex annis dictæ bastidæ in dictâ bastidâ, nisi de ipsius domini comitis processerit voluntate; retentisque in solidum dicto domino nostro regi in prædictis exercitu et cavalgata, incursibus hereseum secundùm consuetudinem terræ et ressorti, quos incursus dominus noster rex, vel dominus senescallus Tolosæ pro ipso, infrà annum et diem extrà manum suam ponere teneatur in personas nobiles, quæ reddant indè et reddere teneantur dictis domino regi, et domino abbati et conventui prout erunt in proprietate dicti monasterii, et dicto domino comiti et dicto domino nostro regi, prout erunt in dicto pariagio servitia consueta et jura debita. Insuper dictus senescallus Pardiaci, ut senescallus promisit se facturum et curaturum, quod dictus dominus comes faciet emendam de terris suis seu dominiis ad opus dictæ bastidæ ad voluntatem seu cognitionem dicti domini senescalli Tolosani et Albiensis, quod dictus dominus comes Pardiaci approbabit et confirmabit et rata et grata habebit, omnia et singula supradicta cum prædictis formâ, et conditionibus, et pactis,. Ego Joannes de Croseto, domini nostri regis Franciæ procurator, ejusque notarius infrà scriptus, dictem associationem seu pariagium, et donationes, nomine dicti domini nostri regis, et dicti domini senescalli Tolosani, recepi à partibus supradictis et stipulatis salva et retenta domini nostri regis, et dicti domini senescalli Tolosani, seu ejus locum tenentis, in omnibus voluntate, et salvo jure domini nostri regis, et cujuslibet alieno. Tenor verò dicti sindicatus sigillatus sigillo domini abbatis et conventus monasterii Casæ-Dei, talis est

Noverint universi, quod nos Stephanus, divinâ permissione abbas monasterii Casæ-Dei, ordinis Præmonstratensis, diœcesis Auxitanæ, frater Guillelmus de Maloburgueto, prior dicti monasterii, frater Ramundus Guillelmi de Castronovo, subprior; frater Guillelmus de Lanafranca, provisor ; frater Bernardus de Piru, subprovisor ; frater

Guillelmus de Devezia, procurator et cantor; frater Ramundus Guillelmi de Ceseraco, camerarius et capellanus dicti domini abbatis; frater Vitalis de Gardia, sacrista; frater Sancius de sancto Blancato, subsacrista; frater Arnaldus de Causada; frater Arnaldus de Montesquivo; frater Arnaldus Ramundi de Vives; frater Fortanerius de Tiesta; frater Vitalis de Gavarreto; frater Petrus de Cadirano; frater Bernardus de Invidia, canonici dicti monasterii; frater Ramundus de Casareto, grangerius Sarambati; frater Vitalis de Gardia; frater Guillelmus de Marambato, grangerius hospitalis Vici-Fezensiaci; frater Joannes de Cohitio; frater Petrus de Brocario; frater Joannes de Morlanis; frater Guillelmus de sancto Justino, totusque conventus ejusdem monasterii, humiliter habito tractatu et deliberatione diligenti super his, facimus, constituimus et ordinamus dilectum nostrum fratrem Sancium de Montesquivo, canonicum dicti monasterii, præsentem, procuratorem, sindicum, et actorem nostrum et dicti monasterii et pertinentiarum ejusdem, specialiter et expressè ad tractandum, procurandum, perficiendum pariagium et associationem de bastidà novà faciendà in territoriis de Falgario et de Andenaco, et de omnibus terris quas nos dicti abbas et conventus et monasterium habemus in dictis territoriis et in Pardiaco, videlicet prout includuntur cum camino sancti Jacobi, ex parte unà, et terrà Rippariæ, ex parte alterà, et comitatibus Fezensiaci et Armaniaci, ex parte alterà; et terris dominorum de sancto Cristoforo, et de Laveraëto, et de Petrucia, ex alterà; inter ipsum nomine nostri et dicti monasterii, ex parte unà, et cum domino nostro rege, seu ejus procuratore seu officialibus, et cum domino comite Pardiaci, seu cum nobili viro domino Bernardo de Insulà, milite, senescallo Pardiaci, nomine dicti domini comitis, prout eidem ad utilitatem dicti monasterii videbitur expediens.

Datum Casæ-Dei, die Veneris ante festum beatæ Mariæ Magdalenæ, anno Domini millesimo ducentesimo nonagesimo octavo. Acta fuerunt hæc in capitulo dicti monasterii Casæ-Dei, die sabbati ante festum beatæ Mariæ Magdalenæ, mensis julii, anno Domini millesimo ducentesimo nonagesimo septimo, regnante Philippo, rege Francorum, Amanevo, Auxitano archiepiscopo existente; in præsentià et testimonio magistri Montosini Lupati, canonici Vicensis, magistri dominici de Podiorivorum; Petri Carabosa .... clerici, Bernardi de Lanis, Odonis de Sanctaralhe, domicellorum, Petri de Aura, servientis domini nostri regis in dictà judicaturà, et mei Joannis de Croseto, dicti domini nostri regis procuratoris, publici senescalliæ Tolosanæ et Albiensis, ducatus Aquitaniæ et terræ Vasconiæ, et curiæ sigilli dictæ senescalliæ et vicariæ Tolosanæ dicti domini nostri regis notarii, qui de prædictis cartam ipsam alphabeto divisam scripsi, et signo meo consueto signavi, et majorem roboris firmitatem dictum sigillum senescalliæ et vicariæ Tolosanæ fuit appositum huic publico instrumento. Quo quidem instrumento peracto, dictæ partes, videlicet dominus procurator seu sindicus monasterii Casæ-Dei et dicti domini abbatis et conventus, et provisor Casæ-Dei, pro se et nominibus quibus suprà, ex parte unà, et dictus dominus Bernardus de Insulà, miles, senescallus Pardiaci pro dicto domino comite Pardiaci, ex parte alterà, supplicaverunt eidem domino Hugoni de Pardiaco, tenente locum dicti domini senescalli Tolosani, quod vellet et sibi placeret dictum pariagium, nomine regis et dicti domini senescalli Tolosani et Albiensis, et suo, acceptare, quod ut dixerunt, tendebat ad magnum dicti domini regis commodum et honorem. Tandem vero dictus dominus Hugo tenens locum dicti domini senescalli Tolosani et Albiensis, deliberatione habità diligenti, attendens, ut dixit, super his regium commodum et terræ, et quod per prædictum pariagium pax poterat in illis partibus reformari et conservari, dictum pariagium tanquàm tenens locum dicti domini senescalli Tolosani et Albiensis, nomini dicti domini nostri regis, et pro ipso domino nostro rege, et dicto senescallo, et suprà recepit, et illud approbavit, et confirmavit, et gratum habuit ad requisitionem partium prædictarum; et dictum pariagium cum dictis partibus pro dicto domino nostro rege, et ejus nomine et dicti domini senescalli, et suo, fecit cum partibus supradictis, et dictæ partes, pro se, et nominibus quibus suprà, cum eodem domino Hugone, ut tenente locum dicti domini senescalli Tolosani et Albiensis, nomine et vice dicti domini nostri regis, et dicti domini senescalli Tolosani et Albiensis, recipiente dictum pariagium fecerunt cum pactis et conditionibus et renunciationibus in dicto instrumento contentis; et promiserunt dictæ partes, videlicet dictus dominus abbas, et provisor, et dictus sindicus Casæ-Dei, pro se et dicto conventu dicti monasterii Casæ-Dei præsenti et futuro; et dictus senescallus Pardiaci pro dicto domino comite, ut ejus senescallus; et dictus dominus Hugo, tenens locum dicti domini senescalli Tolosani et Albiensis, nomine dicti domini nostri regis et pro ipso domino nostro rege, et dicto domino senescallo, prædictum pariagium et omnia et singula supradicta, rata et grata habere perpetuò et tenere, et non contrà facere, vel venire. Promisit etiam dictus dominus Hugo, ut tenens locum dicti domini senescalli Tolosani et Albiensis, se facturum et curaturum, quod dictus dominus senescallus Tolosanus, et dictus dominus rex, prædictum pariagium et prædicta omnia et singula ex certà scientià confirmabunt,

Acta fuerunt hæc Tolosæ, in camerà seu domo, quam dictus dominus Hugo inhabitat, primà die mensis augusti, anno quo supra

Domini millesimo ducentesimo nonagesimo octavo, regnante Philippo, rege Francorum, Arnaldo Rogerii, episcopo Tolosano, in præsentiâ et testimonio domini fratris Arnaldi Guillelmi de Torduno permissione divinâ abbatis Capellæ Præmonstratensis ordinis, diœcesis Tolosani; fratris Ramundi de sancto Jorio, canonici et sacristæ dicti monasterii de Capellâ; magistri Stephani Franci, notarii Tolosæ, qui moratur apud Mervillam, magistri Montesuni Lupati, canonici Vicensis, Bertrandi de Carismo, bajuli terræ de Mirandâ, et mei Joannis de Croseto, publici senescalliæ Tolosanæ et Albiensis, ducatus Aquitaniæ et terræ Vasconiæ notarii.

Confirmation du Paréage.

Philippus, Dei gratiâ Francorum rex, notum facimus universis, tam præsentibus quam futuris, quod nos quamdam cartam, seu quoddam publicum instrumentum manu Joannis de Croseto, publici senescalliæ Tolosanæ et Albiensis notarii, confectum, ejusque signo signatum et cum alphabeto, sigillo nostræ senescalliæ et vicariæ Tolosæ, et Hugonis de Marciaco, tunc locum tenentis senescalli nostri Tolosæ et Albiensis, sigillum vidimus in hæc verba.

Suit le Paréage.

Nos autem associationem prædictam ratam et gratam habentes, et eam dictumque pariagium acceptantes, nostrum in prædictis omnibus assensum præstantes, præmissa omnia et singula, prout superiùs sunt expressa, posita et narrata, laudamus, volumus, approbamus, ac tenore præsentium confirmamus; salvo tamen in omnibus jure nostro, et jure quolibet alieno. Quod ut firmum et stabile permaneat in futurum, præsentibus litteris nostrum fecimus apponi sigillum.

Datum in abbatiâ Longi Pontis, anno Domini millesimo trecentesimo, mense octobris. Facta est collatio per me Petrum de Bitturiâ, qui eam scripsi ut reddatur senescalliæ Tolosæ.

Accession des seigneurs de Tourdun et de Juillac audit paréage de Marciac. — 1299.

Noverint universi, quod nobiles viri Theobaldus de Petruciâ et Geraldus Desparossio, domicelli, domini castrorum de Torduno et de Julhiaco, pro se, hæredibus et successoribus suis, ex parte unâ; ac Guillelmus Garsiæ Molinerii, Dominicus de Querco, Arnaldus-Guillelmus de Villanova domicellus, consules novæ bastidæ de Marciaco, pro se ipsis et conconsulibus suis, de voluntate et consensu Ramundi de Baudano, Heliæ de Baretge, Bernardi de Las, Amalrici de Montcabisso, domicelli, Dominici Anuffracii, Arnaldi de Monaco, Fortanerii de Faubario et plurium aliorum proborum virorum burgensium et habitantium dictæ bastidæ de Marciaco, ibidem præsentium, pro se ipsis et omnibus aliis universis et singulis hominibus universitatis dictæ bastidæ, ac etiam futuris, ex alterâ; super dissensione et discordia seu controversia, quæ erat, fuerat seu interesse poterat in futurum inter dictos nobiles et eorum gentes seu feudatorios, et dictos habitantes prædictæ bastidæ pro terris et possessionibus cultis et incultis dictorum nobilium de tenemento castrorum prædictorum de Torduno et de Julhiaco, et circum circà, occupatis et occupandis per burgenses et juratos dictæ bastidæ, et per perticam dictæ bastidæ domini regis, et super nimiam quantitatem terrarum et nemorum defensorum, pratorum et vinearum quæ et quas dicti nobiles sibi appropriabant seu appropriare intendebant, et ad manum suam retinebant, et super messegaria et gardiagia prædictarum possessionum et terrarum dicti nobiles per se et nomine quo suprà, non coacti, nec decepti, dolo vel vi, nec fraude aliqua circumventi, sed pro favore et benevolentia dictæ bastidæ, et burgensium, et habitatorum nunc et in posterum in eadem, salvis et retentis per dictos nobiles omnibus jurisdictionibus suis, de quibus in solidum vel in parte, propter ea quæ inferius continebuntur, non intendunt derogare, imò ea sibi retinuerunt expressè; et dicti consules, pro se et nomine quo suprà, venerunt ad pacem et concordiam unanimiter et concorditer in hunc modum et à videlicet quod dicti nobiles, et quilibet ipsorum, pro parte sibi contingente, pro se ipsis et hæredibus et successoribus suis, dederunt et concesserunt consulibus supradictis recipientibus pro se et universitate hominum prædictorum, nunc et in posterum in prædictâ bastidâ habitantium, terras suas prædictas et incultas ad perticam, usum et libertates dictæ bastidæ, ad habendum, tenendum et perpetuò faciendum et explectandum pacificè et quietè, juxtà usus et consuetudines dictæ bastidæ videlicet quod habitantes dictæ bastidæ, qui dictas terras et possessiones habent, tenent et possident, et habebunt tenebunt et possidebunt in futurum, reddant, et dare, reddere et solvere teneantur dictis nobilibus, seu eorum bajulo, et hæredibus et successoribus eorumdem, de terris et possessionibus oblialibus, census et oblias, videlicet de vineis, pratis et hortaliis et bordalitiis seu locis in quibus fiunt domicilia seu bordæ, de qualibet casali quatuor denarios Tolosanos, et secundum magis et minus, prout in dictâ bastidâ erit fieri consuetum. Et de aliis terris cultis et excolendis agrarium, videlicet nonam partem in garba vel in grano ad dictorum nobilium electionem. Et si contingat vendere dictas terras et possessiones, de quolibet solido venditionis unum denarium currentis monetæ; et si contingat dictas terras impignorare, de quolibet solido unum obolum, et alia jura sua et deveria juxtà usus et consuetudines dictæ bastidæ, ità videlicet, quod de quolibet arpento per eosdem nobiles, seu eorum bajulum, seu bajulos, tradendo seu incartando secundùm magis et minus, quando eis incartabuntur dictæ terræ et tradentur, dent et solvant, et dare et solvere teneantur dictis nobilibus, seu eorum bajulo vel certo mandato, quatuor solidos Morlanorum sine pluri, et semel tantùm pro incartagiis illis, quibus dictæ terræ incartabuntur. Retinueruntque dicti nobiles sibi, hæredibus et successoribus suis, in territorio vocato de Garderiis et de Litgis sexaginta arpenta terræ ad perticam prædictæ bastidæ, ad suas et suorum voluntates indè perpetuò et plenariè faciendas.

Item retinuerunt sibi dicti nobiles ultrà sexaginta arpenta terræ seu nemoris ad eamdem mensuram in loco seu foresta vocata ..... pro deverio in loco et parte in quo sine minori præjudicio dictæ bastidæ fieri possit, et hoc fiat ad cognitionem Ramundi de Baudeano, Guillelmi Garsiæ Molinerii, Dominici de Quercu, et retento hoc, quod de dictis terris cultis pertinentiarum dictorum castrorum dimittentur ad usus hominum prædictorum castrorum, ad cognitionem et ordinationem dictorum hominum electorum, adjunctis sibi Bernardo de Petrucia et Arnaldo de Torduno. Dederunt etiam et concesserunt dicti nobiles, pro se et eorum ordinio, dictis consulibus, nomine quo suprà, gardiagiam et messegariam dictæ terræ et terrarum et possessionum, quam et quas burgenses habitantes dictæ bastidæ tenebunt, seu alii eorum nomine; ità videlicet quod consules dictæ bastidæ, qui nunc sunt et qui pro tempore fuerint, ostendant eis messegarium seu messegarios qui in eorum districtu custodient et messegabunt, et ostendere teneantur dictis nobilibus, qui messegarii jurabunt in præsentiâ eorumdem nobilium, seu eorum bajuli, quod in dictis terris benè et fideliter gardiabunt et reddent tertiam partem dictæ messegariæ et gardiviæ dictis nobilibus seu bajulo eorumdem. Fuit etiam actum et conventum quod illi qui solverint intragia bajulo dictæ bastidæ et perticæ, quandò terræ fuerint perticatæ et traditæ hominibus dictæ bastidæ, quod ipsis hominibus tradantur et incartentur juxtà ordinationes bajuli et consulum prædictorum, seu successorum eorumdem, illis qui inventi fuerint habitantes dictæ bastidæ; et hoc fiat juxtà ordinationem bajuli et consulum dictæ bastidæ et retentis ipsis dominis molendinario dictorum locorum, si inveniri poterit in terris superiùs nominatis seu pertinentiis earumdem. Quæ omnia prædicta universa et singula per dictos nobiles concessa et retenta ipsi nobiles pro se hæredibus et successoribus corumdem, ex parte unâ ; et dicti consules, pro se et nomine universitatis dictæ villæ qui suprà sub obligatione omnium bonorum suorum præsentium et futurum, promiserunt tenere et servare, et non contrafacere, vel venire per se, vel per aliam interpositam personam, in solidum, vel in parte. Demùm dictæ partes renuntiaverunt omni juri divino et humano, canonico et civili usibus et consuetudinibus, privilegiis et statutis, per quæ, seu quibus aliqua partium prædictarum contrà prædicta venire posset in solidum vel in parte, seu aliquatenùs se juvare. Et nihilominùs dicti nobiles retinuerunt sibi, suisque hæredibus, proprias vineas et prata, quæ et quas ipsi nobiles nunc tenent ad usus suos, quæ dicti consules, pro se et nomine quo suprà concesserunt, voluerunt, et etiam approbaverunt.

Acta fuerunt hæc in novâ bastidâ de Marciaco, tertiâ die introitus junii, anno Domini millesimo ducentesimo nonagesimo nono, regnante Philippo, rege Francorum, Amanevo, archiepiscopo Auxitano, in præsentiâ et testimonio discreti viri magistri Joannis de Croseto, bajuli dictæ bastidæ, et nobilis viri domini Petri de Fageto, militis; Arnaldi de Las, domicelli; Guillelmi Ramundi de Gerderest, et Geraldo de Ponsano, domicellorum, magistri Geraldi de Lanutrinio, notarii Mirandæ; Peregrini de Viota, domicelli, et mei Gausberti de Collibus, publici senescalliæ Tolosanæ et Albiensis notarii, qui ad requisitionem dictorum nobilium et consulum prædictorum, de prædictis cartam istam scripsi et retinui, et in formam publicam redegi cum alio alphabeto diviso, et signo meo consueto signavi.

Autre acte sur le paréage de Marciac. — 1301.

Noverint universi præsentes pariter et futuri, quod cum nobilis vir dominus Arnaldus Guillelmi de Monteluguduno, comes Pardiaci ...... ex parte unâ, et religiosus vir dominus Sancius, miseratione divinâ abbas monasterii Casæ-Dei ...... ex parte alterâ, gratis se compromississent in dominum Nicolaum de Menonvilla, tenentem locum thesaurarii Tolosæ pro domino nostro rege, et in magistros Tolosanos de Abbacia et Hugonem de Carollis .... tanquam in arbitros, arbitratores et amicabiles compositores et bonos viros legales, specialiter de toto hoc quod dictus dominus Arnaldus-Guillelmi à dicto domino abbate, seu monasterio petebat seu petere poterat ratione pariagii novæ bastidæ de Marciaco .... dicti arbitri, arbitratores seu amicabiles compositores, viam pacis amicabilem eligentes dixerunt ...... quod dominus Arnaldus-Guillelmi prædictus ..... statim ratificet et probet pariagium olim factum per dominum Bernardum de Insulâ, militem, senescallum quondam dicti domini

Arnaldi-Guillelmi, et abbatem et conventum monasterii Casæ-Dei, et tenentem locum domini senescalli Tolosæ, et omnia ut singula contenta in ipso pariagio, prout scripta sunt per magistrum Joannem de Croseto, qui de hiis recepisse dicitur publicum instrumentum, et renunciet pariagio quod idem dominus Arnaldus-Guillelmi postea fecerat pro se cum domino Hugone de Marsiaco, tunc tenente locum domini senescalli Tolosæ, et obtineat à domino rege confirmationem dicti primi pariagii hinc ad unum annum. Item quod idem dominus Arnaldus-Guillelmi confirmet juramento interveniente suo proprio et uxoris suæ omnia et singula olim concessa per se et suos antecessores monasterio Casæ-Dei, de quibus constabit instrumentis publicis et aliis legitimis documentis et probationibus.

Item quod idem dominus abbas det eidem domino Arnaldo Guillelmi pro bono pacis et pro omnibus quæ ab eo et dicto monasterio petebat ... millibus turensium parvorum, de quibus voluerunt deduci et confundi 400 libras pro damnis quæ illata fuisse dicebantur dicto monasterio per eumdem dominum Arnaldum Guillelmi vel suos.... Actum fuit hoc Tolosæ in domo thesaurariæ domini nostri regi, nono die exitus mensis novembris, regnante Philippo, Francorum rege, et Petro, episcopo Tolosano, anno 1301, ab Incarnatione Domini hujus rei sunt testes........ dominus Bernardus de Samazano, Hugo de Reo, Vitalis de Fita, domicelli .... et Stephanus de Treus, publicus Tolosæ notarius, etc.

Nous trouvons dans un manuscrit les armes de la ville de Marciac. On voit, au château de Pau, dit ce manuscrit, un canon sur lequel est gravé un écusson, en cartouche ancien, parti, au premier de .... à deux clefs adossées en pal, et au deuxième, semé de France. Autour est écrit en lettres capitales : la ville royale de Marciac. L'auteur du manuscrit, M. Larcher, n'indique ni la couleur du champ, ni celle des clefs dans le premier parti, et nous ne saurions suppléer à son silence.

Paréage de Solomiac.

Noverint universi quod cum quæstio seu controversia diù mota esset coràm curia domini senescalli Tolosani et Albiensis, inter discretum virum magistrum Raymundum Mascaronis procuratorem generalem in senescallia Tolosana domini ex parte regis unà, et religiosos viros dominum Bernardum de Giera abbatem monasterii Gemundi Cisterciensis ordinis et diœcesis Auscitanæ, et fratrem Michaëlem de sancta Maria sindicum abbatis et conventus ejusdem monasterii, et eorum prædecessores ex parte alterà super eo quod dictus dominus procurator regius dicebat jurisdictionem altam et bassam et merum et mixtum imperium cum omnimodâ jurisdictione in grancia de Franca-Villa et in toto territorio et pertinentiis dictæ grangiæ solum et in solidum pertinere et pertinere debere dicto domino nostro regi, dictis abbate et sindico contrarium dicentibus, et affirmantibus dictam jurisdictionem altam et bassam ad dictum monasterium pertinere et pertinere debere, et se et prædecessores suos nomine dicti monasterii esse et fuisse in possessione et saisinâ, vel quasi totius altæ et bassæ jurisdictionis et totius meri et mixti imperii solum et in solidum in dicta grangia et in toto territorio et pertinentiis dictæ grangiæ per decem, viginti, triginta, quadraginta annos proximè elapsos et plus et tanto tempore de cujus contrario hominum memoriâ non extabat. Tandem super dictâ re, dubiâ quæstione et controversia et debatto, dictæ partes constitutæ coràm nobili et potenti viro domino Joanne de Tria domino de Monchiaco castro milite domini nostri Francorum et Navarræ regis senescallo Tolosano et Albiensi, compositionem, transactionem amicabilem associationem et pariagium cum dicto senescallo fecerunt et inierunt in hunc modum. In primis quidem prædicti abbas et sindicus dederunt, concesserunt et in commissione posuerunt, dicto domino senescallo accipienti nomine prædicti domini regis, ad faciendam bastidam et villam cui dominus noster senescallus nomen imponet, quingenta arpenta terræ ad perticam seu mensuram Tolosæ, et de territorio dictæ grangiæ ad opus localium seu platearum domorum pro habitatoribus ipsius bastidæ, et ad opus casaleriarum et arpentorum concedendarum habitatoribus dictæ bastidæ modo et formâ inferiùs adnotatis, sub actionibus tamen conventionibus et retentionibus infrà scriptis: videlicet quod prædicta quingenta arpenta habitatoribus dictæ bastidæ per procuratorem dicti domini regis et per sindicum dicti monasterii in emphiteosim communiter conceduntur sub certis casibus seu obliis, videlicet quod dent pro qualibet locali domûs seu plateâ continente quinque brachiatos amplitudinis et quatuordecim in longitudine quinque denarios Tolosanos et pro quolibet casalario continente quartam partem unius arpenti tres denarios Tolosanos, in festo omnium Sanctorum dicto domino regi et dicto monasterio seu eorum procuratori annuatim persolvendos. Et pro quolibet arpento duodecim denarios Tolosanos, in festo beati Thomæ apostoli annuatim persolvendos prædictis nomine ut suprà; aliis dominationibus retentis in præmissis communiter dicto domino regi et abbati et monasterio memorato.

Dederunt etiam et concesserunt prædicti abbas et sindicus et in societate et in pariagio prædicto posuerunt totum jus quod habent et habere possunt in jurisdictione altâ et bassâ et in mero et mixto imperio in toto et per totum territorium dictæ grangiæ prout confrontatur, videlicet cum fluvio Gemonâ ex unâ parte et cum fluvio Radii seu de Rats et cum territoriis castrorum de Clnis, de Tilhaco, de Stramiaco et de Avensaco ex alterâ, et cum territoriis de Malobeco, de Salsignaco et de Brillâ ex alterâ. Et dictus dominus senescallus, attentâ utilitate regiâ, et quod in dicto territorio dominus noster rex seu ejus prædecessores nihil percipere consueverunt, habitâ deliberatione cum discretis viris dominis Philippo de Tria thesaurario Ruticensi, Joanne Marchi legum doctore, judice majore senescalliæ Tolosanæ, Raymundo Erari appellationum criminalium, Joanne servientis villæ longæ Guillelmo de Vallatibus Ripariæ, Stephano Alberto ordinario Tolosæ, Joanne de Tornamiro Lauraguesii, Henrico Daltor Verduni, Petro Nerberii rivorum judicibus, Petro Tiberti, Raymundo Costæ clericis domini regis, Joanne Bruni, Joanne Tolosæ, Joanne Girardi procuratore regio domûs communis Tolosæ ibidem præsentibus, prædicta recipiens concessit et posuit nomine dicti domini regis in societate et in pariagio prædicto totum jus quod dominus noster rex habet et habere potest et debet in totâ jurisdictione altâ et bassâ et mero et mixto imperio in toto et per territorium dictæ grangiæ et pertinentiarum suarum prout superiùs confrontantur quatenùs sunt et se extendunt dicta quingenta arpenta concessa pro dictâ bastidâ faciendâ et etiam omnes aliæ terræ dictæ grangiæ infrà dictos limites existentes. Ita videlicet quod omnis jurisdictio meri et mixti imperii et jurisdictionis altæ et bassæ et ea quæ possunt fieri et intelligi ratione prædictorum meri et mixti imperii de jurisdictionis altæ et bassæ et ea quæ descendunt seu descendere possunt quoquomodò ex præmissis, quatenùs sunt et se extendunt dicta quingenta arpenta ad faciendam bastidam concessa, et omnes aliæ terræ et territorium dictæ grangiæ prout superiùs confrontantur; et omnes justitiæ, clamores et retrò clamores, emendæ, condemnationes, compositiones, gaggeationes, incurrimenta seu incursus et commissa ex quocumque delicto, occasione et causâ provenientes et ratione cujuscumque personæ in dictâ bastidâ et in dicto toto territorio sint communes et per medium prædicti domini regis et abbatis ac monasterii suprà dicti, infrà triennium à principio fundationis seu constructionis dictæ bastidæ, et ex tunc in perpetuum, exceptis incursibus hereticæ pravitatis et lesæmagestatis et falsæ monetæ et omni jure superioritatis et rassorti qui erunt in solidum domini regis. Et quod de omnibus proventibus et emolumentis qui de præmissis quingentis arpentis concedendis habitatoribus dictæ bastidæ ut præmittitur infrà triennium à principio fundationis seu constructionis dictæ bastidæ et ex tunc in perpetuum videlicet de intragiis vel aliàs quovismodo et de marchis, bajulia, notario, curia, obliis, seu censibus, vendis, impignoraturis, retrò capitibus et de furnis, fabricis, branchis, tabulis, macellis, ludis, peagiis, salinis, peireriis, moleriis et mineriis ferri et aliis juribus omnibus et de dictâ bastidâ et ejus pertinentiis quoquo modo provenientibus quatenùs et in quantum prædictum territorium dictæ grangiæ confrontatum se extendit habeat prædictus dominus noster rex medietatem et dominus abbas et monasterium aliam medietatem pro indiviso; quam medietatem et quodcumque aliud emolumentum ad dictum abbatem et conventum pertinens et proveniens, idem abbas vel ejus sindicus habeat et possit recipere per se vel de manu bajuli ejusdem bastidæ et quod pars dicti monasterii minimè veniat ad manum thesaurarii dicti domini nostri regis, retento tamen per dictos abbatem et sindicum quod census seu obliæ, vendæ seu pax, impignoraturæ, retrocapitata majora vel minora, justitiæ feudales et alia deveria omnia et jura emphitiotaria percipienda de terris, vineis, pratis, nemoribus et aliis possessionibus omnibus absque ædificiis urbanis quæ tenebantur in solidum à dicto abbate et sindico ultrà et extrà quingenta arpenta sint in solidum prædicti abbatis et monasterii suprà dictis et eis remaneant ex integro et liberè ità quod nihil percipiat dictus dominus rex in præmissis.

Item fuit actum quod dictus dominus rex habeat in dictâ bastidâ de dictis quingentis arpentis ad dictam bastidam faciendam concessis unum arpentum et dimidium pro faciendo castro ibidem si sibi vel domino senescallo et dicto abbati magis videbitur expedire. Ità tamen quod si dictus dominus rex seu aliquis ejus nomine dictum arpentum et dimidium pro tempore in toto vel in parte, venderet, infeudaret vel extrà manum suam poneret quoquo modo, dictus abbas et dictum monasterium in toto et in parte prædicti unius arpenti et medii medietatem haberet et perciperet et de omni emolumento quod inde proveniret sicut de aliis arpentis ad dictam bastidam concessis superiùs. Item fuit retentum per dictos abbatem et sindicum quod dictus abbas et monasterium habeant, retineant et teneant unum arpentum terræ francum et liberum infrà dictam bastidam de prædictis quingentis arpentis pro dictâ bastidâ faciendâ concessis ubi ipsi abbati seu sindico magis videbitur expedire conjunctim vel divisim ad faciendum ibi domum seu domos et claustrum, cellaria, hortum et alia ædificia sibi necessaria pro suis fructibus, redditibus et perscnnis ibidem recolligendis, conservandis et aliis suis utilitatibus et voluntatibus omnimodis perpetuò faciendis. Item retinuerunt dictus abbas et sindicus locum seu loca usque ad medium arpentum in dictâ bastidâ de prædictis quingentis arpentis concessis, ad faciendam ecclesiam seu ecclesias et domum seu domos et alia necessaria ad opus rectorum et ministrorum ecclesiæ ubi magis utile dicto abbati videbitur. Item fuit actum quod dominus noster rex et abbas et monasterium prædictum habeant et habere possint domum competentem et carcerem communem in dictâ bastidâ, seu villa in quibus domo et carcere detineantur arrestati et capti ex quâcumque occasione vel causa cujuscumque conditionis existant; quæ domus cum carcere construantur communibus expensis et quod etiam furcæ patibulares justitiariæ et pillorum infrà limites dictæ bastidæ erigantur et teneantur, quæ sint communes et pro indiviso, sicut domino senescallo et abbati meliùs et utilius videbitur faciendum.

Item fuit actum inter eos, quod judex seu judices, bajuli, notarii, curiales, et alii notarii et consules, nuntii seu servientes curiæ, præcones et omnes alii officiales cujuscumque conditionis existant qui pro tempore in dictâ bastidâ seu villâ fuerint durante triennio et ex tunc pepetuò sint communes et per dictum dominum regem seu ejus senescallum et per dictum abbatem seu ejus sindicum simul et communiter instituantur et cum contigerit destituantur et etiam, si deliquerint, puniantur ibidem, et quod emendæ omnes et utilitates ex inde provenientes sint communes. Et quod præstent juramentum expressum in suâ officiorum institutione, in manibus dicti domini regis seu ejus senescalli et etiam in manibus dicti abbatis seu ejus sindici antequàm exerceant sive exequantur aliquid officium, quod fidelitatem servabunt et tenebunt dicto domino regi et abbati et monasterio supradicto et quod quamdiù commissum sibi officium sive servitium exercebunt, fideliter se habebunt et nullum contrà justitiam gravabunt pretio, odio, vel amore, et quod obtemperabunt et obedient mandatis licitis dicti domini regis et abbatis seu procuratoris eorumdem et quod bajulus tenebitur prædicto domino regi et abbati seu procuratoribus eorumdem et cuilibet eorum legale computum reddere de perceptis, per ipsum vel per suos seu per ejus mandatum et partem quamlibet competentem unicuique eorum in solidum dare et fideliter tradere et de manu dicti bajuli non thesaurarii recipere illa ad bajuliam pertinentia quoquomodo. Judex verò habebit pro salario suo à dicto monasterio tantùm centum solidos Turonensium parvorum.

Item banna et præconisationes fient in dictâ bastidâ seu villâ ex parte domini regis et abbatis Gemundi per præconem seu præcones communiter institutos et quod servientes seu nuntii communiter in dictâ bastidâ instituti in suis virgis seu baculis portent in dictâ bastidâ cum signo prædicti domini regis signum abbatis prædicti videlicet crossam rubri coloris. Item omnes habitatores dictæ bastidæ protegere et servare tenebuntur, bona et jura et personas et gentes, dicti domini nostri regis et abbatis et monasterii prædicti et servare et facere mandata et præcepta ipsorum licita et honesta. Et abbate cedente, mutante vel decedente juramentum fidelitatis præstare successori abbati tenebuntur pro parte dictum monasterium contingente. Item si aliqua quæstio moveatur pro terris vel honoribus quas tenebunt habitatores dictæ bastidæ vel pro aliis quibuscumque contractibus vel quasi delictis vel commissis seu quasi honore et pertinentiarum dictæ bastidæ illa audiatur et diceptetur per curiam seu judicem communem in dictâ bastidâ, et quod alibi trahi non possint nisi ad id partium expressus accederet consensus. Item habitatores aliqui dictæ bastidæ per alium judicem vel bajulum non compellantur litigare aut in judicio existere nisi in prædictâ bastidâ et coram bajulo seu judice ejusdem loci nisi forte ratione contractûs vel delicti vel aliis justitiæ causis de rigore juris alibi tenerentur litigare vel nisi per appellationem vel aliam justam causam ad superiorem pertineret. Item quod in dictâ bastidâ seu villâ sit semper unus bajulus communis qui dicto domino regi et abbati seu sindico dicti monasterii ut superiùs est expressatum jura utriusque partis servari fideliter et quod suum erit utrique parti reddere in solidum, vel si alias dicto abbati magis placuerit proprium habere bajulum suum quod hoc sibi liceat habere pro colligendâ et percipiendâ parte dictum abbatem et monasterium contingente.

Item promiserunt dicti abbas et sindicus domino senescallo nomine dicti domini regis recipientis tradere et concedere in emphiteosim habitatoribus dictæ villæ suas terras et possessiones extrà prædicta quingenta arpenta existentes proùt continetur infrà limites superiùs expressatos sub talibus tamen pactis et conditionibus quod de omnibus bladis et fructibus terrarum et possessionum prædictarum donent ipsi emphiteotæ et reddant dicto abbati et monasterio nonam partem in garbâ vel in grano ad electionem procuratorum dicti monasterii et si sint ibi noguerii mediam partem nucum excusarum ad pedem seu radicem noguerii cum aliis dominationibus et nihilominùs ultrà prædicta quia terræ sunt bene cultæ, teneantur dare emphiteotæ prædicto abbati seu sindico dicti monasterii viginti quinque denarios Tolosanos pro intragiis pro quolibet arpento ad perticam seu mensuram prædictam et sic secundum majus et minus. Item prædicti abbas et sindicus retinuerunt sibi et monasterio suo grangiam et bordam sitam infrà dictas limites, et vineas, hortos, terras et prata ac nemora quæ ad manum suam tenent circa dictam grangiam et alibi usque ad summam centum quinquaginta arpentorum dum tamen dicta quinquaginta arpenta pro dictâ bastidâ concessâ in aliquo non minuantur et si propter hoc minuerentur aliunde suppleantur per dictos abbatem et conventum. Quae quidem centum quinquaginta arpenta cum unâ grangiâ et pertinentiis tenebunt dicti abas et conventus ad manum suam et si contingeret ea vel aliqua ipsorum tradere in emphiteosim vel ea extra manum suam ponere quoquomodo, sint ejusdem conditionis sicut praedicta quinginta arpenta. Retinuerunt etiam sibi et dicto monasterio ecclesiam seu ecclesias quas in dictâ bastidâ erigi contigerit seu aedificari et totum jus spirituale vel ecclesiasticum tam in possessionibus dicto domino regi concessis quam in aliis suis propriis et habitatoribus dictae bastidae concessis ac concedendis quidquid ratione juris spiritualis seu ecclesiastici a praelatis ecclesiarum inde percipi consuevit in diœcesi Tolosanâ et Auxitanâ seu earum suffraganeis et omnes decimas et primitias praediales personales et alias quascumque cum ejus seu earum collatione, praesentatione, institutione seu quavis aliâ provisione quae omninò et in solidum dicto abbati et conventui remanebunt.

Item retinuerunt dicti abbas et sindicus sibi et dicto monasterio molendina nunc constructa in aquis seu fluviis de Gimonâ et de ratzio cum paxeriis exequatoriis, rivagiis, mangillis et piscariis seu piscibus in quantum ingorgati ipsorum molendinorum tenent et se ostendunt et padoencis dictis molendinis necessariis, et quod ipsa molendina meliorare reficere et etiam de loco in locum mutare seu transferre possint quoties eisdem abbati et monasterio placuerit si eisdem utile et expediens videatur. Et etiam retinuerunt ad manum suam pro dictis molendinis et eorum padoencis usque ad tria arpenta ultra dicta quinginta arpenta pro dictâ bastidâ concessa quae possint tenere libere et sine coactione vendendi circa dicta molendina. Si vero infra dictos limites dictae bastidae construi in posterum contigerit molendina, si tamen sine lesione aliqua, damno, praejudicio aut impedimento aliorum molendinorum dicti monasterii supra nominatorum possint fieri seu aedificari, sint in perpetuum per medium et indiviso inter dictum dominum regem et monasterium supra dictum cum paxeriis, ribariis et aliis dictis molendinis necessariis; quae tamen omnia illa molendina expensis communibus aedificentur et cum opus fuerit reparentur si autem dominus rex solvere renuerit expensas, dominus abbas et conventus dicta molendina facere possint suis expensis propriis et sint sua propria ita quod dominus rex nihil possit petere in eisdem nisi postmodum ductus meliori concilio infra annum a tempore completi operis vellet medietatem refundere expensarum

Item fuit actum et retentum per dictos abbatem et sindicum quod dictum monasterium et conventus possint in dictâ bastidâ et grangiâ et in omnibus pertinentiis ejusdem bastidae tenere et nutrire et depascere per terras et prata et alia loca non defensa animalia cujuscumque generis aut pili, liberi absque omni pecha seu mertegaria tot quod voluerint et eis videbitur expedire, facta tamen emenda si damnum contingerit dari.

Item quod possint instituere dicti abbas et sindicus et tenere messegarium seu custodem in suis proprietatibus et possesionibus ut supra retentis qui juret semel in anno in præsentiâ bajuli communis et consulum dictæ villæ in manibus domini abbatis et sindici dicti monasterii fideliter servare jura et bona dicti monasterii et bonum computum reddere et legale de pertinentibus ad messegueriam et quod duæ partes emolumentorum ipsius messegueriæ pertineant ad dominum regem et dictum monasterium pro indiviso et tertia pars messeguerio antedicto. Item fuit actum et conventum inter dictos abbatem et sindicum nomine monasterii et dictum dominum senescallum nomine dicti domini regis quod dicta bastida seu villa cum ibi constructa fuerit cum his quæ veniunt in donatione prædictâ semper maneant indivisa in dominio dicti domini et illorum qui succedent ei specialiter in comitatu Tolosano seu villæ Tolosæ, et quod dictus dominus rex et successores sui aliquo modo non possint dictam bastidam seu villam vel aliquid de prædictis legare, vendere, donare aut in aliam transferre personam, nisi in ipsos abbatem et conventum prædictum, sed ea semper habeant et possideant simul et pro indiviso ipse dominus rex et sucessores sui vel illi qui eis succedent in dicto comitatu et civitate Tolosana. Item fuit actum et specialiter per dictos abbatem et sindicum retentum quod si populatio dictæ bastidæ seu villæ aliquo casu destrueretur, quod absit, quod locus dictæ bastidæ et omnia illa quæ veniunt in præsentem donationem dicto domino regi, redeant ad jus et proprietatem dicti monasterii et ad ipsum sicut erant tempore dictæ donationis seu pariagii et ante, liberè et absquè ullo impedimento revertantur.

Item fuit actum et conventum quod dictus dominus rex vel successores sui non concedent domum seu domos aliquorum religisiorum, nec judæorum, nec domos hospitalium, nec leprosorum in dictâ bastidâ nec ejus pertinentiis populari nec fieri, nec habitare ullo modo sine abbatis et conventûs dicti monasterii assensu expresso et convenientiâ speciali. Item quod dictus rex et abbas et conventus et eorum procurator nomine eorumdem communiter dabunt in feudum seu in emphiteosim habitatoribus dictæ bastidæ, pro plateis et domibus, hortis seu casalibus faciendis, possessiones illas quas communes et pro indiviso habent ex donatione prædicta, videlicet dicta quingenta illa arpenta exceptis illis quæ sibi pro castro et ecclesia et aliis domibus et necessitatibus faciendis sibi retinuerunt et quod ipsi emphiteotæ seu feudatarii illas possessiones nec alias quas tenebunt à dicto monasterio in solidum, non possint dare ad superfeudum et quod instrumentis super hujusmodi infeudationibus conficiend s promittent infeudatorii domino regi et dicto monasterio annuatim censum reddere constitutum. Item fuit actum et conventum per dictos abbatem et sindicum et expressè retentum quod si aliqua ex ipsis possessionibus quæ à dicto monasterio in feudum seu in emphiteosim in solidum tenebuntur ex quacumque causa vel occasione veniant ipsi domino regi in commissum, ipse dominus rex teneatur illas vendere et extrà manum suam ponere infrà annum et diem personnis à jure non prohibitis, sed talibus quæ pro ipsis possessionibus possint desservire et reddere annuatim censum et alia jura et deveria consueta et quod interim jura dicti monasterii in aliquo non lædantur.

Præfatus verò dominus senescallus, deliberato consilio et visa et diligenter inspecta utilitate dicti domini regis nomine ipsius domini regis prædictam donationem et concessionem et pariagium à prædictis abbato et sindico factam sub rentionibus, pactionibus et conditionibus supradictis recepit; concedens pro se et nomine ipsius dicti domini regis prædictis abbati et sindico nomine dicti sui monasterii recipientibus ut prædictam medietatem omnium pro indiviso et omnia alia sibi retenta habeant et teneant in perpetuum prout superiùs sunt expressa. Promittens idem dominus senescallus quod prædictum dominum nostrum regem faciet esse contentum his quæ sibi ipsius domini regis nomine in dicto loco et territorio superiùs confrontato specialiter concesserunt abbas et sindicus supradicti : et quod eosdem abbatem et conventum et monasterium, personas, res et bona eorumdem custodiat et defendat et donationem seu concessionem et pariagium et omnia prædicta et singula in eis contenta et scripta facere, laudare, approbare, ratificare et confirmare per prædictum dominum regem et ejus sigillo vigillare et etiam roborare. Et prædicta omnia gesta et concessa fuerunt salva et retenta in omnibus voluntate domini nostri regis et in quantùm dominus noster rex ea voluerit confirmare.

Actum fuit hoc apud Busettum die quarto martii anno Domini millesimo trecentesimo vigesimo secundo, regnante domino Carolo Dei gratiâ Francorum et Navarræ rege in præsentiâ et testimonio judicum et aliorum superiùs nominatorum et magistrorum Germani de Mirabelle procuratore incursuum hæresis, et Hugonis d'Aggerii jurisperiti, Arnaldi de Nogarede notarii et plurium aliorum.

Actum Parisiis anno Domini millesimo trecentesimo vigesimo septimo, mense martii

Confirmation des priviléges de la ville de Miélan. — 1371

Carolus, etc...... ad perpetuam memoriam, regiam serenitatem decere meditantes, sibi subditos, guerrarum immanium turbationibus, in corporibus et bonis oppressos, eisdem compatientes, gratiis et beneficiis relevare. Notum facimus universis præsentibus et futuris, quod, auditâ humili supplicatione dilectorum nostrorum consulum et habitatorum villæ de Millano in senescaliâ Tolosæ, continente, quod cum ipsi, sub divino beneplacito et cum nostro juvamine, dictam villam quæ, proth dolor anno ultimo præterito per inimicos nostros incendio consumpta penitùs et destructa, ipsiusque habitatorum pars maxima interfecta, reliqua verò capta et immaniter tractata fuerit, præter bonorum suorum quorumcumque, litterarumque et cartarum de privilegiis et libertatibus suis combustionem et amissionem, fortificare et reedificare proponent et affectent; quod sine nostrâ gratiâ nullatenùs facere possent, sicut dicunt, quatenùs eisdem dictam nostram gratiam, impartientes, dignemur concedere quæ sequuntur. Quod ipsi consules, qui nunc sunt et pro tempore fuerint, habeant et possideant terras et pariagia, quos et quæ prædecessores sui retroactis temporibus tenere consueverunt; quodque collectas taillias et subsidia super habitatores dicti loci, ac jurisdictionis et territorii ejusdem, possint facere et imponere, et ad ipsarum solutionem teneantur dicti habitatores, jurisdictionis et territorii, secundùm quod et illi de dictâ villâ, similibusque gratiâ, privilegiis, libertatibus et pascuis gaudeant et utantur.

Item quod prædicti habitatores dictarum villæ et jurisdictionis, moderni pariter et futuri, oves et pecora, ceteraque eorum animalia, ducere et pascere ubique in territorio nostro, et ejus ressorto, circa dictorum villam et jurisdictionem, in locis tamen non vetitis, et a quibus de die reverti possint. Infrà jurisdictionem eamdem liberè valeant. Sique ipsos aut eorum aliquem cum dictis suis animalibus contingat damnum aliquod cuiquam inferre, illud restituere et emendare teneantur, ad dictum seu ordinationem proborum virorum, solvendo domino territorii, infrà quod damnum illud factum extiterit (pour amende) pro pœnâ, duodecim Tolosanos monetæ currentis, tantummodò. Cæterum, quod bajulus et consules dicti loci, vocatis ad hoc officieriis regiis, et de consensu majoris et sanioris partis dictorum habitatorum super custodia et excubiis ejusdem loci de die et de nocte, necnon super custodia vinearum et hortorum, aliorumque fructuum et bonorum dictorum villæ et territorii, ordinationes facere possint, quales eis videbitur faciendas, et ad dictos bajulum et consules pertineat cognitio et ordinatio super fimorum, latrinarum et aquarum pluvialium dictæ villæ, dictasque ordinationes exequi faciant, sub certis pœnis per ipsos imponendis, quarum medietas erit dicti bajuli, reliqua verò tradetur dictis consulibus, in fortificationem ipsius loci convertenda. De quibus omnibus et singulis supradictis, ipsi supplicantes et eorum prædecessores in dicto loco ubi sunt hactenùs à tanto tempore, citrà quod de contrario, hominum memoria non extitit, sed cartæ et litteræ quas inde habebant in captione dicti loci, combustæ fuerunt et perditæ, propter quod, renovatione privilegiorum et gratiarum hujusmodi, seu concessione de novo, si sit opus, necessario indigentes, nostram sibi super hoc gratiam impertiri, ut dictum est, humiliter imploraruut. Nos hac debita consideratione pensantes, ut dicta villa de Millano, gratiæ nostræ largitione felicem suscipiat incrementum, dictis consulibus et habitatoribus de Millano, pro se et suis successoribus in dicto loco, prædicta omnia et singula superiùs declarata, et prout hactenùs ipse et eorum prædecessores legitimé usi sunt, eisdem de nostrâ speciali gratiâ et plenitudine regiâ potestatis, ad ipsorum usum et utilitatem, dictique loci augmentationem et profectum, in casu prædicto, concessimus et tenore præsentium concedimus, mandantes senescallo Tolosæ ac judici Rippariæ, ceterisque nostris ac successorum nostrorum justitiariis, præsentibus et futuris et eorum cuilibet, ut ad eum pertinuerit, vel loca tenentibus, eorumdem, quatenùs prædictos consules et habitatores dicti loci de Millano præsentes et futuros, prædictis omnibus et singulis secundum præsentis nostræ gratiæ seriem et tenorem, uti et gaudere pacificé faciant et permittant, secundum quod hactenùs eisdem legitimé usi sunt, nihil in contrarium a quoquam attemptari seu fieri permittentes; sed si quid in contrarium factum vel attemptatum fuerit, id ad statum pristinum et debitum reducant et reduci faciant indilaté, etc.

Datum Parisiis, anno Domini millesimo trecentesimo septuagesimo primo, et regni nostri octavo, mense decembris.

(*Ordonnance des rois de la troisième race*, tome 5, page 442.

Le 17 septembre 1357, Arnaud-Guelhem de Montlezun, seigneur de St-Lary, acheta la quatrième partie de la baylie de Miélan de Gaillard de Laroche, seigneur de Sentrailles avec la haute moyenne et basse justice et tous les droits qui y étaient attachés. Cette vente fut faite pour la somme de deux cents écus d'or. L'acte fut passé à Auch dans la maison et sous les auspices de Jean de Verdier, archidiacre de Vic et official metropolitain; il eut pour témoins Sancho du Palado, prieur du Brouil, Bernard de Montlezun, Jean de Fourcade et Pierre Jean de Mallos. *Chartrier du Seigneur*

Permission donnée par Ayssin de Galard aux habitants de Terraube d'entourer leur ville de murs.

Noverint universi quod constituti personaliter coràm venerabili et discreto viro domino Joanne de Bernadone licentiato in legibus judice ordinario Aginensi citrà Garumnam et etiam Auxis et Lectorensis diœcesis pro domino nostro rege Angliæ duce Aquitaniæ in mei notarii et testium infrà scriptorum præsentia Petrus de via Forcada, Bernardus deu Colomer, Raymundus deu Compts consules de Tarrauba in Leomaniâ nomine consulatûs et universitatis hominum dicti loci de Tarrauba necnon et Joannes de Bordis, Petrus de Cazanova, Dominicus Begordan, Raymundus de Tarrauba, Guillelmus-Bernardus de Bedes, Petrus de Montabot, Colinus Tissanes, Guillelmus deu Casterar, Guillelmus Dauriola, Vitalis Gavarra, Gayssionus de las Saleras, Guillelmus de Larrieu, Guillelmus de Mazeres, Sanxius Dantinhan, Petrus deu Calhaos, Donsilhus Darrabin, Vitalis de Laurey, Ramundus Darrabin, Ramundus de Cazanova, Bernardus de Bedes, Petrus-Bernardus de Mazeres, Guillelmus Dantinhan, Vitalis Dantinhan, Gayssionet Barber, Raymundus de Poy, Arnaldus de Calhaos, Joannes de Lauraet, Joannes de Sarramejan, Guillelmus de Benet, Bernardus Arrabio, Bernardus Fabo, Joannes d'Armanhac, Dominicus de Mazeres, Martius de Larrey, Vitalis de Lussac, Gayssionus Boer, Petrus deu Prat, Guillelmus deu Lussac, Sanxius de Vic, Joannes d'Antinhan, Santius Fabry, Arnaldus de Poy, Petrus Begordan, Petrus de Bezin, Raymundus-Guillelmus de Sarramejan, Sanxius de Benet, Arnaldus de Lacorsia, Guillelmus de Besin, Arnaldus de Labusca, Guillelmus-Bernardus de Comin, Vitalis de Lasloberas, Guillelmus-Arnaldus Delsperes, Guillelmus Sanxius de Ladeveza, Joannes d'Arrabin, Gassionus de Privat, Sanxius de Lasalera, Arnaldus de Douzan, Joannes de Larrieu, Bernardus deu Colomer, Petrus de Sos, Arnaldus de Cazonova, Arnaldus deu Bose, Petrus de Doazan, Gassyonus deu Colomer, Guillelmus de Poy, Raymundus de Montabert, Petrus Barader, Raymundus de Bezin, Petrus deu Casterar, Joannes Favarer, Guillelmus de Castin, Michaël Lacorsia, Petrus Joannes de Villanova et Raymundus deu Castanh, habitotores dicti loci de Tarrauba modo consueto vocati et congregati in ecclesiâ beatæ Mariæ dicti loci de Tarrauba ad faciendam universitatem et ut major pars dictæ universitatis et nomine ipsius universitatis et etiam ut singuli non vi nec coacti nec metu nec dolo malo nec fraude nec aliquâ machinatione sed suâ merâ et gratuitâ voluntate et de suo proprio motu ad hoc ut dixerunt inducti certi de facto suo et corroborati de jure per dictum dominum judicem et me nota- rium infrà scriptum per se eorumque hæredes et successores atten- dentes publicam utilitatem necnon tuitionem corporum et bonorum dicti loci et universitatis prædictæ suppliciter et humiliter petierunt à nobili viro Arsivo de Goalardo domicello domino dicti loci de Tarrauba præsenti stipulanti et recipienti pro se et ejus ordinio cas- trum et villam de Tarrauba una cum castris claudere, firmare ac vallare vallatis profundis et bonis muris lapideis confectis de bonis lapidibus cum calce et arena hinc ab instanti festo Pentecostes proximo venienti ad tres annos continuos et proximo venientes in modum qui sequitur velit et placeat ipsis permittere videlicet quod hæc clausura erit facta communibus sumptibus seu expensis hominum et universitatis dicti loci de Tarrauba secundum solidum et libram de bonis muris lapideis scisis confectis ut dictum est de calce et arena habentibus de altitudine suprà terram novem rasas de massis et ultra hoc lampicis et perpuntella seu denteils supradictos muros et dicti muri debent habere de spissitudine usque ad dictos ampices tres rasas et in qualibet platea unam arqueriam crozatam. Item tria portalia videlicet duo portalia in dictis castris et tertium in dictà villà cum portis coladicis bene formatis et suprà quolibet portali, debent habere et construere turrim de tres carras quam libet habentem altitudinis suprà portalia octo razas et de spissitudine ad cognitionem Latho- morum.

Quæ omnia si in posterum restaurabuntur, propriis et communibus sumptibus universitatis casu adveniente reparabuntur pertinebuntque propriè ad dictum nobilem Assicum tanquam ad dominum quemad- modum plateæ vacantes si quæ sint in dictà clausurà. Si verò contin- geret quod aliqui seu aliquis dictorum hominum infrà dictum tempus non fecerint seu compleverint dictum opus quod dictus nobilis Arsi- vus suà propriâ auctoritate possit et ei liceat dictum opus tunc non perfectum perficere et non incoatum incoare et perficere expensis propriis dictorum hominum si qui sint qui intrà dictum terminum non compleverint seu incoaverint dictum opus seu dictam clausuram modo et formà quibus suprà et ad hoc possit dictus nobilis Arsivus suà propriâ auctoritate ipsos compellere per captionem et distractionem bonorum suorum et aliter fortius prout fuerit rationis et vice versà dictus nobilis Arsivus de Goalardo dictis consulibus et hominibus stipulantibus et recipientibus gratanter et spontaneà voluntate pro- misit dictam clausuram modo et formà quibus suprà et promisit ulte- rius et juravit solemniter dictos consules et homines dictæ universi- tatis pro suis viribus tueri et defendere adversus quemcumque seu quoscumque exceptis tamen regibus Franciæ et ducibus Aquitaniæ quæ omnia prædicta et singula prædicti consules et prædicti homines et dictus nobilis Arsivus pro se et nominibus quibus suprà promiserunt solemniter una pars alteri ad invicem per firmam et legitimam stipulationem tenere, facere et complere et inviolabiliter observare absque diminutione quacumque reficere etiam et resarcire omnia damna expensas et interesse litis et extrà litem quæ et quas una partium prædictarum ob causam prædictam et ob defensionem alterius partis pro prædictis vel occasione prædictorum fecerunt vel sustinuerunt bona fide se et omnia bona hominum dictæ universitatis necnon et bona sua omnia propria mobilia et immobilia futura et præsentia ubicumque sint de jure suo certificati una pars alteri specialiter et efficaciter obligando sub renunciatione qualibet et cautelas renunciantes exceptionibus doli, fraudis et lesionis et omni deceptioni et omni juri canonico seu civili et omni privilegio per quæ se possent juvare seu contrà prædicta venire in totum vel in parte aliqua ratione vel causà representantes se dicti consules et homines et omnes alios homines dictæ universitatis ut universos et singulos efficaciter fore obligatos propter utilitatem publicam necnon et propter tuitionem publicam et privatam corporum et bonorum ad prædictam clausuram faciendam et complendam modo et formâ superiùs expressatis et ad prædicta omnia et singula tenenda, complenda et inviolabiliter observanda prædicti consules et homines nominibus quibus suprà nisi dicto tempore compleverint ut dictum est dictum opus certificati de jure suo et de facto voluerunt compelli et per complendum dictum opus per captionem et distractionem bonorum suorum tamquam pro se judicata et in figura judici facta, contenta et confessata et quæ transivit in rem judicatam absque petitione et datione libelli et absque objectu alicujus exceptionis juris et facti et quod sine prolatione alicujus finis seu præcepti omnia prædicta et singula executioni mandentur remoto omni appellationis remedio, requirentes prædicti consules et homines et dictus nobilis Arsivus de Goalard nominibus quibus suprà dictum dominum judicem ut præsenti instrumento suam auctoritatem interposueret pariter et decretum et prædictas insinuaret et pro insinuata haberet, qui dominus judex ibidem præsens in judicio ad postulationem dictarum partium solemnitate juris adhibita quæ in talibus debet et consuevit adhiberi auctoritatem suam in prædictis interposuit pariter et decretum salvo jure alieno de quibus omnibus et singulis prædictis prædicti consules et homines de Tarrauba nominibus quibus suprà et prædictus Arsivus de Goalardo domicellus requisiverunt me notarium infrà scriptum ut sibi de prædictis reciperent et facerent duo instrumenta ejusdem tenoris unum dicto domino Arsivo de

Goalardo et aliud dictis consulibus et hominibus de Tarrauba duranda firma, bona et valida sicut facere possunt de concilio peritorum substantia non mutata.

Actum fuit hoc apud Tarraubam in ecclesia beatæ Mariæ ejusdem loci die Mercurii in festo beati Michaelis Archangeli, anno Domini millesimo trecentesimo octavo, testes sunt magister Banardus de Fassa, jurisperitus, Arsivus de Faudoas, domicellus, Pelagus de Montelugduno, domicellus, Guillelmus Beraldi notarius Regalis montis, Petrus Morelli de Manso, Otho de Marestanh, domicellus, Joannes de Rocafort, Castellanus Lectoræ, Ramundus de Bernadone junior, Bernardus de Faudoas, domicellus, Guillelmus de Conilh, Otho de Gandas, domicellus et ego Petrus de Bespeyrus publicus notarius Agenni et comitatus de Gaura qui ad requestam dictorum consulum et hominum et prædicti nobilis Arsivi de Goalardo præmissa recepi notavi et in publicam formam redegi et meo signo solito signavi in testimonium præmissorum regnante domino Philippo rege Franciæ Edduardo rege Angliæ duce Aquitaniæ.

Charte ou Coutumes de Ste-Gemme. — 5 mai 1275.

Noverint universi præsentes pariter et futuri quod ad honorem Dei patris et filii et spiritūs sancti, beatissimæ Mariæ Virginis et sanctæ Gemmæ, sancti Barnabæ apostoli et omnium Sanctorum, illustris et potens vir Geraldus, Dei gratia, comes Armaniaci et Fezensiaci et vicecomes Fezensaguelli, dominus castri seu villæ de sanctâ Gemmâ, et nobilis viri Bernardus de sanctâ Gemmâ, alias de Gierâ, et Raymundus Pilifortis de Leonemonte, Condomini dicti castri de sanctâ Gemmâ, in Fezensaguello, cum prout ibi dictum et assertum fuit quod quæstio seu controversia et jamdiù essent et fuissent ortæ, et ad nunc essent pendentes et indecisæ tàm in curiâ judicis Fezensaguelli et officialis Lactorensis quàm alibi inter prædictos Condominos ex unâ parte, et consules et sindicum hominum et gentium totius universitatis, et nomine et assensu et voluntate prædictæ universitatis dicti castri seu villæ de sanctâ Gemmâ ex alterâ parte, Ex eo super eo quod Arnaldus de Garcino, Joannes de Lafitta Arnaldus de Daguzano et Petrus de Serrà consules, et Guillelmus de Cornelhaco, sindicus, et homines dictæ universitatis dicebant et contendebant se habere, et, diù est, habuisse consuetudinem, usum et libertatem depascendi sua animalia grossa et minuta in totâ jurisdictione et bajuliâ seu pertinentiis dicti castri, et decoquendi in proprio furno suo panes suos et panes vicinorum, sine jure ullo furnagii et assumendi in nemoribus prædictorum Condominorum in territorio dicti castri sitorum, omnes fustes ad constructionem et reparationem eorum domorum quæ ædificabantur infrà jurisdictionem seu bayliviam dictæ villæ de sanctâ Gemmâ, et eos et prædecessores suos fuisse in possessione et saisinâ istorum jurium in toto territorio et pertinentiis dicti castri per decem, viginti, triginta et quadraginta annos proximè præteritos, et plus et à tanto tempore de cujus contrario hominum memoria non erat ullo modo; et dictis Condominis contrarium dicentibus et asserentibus prædictos consules et habitatores dictæ universitatis, dicta jura nunquàm habuisse legitimè concessa, ab ipsis neque à prædecessoribus suis.

Tandem super dictis quæstionibus, controversiis et debatis dictæ partes, videlicet, nobilis Bernardus de sanctâ Gemmâ, aliàs de Gierâ, et nobilis Raymundus Pilifortis de Leonemonte ex unâ parte; et Arnaldus de Garcino, Joannes de Lafitta, Arnaldus de Dagusano, Petrus de Serrâ et Guillelmus de Cornelhaco consules et sindicus habitantium totius universitatis de sanctâ Gemmâ ex alterâ parte, constitutæ coràm magnifico et potenti viro domino Geraldo Armaniaci et Fezensiaci, comite, et Fezensaguelli vicecomite quem agnoverunt, rogaverunt et communiter et amicabiliter elegerunt arbitrum et amicabilem compositorem, ut suprà jura partium prædictarum statueret et pronunciaret, atque simul tàm in nomine suo et potestate suâ propriâ, quàm in voluntate, nomine et consensu dictorum Condominorum dicti castri seu villæ de sanctâ Gemmâ *consuetudines, libertates et franchisias* scriptas daret et concederet sicut statuit, dedit et liberaliter concessit ut sequitur :

Nos Geraldus, Dei gratiâ, comes Armaniaci et Fezensiaci, et vicecomes Fezensaguelli, atque amicabilis arbiter et compositor communiter et amicabiliter electus per prædictos dominos et consules et sindicum dicti castri seu villæ de sanctâ Gemmâ, omnibus dictis et allegatis ex utrâque parte, sedulò auditis et perpensis, et habitâ pleniori deliberatione, et de consilio discretorum virorum nostrorum, diximus, pronunciavimus, statuimus et liberaliter concedimus, quod in posterùm poterunt dicti consules et habitatores castri seu villæ de sanctâ Gemmâ et omnes larem tenentes in ejusdem loci pertinentiis et jurisdictione seu bayliviâ liberè cædere ligna et fustes ad constructionem et reparationem domorum suarum, et ad omnimodam voluntatem suam pro suis expletis et necessariis, sinè fraude, per omnes forestas et nemora dicti castri, absque aliquo denario; excepto quod cum aliquis operabitur cum dolabro ad incædendas majores fustas, nobis vel Condominis quorum erunt nemora vel forestæ pro quolibet die debet solvere unum denarium Morlanum. Item quod in posterùm dicti consules et habitatores habebunt usum et expletum nemorum et forestarum dicti territorii et omnimodam libertatem depascendi in illis cum animalibus suis quibuscumque herbas, folia, glandes et cæteros fructus arborum silvestrium, aquas et alia necessaria prædictis animalibus, per omnes pertinentias dicti castri.

Item quod furni communes dicti castri erunt in posterum sicut jamdiù fuerunt nostri et prædictorum dominorum; et quicumque ibi panem decoqui fecerint vicessimum panem pro furnagio dare teneantur. Quilibet autem habitans et larem tenens in dictâ villâ, in ejus pertinentiis, bordis et aliis mansionibus, possit deinceps habere et tenere, suis expensis, suum proprium furnum, pro pane suo decoquendo, et non pro pane vicinorum aut aliorum habitantium sine fraude. Et quod si contigerit nos et prædictos dominos furnos dimittere, vel nolle eos condecenter calefieri, quod in illo casu, quilibet habitans larem tenens dicti castri et ejus pertinentiarum, in proprio furno, et panes suos, et simul panes suorum vicinorum decoquere; dum tamen quilibet vicinus larem tenens nobis et aliis dominis solvat, sine fraude, annuatim, in festo omnium Sanctorum, unum denarium Morlanum. Pauperes verò larem tenentes pro placentulis suis, vel raris panibus, nihil solvant. Deindè statuimus, ordinavimus et liberaliter concedimus, tàm in nostro nomine, nostrorum successorum et eorum ordinii quàm in nomine, assensu et voluntate prædictorum Condominorum, scilicet, Bernardi de sanctâ Gemmâ et Raymundi Pilifortis de Leonemonte et eorum successorum, et eorum ordinii, quod omnia infrà scripta sint et erunt consuetudines statutæ, franchisiæ et libertates consulum, universitatis vel communitalis castri seu villæ de sanctâ Gemmâ et ejus omnium habitantium. Quod per nos vel successores nostros non fiat in dicto castro seu villâ et pertinentiis ejus, talia, albergata, questa, nec ibi recipiemus mutuum, nisi hoc fiat sponte et voluntate habitantium et universitatis, nisi generaliter in aliis villis nostris et universitatibus dare fecerimus. Item quod habitatores dicti castri seu villæ valeant in posterum et possint liberè vendere, dare et alienare omnia bona sua mobilia et immobilia cui voluerint; excepto quod immobilia non possint alienare ecclesiasticis, religiosis personis et domibus, nec militibus nobis superioribus, salvo etiam jure illorum à quibus res venditæ vel alienatæ tenebuntur.

Item testamenta facta à prædictis habitatoribus dicti castri et ejus pertinentiarum, in præsentiâ testium, fide dignorum valeant, licet non fuerint facta secundùm solemnitatem legum; dum tamen liberi non fuerint fraudati suâ portione legitimâ. Item si quis decesserit sine legitimo hærede et non fecerit testamentum, consules dictæ villæ, de mandato nostro, bona ejus per annum et diem custodiant, descriptis tamen per bajulum bonis omnibus hominis defuncti, et si intereà hæres non venerit qui hæreditare debeat, nobis et prædictis dominis redeant ad voluntatem nostram faciendam; satisfacto primitùs, de ipsis bonis, creditoribus suis, et nos tamen et alii Condomini extrà nostram manum bona prædicta, infrà annum et diem ponemus sub iisdem obliis, et pactionibus et deveriis quibus prædecessor tenebat ea. Item quod habitatores dicti loci possint filias suas liberè, et ubi voluerint, maritare, et filios suos ad ecclesiasticos ordines promovere. Item quod nos nec prædicti domini nec bajulus noster non capiemus aliquem habitatorem dicti castri, nec saisiemus bona sua, nec illi vim inferemus, dùm tamen velit et fidejubeat stare juri, nisi pro mulctâ, vel morte hominis, vel plagâ mortiferâ, vel alio crimine quo bona sua vel corpus suum nobis debeant esse incursa: vel nisi pro forefactis manifestis et commissis in nos, vel in prædictos Condominos, vel in nostros successores et eorum ordinium, vel in nostros, vel in eorum gentes. Quod si bajulus noster communis, contra hoc fecerit ad emendam capto, aut damnum passo, expensas et damna ad cognitionem summariam judicis et consulum dicti castri reddere teneatur. Item quod ad quæstionem seu clamorem alterius, non mandabimus nec citabimus nos nec senescallus, nec bajuli nostri, nisi pro facto nostro proprio seu quærelâ, aliquem habitatorem extra honorem seu bajuliam dictæ villæ, pro his quæ facta fuerint in dicto castro et ejus honore et pertinentiis; et quod habitator dictæ villæ non solvet clamorem nec contumaciam extrà dictam jurisdictionem ad clamorem alterius, nisi per impensas partis, si coràm proprio judice fuerit devictus, et nisi prout est in aliis castris seu villis.

Item quod si aliquis homo vel femina, de die, intraverit hortos, vineas, prata alterius, sine mandato aut voluntate illius cujus erit, postquàm de mandato nostro, vel consulum et curiæ dicti loci, in dicto castro, quolibet anno defensum vel prohibitum fuerit, solvat duodecim denarios Morlanenses, si habeat undè solvat, vel aliter ad arbitrium judicis, bajuli communis et consulum puniatur. Et quod pro qualibet bestiâ grossâ quæ ibidem talans inventa fuerit unus denarius Morlanensis, ut supra solvatur, et emenda, damnum passo, ut rationis fuerit. Et quod pro porco et sue, si intraverint, unum obolum Morlanensem; et pro mutone aut ove, pro caprâ aut hirco, vel pro quolibet alio pecore solvat dominus bestiæ unam pictam aut podiensem valentem quartam partem denarii Morlanensis; et quod si anser vel avis alia similis inventa fuerit, unam pictam vel podiensem pro qualibet similiter solvetur; et nihilominùs dominus cujus fuerit bestia, aut avis, damnum tenebitur emendare. Alienigenæ verò qui transeuntes, et dictum defensum ignorantes, dùm durat intraverint prædictos, prata et vineas, pœnas non subeant antè dictas sed aliter et mitius, ad bajuli nostri communis et consulum arbitrium, seu cognitionem puniatur. Item quicumque, de nocte, intraverit hortos, vineas, vel prata alterius, sine mandato aut voluntate illius cujus erunt, et cum panero, vel panno, vel sacco, vel cappucio, aut cum aliquo explecto fructus abstraxerit, pro justitiâ in viginti solidos Morlanos sit incursus, postquàm de mandato nostro forali, et simul de mandato consulum et bajuli nostri fuerit defensum. Quod si tantùmmodo in manibus ejus, et sine alio explecto fructus extraxerit, in duobus solidis Morlanis sit incursus, et insuper, in utroque casu, damnum emendabit.

Item quod de omnibus pecchis, messegariis, pœnis, justitiis et incursibus, tres fient partes, quarum unam nos habebimus, alteram prædicti domini, et tertiam consules et universitas dicti castri. Ad expensas autem quæ ratione pecharum et aliarum pœnarum fient, tenebimur nos et prædicti domini secundùm partem quàm de dictis pecchis recipiemus, et dictis consulibus auxilium præstabimus contra rebelles in solvendis pecchis commissis. Denarios verò quos pro hujusmodi emendis et messegariis consules et universitas receperint et habuerint mittant in utilitatem dicti castri, et ejus pertinentiarum, videlicet in reparationem pontium, viarum et aliarum villæ expensarum. Item quod per consules et bajulum nostrum communem instituentur sufficienter messegarii, seu custodes fructuum, qui sint homines bonæ famæ, quosque consules et bajulus poterunt, pro voto suo mutare, qui in manibus judicis, bajuli et consulum dicti castri jurabunt suum officium fideliter exercere, et quæ nobis, prædictisque dominis, et bajulo nostro et consulibus pertinet, talam facientes revelare, et nemini parcere, prece vel pretio, odio vel timore. Item quod erunt in dicto castro mensuræ bladi, vini, olei et aliarum mercium, et pondera et canæ vel alnæ cum quibus panni mensurabuntur, quæ quidem prædictæ mensuræ, canæ vel alnæ et pondera per nos et per prædictos dominos et consules signabuntur, et quicumque, in dicto castro, seu villâ, et in ejus pertinentiis, tenuerit falsum pondus, falsam mensuram, falsam canam vel alnam, aut cum alio pondere, vel aliâ canâ non signatâ, vel non signato prædicto signo, vendidisse vel mensurasse invenietur, in sexaginta solidis Morlanis puniatur.

Item quod carnifices qui carnes vendiderint in dictâ villâ bonas et sanas vendant; et si bonæ et sanæ non fuerint dictæ carnes, pauperibus per bajulum et consules erogentur et his qui eas emerint pretium refundatur. Carnifex verò lucretur in uno quolibet solido unum denarium Morlanum; quod si carnifex in hoc mandatum excesserit in duobus solidis Morlanis et in uno denario, sit incursus. Et quod jurent carnifices semel in anno, in vigiliâ Paschæ Domini quod bonas et sanas carnes semper vendent; nec habebunt in macello, nec alibi carnes leprosas, nec mortuas malâ morte, neque carnes ovis vel Trojæ veteris vendent : et quod in festo sancti Joannis-Baptistæ usquè ad festum sancti Michaëlis dictas carnes in macello ultrà duas dies non tenebunt, sub pœnâ duorum solidorum Morlanorum; et quod insuper bajulus et consules, vel alii per ipsos instituti cognoscent et cognoscere possint, si verò dictæ carnes sint bonæ et sufficientes, et si per dictas duas dies possint in macello detineri; quod si fuerint infectæ, e dicto macello omninò ejiciantur. Item quod nos unà cum prædictis dominis tenere poterimus macellum vel macellos dictæ villæ de sanctâ Gemmâ, per nos vel per alios, et bancos macellorum in plateâ seu placiâ communi dicti castri aut alibi et in ejus domibus, et mutare carnifices de banco in bancum, semel in anno; et quod ipsi carnifices carnes vendent ad libram vel pondus à consulibus et bajulo signatam vel signatum; et ad certum pretium ab eisdem consulibus, et bajulo prætaxatum, si illis, ad majorem utilitatem habitantium dicti castri et pertinentiarum videbitur faciendum et emolumentum quod ex dictis macellis et banchis provenerit in solidum et integranter nobis et prædictis dominis erit : si verò nos et alii domini, macellorum domos et dictos banchos derelinquamus, vel omninò neglexerimus et rursum à consulibus et ab universitate fuerint constructa, suis propriis sumptibus, medietas dictorum emolumentorum nobis et aliis dominis integranter remanebit; et alia medietas prædictis consulibus et universitati erit. Cum hoc, quod universitas et consules construetas domos macellorum et banchos in bonâ statu in perpetuò tenere debeant suis propriis sumptibus.

Item quod pistor vel pistorissa vel quicumque alius panem faciens ad vendendum in dicto castro lucretur in uno quolibet sestario frumenti duos denarios Morlanos, et furfur tantummodo, et hoc secundum majus et minus; et si ampliùs lucratus fuerit, totus panis capiatur, et per bajulum et consules pauperibus tribuatur. Item omnes comestibiles quæ ad dictum castrum fuerint asportatæ ad vendendum, non vendantur revenditoribus donec priùs ad placiam fuerint asportatæ, et hora prætaxata advenerit; dum tamen hoc priùs ex parte nostrâ fuerit defensum et clamatum; aliter verò vendi possint incontinenter, et hoc duret a festo sancti Joannis Baptistæ usquè ad festum beati Michaëlis. Et qui contra venerit in quatuor denarios Morlanos condemnetur. Perdix verò et cuniculi vendantur ad pretium quod ex parte nostrâ vel aliorum dominorum fuerit proclamatum. Item quicumque res comestibiles asportaverit ad prædictum castrum vel ibi advexerit, extra poma, pyra, ficus, nuces cepas, allia, caules, porros et consimilia, et alia horticalitia, aut alios quoscumque fructus comestibiles non det leudam. Item quod nullus habitator dictæ villæ et ejus bayliviæ seu pertinentiarum, in dictâ villâ, numquàm det leudam de re quâcumque quam vendat vel emat, ad usus suos, in prædicto castro et ejus territorio, die fori vel alio, in foro vel extra, infrà jurisdictionem seu bayliviam dicti castri tantùm. Item liceat habitatoribus dicti castri in omnibus molendinis extra pertinentias dictæ villæ moleturam habere pro trigesimâ parte, nec plus ab illis poterit exigi; et insuper liceat prædictis habitantibus bladum suum molere in necessitate ubicumque voluerint. Item quod quilibet burgensis, juratus, aut verò dicti castri habitans, ac propriam ibi habens domum possit sibi facere, et sibi liceat, ubique infrà pertinentias dicti loci, in suo fundo, stagna, piscaria, columbaria, bacucos, plaperia et molendina in rivis privatis, dum ripæ ex utrâque parte ad illum pertineant, et excepto flumine orbæ, et illi in suo fundo, semper liceat piscari et venari.

Item quod in dicto castro seu villâ quatuor consules eligantur et creabuntur a curiâ habitantium annuatim in crastinum festi omnium sanctorum; et si tunc creati vel instituti non fuerint, duret potestas veterum consulum donec alii, ibidem, per nos, vel per bajulum nostrum seu communem, et de mandato nostro fuerint creati et instituti, ità tamen quod nomina consulum eligendorum in duplo reddantur curiæ habitantium per veteres consules, sicque possit curia eligere magis idoneos ad prædictum numerum. Item quod consules, eâdem die quâ fuerint instituti, jurabunt defendere fideliter et servare, ordinarie et semper corpus nostrum et membra et jura et bona nostra et prædictorum dominorum; et quod officium consulatûs, quamdiu erunt in dicto officio, fideliter exequantur; nec munus, nec servitium ratione officii, ab aliquo, capiant, per se vel per alium, nisi id quid de jure est concessum cuilibet in officio existenti. Item communitas seu universitas habitantium dictæ villæ de sanctâ Gemmâ jurabit in præsentiâ nostrâ vel bajuli nostri communis et consulum, nobis vel mandato nostro, auxilium et bonum consilium et fidele prosesso, dùm tamen requisita fuerit, salvo eorum in omnibus jure se daturam. Item quod consules, unà cum suis consiliariis et aliis probis viris dicti castri et totius bayliviæ, quibus eis videbitur, pro habendis conciliis, et negotiis dictæ villæ utiliter tractandis, quando et quoties voluerint, se valeant congregare. Item quod consules qui pro tempore fuerint, unà cum bajulo nostro, potestatem habeant vias publicas et privatas, introitus et exitus constituendi et assignandi carrerias et vias antiquas seu itinera mutandi et alibi constituendi ausu abreviationis et meliorationis dicti castri et ejus bayliviæ, quanta poterint reparationi, sicut et omnes alias vias.

Item quod notarius, seu scriba consulum per dictos consules universitatis eligatur et instituatur, qui post juramentum nobis et ipsis consulibus præstandum, fideliter scribat omnia spectantia ad officium consulatûs et negotia communitatis prædictæ; et quod dictus notarius de anno in annum mutetur cum mutabuntur consules. Item quòd notarius publicus dicti castri de sanctâ Gemma, per nos, vel per successores nostros immediatè creabitur et instituetur, vel de mandato nostro, sicut anteà; et instrumenta facta à prædicto notario publico, a nobis vel antessessoribus nostris, vel a seneschallis nostris, creato vel creando, illam firmitatem habeant quam habent ubicumquè cætera instrumenta publica. Item quod unus et idem judex dicti castri, unà cum eodem communi bajulo, et eorum curiæ notario, per nos et per dictos dominos in dictâ villâ creabuntur et instituentur; qui judex communis et bajulus et curiæ notarius in principio suæ institutionis bajuliæ et notariæ in manibus nostris vel seneschalli nostri et in præsentiâ consulum jurabunt quòd suum officium fideliter facient; et munus vel servitium pro suo officio, vel ratione officii non capient. Et unicuique jus suum pro posse suo reddent, et usus bonos et consuetudines dicti castri et ejus bayliviæ seu pertinentiarum, scriptas et approbatas, salvo jure nostro, et aliorum dominorum, custodient et defendent.

Item quòd judex dicti castri et bajulus noster communis et consules qui nunc sunt et qui pro tempore fuerint, habeant unà cognitionem criminalium dictæ villæ et ejus bajuliæ seu juridictionis, sicut in aliis villis nostris, exceptis nobilibus vicecomitatûs Fezensagnelli qui, ibi delinquentes, ratione delicti, capi poterunt, sed statim remittantur puniendi ad nos vel ad curiam judicis nostri Fezensagnelli. Item quòd si quis gladium aut cultellum injuriosum evaginaverit vel extraxerit malitiosè contra aliquem, licet non percutiat, in viginti solidos Morlanos condemnetur. Si verò percusserit ità ut sanguis exeat, in triginta solidos puniatur, et emendet vulnerato; et si mutilatio membri intervenerit, in sexaginta solidos Morlanos et ampliùs, pro qualitate delicti, delinquentis et vulnerati, si judici, bajulo et consulibus placuerit, condemnetur; et insuper vulnerato satisfaciat. Si autem percussus, pro ictu, moriatur, qui ictum fecerit, secundum justitiam in corpore et in bonis per judicem, bajulum et consules loci, vel etiam ad voluntatem nostram, vel mandati nostri puniatur, et bona sua omnia ad manum nostram veniant incursa. Item si bona alicujus habitatoris dictæ villæ veniant ad commissum vel partim vel integranter, de bonis prædictis, si sufficiant, satisfiat ejus creditoribus et residuum nobis et communitati, ut supra, applicetur et dividatur. Item si quis in adulterio deprehensus fuerit, currat nudus per villam, sicut in aliis villis nostri fieri consuevit; aut nobis et prædictis dominis et consulibus solvat centum solidos Morlanos, et quod voluerit habeat optionem eligendi. Ita tamen quod capiatur nudus cum nudâ, aut vestibus braccis depositis cum vestitâ, per aliquem de curiâ dicti castri, præsentibus cum eo saltem duobus consulibus, vel aliis duobus probis viris loci, vel aliis duobus vel pluribus undecumque sint, fide digni. Item siquis per vim cognoverit virginem aut viduam honestam, crimine, ut supra, probato, ille reus ducat uxorem, si fieri possit, aut tradat eam alii convenienti sponso, et det illi dotem pro qualitate dictæ virginis aut viduæ. Solvat pro pœnâ centum solidos Morlanos, et currat villam nudus. Et si non possit eam ducere aut tradere in uxorem, aut dotem dare, et centum solidos solvere, currat villam nudus et amittat genitalia ; si verò cognoverit per vim mulierem maritatam aut aliam personam honestam, satisfaciat viro, solvat centum solidos prædictæ monetæ, currat villam nudus, et insuper amittat genitalia. Et quòd si non possit solvere pœnas, et bis, aut pluries, per vim prædictam aut aliam mulierem cognoverit, capite puniatur, aut suspendatur. Si tamen mulierem suspectam de fornicatione, seu libidine carnaliter per vim cognoverit, puniatur per dictam curiam loci in sexaginta et quinque solidis Morlanis.

Item quòd si quis verba injuriosa, opprobriosa vel contumeliosa et grossa dixerit, nisi super hoc per injuriatum fiat quæstio nobis, vel bajulo, aut consulibus, non teneatur ad emendam ; et si quæstio fiat, in duodecim denarios Morlanos pro clamore ; et pro estimatione injuriæ in duobus solidis Morlanis pro librâ puniatur qui victus fuerit. Si quis dicat alteri : tu es spurius, vel proditor, vel latro, vel dæmoniacus, vel leprosus, vel perjurus, vel tu mentiris, solvat, pro pœnâ, decem solidos Morlanos. Et qui dixerit honestæ mulieri, maritatæ aut virgini, vel viduæ, tu es meretrix, vel leprosa, vel fur, vel proditrix, solvat quinque solidos Morlanos pro pœnâ. Item quòd si quis amicam aliquam ducat in uxorem ; et cum eâ mille solidos Morlanos pro dote acceperit, ipse det uxori suæ, propter nuptias quingentos solidos ejusdem monetæ, et hoc secundum majus vel minus, nisi aliud pactum interveniat inter eos. Et si maritus supervixerit, nec de uxore infantem habeat totâ vitâ suâ tenebit dictam dotem, exceptis vestibus nuptialibus quas, si extent, reddet statim hæredibus uxoris, atque lectum pariter, si extet ; et post mortem suam, parentes uxoris suæ, vel ejus hæredes, dotem illam recuperabunt, nisi illam in perpetuum dederit ipsa marito. Si verò infantes habeat mulier et supervixerit marito ipsa recuperavit totam dotem suam, et prius præstitâ idoneâ cautione prædictam donationem propter nuptias. Quâ mortuâ infantes, quos marito habuerit, donationem propter nuptias recuperabunt, vel illi quem maritus in testamento suo dixerit ordinandum.

Item quòd aquis pro alio fidejusserit, si principalis debitor solvere non poterit, ille qui fidejusserat, satisfaciat, si habeat bona unde solvat. Item omne debitum cognitum, si clamor factus fuerit, nisi infra quatuordecim dies solvatur, pro pœna solvat duodecim denarios Morlanos, et quinque pro clamore solvat denarios. Si verò negetur debitum, qui fuerit devictus, in quindecim denarios pro justitiâ, et in quinque denarios dictæ monetæ puniatur pro clamore ; et si non possit solvere dictas pœnas vel debitum, puniatur in corpore ad cognitionem judicis et curiæ loci. Et de delicto duodecim denariorum et inferiùs sommariè, et sinè clamore audiatur judicetur et terminetur. Item quòd emptores bonorum sitorum in dicto castro et ejus pertinentiis, sint securi perpetuò adversùs creditores vendentis, dùm tamen venditio rerum ipsarum de quindecim in quindecim diebus, tertiâ vice, per præconem publicum dicti castri fuerit publicata, et cognita creditoribus venditoris qui ad illam cognitionem fuerint evocati.

Item quilibet habitator dicti loci habeat licentiam se mutandi et transferendi ad alium locum ubicumquè voluerit, omnes res suas et suam familiam ; ne ullum impedimentum illi præstet bajulus : imò defendere eum debet, ut lib. re possit se mutare, in toto territorio bajuliæ dicti castri et alibi. Item permisimus et permittimus quòd prædictum castrum seu villa de sancta Gemma augeatur et amplietur, et quòd quicumque extraneus qui in dicta villâ et in ejus territorio in posterum ex aliis villis, castris aut regionibus venire voluerit, seu habitare, et ibi mansionem emere, aut etiam novam facere, sit omninò liber : sicut veteres alii habitatores dicti loci ; et, si tamen fuerit homo bonæ famæ, admittatur ; quòd si fuerit malæ famæ, vel fuerit aliundè condemnatus, nullo modo illi permittatur ibi morari ; et statim per bajulum et consules expellatur ; si tamen sine præjudicio alterius domini, vel sine præjudicio nostro fieri possit. Item quòd in domo qualibet seneoriali, aut aliâ, platea seu agriali dicti castri, seu villæ, longa duodecim stadiis, seu quindecim cannis, et amplâ de quatuor stadiis seu quinque cannis, debemus habere semper in posterum, ut antea, nos et prædicti condomini, annuatim in festo omnium sanctorum, quatuor denarios Morlanos censuales ; et hoc, secundùm magis vel minus. Item pro terris quas habitatores dicti castri acceperunt à prædecessoribus nostris vel etiam à nobis, vel à prædictis condominis, ad opus agriculturæ et vinearum et pratorum et hortorum et casalium, de censibus, et obliis et agreriis et aliis pactionibus, debemus habere in posterum, sicut antea, nos vel prædicti condomini, videlicet, annuatim, pro qualibet arpento vineæ cum et pratorum, censum seu obliam de tot nummis rerum morum seu currentis seu Morlanos, in festono onium sanctorum. Arpentum autem debet habere triginta duas perticas in latitudine, et sexaginta quatuor in longitudine, perticus verò debet habere quinque cubitos de longo, bonos et longos. Pro quolibet casali quatuor denarios; pro retrocapitibus habebimus, scilicet, pro arpento quinque denarios, et pro casali duos denarios, cùm evenerit, et hoc secundùm majùs vel minùs.

Item quòd nos et prædicti condomini debemus habere pro terris jam concessis vel concedendis in posterùm ad laborandum, videlicet, pro censu vel obliâ, quatuor denarios Morlanos pro quolibet arpento, annuatim pro festo omnium sanctorum, et insuper habere debemus de dictis terris agrerium, scilicet, **nonam** partem de omnibus bladis existentibus in garbâ vel in grano, ad nostram electionem, vel ordinii nostri; et unum denarium de qualibet concatâ retrocapitis, quando evenerit. Et si prædictum castrum calamitate pestis vel guerræ depopularetur, quod absit, omnia feoda et terra debent nobis redire libera. Item quòd si prædicti habitatores dictas oblias et census in festo omnium sanctorum vel infrà, post quindecim dies non solverint, in quatuor denarios insuper puniantur nobis et prædictis dominis et hæredibus nostris, et sic de mense in mensem usque ad caput anni; priùs tamen dictis habitantibus, à nobis vel de mandato nostro requisitis. Quòd si tunc jamdictas oblias vel justitias persolvere noluerint, omnia feoda per nos vel per dictos condominos concessa debent reddere et remanere penès nos et nostrum ordinium. Item non dinæ sint in dicto castro, sed in diebus tantùm sequentibus, scilicet in festo sanctæ Gemmæ, in crastinum festi sancti Joannis B. ptistæ et in festo sanctæ Crucis. Et in dictis nundinis quilibet mercator extraneus, habens trocellum vel plures trocellos, de introitu et exitu pro leudâ, det duos denarios Morlanos; et de trocello unico panni cum et aliorum mercimoniarum detur unum denarium ejusdem monetæ. de aliis verò rebus quæ ad dictas nundinas fuerint asportatæ dabitur pro leudâ, de qualibet re, sicut inferius, in die mercatûs vel fori continetur.

Item quòd mercatum seu forum fiet in dicto castro, seu villâ, die Martis, in qualibet septimanâ et de qualibet bove vendito in foro, et die fori, et non in alio, vel vaccâ, roncino, equo vel equâ, mulo vel mulâ, asino vel asinâ, aut de pelle vulpis dabitur ab extraneo pro leudâ, unus denarius Morlanus. Item de porco vel sue, de mutone, de ove, hirco, caprâ exceptis lactantibus, sicut de medietate porci recentis vel salsi venditi in foro porcario, ante Nativitatem Domini semel in anno, unus obolus. Item de unâ salmatâ ollarum unus denarius Morlanus, de unâ salmatâ tautum et centenum, et jettorum pondus canbe, de uno asque et pisces ejusdem tants detur una Morlanus, et centum pondus intorsos, turbarum onus vel dipsorum vel trium podensium, secundùm minùs vel majus. De pannis verò laneis et de citis emptis ad opus vestium, nec de pannis lineis, nec de aliis rebus non expressatis, nihil dabitur pro leudâ. Et quicumque extraneus in die fori tentorium quarumcumque merciùm tenebit, pro leudâ det unum denarium Morlanum. Pro salmatâ verò ferri, vel salis à deforis asportatâ ab extraneis, in die fori, si venalis exponatur, detur pro leudâ unus obolus; et pro onere hominis ferri, vel salis detur quòd videbitur secundùm majus vel minùs. Et quicumque extraneus in die fori, emerit in dicto castro bladum, vinum vel sal, et à dictâ villâ extraxerit, dabit pro leudâ unum denarium dictæ monetæ, pro quâlibet salmatâ; et pro mediâ, unum obolum; et pro salmatâ ceræ, unum denarium Morlanum; et pro mediâ salmatâ, sicut pro onere unius hominis sciphorum, vitrorum, scutellarum et grasalarum, unum obolum; pro inferius, secundùm quòd, pro ratione, videbitur. Alii verò mercatores et homines transeuntes cum mercaturis per villam, licet in die fori vel alio, nisi eas venales, in die fori, exposuerint, nihil tenebuntur solvere pro leudâ, seu pedagio. Sed homines dicti castri seu villæ, pro ut superiùs dictum est, sint semper liberi a dictis leudis pro his omnibus quæ ad proprios usus emerint, in dictâ villâ, vel in foro.

Item siquis leudam debens, a villâ, vel à foro exierit, et leudam non solverit, solvat duos solidos Morlanenses, et obolum pro emendâ. Et siquis, in foro, vel in die fori, aliquem percusserit, ad arbitrium seu ad cognitionem judicis et bajuli nostri communis, et pro quâlitate delicti puniatur. Item si bajulus communis dicti castri pignoret aliquem, post quindecim dies assignatos debitori, ad solvendum, ille cujus erit debitum, per alios quindecim dies pignora custodiat; quibus elapsis, vendat, si voluerit, pignora, et si pretium pignoris venditi excedat dictum debitum suum, residuum habitum a dicto pignore reddere teneatur venditori seu debitori. Item quòd in prædicto castro præconisationes, mandata et ordinationes quæ fient in posterium, præconsentur et fiant ex parte nostrâ, et condominorum, et consulum atque bajuli nostri communis.

Item quòd præco communis dicti castri de præconisationibus hæreditatum recipiat unum denarium Morlanum, et de rebus minutis mobilibus, et de tabernis, unum obolum ejusdem monetæ. Item quòd inquantator seu venditor communis dicti castri, de rebus quas vendet ad inquantum usquè ad summam viginti solidorum Morlanorum, recipiat unum denarium, sive sint mobilia sive immobilia, usquè verò ad summam quinquaginta librarum duos denarios; et de quinquagintâ libris usquè ad centum libras, quatuor denarios Morlanos; et de centum libris, sex denarios ejusdem monetæ, et nihil plus ultra quantumcumque valeant res venditæ seu affeudatæ. Item quod notarius curiæ judicis et bajuli dicti loci recipiat pro unoquoque clamore scribendo et cancellando, unum denarium Morlanum; et si debitor confiteatur vel neget simpliciter, pro confessione vel negatione scribendâ, ac primâ comparitione, unum denarium Morlanum, et nihil plus. Si verò petatur libellus et fiat processus, et partes remittantur coràm judice et ejus curiâ, solvat quælibet pars, unum denarium ejusdem monetæ. Si verò negetur debitor et testes producantur, habeat de quolibet teste audito et examinato, in scriptis et in verbo, unum denarium, et duos denarios à qualibet parte, de cognitione bajuli, si scribatur. De litterâ citationis, aut aliâ quâcumque, a curiâ bajuli vel judicis emanatâ, unum denarium; et pro sigillo nihil, nisi alia littera insereretur in eâ, et tunc habeat duos denarios Morlanos. De cautione scribendâ coràm bajulo vel judice et ejus curiâ, duos habeat denarios de causâ civili; et si sit criminalis, tres; et quod nullus habitans, nec extraneus solvat contumaciam, nisi expensas parti et notario pro scripturâ et pro viagio servientium.

Item siquis uxorem suam, vel aliquem de familiâ suâ, causâ correctionis percusserit, aut vulneraverit, si corrigibilem correctionem non excesserit, nihil pro pœnâ solvat. Item quod de simplici sanguinis effusione de naribus vel de ore, solvat qui fecerit effundi, duos solidos et sex denarios Morlanos; et si cum unguibus sanguis exierit nihil solvat. Item quod si homo sortilegus, vel mulier sortilega qui sortigibilia vel maleficia fecerit, seu fieri machinaverit, seu fieri quæsierit; vel mulier quæ sortigibilibus vel aliis mediis se abortare fecerit, aut alterius mulieris abortum attentaverit, vel etiam procuraverit, et hoc illis vel per suam confessionem, vel per testes idoneos probari possit, et fuerint condemnati per curiam dicti castri, currat vel currant villam, et posteà capite puniatur vel puniantur, vel etiam igne comburatur vel comburantur. Item quod quilibet habitator dicti castri seu villæ, vel in ejus bariis, vel in bayliviâ seu territorio dicti loci possit tenere in posterum omnia sua bona, terras, domos et possessiones ad eos pertinentes, ubicumque sint, prout anteà faciebant, solvendo oblias vel censum, agreria et alia deveria nobis et aliis condominis à quibus tenetur et anteà jam tenebatur. Item quod dicti consules et bajulus noster communis habeant potestatem de aquis pluvialibus et correntibus, stillicidiis, fenestris, foraminibus, et aliis consimilibus, ad bonum regimen dicti castri necessariis et pertinentibus, ordinandi et cognoscendi et statuta faciendi, usquè ad decem solidos Morlanos pœnæ in delinquentes portantia, et pro utilitate dictæ villæ applicandos, prout eis et magistris juratis operum melius videbitur faciendum. Et quod si quis in dicto castro seu villâ, vel ejus carceris aut baros projecerit fœtida, sive morticina, aut alia abhorrenda, ad cognitionem bajuli et consulum puniatur ; et possint etiam consules pro suis messegariis, justiciis et talliis levandis per se et suos messegarios pignorare.

Item quòd dicti consules possint unà cum gentibus et officialibus nostris, in dicto castro, custodire dictam villam cum armis de die et de nocte, et capere et arrestare delinquentes et malefactores, et eos in carcere dicti castri reponere puniendos pro suis delictis. Item quòd consules et universitas dicti loci, quando eis expedire videbitur pro securitate prædictæ villæ possint villam seu castrum munire et in eà et in ejus bariis et circumcircà eam fossata seu vallata, portalia, muros et turres construere nova et ædificare, sine ullà emendà, vel pretio ; quòd etiam sit licitum singularibus personis dicti loci, ibi et alibi, ubique infrà pertinentias dicti castri alia facere fortalitia, et ædificia et clausuras, si et quando eis et eorum singulis videbitur expedire. Et quòd consules, præterquàm temporibus guerrarum, teneant et tenere et custodire valeant claves portarum forsalitiæ, ambitûs murorum seu aliûs clausuræ dicti castri, nomine nostro et universitatis supra dictæ. Item expressè retinemus quòd in posterùm, sicut jam anteà, in dicto castro, seu villà habebimus, sicut et nunc habemus, exercitum et cavalgatam ut in aliis villis terræ nostræ, et in guerrà nobis eumdem numerum hominum ducere tenebuntur, ut anteà. Insuper nos pronunciavimus, statuimus et diximus quòd prædicti condomini remittent omnem rancorem, iram vel malam voluntatem contra dictam universitatem de sanctà Gemmà et ejus fautores et consiliarios quoscumque usque ad hunc præsentem diem, ratione litis, quæstionis et controversiæ inter eos motæ ; et vice versà quòd omnes et quilibet habitatores vel habitator dictæ universitatis remittant similiter condominis suis et eorum consiliariis et fautoribus omnia et singula sicut suprà dictum est ; et etiam quòd omnes sententiæ judicum aut officialium cujuscumque curiæ impetratæ vel impetrandæ, latæ vel ferendæ, circa præsentes controversias sint nullæ et pro nullis, et ipso jure irritis, ex utràque parte habeantur, et quòd illæ lites, quæstiones et debata sint et habeantur pro omninò et in perpetuum judicata per statutum, ordinationem et concessionem consuetudinum, libertatum et franchisiarum suprà scriptarum. Et idcirco nos comes, et vicecomes Fezensagueti, unà cum prædictis condominis, in nomine nostro et ordinii nostri, et simul in nomine dictorum condominorum et eorum ordinis promisimus et promittimus quòd perpetuò servabimus omnes alias consuetudines bonas, et usus laudabiles et utiles hominibus dicti castri, sicut jam diu, in dicto castro seu illi, in ejus bariis et territorio fuerunt observati vel observata hactenus et in omni tempore ; et quòd contra illos usus et consuetudines non veniemus nec nos, nec successores nostri, ullo modo. Et ad majoris roboris firmitatem et omnium securitatem nos et simul prædicti condomini, gratis et liberè ad sancta dei Evangelia manu dextrâ à nobis tacta, juravimus omnia et singula suprà dicta pronunciata et concessa, tenere, servare et complere, et non contra venire, vel facere per nos, neque per successores vel hæredes nostros in toto, nec in parte, palàm nec occultè, promittentes sub fide et virtute prædicti juramenti, nos omnia et singula suprà dicta integranter et in perpetuùm servaturos.

Acta fuerunt hæc, concessa et acceptata, quinto die introitùs madii, anno Domini millesimo ducentesimo septuagesimo quinto (1275), in ecclesiâ dicti castri de sanctâ Gemmâ, regnante Philippo, rege Francorum, et Odoardo duci Aquitaniæ, et existente prædicto comite Armaniaci et Fezensiaci, et vicecomite Fezensaguelli, et Geraldo episcopo Lectorensi. Et horum sunt testes Fortanerius de Siraco ; Aymericus de Turribus, domicellus ; Arnaldus de Lauretto, domicellus ; Bernardus de Lauretto, miles ; Vitalis de Montegaillardo ; Asenarius de Maravato ; Gailhardus de Maurous, domicellus ; Ramundus Andrea, capellanus de Malevicino ; et Johannes de Gardâ capellanus sanctæ Gemmæ ; et ego Petrus de Gardià, publicus notarius malivicini, sum etiam testis, et præsens fui, prædictis omnibus ; et de consensu, et expresso mandato dicti domini comitis, et dictorum dominorum, et consulum dictæ universitatis, hæc omnia redegi in formam publicam et cartam istam scripsi, et signum meum consuetum apposui.

Ste Gemme qui en 1484 avait encore le nom de Bourg ou petite ville (Pagus), ou lieu de réunion de Centuries, le conservait en 1275 lorsqu'elle obtint de ses trois seigneurs, et par transaction, ces coutumes qui furent confirmées solennellement par Antoine de Gère, le 4 avril 1497 en ces termes : « ratificavit, homologavit et confirmavit eisdem consulibus et habitatoribus de sanctâ Gemmâ, de jurisdictionis et consulatûs ejusdem, tàm præsentibus quàm absentibus universis, *quascumque libertates, usus et consuetudines scriptas et non scriptas*, in quibus sunt de præsenti. » Elles furent visées à Toulouse le 16 décembre 1546 dans une sentence arbitrale qui termina un procès entre les habitants de Sainte-Gemme et François de Gère, leur seigneur ; elles le furent encore dans une autre sentence de M. Daspe, président de la sénéchaussée d'Auch et commissaire subdélégué de la chambre des comptes de Navarre, le 27 août 1668. Des termes de cette sentence il résulte que l'original de ces coutumes existait encore, à cette époque, aux archives du château de Ste-Gemme. Le 7 avril 1331, Gaillard de Leaumont faisant hommage de la seigneurie de Ste-Gemme au comte d'Armagnac, dans le château de Lavit, donnait à cette commune les limites suivantes : « La Villo, Castet et Plaço de sancto Gemmo counfrounta em la « honor et juridiction de la villo de Mountfort, et em la honor et « juridiction d'Esclinhac et em toutes altros counfrountations boun « qué sion. »

Ce comte d'Armagnac était Géraud V° du nom, vicomte de Fezensaguet, lequel succéda à Bernard V, son cousin, en 2243, et mourut en 1285. C'est le père de Gaston qui fit la branche des vicomtes de Fezensaguet et qui mourut en 1320.

Bernard de Ste-Gemme, de Gére, co-seigneur de Ste-Gemme et d'Esparbès avec le comte d'Armagnac et avec Pilfort de Léaumont, était aussi seigneur de Montgaillard, du Bustet, de Gére, du Grilbon, de Lauret, de Teulères et de Roquehort. En 1294, il reçut de la munificence du comte d'Armagnac, à titre de récompense de ses services militaires, la partie de la seigneurie de Ste-Gemme qui lui appartenait et le quart de celle d'Esparbès : il quitta le monde et prit l'habit religieux dans l'abbaye de Gimont vers l'an 1305. Il paraît qu'il en était déjà abbé en 1320, ou peut-être même en 1315. C'est en cette qualité qu'il fonda, de concert avec le sénéchal de Toulouse, agissant au nom du roi de France, le 4 mars 1322, la ville de Solomiac, et lui donna sa charte le 22 juillet 1327. Cette charte est, sans contredit, une des plus belles et des plus complètes de celles qui furent accordées aux Bastides, ou nouvelles villes de la contrée. D'après le nécrologe de Gimont, Bernard y mourut le 17 juillet 1328.

Pellefort ou Pilfort de Léaumont, fils de Cobbet de Léaumont, était co-seigneur de Ste-Gemme et d'Esparbès et seigneur de Gariés. Il donna des coutumes assez larges aux habitans de cette dernière seigneurie en 1265, fit serment de fidélité au roi de France en 1271 et testa en 1278. On ignore l'année de sa mort.

<small>Cette pièce avec sa note nous a été fournie par M. Rence, curé de Ste-Gemme.</small>

Fondation de la ville de Mont-de-Marsan.

Universis presentes litteras inspecturis. Conegude causa sia a tots presents et advienidors, a tots che carta sabveran ledjo, a tots que poden vive embe mori che nos en Pic de Lobanner, filh primojen de Guilhelmus Lupus per la gracia de Diu, vescoms regnans de Marsan, coms de Beyzorra, vescoms de Tursan, Gabardan, Nebousan, embe Buthes, capdaout d'Aillas, Caperoux, terras de Born, Mimizan, Ajuzans; en caro senhor miedjen am lo capdaou de Buch de las terras de *Castra-Cæsart*, Pradéras, Poya-Capra, Bataillaoux : in termino apost Benarna vescoms, segnont de orden, per arrason de Marsan de achesta comtat de Vascoegna, apost matur coselh et invocation de la divinal potentia, som apparellat esdificar achesta ciutat, capdulh de la vescomptat de Marsan, so per la sabvor dos pobles de la movienca nostra, et chum in tempo antecens, achels aproximas de la ribeyra de Doxo, arrason de las truques de blad et multes altres, am homs de terras d'Armagnac et chum las terras inter corren de Doxo embe Midoxo cededas, che son de cap de Mards nomentadas; miravelhosament furnides aparesceran a li imperador Carlo, che apost la pugna de Ronceaux sober istes una ciutat fondet de Marsan nomentada, qualh al jorn che lucio dernada; perche et causas avandigtas, nos senhor, fem sabver, che vulhan far lo ben de la nostra senhoria, antejar embe concedar al achels pobles do lo nostre vacelladjo las bonas aidas che lour pouden dar, far, tribuar chum bon dreyturaou, firmidor senhor, in termino, la lour en tiq patria lour arrendo. So, aut, noble homs en Berenger de Casteloup, caver miles, lo noster banereau in la vescomtat achesta, intuit aviam qualh possedidor de las avan digtas terras de cap de Mards, et in mode sequens, reumat cavers do vos vescoms audidat las arrasons la pergamea per ly imperador Carlo, sajerada apost la pugna de Ronceaux. In lo vostre conspect decopirus quinha appert, que ly imperador (lo benedigt filh de Diu lo aja in sa gracia), desegna ordi que proconsulias in la comtat propria de Vascoegna per la quetat embe segurtat dos pobles pu mont.

Primamen. Aquesta de Benarna, prima de orden, am terras besianas et cap-dulh fondet in la ciutat entiq de Benarna nomentada. Item achesta de Marsan, segont de orden, am terras besianas et cap dulh fondet al bet cap do corren de Doxo embe Midoxo, sober las rudeas do templo obarcia de Mards che *Crass*, loco *Cæsart* in aquitania dernit esto; et do dit templo ab arcia, fo nomentado la ciutat. Item aquesta de aquis ters de orden, am terras besianas et capdulh fondet in la ciutat entiq ja esdificade *Aqu. Augu.* ob aquis nomentada. Item achesta de Lampurda, am terras besianas, quart de ordem et capdulh fondet in lo castel entiq am G. Rommon de la mesiche nomie. Item achesta de Pée de Doxo, al jorn que lucio de Tartas nomentada, am terras besianas, quinta de orden et capdulh fondet sobre castea Sarrasons d'achel strep dos Tartassides, que in achel loc et croot lours impediaments de goerra firmits havian. Item achesta de Lebregt, in terras ermes de la comtat de Vascoegna, am terras vesianas, d'arner de orden et capdulh in castel de la mesiche nomia che esdificar fondet; et chum la ciutat entiq de Adurenses.

tempo amettat fosse lo capdulh de la vescomtat de Vascoegna, et chum encaro empendiamen de goerra ob de segurtatz mas nothie, per arrason dos tribaillaous d'achels Sarrasons, che in tal modo achesta dirruin, che mas nomentada no se pode ; per che fondet, lo avan digt imperador, lo castel de Palestro nomentat alt lo corren de *Alphea* ob *Atrina* in achel loc et croot castra *Rommo*. *Publi. Crass.*, et sober rudeas; per so, lo manancia dor coms de Vascoegna et cortz comtaou in fore embe per arrason dos nord-homs che sobre la semmana de fe apparescoren, apparella encaro lo avan digt imperador sobre las terras de maa lo bocaou de finibus terras et la ciutat entiq de Mimizan per baya de segurtat, es estes embe las arenas de altz bolegadas las succuret caver encaro do vos vescams au didat las arrasons in lo vostre conspect decopan las cartas embé lettres de cort comtaou traheadas, quinha appert che co lo avan digt imperador fo vengut de vida en trepassamen, los nord-homs hems l'annado de la incarnation do lo noster senhor octaou cent quadragintung, et apost mult tribaillaous achesta ciutat de Vascoegna raubaran et totos las ciutats ardaran compart achestas de Benarna, de Aquis et de Marsan, encaro achesta de Marsan in tal modo dirruin, perche in la obsidioms mult homs dos lours aneeitz fossan, compart homs inter se ponderave che in ribeyras de Doxo Embe mi Doxo et in terras besianas las lapias bolegan dos impendiamens de goerra, et sober loc et croot in senhaou de daliamen am boos arayan. Apost lo nostre avetor en Deodat de Labanner che in la obsidionne do so capdulh in test et cabessaou reperit esto, in los lours bachetz inducin baya do bocaou a puch in terras stranas do vengoren unque degout de vida in trepassamen tempo..... in la parroquia de san Pee-da-Mont storan dirruitz achels incendiaous per lo Archambaut de Labanner, filh primojen do Calamit Deodats. Los vescoms de Benarna, de Aquis, de Tartas et Lebregt de se suscors, et apost lo lour abetoo, fo tiengutz lo avan digt Archambautz chie la cort vescomtau in lo castel de Rocahortz un que fo mudada, et al jorn che lucio encaro lo fé et las terras de cap de Mards concedit al auguns do ad vos vengudas caver in termino mirat che la vescomtat de Marsan inter las proconsulias per lo imperador Carlo desegnadas achesta mas no thie capdulh de segurtatz, encaro alibrancia in lo tribaillaou darner lo castel de Gavardan irromperon los homs de terras d'Armagnac et las cartas viscomtaous agusson raubanadas, che la pagna de Rocahort obe....... in la obsidioms, per la gracia de Diu et nostre senhor san Saturnin, abladat ab q^{ls} dirruitz estoron. Adon so vist, jo vescoms, lo capdulh de la vescomtat som apparellat fondi et in vergoegna de vos et de nos sia si en terras stranas de loc et croot per lo imperador Carlo desegnat fosse esdificat, perche vengo ad vos requisin vendition, peccune numerada, de las avan digtas terras de cap de Mards ; assaver : tot achel terra tienen, partz de bach, am puch las parroquias de Noneres apost terras de Besart, descienden inter corren de Doxo, embe Midoxo, de dextro et senestro, un que la juncte al bet cap, am las soues ores de caulx, los treez cazalz, las rudeas de la arcia de Mards que los nord-homs trahe no valeron et altre che poden sober.

Item achestas terras al mijorn trans Midoxo, am las soues fons. magne, los quinte casals so bach, ampunch la extrema part de terras de Besart, embe de biso de las rigolas do mont de san Pée. Item achestas terras de bach, trans duxo, miran de mijorn, ampuch fons de la Dreyra dreyturalamen un que Doxo et Midoxo juntas, et de sol appert, part de Doxo solem botan et sobre senhaous de terras tienen poudaran. So feyt, nos vescoms, incombendan ab q^ls congregar vulhan, primament, achels terradors de Mont-sau-Pée et *Castra Crassus*, al mijorn d'achel, al jorn que lucio san Jemes nomentatz, totz desciendors dos vellanos antecens, in tempo do daliamen de la ciutat de Marsan ; ampuch, homs de bona fée de altés loes et crobtz per poblar la ciutat achesta. Auxi, nos em Berenger de Cantelup, caver miles et Baneyraou de la viscomtat de Marsan, ad vos alt prepoten et poderaous senhor en Pée de Lobanner, lo noster vescoms, homoms et fée in vida et in mortz, audidas las arrasons do vos fideous cavers dixo che nos sem apparellatz achesta movencia far, peccune numerada, mas in graat et amors de vos, lo noster vescoms, am q^l conspect beat do li imperador Carlo, apuch do voster avetor lo calamitz Deodatz de Lobanner (Diu lo recepi in la so gloria) in termino per la gaujesa embe homoms de la vostra sommance (che Diu ung segle perduere,, ad vos lo noster vescomte ! achel jorn transportan in bona et perfeyte donne terras achestas de Mards, soues casals, rudeas de la arcia de Mards, fons, magne, ores de caulx et altres inter corren de Doxo et Midoxo cedudas et trans istz, miradas chum bos che feytz en las parablas antecens. So feyt, vos rogan, lo noster vescoms, humil, nos arrendo vingt baymas de terra am ligancia noble, solem am q^ls dreyt de toor so in media de la ciutatz, achestas singulars terras de la donne actuaou, eximan per nos los nostres hereders et presentadors adviendors. Apost, combenche per goerra, damnadjo ob mola causa alcuna no revocadeo, no annuladeo per degun cas achesta donne, mas in vida am q^l in mort, Diu adeo. Perche, segramen fem che in res no duebut no contrein, no engaiatz, no forçat ne falçat, ne par temor, ne mala circonvention, ne machenation ad so far emmenet ne adusitz, mas de la nostra souptana livertat lo fem et sciuatia certa, so per tot, los nostes heredes adviendors lo noster orden, la nostra linejo, per los segles dos segles ab aisso laxat havian jeguit, relinquitz, resignat ab q¹ˢ ad vos transportan, lo noster vescoms, al jorn che lucio in lejal donne las terras achestas de Mards et sober ponderan senhaous de terra tienen al mandamen, de vos lo noster ponderaou senhor, per arrason embedidor vos fem Nos senhor prenden et recepien in graad et amors sempeten, ad vos en Berenger de Cantalup lo noster dilectio dixo che tot et die corporalamen la saisina inceparan vos presentz et libran et sia segurssen de se lo instrumen de saisina ab q¹ˢ penden d'achels de de donne, am los mesichs fideaux et testimonis.

Las palabras dixas, nos en Pée de Lobanner per la gracia de Diu, vej los bénéfics dos reys de Francia, vescoms souviran et coms do castel de Rocahort, terrador achel die prima part; nos en Berenger de Cantalup, noble homs caver miles baneyrau de la vescomtat achesta de la ciutatz de Marsan terrador achel die altre part. En bona fée embe volonturosamen jures congregats incombendatz, sober la nostra crescencia totas achestas causas tengan et conplian per arrason havian feyt encaro fem segrament sober los sans esvengells de Diu, lo noster senhor, corporalamen tocat, am la nostra maa dextra nuda. am nobles personnes en Amaneu de Lebregt, pouderaous senhors nobles personnes en Amaneu d'Arsac, en Gallan de Salios, en En guerran de Gabvarn, fideus do present comben; apost in testimoni de vertat nos vescoms diveat haviam achestas cartas per A. B. C. D. do nostes sexta sayels sajeradas, la una ad vos transportan en Berenger de Cantalup, la altera per los fideus, la terce per lo segradaou de la ciutat, retienen la quarta. Deso testimonis en Pee de Gourgues, Arnal de Castra en Odo de Peyra Pertusa, en Guillemet de Lamensam, nobles homs, cavers miles embe Pee de Pruer, Emengard de Latapie autrement de Cadellon, vorzées; et jo Emengard Descorps che per lo mandamen do senhor vescoms, lo présent instrumen escrivo. So feyt sober las terras de cap de Mards, in la parroquia de san Pée de Mont, in la viscomtat de Marsan, lo diedsnau do mees d'aprill, anno ab Incarnatio Domini *mille uny cent quadragintuny* regnans lo filh benedictz et sopra estz in Francia Looïs Pius, in Marsan et Beygoria Pée, episcopans in adurenses jorn que lucio, Bonus Homo. *Pax hominibus bone volontatis.*

In im. pag, sigill, comit. sext. sigill. fidel impess. in sign. verita. super cereas rub. in part. med. instrum. Et me joh. de Bernada nota. et scriba. civita. Mont. Marsan. manda. presulis et consul. urbis hoc présent. publ. instrumt. super primam prescrips. in capitol deposit. extraxi et grossavi. eisdem verbis. est fidelit. in conspect. préfect. est consul. postea. verificat cum prefecte urbis. preste. apogia. soluto signo signavi absolutz, capit. Mont. Marsa. primus mensis augusti anno ab incartrat domini. *mille quadringenti* regna Carlo VI io Francia.

Universis presentes litteras inspecturis in conspetz de nos Ramundi Saucus ...... de cortz contaou, orden de san benedictz rectors, per arrason de las cartas de la cortz comtau de Vascoegna custada, venge en Pée de Lobanner, vescoms regnantz de Marsan, mandan chum poderaous senhor de la cortz exceps de las causas raubarias, ahegoa mens, auccisiomens, pugnas et altres nefarias d'achels nord homs en Vascoegna heus l'annado de la Incarnation do lo nostre Senhor bene digtz, octo cents quadragintum, dissen lo abant digt vescoms. che besough ne avera per so de la esditication de la ciutat. capdulh de so vescountatz, per que do nostre mamdamen per lo tabulaou de la cortz decoperta las pergames que lo duch de Vascoegna Sanches jussetz parar in l'annado mille duodecim, sober los tradetz et achestas advo tations do opostorle de aquis. Pée, en lo tempo d'achels ne fos probatio embe feyta dos sayels d'achel duch Sanchez. embe d'achel dos vascoms de Benarna, Marsan, Aquis, Lampurdan, Pée de Doxo et Lebregt, che son sober lo instrumen comptaou. preguatz excrips trahatz per lo tabulaou de la cort chum siec : Primanien. in l'annado de la Incarnation septigenti septuaginti octo, lo imperador Carlo in Pampelona et caes. augus. vengutz ara sos homes de goerra. Sarra sons expelletz, extorsetz et invalaratz reponet. Item chum revelasi in Francia, volsetz exeunts Lupus, vascoms duch. in terras de Ronceaux et homes postremis dirnietz. Item per arrason lo abant digt impera dor in loc et crootz de chassagnes in reyaou restitnitz Aquitania in fabror Lovis so filh, constituit embe in Aquitania et Vascoegna con sulias et proconsulias per la quiete dos pobles Péemontz, et embe las vergoegnas d'achels Voscons. Item in achestas senhors de s. cortz lexetz, et no Aquitans, no Vascons.

Item singularament in la comtat de Vascoegna las proconsulias sequens crupsetz, assaber : Benarna. prima de orden, am terras besianas, et capdulh lexetz in la ciutat entiq Benarnum nomentade. Item achestas de Marsan, am terras besianas et capdulh fondet, sober corren de Doxo embe Midoxo, sober rudeas do templa ob arcia de Mards che per fams Crass, loco. Caes. in Gall. dernietz esto; quath procons. segont de orden. Item achesta de Aquis ters de orden, am terras vesianas, et capdeuilh lexetz in la ciutat entiq Aquis nomentade. Item achesta de Lampurda, quarte de orden, am terras besianas et capdulh lexetz in lo castel entiq embe romus de Lampurdam. Item achesta de Pée-de-Doxo, am terras besianas, quinta de orden, et ca

dulh fondetz sober los munimens d'achels Sarrasons, do stup des
Tartassides, in tempo co-irruperon in Francia. Item achesta de Le
bregt, sexta de orden, am terras besianes, et capdulh fondetz in
terras erms de la comtat de Vascoegna. Item chum la ciutat entiq
de Sotia ob Adurensos, tempo amitto, fossé lo capdulh de la comtatz
de Vascoegna; mas in tal maneyra per achels Sarrasons diruitz esto
que no mas impendiamens de gœrra ne de segurtatz no thie, perche
lo capdulh de la comtat de Vascoegna, de si infore, lexetz, in lo castel
de la Palestro, alt du corren de Alphea ob atrimis, per sola manancia
dos coms de Vascoegna et cortz comtaou. Item las bayas de finibus
terres, de Bocau, Peglo et de la ciutatz entiq de Mimizan ember las
Arenas de alt belegadas et ember los nord homs apparella am multz
homs et multa pecunes, et in tal maneyra succuretz embe prefectz la
Vascoegna de altz et de terra contra los sos homs et los strans. Item
chum lo imperado Carlo esto vengutz de vida in trepassementz los
nord-homs in Aquitanisa vengoren et aparescoren lo permey de aprill
in l'annado de la Incarnation octo cent quadragintun am multz ba
chedz et multz homs ché dissé no se pods, et Burgundia tentaron totz,
et de lo duch de Vascoegna et los proconsuls embe los coms de Com
ming et de Beygorra al suscos se festinaran, et apost tres pugnas
sober las Arenas de altz pellin al momento de se in los lors bachetz
revelian los nord-homs, mas sober las terras de maas d'achesta Vas
coegna se festinaran et bayas de finibus terres et Mimisan irrupin
perche no havian suscors embe seper arrason dos auxilliaus che in
Aquitania. Item lo trees du mees man ember lo castel de Lampur
dum, caminaran achels de finibus terres, lo quinte jorn irrumperent
et totz homs embe las fennes et los paucos auccitz fossan. Lo octo
jorn, la ciutat entiq de Aquis inobsidiomens asegiedas irruperon embe
lo vescoms et lo apostorle Pée in fuga micron, mas los cleres et los
villans aucitz, la gleysa et los casals ardaren, lo divinal corps de
nostre Senhor vergoegnalemen in via inducin, totz raubaran et fennes
damnalaren conculcaran. Item lo duodecimo die, las ciutatz de Pée de
Doxe, de Lopraossa et castels besians embe vastaron et mesichamen
derruiron homs, gleysas, casals. Item in campostots in fuga tot in
cendian totz calametz, tot aucietz et raubaratz. Lo vingt du mees las
ciutatz de Benarna et Hurum in duas turbas riperon apost pugna
embe los vescoms de Aquis, Pée de Doxo et Benearnum chel, los
monts Iberes auxilliaos inducitz havian, et en mesicha maneyra
separan lo vingt do mes de junq lo castel comtaou de la Palestro et la
ciutatz de Adurenses invadaron et in sanguo se volueron los nefaors
volegan achels che in la baye de Mimisan nancatz havian in lo corren
deu mees de maay irruperentz las ciutatz Arjuzaux. Sero. Bohi los

Ayres, Bernacho Eyro; unque chum los primes los dirruin anc in et caubaran, in tal maneyra, che totz in rouynas in las terras erm d'achesta comtatz et apost. los Vasates gredieren tres pugnas segui-seren un que dahabetzestoren los vasates, et la ciutat d'achels irru peron lodietz do mees de juny, apost in terras ermsrevehan vadaron lo castel de Lebregtz et am achels de finibus terres in conspectz de la ciutat de Marsan jongan: achesta, inter corren de Doxo embe Midoxo ceduda, miravelhosamen fermida, mult impendimens moult homs de guerra et lo vescoms en Deodatz de Lobanner state. Las duas trubas irruetas la obsidione, coharon lo primo du mees de aost [*], quadra gintung des substetz Déodatz foras irrupetz embe los nefaors diede actos les bachetz d'achels ahonegatz estoren, mas quinta mille de s aucitz, singularamen homs pauderans lo filh primogen de Deodatz. che in campo am turbas assegiedas sober istz irrupetz, mas in termine la ciutatz vadaren, avatoren los munimens la pias de las cases boleran in Doxo et terras besianos, et in signo de daliamen, am boos array en sober ; et cum no mas thie in Vascoegna madje part dos incendiaus finibus terres revehan am lo vescoms deodatche in la pugna ripentz esto in tastz et cabessaou et in los do vengeren lo micron un qu vengutz de vidas in trepassement partz d'achels que . . . . en la parroquia de sant Pée do Montz apost la obsidiens per lo filh primo-gen du vescoms deruitz estoren, proximo castra Crassus, et chum la duch de Vascoegna totilius arellis de se lo coms de Beygorra moult homs attrubitz havialz in tempo de la obsidions de Marsan in terras arenas trepetz al momento che in los lori bachetz sendian am los lors raubaries et multz de ses accitz et dirrustz. Apost lo abitie d'achels incendiaous segoutz soletz esto la Vascoegna. Totz sotraheatz et scriptz in presentia de vescoms Pée de Lobanner mandan, de nos Raimondi Saucus, custado de la cartas de la cort comtan, embe dos cavers en Prasillo de Fuentes et Odo de Mirambel; et in signo veritatz sober lo present instrument pregatz lo sayel comtan, achel de nos custada, lo poderau senhor Pée de Lobanner, achel embe des fidcoms Prasille de Fuentes et Odo de Mirambel.

Fo feyt lo diedz de mees d'aprill in ciutatz coriz cedes comtaou, in l'annado de la Incarnation de lo nostre Senhor mille ung centz qua dragintung. In im. pag. sigilh. Saucus cometz. Vasc. Comitz. Marsan et Cavers. fidsdel. impress. in sign. Veretz super cercas rub. Et me Johan de Bernada notari et scrib. cuietz Montz Marsan mandatz prefecti et consuls. Hoc prest. publ. instrum. super script in capitz de pos. extrax. et grossam. In conspectz préfecti et consul. posse-

---

[*] Ce cent., est oublié ou sans entendu

vérificatz cum préfectz apogipts soluto signo signam absolutz, capt z.
montz, Marsan primus menses augusti mille quadragenti regnam in
Francia Carolo sexto

Alex. De GOURGUES, mayer
De BERNADA, notari.

Universis presentes litteras inspectoris, nos en Pee de Lobanner,
per la gracia de Diu, vescoms regnans de Marsan, coms de Beygorra,
vescoms de *Tursan Gabtardan*, Nebousan, Builhes, Capdau Dail-
las, Caperoux, Terras de Born, *Mimizan*, Arjeousanx, *encaro* senhor
miedjen, am lo *capdau* de Buex, de las terras de Castra Caesari
Praderas, Poya Capra, Bataillaoux; in termino apost Benarna vescoms segont de orden, arrason de Marsan de la comtat de Mals, Vascoegna. Nos en Berenger de Cantalup, *caver* miles baneyrau d'achesta
vescomtat de Marsan in medio de terra *tienen* de las terras de cap
de *Mards*. Som vengut in présencia do poble ad so incombendat per
procedar al achesta saisina de las terras de cap de *Mards*, *unque* deu
se *far* la contiadamen de la ciutat. Jo, en Berenger de Cantalup,
aixi lo noster vescoms et pouderaou senhor, per arrason de la donne
que vos avian feyte al jorn che lucio, vos fem personalamen embedidor de las terras avan digtas de cap de *Mards* et per achesta saisine vos vestimento et me nudam en don laigat; jo vescoms alta vox
aixi la anime de vos imperador Carlo, che Diu absolve, testifican
che achesta ciutat et dificar vulhan in sumt loc et croot, *unque* me
sichamen la *haviat* contadiada in *fabeor* do madjor do lo noster
ordne in *graad* et honoms la fem chum benefactor de la nostra linejo
lo diu sempotenin la soquiete vos aya *tutare* la anime de vos lo noster auctor en Deodat de Lobanner, testifican che achesta ciutat esdificar vulhan in *mesich* loc *unque* per los segles dos segles fame vos
nomentara per arrason dos vos *tribailhaix meravels* in terras *stranes*
queten los vosters ossa dos vos fils las lagrimas in tumul nos los micron,
mas la vostra linejo et los homs de Marsan in mémoria sempeteru
los vos haveran in paxo *quietat* Deodat *et* tots los terradors jehenhe
in la terra son enclamat in paxo *quietat* Deodat. So digt in los *ayros
senhaou* de sasina senglo *manado* de terra voltat havian, la prima de
sol appert, l'altra de *mijorn*, la terce de bach, et la darner de bise,
aport, in las part avang dictas, *sous ahoegadas havian* embe perfo-
cades; *encaro*, in mesich loc et croot, la terra caveat, lapis, carbos
peccune de merque, reyau d'aur et argent embe negras vescomtaous
sepultat, et tot de las nostras mas proprias planeat; so feyt, vengo
ad nos en prasillo. *Arramundus* de Cantalup, escudey *d'armas*, filh
primojen de noster dilectio en Berenger de Cantalup, *beneyrau*

d'achesta vescomtat, *am* los cavers d'achel loc art, lo avan digt *Arma mundus*, joheils in la terra *ches* espada ne tast ne espada ne cabessau, vos rogan lo noster vescoms de las vostras maas proprias *cave* nos far fideous. Son los cavers si congregat que per degu neas fée demada no *havian*, mas in *bataillas* ob ches, chum leyal escudey *d'armas* in totas las causas nos som apparellat proximo la vostra persona in las pugnas de la castelle embe de senas de las piadas de trees plagas *dolocet estoron* al sol chelucio chum besomh sia a le cleros, a les donsellas embe als desruit tostem suscors tollan, perche, lo noster vescoms humill vos rogan, in la via de la honors nos in duci; las parablas dixas, nos vescoms los fideus reuniat *havian* chum *siec* cavers mils si presentes audidat sobre la vostra cresencia las causas antecens *firmat*, tots som enclamat, segramen fem in fabvor do escudey perseguen d'armas; so digt, jo vescoms aixi fith primojen de Berenger, per la nomie de Diu et nostre senhor san Saturnin, caver vos *fem* en don in via et in mort siat ferm, apost espada plexa acto tastz d'aur chum caver *calcaran* las donsellas in estremis vengo ad nos do noster mandamen hems de culpa arram. de fraxiors in la nostra cort de Marsan per *arrason* de vergoegna de *mancipat* judeat et segont lo dreyt et *poder* de lo noster *orden* ung caldue *annado* cartas de paxo laxi ab aisso. feudian che defens ob defore per degun cas memoria de la culpa per d'augun sia meritada: tot *so* compliat chum contadiament de la ciutat, movencia nobla embe sommaria so bra lidjo, per *arrason* dos bénélies dos reys de Francia en la hora finat la ciutat adviendor per los segles dos segles in bees et *pofieyt* do nos poble et la honorrs do noster orden: et chum vos en Berenger de Cantalup in la dome soher la eximation avandigta feyta *haviat* peche am dreyt de toor. vingt baygmas de terra vos concedan, assaber in loc et croot media tenta part de bach in la ciutat. las terras ists noblamen *ficerat*. mas host et *fée* vescomtaou ministrat et en senhor ob possed. mudan, un caa cassine d'*esporte arendorat*, apost caldue annado, lo digmenjo sequens la festa de la sancta Magdelena un que al sol appert, las *toorrs* nos *arrenderat* et l host vescomtan pondarat, so que vos ac *fusat* ab ira ob che ira. bon dreyt et fideou vaccellaou siat: aos bon, dreyt, leyau et fermidor senhor siam embe eu tribaillaou. fée de Lohannes che anque u'an falsa. So digt, nos vescoms nos en Berenger de Cantalup, ob los mestcls aloans et los mestcu testimonis de les cartas de la dome soher de les terras de cap de *Marás* segramea fem tot so compliat et havam do seat lo *présent instrumene* per l h c es noster sexta s veb ayerat. So l xe soher las terras de cap de *Marás* lo *dicisement* daues d'apuell en l'annado de la Incarnation mill ang cent que has antong.

In im. gag. sigill. comitt. et quint sigill. test. et fidel. in sign. veritat. sup. cera. rub. in part. medi. instrum. Et me Johan. de Bernado nota. et scrib. civitat. Mont Marsan mandat prefect. et consul hoc pref. public. instrum. super primam prescript. in capito. deposit. extraxi et grossam eisdem verbis fidel. in conspect. — Prefect. et consul. postea verificat. cum pref. urbis pré^m apogia. soluto signo, signum absolut. capit. Mont Marsan primus mensis Augusti. ab Incarnation. milli quadragenti. regn. in Francia Carolo sexto.

De BERNADA.

Alex. De GOURGUES, mayer.

(Extrait de l'hôtel-de-ville de Mont-de-Marsan).

Nous avons déjà dit que ces trois pièces nous paraissaient suspectes.

Serment du Maire de Mont-de-Marsan.

Per Diu et per aquet saint Mounseigné saint Pé, jou juri que bon et legau à la bille jou seré, lous bens d'aquère jou procureré et lous maux esbitéré, las causos doubtantes dab conseil jou faré, justice tant au petit com au gros jou faré comme an heit lous aouts maires et meilhaou se jou sé. Ainsi me adjudé Diu et monseigné saint Pé.

Paréage de Pimbo. — 1268.

Omnibus Christi fidelibus praesentes litteras inspecturis Wilhermus Arnaldi de Sanguinéto, abbas de Pendulo, diœcesis Adurensis, magistri Vilhermus de Bruch et Ramundus de Maurens, Sancius de Labatut, Bernardus de Réolas et Petrus de Porta, canonici ejusdem ecclesiæ salutem qui est omnibus vera salus. Noverit universitas vestra quod de consensu et expressâ voluntate omnium aliorum canonicorum nostrorum, dedimus et concedimus donatione in perpetuum extitura domino Thomæ Yperhague senescallo Vasconiæ loco domini nostri Edurdi pro se et hæredibus suis locum seu plateam in districtu et terrâ nostrâ ad faciendam et construendam domum fortem seu castrum ubi dictus senescallus vel alii ab eo missi duxerint eligendum et ad habendum et possidendum perpetuò tanquàm suum. Item damus et concedimus eidem domino Thomæ nomine quo infrà locum seu plateam ad bastidam seu populationem novam faciendam ibidem ubi dictus dominus Thomas vel missi sui magis viderint expedire et hoc damus donatione purâ et simplici quantum ad proprietatem et dominium nullo penitus in præmissis retento. Volumus etiam et concedimus quod juxta electum arbitrium seu voluntatem duorum bonorum virorum electorum videlicet unius ab ipso domino Thoma senescallo et alterius à nobis dentur et concedentur terræ, nemora et possessiones nostræ sub annuo sensu illis qui venient ad habitandum in populatione seu bastidâ ibidem construenda exceptis vineis, viridariis et horriis nostris itâ quod illi qui has terras seu nemora de nobis tenebunt, faciant de ipsis feodis nostris justitiam coram nobis quotiescumque de ipsis fuerit altercatio. Item damus et concedimus eidem senescallo nomine quo supra, quod dominus Edwardus et hæredes ejus habeant in omnibus habitatoribus nostris qui nunc habitant circa ecclesiam nostram et Franci vocantur medietatem omnium jurium clericorum seu firminagiorum quæ in ipsis habere debemus et ipse dominus Edwardus et hæredes ejus habeant omnia firminagia seu leusa quæ illi qui venient ad habitandum in dicto loco dabunt pro solo seu plateis domorum suarum. Retinemus autem nobis et ecclesiæ nostræ omnia casalia nostra cooperta cum omnibus habitantibus habenda et possidenda à nobis et ecclesiâ sicut habemus et habere consuevimus et possidere. Volumus tamen et concedimus ratione defensionis et tutelæ jurium nostrorum et ecclesiæ nostræ dicto domino senescallo nomine quo supra pro quolibet foco in prædictis casalibus singulis annis sexdecim denariis Morlanensium unam caseriam avenæ et unam gallinam solvendam et restituendam annuatim in festo omnium sanctorum. Adhuc volumus et concedimus quod dictus dominus Edwardus et hæredes et successores sui habeant et possideant in perpetuum duas partes justitiæ loci prædicti et nos seu ecclesia nostra tertiam recipiendam per manum ballivi dicti domini Edwardi qui singulis annis jurabit quod nobis et successoribus nostris de dictâ tertiâ parte justitiæ fideliter respondebit. Justitiam tamen sanguinis et meurtri plenè et integrè eidem domino Edwardo et suis pleno jure duximus concedendam, itâ quod ballivi ejusdem domini Edwardi in dicto loco constituti sententias per nos datas inter feudatorios nostros faciant executioni mandati. Retinemus nobis et successoribus nostris omnem justitiam in canonicos et clericos seu familiam abbatis et canonicorum ecclesiæ nostræ quæ nunc est vel pro tempore fuerit exceptâ justitiâ sanguinis et meurtri quam sicut in alios dictum est plenè et integrè eidem domino Edwardo et nos duximus concedendam. In quorum omnium testimonium et majoris roboris firmitatem nos prædictus abbas et dictus dominus abbas sigillo nostro præsentibus duximus apponenda.

Datum apud sanctum Severum in Vasconiâ, die Sabbati post festum beatæ Lucæ Virginis, anno Domini millesimo ducentesimo octogesimo octavo.

Reconnaissance de la ville d'Aignan à Pierre de Beaujeu, comte d'Armagnac. — 1481.

In nomine Domini amen. Noverint universi et singuli, præsentes pariter et futuri, hoc præsens publicum justrucmentum visuri, Lecturi, atque etiam audituri, quod existentes et personaliter constituti apud locum de anhano, in Armaniaco, Auxis diœcesis, anno et die inferius expressatis, me notario publico et testibus infra scriptis presentibus, videlicet, providi viri Johannes de Penseuxis, Ramundus Sala, Ramundus de Cassanea et Bernardus de Peyreto, consules loci prædicti de anhano, qui gratis et eorum spontaneis voluntatibus, pro se et suis in dicto officio successoribus, ac nomine eorum consulatus, et universitatis dicti loci de anhano dixerunt, recognoverunt et in rei veritate confessi fuerunt se tenere in fuedum annuum et perpetuum sive in emphiteosim annuam et perpetuam ab illustri principe et domino nostro domino Petro de Borbonio, comite Claromentis et de Marchia domino de Bellojoco et de Armaniaco, domino directo comitatus Armaniaci, licet absenti, venerabili tamen viro Johanne Manhani dicti domini nostri comitis consiliario, conservatoreque et generali reformatore domaynii ejusdem domini nostri comitis in terra sua Vasconiæ ibidem presente pro dicto domino nostro comite suisque hæredibus et successoribus universis una mecum notario publico infra scripto ut communi et publica personna stipulantibus et recipientibus : videlicet res et possessiones infra scriptas et designatas.

Johan de Pensens, Ramon Sala, Ramon Cassanha et Bernad deu Peyret, cossols deudit loc d'Anhan (Aguan), per lor, et per nom de tota la universitat deudit loc reconegon tenir en fiu annau et perpetuau de mondit senhor, lo conte, las pocessions que sen seguen. Prumerament reconegon tenir en fiu de mondit senhor ung bosc apperat de Nau Crotz, hun autre bosc apperat Larrazet et hun autre bosc apperat Lacrabiuga, situatz en las partenensas deudit loc ; dont lodit bosc de Nau Crotz se confronta ab l'eretatgé deu Cabanyeu ab lo terrador de Margoet apperat Lagardera, d'autra part ab l'eretatgé apperat Lagreulet qui es en lo feyt de Margoet ; ab lo terrador de Saracerbo, ab lo terrador de Sabasan ; ab lo terrador de Mauser et ab lo camyn public. Lodit bosc apperat Larraset se confronta ab l'éretatge de Bethbeser, ab l'eretatge de Lalanna, ab l'eretatge apperat de Simacorba, ab lo casau apperat de Larquée et de Bimos ; et ledit bosc de la Crabiuga se confronta ab la ribera de Jaymes de Dosens et de Guilhem deu Buc, ab lo camyn public, ab l'eretatge de l'Esperat, ab l'eretatge apperat deu Cardon, ab l'eretatge de Bagnes, ab la ribera deu noble Bertrand deus Fers, senhé d'Esparsac, ab la terra deus herétés de Guilhem de Pensens apperado la Lano deu Moulin. Per los quals bosc fen et son tenguts de paga annualement à mondit senhor hum par de gants blancs simples en la festa de totz santz. Item plus reconegon tenir en fiu de mondit senhor ung autre bosc o héretatgé apperat Bartalana situat en las partenensas deudit loc, confrontan ab lo camin public, ab l'aygo apperada lo Midor, ab la terra apperada de Lafarga, ab la terra apperada de Carchet, et ab lo padoent e bosc apperat de la Crabiuga et ab la terra deus heretés de Guilhem de Pensens apperada los Arribets; per loqual resconegon esser tenguts pagar chascun an de fiu a mondit senhor en la dito festo de totz sanctz un diné Morlan. Item plus reconegon tenir en fiu de mondit senhor una pessa de terra apperado Lobamorta scituado en las partenensas deudit loc; confronta ab la terra de Ramon Cassanha, ab lo camyn public, ab la terra de Johan de Lartiga, et ab lo camp de mestre Johan Chastanet apperado deu Poy; per laqual reconegon esser tenguts pagar chascun an de fiu a mondit senhor en ladita festa de tots santz dus dinés et una mealha Morlans. Item plus reconegon tenir en fiu de mondit senhor una autra pessa de terra apperada aus cassos deu padoent, confronta ab lo camyn public, et ab la terra apperada deu Cazala; per loqual reconegon esser tenguts pagar chascun an de fiu a mondit senhor en la dita festa de totz santz una mealha Morlana. Item plus reconegon tenir en fiu de mondit senhor una autra pessa de terra et bastas apperado Nalias, situado en las partenensas deudit loc d'Anhan (Agnan), confronta ab lo camyn public, ab l'ayga apperado lo Midor, et ab la padoent apperat de Barthalana; per laqual reconegon esser tenguts pagar chascun an de fiu, à mondit senhor en ladita festa de totz santz tres dinés Morlans per so. Item plus, per lo salin à lor estreyat per moussenhor lo conte e sos predecessous pagan annualament de annuel fiu et servici a mondit senhor en ladita festa de totz santz sieys solz Morlans. Item plus reconegon tenir en fiu de mondit senhor una plassa d'ostau ont és bastit l'espitau, en lo mercadiu deudit loc d'Anhan (Agnan), confronta ab lo camyn public, ab lo casau de Bernadon de Lachan, ab lo barat deu mercadiu de duas parts, per laqual reconegon esser tengutz de pagar chascun an de fiu à mondit senhor, en ladita festo de totz santz ung dine Morlan. Losquaux fius montan en tot à la soma de sieys sols ho syt dines Morlans per las ditos pocessions, promettan los dits cossols et juran aus santz evangelis pagar los dits fius chascun an à mondit senhor en la dita festa de totz santz et non las mettre en man morta ou autra de dret prohibada sous obligance dicusdits fius. Et lo feyta la presente recoueyensa Anhan (Agnan) lo penultieme jorn de setembre l'an mil quoatre centz hoeytanto et hun en presencia de Vidon de Laspeyras et Jaymet de Lanaffoert et mei Joannis de Chastaneto notariis, villæ Nogarolii habitatoris qui instrumentum retinui.

(Extrait des Archives de la ville d'Agnan).

Fondation de St-Gaudens. 1292.

Anno Domini millesimo trigintesimo octavo, in capitulo provinciali Brivæ celebrato, in festo Assumptionis beatæ Mariæ, fuit approbatus locus FF. prædicatorum sancti Gaudentii. Sequentes autem fratres fuerunt ibi per dictum capitulum assignati, prior frater Bernardus de Campo, de Insulâ domini Jordanis, tunc lector in conventu sancti Æmiliani, et alii septem sacerdotes, cum duobus laïcis fratribus; antè approbationem dicti loci fuerunt in Barrio Bigordano per biennium : in crastino Purificationis beatæ Mariæ fuit emptus. Locus erat priùs despectus, et magnæ diffamationis, et nunc cooperante domino factus est locus ædificationis.

Anno Domini millesimo trecentesimo sexto sede convenarum vacante anno nono electo domino Arnaldo Mascaronis, canonico sancti Stephani de Tolosa, die lunæ antè festum sanctæ Potentianæ Virginis scilicet XVI. cal junii, venerabilis vir dominus Raimundus de Caudarasa, episcopus Tarbiensis consecravit cemeterium in loco de la Planqueta.

Etymologie celtique de quelques Noms principaux de la Gascogne, tirée du Dictionnaire de Bullet, pag. 97 et suiv.

ADOUR, *atur, ar, a*, pierre, *tor, tur*, tournante. *atur*, rivière qui fait tourner les pierres qui sont dans son lit.

AGEN, de *a*, terrain, *gen*, beau.

AIGNAN, de *Aignian*, lierre, ou bien *Igniet*, vierges.

AIGUILLON, de *ag*, confluent, *guey*, rivière, *cau, lunn*, vallée : vallée au confluent de deux rivières.

AIRE, *atura, a*, augmentatif, *duron, dur*, ou *tur*, vaillant, ville des braves.

ANDORRE, de *an*, près, *dor*, embouchure.

ARMAGNAC, de *ar*, terrain, *man*, montagne, *manag*, pays montagneux, ou bien *arm*, pauvres, *gnac*, pays, ou enfin, *ar*, haut.

ASTARAC, de *asta*, sauvage, mauvaise qualité, *ara*, pays, *rac*, région.

AUCH, de *od*, ou *os*, excellent supérieur, *gus*, hommes, ville des hommes supérieurs, ou bien *Auch Auch, aus*, force, vigueur, *gwel* hommes ; ainsi, ville des hommes supérieurs, ou des hommes vigoureux, *Ausci*, hommes illustres, ou bien hommes forts et vaillants.

BAGNÈRES (de sa divinité), *bayhon*. *ag*, eau, *on*. bonne, ville aux bonnes eaux.

BAÏSE, de *balisa*, *bala*, étang, *balicy*, *balis*, qui dort, rivière tranquille et dormante.

BARÈGES, de *ber*, chaude, *eg*, eau, ville à l'eau chaude.

BAUCONNE, de *bachu*, cacher, *huan*, soleil, *bachuan*, forêt qui cache le soleil.

BAYONNE, de *bay*, port, *one*, bon, bon port, ou *gon*, confluent, ville ou bon port, ou ville au confluent de deux rivières.

BAZAS, dont le nom primitif est *cossio*, *cos*, élevé, *son*, roc. Les Romains ont partout changé *son* en *sio* ou *tir*, ou bien *bazas*, *wasta*, dissipé, *wasas*, qui est emporté, ou bien *wast*, *vasat*, mauvais, ville des sables ou ville des terrains mauvais.

BERGERAC, de *bruc*, *brac*, rupture, *gerac*, rivière.

BIGORRE, de *bigerra*, habit roux et velu.

BIRAN, de *bir*, tortueux.

BLAYE, de *bla*, roc.

BORDEAUX, de *buar*, *buer*, *bur*, en forme d'arc, *by*, grand, *cal* ou *gal*, port, *burdigala*, port en forme de grand arc.

BROUILH, de *brueilh*, forêt gardée.

CAMPAN, de *cuempen*, belles eaux.

CONDOM, de *con*, environné, *don* ou *dom*, élévation, ou bien *gon-dom*, de *gom* ou *gon*, vallée, *dom* ou *don*, étroite.

DAX, *aquæ tarbellicæ*, *tar*, exhalaison, *bayl*, chaude, eaux chaudes.

DORDOGNE, *Dordonia*, *dor*, eau, rivière, *don*, profonde, rivière profonde.

EAUZE, elusa, de *elu*, gain, *sab* ou *sad*, combat, gagneur de combat.

FAZENDA, de *fanh*, champ, *haad* ou *an*, habitation.

FEZENSAC, tête du pays.

GARONNE, de *garu*, rapide, *han*, très.

GAVE, de *gaver*, ruisseau, ou bien *garu*, rapide.

GAURE, de *gar*, jambes, *raid*, *rid*, ou raide, impétueuses, ou bien de *gau*, forêt.

GERS, de *egirsium*, *eg*, eau, *gir*, impétuosité, rivière impétueuse, ou bien, *o*, eau, *quers*, froide.

JEGUN, de *ju*, arbre, et *quen*, vin.

LANDON, de *land*, pays, *ton*, hauteur.

LANGON, de *lan*, bon, *gouine*, *gon*, vin.

Lectoure, de *lect*, roc, *torr*, coupé, ou bien *tar*, simplement rivière.

Magnoac, de *man*, montagne, *ac*, pays.

Marmande, de *mar*, sur, *ment*, montagne.

Marsac, de *mar*, mer, *ay*, source, ou bien *mars*, bord, *ay*, rivière.

Mas, habitation.

Médoc, *medulli*, *med*, entre, *li*, eau.

Moissac, *mois*, eau.

Monins, *monesi*, de *merru*, ou *merien*, mine de tout métal, *zy*, habitation.

Monpezat, de *mons*, mont, *pen*, sommet, *saf* ou *sat*, demeure.

Muret, de *mur*, roc, *el*, élevé.

Nérac, de *ner*, partage, *ach*, rivière.

Oléron, *il*, *el*, ville, *luro*, bosse, ville inégale, ou bien, *lauro*, *lau*, confluent, *rau*, rivière.

Orthez, de *ord*, ou *ort*, vin.

Panjas, de *po*, montagne, *chat*, bois.

Pau, de *pal*, marais, source.

Poutge, de *poty*, ou *pot*, très haut.

Roquefort, de *roch*, roc, *nor* ou *for*, sur.

Rouergue, *rutheni* de *ruth*, rousse, *en*, tête.

Salies, *sal*, sel, *lyes*, beaucoup.

St-Jean-de-Lun, de *lux*, marais.

Sauveterre, de *saf*, colline, *ter*, belle.

Simorre, de *sin* ou *sen*, blanc, *mor*, roc.

Sorbes, de *sor*, confluent.

Sottates, de *saot* ou *sot*, chevalier.

Soule, de *silut*, ou *suebal*, vallée, *ad* ou *at*, habitant.

Tarbes, de *tor*, coupé, *bi*, rivière.

Tartas (Tarusates), de *taru*, frappé, *sadr*, ou *satr*, fort.

Trignan, de *tree*, habitation, *gan*, confluent.

Thermes, de *termin* ou *termin*, très-élevé.

Nous trouvons dans l'histoire de la Gaule méridionale par Fauriel, tom. 1, pag. 508 et suiv., les étymologies suivantes, tirées de la langue Basque ou Esmaldunac :

Andorre, d'*andi gorra*, grande hauteur.

Aran, d'*aran*, vallée en général.

Arnè, d'*arneos*, pays de bon vin.

Arbais, d'*arrats*, clair, pur.

Arros, d'*arrous*, terme de situation par rapport à un autre.

Arson, de *urso*, eau saine.
Astarac, Asté, d'*ast*, *asta*, pierre, rocher.
Auch, de *aski*, grand, nombreux.
Bascous, de *bascoon*, lieu sauvage.
Bassoues, de *basso*, forêt.
Bazas, de *bazé-os*, abondant en vivres.
Bayonne, de *baya*, *one*, bon port.
Bigorre, de *bi gora*, deux fois haut, ou de *bai gorra*, les hauts étangs.
Biarrits, de *bi arrits*, les deux chênes.
Bidache, de *bida-eche* maison du chemin.
Burosse, de *buru-os*, la bonne cime.
Gaure, de *gora*, hauteur, ou *gari*, froment.
Guiche, de *chui-etché*, maison du soleil.
Irun, de *irun* ou *iron*, ville ou bonne ville.
Lacarre, de *lac arri*, roche percée.
Mendousse, de *mendi-ossa*, montagne saine.
Navarre, de *nabarra*, bigarré, d'aspect varié.
Navailles, de *nava*, plaine, campagne.
Losse, Ossau, Ossun, de *oso*, *osso*, sain, pur, bon.
Soule, Soulan, de *soula*, lieu, pays boisé.

Quelques mots, selon M. Fauriel, empruntent leur étymologie à la fois à la langue Romane et à la langue Basque.

Espoy, de *esp-poi*, colline de derrière.
Isaute, de *itz-auta*, eau haute.
Monberaud, de mont-*bero*, mont chaud.
Montosse, de mont-*ossa*, mont sain.
Villenave, de villa-*nava*, ville de la plaine.

Cession de l'Agenais et du Condomois au roi d'Angleterre en 1279.

Noverint universi publicum instrumentum inspecturi quod, cum nos magister Guilhelmus de Novavilla, archidiaconus Blesensis in ecclesiâ Carnotensi clericus, excellentissimi principis domini nostri Philippi Dei gratiâ Francorum regis et Radulphus de Neratis Marescallus Franciæ, miles ejusdem domini nostri regis de speciali mandato dicti domini regis nobis facto per suas litteras patentes tenores quarum inferius continentur, venissemus apud Aginnum et essemus in claustro fratrum prædicatorum ejusdem loci personaliter constituti vocatisque coràm nobis venerabili in christo patre domino Arnaldo episcopo Aginnensi, et abbatibus et aliis ecclesiarum prælatis et capitulis, necnon baronibus et aliis nobilibus communitatibus, seuniversitatibus, consulibus et juratis villarum, castrorum et aliorum locorum diœcesis Aginnensis et aliis in eâdem diœcesi constitutis et etiam aliis qui ratione terræ Aginnensis dicto domino regi tenebantur, et dicto domino episcopo, de Clairaco, sancti Maurini, de Exto abbatibus, priore de Manso, domino Galtero de Fossato, domino Guilhelmo Esclanii, domino Ottone de Leomaniâ, domino Fortanerio de Casanova militibus, Guilhelmo Raymundi de Pinibus, Jordano de Insulâ, Bernadeto de Lebretto, Bertrando de Cavomonte, Stephano et Guilhelmo Ferrioli, G. de Hugone de Pojolis, Ramfrede de Montepessato, Bernardo de Ravinhiano, Hugone et Ramundo Bernardi de Rovinhiano domicellis necnon consulibus civitatis aginnensis et villarum ac castrorum de Condomis, de Penna, de Marmanda, de Torno, et plurium aliorum locorum dictæ diœcesis et magnâ multitudine aliorum ibidem præsentibus coràm nobis, nos auctoritate et de speciali mandato dicti domini regis ab eodem nobis facto reddidimus, tradidimus et deliberavimus plenè et integrè nobili viro domino Guilhelmo de Valentia militi, patruo illustrissimi principis Eduardi, Dei gratiâ, regis Angliæ, domini Hiberniæ et ducis Aquitaniæ procuratori seu alternato ejusdem domini regis Angliæ recipienti, ... cum litteris inferiùs transcriptis sigillo dicti domini regis Angliæ sigillatis totam terram Aginnensi cum pertinenciis suis videlicet civitatem Agenni, castra, villas, et alia loca, redditus, exitus, et proventus, pedagia, fidelitates juramenta, homagia et alia omnia quæ prædictus dominus Franciæ, habere et tenere debebat in terrâ prædictâ et pertinentiis suis cum omni jure et dominio quæ in prædictis idem dominus Franciæ habebat et tenebat et habere debebat; præcipimus etiam prædicto domino episcopo Aginnensi cæterisque ecclesiarum prælatis, capitulis et conventibus, baronibus, militibus et aliis nobilibus, communitatibus, seu universitatibus, consulibus, juratis civitatis, castrorum, villarum et aliorum locorum, et aliis omnibus et singulis in prædictâ terrâ constitutis et aliis quibuscumque qui prædicto domino regi Franciæ tenebantur ratione dictæ terræ Aginnesii et pertinentiarum suarum quod ad obedientiam prædicti domini regis Angliæ veniant ac eidem vel dicto domino de Valentiâ patruo suo, ejusdem domini regis Angliæ nomine et ad opus ipsius juramenta, fidelitates et homagia exhibeant, ac alia quæ prædicto domino regi Franciæ faciebant et præstabant seu facere et præstare debebant ratione dictæ terræ dùm tenuit ipsam terram, faciant et præstent eidem domino regi Angliæ ac eidem domino regi Angliæ ut domino suo deinceps pareant et intendant et nos eosdem universos et singulos ab homagiis, fidelitatibus juramentis et aliis in quibus ratione terræ prædictæ et pertinentiarum suarum dicto domino regi Franciæ tenebantur ejusdem domini nostri regis auctoritate absolvimus et quitamus, salvis superioritate et ressorto dicti domini regis Franciæ, et jure serenissimæ dominæ reginæ Angliæ. Amovemus etiam ex nunc, de senescalliâ Aginnesii dominum Joannem de Villeta militem qui pro dicto domino rege Franciæ erat senescallus, præcipientes eidem ut castra, fortalitia et domos quæ dictus dominus rex Franciæ tenebat in diœcesi Aginnensi dicto domino Guilhelmo de Valentiâ vel mandato suo tradat de liberâ vice nostrâ, et eidem domino Guilhelmo respondeat de fructibus terræ prædictæ et pertinentiarum suarum perceptis a die martis post proximum festum Pentecostis usque ad hodiernum diem. Acta fuerunt omnia prædicta apud Aginnum in dicto claustro fr. trum prædicatorum ejusdem loci die mercurii in vigiliâ beati Laurentii videlicet nonâ die introitus mensis Augusti anno Domini mill'simo ducentesimo septuagesimo nono, regnante domino Eduardo rege Angliæ et domino episcopo Aginnensi prædicto, præsentibus et testibus, reverendo domino Geraldo episcopo Lectorensi, domino Geraldo comite Armaniaci, domino Esquivato comite Bigorras, domino Geraldo de Greili senescallo Vasconiæ, domino Alexandro de Lapitrea, Arberto de Thesco, Petro de Galardo, domino Bertrando abbate Moysiaci, domino Gallardo abbate Figiac.

CHARTE D'ALAON (852).

In nomine sanctæ et individuæ Trinitatis, Carolus Dei gratia Francorum rex. Dignum est sanctæ ecclesiæ loca autoritate regali stabilire, et justis monachorum divini cultûs amore ad nos peragrantium precibus facere. Idcirco notum sit fidelibus sanctæ Dei ecclesiæ, tam presentibus quàm futuris, quòd religiosus vir Obbonius, abbas de partibus Hispaniæ veniens, de illâ nempe Gothici regni marcâ, Francorum regibus olim nostroque nunc præcepto subjecta, et auspiciis genitoris nostri augusti Ludovici à Sarracenorum squalore præservata, obtutibus nostris adiit, cum ad serenitatem presentiæ nostræ ducens venerabilis ac fidelis noster Berarius, primæ sedis Narbonensis urbis archiepiscopus; nobisque palam fecit, quod præclarus quondam Vandregisilus comes, consanguineus noster, ac homo ligius, quem post patris sui Artalgarii comitis mortem genitor noster super Vasconiam, quæ est trans Garumnam flumen, limitaneum constituit, quum Dei et militum suorum auxilio, inter alia à Sarracenis, et ab Amarvano Cæsaraugustano duce eripuit totum illud territorium, ex dictæ Vasconiæ montanis locis situm, quod est ultra et circa flumen Balieram, nomine Alaoon. Et quod dictus Vandregisilus comes cum præclara uxore Mariâ comitissâ, in prædicto loco monasterium in Dei genitricis honorem ante decennium sumptibus propriis extruxit, de consilio et concensu filiorum suorum, videlicet Bernardi, ad præsens ejusdem Vasconiæ comitis, et totius limitis custodis cum uxore suâ comitissâ Theudâ; et Athonis, nunc Paillarensis comitis cum Eynzelinâ uxore, nec non Antonii, hodie vicecomitis Biterrensis cum uxore suâ Adoyrâ, itidemque Asinarii, nunc etiam Lupiniacensis ac Solensis vicecomitis cum Gerbergâ uxore suâ. Qui omnes de infidelium spoliis monasterium suscitârunt, et clericos monachos secundum regulam S. Benedicti conversantes, ex sancti Petri apostoli Sirasiensi monasterio, cum eodem Obbonio abbate ad illud contulerunt; et quod monasterium constructum ac dedicatum fuit de licentiâ et consensu venerabilis quondam Bartholomæi primæ sedis Narbonensis tunc archiepiscopi et venerabilis Sisebotus, Orgellitanus episcopus, de cujus spiritualitate locus est, juxtà ordinationem piissimi genitoris nostri augusti Ludovici, opus laudavit et ecclesiam prædicti monasterii benedixit præsentibus venerandis Ferreolo, episcopo de Jacca, et Involato, Convenarum episcopo; nec non Oddoari Sirasiense abbate, Hermengando, abbate Assisiense, Oddoario, abbate sancti Zachariæ, Fortunio Leigerensi abbate, Domdone, abbate sancti Savinii, Varino, abbate Altifagiti, Attilio, abbate Cellæ Fragilii, et Transirico, S. Joannis Oriolensis abbate, cum aliis clericis et eremitis, et Stodilo, abbate S. Aredii Attanensis, qui ex Lemovicensi S. Salvatoris basilicâ tunc comportavit ad novam ecclesiam B. Mariæ, lipsanos Hottonis quondam Aquitaniæ ducis, ac filii sui Altargarii comitis, patris videlicet, et avi prædicti Vandregisili comitis cum cæteris fidelibus : de quibus omnibus autographum dedit. Similiterque obtulit nostræ serenitati testamentum, seu placitum prædictorum Vandregisili comitis et conjugis Mariæ comitissæ, in quo de consensu omnium filiorum suorum, dictus Vandregisilus eisdem monasterio et clericis monachis, secundum regulam sancti Benedicti in eo conversantibus, tam præsentibus quam futuris reliquit; imprimis omne jus quod ad se pertinere dixit super monasterium de Rodi insula, quod olim in honorem B. Mariæ ædificavit Hudo Aquitaniæ dux, cum uxore suâ bonæ memoriæ : Valtruda, Lalchigisi ducis de nostrâ progenie, filia ; et ubi prædictus Hudo sepultus est, et omnes terras, ecclesias et jura, quæ ad prædictum Vandregisilum comitem pertinere asserebat de patrimonio suo in totâ Aquitaniâ, et præcipuè in pago Tolosano, Cadurcensi, Pictaviensi, Agennensi, Arelatensi, Sanctonensi et Petragoricensi, quæ fuerunt dicti Hudonis Aquitaniæ ducis, et fratris sui Imitarii, et eorum genitori Boggiso duci Dagobertus rex concessit, post mortem fratris sui Ilderici, Aquitaniæ regis.... Itidemque omnia monasteria in totâ Aquitaniâ, et Vasconiâ, seu jura eorum omnium quæ fuerunt Ludonis, Aquitaniæ ducis, et ejus genitori Boggiso duci Dagobertus rex concessit, post necem fratris sui Ilderici, Aquitaniæ regis, ut supra dictum est, nec non omnia bona quæ Amandus, dux in Vasconiâ, dedit filiæ suæ Giselæ reginæ, et postea reliquit nepotibus suis Boggiso duci, et suo fratri Bertrando, quos Aribertus rex habuit ex Giselâ uxore. Similiterque legavit præfato monasterio jura quæ dixit habere in pago Lemovicensi, Pariaco, Nulliaco, Podentiniaco, et aliis quæ fuerunt Sadregisili, quondam Aquitanorum ducis, Vandradæ comitissæ, matris sui progenitoris et ad eam pertinebant jure sanguinis. Denique de consensu principali filii sui Azinarii, vicecomitis Lupiniacensis ac Solensis, qui territorium de Alacone pro hereditate sortitus fuerat, dedit monasterio et monachis præfatis ecclesias locorum de Arano, de Sancto-Stephano, de Malleo, de Auleto, de Rochetâ, de Viniallo, de Salveira, et utraque Zopeira, de Pardiniella, de Castanariâ, et Cornudiella, et omnia Alodla, eorum scilicet lavandarias, et parietes: juxtaque donavit ecclesiam castri nomine Vandres, quod ipse ædificavit contra Mauros de Jacca, in redemptione suâ, et domos de Jacca, et omnes hereditates et prædium quæ comitissa Maria habuit a patre suo quondam Azinario comite post captam civitatem, cum aliis campis et pagis in prædicto testamento seu placito nominatis et contentis, et a prædicto monasterio possessis post mortem jam dicti Vandregisili comitis, et ejus uxoris Mariæ comitissæ, qui in eâdem ecclesiâ tumulati sunt. De quibus omnibus præfatus Obbonius abbas suo monasterio sibique regiæ auctoritatis decretum fieri postulavit ut jam dictas villas, ecclesias, monasteria, et cæteras hereditates sub unius præcepti conclusionem nominatim inserens in perpetuum confirmemus; ut cum omnibus facultatibus suis, et nunc subjectis, et moderno in tempore subjiciendis, sub nostrâ defensione, et immunitatis tuitione consistere faveremus.

De quibus omnibus habito consilio cum nostræ curiæ optimatibus, et cum archiepiscopis, episcopis, abbatibus, ducibus et comitibus tum ad Carisiacum congregatis propter solentitatem ad nostras felicissimas nuptias cum gloriosâ dominâ Hersnentrude sublimi reginâ honorandas, recognovimus quod in totum non possumus ejusdem abbatis precibus aures accomodare, ut potè nostræ regali celsitudini et multorum juri adversantibus. Quia prædictus Vandregisilus comes minimè facultatem habuit legandi seu donandi villas, ecclesias, monasteria et ceteras hereditates per Aquitaniam et Vasconiam constitutas; quia de posteriori lineâ seu generatione Boggisi et Ludonis ducum erat. Nam quæ Dagobertus rex olim donavit suis, et Haribertus fratri, nepotibus Boggiso et Bertrando, post necem, ut dicitur, eorum fratris Ilderici Aquitaniæ regis, jure hereditario ab Ludone Boggisi filio possessæ fuere et post illius mortem à primogenito Hunaldo et Vifario nepote, qui Aquitaniæ ducatu potiti sunt, nomine tamen Francorum regum. Sed cum Vifarius dux toties sacramenta fidelitatis inclito proavo nostro Pipino regi violaverit; ab eo sæpius devictus fuit; et post cum apostata Hunaldus, dum Aquitaniam nova rebellione preoccupare conatus est, à magno Carolo avo nostro devicti, atque rebelles dicti fuére. Propter quod Aquitania tota cum Vasconia, et cum omnibus juribus suis, juxtà Francorum leges, ad Carolum augustum devoluta est; qui illam cum regali titulo excellentissimo Ludovico genitori nostro donavit, à quo omne jus, regaleque dominium super integram Aquitaniam ad nos pervenit. Quod et de tota Vasconia, Deo auxiliante, similiter actum fuit. Nam magnus avus noster Carolus, fidelissimo Lupo duci, qui ex secundà Ludonis linea seu generatione primogenitus fuit, nempè Nattonis ducis major natu, et denuò magni Caroli se imperio subjecit, totam Vasconiæ partem beneficiario jure reliquit. Quam ille omnibus pejoribus pessimus, ac perfidissimus suprà omnes mortales et operibus, nomine Lupus, latro potiùs quam dux dicendus, Wifarii patris scelestissimi, avique apostatæ Hunaldi improbis vestigiis inhærens, arripuit; jure (ut aiebat) Adelæ matris, fidelissimi nostri ducis Lupi filiæ. Attamen dum simulanter atrox nepos sacramentum glorioso avo nostro Carolo multiplex dicebat, solitam ejus, majorumque suorum perfidiam expertus est. In reditu ejus de Hispaniâ, dum cum scora latronum comites exercitus sacrilegè trucidavit. Propter quod postea jam dictus Lupus captus miserè vitam in laqueo finivit, ejus filio Adalarico misericorditer Vasconiæ portione ad decenter vivendum relictâ. Qui misericordiâ abutens, similiter ut pater, cum Sciminio et Centulo filiis, advesrsus piissimum genitorem nostrum arma sumens, ejusque hostem in montanis adorsus, cum Centullo filio in prælio occubuit. Sed genitor noster solita sua pietate, Vasconiam inter dictum Sciminum et Lupum Centulli, demortui Centulli filium, iterum divisit. Quam et Lupus Centulli, et Garsimirus, Scimini genitus, posteà propter infidelitatem amiserunt. Garsimiro, sicut et pater Sei minus, in rebellione occiso, et Lupo Centullo propter tyrannidem exsulato, et à principatu remoto. Tum enim præexcelsus genitor noster, iterum Vasconiâ totâ vindicatâ, et regio dominio conjunctâ, illam et manibus nepotum Ludonis in perpetuum eruit, et aliorum ex nostro sanguine gubernaculis commisit. Nam Vasconiæ ducamen Totilo duci primò dedit, et post eum Sigibino Mostellanico, qui illud nunc habet, exceptis tamen illis ditionibus quas tenuerunt cum Arvenensi comi tatu Icterius, et cum Agennensi Ermiladius, avunculus et frater prædicti Vandregesili comitis. At enim de monasterio Sanctæ-Mariæ de Rodi insulâ, cum à Normanis jamdudum incensum ac dirutum exitet, nihil de ejus restauratione speratur : et ita de eo non loquitur, cæterùm de villis et hereditatibus quas dux Amandus primum reginæ Giselæ filiæ, et posteà Boggiso duci, suoque fratri Bertrando, nepotibus, reliquit, cum eis quæ à matre Amantiâ, et à Sereno quondam Aquitaniæ duce, avo, tenuit prædicta Gisela regina nulla tenus possumus in toto vel in parte illas confirmare : nam post inaugurationem in Hispaniâ filiorum Garsimiri, comitis citerioris Vasconiæ suprà nominati (juxtà eorum donationem regio diplomate munitam), omne jus super eas, et præcipuè super Bigorritanum et Benearnensem comitatus, ad Donatum Lupum, et Centulupum, prædicti Lupi Centulli ducis filios, devolutum est ; quod à genitore nostro et nobis confirmatum duplici exstat præcepto. Nunc et illas tenent dictus Donatus Lupus comes, et Centullus, jàm dicti Centulupi Benearnensis vicecomitis filius, sub Auriæ matris regimine. Bona verò quæ Sadragesili ducis fuêre, in nostrâ potestate non sunt : nam Dagobertus rex, propter filiorum in patre vindicando ignaviam, juxtà leges romanas, illis paternas possessiones abstulit, et sanctis martyribus Dyonisio, rustico et Eleutherio devotè distribuit. Quorum possessionem nefas erit disrumpere, et apostolica, imperialia, et regalia præcepta violare.

His summotis, et in perpetuum ad silentium redactis, ob Dei amorem et Deiparæ reverentiam, in cæterum placuit celsitudini nostræ prædicti Obbonii abbatis petitionibus annuere. Visis præsertim patentibus litteris, quas ad nos misit humiliter, super hoc rogans, nobilis ac fidelis noster Asinarius Lupiniacensis et Solensis vicecomes, jam dicti territorii dominus, propter bona servitia quæ nobis fecit contra Mauros de Corsicâ, et alios adversarios Francorum, nobilis consanguineus noster Burchardus dux, prædictæ vice-comitissæ Gerbergæ pater et præcipuè ex petitione et hortatu gloriosæ conjugis nostræ Hermentrudis sublimis reginæ ; hoc itidem nobis suggerente præfato metropolitano Berario archiepiscopo cum aliis fidelibus nostris, placitum nostrum regale petentibus, et acclamantibus. Propter quòd, et hoc nostræ auctoritatis immunitatisque præceptum ergà prædictum Obbonium abbatem et idem monasterium facere decrevimus. Itaque decernimus atque jubemus, ut idem Obbonius abbas prædictum monasterium, dum ipse in carne vixerit, quia de ipso benedictionem electionis suscepit, habeat in manu et potestate suâ, regulariter secundum regulam S. Benedicti sibi commissum illud gubernans, et studiose lucris animarum invigilans, et post suum decessum monachi et conventus monasterii potestatem habeant alterum ex eis in abbatem eligendi. Et ipse Obbonius abbas nunc, et cæteri abbates pro tempore successores, ad nullum regem, ducem, comitem, seu potestatem respiciant, nisi ad regem Franciæ immediatè, uti Aquitaniæ et Vasconiæ regem, et secundum regulam S. Benedicti regulariter vivant, animas Deo verbis et factis lucrantes, ut ex ovibus suæ curæ commendatis æternæ mercedis gratiam habere mereamur. Et præcipuè quod prædictum monasterium habeat et possideat res omnes, quas de consensu omnium filiorum suorum, et præcipuè asinarii vice-comitis, pater eorum Vandregisilus, cum comitissa Maria uxore, eidem legavit et donavit. Et sub istius præcepti conclusionem nominatim inserimus, scilicet ecclesias locorum de Arennis, de S. Stephano, de Malleo, de Auleto, de Rocheta, de Viniallo, de Zalveira, de utraque Zopeira, de Pardiniella, de Castanaria, de Cornudiella et omnia aloda eorum, id est lavandarias et parietes. Similiterque ecclesiam loci de Vandres, domos de Jacca, et hæreditates quas comitissa Maria habuit à patre suo Asinario comite; cum cæteris campis et pagis in prædicto testamento contentis : exceptis tamen rebus illis, quas suprà à præcepto nostro excludimus, et propter causas jàm dictas confirmare non valemus. Quæ tamen approbamus sub nostro institutionis decreto sublimiter ordinato et legaliter statuto, jure quieto, et inviolabiliter prædictum monasterium, absque ullà contradictione, sub monasticæ dignitatis reverentià habeat ac sine fine possideat, et cum totà integritate omnia dicta quæ obtinet, pacifica et immota permaneant ; et quidquid prædictum monasterium nunc habet, vel quæcumque in postmodum, Deo auxiliante, habiturum sit in dictis locis, vel quodcumque, Deo comitante, in posterum ubicumque acquirere sibi valuerit, omnia firmiter semper gaudeat. Insuper per hoc nostrum excelsum præceptum ordinamus et statuimus, quod nullus dux, comes, vice-comes, seu vicarius, sive ullus exactor judiciariæ potestatis, in ecclesias prædictas, aut loca, vel agros, vel alaudes, seu reliquas possessiones quas prædictum monasterium retinet, vel quas in tempus in jure ac potestate ipsius divinà misericordià augere potuerit, ad causas audiendas, seu gestium dandum, vel lenda et telonea exigenda, aut feramina capienda, aut mansiones, seu paratas faciendas, seu fidejussores tollendos, aut homines ipsius monasterii, tàm ingenuos quàm servos distringendos, aut ullas redhibitiones, aut illicitas occasiones requirendas, nostro tempore, vel juniorum, seu successorum nostrorum, ingredi audent. Nec curtes præfati monasterii penetrare, vel ea quæ supra enumerata sunt, penitùs præsumat exigere; sive comes sit, aut vice-comes, aut vicarius aut graffio, aut gastaldus, aut telonarius.

sive alius justiciariæ potestatis. Sed liceat Obbonio abbati memorato, suisque successoribus, sub nostrâ defensione permanere, nostroque solo, et juniorum, aut successorum nostrorum in temporalibus immediatè parere imperio. Et quidquid jus fisci indè poterat exigere, nos propter Dei et B. Mariæ reverentiam, remittimus monasterio prædicto, et etiam ei nostrâ regali licentiâ et potestate relaxamus, et concedimus quod nullum unquam censum persolvant; nisi tantum censum spiritualem ei impositum pro animabus Vandregisili comitis, et Mariæ uxoris, suorumque parentum ac filiorum, et totius stirpis Vandregisilæ in perpetuum; et etiam pro nostrâ et conjugis nostræ et juniorum seu successorum nostrorum salute, et totius regalis regiminis, à Deo nobis et illis pro suâ misericordiâ commissi incolumitate orare quotidiè teneatur. In cæterum nullum tributum, vel debitum, de omnium rerum suarum possessionibus alicui persolvat; sed liberè et tranquillè omnes hæreditates suas hâc nostrâ legali absolutione possideat; et nullo unquam duci, vel comiti, vel vice-comiti, vel vicario aut graflioni, seu alio domino, sed solum nostræ et juniorum seu successorum nostrorum in temporalibus subditum sit potestati immediatè. At verò in spiritualibus, metropolitano archiepiscopo Narbonensi, et Orgellitano episcopo diœcesano, qui nunc sunt, vel pro tempore fuerint, obediat, juxta ordinationem, seu præceptum genitoris nostri piissimi Ludovici augusti. Reservamus tamen omnium locorum prædictorum; et prædicti monasterii advocatiam, seu abbatiam cum medietate decimarum omnium, gageriæ titulo, ad dictum vice-comitem Asinarium, præfati territorii dominum, suosque ad successores et hæredes, vel ad alios qui ab eo, seu hæreditariâ, seu emptivâ, vel dotalitiâ ratione, jus habuerint, dummodo præfato Orgellitano episcopo, qui nunc est, vel pro tempore fuerit, ab eo vel à successoribus suis arcuitæ persolvantur. Cæterum si quis dux, aut comes, seu vice-comes, seu vicarius, aut graflio, vel potestas terræ, vel judex, vel alius è nostris fidelibus in futurum huic regiæ dignitatis sive auctoritatis præcepto, limitem vel aliquam controversiam, aut interpretationem, seu dubium inferre tentaverit astu malignitatis, sanctæ et individuæ Trinitatis iram incurrat, et offensam B. Mariæ sustineat, et in districto ac tremendo æterni judicii examine, eam adversariam inveniat, sitque anathema; atque reus divinæ majestatis atque humanæ judicetur; et temeritatis suæ pœnas exinde persolvat, et congruâ omni pœnitentiâ, secundum ecclesiasticas leges Deo et B. Mariæ Virgini in sextuplum satasfaciat. Et ut hæc nostra præceptionis auctoritatis à fidelibus omnibus sanctæ Dei ecclesiæ et nostris, in istis regni Francorum partibus, et in illis exterioris Hispaniæ et regni Gothici finibus, nos tro imperio subjectis et subjicien-

dis, veriùs et firmiter credatur et diligentiùs observetur, eam manu
propriâ subscripsimus, et annuli nostri impressione signari jussimus.
Signum † Caroli gloriosissimi regis. Rangenfredus, notarius, ad
vicem Ludovici abbatis recognovit. Data duodecimo kalend. februarii, anno quinto regni præstantissimi Caroli regis, indictione octavâ.
Actum in Compendii palatio regali, in Dei nomine feliciter. Amen.

(Histoire des Conciles d'Espagne, par le cardinal d'Aguirre, tom. III, pag. 131).

Destruction des cités de Gascogne par les Normans.

Dux intereà potentissimus extitit Vasconiæ, nomine Totilus, qui
super universam Vacceorum gentem, non exiguo tempore strenuis-
simè tenuit principatum. Anno autem sui Ducatus 28. indictione 4.
quinto nonas mayas sol Ecliptim passus, mox futuras esse prænun-
ciavit commotiones Regnorum, et dispersiones gentium. Eo tempore
Vasconiæ rura conculcata, atque exterminata fuerunt. Dani magnis
cùm classibus mare Oceanum pavido impetu transmearunt, in mari
timis applicuerunt terminis Burdigalensis Oppidi, qui egressi de navibus universam terræ faciem sicut locustæ repleverunt; quorum
virtutem terribilem et impetum ferocem minimè valuerunt ferre regionis illius Incolæ. Ad oppidum verò memoratum cum pervenissent,
et ipsum expugnare propter munitionem illius tutissimam nullatenus
quivissent, indignatione incredibili commoti, cuncta vastando quæ
in circuitu erant, omnem creaturam in qua vitalis calor inesse poterat, in ore gladii trucidaverunt, sicque ingressi sunt ad mare cùm
ingenti spolio. Oneratis ergò navibus cùm navigare trans portum
undè venerant disposuissent, Zephirus qui eos cùm suis classibus
veloci impetu per medias Garumnæ fluvii fauces sursum impetere
compulit, et in Urbem Vasatensem perducere festinavit, qui omnes
habitatores ex improviso velut inscios et imparatos invenientes super
eos irruerunt, statimque terribilibus telis, et machinis illam capien-
tes Urbem, omnem populum in ore gladii tradiderunt; etiam Ecclesiam et domos in terram dejicientes supposito igne cremaverunt.
Deindè sinè ullo obstaculo ad Castrum Soriæ divertentes, pugnam cùm
ejus civibus commiserunt; sed ipsi nihilominùs victi, in ore gladii
consumpti periere: similique modo cuncta ejus ædificia ad solum pros-
ternentes incendio flagrarunt. Ac demùm in sua confidentes audacia
paulatimque ulteriùs progredientes, Lectorense oppidum, cum suis
misellis præoccupaverunt indigenis, quos cum sævissimus illorum
numerus delævisset, dissipatis mœniis, quæque utiliora secum au-
ferentes, cætera tantùm flammis exurere aggrediuntur. Non enim
eâ tempestate talis murorum fortia atque incolarum audacia erat sicut

nunc cum bonum habeant Dominum ac principem. Post hæc maxima furiâ invecti ad nobilissimum oppidum Aquis; quod nunc dicitur Cauteres, tunc lautum et Pingue nunc satis debile, afflati, illorum malas mentes exagitaturi, rabiem cum magno impetu exercent. Quod cùm audissent Vaccæi, qui interius in suâ multitudine et virtute confidebant, obviam illis ad pugnam procedunt; sed inito certamine pondere criminum eos opprimente, cæsi, prostrari, atque devicti, in conspectu eorum deciderunt; reliqua verò pars quæ superfluit, fugæ latibulum sibi adhibuit. Dani verò Barbari, cùm se victores esse conspexissent, ad dictum oppidum demoliendum cùm festinatione properant: cujus spesiosissima ædilicia detrahentes ad ima, thermas imperiales Balneorum habentes usum, et venas salutiferas quæ ibi antiquitùs constructæ fuerant demoliuntur. Feroces deinde animos ad deteriora mala perpetranda terribiliter acuendo, ad reliquas civitates convertuntur, scilicet, Laburdis, Oloronis et Lacurris, interfectisque cunctis viventibus fame et ferro, Turres, Mœnia, et propugnacula eorum elidentes in terram, Basilicas et Oratoria, nec non Conventicula Christicolarum flammis excusserunt, altaria everterunt sanctorum monumenta in ore barbarico et usu temerario violarunt, eorum et sacratissima ossa, quod dictu lamentabile est, pollutis manibus abstrahentes, ubique sparserunt, sicut et anteà facere consueverant. Tanta igitur confusio et pernicies repentè universam Vacæorum præoccupavit terram; ut meritò per omnia posset coæquari miseris civitatibus Judeæ et Jerusalem, quæ temporibus Machabæorum exterminata fuerunt

Vascones igitur itâ graviter afflicti, videntes quæ fiebant de cavernis petrarum, et ex rupibus montium, in quibus latitaverant, egressi, rursùs reparatis viribus, aciem contra Barbaros pugnaturi instaurant. Cumque uterque exercitus graviter inter se confligeret, heu proh dolor ! Vaccæi nimis oppressi peccatis eos præpedientibus, fugæ præsidium expetunt; interque concava vallium, et prærupta montium latibulum quærentes, sese in locis tutissimis recipere cupiebant quos post tergum Barbari raptim insequebantur; et maximam illorum multitudinem in fuga jugulaverunt, plurimos quoque captivitati subjugaverunt. Post modùm verò se dilatando Gens iniqua usque ad Tarbiense Castrum devenit, quod etiam expugnando cæpit, et quidquid in eo delectabile fuit in nihilum redegit. Dehinc Mancipia Suburbana, Vicos, Villasque depopulando per circuitum, ad Orrensem Urbem, quæ nunc vulgariter Bigorris dicitur, suæ malignitatis machinamenta objectura advenit. Cujus adventum comperiens Heraldus, qui tunc Urbis ipsius tenebat Pontificatum, timor perterritus, ad foronilii Castrum secessit munitissimum. Et qua Au-

Beatissimi Licerii Confessoris non plus à Mœniis ejusdem Urbis quam uno lapidis jactu distat, dispersi sunt ubique propter metum barbarorum Monachi, ne obvolverentur in ruina Civitatis. Crudelissimi ergò Dani pejora adjiciendo malis omnem decorem Sancti Templi hujus cùm suis appendiciis vel officinis miserabiliter incendiis adurere non metuerunt. Subindè arietes et Trochleas et alia quam plurima Armamenta Telorum ad capiendam ordinaverunt Civitatem. Nocturno autem tempore cùm sudibus et Laterculis ferreis murum effodiendo, infortunatam Urbem viri sanguinarii, universos gladio consumentes qui in ea inventi sunt cœperunt. Deindè cuncta incendio edomentes atque expugnantes, onerati supellectilibus diversi generis retrorsùm viâ quâ venerant remeabant. Memoratus Princeps Totilus audiens quod mare conscendere deliberabant, rancore cordis amarissimo tactus, et dolore nimis afflictus, vocatis proximis et satellitibus, ait ad eos ; eccè parentes et amici nostri ac omnes Nobiles nostræ Gentis sunt interfecti, et per manus Alienigenarum uxores et filiæ nostræ captivæ ducuntur, et nos tantis malis subditi ; et quid ampliùs sinè victoria vivere peroptamus ? Alioquin si non ultus fuero meorum proximorum mortem qui occubuerunt, mori certè paratus sum. Talia conspicientes Vaccæi, et sui Ducis animositate et magnanimitate fortes facti, rursùs cohortantur ad bellum. Tunc illis inter se diù multumque confligentibus, Pius Deus miserationes suas et misericordias quæ à sæculo sunt per sancti sui Licerii merita gloriosa, sivè per aliorum quamplurimorum sanctorum patrocinia præstitit ; nequissimique Dani terga vertentes in fugam proruerunt. Tandem Vaccæi serò tamen victores effecti, de victoribus victoriam obtinentes, tantâ eos cæde mactaverunt, ut tribus diebus et tribus noctibus, usque ad Garumnam fluvium persequendo, et eosdem prosternendo, in ore gladii consummarunt : Nam nullus ex tanta multitudine evadere potuit nisi perpauci, qui auxilio natandi se receperunt in navigiis. Fuit autem ista desolatio Vasconiæ temporibus præfati principis Totili, et Taurini auxiensis, et Heraldi egregii Episcopi Bigoritanæ Urbis.

(Tiré du Cartulaire de Bigorre par Nicolas Bertrandi.)

Généalogie des premiers comtes héréditaires de Fezensac, d'Armagnac et d'Astarac. — 870.

Priscis temporibus, cùm Guasconia Consulibus esset orbata, et Francigenæ timentes perfidiam Guasconum, Consules de Francia adductos interficere Solitorum, Consulatum respuerent ; maxima pars nobilium virorum Guasconiæ Hispaniam ad Consulem Castellæ ingressæ sunt, postulantes ut unum de filiis suis daret eis in Dominum. Hic autem quamvis, auditâ perfidiâ eorum, sibi et filiis suis timeret, si quis ex ipsis venire, vellet concessit. Tandem Sancius-Mitarra minimus filiorum ejus cum viris illis Guasconiam venit : ibique Consul factus, filium, qui Mitarra-Sancius vocatus est, genuit. Hic Mitarra-Sancius genuit Garsiam-Sancium Curvum ; qui tres filios genuit : Sancium-Garsiam, et Guillelmum Garsiam, et Arnaldum Garsiam : quibus Gasconiam divisit. Sancio Garsiæ dedit majorem Vasconiam, Guillelmo Garsiæ dedit Fidensiacum, Arnaldo Garsiæ dedit Astaracum. Sancius Garsias genuit duos filios Manseres, Sancium et Guillelmum Sancium ; Guillelmus Sancius genuit nobilem Ducem Gasconiæ Sancium, et fratres ejus. Guillelmus Garsia Consul Fedenciaci genuit Othonem cognomine Faltam, et Bernardum Luscum, qui construxit Monasterium sancti Orientii ; et divisit illis Consultatum suum : Orthoni dedit Fidenciacum, Bernardo dedit Armaniacum. Otho genuit Bernardum-Othonem cognomine Mancium-Tineam : Bernardus-Otho genuit Aymericum ; Aymericus genuit Guillelmum-Astam-Novam qui cum Austindo majorem ædificavit Ecclesiam Auscitanam, quæ priùs parva erat. Guillelmus-Asta-Nova genuit Aymericum, qui ex Forto cognominatus est. Iste Aymericus genuit Astam-Novam : Asta-Nova filium non genuit, sed filiam nomine Adalmur, matrem Beatricis, quæ non genuit. Bernardus Luscus consul Armaniaci genuit Geraldum Trencaleonem, Geraldus genuit Bernardum Tumapaler, Bernardus Tumapaler genuit Geraldum, Geraldus genuit Bernardum, Bernardus genuit Geraldum et sorores ejus. Arnaldus Garsias Comes Astaraci genuit Garsiam-Arnaldi, Garsias-Arnaldi genuit Arnaldum ; Arnaldus genuit duos filios, Guillelmum, et Bernardum Pelagoz, Guillelmo dedit Astaracum, et Bernardo Pelagoz dedit Pardiniacum. Guillelmus genuit Sancium, Sancius genuit Bernardum, Bernardus genuit Sancium. Bernardus Pelagoz genuit Otgerium, Otgerius genuit Guillelmum, Guillelmus genuit Boamundum.

(Extrait du Cartulaire du Chapitre d'Auch).

Relation de plusieurs faits depuis le roi Clovis I jusqu'à l'archevêque Guillaume II.

Rex Francorum, qui de Vasconia Paganos expulit, et eam Christianæ fidei acquisivit præpositos suos ibi dimittens, civitates et earum reddit donavit Episcopis. Auxiam itaque civitatem et suburbia tota donavit Archiepiscopo, et Ecclesiæ Metropoli. Et possederunt Archiepiscopi longo tempore civitatem et suburbia tam jure fundi quam

jure parrochiæ, et habuerunt Ecclesias, in ipsa civitate capellam
Sanctæ Eulaliæ; in suburbio ad austrum Ecclesiam Sancti Martini, et
Capellam Sancti Petri; ad septentrionem Capellam Sancti Clari et
Capellam Sancti Joannis Evangelistæ, in qua Sanctus Orientius ejusdem civitatis Archiepiscopus habuit sepulturam. Vascones autem sicut
sunt leves et impatientes, præpositis Regis partim occisis, partim ex-
pulsis, potestati regiæ colla subtrahentes, Comites et Vice-comites sibi
fecerunt et ex eo tùnc summam potestatem istam habuerunt. Quo
tempore Bernardus Luscus Ausciorum Comes, cum jàm provectæ esset
ætatis, inspirante Dei gratiâ concepit animo facere aliquod prò salute animæ suæ : Et habito consilio Archiepiscopi, sicut debuit in
tali negotio, proposuit dilatare capellam Sancti Joannis Evangelistæ,
et indè Monasterium facere. Sed huic Comitis proposito contradixit
Dominus Montalsensis, qui capellam tenebat per manum Archiepiscopi, donec Comes prò cambio villam Pictam ei donavit et inductus acquievit. Cum ergò votum suum Comes implevisset, et de ruina
murorum Civitatis, consentiente et adjuvante Archiepiscopo, Monasterium fecisset, magnis possessionibus illud ampliavit, atque di-
tavit. Archiepiscopus etiam prò reverentia prædecessoris sui Beati
videlicet Orientii Confessoris : qui ibi jacebat, de fundo et de Parrochia sua Monasterio illi plurimum contulit : Ab oriente quidem à
monte qui cognominatur acutus usque ad locum ubi rivus Nastraui
Ercium intrat; et indè per medium fluvium rectâ lineâ usque ad
portam Civitatis quæ dicitur vallis Lutosæ; ab occidente verò à loco
qui dicitur Bornal, per medium longi Collis per Sepulchrum quod
dicitur duarum sororum, usque ad locum muri, unde recta linea per
puteum dirigitur ad portam de qua dictum est Vallis Lutosæ ; Civitatem autem totam fundum et Parrochiam, et extrà civitatem à ter
minis præsignatis ad austrum, integrè sibi retinuit : Ab eisdem verò
terminis ad septentrionem fundum et Parrochiam extrà civitatem,
salvo jure Episcopali, Monasterio donavit. Et civitas quæ tunc à lon-
gis temporibus, sicut cæteræ civitates Vasconiæ, destructa erat, et
Pontificales Ecclesiæ distitutæ ; Episcopi enim non in sedibus suis
sed in suburbiis, Monasteriis vel in Ecclesiis aliis habitabant; interim
verò misit Apostolica sedes à latere suo legatum Ugonem qui dictus
est Albus, et ille apud Tolosam Concilium celebravit, ubi audito quod
in Vasconia sedes Episcopales essent desolatæ, præcepit authoritate
Apostolicâ quatenus Episcopi redirent ad civitates, et repararent
Ecclesias suas. Ex illo itaque præcepto, tam aliæ quàm Metropoli
tana Auxitana Ecclesia et civitas cæperunt habitari et restitui. Sed
tamen in restituendo non multum potuit proficere Archiepiscopus
non supproperante hominum copia qui civitatem clauderent et inha

bitarent : Et impediente Comite qui tùnc erat, ille quippè sicut plerumque sæculares opprimere solent Ecclesias quia civitas tota cum redditibus suis Archiepiscopi erat, aliquo modo recipi in partem volens, et contra Mercatum Archiepiscopi, mercatum suum erigi fecit, et restitutionem Civitatis impedivit; videns autem Archiepiscopus quod nihil proficeret, Comitem in partem mercati et teloniorum, et in partem civitatis admisit, fundi siquidem partem quam clauderet et habitatores induceret, ei concessit; majorem autem partem fundi et Parrochiam in toto sibi retinuit. Comes ergò convocatis Agricolis de Villis quæ tùnc adjacebant Civitati de Maceria, de Compra, de Castromanse, de Preciano : Præterèà de Villis Monachorum, suam civitatis portionem claudi fecit : tunc Monachi accedentes ad Comitem petierunt, ut Monasterio quod suus Predecessor construxerat etiam ipse boni aliquid faceret, et partem aliquam civitatis ei cederet, adjicientes quod si Monasterio daretur, non minùs Comitis effet; cumque id obtinuissent à Comite, etc.

(Extrait du Cartulaire d'Auch.)

Fondation du Monastère de St-Mont par Bernard Tumapaler, comte d'Armagnac. — 1043.

Antiquorum Patrum industriam imitando, qui omnem actuum suorum diligentiam scripturæ commendabant, ut posteritas et veneratio eorum, ab omni contumelia Calumniatorum justa litterarum ostentione quasi Clypeo defenderetur, nos egentes eadem defensione, qualiter et à quibus personis hoc Monasterium sit inchoatum, à primordiis denotare Curamus. Sanctus Mons iste erat hæreditas quorumdam militum cum matre, eorum patre defuncto. Primus Raymundus, secundus Alvarus, tertius Bernardus, mater Auriola, etc. Tali occasione Monasterium constructum : pestis grassabatur per hanc regionem, et Raymundus Frater Major loci Dominus, expavescens mortalitatem, quadam die vidit per somnum caput vulnerari lanceis ex æthere : expergefactus cœpit cogitare quid facti opus, et reperto consilio ædificandi Monasterium, etc. Sentiens se non posse per se solum opus complere, junxit se Comiti terræ Bernardo Cognomento Tumapalerio, qui auditis illius de constructione Monasterii Sermonibus, vix condescendit, et sæpiùs precibus insistente ei tribuit assensum, etc. Quadam die adfuerunt loco Comes Bernardus, Raymundus, alii Principes terræ, ut constitueretur Monasterium ad salvamentum ab omnibus. Hoc audito Frater materque Rabido ore minantes mortem, contradixerunt, dicentes quod ipse honor quem ad construendum Monasterium placitabant, jure hæreditario illis debebatur; unde longa inter eos disceptatio, posteà in finem contentionis cùm prædicto Comite Bernardo convenerunt seniores terræ, etc. Tum Raymundus habens quietem, fecit donationem honoris S. Joannis ad construendum Monasterium, cùm juramento habitum Monachalem ellumendi Comes quoque Bernardus fecit donationem sui honoris, etc. Hoc peracto monuit Bernardus Raymundum, ut juxtà sponsionem Monachus fieret; ac ille deceptus amore sæculi inducias petiit, dicens non posse id fieri, etc. Comes aggregavit hinc indè duodecim Monachos, et dedit illis patrem venerabilem Trencardum, Raymundus verò mansit posteà cùm sua conjuge, vagando hinc indè inter suos Parentes quinque annos, genuitque filium Bernardum et Mariam. Abiit verò ad Comitem dicens se velle fieri Monachum, etc.

(Extrait des Chartes de Cluny, ex D. Sammart. in Gal. Chr. T. 1, p. 166. infr.

Soumission du comte d'Armagnac Bernard III à l'église d'Auch

Quoniam posteritatem nostram de adeptis Beatæ Mariæ donis ignorare nolumus, stilo memoriæ mandantes futuris omnibus innotescere curavimus, Bernardum Vasconum Comitem, Consulatum Armaniacensem, quem ipse suique antecessores liberè possederant, sub Beatæ Mariæ sedis Domino mancipari. Illud idem quoquè Bigorritanorum Consul fecerat, qui sui Consulatûs Dominum Sanctæ Mariæ de Podio subjugaverat. Et quia de bonis sumenda sunt exempla, prædictus Vasconum Comes vovens vovit, constituensque constituit, se suosque filios et nepotumque successores singulis annis in die Assumptionis Beatæ Mariæ hoc tributum reddituros, videlicet duo mædia frumenti, et tres porcos, et unum creatum, et 12. Sextaria Vini, pro Armaniacensi Consulatu. Hoc verò pacto, ut si aliquis de successura progenie contradixerit, ab ejusdem sedis Archiepiscopo excommunicatus, donec ad dignam ablatorum restitutionem, et in futurum reddendorum veracem promissionem Archiepiscopo et Canonicis ejusdem sedis venerit, anathematis vinculo in perpetuum subjaceat, etc.

(Extrait du Cartul. c. 50. et Hist. Bc. L. 9. c. 3 et 4.)

Donation faite à l'hôpital de Serregrand (Barran), *par le comte Bernard d'Armagnac.* — 1188.

Notum habeant universi præsentes pariter atque futuri quod Bernardus Armaniacensis, Comes Fezensiaci, et Armaniaci, et Geraldus filius ejus intraverunt in quinto die veneris hospitale Serre grandis quod est situm in publica strata sancti Jacobi in valle profunda, et horribili, ad sustentationem pauperum peregrinorum et solatium aliorum et post cœnam, dono sancti spiritûs inspirati ad petitionem fratrum hospitalis dederunt Deo et sancto Jacobo Serre Grandis, et fratri Vitali priori, et habitatoribus Serre Grandis, et eorum successoribus, pro se, et successoribus suis, in perpetuum libere, et quiete omnes terras suas cultas et incultas prædicto hospitali vicinas et dederunt etiam prædicti domini Bernardus, et Geraldus quod si aliquis miles vellet eis dare suam hæreditatem vel partem hæreditatis ipsi concedebant, et in illo dono jus suum liberum eis dabant. Hujus rei testes sunt Fors-Lub de Scion, Amaneus de Broguera, F. Labat, Garsias-Arnaldus de Laroqua, et fuit factum anno Domini millesimo centesimo octuagesimo octavo.

(Extrait du P. Montgaillard).

Hommage du Comte d'Armagnac à Simon de Montfort. — 1216.

In nomine Domini, ejusdem anno millesimo ducentesimo decimo sexto, sexto idûs junii notum sit, etc. Quod ego Girardus comes Fezensiaci et Armeniaci, nulla vi vel timore coactus, sed libera et spontanea voluntate, recipio in feudum, et homagium a vobis domino Symone, comite Montisfortis et hæredibus vestris, pro me et hæredibus meis, comitatum Fezenciaci et comitatum Armeniaci, et vicecomitatum Fezenchagueti et quidquid habeo in Magnoac, excepto eo quod habeo in civitate Auxitana, et alodia ejusdem civitatis, et excepto castro et alodio de Jeguno, et excepto eo quod habeo in villâ Vici et cum alodio ejus et excepto eo quod habeo in villa quæ dicitur Noiguerol et alodio ejus, quæ pertinent ad ecclesiam Auxitanam, et exinde feci vobis et vestris hæredibus, pro me et hæredibus meis, homagium ligium contra omnes homines, etc. Ego et hæredes mei tenemur vobis et hæredibus vestris servire tali servitio, quod quotiescumque vos vel Amalricus primogenitus vester sive alii hæredes vestri, vel Guido de Montforti frater vester me requisieritis, ero vobiscum et sequar vos bona fide per totam provinciam Auxitanorum et etiam per episcopatus Tolosanum et Agenensem ultrà Garonam. Si vero bellum campale contigerit vos habere, vel ab aliqua civitate vestra, castro, villa, vel fortia removere obsidionem citra montem-Pesullanum, et me requisieritis, sequar vos bona fide. In iis etiam omnibus mei hæredes vobis et vestris hæredibus tenebuntur; hæc autem omnia me fideliter impleturum, ss. evangeliis manu tactis juramento firmavi. Et ego Simon comes Montisfortis concedo vobis Ger. comiti Fezenciaci et hæredibus vestris in feudum, et homagium, prædictos comitatus et vicecomitatus et omnem aliam terram sicut superius est expressum etc. Et nos G. Dei gratiâ archiepiscopus Auxitanus hæc supra dicta concedimus, salvo omni jure quod ecclesia Auxitana habet vel habuit in omnibus terris supra dictis. Et ut robur obtineat perpetuæ firmitatis, duo instrumenta per alphabetum divisa super iis facta sunt, quæ nos supra dicti G. archiepiscopus Auxitanus et nos G. Carcasonensis, eps, quibus præsentibus hæc omnia facta sunt, et ego G. comes Fezensiaci et Armeniaci, sigillorum nostrorum munimine confirmamus. Actum apud Montem-Albanum, anno et die quo supra per manum Clarini cansellarii, testibus G. de Monteforti, Ricardo de Malleio, Guillermo de Marigneio, Th. de Novavilla, Valters Gasta blé, Hugone archidiacono Auxitano etc., et Guillermo Scriptore Simonis comitis supra dicti, Arnaudo Bernardi fratre prædictâ G. Bernardo Jordani de Insula, O. de Montealto et O. de Pardellan, Girardo de Cazabon, et Guillermo Vitali de Agnen.

(Extrait de l'Histoire du Languedoc par dom Vaissette, t. 3, Preuves, p. 253.)

Testament de Régine de Goth, comtesse d'Armagnac et vicomtesse de Lomagne. — 1345.

In nomine sanctæ et individuæ trinitatis Patris et Filii et Spiritûs sancti amen. Noverint universi quod egregia domina domina Regina de Gutto comitissa Armaniaci Fesenciaci et Ruthenensis vice-comitissaque Leomaniæ et Altivillaris, cupiens providere saluti animæ suæ et dispositioni bonorum suorum ne post obitum suum de et super hæreditate et bonis suis inter aliquos dissensionis materia oriatur...... in præsentiâ mei notarii et aliorum notariorum et testium infra scriptorum....... testamentum suum ultimum fecit et condidit in modum qui sequitur.

In primis animam suam et corpus suum commendavit humiliter altissimo creatori et beatissimæ Virgini matri ejus totique collegio beatorum.

Deinde dicta testatrix elegit sepulturam suam in ecclesia fratrum prædicatorum Altivillaris, in qua cum carissimo Domino avo suo paterno et circa ejus tumulum jussit corpus suum transferri et honorifice sepeliri.

Item dicta Domina testatrix legavit ad pias causas et jure legati reliquit piis locis et miserabilibus personis duo millia librarum Turonensium parvorum per magnificum et potentem virum Dominum Joannem Dei gratiâ comitem Armaniaci, Fesenciaci, et Ruthenæ virum suum hæredem infra scriptum dividendarum.

Item legavit et jure legati reliquit servitoribus et servientibus suis utriusque sexus duo Millia librarum Turonensium parvorum per dictum Dominum virum suum dividendarum et distribuendarum

Item legavit et jure legati reliquit conventui fratrum prædicatorum de Altovillari viginti quinque libras Turonensium parvorum annui et perpetui redditus recipiendas de Pedagio dicti loci Altivillaris de manibus receptorum pedagiorum dicti loci, videlicet decem solidos Turonensium parvorum qualibet septimana pro anniversario, ita quod conventus et fratres ipsius conventus qui sunt et erunt pro tempore qualibet septimana celebrent et celebrare teneantur unam missam de requiem alta voce, et singuli fratres singulas missas de requiem, prout eis videbitur, videlicet alta vel submissa voce, pro anima ipsius testatricis et animabus parentum suorum. Item modo simili legavit et jure legati reliquit pro dono et in redemptionem ipsius et suorum parentum Peccaminum conventui fratrum prædicatorum Lectoræ Viginti quinque libras Turonensium parvorum annui et perpetui redditus sibi solvendas per Bajulum Lectoræ qui est et pro tempore erit perpetuo de Bajulia dicti loci, videlicet decem solidos Turonensium parvorum, ita tamen quod dictus conventus et fratres qui sunt et erunt pro tempore de conventu dicti loci singulis septimanis de requiem unam missam et singuli fratres singulas missas pro anima ipsius testatricis et animabus parentum suorum celebrent et teneantur celebrare.

Item dicta Domina testatrix reliquit jure institutionis carissimæ dominæ suæ dominæ Beatrici vice-comitissæ Lautricensi matri suæ quingentas libras Turonensium parvorum annui et perpetui redditus in aliqua parte terræ ipsius testatricis sibi per dictum Dominum virum suum una cum executoribus suis infra scriptis vel duobus ipsarum, videlicet domino Rogerio de Armaniaco et Domino Amaneveo de Labreto, vel altero ipsorum, altero impedito, assignandas; in quibus quidem quingentis libris Turonensium parvorum annui et perpetui redditus ipsam Dominam Beatricem matrem suam sibi hæredem instituit. Item prædicta domina testatrix prædictum dominum Ioannem comitem Armaniaci, Fesenciaci, et Rutheniæ virum suum hæredem universalem sibi instituit in dictis vicecomitalibus Leomaniæ et Altivillaris, in bastidis, locis, castris, castellaniis de Durassio, de Montesecuro, de Almaniis, de Podio Guillelmi, de Seysses, de Podio Sarampion, de Liurano, de Blancaforti, de Viterriis, de Vinbaudrando, de Donzato, de Dunis, de Perussio, de Montiliis, de Pennis, de Mayannis, de Cedorom, cum omni emolumento, mero et mixto imperio, et jurisdictionibus, et universis pertinentiis suis, et universis omnibus et singulis bonis et rebus suis mobilibus et immobilibus, homagiis, fidelitatis juramentis, et receptione ipsorum, et juribus et bonis quibuscumque mobilibus et immobilibus quæcumque sint, et ubicumque sint, et cujuscumque conditionis existant

Volens dicta domina regina quòd si forte dictus dominus comes vir et hæres suus prædictus non posset obtinere virtute testamenti, quòd prædicta omnia et singula obtineat et habeat jure codicillorum, vel cujuscumque alterius ultimæ voluntatis seu dispositionis. Volens et mandans dicta domina testatrix quibuscumque fidelibus et vassalis, emphyteotis, colonis, et aliis omnibus et singulis subditis suis ut dicto domino comiti viro suo et hæredi, quandocumque sibi placuerit post obitum ipsius, eidem domino comiti vel alii seu aliis per eum destinandis præstent absque omni difficultate hommagia et fidelitatis juramenta, et aliis de juribus et deveriis suis dicto domino comiti respondeant integrè et sibi tanquàm domino suo pareant efficaciter et intendant. Adjecto quòd si forte contingeret, quòd absit, dictum dominum comitem decedere absquè libero vel liberis masculis ex suo proprio corpore ex quocumque legitimâ uxore procreatis, in illo casu substituit dicto domino comiti in dictis vicecomitalibus ac etiam villis, castris, et baroniis superiùs nominatis æqualiter et pro indiviso et in æqualibus portionibus, videlicet Arnaldum Bernardi de Preyssaco militem dictum soldanum, Amanevum et Bertrandum de Mota fratres, Aymericum de Durofortí dominum de......... domicellos, reginam de Gutto uxorem nobilis Amanei de Pinibus domicelli et Braydam vicecomitissam Bruniquelli, necnon et Indiam uxorem domini de Monteferrando. Et nihilominùs in casu prædicto, videlicet si contingeret dictum dominum comitem decedere sine libero vel sine liberis, reliquit jure legati nobili marquesiæ de Sevinhaco uxori Othonis domini de Montealto domicelli duo millia librarum Turonensium parvorum semel solvendarum. Volens, statuens, et ordinans, dicta domina testatrix quòd si forte contingeret dictos substitutos vel aliquem ipsorum facere vel venire contra prædictam dispositionem suam, quòd in illo casu talis contrafaciens vel veniens privetur omni commodo, jure, et emolumento quod habiturus esset ex substitutione prædictâ vel aliàs ex testamento prædicto.

Item prædicta domina testatrix fecit et ordinavit executores suos præsentis testamenti, videlicet reverendum. In Christo patrem Rogerium de Armaniaco dei gratiâ, Vaurensem episcopum, non ut episcopum, sed ut Rogerium de Armaniaco, industriam, affectionem, et confidentiam personæ, non dignitatis, eligendo, nec non nobiles et potentes viros dominum Amanevum de Lebreto, dominum Almaricum de Narbona, dominum de Talayrano, dominum Arnaldum de Noalhano milites, venerabilem virum dominum Guillelmum de Cardelhaco archidiaconum Anglesii in ecclesiâ Auxitanâ.

Voluit etiam et ordinavit dicta testatrix quòd dictus hæres suus summas superiùs legatas dictis legatariis prout superiùs est expressuam solvere teneatur, et nihilominus summam prædictam quingentarum librarum Turonensium parvorum annui et perpetui redditus dictæ dominæ matri suæ dare, et assignare in terrâ ejusdem testatricis ad electionem dicti hæredis sui et executorum suorum, ut supra dictum est, in quibus matrem suam supra prædictam hæredem instituit. Quam quidem matrem suam voluit esse contentam de bonis et rebus suis de dictâ summâ quinquagentarum librarum annui et perpetui redditus, ita quod nihil plus possit petere ab hærede suo supra dicto nisi tantum dictam summam quinquagentarum librarum Turonensium parvorum annui et perpetui redditus.

Acta fuerunt hæc in castro de Lavardenz comitatûs Fesenciaci secundo idus augusti, anno ab Incarnatione Domini millesimo trecentesimo vigesimo quinto, Regnante domino Carolo Francorum et Navarræ rege, et dicto domino Joanne comite Armaniaci et Fezenziaci et Ruthenæ, et domino Guilhelmo existente archiepiscopo Auxitanensi, præsentibus testibus ad præmissa vocatis videlicet reverendo in Christo patre domino Rogerio de Armaniaco, episcopo vaurensi, dominis Guillelmo de Cardelhaco, archidiacono Anglesii in ecclesia Auxitanensi, Audeberto Mascaronis milite, Petro de Biax decretorum doctore, Guidono de Cardelhaco, Othone domino de Montealto, Bertrando de Cardelhaco domicellis, Guillelmo Arnaldi de Jaulino jurisperito, domino Sancio de Speravento presbytero, fratre Othone de Bescure priore prædicatorum Lectoræ, Petro de Condomio clerico, et me Bernardo de Vinera, publico regio totius Agenesii et comitatûs de Gaura nec non auctoritate imperiali notario, magistris Joanne de Gauranno notario comitatuum Armaniaci et Fezensiaci et terræ Ripariæ nec non vicecomitatuum Fezensaguelli et Brulhesii, Sancio de Sossio publico regio citrà Garonam et in Auxitanensi diocesi notario.

(Extrait de Duchène, vie des papes d'Avignon.)

Accord entre Jean III et son frère Bernard, depuis connétable de France. — 1325.

Anno, regnante et existente quibus supra die decima sexta novembris constitutus personaliter intus conventum fratrum minorum loci de Muretto Tolosæ diœcesis in mei notarii publici et testium infrà scriptorum præsentiâ videlicet illustris princeps et dominus dominus Joannes, Dei gratiâ, comes Armaniaci, Convenarum, Fezensiaci, Ruthenæ, Quadrellensis vicecomesque Leomaniæ et Altivillaris ac dominus terrarum Ripariæ Serreriæ, filius et hæres universalis bonæ memoriæ domini Joannis quondam comitis Armaniaci, Fezensiaci, Ruthenæ et quadrellensis vicecomesque Leomaniæ et Altivillaris dominique terræ Ripariæ et nobilis et potens vir Bernardus de Armaniaco ejus germanus, filius legitimus et naturalis dicti quondam domini comitis, major decimo octavo annis, minor tamen vigesimo quinto, asserens se nullum habere curatorem asserentes dictum quondam dominum comitem patrem suum in suo ultimo testamento ipsi Bernardo legasse et jure institutionis et legitime portionis dedisse loca et baronias dels Angles in Bigorra, de Casalibono in receptariis de Helisona et de Insula Arbeysani in comitatu Fezensiaci cum suis juribus et pertinentiis universis una cum tribus millibus libris Turonentiis per dictum dominum comitem, hæredem prædictum domino Bernardo in et suprà bonis suis et hæreditate prædictis assignando perpetuo et assidendo et quod pro præmissis dictus Bernardus et sui hæredes et in posterum successores facerent ipsi domino comiti hæredi prædicto et suis hæredibus et successoribus comitibus Armaniaci et Fezensiaci homagium et fidelitatis juramentum et recognoscerent tenere ab ipso domino comite et suis dictas baronias et loca et quod cum præmissis quittaret dictus Bernardus quidquid juris et actionis habet et potest habere in bonis et hæreditate dicti quondam domini comitis ratione prædicti legati vel insitutionis aut legitimæ portionis paternæ vel maternæ seu avitæ vel aliter quovismodo quamobrem diligenti et maturo consilio habito tractantes finaliter inter ipsos fuit concordatum videlicet quod pro præmissis legatis ac ratione legitimæ portionis et pro omnibus juribus quæ dictus Bernardus habet vel in futurum habere posset in dictis bonis et hæreditate dicti quondam domini comitis patris sui dictus dominus comes hæres prædictus promisit per firmam stipulationem dare, tradere et assignare dicto Bernardo fratri suo præsenti, stipulanti et recipienti pro se et suis hæredibus et successoribus loco solutionis ad habendum perpetuo pleno jure pro se et suis hæredibus et successoribus comitatum suum quadrellenis nec non loca et baronias prædictas de Casalibono et de Insulâ Arbeysani cum omnibus suis pertinentiis, juridictionibus, honoribus, dignitatibus, redditibus, juribus et deveriis quibuscumque ad ipsos comitatus et baronias atque loca pertinentibus quovismodo et hoc quam citius tute, comode, et secure, fieri poterit obtenta prius licentia ab illustri principe domino Philippo duce Burgundiæ ut domino superiore dicti comitis quadrellenis quoàd ipsum comitatum; dumtaxat retinendo ipse dominus comes sibi et suis hæredibus et successoribus comitibus Armaniaci et Fezensiaci dictos locum et baroniam deus anglis ad suas et suorum omnimodas voluntates faciendum et si dictus comitatus quadrellenis loca et baronia de Casalibono et de Insulâ Arbeysani cum suis juribus et pertinentiis plus valent nunc aut in futurum valere poterunt dictus dominus comes totam illam magis valentiam quæcumque sit et esse possit et dare dicto Bernardo præsenti et stipulanti ut supra promisit et dictus Bernardus præmissa quæ asseruit valere ultra quam sibi debeatur vel deberi possit occasione præmissorum pro præmissis recipere et dictum dominum comitem fratrem suum præsentem et stipulantem pro se et suis hæredibus et successoribus, quittare promisit per firmam stipulationem penitus et omnino de omnibus quæ ab ipso aut suis peteri potest vel in futurum posset ratione dicti legati vel institutionis aut ratione legitimæ portionis et alio quovismodo et hoc, facta dicta sibi donatione et traditione dictorum comitatuum et baroniarum et ita tenere, servare et complere et non contra facere vel venire promiserunt ratione minorum ætatis nec per restitutionem nec alias et ita juraverunt supra sancta quatuor evangelia Dei, eorum manibus dextris corporaliter gratis tacta, testibus præsentibus nobilibus et potentibus viris dominis Amanevo, domino de Lebreto, Joanne de Labartæ, domino terræ de Aura, Berengario domino de Castropersio et Guillelmo de Solages militibus, Bernardo de Gorsolis legum doctore et Maurino de Birano domino de Rupeforti et conciliario ipsius domini comitis et me Petro de Mayres notario auctoritate regiâ publico qui requisitus per dictas partes hoc instrumentum recepi duplicatum.

(Extrait des archives de Montauban).

Pacte de mariage entre Jean fils du connétable d'Armagnac et Blanche de Bretagne. — 1406.

Raymond, abbé de Conches, le seigneur de Tholet et autres procureurs et messagers solennels envoyés de très noble et puissant seigneur Bernard comte d'Armagnac et Jean d'Armagnac vicomte en Lomagne son fils aîné pour traiter le mariage entre ledit vicomte et Madame Blanche de Bretagne, lequel après la dispensation de N. S. P. le Pape à cause de la proximité a été conclu par le présent traité passé entre Monseigneur Jean, duc de Bretagne pour Madame Blanche sa sœur puînée, et les procureurs ci-dessus, aux conditions suivantes. 1° le duc de Bretagne donnera à sa dite sœur pour toute portion de succession mobilière et immobilière de ses père et mère, la somme de cent mille francs qui sera portée audit seigneur de Lomagne, ou au seigneur d'Armagnac son père, savoir : le jour de la solennisation dudit mariage trente mille livres, et chacun an en suivant la fin de l'année des noçes dix mille livres jusqu'en fin de paiement, réserve toutesfois ladite dame Blanche et à ses enfants et postérité qui istera d'elle, que si la ligne de Monseigneur de Bretagne deffaudrait, et ses frères et sœur aysnée à présent comtesse d'Alençon allaient de vie à trespassement, sans héritiers et postérité de leur chair, ma dite Blanche et ses enfants et postérité qui istera d'elle en ce cas seulement, vienge à sa portion, et convenant, et à son lieu de ce qui lui serait dû des héritages de ses père et mère et autres collatéraux ; et pour ce ledit Monseigneur d'Armagnac dès à présent pour lui et pour ledit Monseigneur de Lomaigne son fils et avec ce mondit seigneur le vicomte et madite dame Blanche dès à présent, et quand viendront en âge, c'est à savoir mondit seigneur le vicomte de 14 ans et madite dame Blanche de douze ans accomplis, renonceront par exprès par foi et serment à toute succession de bonne mémoire Monseigneur le duc de Bretagne derrain décédé et de Madame la reine d'Angleterre, qui à présent est, père et mère de madite dame Blanche, à l'exception ci-dessus. 2° Mondit seigneur de Bretagne vestira, ornera, enjoillera madite dame Blanche sa sœur bien et convenablement eu égard à l'honneur que a une telle dame appartient, et aussi sera en Bretagne, la solennité des nopces et chacune des parts pourchassera la dispensation de cour de Rome. 3° En faveur dudit mariage, veut et consent ledit comte d'Armagnac que s'il advient qu'il vint de vie à trespassement avant ledit Monseigneur le vicomte de Lomaigne, en ce cas ledit monseigneur de Lomaigne a luy succedera seul, et pour le tout ez terres et seigneuries qui s'ensuivent c'est assavoir ez comtés d'Armaignac, de Fesensac, et de Pardiac, et vicomtés de Lomaigne d'Aultvillars, et Fesansaguel, de Brouilhés, et ez terroirs et baronies de Rivière, Eusan, de Casaubon, de Lille d'Arbeissan, de Jumat, de Laval, d'Aure, de Monhort, et de Nestés, et ex autres terres que mondit seigneur le comte a outre la rivière de Garone non obstant quelque nombre d'enfans males ou femelles quil ayt nez et procréés au temps de son decez et de ce faire tenir, et garder entièrement jurera et promettera, reservé toute foys a mondit seigneur d'Armaignac que au las qu'il voudroit au temps a venir pour le bien de son ame, ou autre cause raisonable prendre ou transporter aucune des choses ou rentes dessus dittes, il le puisse faire en recompensant ez terres qu'il a de la Garone aussi valablement et noblement mon dit seigneur de Lomaigne, et aussi qu'il ne puisse prendre, et transporter aucun des fiefs principaux. Item ledit seigneur d'Armaignac voudra, et veut, que si son dit fils ayné led. vicomte de Lomaigne allast de vie a trespassement luy vivant, delaissé dud. mariage, fille ou filz masles, que le premier né ou sa postérité masle subcede ez ditz comtés, vicomtés, terres, baronies et seigneuries dessus nommés, s'il est en abilité de personne, pour avoir lignée en mariage pour lors, ou en espoir de l'estre, et se non le second né, ou le tiers, et sic deinceps, des puisnés masles successivement, nonobstant quelque nombre d'enfans masles ou femelles que ledit monseigneur le comte ayt nés ou procréés au tems de son decez et les autres masles et filles se aucuns sont dudit mariage auront leur portion selon raison et usement du pays, et sy filles y a seulement, elles seront mariées bien, et convenablement selon leur estat. Item mondit seigneur d'Armaignac tout en son nom propre et ayant en son pouvoir paternel son dit fils, que pour, et au nom de son dit fils msgr. le vicomte lequel il obligera a ce, voudra, et consentira tant pour soy et ses autres enfans et heritiers que pour son dit fils que s'il advenoit que ledit monseigneur le vicomte allast de vie a trespassement après la solemnisation dudit mariage, luy ayant 14. ans et elle 12. ou plustot se elle enfantoit, delaissée mad. dame Blanche son epouse en vie ; en ce cas mad. dame Blanche prendra, et aura sa vie durant douaire ou donaison pour nopces 4 m. livres Tourn. En la maniere qui suit, c'est assavoir que pendant que monseigneur d'Armaignac vivra mad. dame ne pourra avoir ne demander pour son douaire, fors seulement deux mille livres, et de plus ne sera tenu monseigneur d'Armaignac..... etc. et aprez le trespas de mondit seigneur d'Armaignac mad. Blanche prendra et aura par doire lesdites 4 m. livres par chacun an, qu'elle prendra quittes en main de toutes charges sur la baronie de Benevent en Rouergues et ez autres lieux prochains de ladite baronie, en cas que les revenus de ladite baronie ne suffiroient, et aura pour son habitation le chatel de Benevent duëment apareillé, et maisonné ; lequel ne sera compté en l'assiette du revenu dessusd. lequel bien, et rentes reviendront à monseigneur d'Armaignac ou ses hoirs, après le decez de mad. dame Blanche. Item s'il advenoit qu'après la solemnisation dudit mariage, et la tradition ou amenement de mad. dame hors de Bretaigne led. monseigneur de Lomaigne allast de vie a trespassement, delaissée mad. dame son epouse en vie en ce cas mad. dame Blanche sera rendüe et restituée franche, et quitte de tout lien de mariage, et de toute obligation, pour aller a son bon plaisir, et a elle seront delivrées les robbes, joyaux et monture convenables et son douaire comme dessus. Item au cas dessusd. que mond. seigneur de Lomaigne aprez le payement fait de lad. somme de cent mille livres ou partie d'icelle, allait de vie a trespassement, delaissée en vie mad. dame lad. somme de cent mille livres ou ce que de cette somme aura été payé sera rendu, et delivré a mad. dame Blanche entierement, et sans qu'elle puisse aucune partie d'icelle somme donner ne aumoner entre vifs, ny par testament, ou autrement à cause de mort ; ne delaisser, remettre, vendre, ne alliener en quelque maniere a mond. seigneur le comte ou a madame la comtesse sa femme ne a aucuns de leurs enfans ou heritiers, ou autre quelcon que interposite personne sauf toutefois que mond. seigneur d'Armaignac et les siens retiendront franchement de ladite somme de cent mille livres la somme de vingt mille livres de laquelle ils ne seront tenus faire restitution. Et du surplus commencera le premier payement a la fin de l'an dud. trespas, et se continuera d'an en an. Item si mad. dame alloit de vie a trespassement sans enfans sourvivans dud. mariage, ce que sera payé de lad. somme, sera restitué à mond. seigneur le duc, excepté lesd. vingt mille livres, et aussi ce qu'elle ne voudra ordonner pour son...... ou pour guerdonner sans fraude de ses bons serviteurs jusqu'à la somme de huit mille livres Tournoises. Item si advenoit que après aucun tems mond. seigneur le comte n'eut pas bien a gré sond. fils ayné, ou mad. dame Blanche; ou se mad. dame Blanche avoit aucun discord avec madame la comtesse d'Armaignac, ou ledit vicomte ou sa dite mère, ou autre comtesse d'Armaignac ou autrement par quoy vousit mondit seigneur le comte que son dit aisné fils et mad. dame Blanche demourassent a par eux, en ceux cas led. monseigneur le vicomte, et mad. dame Blanche prendront, et auront entièrement pour leur vie et estat soustenir lad. vicomté de Lomaigne, et revenus, et soubs ces articles sont lesd. seigneurs d'Armaignac et filz, et duc de Bretagne obligés à l'accomplissement dud. mariage, ce que lesd. deputéz ont juré devant Etienne evêque de Dol au chatel de la Tour Neuve à Nantes le penultieme jour de juillet l'an mil quatre cens six, presents monseigneur l'Eveque de Vannes, chancelier de Bretaigne, noble, et puissant homme Charles de Rochan, M⁰. Jean de Tieulle docteur en décrets, et en loix conseiller de mond. seigneur le duc et noble homme, M⁰ Gautier de Passac chevalier, seigneur de La Croisette, chambellan et honorable homme et discrét M⁰ Guilhaume Boisratier docteur en décrets et en loix.

(Collationné sur l'original.)

Hommages de la noblesse de Fezensac au comte d'Armagnac.
1391 et 1451.

Universis præsentes litteras inspecturis Joannes Dulcis in legibus licentiatus locum tenens venerabilis viri domini Petri de Merullio in legibus baccalaurei judicis ordinarii Tolosæ regis et sigilli minoris regis senescalliæ et vicariæ Tolosanæ et Albiensis domini nostri regis salutem et præsentibus dare fidem. Notum vobis facimus et tenore præsentium attestamur quod nos vidimus, tenuimus, de verbo ad verbum coram nobis perlegi fecimus quoddam publicum instrumentum præsentis homagii non viciatum non cancellatum nec in aliqua parte sui suspectum retentum prout in eodem legitur per magistrum Jacobum de Scuderio notarium villæ Plasentiæ die ultima mensis augusti anno domini millesimo quadringentesimo quadragesimo primo cujus quidem instrumenti tenor sequitur in hunc modum. In nomine Domini amen. Noverint universi et singuli præsentes et futuri seriem et tenorem hujus præsentis instrumenti inspecturi lecturi et etiam audituri, quod die et anno inferius expressatis constituti et personaliter existentes apud castrum comitale villæ Vici Fezensiaci Auscitanensis diœcesis præsentibus me notario et testibus infrà scriptis, et coràm illustri principe domino nostro domino Joanne comite Armaniaci et Fezensiaci aliorumque comitatuum et vice comitatuum, ac etiam aliarum terrarum et dominationum suarum domino, in Camera ejusdem domini comitis videlicet egregii nobiles et potentes viri domini Guillelmus de Vicinis aliàs de Montealo, dominus de Montaut, Ayssinus de Montesquivo, dominus de Montesquivo, Joannes de Pardeilhano, dominus de Pardeilhan, Bertrandus de Montesquivo, dominus de Lauraëto et de Lagrauleto milites et barones comitatus Fezensiaci, necnon domini Joannes de Beuvilla Condominus locorum de Mainhaut et de Rochis, et Bartholomæus de Montesquivo dominus loci de Marsano etiam milites, Theobaldus de Podanassio, dominus loci de Marambato, Manaldus de Baulato dominus loci de Pratonerone, Manaldus de Gelas, dominus de Bonassio, Odo de Massanis, dominus de Castilione de Massanis, Bertrandus de Monteluguno, dominus de Caluata, Bertrandus de Archamonte, dominus Archamonte, Ludovicus de Lasserano, dominus de Massencomma, Manaldus de Lasserano, dominus de Casalibus, Joannes de Besolis, dominus de Besolis, Armandus de Ruppe, dominus de Cieuraco, Joannes de Monteluguno, dominus de Autranis et Georgius de Montesquivo, Condominus de Bellomonte. Recognoscentes dicti domini barones militis et alii nobiles suprà nominati et in veritate confitentes se habere tenere prædictas baronias suas ac loca sua et alias dominationes eorum et cujuslibet illorum cum omnibus pertinentiis suis à dicto domino comite Armaniaci et Fezensiaci tanquam comite Fezensiaci prout tenentur et sunt astricti prædecessoresque sui facere tenere consueverunt, obtulerunt et se presentaverunt cum omni honore et reverentià quibus potuerunt et debuerunt dicto domino nostro Armaniaci et Fezensiaci moderno se fore paratos pro dictis eorum baroniis et dominationibus antedictis et pertinentiis suis, homagium debitum et consuetum facere et præstare fidelitatis juramentum. Verumtamen ante omnia præfati barones, milites et alii nobiles supra scripti tam pro se quam etiam pro omnibus aliis militibus personis tam præsentibus quam absentibus feudum nobile tenentibus in dicto comitatu Fezensiaci petierunt et requisiverunt ac etiam supplicarunt eidem domino nostro comiti moderno ut ipse tanquam comes Fezensiaci et dominus eorum modernus, juramentum per dominum comitem Fazensiaci modernum in suo novo adventu præstari consuetum juxtâ et secundum usus, libertates et consuetudines de verbo ad verbum et alia privilegia et libertates scriptas si quæ inveniri possent, seu etiam in instrumentis consuetudinum Fezensiaci invenirentur confirmare et approbare dignaretur proùt et quemadmodum quondam dominus Bernardus comes Armaniaci et Fezensiaci bonæ memoriæ ipsius domini nostri comitis moderni Avus juramentum dictis baronibus et aliis nobilibus Fezensiaci qui pro tunc erant per prius liberaliter præstitit et juravit antequam dicti barones et alii nobiles Fezensiaci tunc ibidem existentes, et juramentum fidelitatis sibi præstarent proùt in quodam instrumento sumpto per magistrum Geraldum de Caluarupe notarium diœcesis Cahercensis latiùs continetur quod ibidem domino novo comiti presentaverunt, cujus quidem instrumenti tenor sequitur, et est talis. In nomine Domini amen. Noverint universi et singuli præsentes pariter et futuri hujus præsentis publici instrumenti seriem inspecturi, visuri lecturi seu etiam audituri, quod anno ejusdem Domini millesimo trecentesimo nonagesimo secundo, die decima octava mensis septembris indictione decima quinta, pontificatus sanctissimi in Christo patris Domini nostri domini Clementis divina providentia papæ septimi anno quarto decimo, serenissimo principe domino Carolo Dei gratiâ Francorum rege regnante super illustri, in mei notarii publici et testium infrà scriptorum præsentia constitutis personaliter egregio et potenti principe domino Bernardo Dei gratiâ comite Armaniaci, Fezensiaci et Cadrallensis vicecomiteque Leomaniæ et Altivillariæ ac domino terræ Ripariæ ex una parte, et nobilibus potentibus viris dominis Joanne de Barta domino de Aura, Ayssino domino de Montesquivo Odone de Montealto militibus, et Bertrando domino de Pardeilhano domicello baronibus Fezensiaci pro se et aliis nobilibus Fezensiaci vassallis dicti domini comitis ex parte alterâ. Cum dictus dominus comes tanquam dominus modernus ipsos barones requisisset ut sibi domino comiti facerent homagia et præstarent fidelitatis juramenta quæ sibi facere et præstare tenebantur ut ibi dictum fuit præfati barones asserentes se fore parati facere et præstare dicta hommagia et fidelitatis juramenta dixerunt quod consuetum erat et per prædecessores ipsius domini comitis observatum extiterat quod in simili casu antequam nobiles dicti Fezensiaci comitatus facerent et præstarent dicta homagia et fidelitatis juramenta, quilibet comes Fezensiaci modernus eisdem jurabat esse bonus dominus et ipsos defendere ab omni oppressione et violentia indebitis de se et suis et aliis personis juxtà posse, necnon consuetudines, libertates et franchesias eisdem nobilibus et eorum prædecessoribus ac subditis eorumdem per comites Fesensiaci prædecessores ipsius domini comitis et moderni datas, concessas et confirmatas et diutius per ipsos usitatas ratificabat et confirmabat et jurabat ipsas consuetudines, franchesias et libertates firmiter tenere et observare et quod secundùm dictas consuetudines et libertates ipse dominus comes præmissa facere tenebatur, super quibus supplicaverunt ipsi nobiles præfato domino comiti ut præmissa omnia et singula facere dignaretur prout superiùs sunt expressata. Qui quidem dominus comes prædictus audita dicta requesta supplicationeque prædicta inclinatus gratanter et liberè ex suâ certâ scientiâ, non vi, dolo, metu nec fraude ut dixit inductus nec machinatione aliquâ ab aliquo circonventus dictas libertates, consuetudines et franchesias ratificando, homologando et approbando benigniter et gratiosè promisit et juravit suprà librum missalem et crucem existente suprà genua ipsius domini comitis pro tunc ibidem sedentis esse eisdem nobilibus superiùs nominatis et omnibus aliis dicti comitatus Fezensiaci vassallis suis et eorum subditis in dicto comitatu habitatoribus bonus dominus fidelis et ipsos et eorum quemlibet defendere et tueri ab omni violentiâ et oppressione indebitis de se, suis et aliis personis juxtà posse suum prout verus et bonus dominus vassallos suos deffendere et tueri debet et tenetur et prout per suos prædecessores est fieri consuetum et meliùs si per ipsum fieri potest et debetur, prædictas libertates, franchesias et consuetudines tenere et servare inviolabiliter ac teneri et observari facere prout de jure sunt observanda et est fieri debitum et consuetum. Quibus actis præfati nobiles unus post alium præfato domino comiti homagia et fidelitatis juramenta quæ sibi domino comiti facere et præstare tenebantur fecerunt et præstaverunt prout instrumentis super dictis homagiis et fidelitatis juramentis per me notarium infrà scriptum sumptis et receptis latiùs continetur. De quibus omnibus et singulis suprà dictis, dictus dominus comes voluit et concessit dictis baronibus superiùs nominatis et eorum cuilibet in solidum necnon cuilibet alteri vassallo suo dicti comitatus Fezensiaci qui habere voluerit publicum instrumentum per me notarium infrà scriptum aut plura si opus sit quod et quæ ego notarius infrà scriptus fieri concessi prout per me fuerunt concedenda.

Acta fuerunt hæc in castro de Vico Fezensiaci anno, die, mense, indictione pontificatûs, regnante quibus suprà, præsidente reverendissimo in Christo patre et domino Joanne Dei gratiâ archiepiscopo Auscitano et dicto domino comite in suis prædictis comitatibus vicecomitatibus et terris dominante, testibus præsentibus nobilibus et potentibus viris dominis Arnaldo Amanevo domino de Lebreto, Bernardo de Lebreto domino de sancta Bazeilha, Guillelmo de Solatges domino de Sirato, venerabilibus viris dominis Bernardo de Grossolis, Bernardo de Prato licentiatis in legibus et Ramundo de Marcha licentiato in decretis ad præmissa vocatis specialiter et rogatis et me Geraldo de Caluaruppe clerico Cadurcencis diœcesis apostolica et regia auctoritatibus publico notario qui de præmissis omnibus et singulis hoc præsens publicum instrumentum sumpsi et in meo inserui protocollo et ex indè in hanc publicam formam pro parte dicti domini de Montealto per alium coadjutorem meum in hac parte juratum redigi feci, et facta collatione diligenti cum originali signo meo solito sequente quo utor auctoritate regiâ in publicis instrumentis signavi requisitus et rogatus in fidem et testimonium præmissorum et manu meâ propriâ hic me subscripsi requirente, supplicante præfato domino nostro comite moderno juxtà tenorem illius fieri et observari, Et ibidem dictus dominus noster comes auditâ supplicatione et requesta visoque tenore dicti instrumenti, sedens supra quoddam sedile ligneum parvum laneis tapissariæ decoratum ambobus suis manibus positis suprà librum missalem, teigitur et crucem desuper positis eisdem dominis militibus et baronibus et aliis nobilibus superiùs nominatis pro prædictis eorum baroniis et dominationibus suis et cujuslibet ipsorum cùm suis pertinentiis, præsentibus ibidem pro se et eorum et cujuslibet ipsorum successoribus universis et singulis, etiam pro omnibus aliis nobilibus et personis dicti comitatûs Fezensiaci tàm præsentibus quam absentibus feudum nobile in dicto comitatu Fezensiaci tenentibus stipulantibus solemniter et recipientibus juravit et juramentum præstitit quod ipse dominus noster comes tanquàm comes Fezensiaci modernus erit eis bonus dominus et fidelis prout bonus dominus suis vassalis et subditis esse debet ipsosque et eorum quemlibet manu tenebit proteget et defendet ab omni violentiâ et rigore illicitis de seipso et de omnibus aliis et quibuscumque personis suo posse eisdemque suos usus, foros, libertates, consuetudines et privilegia tenebit et servabit prout et quemadmodum dictus quondam dominus Bernardus comes Armaniaci et Fezensiaci juravit ut in prædicto instrumento superiùs incerto et per dictum magistrum Geraldum de Caluaruppe retento latiùs et pleniùs continetur Et ibidem dicti domini barones milites et alii nobiles suprà nominati singulis eorum genibus flexis, existentes coram dicto domino comite tanquam comite Fezensiaci à libro missali cum signo venerabilis sanctæ crucis suprà dictum librum appositæ et sacro sanctis quatuor Dei evangeliis positis coram ipsis in manibus prædicti domini comitis existentibus promiserunt et unus post alium juraverunt prælib. to domino comiti tanquàm comiti Fezensiaci ibidem præsenti pro se ipso ejusque successoribus universis stipulanti solemniter et recipienti benigno oris osculo in signum fœderis et amoris intervenienti esse boni veraces, legales et fideles subditi et vassalli dicto domino comiti et ejus successoribus Fezensiaci comitibus personamque ipsius domini comitis et membra sua, statum, dignitatem, honorem ejusdem et suorum successorum custodire, deffendere et servare necnon et omnia alia quæ quilibet subitus vassallus debet præstare et servare domino suo, et quæ de jure seu ordinatione juris scripta sunt. Et quæ in instrumento fidelitatis et homagii exponuntur, requiruntur et observari debent. Dicti domini barones milites et alii nobiles suprà nominati tenebunt et observabunt et quilibet eorum tenebit et observabit secreta per ipsum dominum nostrum comitem aut de ejus mandato eisdem dominis nobilibus aut eorum alteri commissa, sub secreto tenebunt et minimè revelabunt nisi de ipsius domini comitis licentiâ et mandato, consiliumque, adjutorium, opem et favorem sicut boni veraces et legales subditi et vassalli facere debent et tenentur suo bono vero et legali domino eidem domino comiti dabunt si requirantur. Et si quæ damna aut sinistra evenire scirent, aut evenire contingere in futurum in detrimentum personæ ipsius domini comitis seu membrorum aut successorum suorum Fezensiaci comitum, quod Deus avertat! ad ipsorum notitiam pervenerint, totis viribus suis evitabunt et impedient, et illa in proprio denunciabunt seu denunciari facient per fidelem expressum eidem domino comiti, aut ejus officiariis, ipso domino comite absente, citiùs quo poterunt et omnia alia universa et singula facient, servabunt et complebunt integraliter quæ in et sub juramento fidelitatis et capitulis ejusdem comprehenduntur seu comprehendi possunt, continentur et sunt expressata. De quibus omnibus et singulis suprà dictis, præfati domini barones milites et alii nobiles superius pro se et nomine omnium aliorum nobilium personarum feudum nobile tenentium in dicto comitatu Fezensiaci, petierunt et requisiverunt eis fieri et retineri publicum instrumentum seu publica instrumenta tot quot eis fuerint necessaria unius et ejusdem tenoris, quod seu quæ dictus dominus noster comes eisdem fieri voluit et concessit per me notarium infrà scriptum, et quod seu quæ fieri, dictari, corrigi, refici, emendari possint et valeant cum consilio peritorum facti substantia non mutata.

Acta fuerunt hæc ubi suprà die ultimâ mensis augusti, anno Domini millesimo quadringentesimo quinquagesimo primo, illustrissimo principe et domino nostro domino Carolo Dei gratiâ Francorum rege regnante, in præsentiâ reverendissimi in Christo patris et domini

Ramundi miseratione divinâ episcopi sancti Papuli nobiliumque et potentium virorum dominorum Bernardi de Faudoariis et de Barbasano, senescalliquae Armaniaci, Joannis de Barthà, senescalli Auramilitum, Joannis de Berrio Auxis in legibus licentiatus judicis ordinarii Armaniaci et Bertrandi de Rullia Lectoræ etiam in legibus licentiati judicis appellationum Armaniaci et mei Jacobi de Senderio, auctoritatibus dominorum meorum comitis Armaniaci, archiepiscopi Auscitani et de capitulo Tolosæ notarii villæ Plasentiæ habitatoris, qui requisitus de præmissis præsens instrumentum retinui. Quod aliis occupatus negotiis per aliquem mihi fidelem et juratum in hanc formam publicam abstrahi feci et facta diligenti collatione cum originali hic me manu propriâ subscripsi et signo meo instrumentali publico quo utor signans in testimonium præmissorum. Jacobus, in quarum visionis et perfectionis fidem et testimonium nos locum tenens prædictas præsentes literas sigillo regio dictæ curiæ ordinariæ Tolosæ in pendenti sigillas duximus concedendas.

Actum et datum Tolosæ die vigesima mensis junii anno Domini millesimo quadringentesimo septuagesimo primo.

(Extrait des archives du Séminaire.)

Accord entre Isabelle d'Armagnac et Gaston du Lyon. — 1473.

In domine domini amen. Noverint universi et singuli præsentes pariter et futuri seriem hujus præsenti publici instrumenti visuri, lecturi, seu etiam audituri, quod cum præsentia et anno præsenti illustris et potens domina domina Izabellis de Armignaco, filia legitima et naturalis domini Joannis quondam comitis Armaniaci domina terrarum auræ, Maignoaci, et Barrosæ, ac totius Baroniæ de la Barthà dederit, cesserit et transportaverit donatione inter vicinos facta magnifico et potenti viro domino Gastoni de Leone domino de Vesanduno vice-comiti vice-comitatus Insulæ de Caneto dictas terras auræ Maignoaci et Barrossæ ac totam Baroniam de la Barthà cum certis tamen conditionibus, retentionibus et reservationibus per ipsam dominam Izabellem factis et reservatis, et per ipsum Gastonem, sive ejus legitimum procuratorem concessis et promissis, nec non omne jus, actiones et petitiones quod et quas ipsa habet in hereditate et bonis dicti quondam sui patris, sicut hæc omnia constant per publicum instrumentum de his retentum per magistrum Petrum de Ruppe notarium publicum Tolosæ ut ubi dictum fuit. Hinc est quod anno et die infra scriptis in mei notarii publici et testium infra scriptorum præsentiâ et testimonio dictæ partes videlicet dicta domina Izabella certiorata de jure suo ex unâ parte, et dictus de Leone ex aliâ parte existentes et personnaliter constituti non inducti nec decepti, sed ex eorum certis scientibus non discernendo a dicta donatione cum suis conditionibus et reservationibus prius facta sed potius illam confirmando inter se convenerunt, concordaverunt, conventionesque et promissiones inter se fecerunt quas juraverunt eorum singulis manibus dextris et dictis eorum manibus signaverunt en modo et quemadmodum in quibusdam articulis in papiro scriptis eorumque manibus signatis cavetur et ad longum continetur quorum tenor sequitur et est talis. Seguen lo pactes, acorets, conventios et promes feyts, accordats, convents, et promes, et inter la auta et puissenta dama madona Izabel d'Armaignac filha legitima et naturale de Monsenjoan d'Armaignac en son vivent comte d'Armaignac et seignor de la Baronia et terras de la Bartha, Aura, Maignoar, Barossa et autras, dama et seignora de las d. terras et baronia, et lo sult et poyssant senhor Gaston deu Lyon seignor de Vesumbon visconte de Lisla de Canes et senechal de Tolosa habent dreyts en las d. terras et Baronia de la Bartha tant per certan don a luy feyt per nostre sobiran senhor lo Rey que ainsi per autres appuntamens, feyts et accordats entro mad dama et mont senhor lo senechal en simile certan don et transport feyt per mad dame au d. den Lyon contengut en hun instrument public retengut per maistre Pey de Ruppe notari public habitant de Tolosa, loquel instrument las d. partidas volen et consentem demorar en sa valor, ab los pactes promessas, et renunoncias que s'en seguen et prumierament es estat accordat, promets et convent entre las d. partidas que mad dama en son vivent, et durant lo terme de sa vita demora dama et senhora usu fructuaria de las d. terras et las tendra et possedira durant lo d. temps ab tots dreyh, preheminensas, et prerogativas appartenens et a appartenir de cens au senhor de la Bartha ab tota justicia aulta et bayssa meri et mix imperi et ainsi quella fe lo jour présent, recebera los fruts per sas mas o de sos officiers et comunis et totas vendas et ravenas, et tots autres dreyts, et profeyts ordinaris, o extraordinaris quats que se sian, et daquo dispansara a sa volontat, la proprietat demorant salua a mond senhor lo senechal Gaston deu Lyon et en so mon d. segnor sos heretes perels ny per autre en deguna manyeira directa et judirecta no la empacheran. Item madita dama metara sos officiers a sa volontat quant à la justicia cum es senechal, juge percurays et autres necessaris alas finansas, et duces, tresauriers, recebedous et autres que lo playra, et tots autres necessaris à la regiment de las d. terras, los quals regiran et exerciran lurs officis et nom della en la forma et manieyra que fan al jour de huey, et lo prestaran lo segrament ainsi que es acontumat cascun segont son offici et d'autra part a mond. senhor lo senechal juraran de lo estre bons et feal et de regir et exercir pel nom de lors d. officis apres lo trespas de madama se lo cas advene et dors et deja et los ne da la paysansa. Item fo convenut promes et accordat entre las d. partides et per la seguritat de cascuna dequellas que au regard de las plassas ma dita dama selegira et instituira, tals capitanis et castellans que lo semblara lo squals exerceran los officis per nom della duran lod temps de sa vita totas vegadas en fazen lo sagrament juraran de estre bons et leals à mad dame et aussi a mon d. senhor lo senechal et tenir las plassas per nom de tots dies, et no las bathar a hun sans lo sabut conget et licentia de l'autre, et quant mad dame finira ses jours apres son trepas reddiran et restituaran las d. plassas francamen sans tota contradiction et dificultat aldit deu Lyon o à sos herites et no ha autré per ne far et dispausa de qui avant cum sera son bon plasé. Item fo convent, accordat et promes enter las d. partidas et cascuna de quellas que los sujets et habitans en ladite baronia et terras nobles et autres faran los omenatges et sacraments accostumats de far cascun segont sa qualita à mad dame et a mond senhor Gaston deu Lyon et al suberrivent dels, et que la et quant mad dama finira ses jours no reconnaisseran autre senhor si noque lod deu Lyon ho sos hereters.

Item fo convent, accordat et promes enter las d. partidas que la et quant mond senhor de Vesandum Gaston deu Lyon poyra acquisir et aber alcunas terras senhorias, o autres béés quals que sian a causa deu don, cession et transport que mad dame la feyt de tots los bes, drets, actions et petitions qu'elle ha et pot aber en la hereditat et béés de mond senhor lo comté que dius perdon son pay, incontinent et bailhara et sera tengut de bailha la meytat de tots los usufruits de totas terras senhorias o autres béés acquisits a ma dita dama per los recebré per sas mas, officiers o comis per ne far et disposar à sa volontat, l'autre partida et proprietat ab tots dreyts que poyré aber demorant a mond senhor lo senechal per ne far cum lo playra sans prejudicii de la d. meytat deus usufruits susdits. Item foe convent, accordat et promes entre las d. partidas et cascunas de queras qui se la una sabbe que degossa vener à hun damnatge o inconvenient à l'autra en personna o béés, incontinent le fara assabir et la plus prestament que poyra et aint son poder, de tal domnatge o inconvenient lo défendra sans re y expranhar personna o béés. Item fo convent, accordat et promes entre las d. partidas que per ladita baronia et terras susditas mond senhor Gaston deu Lyon sia tengut de far et fera lo omenatge au rey et lo fara lo servicii a las guerras o autamen en que lo senhor de la Bartha es tengut et acostumat de far au rey son souhiran, et d'autra part si lo cas era que lo comté dauphin o autre vole demandar alcun dreyt, et malve debat, procés o question en lad baronia et terras sus d. en aquet cas moss d. senhor lo senechal cum apropietari sera tengut de prene la causa et de la deffendre et per seguir a sos propris despens sans que mad. dama no sera tenguda d'autra causa si noiant solament de tenir los presens articles, et lad. don, cession, et autras causas contengudas en lod. iustrument retengut per lod. de rapper et baillar lettras de projuras et autras a moss. seignor lo senechal talas que aure besonh a son proffeyt per deffendre la causa, et noresmens quella no fera autra don, o transport ni baillara dreyt, ni action a deguna persona et si a doe feyt per las personnes at revoca. Los quals pactes, accords, conventions et promessus mad dama et moss. senhor lo senechal an jurat et promes de tenir et observar de punt en punt de lurs propris mans sus los sans quatre evangelis de Diu et encaras per major fermessa de lors propras mans aissi se son signats a Castelnau de Maignoac lo nauven jour de novembre , l'an mil quatre cens setanta et tres Izabel d'Armaignac, Gaston deu Lyon.

Acta fuerunt hæc apud locum Castrinovi Maignoaci die nona mensis novembris anno domini millesimo quadragintesimo septuagesimo tertio illustrissimo principe et domino nostro domino Ludovico Dei gratiâ francorum rege regnante et reverendissimo in Christo patre et domino, domino Joanne miseratione divinâ Auxis archiepiscopo existente in præsentiâ et testimonio nobilium virorum Joannis de Millecentis domini de Sansonis, Arnaldi Ramundi de Castrobajaco, domini de Castrobajaco.

Extrait des archives du Séminaire.

COMTES D'ASTARAC.

Pénitence imposée à Guillaume, comte d'Astarac.

Nuper accidit, ut Guilhelmus filius Arnaldi, comes Astariacensis uxorem ducere consanguineam suam. Cumque hoc Archiepiscopus Garsia, cum nimis urgeretur, ut hoc scelus minime perpetrare luissaet, et omnino licentiam hac consensu et conjungendi denegaret, et à Sanctos Patres tali consanguinitas tangendi prohibita esse affirmaret; et videret, quia nihil proficeret, et prædictus Comes ei aurem ad audiendum non præberet, rediensque ad semetipsum, et talem acceptit à suos consilium. Sciens igitur melius esse naufragantem animum aliquum gubernaculum præbere, quam in gurgitem desperationis sine remum pœnitentia relinquere ; accersivitque eum, et præbuit et tempora jejuniorum, et munera eleemozinarum, sicut scriptum est in subsequendo Libellum : Insuper accepit ab eo nobilem Oppidums, quod olim ablatus fuerat à perversis hominibus de Ecclesia

Beatæ Mariæ Episcopitii Auxiensis, redditoque supramemorato prædio, cui præest Ecclesia Sancta Venantia, totam et integram cum omnibus appenditiis suis, tam cum Parrochiis, quàm et Capellis adjacentibus sibi, sine alicujus participatione, vel reclamatione, ut ea pleniter possideat possidendo. Quia necesse est ut pro magna vulnera magna adhibeatur medela, etc. Ego annuente divinâ Clementiâ Episcopus Garcia huic Guillelmo gratiâ Dei Marchioni Comiti totius Astariacensæ, etc. Propter nuptiale conjugigium, etc. Tali præbeo consensum, etc. Acceptaque ab eo oppidum nobilissimum quæ situm est in parte sui territorium, hæc vocabulum ejusdem Ecclesia consecrata in honore Beatissimæ Virginis Christi Venantia, cum omnibus Ecclesiis adjacentibus sibi ac appenditiis ad eam pertinentibus, etc. Insuper hæc mando, ut feria 2. 4. et 6. ab omni carne edendi se abstineat, excepto si solemnitas non occurrerit magna. Tamen feria 6. à vino prohibentur. Si tres pauperes non paverint, aut tres denarios egenis non dederint et in unumquemque anno centum pauperes reficiant, et in die cæna Domini, 12. præcipuè, et ipsorum pedes lavet et singulos denarios eis Præbeat, et in uno quenque anno una quadragesima aut jejunent aut 5. solidos in eleemosinam concedant et ut in Vigiliis Præcipuè ab omni coitu se abstineat ; et ut in Sancto Quadragesimo, et in adventum Domini ab omni coitu se abstineat, scilicet in die Dominico, et in feria 2. 4. 6. et sabbato, et tres pauperes semper pascat, et induat : et ego ideò tres Synodos ab omni debitu absolvo. Insuper hoc constituo ac decretum pono, ut neque ego nec ullus successor meus, neque Ecclesias quas modo habet, vel in futurum habitura est ; neque in æternum habebit Ecclesia Cimonitanæ, nullus munera accipiat ad dedicandum eas, sed sine more dedicentur ab illo gratis, ne pro Clericis faciendos de supra memorato vico accipiat aliquid : et ubicumque voluerint liberam habeant potestatem Deum judicatum faciendum : De cætero absolvo ac benedico in super, et per manu propria trado ut vivant et valeant fœliciter in Christo. Amen.

Extrait du Cartulaire d'Auch, chap. 41, 42-43.

Testament du Centule 1. Comte d Astarac. — 1230.

In Nomine Patris et Filii, et Spiritus Sancti. Amen ; et Beatæ Virginis Mariæ et omnium sanctorum : præsentis paginæ testimonio cognoscant præsentes pariter et futuri, quod Ego Centol Dei gratiâ Comes Astaraci, bonâ memoriâ, et in bono statu, fas mon Ordé. E laisi à Bolmon mon primer fil le Comtad de Starac ab totas las pertinences que amaven deu, et donil aquero qui mes estad conegud de laner deus Fidmarcon. Dati à Centol mon fil arenso ab tant cum e de Terra al Comtat de Begorre mad idei, et tant cum e en las partides de Couserans é de la Garone, mad idei. Leisi lo torn de l'un à l'autre, si Deus fasié son plazer de doum ses de lesal eret. E si l'eretage del Fidmarcon tornaua à Bolmon. Digueman que fos de Centol mon fil. E l'aumedit don de Centol mon fil que fos, e tornes à Bolmon mon fil. E si Deus fase son plazer dans aus.... cerps la Terra de Bolmon torne à la Roia ma fila. Doni e laisi a la Roia ma fila.... de la terra qu'es.... nos clam en la terra de fos frais x milie sols Morlas..... à Beatrice ma filia v milie sols de Morlas, e que mes en la terra de sos frais..... qu'es pagon d'arento de la tenguda. Laisi a la Dauna S. lor mair la Senoria de la terra tant cum..... tans se volera captenir, et si no se volia ab lor captenir, laisi lo lafar d'arenso tro Centol mon fil fos de tera...... tenir. E lais lo mas egas, e mas bacas, e mos bestial en era sue daci en auant fil ni fila laisi à Dieu que fos e bergi o elerceid, laisi la Dona, e mos fils, e mas filhas, e mos cavales, e mos omes, e ma terra à Dieu merce, e de Mosenor Lezoig per la Gratia Dieu Rey de Fransa, e de Mossior Namaneu, per la Gratia Dieu, Arceuesque d'Aus, et de mon Filol Gaston per la gratia Dieu, Coms e Bescoms de Bearne.

Si Deus fa son plazer de mi, ordeni a Maueed mon cors per sepelir, e laisi mon cauat, e mon palafre, e mon salmer e mon leit, e mas armas, e alber, e calces, cobertas, a elui. E laisi mandad a la Dona Segui ma moler, que fasa clause lo Cimeteri de mur, et qu'ei fasa nana Capela deuant or uns Capelas cante tot die Messe sober l'Altar de Sancte Marie, e honor de Dieu, et Beate Virginis Marie, et omnium Sanctorum, en remision de nostres pecads. e per tort que es a la Maison del Parauis laisi m. sols d'Arnaldeus, e que m'absolhan en capito, et preguen Dieu per mi. A St. Sacerdot laisi v. c. sols d'Arn., et que m'absolhan en capito, en fasen perdonar al poble, e preguen Dieu per mi. A Font Gaise laisi v. c. sols d'Arnald., qu'en perdonem, et preguen Dieu per mi. A l'Auesque d'Ajen e la Glesa d'Ajen, laisi pel tort que ie... m. sols d'Arnaldeus, e qu'en perdonem, e prejen Dieu per mi. Laisi à la Obro del Moster de S. Mari d Aus v. c. sols de Morl., e que preien Dieu per mi. A la Obro del Moster de S. Orens cc. sols de Morl., e que preien Dieu per mi. A la Obro de Sent Martin d'Aus c. sols de Morlas, qu'ei preien Dieu per mi. A la Gleise dels Menors de Sent Pe c. sols de Morlas, e preien Dieu per mi. A lenar le cor del moster de Sente Marie de Berdones m. sols de Morlas. e preien Dieu per mi. A Sent Man c. sols de Morlas, e preien Dieu per mi. A Idrag c. sols de Morlas, qé preien Dieu per mi. A S. Dod. c. sols de Morlas, qé preien Dieu per mi. A Massenbe cc. sols de Mor las, que preien Dieu per mi. A Cabas, c. sols de Morlas, que preien Dieu per mi. A Traisoneres c. sols de Morlas, que preien Dieu per mi. A Enpens c. sols de Morlas, que preien Dieu per mi. A Fajed ccc. sols de Morlas, qu'ei preien Dieu per mi. A Cinoerre v. c. sols de Morlas, que preien Dieu per mi. A Pessan cc. sols de Morlas, que preien Dieu per mi. A Sarramon cc. sols Morlas, que preien Dieu per mi. A Bolaug cc. sols de Morlas, que preien Dieu per mi. A S. Laurens c. sols de Morlas, que preien Dieu per mi. A Faus c. sols de Morlas, que preien Dieu per mi. A Comalonga cc. sols de Morlas, que preien Dieu per mi. A l'Escale-Dieu cc. sols de Morlas, que preien Dieu per mi. A....... nt cc. sols de Morlas, que preien Dieu per mi. A la Benediction cc. sols de Morlas, que preien Dieu per mi. A...... que preien Dieu per mi. A Flaran c. sols de Morlas, que preien Dieu per mi. A Bolas cc. sols de Morlas, que preien Dieu per mi. A....... que preien Dieu per mi. A Granseube ccc. sols de Morlas per las vitras o beyrias faee, e preien Dieu per mi. A...... e preien Dieu per mi. A la Gleisa de Sent Jagme xx. sols Morlas, e preien Dieu per mi. A la Gleisa de Castelnau xx. sols de Morlas, e preien Dieu per mi, canten....... e preien Dieu per mi....... à totas las autres Gleisas qui son el Contad on em.

Serment des États d'Astarac au comte. — 1590.

L'an mil cinq cents quatre-vingt-dix, et le douzième jour du mois d'Août, après midy en la ville de Masseube et dans l'église paroissielle d'icelle. Les estats generaux de la comté d'Astarac étans assemblez par mandement de haut et puissant seigneur messire Jean-Louis de la Valete duc d'Epernon pair et colonel general de France, comte de Candale et d'Astarac, president ausdits estats, et à luy assistans noble Carbon de Lamazère, seigneur de Gramont gouverneur de lad. comté, Jean de Béon seigneur-vicomte de Sère, Bernard de Massez seigneur d'Esclassan lieutenant pour le roy au pais de Xaintonge, Angoumois, en absence de mond. seigneur d'Espernon, Carbon de Sedirac seigneur de S. Guiraud, sindic de la noblesse dud. pays, Philippe de Benque seigneur de Bisous, Gaspard Marestang sieur de Lagarde, N...... N. de Magnaut sieur de Montegut d'Aguin, Jean Marcillan sieur de Meillan, Arnaud de Mobeton sieur de Lasseube, Carbon de Lupé sieur de Garranier, Jean de Garranier sieur de Pepieux, Arnaud de Marrast sieur de Clarens, Arnaud d'Astarac sieur de Chelan et de Lamothe, Philippe Arquier sieur de Lambege, Jean-Pierre de Béon sieur du Massez, Jean d'Artigues seigneur de Moncorneil et de Saintos, Mathieu de Labarthe sieur de Manent, Carbon de Lupé sieur de Martian, Monsieur M⁰ Bernard Malhomme licentier ez droit, juge ordre. d'Astarac, Messieurs Vidal Cassagne, Jean Laroste, Gabriel Gondin, Jean Nauarre, consuls de Masseube ville capitalle de leur comté, Jean Bonassies consul de la chatelainie de Moncassin assisté de M° Dominique Cassagnebere auocat, auditeur des comptes en lad. chatelenie et de tous les consuls des villages d'jcelle, Bernard Serez consul de Castelnau assisté de M° Bernard Barrère auditeur des comptes de lad. chatelenie et de tous les consuls des villages d'jcelle, M° Dominique Caze consul de la chatelenie de Villefranche assisté de M° Dominique Lacaze auditeur des comptes et des consuls des villages de lad. chatelenie, Jean Trouète consul de la chatelenie de Durban assisté de M° Bernard Tibaut auditeur des comptes et des consuls des villages de lad. chatelenie. Par M° Jean de Lamothe, sindic du tiers estat dud. païs d'Astarac, a esté remonstré à moudit comme le second du courant mois voulant faire son entrée dans lad. ville de Masseube comme capitalle dud. païs auec haute et puissante dame Marguerite de Foix comtesse d'Espernon, comtesse de Candale et d'Astarac, il les auroit sommez, suppliez et requis vou loir obseruer la forme tenu par leurs deuanciers sur la prise de pos session tant de lad. ville que generallement dud. pays, et ce faisant permettre et jurer solemnellement sur le liure, missel, Te Igitur et croix de les conseruer entretenir, les laisser viure et jouir aux priuileges, franchises, prerogatiues, preeminences, libertez et droits desquels leursd. predecesseurs comtes les ont laissez jouir plainement et paisi blement jusqu'à present, et tout ainsi qu'ils en joüissent par les cou tumes, usages et écrits, et pour les particuliers de lad. ville de Mas seube de confirmer leurs priuileges ainsi que si deuant ont été passez entre les feus comtes d'Astarac et les abbez de l'Escaladieu coseigneurs de lad. ville auec les coutumes et desquelles ils jouissent apre sent ratifier et approuuer l'exercice de la justice ciuile et criminelle de lad. comté jcelle reunir et ne permettre qu'elle soit démembrée comme depuis peu de tems elle a été, et pour l'exercice d'jcelle y entretenir un juge homme d'honneur, Idoine, sufisant et capable, docteur ou licentier, bon catholique et autres officiers tout ainsi que nosd. seigneurs predecesseurs comtes ont fait cy deuant, ratifier et approuuer aussj la congregation et tenue des estats dans lad. ville comme y ayant esté toûjours tenus par lesd. feus comtes, et neanmoins que tous les buraux des finances soint reduits en un, et à celuy qui est de present aud. Masseube, pour éuiter la confusion et grande dépense que s'enuit, à quoy luy f'st repondu par mond. seigneur qu'il n'estoit pas venu en ce païs pour derroger ausdits priuileges, ains pour les augmenter, mais que de preter dèlors le serment qu'il ne le pouuoit d'autant qu'il vouloit faire assembler les états generaux de sa dite comté, et que lorsqu'ils seroint ensemble, il feroit le serment requis et par même moyen recevoir le jurement reciproque dud. sindic, consuls, manans et habitans deud. païs, et détant qu'à present lesd. estats sont ensemble, led. de Lamothe sindic a supplié mondsieur vouloir effectuer sa promesse, et auant entrer aux propositions et deliberation des estats faire led. serment solemnellement offrant icelluy fait prêter pareil et semblable jurement tant luy que lesd. consuls de Masseube, des quatre chatelainies, et consuls des villages dependents d'jcelles, sçauoir est de prêter l'obeissance, honneur et revenu telle que de droit est düe ausd. sieurs comtes, et à supplié mond. sieur trouver bon que madite dame fasse le semblable, mondit seigneur a dit qu'il est tout prest le jurer ainsi que dessus est écrit, veut et entend que madite dame en fasse le semblable, et pour cet effet il y prête consentement avec licence maritalle qu'il luy donne par ces presentes, et tout incontinent se soit presenté. M. Jean Clarens prêtre et vicaire de lad. ville dans les mains duquel et sur le liure missel Te Igitur et croix, au deuant l'autel majeur de lad. eglise, mondit sieur tête nud, à deux genoux et mains jointes, auroit promis et juré pour luy et pour les siens a l'auenir tenir, garder, et inuiolablement observer de point en point tous les chef et points remoustrez par led. sindic dessus declarez, jceux confirmans, ratifians et approuuans tant pour les present que pour l'aduenir, et apres-ce led. sindic, consuls de Masseube, consuls des quatre chatelainies, ont promis et juré en la forme susd. l'obeissance, foy, honneur et reuerence, telle que le sujet doit à son seigneur, le reconnoissant pour leur vray et legitime comte et lesd. consulats desd. chatelenies l'ont semblablement promis et juré la main leuée, de quoy mondit sieur et lesd. syndic et consuls ont requis acte à moy Jean Cortade notaire royal de la ville de Masseube et greffier des estats leur être prinse, ce qu'ai fait ez presences de mes. Sans Dallas notaire royal, Antoine Cortade auocat, Sans Sausset, Guillaume Verdier marchands, Jean Larroque, et Jean Labat praticiens de Masseube habitans.

(Extrait des archives du Séminaire).

Déclaration d'Arnaud-Guilhem, comte de Pardiac. — 1270.

Universis presentes litteras inspecturis : Arnaldus Guillelmus de Monte-Lugduno Dei gratiâ comes Pardiniacenses : Salutem in Domino. Noveristis quod cum Dodorius de Suriac, et Arnaldus frater ejus, domicelli abbatem et conventum monasterii Casæ-Dei, in grangia dicta Feugar et locis aliis, impugnatione et vexatione multiplici molestarent, dicentes casalia, tribus, ceras....... et plura alia in territorio dicto Damies diœcesis Auxensis Jure dominii spectare ad eos pleno jure; et dicti abbas et conventus possident in ipsis padoentiam et usum in pascuis ad animalia et homines, in terris, herbis, et arboribus, glandibus et fructibus universis, et aliis omnibus et singulis necessitati aut utilitati eisdem competentibus in præmissis: tandem dicti domicelli, pro se et Augerio, et Peregino, et Bère, fratribus suis; et procurator dicti monasterii, pro abbate et conventu prædictis, in nostrâ præsentiâ constituti; compositione amicabili concorditer co. . . . . pro vexatione redimendâ, dictis domicellis dedit x. x. x. x. solid. Morl. . . . . . et ipsi domicelli pro se et Augerio, et Peregrino, et Bère fratribus. . . . . singulis de genere suo, et hæredibus suis et successoribus universis, recognoverunt dictos abbatem et conventum habere de jure et possidere. . . . . usum in prædictis casalibus et aliis omnibus et singulis quæ ipsi habent, vel habere debent in territorio Damies supradicto; sub terris, herbis, arboribus . . . . et fructibus universis; et. . . . . . rivis et rivalibus, viis et semitis, et. . . . . et ingressionibus, et egressionibus; et omnibus et singulis, necessitati aut utilitati eo incompetentibus aliquotenus in præmissis: et hoc ratum et conventum habentes voluerunt et concesserunt; quod dicti abbas et conventus pro se vel pro aliis in casalibus, in territorio supradictis haberent padoentiam, pascua et omne usum hominibus et animalibus competentem; et præmissa, omni tempore, omnia acciperent et haberent, et plenè ac liberè perpetuò possiderent; et si quid eis in jure vel possessione deesset vel defuisset, aliquotenus in hac parte ex concessione hujus id haberent, et plenis ac perfectis possiderent. In cujus rei testimonium nos, præfatus comes, sigillum nostrum in præsentibus duximus apponendum: testes hujus rei sunt de curiâ nostrâ Bernardus de Pausades et Bertrandus de Samasan milites, et Bernardus de Insula, et Arnaldus Guillelmus de Timol, et Arnaldus de Petheu et Terrado, jurati, et Bernardus de Nicholau; et alii quam plures de Montelugduno et dictus procurator, cum pluribus de. . . . . . . Casa-Dei. Factum apud Montemlugdunum Pardiniacensem, die lunæ post festum Beati Mathæi apostoli et evangelistæ. Anno Domini millesimo ducentesimo septuagesimo.

Extrait des Archives du Séminaire.

COMTES DE PARDIAC.

Constitution de dot de Isabelle de Montlezun, fille du comte de Pardiac et de Géralde de Biran. — 1326.

Noverint universi præsentes pariter et futuri, quòd in mei notarii et testium infrà scriptorum præsentiâ quod cum egregius vir domi nus Arnaldus Guillelmi de Montelugduno Dei gratiâ comes Pardiaci dedisset nobilem dominam Mabiliam filiam suam naturalem et legitimam nobili et potenti viro Arnaldo Guillelmi de Barbazano domicello domino de Barbazano, et moris sit patrum antiquorum, filias cum dotibus in matrimonio collocare, et usitatum regulariter, quòd dos datur in matrimoniis ex parte uxoris suo viro, propter onera matrimonii supportanda et jàm sustinenda. Idcircò dictus nobilis et potens vir dominus Arnaldus Guillelmi Dei gratiâ comes Pardiaci gratis ac ejus spontaneâ voluntate certus de facto et certioratus de jure suis per me notarium infrà scriptum dedit dicto nobili Arnaldo Guillelmi de Barbazano domicello domino de Barbazano ibidem præsenti pro se suoque ordinio stipulanti et dictæ nobili Mabiliæ de Montelugduno filiæ suæ uxorique dicti nobilis Arnaldi Guillelmi de Barbazano domicelli licet absenti et mihi notario infrà scripto stipulanti et recipienti laco, vice et nomine dictæ domicellæ tanquam personæ publicæ mille quingentas libras Turonensium parvorum, lectos et vestes nuptiales secundùm statum et conditionem ejusdem. nomine et ex causâ dotis, et ratione matrimonii contracti inter dictum nobilem Arnaldum Guillelmi de Barbazano domicellum dominum de Barbazano et dictam nobilem Mabiliam de Montelugduno domicellam ejus uxorem, quam quidem pecuniæ summam dotalem, lectum et vestes nuptiales prædictos idem nobilis Arnaldus de Barbazano domicellus dominus de Barbazano gratis ac ejus spontaneâ voluntate recognovit et in rei veritate confessus fuit se habuisse et recepisse à dicto domino Arnaldo Guillelmi comite Pardiaci et ex causâ prædictâ, in bonâ pecuniâ numeratâ, de quibus se habuit et tenuit pro bene pacato pariter et consenso. Renuncians indè dictus nobilis Arnaldus Guillelmi de Barbazano domicellus dominus de Barbazano exceptioni dictæ summæ pecuniæ dotalis non habitæ, non numeratæ nec receptæ, spei futuræ numerationis et dictorum lectorum et vestium nuptialium non habitorum, nec receptorum, nec in suam utilitatem seu commodum conversorum et dicti matrimonii non contracti, nec celebrati, et titulo de dote causa non numerata à jure introducto, et authenticæ quòd locum doli mali fraudisque, metus causa, conditioni ob causam sine causâ et ob injussam causam, et in factum actioni, omni privilegio edito vel edendo omni foro, usui et consuetudini terræ omni jure divino et humano, canonico et civili scripto vel non scripto, omni privilegio concesso, vel congedendo per summum pontificem, aut per dominum nostrum Francorum regem, et omnibus legibus et juribus, statutis, privilegiis et defensionibus quibuscumque, quibus contrà prædicta venire posset, in solidum vel in parte palàm vel occultè vel aliquatenus se juvare, vo lens et concedens dictus dominus Arnaldus Guillelmi de Barbazano domicellus quod praedicta generalis renunciatio per inde valeat et tantum obtineat roboris firmitatem, ac si cuilibet juri canonico, vel civili, quo seu quibus posset se contrà praedicta et omnia universa et singula in hoc praesenti publico instrumento contenta et declarata facere vel venire, ac etiam deffendere, seu juvare, et super praedictis esset per ipsum domicellum expresse nominatim renunciatum.

Item voluit dictus nobilis vir Arnaldus Guillelmi de Barbazano dominus de Barbazano domicellus, quòd si aliquod verbum dubitale reperiri contingebat in hoc praesenti publico instrumento quod ad utilitatem et commodum dictae nobilis Mabiliae de Montelugduno ejus uxoris, et ejus ordini substantia veritatis in aliquo non mutata, valeat et possit sine dubio interpretari. Item promisit dictus nobilis vir Arnaldus Guillelmi de Barbazano domicellus quod non dicet nec faciet aliquid quominus contenta in hoc praesenti publico instrumento obtineant roboris firmitatem; quòd si forte faceret vel facere vellet, voluit per aliquem judicem, seu terram non audiri et quia dos data donationem meretur propter nuptias, juxta sanctiones legitimas, que donatio propter nuptias agensamentum vulgariter nuncupatur, ideo dictus nobilis Arnaldus Guillelmi de Barbazano domicellus dominus de Barbazano gratis ac ejus spontanea voluntate dedit donatione propter nuptias et agensiamenti nomine nobili Mabiliae de Montelugduno domicellae uxori suae licet verò absenti et mihi infra scripto notario, pro ea stipulanti et recipienti omnes et singulos fructus et proventus loci de Arcisaco Tarbiensis diocesis, dicti nobilis Arnaldi Guillelmi de Barbazano domicelli cujuscumque conditionis existant et existent pro tempore in eodem, quos quidem fructus, redditus, et proventus dicti loci de Arcisaco et qui pro tempore in futurum fuerint idem nobilis Arnaldus Guillelmi de Barbazano domicellus per dictam nobilem Mabiliam de Montelugduno domicellam ejus uxorem colligi, percipi, et levari voluit, et mandavit, et teneri etiam per eamdem ad totam vitam suam pro omni sua voluntate inde plenaria facienda si contingebat forte, et quoties contingat ipsam nobilem Mabiliam de Montelugduno domicellam superwivere ipsi nobili Arnaldo Guillelmi de Barbazano domicello marito suo, quam quidem pecuniae summam dotalis, lectos et vestes nuptiales superius expressata, idem nobilis Arnaldus Guillelmi de Barbazano domicellus, misit, posuit, laudavit .... eidem dominae nobili Mabiliae de Montelugduno ejus uxori, licet verò absenti et mihi notario infra scripto pro ea stipulanti et recipienti super castris de Fraxino, de Mascarans et de Fraxineto diocesis Tarbiensis ..... et super fructibus proventibus et redditibus eorumdem et qui pro tempore intererunt .... que quidem

castra de Mascarans, de Fraxino, et de Fraxineto fructus redditus
...... erunt; idem nobilis Arnaldus Guilhelmi de Barbazano domi
cellus dominus de Barbazano pro praedictis dote, lectis et vestibus
nuptialibus eidem nobili mabiliae de Montelugduno donavit ......
expressé obligavit, et voluit etiam et mandavit dictus nobilis Arnal
dus Guilhelmi de Barbazano domicellus expressé et ex suâ certâ
scientiâ, quòd si contingeret forté dictam nobilem Mabiliam de Mon
telugduno ejus uxorem superwivere dicto nobili Arnaldo Guilhelmi
de Barbazano domicello viro suo, quòd ipsa nobilis Mabilia de Montelugduno, domicella ejus uxor dicta castra seu villas .... cùm suis
juribus deberiis et pertinentiis universis teneat et possideat, fructus
redditus, et proventus, et qui pro tempore intererunt percipiat,
colligat, recipiat et expectet pro omni suâ voluntate; plenararià faciendâ tamdiû donec de dictâ summâ pecuniae dotali, lectis et vestibus
nuptialibus eidem nobili mabiliae de Montelugduno domicellae ejus
uxori fuisset facta integra solutio, et fuerit plenarié satisfactum fructibus redditibus probentibus et emolumentis dictorum locorum seu
villarum, per ipsam nobilem Mabiliam de Montelugduno domicellam
ejus uxorem, perceptis collectis, et receptis, in sortem nec deductio-
nem seu confusionem dictae dotis lectorum et vestium nuptialium
praedictorum nec partis alicujus eorumdem minimé computatis, et
renunciavit super hoc expressé dictus nobilis Arnaldus Guilhelmi de
Barbazano domicellus legi primae, capite de pignoratitia actione, et
titulo antedicto, et omni juri dicenti fructus rei obligatae, in sortem
debere computari, et omni alii juri, et facti auxilio, per quod posset
contra praedicta facere vel venire per se nec per personam interpositam in judicio sive extra, palam vel etiam manifesté, in solidum vel
in parte et fuit conventio sive pactum expressum firmâ stipulatione
vallatum inter egregium virum dominum Arnaldum Guilhelmi Dei
gratiâ, comitem Pardiaci dominumque Birari et Ordani, et dictum
Arnaldum Guilhelmi de Barbazano domicellum dominum de Bar
bazano quod si forte dicta nobilis Mabilia de Montelugduno domi
cella uxor dicti nobilis Arnaldi Guilhelmi de Barbazano domicelli
decederet absque prole legitima ex dicto matrimonio procreato legi
timé et quandocumque ipsam mori contingat sine prole aliqua ex
eorum matrimonio legitimé procreato, quod dicta summa pecuniae
dotalis, lecti et vestes nuptiales, dicta nobili mabilia de Montelugduno
mortua, ad dictum dominum comitem Pardiaci et ejusdem domini
comitis haeredes universales, seu ad illum, seu ad illos quem vel
quos ipsa nobilis Mabilia duxerit ordinandum plenarie revertantur,
et reversi teneantur, et dictam dotem, lectum et vestes nuptiales in
casu et eventu praedictis, dictus nobilis Arnaldus Guilhelmi de Bar

bazano domicellus dominus de Barbazano dicto domino comiti Pardiaci ibidem praesenti firmâ stipulatione et solemni interveniente reddere et restituere promisit et convenit sub hypothecâ et obligatione omnium bonorum suorum refectione damnorum et expensarum ac interesse litis et extra, et pro praedictis omnibus et singulis in hoc publico instrumento contentis, expressatis, et declaratis, tenendis et complendis, et inviolabiliter observandis omnibus et singulis supra dictis, idem nobilis Arnaldus Guillelmi de Barbazano domicellus dominus de Barbazano voluit se compelli per curiam majoris sigilli senescalliae et vicariae Tolosae, dicti domini nostri Franciae regis, tanquam pro re liquidâ, clarâ et manifestâ et in judicio confessata, et quae in rem transiit judicatam, per captionem, venditionem et distractionem omnium bonorum suorum, et subastationem eorumdem ac garnisionis appositionem, et per arrestationem personae suae, ad tenendum ostagia infra villam Rabastensis Bigorrae, suis propriis sumptibus et expensis, et quod dictis ostagiis non obstantibus, fieret executio super bonis suis, donec facta fuerit plenaria restitutio supra dicta ad observationem omnium praemissorum.

Item fuit pactum expressum etiam firmâ stipulatione vallatum inter dictum dominum comitem Pardiaci et dictum Arnaldum Guillelmi de Barbazano domicellum, et me infrà scriptum notarium, nomine et vice, et loco dictae nobilis Mabiliae de Montelugduno domicellae absentis, tanquam personam publicam, quod filii seu liberi masculi qui procreabuntur et nascentur, ex dicto matrimonio eorumdem et eorum propriis corporibus, haereditent, haereditabunt, et haereditare teneantur, post mortem, dicti nobilis Arnaldi Guillelmi de Barbazano domicelli domini de Barbazano, tanquam ejus filii naturales et legitimi, et universales haeredes in totâ baroniâ de Barbazano et ejus pertinentiis universis dicti nobilis Arnaldi Guillelmi de Barbazano domicelli, et in totâ terrâ quam habet, et habere debet dictus nobilis Arnaldus Guillelmi in Bearnio soli et in solidum praecunctis et caeteris aliis filiis seu liberis praedicti nobilis Arnaldi Guillelmi de Barbazano, quos contingeret casu aliquo ex uxore aliâ aliquâ procreari. Ita tamen quod si dicti filii, seu liberi masculi procreati ex dictis nobilibus Arnaldo Guillelmi de Barbazano et nobili Mabiliâ de Montelugduno ejus uxore conjugibus supra dictis, morerentur et mori contingat sine prole legitimâ ex eorum propriis corporibus procreatâ, quod dicta baronia et alia terra quam habet idem nobilis Arnaldus Guillelmi in Bearnio, ad proximiorem dicti nobilis Arnaldi Guillelmi de Barbazano domicelli seu ad alium vel ad illos ad quem vel ad quos idem nobilis Arnaldus Guillelmi de Barbazano duxerit ordinandum revertantur, et ipsos filios seu liberos masculos ex.

et ex dictâ nobili Mabiliâ de Montelugduno ejus uxore procreandos, dictus nobilis Arnaldus Guillelmi de Barbazano domicellus facere hæredes in dictis bonis promisit universales præ cæteris aliis filiis suis seu liberis ex aliâ uxore suâ procreatis, seu etiam procreandis sub conditione præmissâ, renuntians expressè idem nobilis Arnaldus Guillelmus de Barbazano domicellus legibus et juribus dicentibus, pactum de futurâ successione non valere et omni alii juri canonico et civili in contrarium oppugnanti.

Item voluit dictus dominus Arnaldus Guillelmus de Barbazano domicellus quòd præsens instrumentum semel in formam publicam redactum, semel, secundo et tertio et pluries, refici valeat de consilio procuratorum substantiâ veritatis in aliquo non mutatâ, ad proficuum et utilitatem dictarum partium, de quibus omnibus et singulis universis superius expressatis, dictus dominus comes Pardiaci et dictus dominus de Barbazano requisiverunt me notarium infrà scriptum ut conficerem duo publica instrumenta, alphabeto divisa unius ejusdem tenoris. Factum fuit hoc apud Villamcomitatem decimâ octavâ die julii anno Domini millesimo trecentesimo vigesimo sexto, regnante domino Carolo Francorum et Navarræ rege, Guillelmo archiepiscopo Auxitanensi existente; hujus rei sunt testes fratres Joannes de Gerto, frater Petrus de Bierna, ordinis fratrum prædicatorum, nobilis vir Geraldus de Montelugduno, Garsias Arnaldi de Antino, Arnaldus de Cassanea, Daurinus de Monteacuto domicellus magistri Geraldus Ferracuti, Petrus de Podio, Brunus de Condomio notarius, et magister Raymundus de Pardiaco publicus domini nostri Franciæ regis, notarius et totius senescalliæ Tolosæ et Albiensis, et ressorto auctoritate regiâ creatus, et curiæ dicti sigilli confirmatus, qui hanc cartam retinuit et notavi; et in libro seu papiro suo posuit, et ego Petrus Despadio publicus domini nostri regis notarius coadjutor datus eidem magistro Raymundo, per venerabilem et discretum virum dominum Stephanum Alberti licenciatum in legibus, judicem majorem sigilli senescalliæ et vicariæ Tolosæ.

Extrait de la bibliothèque de Colbert.

Hommage du comte de Pardiac au roi de France. — 1367

Charolus Dei gratiâ francorum rex notum facimus omnibus præsentibus et futuris, quòd dilectus et fidelis miles et consiliarius noster Arnaldus Guillelmi de Montelezuno comes Pardiaci nobis hodiè fecit hommagium ligium de comitatu suo Pardiaci quem cum omnibus juribus et pertinentiis ejusdem recognovit, se tenere à nobis in feudum, et homagium et in hominem nostrum ligium de comitatu et pertinentiis suis prædictis receptavit, excepto tulcumtaxat juramento fidelitatis ab eodem sub modo et forma per prædecessores nostros reges prædecessoribus dicti comitatus......... de quibus noluerit per litteras eorumdem videlicet quod ipse comes et ejus hæredes sui successores in dicto comitatu habeant merum et mixtum imperium, et omnem justitiam altam et bassam et quod nos vel hæredes nostri, in dicto comitatu seu ejus pertinentiis non........ nec aliquid acquiremus ibidem per donationem vel alium contractum .... Comitis vel hæredum suorum voluntate si tamen contingeret nos vel hæredes nostros aliquid donationis vel alia liberalitate acquirere ibidem, infra annum et diem a die acquisitionis pretium computandum poterimus extra manum nostram, in talem personam, quæ possit et debeat facere servitia consueta, quæ nos eidem comiti et ejus successoribus simili modo concedimus per præsentes ; quod ut firmum et stabile sit et maneat in futurum, nostrum sigillum litteris præsentibus duximus apponendum salvo in aliis jure nostro et in omnibus quolibet alieno, datum Maleduni die vigesima secunda julii anno Domini millesimo trecentesimo sexagesimo septimo, regni vero nostri quarto.

Extrait de la bibliothèque de Colbert.

Les exécuteurs testamentaires du comte de Pardiac donnent en jouissance Marciac et Beaumarchez à Gérard de Fezensaguet, son gendre. — 1379.

In nomine Domini amen. Quoniam res gestæ congrui temporis ab humana memoria dilabuntur, nisi scriptis testimonia comprobentur, idcirco scripturæ hujus præsentis instrumenti publici testimonio, universis et singulis præsentibus pariter et futuris appareat manifestum, quod cùm egregius et potens vir dominus Arnaldus Guillelmi de Monteluzdano et bonæ memoriæ quondam Dei gratia comes Pardiaci et dominus baroniarum Viranesii et Ordanesii detentus infirmitate, de quâ decessit, tamen in suâ bona et perfecta memoria constitutus suum condiderit ultimum testamentum nuncupatum manu publica ut in eo legitur, confectum et signatum ac dispositionem, ordinationem et extremam suam voluntatem, in quo quidem testamento præfatus dominus testator, certa debita, et legata sua reliquerit, et nominaverit quæ in dicto testamento latius continentur et expressantur, quæ quidem debita et legata idem dominus testator, ut ab eo fuit dictum voluit jussit et expressè ordinavit quod post ejus mortem exsolverentur suis creditoribus et legatariis, per executores et executrices dicti sui testamenti videlicet emolumentis provenientibus, et ob-

pertinentibus, et expectantibus, aut pertinere et spectare debentibus singulis annis quovis modo, seu quavis ratione in locis de Marciaco et de Bellomarchesio et quod pro præmissis exequendis complendis et perficiendis juxtà voluntatem et dispositionem dicti domini testatoris, prædicti executores et executrices dicti sui ultimi testamenti statim et incontinenti, post tamen ejus mortem tenerent et reciperent possessionem seu et emolumenta omnia et singula locorum prædictorum de Marciaco et de Bellomarchesio ex quibuscumque causis provenientia, pacificè et quietè tamdiù donec et quousque dicta debita, et legata contenta et expressata singulariter, et sigillatim in dicto suo ultimo testamento integraliter et complete fuissem exsoluta suis creditoribus et legatariis ejusdem : verùm et cùm in contractu matrimonii pridem Deo permittente contracti, et in facie sanctæ Matris ecclesiæ celebrati inter nobiles et potentes viros dominum Geraldum de Armaniaco Dei gratià comitem Pardiaci et dominum baroniarum Viranesii et Ordanesii, et dominam Annam de Montelugduno eadem gratia comitissam Pardiaci et dominam baroniarum prædictarum Viranesii et Ordanesii egregius et potens vir dominus Joannes de Armaniaco etiam Dei gratia vicecomes Fesensaguelli brulhesis et craicelli, dominusque baroniarum ruppefolio favore et contemplatione dicti matrimonii contracti et celebrati inter præfatos nobiles dominos Geraldum de Armaniaco divinâ Dei gratia comitem Pardiaci et dominum baroniarum prædictarum, ejus filium legitimum et naturalem, et dominam Annam de Montelugduno ejus uxorem, et ut præfata domina comitissa et ejus amici facilius, et tenius ad consommationem dicti matrimonii inclinarentur, pro exoneratione terræ, et dictorum locorum dicti quondam domini comitis Pardiaci et etiam pro exsolvendo legata et onera dictorum exequutorum dicti sui testamenti, promisit dare et solvere, et se et bona sua omnia, et singula se efficaciter obligaverit dictis dominis exequutoribus nomine executorio, quo supra ad solvendum eisdem certis terminis, pro dicta terra, et locis prædictis exonerandis, occasione legatorum, et eorum dictorum locorum, scilicet quator millia francos auri, boni auri, et legitimi ponderis cungi domini nostri Franciæ regis solvendos, videlicet quinquentos francos auri, auri boni et legitimi ponderis, post medium annum proximé sequentem a die solemnisationis matrimonii contracti et celebrati inter dominos conjuges memoratos in antea computandum a termino solutionis prædictæ alios quingentos francos auri cugni supradicti, et deinde de anno in annum, computando a dicto suundo termino, dictæ solutionis, alios quingentos francos auri donec et quousque prædicti quator millia francorum auri, plenarè et integrè per præfatum dominum comitem Fesensaguelli seu per alium ejus nomine, dictis executoribus prædicti testamenti extiterint absoluti. Tandem anno et die infrà scriptis proptereà quæ sequuntur apud locum de Birano diœcesis Auxitanensis coram me notario publico et testibus infrà scriptis personaliter constituti videlicet, nobiles et egregiæ et potentes dominæ Geralda de Montelugduno domina terræ feodi Marconis, nobilis de Labrito olim comitissa comitatus prædicti Pardiaci, et nobilis Bernardus Athonis de Montelugduno habitator de Birano conexecutrices et conexecutor prædicti testamenti dicti quondam domini comitis Pardiaci habentes, tenentes et possidentes unà cùm aliis conexecutoribus suis dicti testamenti ut dixerunt, et ex dictâ ordinatione indè factâ, per præfatum dominum quondam comitem Pardiaci, in dicto suo testamento, loca prædicta de Marciaco, et de Bellomarchesio cum omnibus juribus et deberiis suis et emolumentis eorumdem, et possessionem locorum prædictorum, pacificè et quietè, omni contradictione et turbâ quibuscumque cessantibus, sanè perhabitâ longâ deliberatione super agendis, cum aliis conexecutoribus suis ad præsens, ut dixerunt, minime hîc vacare nequentibus, et amicis aliis prædicti Domini quondam testatoris, præmediantes dicentes et afferentes præfatæ dominæ conexecutrices et conexecutor, memoratim dictos quatuor millia francos aureos boni auri et legitimi ponderis, magis esse utiles ad recipiendum solvendum ad portandum onera dicti testamenti et dictorum locorum, et etiam hæredum dicti domini testatoris, attentis terminis solutionum, inde faciendarum de eisdem, quam expectare emolumenta provenientia, et receptionem eorumdem singulis annis, in locis supradictis ex quibus longiùs et tardiùs dicti domini ex executores minores summas et quantitatem auri haberent et reciperent pro exonerando ac solvendo et complendo, contenta in dicto testamento, juxta voluntatem, dispositionem et ordinationem prædicti domini quondam testatoris quamobrem præmissis omnibus et singulis attentis, et consideratis et aliis circa hæc attendendis, cum de jure et bonâ æquitate teneantur utilia rerum gestarum et faciendarum, circa hujusmodi contractus procurare et inutilia totis eorum viribus prætermittere et evitare, et ob hæc prædictæ dominæ conexecutrices et conexecutor prælibati, gratis et eorum spontaneis voluntatibus non seducti ab aliquo, nec etiam circonventi sed potius omni vi, dolo metu et fraude quibuscumque penitùs cessantibus, ut dicebant, tradiderunt realiter et de facto dicta loca de Marciaco, et de Bellomachia et eorum possessionem egregio et potenti viro domino Geraldo de Armaniaco Dei gratiâ comiti Pardiaci ibidem præsenti et stipulanti pro se et ejus ordini juxta pacta et conventiones infrà scriptas, et ipsis totaliter salvis et illibatis remanentibus, et eumdem dominum comitem in possessionem dictorum locorum seu quasi prout potuerunt cum exercicio omnimoda jurisdictionis, et omnium emolumentorum provenientium et excrescentium in dictis locis seu pertinentiis dictorum locorum levandorum et recipiendorum, et in ejus proprios usus convertendorum, et faciendi suas omnimodas voluntates, induxerunt per traditionem ejusdem pennae, seu calmi mei notarii infra scripti, et etiam per tenorem et concessionem hujus praesentis instrumenti publici, nunc et in perpetuum valituri et voluerunt et expressé concesserunt, et cum eodem paciscerunt, stipulatione legitima interveniente amodo idem dominus comes ejus propria auctoritate, nulla licentia obtenta ab aliquo, possessionem corporalem et realem dictorum locorum possat, et sibi licitum sit recipere et occupare, et eam seu quasi detinere pro libito seu voluntate juxtà modum et formam hic expressata, recognoscentes loca praedicta et possessionum eorumdem tenere et possidere, praecario nomine dicti domini comitis, tamdiu et quousque possessionem realem et personalem eorumdem per se vel alios ejus nomine nactus fuerit seu occupatus; in qua intrandi et detinendi in anteà licentiam dederunt, et se eadem devestierunt ut potuerunt ita, quod amodo in anteà praefatus dominus comes, et ejus officiales nomine ejusdem, pro praedictis actionibus utilibus et directis et aliis quibuscumque, de et pro ipsis in judicio et extra agere valeat, et se tueri in eisdem, tanquam verus dominus in rem suam propriam constitutus, in et prout ipsum faciebant anteà vel aliter melius et utilius prout sibi debet ad utilitatem ejusdem domini comitis et voluerunt insuper praedicti domini executores et expresse consentirent, quod loca supradicta et omnia emolumenta ex eisdem provenientia et excrescentia quovismodo, per dictum dominum comitem Pardiaci, et ejus nomine teneantur, possideantur, gubernentur, regantur, et dicta emolumenta leventur et recipiantur absque contradictione aliquali, tantum et quousque de praedictis emolumentis levandis et recipiendis de dictis locis, praedicti quatuor millia franci aurei auri boni et legitimi ponderis eidem domino comiti seu ejus certo mandato fuerint essoluti, et integraliter et complete restituti, deductis tamen et defalcatis honoribus quibuscumque et aliis expensis locorum praedictorum: nam ita et eodem modo, actum, pactum et expresse conventum exstitit inter partes praedictas contrahentes, ante praesens contractum, et in ipso ut dixerunt, quibus quatuor millia franci aurei receptis, et levatis per dictum dominum comitem per modum praedictum, dictus dominus comes gratis et ejus spontanea voluntate, et omni vi, dolo, metu et fraude quibuscumque cessantibus penitus ut dixit sub hypotheca et obligatione omnium bonorum suorum quorumcumque mobilium et immobilium praesentium et futurorum, et sub omni juris et facti renunciatione ad hæc necessaria pariter et cautela, promisit et convenit, firma stipulatione interveniente, dictis dominis executoribus dicti ultimi testamenti præfati domini quondam comitis Pardiaci ibidem præsentibus et stipulantibus, pro se et nomine executorio quo supra reddere et restituere possessionem dictorum locorum de Marciaco et de Bellomarchesis et perceptionem et receptionem emolumentorum omnium locorum prædictorum pro complendo et exonerando, et solvendam veram restam dictorum debitorum, et legatorum, contentorum et expressatorum in dicto testamento dicti quondam domini comitis Pardiaci sæpe dicti, vel alias cum eisdem amicaliter convenire, et concordare ad utilitatem restæ executoriæ prædictæ facienda exequenda : item fuit actum, pactum et conventum inter dictas partes contrahentes, quibus supra nominibus, pacto expresso et stipulatione solemni interveniente quod si forsan casus accideret, videlicet quod dicta domina Anna Dei gratiâ comitissa nunc Pardiaci decederet sive moreretur quandocumque sine tamen liberis seu liberis ab ipsa et a præfato domino comite Pardiaci ejus viro procreato vel procreatis, quod in illo casu et eventu, prædictus dominus comes tandiu teneat et possideat pacificè et quietè dicta loca de Marciaco et de Bellomarchesio, cum omni suâ causâ et statu integro, et emolumenta dictorum locorum omnia et singula recipiat et recipere valeat per se et per interpositam personam, et dicta emolumenta faciat et facere possit et valeat liberè perpetuo sua, donec et quousque sibi solutum et satisfactum fuerit integraliter et complete de dictis emolumentis provenientibus levandis locis et supradictis et totum illud et totum se hoc, quod dictus dominus vi cecomes Fezensaguelli Brulhesii et Croycelli legitimè satisfaceret et exsolveret seu revera reperiatur exsolutum fuisse per eundem præfatis dominis executoribus dicti testamenti prædicti quondam domini comitis Pardiaci de summa prædicta dictorum quatuor millia francorum auri, et de omnibus expensis et aliis oneribus dictorum locorum nisi tamen hæredes casu supradicto adveniente præfatæ dominæ Annæ Pardiaci comitissæ post ejus mortem dicto domino comiti, seu ejus certo mandato, exsolvissent præmissa seu partem prædictorum, itâ quod omne id quod reperiretur legitimè fuisse exsolutum eidem per hæredes supradictos, vendicet sibi locum, et deducetur de summâ supradictâ et si forte aliquid dictus dominus comes habuerit et receperit de dictis emolumentis locorum prædictorum, ante dictum obitus præfatæ dominæ comitissæ ejus uxoris nihil computetur in sortem restitutionis et solutionis dictæ summæ dictorum quatuor millia francorum auri, nisi dumtaxat ab ipsa die obitus ejusdem in antea debeat computare, cum de jure constante matrimonii maritus sit, et esse debeat usufructuorius rerum dotalium et bonorum eidem in dotem constitutorum propter onera matrimonii supportanda, et hoc nisi alias repetiretur debere computare et ex post satisfacto dicto domino comite Pardiaci de prædicta summa et de aliis expensis et honoribus, ratione dictorum locorum factis et portatis per modum prædictum, idem dominus comes prout suprà gratis, et ex suâ certâ scientiâ, et libero animo promisit et convenit dictis dominis executoribus prædicti testamenti dicti quondam domini comitis Pardiaci, ibidem præsentibus et pro se et nomine executorio quo suprà stipulantibus et recipientibus reddere et restituere possessionem locorum prædictorum, et emolumenta eorumdem pro complendo et exsolvendo veram restam dictorum debitorum et legatorum contentorum et expressatorum in prædicto testamento dicti quondam domini testatoris, nam ita pactum et conventum extitit inter partes contrahentes supradictas, quæ siquidem omnia et singula supradicta et in præsenti publico instrumento contenta et expressata, dictæ partes contrahentes et earum quolibet nominibus quibus supradixerunt et asseruerunt se fuisse et concessisse occasione et ex causa dictarum quæstionum et pactorum prædictorum et quia magis videbatur prædictis dominis executoribus dicti testamenti, ut dicebant fore utile ad recipiendum dictam summam dictorum quatuor millia francorum auri, quam expectare et recipere emolumenta locorum prædictorum pro exoneranda contenta in dicto testamento, sic et taliter quod se tenuerunt pro bene pacatæ pariter et contentæ, renunciantes super his et in hoc facto partes prædictæ, et earum quælibet nominibus quibus suprà scienter et expressè exceptioni dictorum pactorum et conventionum modo præmisso non facturum et dicti contractus non facti et non celebrati et in eorum utilitatem non convertendi, et exceptioni præmissorum omnium non concessorum, et dictarum pactionum et conventionum per utramque partem alteri legitimè non facturum et non concessorum et dictus dominus comes certificatus de jure suo, et de facto per me notarium infrà scriptum scienter et expressè renunciavit beneficio minoris ætatis, et restitutionis in integrum quæ minoribus subvenitur et generali clausulæ quæ incipit: si qua mihi justa causa et omni alii juris et facti auxilio, beneficio et deffensioni, et omnes insimul et eorum quilibet pro se renunciaverunt super præmissis et infrà scriptis certi de facto et de jure suo plenariè certiorati, ut dixerunt specialiter et expressè exceptioni doli mali, fraudis, deceptionis, et circumventionis cujuslibet conditione indebiti sine causa et ob causam et triticariæ actioni de dolo et in factum subsidiariæ, et generali clausulæ de descendenti ex et dicto de majoribus, quæ incipit si qua mihi...... causa, et omnibus privilegiis gratiis, seu respectibus et litteris status concessis seu concedendis per principem seu ejus gentes, ratione exercitus seu bastitarum, vel alias quovis modo, nec non petitioni libelli, et copia hujus præsentis instrumenti, et cujuslibet alterius scripturæ et beneficio cujuslibet alterius juris et privilegii fori, rationis, tuitionis et deffensionis facti et juris scripti vel non scripti, canonici et civilis omnique legum et decretalium seu decretorum auxilio seu suffragio, cum quibus adversus prædicta et infra scripta, seu eorum aliqua se tueri possent in aliquo deffendere vel juvare, vel ea possent aliqualiter ...... seu etiam informari et juridicenti renunciationem generalem non valere nisi in casibus expressis juridique dicenti, quod prædictis seu aliquibus eorum non competit renunciare, quæ quidem pacta conventiones, stipulationes, et omnia universa et singula su prædicta et infra scripta et in hoc præsenti publico instrumento contenta et expressata dictæ partes contrahentes nominibus quibus suprà, et earum quolibet altera alteri sibi ad invicem et vicissim stipulanti solemniter et recipienti, mihique notario infra scripto tamquam personæ publicæ stipulanti solemniter et recipienti, pro omnibus illis quorum interest vel interesse poterit in futurum, attendere, tenere ...... complere, immobiliter et servare et contra ea vel ex ipsis aliqua non facere nec venire nec venienti consentire, per se nec per interpositas personas aliqua ratione sive causa, de jure vel facto aliquo tempore, in futurum volentes etiam et expresse consentientes partes prædictæ præmissa omnia et singula valere, et roboris firmitatem obtinere virtute et auctoritate jurisjurandi infra præstandi per partes prædictas, juris civilis vel canonici rigore in aliquo non obstante etiam si ipsius juris civilis rigor propter patriam potestatem vel alias vel earum aliquibus refragari in aliquo videatur hanc formam et legem sibi imponentes et messe volentes, a quæ discedere non posse voluerunt aliquo privilegio indulto vel indulgendo ab homine vel a lege obligationes vel hypothecantes dictæ partes contrahentes ipsarum quælibet et una alteri ad invicem et vicissim stipulationibus quibus suprà intervenientibus pro omnibus et singulis supradictis in hoc publico instrumento contentis et expressatis, tenendis, complendis et insolvabiliter observandis, omnia et singula bona sua mobilia et immobilia, et dictæ eorum executoriæ præsentia et futura quæcumque sint et etiam ubicumque, sub omni juris et facti renuntiatione ad hoc necessaria pariter et cautelas et insuper prædictus dominus comes Pardiaci et prælata domina con executrices et conexecutor, quibus suprà nominibus, et quælibet ipsorum in solidum prout quemlibet ipsorum tangat et tangere potest in futurum juraverunt sue sponte super sancta quatuor evan gelia dei eorum manibus dexteris sponte facta, præmissa omnia et singula, et in hoc instrumento publico contenta et expressata de puncto ad punctum tenere, complere et inviolabiliter observare et contra ea vel ipsorum aliqua non facere nec venire in judicio vel extra judicium, aliqua ratione sine causa, de jure vel de facto aliquo tempore in futurum, de quibus omnibus et singulis supradictis, partes prædictæ vel earum quolibet pro se petierunt sibi per me notarium infrà scriptum ad æternam eorum memoriam duo vel tria fieri publica instrumenta cuilibet parti unum unius et ejusdem continentiæ et tenoris, consilio sapientis semel vel pluries, si fuerit necesse, ordinanda. Acta fuerunt hæc omnia et singula supradicta in dicto loco de Birano diœcesis Auxitanensis decima nona die mensis januarii anno Domini millesimo trecentesimo septuagesimo nono regnante illustrissimo principe et domino Carolo Franciæ rege, dominante domino Joanne Dei gratia comite Armaniaci Fezensiaci et Ruthenæ vicecomiteque Leomaniæ et Altivillarii et domino Joanne permissione divinâ archiepiscopo Auxitanensi existente, instrumenti hujus testes sunt nobiles Geraldus de Montelugduno dominus de la Barana, Bernardus Arraqua, dominus Bernardus de Sabazano rector Birani et magister Petrus de Bolbona notarius publicus baroniarum Birani et Ordani, et totius terræ dicti domini nostri comitis Armaniaci qui requisitus hoc præsens instrumentum retinuit et in suis libris seu prothocollis posuit scripsit et notavit vice cujus et nomine, ego Arnaldus de Lauspodio Clericus Auxensis diœcesis, et imperiali auctoritate creatus substitutus et coadjutor prædicti magistri Petri hoc præsens instrumentum à liberis sive prothocollis memorati notarii abstraxi et in hanc publicam formam redegi fideliter ut scivi et potui, veritatis substantia in aliquo non mutata, et ego Petrus de Bolbona publicus curiæ et dictorum baroniarum notarius, qui hoc præsens publicum instrumentum retinui et facta collatione cum originali me subscripsi et signo meo consueto signavi ; constat de rasuris in quarta linea a principio computando ubi scribitur, seu item in sexta linea ubi scribitur, Deo permittente et etiam in tricesimo quinta linea ubi scribitur fuisse, item in quadragesima septima linea ubi scribitur beneficio actum ut supra.

Extrait de la bibliothèque de Colbert.

Procuration de Marguerite de Comminges pour traiter de son mariage avec Jean, fils du comte de Pardiac. — 1392.

In nomine patris et filii et spiritus sancti. Amen. Noverint universi quod constituta personaliter, coràm me notario et testibus infrà scriptis, illustris et potens domina Margaritta relicta illustrissimi et potentis domini Joannis quondam comitis Armaniaci Dei gratiâ Convenarum comitissa dominaque terræ Serreriæ, Considerans ut dixit quòd illa existens in ætate pupillari simul cum domina Joanna ejus matre in castro de Morello, nonnulli gratis de facto dictum castrum cœperunt et occupaverunt dictamque dominam Joannam ejusdem dominæ comitissæ matrem extra dictum comitatum Convenarum transportaverunt, et in prisione ubi adhuc de præsente detinetur posuerunt, necnon et dictam dominam Margarittam comitissam præter et ultra voluntatem, dictæ dominæ matris suæ atque aliorum suorum amicorum, maritarunt, ex quibus adhuc dubitet et timeat ex verisimilibus conjecturis ex aliquibus tractatibus quos aliquæ gentes incessanter faciunt, quòd iterato ultra voluntatem dictæ dominæ matris suæ atque suam, et amicorum suorum, per modum prædictum ipsam dominam Margarittam vellent maritare, quod si facerent quod absit, esset occasio quòd dicta domina mater sua a dictâ prisione in quâ detinetur nunquàm exiret, ipsa autem, inquam, domina Margaritta obviare volendo in honoribus et damnis præfatæ dominæ matris suæ et suorum totis suis viribus, desiderat que ut bona filia facere tenetur, perquirere, viis et remediis ut dicta domina ejus mater à dictâ prisione breviter expelli posset, et relaxationem ejusdem consequi, attendens etiam ut dixit, quod egregius et potens dominus Geraldus de Armaniaco comes Pardiaci qui de genere et parentela suis propriè existit, et multis lateribus à tempore citra quod dictus dominus comes Armaniaci quondam ejus vir ad dominum migravit, magis assertus et de præsenti consequitur et ibi dictam fuit relaxationem dictæ dominæ Joannæ matris, ejusdem dominæ Margarittæ, quàm alius de parentela et amicitiis ipsarum, nec aliquo alio homine de hoc mundo, et de præsenti præmissis non obstantibus, dictus dominus comes Geraldus de Pardiaco, eidem dominæ Margarittæ promisit et cognovit, quod factis et ad effectum perductis causis infra scriptis, relaxationem dictæ dominæ matris suæ toto posse suo procurabit, et consequitur donec et quousque fuerit, habuerit, omnibus viis et remediis quibus præfata domina Margaritta eidem domino comiti Pardiaci ordinabit et demonstrabit dum tamen possint et debeant fieri ob quod et ex multis aliis causis justis et rationalibus ad præmissa dictam dominam comitissam moventibus, et movere debentibus ut dixit per quamlibet ipsarum, ejus purâ, merâ et gratuitâ voluntate, et ex suo certo et deliberato, ut dixit, proposito, fecit constituit, creavit et etiam ordinavit suos veros certos generales, speciales et etiam indubitatos procuratores et nuntios, videlicet nobiles et potentes viros dominos, Hugonem vice-comitem de Castanhesio,

Joannem de Lobis dominum de Gardia milites, Joannem de Bituris dominum de Coffolenchis, honorabiles et discretos viros dominos Petrum de Boerii decretorum doctorem et Petrum Guidonem in legibus licentiatum habitatorem Carcassonæ, et eorum quemlibet in solidum, ità quòd inter eos non sit melior conditio occupantis sed id quòd per unum ipsorum incœptum fuerit per alium eorumdem prosequi, mediari, terminari valeat et finiri specialiter et expressè ad contrahendum matrimonium per verba spiritualia de præsenti, vice et nomine ac loco ejusdem dominæ constituentis, cùm nobili Joanne de Armaniaco, filio legitimo et naturali dicti egregii et potentis domini Geraldi de Armaniaco comitis Pardiaci prædicti, et egregiæ et potentis dominæ Annæ de Montelugduno ejus consortis, habita priùs tamen à domino nostro summo pontifice dispensatione, quàm est necesse habendi pro contrahendo dictum matrimonium super gradu seu gradibus parentelæ qui est ac sunt inter dictam dominam Margarittam et dictum Joannem de Armaniaco, quàm quidem dispensationem, ut ibi dictum fuit, dictus dominus comes Pardiaci obtinere promisit sufficientem juxtà posse, quàm dispensationem utrum sit sufficiens, dicta domina Margaritta reliquit, ad cognitionem suorum procuratorum ac nuntiorum præmissorum et cujuslibet eorumdem sine dictæ dominæ Margarittæ nomine matrimonium contrahentis, et talia verba vel æquipollentia dicendi : Joannes, domina mea domina Margaritta comitissa Convenarum salutat vos, et notificat vobis quòd ipsa per me, sive me mediante, et vobis nuntiante, recipit vos in suum maritum et dat vobis corpus suum, in veram et legitimam uxorem, et consentit in vos tanquàm in suum verum et legitimum maritum, et consensum à dicto Joanne recipiendi, audiendi et respondendi : et ego Joannes ab ipso mediante, vos recipio dictam dominam Margarittam in uxorem meam legitimam cùm ipsa me in suum maritum legitimum vos denuntiante recipiat, et sibi do corpus meum in sponsum, et legitimum maritum et in ipsam consensio tanquàm in uxorem meam legitimam quæ quidem domina constituens dictis suis procuratoribus et nuntiis et eorum cuilibet in solidum dedit speciale mandatum contrahendi dictum matrimonium habita priùs dictà dispensatione, per dicta verba specialia de præsenti, vel æquipollentia et tallia verba dicendi per quæ verum matrimonium de præsenti faciant, et operentur, et verba similia vel æquipollentia ab eodem nobili Joanne de Armaniaco audiendi et consentiendi per quæ verum matrimonium fit, et fieri debet per procuratorem et nuntium, ad verum matrimonium contrahendum, per verba specialia de præsenti constitutum, et dans et etiam concedens dicta domina constituens dictis suis procuratoribus et nuntiis et eorum cuilibet in solidum, plenam generalem licentiam, et liberam potestatem, et etiam speciale mandatum dictâ dispensatione habitâ, dicendi et dicto nobili Joanni alloquendi et ab ipso audiendi et percipiendi vice et nomine dictæ dominæ Margarittæ constituentis verba prædicta vel æquipollentia, vel alia apta et sufficienter consensum exprimentia, per verba legitima de præsenti ad matrimonium contrahendum omniaque alia dicere, facere et procurare quæ ipsa domina Margaritta constituens dicere, facere vel procurare posset si præsens personaliter interesset et quæ boni, veri, et legitimi procuratores et nuntii ad talia vel similia constituti possunt et debent facere et quæ meritum causæ postulat et requirit, ratum, gratum atque firmum perpetuò habere dictum matrimonium, dùm per dictos procuratores et nuntios suos aut per aliquem ipsorum, ut prædictum est, fuerit factum, atque contractum, et omne id et quidquid per dictos procuratores et nuntios suos et eorum quemlibet in solidum in præmissis, et circa præmissa actum, gestum, dictum contractum et auditum fuerit, vel aliàs quomodolibet procuratum; promittens insuper dicta domina constituens mihi notario infrà scripto tanquàm personæ publicæ stipulanti et recipienti pro omnibus aliis, quorum interest, intererit aut interesse poterit in futurum sub hypothecâ et obligatione omnium et singulorum bonorum suorum mobilium et immobilium, præsentium et futurorum, pro prædictis suis procuratoribus ac nuntiis, et quolibet eorum in solidum, rem ratam habere, judicio sisti, et judicatum solvi, cum suis clausulis universis fidejussorio nomine et etiam ut principalis se constituens pro eisdem et quolibet eorumdem in solidum relevans, nihilominùs eadem domina constituens dictos suos procuratores et nuntios et quemlibet ipsorum de et super præmissis omnibus et singulis, ab omni onere satisdandi sub hypothecâ et obligatione quibus suprà et juris et facti renuntiatione ad hoc necessaria qualibet et cautela, et insuper præfata domina constituens omnia universa et singula in hoc præsenti publico instrumento contenta, et etiam omnia et singula per dictos procuratores et nuntios et quemlibet ipsorum super præmissis facienda et dicenda, de puncto ad punctum tenere, complere, custodire, et inviolabiliter observare perpetuò illibata, et contra ea seu ipsorum aliqua non venire nec facere nec venienti consentire ratione minoris ætatis nec aliàs per se seu per aliam interpositam personam, in judicio aut extra, aliquo tempore in futurum, nec dictos procuratores ac nuntios, nec alterum ipsorum tacitè vel expressè revocare donec et quousquè omnia et singula in præsenti instrumento contenta, et specialiter dictum matrimonium, ut dictum est fuerint completa et perfecta cum effectu, nec in aliud matrimonium consentire nec facere, ad sancta quatuor Dei evangelia eius manu dextrâ corporaliter sponte facta juravit et si forte quod absit tacite vel expresse, ex oblivione vel inadvertentiâ aut aliter contingeret, dictos procuratores et nuntios, vel alterum ipsorum semel aut pluries per dictam dominam constituentem revocari, voluit dictam revocationem aut revocationes, si quæ sint nunc pro tunc, et vice versa cassat, irritat et annullat, et præsens instrumentum voluit in suo robore semper permanere firmitatis. Facta fuerunt hæc in castro de Salmis, die octavâ mensis octobris anno ab Incarnatione Domini millesimo trecentesimo nonagesimo secundo, serenissimo principe domino Carolo Dei gratiâ Francorum rege regnante et domino M. miseratione divinâ Convenarum episcopo existente in præsentiâ, audientiâ et testimonio religiosi viri fratris Peregrini de Pimbo ordinis prædicatorum magistri in sacrâ paginâ, fratris Guillelmi de Castareda dicti ordinis conventûs Marciaci, nobilium Odonis de sanctâ Gemmâ Condomini dicti loci, Bernardi de Sauceda, alias de l'Aumiato, et mei Petri de Maurino publici Tolosæ notarii qui requisitus de prædictis instrumentis sumpsi et in meo protocollo resistavi manuque meâ propriâ scripsi et grossavi et signo meo consueto signavi, in fidem et testimonium omnium et singulorum præmissorum.

Extrait de la bibliothèque de Colbert.

Sur l'élargissement de Marguerite. — 1392.

Anno Incarnationis Domini millesimo trecentesimo nonagesimo secundo et die sextâ mensis novembris, regnante domino Carolo Franciæ rege, et domino Henrico episcopo Ruthenensi existente, constitutus personaliter illustris princeps dominus Bernardus comes Armaniaci, Fezensiaci Ruth. et Kadretti et in camerâ bassâ quæ est circa caput ecclesiæ fratrum minorum conventûs Ruth., dixit et respondit honorabili viro magistro Geraldo Boteti procuratori regio ad...... in senescalia Tholosæ commissario per dominum senescallum Tholosæ seu ejus loci tenentem deputato ad exequendum quoddam arrestum regni latum in curiâ parlamenti...... sub relaxatione inclitæ dominæ Johannæ comitissæ..... detentæ...... per dicti domini comitis............ in castro Lactore, assistente dicto........ domino Raymundo de Mazaco doctore in legibus, procuratore ipsius dominæ ad exequutionem dicti arresti persequendo, se audivisse requestam sibi sub prædictis factam et sub eâ deliberationem cum gentibus consilii sui habuisse, et fore......... mandatis regis hobedire, veruntamen non videtur sibi quod possit complere contenta in requestâ absque sui prejudicio quod in dicto arresto cavetur, præfata domina ponatur sive tradatur in manibus domini senescalli Tholosæ; et quia dominus senescallus non est præsens ut eam recipiat sed cum affuerit in ipsâ personâ, et quod non fuit requisitus, passus est eam sibi tradi juxta tenorem arresti, aut alteri pro regiâ majestate, seu ejus honorabile parlamentum deputando. De quibus dictus dominus comes requisivit me notarium infra scriptum sibi conficere publicum instrumentum, præsentibus dominis Guillelmo de Larocqua, Guillelmo de Solagio, militibus, Poncio de Caylucio, Guillelmo de Sarinhaco domicellis, domino Johanne de Laparra licentiato, magistratro Petro Sicardi Bacallaureo in legibus, Galhardo de Ruppe domino de Fontanilhas, Galhardo de Podio, domicellis, et Vitale de Mirapice............ et me Petro de Mavres notario regio qui hoc instrumentum recepi.

Extrait des archives de Seminaire.

Hommage rendu au comte de Pardiac. — 1425.

In nomine Domini Amen. Noverint universi et singuli præsentes pariter atque futuri quod anno et die infra scriptis in notarii publici et testium infra scriptorum præsentia, existentes et personaliter constituti, videlicet venerabilis et religiosus vir Arnaldus de Marrasio abbas monasterii de sancto Severio de Rustano ordinis sancti Benedicti, nobiles Joannes de Montelugduno, dominus de sancti Hilary, Odetus de Reon dominus de Serrano, manaldus de Gelasio, dominus de Bonassio et condominus de Laguiano, Segimont d'Astano, dominus de Stampis, Bernardus de Montelugduno, dominus de Las, Bernardus de Esparros tanquam pater et legitimus administrator nobilis Joannis d'Esparros domini de sancto Christophoro, Senxomus de Jerderes dominus de Laguiano, Manaldus de Trousens dominus de Blossono, Augerius de Montelugduno dominus de Garderiis, Joannes de Jussano dominus de Viella tanquam procurator nobilis Borgume de Sauseda domina de Laureacto, Nicolaus de Autranis condominus de Samasano, Dominicus de Meilhano pro se et tanquam pater et legitimus administrator Arnæ de Meilhano sui filiæ, Joannes de Montelugduno tanquam tutor Bernardi de Montelugduno pupilli et domini de Julhaco, Bertrandus de Bolosio, Guilhelmus de Ponsano, Arnaldus Guilhelmus de Navailliis, comitatus Pardiaci senescaliæ Tolosæ Auxis diocesis habitatores qui non decepti, excepti nec dolo, metu, fraude neque aliquâ aliâ deceptione sed gratis et eorum certis scientiis spontaneis voluntatibus et diverunt et asseuerunt per se suosque hæredes et futurorum successores quoscumque existentes coram domino Bernardo de Armaguato comite Pardiaci gratis de ses rendes menchus punets out tralus dicti domini comitis, amotis capuciis et zonis recognoverunt se legitimè tenere in feudum nobile à præfato domino comite videlicet supradictus dominus abbas territorium, dictum territorium de casetta scitum in comitatu Pardiaci confrontans cum suis confrontationibus, dominus de St-Lary loco de Ossato et de Belloplano et de Hageto cum suis pertinentiis et aliis redditibus quæ habet in comitatu Pardiaci ; dominus de Armenterio locum de Seriano cum suis pertinentiis ; dictus de Gelassio, dominus de Bonassio medietatem loci de Laguiano et reditus quos habet in loco de Castelfranc ; dominus de Stampis locum de Stampis cum suis pertinentiis et aliis redditibus quæ habet in dicto comitatu Pardiaci, pro suâ fæminâ recognovit se tenere locum de Rivocurvo cum suis pertinentiis, dominus de Las locum de Las et de Marseilhano cum suis pertinentiis et aliis redditibus quæ habet in dicto comitatu et locum de Labrana cum suis pertinentiis situm in baronia de Birano, dominus d'Esparros locum de sancto Christophoro cum pertinentiis et aliis redditibus quæ habet in dicto comitatu Pardiaci, dominus de Laguiano locum de Laguiano cum medietate redituum dicti loci et suis pertinentiis et aliis deveriis quæ habet in dicto comitatu, dominus de Bloussone locum de Bloussone et quartam partem loci de Samasano cum pertinentiis, Augerius de Montelugduno redditus quos habet in loco de Litgiis et aliis redditibus quos habet in dicto comitatu, dictus dominus Bernardus de Montelugduno territorium de Garderiis, dominus de Jussano tanquam procurator dictæ Borguinæ locum de Laveracto cum suis pertinentiis, dictus Nicolaus de Antranis quartam partem de Samasano cum suis aliis pertinentiis, dictus de Meilhano tam pro se quam tanquam pater et administrator suæ dictæ filiæ locum de Colomerio et territorium de Marsiaco, dictus dominus de St-Lary tanquam tutor et ut supra locum de Julliaco cum suis pertinentiis et aliis redditibus quæ habet in dicto comitatu, dictus de Bolossio locum de Bolossio cum suis pertinentiis, Guilhelmus de Ponsano territorium de la Serra et de Gahas, dictus Arnaldus Guilhelmus de Noualliis territorium dictum de Biran et alia universa homagia legitima eidem domino comiti fecerunt, juramenta fidelitatis præstiterunt jurando supra librum missale Te Igitur et crucem supra posita in manibus dicti domini comitis quod erunt boni legales fideles et obedientes, quas recognitiones, homagia, juramenta fidelitatis intervenientibus admisit et recepit salvo jure comisso et quolibet alio sibi pertinenti et quolibet alieno de quibus omnibus et singulis præmissis dicti nobiles petierunt et requisierunt sibi confici et retineri publica instrumenta quæ et feci. Acta fuerunt hæc apud Tillacum intus ecclesiam dicti loci de vigesimâ septimâ mensis octobris anno Domini millesimo quadragin tesimo vigesimo quarto; testes nobilis Olivarius de Girar, dominus de Girar, diœcesis Mondensis, nobilis Raymundus de Castranova dominus dicti loci, dominus Raimundus de .... miles, nobilis Raymundus de Ripparia, Joannes de Ripparia, Bernardus Geraldus de Arblada, dominus dicti loci, et ego magister dominicus de Lana notarius publicus villæ Marciaci habitator auctoritate dominorum de capitulo Tolosæ.

Extrait des archives du Séminaire.

Cession de la baronnie de l'Isle par Jean d'Armagnac. — 3 septembre 1443.

Joannes, Dei gratiâ comes Armaniaci et Fezensiaci, etc, universis et singulis præsentes litteras inspecturis salutem. Cum locus et baronia de Insulâ Arbeissani olim ad domum nostram, causâ et ratione confiscationis, pertinuerint, defunctus autem Gaillardetus de Insulâ, quondam dominus de Palaminico, tanquam filius domus dicti loci et baroniæ, jus habere pretenderet in dicto loco et baroniâ, et via supplicationis à domino progenitore nostro claræ memoriæ, cujus anima cœlestibus fruatur gaudiis, illud jus peteret, tandem dictus dominus progenitor noster in aliqualem dicti juris recompensationem certam pecuniæ summam ipsi Gaillardeto quondam dare et solvere promisisset, dicta autem summa per dictum dominum progenitorem nostrum minimè ante ejus obitum ipsi Gaillardeto exsoluta fuerit, cujus pretextu ipse quondam Gaillardetus petebat sibi per nos prædictam summam exsolvi, promissorum vel intuitu, et in dicta summæ solutionem nos dedissemus prædicto Gaillardeto quondam prædictum .... locum et baroniam de Insulâ, cum omnibus juribus, redditibus, emolumentis quibuscumque ad vitam solum duntaxat ipsius, qui morte præventus possessionem prædicti loci et baroniæ minimè adeptus fuit, nostramque adiens præsentiam Monaldus de Insulâ filius legitimus et naturalis ac hæres universalis prædicti quondam Gaillardeti, dominus de Palaminico nobis humiliter supplicare curaverit, quatenus prædictam summam sibi exsolvi facere aut eidem prædictum locum et baroniam dare et concedere in prædictæ summæ recompensationem dignaremur, notum igitur fieri volumus universis quod nos comes prædictus promissa exaudientes de certâ nostrâ scientiâ speciali et benignâ gratiâ prædictum locum et baroniam de Insulâ Arbeissani cum jurisdictione altâ, mediâ et bassâ, meroque et mixto imperio et exercitio ejusdem, et omnia jura quæ cum his sunt unita, terris, pratis, nemoribus venationibus, herbagiis, feudis, cen sibus obliis, vendis, lausimiis, a captibus, retro a captibus, quibuscumque juribus et emolumentis ad dominum praedicti loci et baroniae pertinentibus et pertinere debentibus praedicto Manaldo de Insula et domino de Palaminico ad vitam ipsius duntaxat, dedimus, concessimus et donavimus, damus, concedimus et donamus harum nostrarum praesentium litterarum serie et tenore, et ipsum Manaldum ad ipsius vitam in jus, locum, nomen nostrum, posuimus et ponimus per praesentes in praedicto loco et baronia disvestientes nos tamen praedictos de praedicto loco, baronia et possessione et proprietate eorumdem et ipsum Manaldum ad ipsius solum vitam investientes, serie, tenore et auctoritate harum nostrarum praesentium litterarum; quocirca committendo praecipimus et mandamus dilectis et fidelibus nostris regenti judicaturam Fezenslaci circa Baysiam et procuratori bajulo et Castellano Auscis nostris, bajulo de Barrano, ac bajulo dicti loci de Insula Arbeissani caeterisque officiariis nostris, vel eorum loca tenentibus et ipsorum cuilibet quatenus praedictum Manaldum de Insula in possessionem realem, actualem et corporalem praedicti loci et baroniae de Insula Arbeissani ponat et inducat, positumque et inductum tueantur et deffendant, sacramentumque fidelitatis per consules et habitatores praedicti loci, ipsi eidem Manaldo praestare faciant.

In quorum omnium et singulorum fidem et testimonium has nostras praesentes fieri jussimus litteras sigilli nostri munimine roboratas. Datum Insula die tertia mensis septembris, anno Domini millesimo quadringentesimo quadragesimo tertio.

> Extrait de l'original signé du comte et gardé ancien dans les archives de la maison de Noé, issue d'une branche collatérale de Gaillardet et de Manaud de l'Isle et devenue leur héritière.

VICOMTE DE MARSAN.

Cour dels Sers. — 1280.

D'un cayer de papier contenant copie d'actes passés du temps de Constance vicomtesse de Marsan au sujet des limites dudit vicomté et des droits à ladite dame vicomtesse apartenants au même vicomté dont l'écriture paroit etre du treizieme siecle, qui est au trésor des chartes de la maison couronne et chambre des comptes de Navarre au château de Pau cotte 62, au chapitre d'hommages et aveuement de Marsan de l'inventaire troisième a été extrait ce qui suit.

Liber curiae dels Sers, sed de cos habet villa Montis Mariani scriptos in foro suo antiquo. Modo sequitur baijlia montis Mariani et termini. Isti sunt de baijlia montis Mariani et sunt de curia serv-

...rum, dominus de Campet, dominus de Gazenh, dominus de Mayssenh, Arnaut de Campet, dominus de Lucassanhe, dominus de sancto Avito, dominus de Bruma, dominus de Lerg, dominus de Cezeron, Joannes de Carrasseto, Petrus de Carrasseto, Petrus Arnaldi de Marbaust, Guillelmus de Castro, dominus de Ladios, Ribanus de Causit, Bernardus de Reule, Ramundus-Bernardi de Logautenh, Fortanerius de Garderon, dominus de Parenthies.

Extrait des archives de Pau.

COMTES DE BIGORRE.

Le Fidéicommis établi en Bigorre — 1213

Au nom du Seigneur ainsy soit-il. Gaston par la grace de Dieu vicomte de Bearn, comte de Bigorre etc. à ceux qui ses lettres verront salut eternel en Jesus-Christ: ayant veu la supplication et requette remonstrative des abbés Lays, et autres habitans de Luquet, Garderes, de Seron, et de tout le reste des landes de Bigorre limitrophe de Bearn suplian tant pour eux que pour les autres habitans desd. lieux, et autres habitans des landes de Bigorre qui confrontent avec le Bearn, lesd. abbés Lays, et autres habitans des landes de Bigorre nous ont exposé dans leur requette remonstrative que lesd. lieux de Luquet, de Garderes, de Seron et de tout le district des landes de Bigorre voisines de Bearn cette coutume a été inviolablement observée depuis un temps immemorial sçavoir que les biens avitins et nobles des familles abbés Lays, et autres sont inalienables, parce qu'ils sont substitués par un successif et perpetuel fidéicommis de sorte que le seigneur desd. maisons abbatiales, et autres maisons anciennes ne peut pas donner, tester, vendre, eschanger ou alliener de quelle maniere que ce soit lesd. biens avitins sans un expres consentement de son heritier, lequel n'est pas tenu de donner son consentement à son perc qui allienne, à moins que l'allienation ne se fasse pour liever, et augmenter la maison dans laquelle l'allienation se fait; et cette coutume localle passe pereux, eux pour enx, les, sur tout depuis le temps que Bernard d'Heureuse metayer, comte de Bigorre establit, et confirma les coutumes localles de toute la comté de Bigorre qui authorisa surtout cette coutume pour lesusd. habitans des Landes, tout comme il le fit a peu pres en faveur des habitans de Lourde, des montagnes de Riverousse, et des autres endroits scitués dans le voisinage de Lourde, lesusd. abbés Lays de Luquet de Garderes, de Seron, et autres habitans desd. landes de Bigorre limitrophes de Bearn nous supplient donc de vouloir de notre plene puissance, et authorité judiciaire les conserver dans leurs coutumes locales affin que les biens avitins et nobles ne puissent être alliennés pour quelle cause que ce soit au desavantage et préjudice de l'heritier substitué par la force de lad. coutume, sy ce n'est de son exprès consentement et pourveu que cette alliénation se fasse pour augmenter l'heredité; parceque c'est la le seul remede d'empecher que leurs maisons ne soient dissipées surtout dans ces contrées limitrophes et autres nations dans lesquelles les meilleures maisons et familles sont renversées si on ne se sert de ce moien.

C'est pourquoy nous Gaston par la grace de Dieu vicomte de Bearn, et comte de Bigorre ayant veu cette supplication et requette remonstrative desd. abbés Lays et autres habitans des landes de Bigorre, et ayant meurement examiné ce qu'on expose dans lad. requette remonstrative, séant dans l'assemblée convoquée présente, et constituée à Tarbe des juges, des barons, et autres nobles de terre pour deliberer des affaires de nos sujets pour le bien et soulagement de tout notre peuble de Bigorre, voulant tant en general qu'en particulier conserver un chacun dans ces privileges, honneurs, uzages, et coutumes locales qui ne derrogent ny préjudicient ny a nous ny a notre droit, voulant conserver dans leur entier les maisons et familles desd. abbés Lays et des autres habitans dans lesd. landes de Bigorre, affin qu'ils puissent nous donner plus facilement du secours et a nos successeurs en cas de guerre, nous voulons donc, determinons, et arretons de notre pleine puissance du consentement et de l'avis de toute notre cour de Bigorre que les biens avitins et nobles desd. abbés Lays, et autres habitans des landes de Bigorre confrontant d'un costé et d'autre avec le Bearn soint sujets a un perpetuel et successif fideicommis en sorte qu'ils ne puissent a l'avenir pour quelle cause que ce soit etre aliennés au préjudice de l'heritier qui doit succeder audelà de la quatrieme des biens sy ce n'est qu'une telle allienation se fasse du consentement exprès du susd. heritier qui doit succeder pour meliorer le bien de la famille, et que toute alienation qui ne sera pas faitte avec cette condition soit cassée et annulée amoins quelle ne soit faitte afin de leguer par la redemption de son ame, ou se delivrer de prison, ou subvenir a la nourriture de sa famille dans une extreme et urgente necessité, laquelle on sera tenu de faire apparoitre, et demander permission a nous, et a notre cour pour eviter toute fourberie, ou pour marier des filles qui courent risque de mener une mauvaise vie, et prostituer leur honneur, ou pour combatre pour la foy catholique contre les infidelles et Sarrazins; dans ces cinq cas l'allienation est bonne et valable pourveu qu'ils apparoissent manifestement et que le cas susd. soit exprimé dans le contract de vente pour oter toute fraude, car il est plus juste, plus équitable, et plus louable de pourvoir a la conservation de l'honneur, de la vie et du salut de son ame qu'a celle des biens passagers, et nous voulons, establissons, et arretons, que tout ce dessus ayt la force d'un decret qui doit etre inviolablement observé a l'avenir, et a jamais parmy lesd. abbés de Luquet, de Garderes, de Seron, et autres familles, et maisons anciennes dans lesd. landes de Bigorre limitrophes de Bearn, nous permettons enfin et donnons libre pouvoir a chaque pere de famille desd. maisons abbatialles et a tous autres habitans desd. landes de disposer a leur gré de la quatrieme partie des biens auquel privilege nous ne derrogeons en aucune façon par notre present decret.

De plus lesd. abbés Lays, et autres habitans desd. landes de Bigorre nous ont representé dans le second chef de leur requette remonstratiue quils sont environnés de tous cotés, des terres de Bearn, et quils ont accoutumé depuis un temps immemorial de faire paccager et abreuver leurs troupeaux auec liberté et sans aucun trouble chez touts leurs voisins de Bearn auec lesquels jls confrontent et ceux-la ont le meme droit dans leurs landes de Bigorre, depuis le lever jusqu'au coucher du soleil, comme il est d'uzage parmy les voisins sans qu'aucun desd. voisins puisse uzer d'aucun droit de corsau ny pretendre aucun gage l'un sur l'autre, amoins qu'on ne les y surprenne a y coucher pendant la nuit ou y faire paturer en fraude, cependant il est survenu de grandes disputes entre lesd. voisins limitrophes de Bearn, et de Bigorre, c'est pourquoy lesd. abbés et autres habitans desd. landes de Bigorre, nous supplient de vouloir statuer la-dessus. voulant donc entretenir la paix parmy tous nos sujets tant de Bearn que de Bigorre, nous voulons ordonnons statuons par notre present decret que lesd. habitans des landes de Bigorre fassent paturer, et abreuver sans aucun trouble tous leurs troupeaux chez tous leurs voisins confrontant de Bearn, et ceux-cy pareillement chez eux depuis le lever jusqu'au coucher du soleil et nous deffendons tres expressement, a tous et a un chacun tant de Bearn que de Bigorre de jamais plus a l'avenir attenter les uns sur les autres sous peine de prison et d'etre amandés : prononcé a Tarbe en pleine cour et dans la maison comtale lan du Seigneur mil deux cent quatorze le quatrieme des Ides de mars, presens Arnaud-Raymond de Courraze eveque de Tarbe, Bouel abbé de l'Echelle-Dieu, Gaspard de Chabannes, bour de Reynac, Thibaut des Angles, Arnaud-Raymond de Castelbajac, et tous les autres conseillers de notre cour regnant Philipe roy de France, Jean roy d'Angleterre et duc de Guienne, et le seigneur comte Gaston, et dame Petronille comtesse souveraine de lordre desquels moy dominique Abbadie secretaire ay ecrit les presentes que j'ay marquées du signe de la Tres-Ste-Croix pour servir a eternelle memoire et dans tous les siecles. Ainsi soit-il.

Extrait des archives du Séminaire.

Actes sur la succession de Pétronille, comtesse de Bigorre. — 1er septembre 1283.

Notum sit præsentibus et futuris quod anno Domini millesimo ducentesimo octogesimo tertio primâ die septembris apud Tarbiam congregata generali curiâ prelatorum, baronum, militum, nobilium, burgensium et aliorum habitatorum communitatis et terræ Bigorræ, præsentibus reverendis in Christo patribus Raymundo-Arnaldo Tarbiensi, P. Adversi et sanctæ Quiterie, et Ispanio Oleronsis episcopis, Arnaldo-Guillelmo de Bénag abbate de Giveres, Guillelmo Garsie de Tusaguéts commendatore de Bordes, Angerio de Seppiacho archidiacono de Mantines in ecclesiâ Tarbiensi et pluribus aliis bonis viris nos Raymundus-Guarsie et Pelegry de Lavedano, Guillelmus-Guarsie de Tusaguéto, Arnaldus-Raymundus de Castro-Bayhaco, Petrus de Antino, Rosius de Benag, Petrus de Castet-Bayeg, Angerius et Bernardus de Lort, Petrus de Begola, Guarsias-Arnaldus de Villapintâ Gualterius de la Cassauba, Arnaldus-Guillelmus de Bordan, Bernardus de Cucuron, Bernardus d'Astar, Arnaldus de Bendéa, Bernardus de Artagna, Petrus de Bigners, Guillelmus-Arnaldus de Barbasan sancti Aveni de Benag, Pelegrinus de Colerasa, Angerius de Bilambitz, Rhunus de Long, Angerius de ?? de, Gnastonus de Fialé, Arnaldus-Guillelmus de Averedo, Petrus de Angulis et Bernardus de sancto Paulo, barones, milites et domicelli dictæ curiæ de Bigorra una cum totâ curiâ Bigorræ præsentes gratis et liberaliter recipimus dominam Constantiam primogenitam nobilis viri domini Gastonis vicecomitis Bearnii et Dominæ Mathæ uxoris suæ defunctæ, in dominam nostram et comitissam Bigorræ et omnes concorditer, sponte et libere prædictæ dominæ Constanciæ sicut dominæ nostræ et comitissæ Bigorræ juramenta fidelitatis fecimus et præstavimus recognoscentes ipsam dominam et comitissam Bigorræ. In quorum testimonium, nos episcopi, abbas, commendator, archidiaconus prædicti et Raymundus Guarsie et Pelegrinus de Lavedano, Arnaldus-Raymundus de Castro Bayaco, P. de Antino, Rosius de Benag, Guarsias-Arnaldus de Villapinta et Gualterius de la Cassanbe præsentibus sigilla nostra duximus apponenda.

Datum primâ die septembris, anno Domini millesimo ducentesimo octogesimo tertio.

Serenissimo principi Raymundo domino suo domino Philippo Dei gratiâ Francorum rege, Raymundus Arnaldus permissione Dei Tarbiensis episcopus, Arnaldus-Guillelmus de Benac, abbas de Gev rés, Augé de Bénac abbas Scalæ-Dei, Fortanerius abbas sancti Savini de Lavitania, frater Petrus de Gavarelto commendator de Borderes, Raymundus-Garsie de Lavitania, Petrus de Antino, Bosius de Bénat, Bernardus de Coarasa, Tiebaut d'os Angles, Arnaldus-Guillelmus de Barbasano, Arnaldus-Raymundus de Castro Bayac, Raymundus Americus de Bassaïlhac, Pelegrinus de Lavitania, Raymundus de Aster, Raymundus-Arnaldus de Cucurro, barones, Raymundus Dossun, Petrus deus Angles, Petrus de Castro-Bayaco, Augustinus de Loit, Garsias-Arnaldus de Villapinta, Guillelmus-Garsie de Tu saguéde, Petrus de Begole, Raymundus-Arnaldus de Arcizars, Gau terius de la Cassanhe, Bernardus de Artanhan, Petrus de Domeg, Augerius et Gasto Dashicle, Petrus de Bispuers, Guillelmus-Arnal dus de Barbasano, Pelegrinus de Coarasa, Augerius de BIlembitz, Arnaldus-Guillelmus de Avernede, Bernardus de Sent-Pau, milites, Arnaldus de Besen, Bernardus de Cast du m, Augerius de Domec, Solens Dossun, Arnaldus de Bensen, domicelli et nobiles curiæ et comitatus Bigorræ, salutem et quidquid possunt servicii et honoris noverit vestra regia celsitudo quod defunctis sine liberis legitime procreatis dominâ Esquivato et dominâ Jordano nepotibus quondam dominæ P. Comitissæ Bigorræ juxta testamentum et ordinationem dictæ dominæ comitissæ et ex vi substitutionis ejusdem, nos et omnes alii habitatores comitatus et terræ Bigorræ recepimus in dominam et comitissam Bigorræ dominam Constanciam filiam et hæredem do minæ Mathæ quondam filiæ prædictæ dominæ comitissæ Bigorræ, quod ex certa successione et ex formâ testamenti prædicti dictæ dominæ Mathæ debebatur successio comitatus prout nobis et plu ribus probis viris et sapientibus, videbatur et eadem Constancia primogenita et hæres præfatæ dominæ Mathæ de voluntate nostrâ et assensu sicut hæres et comitissa recepit possessionem et saisinam comitatûs et terræ Bigorræ, et eidem sicut dominæ et comitissæ nos omnes barones, milites, domicelli et nobiles supra dicti concordat er fecimus et præstitimus fidelitatis et homagii juramenta sicut erat hac consuetum suis prædecessoribus comitibus Bigorræ et eadem Cons tancia sicut domina et comitissa recepit castra, villas, fortalicia, domus, redditus, exitus, jura dominii et alia spectantia ad comitatum exercendo juridictionem et justitiam altam et bassam sive merum imperium et mixtum et omnia singula faciendo et exercendo quæ ad comitem et comitatum spectabant et in hujusmodi possessione vel quasi fuit multo tempore et si quo tempore fuimus obedientes dos mino regi Angliæ, dominæ Constanciæ vel ejus mandato, hoc fuimus ex tolerantiâ ejusdem dominæ et quamdiù eidem dominæ placeret, et non ultrà, quòd eidem Constanciæ per fidelitatem et homagium tenebamur et tenemur et postquàm eidem dominæ juramenta præstitimus, nulli alii, ratione comitatûs Bigorræ fecimus obedientiam, homagium vel fidelitatem, nec poteramus, nec possumus, cùm super iis eidem dominæ Constanciæ teneamur astricti, unum sistamus vestræ regiæ majestati quòd dictam dominam Constanciam advohavimus et advohamus et recognoscimus dominam et comitissam nostram comitatûs et terræ Bigorræ supplicantes serenitati vestræ et regiæ majestati quòd in possessione et saisinâ dicti comitatûs dictam dominam Constanciam non impediatis nec turbetis nec permittatis ab aliis molestari, quòd ipsa parata est super jure et possessione comitatûs ipsius plenariè stare juri, et respondere et facere jus et judicium sine maliciâ super illâ hæreditate cum cuilibet impetenti et facere et reddere episcopo, Dechano et capitulo Aniciensi quidquid comes Bigorræ facere et reddere tenetur quid est per vestram curiam judicatum et ità offert et obtulit et promisit, nec nos etiam impediatis, turbetis, nec permittatis ab aliis molestari quominus eidem dominæ prout sibi juravimus et promissimus obedire possimus. Et ad fidem et testimonium præmissorum nos prædicti episcopus Tarbiensis, commendator de Borderes, abbas Scalæ-Dei, abbas sancti Savini, Raymundus Garsie de Lavetania, Arnaldus-Guillelmus de Barbasano, Boslus de Benac, Petrus de Castro Bayac, Augerius de Lou, Peregrinus de Lavitania, Garsias-Arnaldus de Villapinta, Arnaldus de Beusen, Tibaldus deus Angles, sigilla nostra præsentibus duximus apponenda.

Datum et actum apud sanctam Mariam de Seméaco propè Tarbiam in festo sancti Dionisii, anno Domini millesimo ducentesimo nonagesimo secundo.

Noverint universi quòd in præsentia nobilis viri domini Rogerii Bernardi Dei gratiâ comitis Fuxi, vicecomitis Bearnii et Castriboni procuratoris dominæ Constanciæ comitissæ Bigorræ vicecomitissæ Marciani, constituti apud sanctum Savinum in valle de Levedano, Augerius de Bads de valle de Barege et Arnaldus Fedat, Bartholomæus de Bellopodio, Peregrinus de sancto Martino, Bernardus de sancto Andrea, Joannes de Esquiesa, Guillelmus Cheze, Guillelmus Saheradie et plures alii de dictâ valle de Barege qui ibi ad hoc quod sequitur faciendum dixerunt venisse, pro se et pro aliis hominibus dictæ vallis, dixerunt, recognoverunt, et concesserunt quòd mortuis sine liberis legitimè procreatis domino Esquinato et domino Jordano nepotibus quondàm dominæ Petronæ quondàm comitissæ Bigorræ juxta testamentum et ordinationem dominæ Petronæ et ex vi substitutionis ejusdem, ipsi omnes et alii habitatores de valle de Barege receperunt in dominam et comitissam Bigorræ dictam dominam Constanciam, filiam primogenitam et hæredem dominæ Mathæ filiæ quondam prædictæ dominæ Petronæ et quod eadem domina Constancia de voluntate eorum et assensu sicut hæres et comitissa Bigorræ vel alius pro ea recepit possessionem et saisinam comitatus et terræ Bigorræ et quod eidem sicut dominæ et comitissæ fecerunt homagium et fidelitatis præstiterunt juramentum et eadem domina Constancia vel alius pro ea percepit proventus et redditus et omnia jura in valle de Barege prout prædecessores sui comites Bigorræ percipere et habere consueverunt et quod ipsi iidem superius nominati pro se et aliis habitatoribus dictæ vallis recognoverunt et advocaverunt dictam dominam Constanciam in dominam suam et comitissam Bigorræ promittentes dicto domino procuratorio nomine ipsius dominæ Constanciæ recipienti quod ipsam tenebunt pro domina sua et comitissa Bigorræ et servabunt ei fidelitatem et juramentum ei præstitum per eandem. Facta fuit hæc recognitio et avolatio et promissio in medio mensis octobris, regnante domino Philippo rege Franciæ et domino Hugone episcopo Tolosæ, anno ab Incarnatione Domini millesimo ducentesimo nonagesimo secundo, in præsentia et testimonio domini Fortanerii Dei gratia abbatis monasterii sancti Savini, fratris Garsiæ Arnaldi monachi loci ejusdem, dominorum Geraldi de Malleone, Augerii de Doazo, Petri de Begolà, militum, Arnaldi de Lavedano, domicelli, Bernardi de Villard presbiteri de Barege, Bernardi Geraldi civis Tolosæ notarii qui hoc scripsi publicum instrumentum et signo meo consueto signavi.

Extrait du trésor des chartres de Bigorre.

COMTES DE FOIX.

Alliance du comte de Foix avec Bertrand, seigneur de Noé. — 1420.

Sapien tots qui las presens lettres beyran que jo Bertran senhor de Noer me sui feit et fas per tenor de las presens aliat et companhon deu tres haut et puxant prince et molt poderos senhor mossen Johan per la gracie de Diu comte de Foix per tots los termis et jorns de ma bite, et ley prometut et jurat sus los quatre sans evangelis de Diu toquats ab ma propri maa dextre, sus pene de estar faus et maubat e perjuris de ajudar et baler lo de tot mon poder et de tote ma terre, et de far guerre de ma dite terre en fore et autrements ab ma persone ab tots aquets qui per mi voleran far en totes pars ou lodit monsenhor de Foix me requerira contre tots los homis deu mon, exceptats mon sobiran senhor lo rey de France et mons redoptables senhors et donz, monsenhor lo comte, madame la comtesse de Comenge, monsenhor lo comte de Lilhe mons naturals senhors, et de revelar et denunciar audit monsenhor de Foix au plus breviment que jo poiré tote deshonor ou dampnatge que jo podos saber ou dessentir qu'augun ou auguns per vie indirecte ou autremens lo holossen far ou tractar en cors ne en béés et de deffendre, contrestar et obiar a tot mon poder lasdites deshonor ou dampnatge contre tots aquals qui ac volossen far ou tractar, et per major fermesse de las causes dessus dites jo ey signat la present letre de ma propri maa, et y ey pausat mon propri saget, dades a Ortés lo vingt jorn de may l'an mil quatre cens et vingt.

Extrait du Chartrier de Pau.

Contrat de mariage de Catherine, reine de Navarre, avec Jean d'Albret. — 1484.

Sequuntur articuli conventionum matrimonialium super matrimonio contrahendo inter serenissimam dominam, dominam Catherinam Dei gratiâ Navarræ reginam, comitissam Foxi, dominam Bearni, comitissam Bigorræ, vicecomitissam Castriboni, et illustrem dominum Johannem de Lebreto filium naturalem et legitimum ac primogenitum multum illustris principis domini Alani domini de Lebreto etc., etc. Et divinâ favente gratiâ in facie sanctæ matris ecclesiæ solemnisando pro soliditate contrac tus et dependentibus ab eo gratiosâ unanimi voluntate illustrissimæ principis et dominæ dominæ Magdalenæ genitricis ac curatricis prefatæ dominæ reginæ et una prælibati domini de Lebreto genitoris dicti domini Joannis ejus filii, concordati et conclusi ut sequitur. Et primo fuit conventum et concordatum inter partes prædictas quod hujusmodi matrimonium per verba de præsenti consensum de præsentia contrahetur inter præfatam dominam Catherinam et dictum Johannem de Lebreto. Item et quod contracto in formam prædicte matrimonio, cum imprimum opportunitas se dabit et communis consensus interveniet, seu altera pars alteram requiret, procedetur ad solempnisationem dicti matrimonii in facie sanctæ Matris ecclesiæ, complectis tamen complendis prout inferius deducentur. Preterea quod prædictus dominus Alanus genitor prælibatus dabit suo filio prædicto in donationum propter nuptias summam centum millium scutorum auri, cum, ponderis et legis domini regis Franciæ solvendam ut sequitur, videlicet ante solempnisationem dicti matrimonii quinquaginta millia, et deinceps usque ad completam so-

solutionem dictorum centum millium, contracto et solempnisato prædicto matrimonio fiet ipsa integra solutio intra annum tunc continuandum et sequentem in terminis videlicet sequentibus hoc est quod tertia pars dictæ solutionis fiat et solvatur in festo nativitatis domini nostri Jesu Christi, secunda vero in festo Paschæ, et reliqua in festo sancti Johannis Baptistæ proximè venturo, et prædicta summa centum millium scutorum valoris prædicti solvenda terminis quibus suprà prædictus dominus de Lebreto obligabit se et bona sua omnia et singula præsentia et futura et specialiter et expressè vicecomitatus de quibus infrà. Item fuit conventum, compositum, concordatum et in pactum expressum deductum quod præassertus dominus Alanus dominus de Lebreto pater dicti domini Johannis filii sui, in favorem et ad causam dicti matrimonii facit et ex nunc instituit illustrem eumdem Johannem primogenitum ejus filium suum universalem hæredem in terra et dominio de Lebreto nec non in comitatibus Gauræ et de Dreux, in vicecomitatu de Tartasio dominiis et baroniis de Castrogelosio, de Neraco, de Rions, de Sancta Basilia, Mansi Agenensis, Castri Maurini, captalatu de Bus, de Marcesino, de Gurson et aliis terris et Castellaniis ubicumque constitutis præsentibus et futuris, et in quibus jus habet seu pretendit habere cum eorum omnium et singulorum juribus actionibus pertinentiis cum reservato quod dictus dominus de Lebreto pater possit rationaliter suis liberis providere juxta domus suæ et patriarum in qua dicta dominia sunt sita consuetudinem, et quod dictus domini Alanus poterit disponere ad libitum suæ voluntatis de quinque millibus librarum Tur. redditus.

Insuper et viceversa præfata dicta Catharina constituit in dotem et nomine dotis dicto illustri Johanni viro suo, videlicet summam centum millium scutorum solvendorum de summis infrascriptis eidem dominæ Catherinæ debitis, hoc est summa quadringintorum viginti septem millium undecim florinorum auri cum Aragoniensis, sex solidorum et octo denariorum, in quibus prælibatæ Catherinæ tenetur et est efficaciter obligatus serenissimus dominus Fernandus rex Aragoniæ, ut et tamquam hæres et successor universalis illustrissimorum dominorum Alfonsi et Johannis........ regum Aragoniensium primogenitorum suorum ad causam matrimonii olim contracti et consummati inter dictum dominum Johannem et dominam Blancham pravam dictæ dominæ Catherinæ pro quibus exigendis et per solutione recipienda ex nunc cedit .... et etiam actionem quam in ipsis habet et sibi competit ad complementum dictæ summæ. Item fuit actum et in pactum expressum deductum, quod in casum quo dictus Johannes vir suus præcederet sine liberis ex corporibus eorum procreatis, summa prædicta centum millium scutorum pro dote assignatorum ad eamdem suosque hæredes et successores directe et citra quamcumque detractionem in totum, si soluta fuerit vel pro parte soluta, revertatur; per præmissa tamen nullatenus derogetur administrationi bonorum paraphernalium et omnium dominiorum dictæ dominæ Catherinæ, quominus ad dictum Johannem virum suum constante matrimonio pertineat, quinimo consentit quod constante ut præmittitur matrimonio ipsam administrationem habeat sine præjudicio tamen curæ prædictæ illustrissimæ dominæ Magdalenæ curatricis dictæ reginæ et bonorum durante tempore minoris ætatis dictæ reginæ quominus ipsa plenam administrationem habeat. Nihilominus fuit conventum et in pactum expressum quod filii et filiæ ex corporibus prædictis dominæ Catherinæ et domini Johannis gignandi et ab eisdem descendentes servato ordine primogenituræ, hoc est quod post primogenitum sine liberis masculini sexus decedentem succedet secundogenitus et deinceps tertio genitus et reliqui masculi suo ordine, si vero primogenitus, secundogenitus, tertio genitus, et reliqui masculini sexus deficiant sine prolibus filiæ servato ordine primogenituræ suo ordine succedant in omnibus terris et dominiis dicti domini Alani de Lebreto sine tamen prejudicio provisionum factarum aut fiendarum suis liberis ut supra est deductum ac in aliis quæ dicto domino Johanni obvenerunt ex testamentaria successione dominæ Franciscæ de Britania ejus genitricis et in quibus et ad quam jus sibi competit aut competere potest et fideliter succedent in dicto regno Navarræ, comitatibus, vicecomitatibus et omnibus aliis dominiis ad dictam dominam reginam pertinentibus quæ possidet et in quibus jus habere pretendit.

Item fuit conventum inter partes prædictas et in pactum expressum deductum quod in casum quod deus avertat, quod præfatus dominus Johannes superstite dicta Catherina, ab hac luce migraret non relictis liberis ab eorum corporibus procreatis, vel relictis aliquibus liberis ex super eminente eadem domina Catherina, ipsi liberi rebus eximirentur humanis, quod eo casu vel etiam si præmarcata domina Catherina convolante ad secundas nuptias liberos susceperit ultimos, omnes prælibatæ dignitates, terræ atque dominia ad fratres dicti domini Johannis aut eis de mundo sublatis ad eorum proximiores in gradu parentelæ masculos portantes nomen et arma de Lebret, et sine quacumque distractione et in defectum masculorum ad muliebrem sexum proximiorem ut supra revertantur et deferantur. Item fuit concordatum et in pactum expressum deductum quod in casum (quem Deus avertat) quod dominus præfatus Joannes super eminente eadem domina Catharina nullis relictis liberis ab eorum corporibus procreatis diem clauderet extremum, quod eo casu tertia pars dictorum centum millium scutorum pro dote constituta cum remaneret praedictae dominae Catherinae, et in reliqua et restanti summa succederent hii qui, ut supra deductum est, essent in principali hoc est haereditate praedicta domini Johannis successuri, et eo casu quod praedicta domina Catherina praedecederet superveniente ipso domino Johanne, quod dicta centum millia scuta ex donatione propter nuptias assignata integre et sine destructione revertantur ad ipsum dominum Johannem aut ejus haeredem et successores, pro restitutione quorum scutorum dicta serenissima regina de consensu dictae dominae illustrissimae matris curatricis suae obligavit et hypothecavit specialiter et expresse comitatus Fuxi et Bigorrae et generaliter omnia et singula bona sua omnesque terras et dominia praesentes et futura, excepto dominio terrae et patriae Bearnii. Deinde fuit concordatum et in pactum expressum deductum quod pro intretenendo et supportationibus onerum matrimonialium praedictus dominus de Lebreto justa statum et dignitatem et pro arbitrio dicti dominae de Lebreto annis singulis suplebit dicto filio suo necessaria quamdiu erit minor aetate viginti annorum, post vero aetatem praedictam viginti annorum dabit eidem filio suo singulis annis pro sustentatione status sui summam octo millium librarum turn., cum hoc tamen quod ipse dominus Alanus interea percipiet fructus haereditatis qui ei et bona illa sua ex successione dictae dominae Franciscae matris suae obvenerint et casu quo dictus dominus de Lebreto Joannes ejus filius perciperet fructus et redditus terrarum sibi ex successione materna pertinentes eo casu dictus dominus de Lebreto non teneatur dare eidem dicta octo mille libras pro sustestatione status sui ordinatas, cum hoc quod eo casu praedictus dominus de Lebreto consentiat quod praedictus dominus Joannes percipiat census et redditus praedictorum non obstante usufructu sibi in testamento dictae dominae Franciscae Legato et assignato, exceptis tamen fructibus comitatus patriae petitae orientis .... justa clausulam testamenti praedictae dominae; et pro solutione dictae summae octo millium francorum seu librarum turn., solvendarum praenarratus dominus de Lebreto specialiter et expresse obligavit et obligat vicecomitatum Tartesii cum omnibus juribus et pertinentiis suis nec non et terram de Marensies cum pertinentiis et juribus ut supra, et casu quo fructus et emolumenta praedicta vicecomitatus et terrae non sufficerent usque ad integram solutionem dictae summae octo millium librarum obligavit terras suas proxime contiguas aut viciniores pro dicto complemento. Item conventum compositum et concordatum ac in pactum expressum deductum inter partes praedictas quod casu quo praedictus dominus Alanus de Lebreto praenominatum dominum Johannem filium suum ...

tem viginti annorum constitutum non tractaret nec intretenueret juxta statum et dignitatem reginam ad arbitrium et cognitionem supradictæ dominæ Magdalenæ genitricis dictæ reginæ quod eo casu precisè compellatur et possit compelli ad solvendum integrè annis singulis dictam summam octo millium librarum turon, et ad hoc etiam expressè obligavit et obligat vicecomitatum et terras superius in proximo articulo designatas cum contiguis et magis vicinis.

Demum fuit conventum compositum et concordatum quod præfatus dominus de Lebreto pro suis viribus et posse conservabit, tuebitur, proteget, deffendet et ampliabit personas statum et bona prænominatorum reginæ et Johannis nati sui. Et ad majorem roboris firmitatem partes prælibatæ videlicet excellentissima domina domina Magdalena princeps Vianæ ac serenissima domina Catherina gratia dei Navarræ regina ejus filia, illustres principes et domini, dominus Alanus, dominus de Lebreto et dominus Johannes ejus filius contrahentes nominibus quibus suprà juvarunt ad et super quatuor dei evangelia manibus propriis et successivè tacta omnia et singula præmissa in dictis articulis contenta deducta conventa concordata et promissa tenere complere et de puncto ad punctum inviolabiliter observare juxta dictorum articulorum fidelem continentiam et tenorem et nunquam ullomodo directè nec indirectè in contrarium facere venire nec procurare: facta gesta et concessa fuerunt hæc infra castrum Orthesii in patria Bearnii anno Incarnationis Domini millesimo quadragentesimo octuagesimo quarto Indictione secunda, die verò decima quarta mensis junii pontificatus sanctissimi in Christo patris et domini nostri domini Sixti divina providentia papæ quarti anno tertio decimo, præsentibus ibidem inclitis et præpotentibus venerandisque in Christo patribus egregiis et nobilibus viris dominis Audeto de Aydia comite Convenarum, domino de Lescuno gubernatore ac senescallo Aquitaniæ, landarum de Bazael pro domino Franciæ rege, Johanne de Foxo vic. comite et domino de Lautrec, de Villamure et de Barbasano, P. per miserationem divinam Appamiensi episcopo, J. episcopo Agenensi, Clemente episcopo sancti Papuli, Johanne de Chassanes, Aymerico Labori in utroque jure licentiato præsidentibus in curi parlamenti Burdegalæ pro dicto Johanne Franciæ rege, Bertramo de Bereta abbate de Regula, Paulo Gay, judice Lemovicensi utriusque juris licentiato, Rogerio de Acrimonte domino de Acrimonte, Bernardo de Sta Columba et de Viscosa, Raymundo de Cardillaco domino de Sentari, Joanne domino de Pompador, Charolo domino de Montepesato, Bertrando domino d'Estissaco baronibus et militibus, Arnaldo de Chambeonis domino de Lissaro, Bertrando de Berri præposito Bornæ ac pluribus aliis ibi assistentibus testibus ad praemissa vocatis specialiter et rogatis. Et me Bertrando de Campanea Clerico Lascurensis diocesis authoritatibus apostolica et imperiali notario publico ac etiam authoritate praelibatarum dominae principis Vianae et serenissimae dominae reginae Navarrae ejus filiae, in omnibus terris et dominationibus suis earumque secretario qui omnibus et singulis supradictis dum sic ut praemittitur agerentur dicerentur et fierent una cum magistro Johanne de Sarrano notario infra scripto et praenominatis testibus interfui et praesens extiti eaque sic fieri vidi et audivi et requisitus simul cum dicto magistro Joh.... duo instrumenta publica unius et ejusdem tenoris ad requestam dictarum partium retinui. Et me Johanne de Sarrano Aquensis diocesis, authoritatibus apostolica, imperiali et ordinaria in episcopatu Aquensi notario publico qui omnibus et singulis supradictis dum sic ut praemittitur agerentur et fierent una cum dicto magistro Bertrando de Campanen notario supradicto et testibus praenominatis interfui easque sic ut praemissa......... fieri vidi et audivi et de quibus una cum dicto de Campan.. instrumentum scripsi et retinui.

Extrait des Archives de ....

Échange de la vicomté de Soule contre les Marensins. — 1261

Universis Christi fidelibus praesentes litteras visuris et audituris Augerius, filius quondam domini Raymundi Guillelmi quondam vicecomitis de Soula .... non dolo, non metu inductus sed pure et spontanea voluntate dedi et concessi in excambium et perpetuo quitavi pro me et haeredibus meis inclito domino meo domino Eduardo illustri regi Angliae primogenito et haeredibus suis castrum de M......... et totam vicecomitatum de Soula cum honore et omnibus pertinentiis suis et totum jus quod habui vel habere debui in haereditate quondam domini Raymundi Guillelmi quondam vicecomitis de Soula .... in predicto vicecomitatu et honore quitationem et donationem feci dicto domino meo et haeredibus suis pro me et haeredibus meis pro villis suis de Lerin de Saubusa, de S... et de Fusen et pro toto comitatu de Marensin cum omnibus pertinentiis suis quas .... bui pro dicta haereditate concessi promisi .... et ... praestito corporaliter juramento quod .... contra quitationem vel donationem .... et super premissis bonam et firmam garantiam .... et ad hoc me et omnia bona mea in quibuscumque .... domino meo et haeredibus suis obligo praesentibus .... propter signationes. Datum et actum tertia die novembris. Anno Domini millesimo ducentesimo sexagesimo primo.

Lettre de Montgomery aux consuls de Tarbes. — 1567.

Messieurs, je pensais que le support que je vous ay faict ne voulant aller a la rigueur pour chastier le mauvais allueure faicte par la plus part de tout le pais de Bigorre envers la Royne vre (votre) comtesse contre les edicts du roy, vous etiez preparé a vous contenir soubz l'obeissance que luy devez et luy payer ses droits. Mais j'entendz que cella a produict une chose toute contraire de sorte que vous ne faites semblant que de n'en vouloir rien fere. A ceste cause je vous ai voulu mander par ceste lre (lettre) que si dans six jours après la reception d'icelle vous n'avez mis en effaict ce que je vous ay desja escrit et que les thresorier m'en rende tesmoignage, jiray avecq l'armée sur les lieux pour vous visiter entierement que je ne voulais et vous fere cognoistre que je vous avais espargné pour vre (votre) bien et portant ne faittes de me tenir vivres toutz pretz par toutes les villes affin qu'allant aux montaignes je n'en aye point faute car j'ay deliberé de faire une visite universelle et vous monstrer que je ne m'en vay pas comme vous pensez et si vous faictes faulte de communiquer cette pnte (présente) aux autres villes je vous demanderay raison d'icelle sur les lieux. Atendant quoy je prie Dieu vous donner grace d'estre bien advisés. de Condom le xviij jour de novembre 1569.

Vre bon amy Montgomery.

Le même aux consuls de Bagnères.

Consuls de Baignères ne faictes faulte a peine de la vie d'estre samedi de matin a la Hestole (Pittole) ou de faire sejour avec vostre argent et la vous trouverez le sieur d'Armé avec une partie de sa compaignie qui parachèvera de tenir vos estats. Et adieu de Besplas le 13 octobre 1569.

Votre bon amy Montgomery.

Extrait de l'hôtel de ville de Bagnères.

Testament de Blaise de Montluc. — 1576.

Je Blaise de Montluc, mareschal de France etant dans ma maison d'Agen sain de mon corps et esprit considerant la formation du corps de l'homme etre faite du limon de la terre chose corruptible et que l'ame est un esprit vif et immortel et est envoyé du ciel au corps par le commandement grace et bonté de Dieu. Sachant aussy que l'esprit a nous donné par nostre createur en depart de ce corps mortel pourreux et corruptible et qu'il s'en retourne dont il est party. Parquoy ayant sur ce considéré en cette ferme foy et esperance, desirant plutôt la mort aujourd'huy que demain, neanmoins en attendant que ce commandement de Dieu ..... ayant receu de luy beaucoup des biens par sa grace au moyen desquelles il luy a pleu et plaît que j'en use et dispose en ce monde par raison pour après les laisser et en disposer a qui apartient et ainsin que ma conscience me juge, a cette cause par privilège militaire je fais mon testament et dernière volonté en la forme et manière que s'ensuit et premièrement quand il plairra a Dieu le créateur que l'heure de mon trepas sera venue et qu'il aura repris mon ame, veux que mon corps soit ensevely au lieu de St-Puy en Gaure et au sepulcre de mes predecesseurs avec telles funerailles que par les executeurs de mon testament cibas nommé sera avisé et ordonné ; je donne aux P. de Dieu du lieu de St-Puy et Estillé la somme de 200 fr. payable par mon heritier bas nommé. Veux aussy qu'il soit distribué aux pauvres le jour de mon enterrement et autres jours de mes funerailles la quantité de blé et vin que mesd. executeurs du present testament aviseront a leur discretion. Et parceque cy devant Margueritte, et Marie de Monluc mes filles et de feue Anthoine Isalguière ma premiera femme, ont été mises en religion sçavoir est lad. Margueritte au monastere des religieuses de Prouilhan et lad. Marie au monastere du Paravis lesquelles respectueusement ont été faites professes et auxquelles lors je leur constituai dot compétant suffisant outre les pensions, frais, fournitures et bienfaits qu'elles ont reçu de moy. Touttesfois en leur consideration et contemplation je donne et legue au monastere et chapitre d'iceux pour leurs charitable la somme de cinq cents livres Tournoises a chacun, aussy je donne et legue aux enfants et heritiers de feu Françoise de Monluc ma fille en son vivant mariée avec le sieur et baron de Fontenilles pour tout droit de legitime et suplement d'icelle quelle eut peu prendre et après sa mort ses heritiers et qui la representent la somme de 8000 fr. outre et par dessus la somme de 15000 fr. que je lui ay constitué en dot et quelle a reçu, Laquelle somme de 8000 fr. j'assigne ausd. enfans et heritiers sur la place du Castera Lectoures. Je legue et donne de nouveau aux heritiers de feu Fabien de Monluc mon fils la terre et principauté de Cadours ; je legue a Jean de Monluc mon fils evesque de Condom la somme de 10000 livres.

Et quand a la dame de Beauville ma femme ausd. la somme de 12000 tournoises que je luy ay constitué par le contract de mariage que je veux et entens ..... adi. et observé de point en point ..... [illegible lines] chandelliers, un rechaut, un plat bassin, une escuelle a oreille, le tout d'argent, trois mulets, deux chevaux de pas et deux haquenées et trois courtaux a son choix de ceux qui se trouveront estre a moy au tems de mon décès. Et parcecque du mariage d'entre moy et laditte de Bauville ont été procreées trois filles sçavoir Charlotte Catherine, Suzanne, et Jeanne Françoise de Monluc je donne et legue a laditte Charlotte la somme de 50000 fr. Tournoises de laquelle je luy assigne la somme de 27000 fr. sur les deux places de Plieux et Layrols. Et quand est de laditte Suzanne je luy donne et legue la somme de quarante mil livres de laquelle je luy en assigne onze mil livres sur la place de Caumont en Armagnac que jay achettée, et pour le regard de laditte Jeanne je luy donne et legue la somme de trente mil livres Tournoises de laquelle je luy en assigne les dix mille livres Tournoises sur la place du Castera Lectourés, et parce que mon intention est que mesd. filles demeurent en la compagnie de mad. femme tant qu'elle vivra viduellement jusques a ce qu'elles soient mariées pour l'affection maternelle qu'elle leur porte et la bonne instruction qu'elle leur donnera et affin qu'elles aient moyen s'entretenir ensemblement je donne et legue a mad. femme et filles la jouissance et uzufruit du chateau terre et seigneurie d'Estillac et Plieux et Monjoy leurs apartenances et dependances fruits profits revenus et emoluments d'iceux ensemble de tous et chacuns les autres meubles apartenant à mon héritier ci apres nommé qui se trouveront aud. chateau d'Estillac lors de mon déces et outre ce je donne et legue a mad. femme et filles la jouissance de trois douzaines de plats deux chandelliers et un bassin de levans saille d'argent que jay de present ou j'auray au temps de mon déces autre que celle que j'ay dessus donnée et leguée a lad. de Beauville mad. femme et ce pour en jouir par elles et chacune d'elles, sçavoir est lad. de Beauville pendant sa viduité et les d. jusques a ce qu'elles soient mariées.

Et pource que le fondement d'un bon et valable testament est institution d'heritier ou heritiere universel et que mon intention est de faire mon heritier universel mon petit fils Blaize de Monluc enfant premier nay de defunt Bertrand de Monluc mon fils et de dame Marguerite Cauppene, a cette cause avant toute autre chose je le veux avertir et prier d'accepter mon lesdite plat et en vertu d'iceluy mon present testament que au moyen et par vertu d'autres actes cy devant ou autrement que je pourrois avoir faits et passés avant et en faveur de mond. fils son pere en ce faisant d'avoir honneur et obeissance qu'il me doit et la soumission que pas moins de luy ou de sond. feu pere mon fils si s'est chose digne de son devoir. Et pource que ledit Blaize de Monluc mon heritier et mes trois filles et de laditte de Beau ville ma femme sont age pupillaire je fais et elis les tuteurs honnoraires sçavoir pour mondit heritier le seigneur de Brassac de Leberon mon neveu et pour mesdittes filles lad. de Beauville leur mere le seigneur baron de Beauville son frere et de Gondrin et pour tuteur et administrateur des biens de mond. heritier universel Arnaud Guillem d'Aurion sieur de Rihans et le sieur de Lassalle Gouloux, et pour tuteurs et administrateurs des filles le sieur de Puysegur et lad. de Beauville mere........ je charge avec lesdits tuteurs honnoraires ensemble lad. de Beauville mere de bien regir et gouverner et administrer les personnes et biens de mesd. heritiers et filles comme aussy les charge et prie d'accepter et tenir la main a l'execution de mon present testament et de mes funerailles à leur discretion.

Fait aud. Agen le 22 juillet 1576, present honnorable M. Charles de Malbin ... pour le roy en sa cour du parlement de Bordeaux, Dominique Cabarre chanoine d'Agen et vicaire general de monseigneur l'Evesque et comte d'Agen, Michel de Boissonade et Jean de Caumon.

Nous avons omis 2000 livres de legs a ses divers serviteurs.

Extrait du Chartrier de S... an ...

Assemblée des seigneurs de Lomagne. 1680.

L'an 1680 et le 9 octobre, apres midi, dans la ville et cité de Lectoure et logis où pend ... pour enseigne les trois rois, Louys par la grace de Dieu rey de France et de Navarre, par devant nos notaires royal soubsigné et temoins bas nommes constitués en leurs personnes nobles François de Goulard, seigneur de l'Isle, François de Luppé, seigneur du Garrané et de la Cassagne, Louys de Larroau, seigneur d'Avezan, Jean-Baptiste de Pablo, seigneur de Fornabeau et de la Chapelle, François du Gout, seigneur de Bouzet, Jean de Cases, seigneur de Mansonville, Guillaume de Pr...che..., seigneur d'Eschignac, Alexandre de Mun, seigneur de Puygaillard et Mansoux, Jean de Goulard, baron de l'Isle, Louys de Goulard seigneur de ..., Cesar de Bonnefont, seigneur de ..., lesquels en use ... d'une lettre de monseigneur le duc de Roquelaure, gouverneur de Guyenne du 20 aout dernier et lettre de monseigneur de l'Isle ... syndic de Lomagne, fesant tant pour eux que pour les autres gentilshommes du vicomté de Lomagne abscents, et y estant proposé ... par ledit sieur de l'Isle que ... assignation au sieur Olivet capitoul de Tolose ... pour le payement des lots et ventes de l'... ... par devant Monsieur l'Intendant de Montauba... ...

sieur Olivier du payement desdits lots et ventes, nonobstant le privilège des gentilshommes dudit collectaire de Lomagne et Fezensaguet qui en excluent les gentilshommes, dans lequel privilège ils ont été confirmés par l'arrêt du conseil de octobre 1533 et par tous les arrêts subséquents ..... et qu'ainsi il prie l'assemblée de vouloir nommer deux syndics pour se joindre avec Messieurs les syndics qui seront nommés par les gentilshommes de Fezensac et de Fezensaguet et convenir avec eux des moyens à se défendre de la demande de ces lots et ventes ..... sur quoi lesdits seigneurs gentilshommes .... nomment et constituent Messieurs de l'Isle et de Mun pour leurs syndics pour se transporter dans le lieu où Messieurs les gentilshommes de Fezensac et de Fezensaguet (sic) et faire convenir avec les syndics qui seront nommés des moyens de défendre, donnant lesdits sieurs constituants pouvoir aux sieurs de l'Isle et de Mun d'emprunter jusques à la somme de mille livres pour subvenir aux frais. En cas (sic) l'affaire se poursuivra au conseil et que Messieurs les gentilshommes de Fezensac et de Fezensaguet se joindre à eux (sic) et donneront pouvoir à leurs syndics d'emprunter la somme de deux mille livres pour par faire celle de trois mille livres que les constituants ont jugée nécessaire pour la poursuite de cette affaire ...... présents Monsieur Louys de Lucas, seigneur de Buzet conseiller du roy et lieutenant criminel en la cour prévôtale d'Armagnac et noble Nicolas de saint Géry, chevalier de Magnas.

(Extrait d'une copie du Séminaire prise sur l'original.)

ÉVÊCHÉS DE GASCOGNE. — Aire.

Union de l'abbaye du Mas à l'évêché d'Aire.

Amanevus, Dei gratiâ, archiepiscopus Ausitanus, Hugo Bigorritanus et Wilhelmus Olorensis episcopi, delegati a domino papa, universis ad quos praesens pagina pervenerit, salutem in Domino. Cum translatio sedis Adurensis ad monasterium sanctae Quiteriae de Manso, vel unio earumdem ecclesiarum nobis comissa fuisset sub hac forma. Gregorius, episcopus, servus servorum Dei, venerabilibus fratribus archiepiscopo Ausitano, et Vigoritano et Olorensi episcopis, salutem et apostolicam benedictionem. Cum sic te, fratrem archiepiscopum, intellexerimus referentem : civitas Adurensis, tum propter longam guerrarum instantiam, tum propter corruptionem aquarum et aeris pestilentiam, sit adeo imminuta, quod a tempore, cujus non est memoria, vix ibi duodecim mansionarii remanserint, episcopus, qui omni solatio destitutus, non habet ubi caput valeat reclinare, propter quod viluit ibi episcopalis titulus dignitatis unde cum sit ibi vicina quædam ablatiola sanctæ Quiteriæ de Manso paucis monachis habitata, ecclesiæ Adurensi jure dyœcesano subjecta, unietuli cum episcopali sedi, vel sedem transferendi ad eam, ita tamen quod ibi monasticus vel regularis ordo servetur, licentiam à nobis humiliter postulasti. De vestra itaque fide ac discretione plenam in Domino fiduciam obtinentes, fraternitati vestræ per apostolica scripta mandamus quatenus, si ita est, et cum pace fieri poterit, illud efficiatis, apellatione remota, quod secundum Deum magis videri tis expedire. Quod si forte aliquis articulum difficultatis emiserit, illum nobis studeatis fideliter intimare, ut procedamus ex inde prout secundum Deum viderimus procedendum. Quod si non omnes hiis exequendis poteritis interesse, duo vestrum ea nihilominus exequantur. Datum Laterani sexto idus januarii, pontificatûs nostri anno primo. Nos autoritate apostolica procedentes accessimus ad ecclesias supra dictas, et de consilio et assensu episcoporum Lascurrensis, Convenarum, et Bayonensis, diligenti tractatu et consilio peritorum, taliter providimus ecclesiis memoratis. Nos Amanevus, Dei gratiâ archiepus Auxitanus, Hugo Vigorritanus, et Willelmus Olorensis episcopi, à summo pontifice delegati habito diligenti tractatu, de consilio multorum episcoporum et aliorum peritorum, et de consensu omnium monachorum monasterii sanctæ Quiteræ, et canonicorum ecclesiæ sancti Joannis Adurensis, autoritate apostolica qua fungimur in hâc parte, unimus ecclesiam sancti Joannis Adurensis et monasterium sanctæ Quiteriæ de Manso, ita videlicet quod episcopus Adurensis sit de cetero in perpetuum utriusque ecclesiæ episcopus et prælatus, et utraque ecclesia retineat jura et privilegia, possessiones et alia bona, quæ in præsenti possident, vel in futurum poterint adipisci. Electioni episcopi intersint communiter canonici et monachi, ita ut electio unâ vice in unâ, et aliâ in reliqua ecclesia semper in posterum celebretur, ordo vero monasticus semper in monasterio sanctæ Quiteriæ observetur. Actum apud sanctam Quiteriam de Manso, anno Domini millesimo ducentesimo vigesimo octavo, decimo die exeunte aprili, præsentibus episcopis supra dictis, et multis aliis bonis viris.

Patronage d. Luc. — 1.90.

Edwardus, Dei gratiâ rex Angliæ, dominus Hiberniæ et dux Aquitaniæ, et Petrus, eâdem gratiâ episcopus Adurensis, et capitulum ejusdem loci, et conventus monasterii sanctæ Quiteriæ. Universis ad quos præsentes litteræ pervenerint, salutem. Noveritis quod cuvilla nostri episcopi et conventûs prædicti de Manso sanctæ Quiteriæ, cum pertinentiis suis sita sit in medio nationis perversæ, et per nos habitantibus in dicto loco super pace et tranquillitate ejusdem loci commodè occurri non possit, nec non jura et jurisdictiones quæ et quas ibi habemus à diversis hominibus possimus defendere, imò defensionis defectu villa prædicta quasi ad nihilum sit conversa, et nuper igne et incendio per malignos homines in pulverem redacta, unà cum monasterio supradicto : supplicavimus humiliter domino regi et duci prædicto, pensantes utilitatem et tranquillitatem nostram, hominum dictæ villæ, et totius terræ circumvicinæ, ut de concessione nostra vellet habere et recipere quæ sequuntur : videlicet medietatem altæ et bassæ jurisdictionis dictæ villæ et pertinentiarum ejus, reddituum et proventuum, Bastidarum et molendinorum, furnorum, mercatorum et nundinarum, ac aliorum quæ de novo fient, vel per sollicitudinem aliquam possent de cætero evenire in villa et pertinentiis antedictis, ita tamen quod præmissa fiant ad communes expensas, salvis et retentis nobis censibus, feudis, et redditibus, quos nunc habemus et habere debemus in villa et pertinentiis antedictis. Si tamen Bastidas ad communes expensas contingat fieri, ut dictum est, in pertinentiis memoratis, dictus dominus rex et dux haberet medietatem omnium reddituum intra Bastidam eamdem et medietatem altæ et bassæ jurisdictionis intus et extra, et medietatem omnium incuramentorum et aliarum commoditatum provenientium ratione jurisdictionis altæ et bassæ in villa, pertinentiis et Bastidis prædictis, et quod domum nostram lapideam, cum solo et pertinentiis suis, quam construximus jam diu in ingressu villæ prædictæ ex parte Laderri, reciperet de domo nostri episcopi supradicti, ut sic nos, dictum monasterium, villam et homines nostros villæ prædictæ, et pertinentia cum possit facilius defendere ab incursionibus malignorum. Cui supplicationi nos rex et dux prædictus ex causis superius expressis præstitimus nostrum assensum. Nosque episcopus, capitulum et conventus superius nominati, de jure et commodo nostro, et dicti monasterii certiorati, ex causis eisdem prædicta omnia et singula ad plenum cum eorum juribus et pertinentiis, pro nobis et successoribus nostris, dicti domino regi et duci, et hæredibus suis, perpetuo concedimus et donamus, censibus et aliis superius nobis retentis solùm exceptis : ita tamen quod in dicta villa, et pertinentiis, ac Bastidis inibi faciendis, sint duo bajuli unus pro domino rege et duce et alius pro nobis et episcopo memorato, qui ambo in principio suæ creationis jurabunt se habere fideliter in officio Ballivia, et justitiam facere cuilibet conquerenti, et omnia et singula in præsentibus contenta firmiter et inviolabiliter observare, et uterque bajulus jurabit quod de omnibus, quæ provenient ratione vel occasione dictæ jurisdictionis altæ et bassæ, sibi invicem fideliter respondebunt et quidquid fieret per eorum aliquem, amborum nomine reputabitur esse factum; servientes ponentur communiter per eosdem, et clamores sive edicta fiant communiter, tam ex parte domini regis, quam ex parte nostri, episcopi memorati; clavesque portarum villæ, aut Bastidarum prædictarum tenebuntur, aut custodiendæ aliis committentur committendæ per eosdem bajulos antedictos: et quod jurisdictio familiæ et servitorum nostrorum episcopi et conventûs prædictorum, nec non capellani dictæ ecclesiæ sanctæ Quiteriæ, qui sunt et qui erunt ad mensas et raubas nostras, tantummodo pertineat ad nos episcopum antedictum: et jurisdictio servitorum et familiæ dicti domini regis, senescalli sui, et bajuli dictæ villæ, et pertinentiarum, ad ipsos firmiter in solidum pertinere noscatur. Quæ omnia et singula supradicta volumus in perpetuum tenere habere. Renunciamus specialiter exceptioni restitutionis in integrum, et omni juri scripto vel non scripto, privilegio habito vel habendo, constitutioni et statuto, et omnibus aliis et singulis per quæ, vel per quod contra præmissa, vel aliqua præmissorum venire possemus in toto vel in parte. Et nos prædicti rex et dux, salvato nobis ressorto in omnibus supradictis pro nobis et hæredibus nostris præfatam donationem et concessionem acceptantes, prout superius est expressum, volumus atque concedimus pro nobis et hæredibus nostris, præfatis episcopo et conventui, quod nos seu ministri nostri, bona dictorum episcopi et conventûs, vacante dicto monasterio, occasione regaliam, vel alia quacumque occasione frivola, ad manum nostram non ponamus, imo prædictos episcopum, conventum, monachos, capellanum, et alios ministros ejusdem monasterii, et bona eorum detinebimus, nullam eis vel rebus suis molestiam inferendo, et nullo tempore licentiam dabimus ædificandi seu construendi domum religiosam vel aliud oratorium in dictis villa, Bastida, et eorum pertinentiis, sine speciali licentia prædictorum episcopi, conventus, [...] et quod expensis nostris ac de apostolicis super præmissis omnibus conficiantur [...] omnem propossi[...] procurabimus obt[...] Volumus [...] omnes perpetuitatem dicti monasterii, et moderantes donum nobis factum per ipsum episcopum Adurensem de domo per [...] et altera aliam summam mille trecentarum librarum Burdigalensium monetæ per nos concessam pro eleemosina ad effectum monasterii supradicti, eidem episcopo de Aqu[...] solvi[...] et mox quingentas libras Morlanenses convertendas in capitali an[...]uum, vel alias meliorationes et terrarum suarum, qu[...] nos dictos episcopo[...] noscimus temporibus oportunis in pecunia numerata, et in utilitatem ecclesi[...]

nostræ et dicti monasterii convertisse, promittentes pro nobis et successoribus nostris dicto domino regi et duci, et hæredibus suis, quod si donatio præmissorum in aliquo revocari contingeret, quod sibi, vel hæredibus suis, omnia bona nostra mobilia et immobilia ecclesiæ nostræ, et monasterii supradicti.... quæ omnia et singula supradicta nos dictus rex et dux, pro nobis et hæredibus nostris, et nos episcopus, capitulum et conventus prædicti, approbamus, facimus, concedimus et promittimus inviolabiliter observare. In quorum testimonium et securitatem sigilla nostra inpendenti duximus apponenda. Datum apud Condat propé Leyburnam, decimâ die junii, anno regni nostri decimo septimo.

Le bâtard de Béarn assiège l'évêque d'Aire dans son château. — 1330.

Noverint universi, quòd anno ab Incarnatione Domini millesimo trecentesimo trigesimo, die Domini in festo sancti Mathiæ, apostoli, ante auroram, in mei notarii et testium infrà scriptum præsentiâ, Raymundus Arnaldus, qui se dicit spurium de Bearnio, ante portam loci de Plano extrà ipsum locum, cùm domino Arnaldo Guillelmi Deus d'Aus; Arnaldo Guillelmi ejus fratre domino de Baura; Arnaldo domino de Bisanos; Ramundo de Barsuno, Burdo Deus d'Aus; Galhardo de Claraco; Bertrando, domino de Noseilhos; Arnaldo de Sanos; Arnalds Guillelmi ejus fratre; Bernardo de Portés Parpalho; Sancio de Navarra; Petro Arnaldo de Beirnis; Perigrino de Filartigue; Garsias-Arnaldo de Segos; Ramundo Bertrando d'Arrevinhano; Bertrando domino de Vincali, armatis in equis et multis peditibus, videlicet Arnaldo de Portaugorga; Petro dicto Burdo d'Arrostanh; Geraldo de Cossio; Francisco et multis aliis eorum servientibus, necnon communitatibus de Villanova, de Perquirio, et pluribus aliis peditibus, diversis armorum generibus armatis, portis dicti loci clausis existentibus, et reverendo patre in Christo domino Garsia, Dei gratiâ episcopo, existente tunc in lecto, requisivit gentes dicti domini episcopi ex parte domini Bearnii, et sui ipsius filii, ut dicebat de Bearnio, quòd aperiret ei et gentibus suis portas, et dictum locum eidem traderet et liberaret dicendo, quòd tenebatur à domino Bearnii et Marciani: ad quod Vitalis de Capsia, clericus procurator dicti domini episcopi, et ex parte ejusdem, respondit et dixit, quòd dictus dominus episcopus tenebat et prædecessores sui tenuerunt dictum locum a domino duce Aquitaniæ et nunquàm audierant nec viderant, quòd dominus Bearnii aliquid peteret in dicto loco, et quòd illo modo non reciperetur in dicto loco. Tamen dominus episcopus diligebat dominum de Bearnio, et omnes de genere suo, et si volebat intrare eo modo quo debebat sine armis et amicabiliter, et loqui cùm domino episcopo, libenter aperiret ei; cui dictus Ramundus Arnaldus dixit, quòd non intraret, nisi, ut dixerat, et cùm omnibus complicibus suis, quòd debellarent dictum locum, et interfecerent illos qui erant intùs. Et tunc dictus Vitalis nomine quo suprà, dixit ei et illis qui cum eo erant, quòd dictus dominus episcopus cùm totâ familiâ suâ et cùm bonis et rebus suis erat in salviâ et speciali gardiâ domini regis Franciæ, et dicta salva gardia fuerat intimata in locis prædictis de Villanova, de Perquiris, de Poyolio, et aliis locis de Marciano publicè et solemniter, et de hoc apparebat per publica instrumenta et per penuncellos dicti domini regis Franciæ, quos ostendebat; et requirebat ipsum Ramundum Arnaldum, et ejus complices, tàm nobiles quàm comitantes, et alios ex parte domini regis Franciæ in cujus salva gardia erat, et domini ducis Aquitaniæ, à quo dictus locus tenebatur, quòd non facerent vim, violentiam, dampna, vituperia dicto domino episcopo in corpore, nec in bonis nec familiaribus suis, nec in dicto loco; et hiis omnibus et singulis Vitalis, nomine quo supra, requisit me notarium subscriptum, quod facerem ei unum, duo vel plura instrumenta, quibus sit expositum et declaratum dicto Ramundo Arnaldo et ejus complicibus, statim atque circà horam tertiæ, cùm lanceis, balistris, telis, lapidibus, et aliis instrumentis et generibus armorum, dictum dominum episcopum, capellanos et familiares suos, ecclesiam et dictum locum sine misericordiâ quacumque expugnaverunt et debellaverunt et combusserunt grangiam cùm blado, qui intùs erat, et molendinum et multos de familiaribus dicti episcopi vulneraverunt, et circà horam tertiæ dictum dominum episcopum cùm familiâ suâ, exire permiserunt, et dictum locum de Plano cùm bonis in eo existentibus occupaverunt, et de hiis omnibus et singulis post requisitionem dicti Vitalis factis, dictus dominus episcopus requisivit me Ramundus de Caberbisa, publicum ducatûs Aquitaniæ notarium, quòd ei facerem et darem unum, duo seu plura publica instrumenta actum et requisitum fuit hoc anno, die et loco quibus supra, testibus præsentibus venerabilibus et discretis viris dominis Arnaldo Guillelmi de Planta, abbato Pendulensi; fratre Petro de sancto Aunisio, monacho et operario beatæ Quiteriæ de Manso; Arnaldo Daugar, rectore de Samadeto; Bonohomine de Mediavilla, rectore de Luco, Aquensis diœcesis; Bertrando Daugar; Beguerio de Samadet, domicello; et me Ramundo dicto de Cabirbisa, ducatus Aquitaniæ notario, qui præmissis omnibus interfui et ad requisitionem prædictorum domini episcopi, et ejus procuratoris de præmissis omnibus præsens instrumentum retinui et in hanc publicam formam redegi signoque meo consento signavi in testimonium præmissorum rogatus, regnante domino Philippo, rege Franciæ; domino Eduardo rege Angliæ, duce Aquitaniæ; dicto domino episcopo Adurensi.

Punition de ce méfait.

Nos episcopus Adurensis præsens, visis, auditis, intellectis, consideratis diligentissimè et examinatis invasionibus, facinoribus, dampnis, injuriis, maleficiis, incendiis et violentiis antedictis, et quod non motu proprio, sed per alios maligno imbutos spiritu, Deum præ oculis non habentes, instigatus idem Ramundus Arnaldus ad comittenda præmissa prerupit, considerantesque et attendentes quod esset quantum ad fragilitatem humanam importabile, si secundum commissa prædictis delinquentibus imponatur penitentia, et quod disciplina vel misericordia multùm distituitur, si una sine altera teneatur, volentes disciplinam misericordià temporare, et æquitatem præferre rigori, hac die sabbati post festum sancti Barnabæ apostoli, ad hac per nos assignatà, infrà tempus in dicta submissione concessum, deliberatione habità et consilio peritorum Dominum habentes præ oculis, et Christi nomine invocato, dicto Ramundo Arnaldo debiti citato et vocato, dicimus, pronunciamus et ordinamus, quid non demittitur nisi restituatur ablatum, quòd dominus Ramundus Arnaldus de Bearnio pro restauratione molendini nostri et stagni sive sclausuræ ejusdem molendini et grangiæ, quæ per ipsum Ramundum Arnaldum, et dictos nobiles eum comitantes et eorum complices, et ratione ipsorum fuerunt combustæ et destructæ, ac pro quodam libro pontificali, centum salmatis (*la salmata est de cinq sacs,* utriusque bladi, decem pipis vini novi, et una antiqui, tribus culcitris, decem pulvinaribus, undecim sargis et cooperturis lectorum, viginti sex linteaminibus duabus magnis ollis de metallo, uno magno bassino de capro, quatuor pitalfis, duobus flescobus sive baccellis de stagno, quatuor porcis salsatis, duobus millibus allecum, ducentis merluciis, salsis, duobus confinibus de ficubus et racemis mellatis, et quadam pecuniæ summa ac multis balistis, lanceis, targis, toulachiis, raubis clavatatis, et aliis rebus nostris per ipsos Ramundum Arnaldum, nobiles comitantes et eorum complices, ratione ipsorum, raptis, consumptis et depredatis, distractis, devastatis, solvat nobis, et per dictos nobiles et comitantes solvere faciat cum effectu infrà proximum festum omnium sanctorum trecentum libras bonorum Morlanorum. Item quod pro invasione et injuria nobis, et ecclesiæ, et gentibus nostris per ipsos factis et illatis in loco nostro de Plano prædicto, dictus Ramundus Arnaldus solvat, et per dictos nobiles et comitantes solvere faciat cum effectu heleemosinæ ad dandum pauperibus et fabricæ nostræ ecclesiæ Adurensis per medium infrà dictum festum omnium sanctorum trescentum libras bonorum Morlanorum. Item quod ad honorem Dei et beati Joannis Baptistæ, et totius curiæ cœlestis, in quorum injuriam et vituperium supràdicta crimina fuerunt commissa in ecclesia Adurensi nobis in ipsa in pontificalibus existente, vel aliquo canonico, presbitero tamen, per nos ad hoc deputato, vestibus sacerdotalibus induto, dictus Ramundus Arnaldus sine caputio, cum uno cereo accenso per unum diem dominicum, vel alium diem festum et solempnem, dum major erit populi multitudo infrà proximum festum Nativitatis Domini personaliter veniat, et alios nobiles supràdictos per tres dies dominicos vel festivos infrà dictum festum in tunicis, sine capuciis et zonis, discalceatos venire faciat et procuret cum effectu, cum singulis cereis accensis, sub juramento et pœna in submissione in nos per ipsum facta contentis, ad præsentiam nostram, vel deputati à nobis et flexis genibus pio corde petant veniam de excessibus supràdictis.

Item, quod de dictis communitatibus de Villanova, centum : de Perquirio, quinquaginta, et de Poyolio, tringinta homines de melioribus dictarum parrochiarum, dictus Ramundus Arnaldus de Bearnio infrà dictum festum Nativitatis Domini faciat venire, et cum effectu procuret, per tres dies dominicos vel festivos solempnes, sub juramento et pœna in submissione prædicta contentis, ad præsentiam nostram, vel deputati à nobis, nudis in camisiis, cum singulis cereis accensis, et corrigiis in manibus in ecclesia Adurensi, vel montis Marciani, ubi magis placuerit, et processionaliter veniant de introïtu villæ ad ecclesiam, dum major affuerit populi multitudo, et flexis genibus pio corde petant veniam de excessibus et criminibus supràdictis, et à nobis, vel deputato à nobis humiliter et devotè recipiant disciplinam. Item quod infrà dictum festum Nativitatem Domini, ad honorem Dei et Beatæ Mariæ Virginis, et Beati Joannis Baptistæ faciant fieri unam crucem, vel imaginem pulcram sancti Joannis Baptistæ deauratam, sive de cupro, vel mamore, proùt maluerint, in qua scribantur causæ quare dicta crux sive imago fuerit facta, et quod remaneat perpetuò in ecclesia Adurensi. Item et quod infrà dictum proximum festum Nativitatis Domini per sanctam sedem apostolicam vel per habentem, vel habentes super hæc potestatem, se faciant absolvi à sententia excommunicationis et interdicti, quam propter præmissa de jure incurrerunt. Hæc omnia et singula dicimus, pronunciamus et declaramus per submissionem in nos factam, et omni jure et modo quibus meliùs possumus, et ea omnia et singula, proùt sunt scripta, volumus et mandamus integrè fieri et complété per dictum Ramundum Arnaldum, et nobiles et complices superiùs nominatos, et communitates supràscriptas sub juramento et pœna contenta in submissione in nos facta per dictum Ramundum Arnaldum, pro se et nomine quo suprà : quibus quidem in nostra præsenti ordinatione ac declaratione contentis integrè et affectualiter per dictos Ramundum Arnaldum, nobiles et comitantes, et eorum complices, expletis et peractis, nos episcopus prædictus, unà cum nostro capitulo Adurensi, in quantùm velle et nostra libera potestas se extendit, cùm Dei ecclesia non claudat gremium redeunti ad ipsam, Ramundo Arnaldo de Bearnio, comitantibus, et eorum complicibus, purà mente et affectu benigno, cujus pietas bonum consilium capere consuevit, absolvimus et quitamus, et ipsis parcimus in quantum in nobis est, et potestas nostra se extendit, retentà tamen nobis potestate addendi, diminuendi et declarandi in præmissis sic, quando et proùt nobis videbitur expedire, et de his omnibus et singulis requirimus vos magistrum Ramundum de Caborbiza, et Vitalem de Villa, notarios, quod faciant aut dent nobis unum, duo seu plura instrumenta. Actum et requisitum per dictum dominum episcopum in ecclesia Adurensi, anno et die quibus suprà, testibus præsentibus venerabilibus et discretis viris dominis, abbate sancti Joannis de Castera, præmonstratensis ordinis; fratre Petro de sancto Aunisio, monacho et operario monasterii beatæ Quiteriæ de Manso; fratre Joanne de Maloartico, ordinis fratrum minorum; dominis Bello de Betonis, Guillelmo de Presquidivo, canonicis in ecclesia Adurensi ; Vitale de Coyariis, Presbitero; Oddoardo de Loberia; Ramundo de Cadeilhono, de Bascor, Vitale d'Estrema; Ramundo Donati de Maloartico, du Ruperforti ; Guillelmo Ayquilenio; Arnaldo Guillelmi Guidonis, de Lebreto; Petro Seguin, de sancto Genio; Joanne Blanc, de Villanova ; Bernardo de Pamedo, de Perquirio ; Arnaldo Guillelmi de Lapide, de Caseriis ; Bertrando deu Noguer, de Renugno ; Bertrando Arros, de Granata ; Guillelmo Arnaldi de Farga, de Doazito ; Arnaldo deu Caironio, de Mugronio; Ramundo Guillelmi de Campograndi, de Fageto ; Petro Basseto, de Genua ; Arnaldo Guillelmi de Lucomalo, de sancto Liborio ; Martino de Bariis, de Castronovo; Fortanerio de Fabro de Pendulo; Petro de Farga, de Samadeto, Arnaldo deu Gore ; Augerio de Ferres, de Adura ; Ramundo Bertrando de Regina, de Manso, consulibus et capellanis dictorum locorum : et me Ramundo de Caborbisa, publico Ducatûs Aquitaniæ notario, qui præmissis interfui, et de præmissis præsens instrumentum retinui, et in publicam formam redegi ad instantiam et requisitionem prædicti domini episcopi, signoque meo consueto signavi, unà cum signo magistri Vitalis de Villa, publici notarii infrà scripti, regnante domino Philippo, rege Francorum; domino Edwardo, rege Angliæ, duce Aquitaniæ; dicto domino Garsiâ, Adurensi episcopo existente et ego Vitalis de Villa, publicus in toto ducatu Aquitaniæ notarius prædictis omnibus et singulis, dum legerentur, die et loco supra scriptis, cum prænominatis notario et testibus, præsens interfui et huic præsenti instrumento scripto per manum magistri Ramundi de Caborbisa, notarii supra scripti, me subscripsi, et signum meum consuetum in eodem apposui vocatus, rogatus et requisitus.

Usage particulier à l'église d'Aire. — 1335.

Garsias, miseratione divinâ Adurensis et sanctæ Quiteriæ episcopus, dilecto nostro archipresbytero silocensi, vel ejus locum tenenti, salutem in Domino. Vobis sub pœna excommunicationis præcipimus et mandamus quatenùs per capellanos vestri archipresbyteratûs monere peremptoriè faciatis omnes et singulos in rotulo huic litteræ annexo contentos, ut infrà octavas primi festi beati Nicolai hiemalis solvant et reddant nobis, vel magistro Vitali d'Arrimbelsio, loco nostri, summas pecuniarum et ceræ in dicto rotulo contentas, in quibus nobis tenentur pro firmis fabricarum de anno Domini millesimo trecentesimo septimo aut si velint causam rationabilem allegar quare ad hoc minimè teneantur, diem lunæ ...... ante diem festum beati Nicolai apud Aduram infra tertiam peremptoriè coram nobis assignetis, alioqui omnes et singulos, canonicâ monitione præmissa, non solventes et causam rationabilem non allegantes, quos nos ex tunc propter eorum inobedientiam in his scriptis excommunicamus, excommunicatos per capellanos archipresbyteratûs vestri in suis ecclesiis publicè nuncietis et nunciari faciatis diebus dominicas et festis, donec absolutionis beneficium meruerint obtinere. Datum Aduræ die mercurii antè festum beatæ Catharinæ Virginis, anno Domini millesimo trecentesimo trigesimo sexto. Redditè litteras sigillatas mandato completo.

Usage particulier à l'évêché d'Aire — 1335.

Garsias, miseratione divinâ Adurensis et sanctæ Quiteriæ episcopus, dilecto nobis in Chrisso archipresbytero Tharsani, salutem in Domino. Cùm ecclesia Adurensis omnium aliarum de diœcesi sit magistra, cui honor et reverentia ab aliis dictæ diœcesis debet exhiberi, ex antiquâ longavâque consuetudine diutius approbatus, unus de quolibet hospitio pater familias domûs teneatur visitare dictam ecclesiam Adurensem annuatim in festo decollationis sancti Joannis

Baptistæ : nos dictam laudabilem consuetudinem et diutius approbatam volentes firmiter observare, et à subditis nostris facere observare, vobis mandamus sub pœnâ excommunicationis, quatenùs canonicè et privatim moneatis per capellanos vestri archipresbyteratûs, nobis et vobis subjectos, et monere faciatis plebes à nobis sibi commissas, ut in isto instanti festo decollationis sancti Joannis Baptistæ vadant ad dictam matrem ecclesiam Adurensem cum opsonibus et aliis deveriis consuetis, faciendo escarium consuetum, et taliter quòd lucrari valeant indulgentias ipsâ die et per octavas visitantibus dictam ecclesiam consuetas : et si ex causâ legitimâ ad dictum locum attendere non valeant, per capellanos mittant obsones, et alia deveria consueta; monentes insuper omnes et singulos rectores et vicarios vestri archipresbyteratûs, ut in vesperis dicti festi in dicto loco nostro se in conspectum nostrum, vel locum nostrum tenentis repræsentent, et primis vesperis, missæ et aliis divinis officiis die sequenti superpelliceis induti intersint, proùt hactenùs fuit consuetum, necnon portent cabalagia debita et consueta, unà cùm nominibus omnium suorum parrochianorum in scripto, tàm solventium, quàm non solventium; alioquin omnes et singulos rectores, vicarios, ecclesiasticos, cabalagia et nomina parrochianorum suorum solventium et non solventium ipsa cabalagia in scripto non portantes, non mittentes, et alios parrochianos infrà dictam diem cabalagia, vel obsones et alia deveria consueta, quòd nos à dicto termino in anteà, exigente eorum inobedientiâ, in his scriptis excommunicamus, sic excommunicatos in vestrâ ecclesiâ publicè nuncietis, et in aliis ecclesiis nunciari faciatis, donec meruerint se absolvi, nullo alio mandato à nobis super hoc expectato.

Datum in loco nostro do Plano, die Sabbati antè festum beati Petri ad vincula, anno Domini millesimo trecentesimo trigesimo quinto. Reddite litteras sigillatas mandato completo.

(Toutes ces pièces sont extraites du manuscrit d'Aire.)

ÉVÊCHÉ DE BAYONNE.

Dénombrement du diocèse de Bayonne. — 980.

Ego Arsius indignus et humilis Laburdensis episcopus, volo tradere notitiæ successoribus et posteris, ea quæ nostro episcopatui, scilicet B. Mariæ Laburdencis subjacent loca. Omnis vallis quæ Citsia, dicitur, usque ad Caroli crucem, vallis quæ dicitur Bigur, vallis quæ Erberua dicitur, vallis quæ Ursaxia dicitur, Bastan item vallis usque in medio portu Belat, vallis quæ dicitur Larrin, terra quæ dicitur Ernania et S. Sebastianum de Busico usque ad S. Mariam de Arosth, et usque ad sanctam Triauam. Has tenemus et possidemus in domi nio S. Mariæ Laburdensis ecclesiæ, eo tenore, ne unquam ab episcopo vel archiepiscopo fiat ulla contradictio, vel proclamatio successori nostro, sed potiùs sit affirmatio. Hæc affirmatio seu stipulatio facta est in præsenti à domini archiepiscopi Auxiensis Odonis, necnon et aliis viris religiosis, clericis et monachis ; Vigente domno apostolico romano pontifice Benedicto, regnante Hugone magno rege Francorum, imperante duce Gasconiæ Vuilhelmo Sancio. Sig. Arsii qui hanc fieri vel confirmari præcepit, sig. archiepiscopi Auxiensis Odonis, sig. Wastonis Centuli vicecomitis, S Lupi Anerii vic. S. Arnaldi Lupi vic. Aquensis, S. Saluatoris Abbatis S. Seueri. Si quis hanc contradicere voluerit repetitio ejus ad nihilum redigatur, et nisi resipuerit victus canonicali judicio anathema sit.

Guillaume, duc d'Aquitaine, donne la moitié de la ville de Bayonne à l'évêque. — 1120.

Notum habeant omnes tàm præsentes quàm futuri, quòd ego G. dux Aquitanorum donavi B. Mariæ de Baiona, et Raimundo de Martres episcopo, medietatem civitatis de Baiona, pro redemptione animæ meæ, et parentum meorum, cùm omi jure quòd ibi habebam liberam et absquè ulla contradictione in perpetuum possidendam: ità quòd nullus de successione mea jàm dictam ecclesiam de Baiona, et episcopum, atque canonicos ibidem Deo servientes, in nullo unquàm infestare præsumat. Donavi etiam extrà muros Padouentiam per terras cultas et incultas, ità ut ibi grangias et agriculturas facere possint, et per mare et aquas dulces similiter, ut molendina ibi et piscaturas liberè et absquè ulla contradictione facerent. Ceterum ut hoc donum firmum et illibatum permaneat, quanto meo suprà memoratum episcopum, et ecclesiam de Baiona investio, et proprio sigillo confirmo et corroboro. Testes sunt Stephanus de Caumont, Ugo Tibol, Gaufridus de Rochafort, Aimar de Archiag, Bardon de Cunnag, Gaston de Bearn, W. R. de Gensag, Robertus vicecomes de Tartas, Petrus de Mugron, Lobes vicecomes de Maredme. W. de S. Martino, B. de Baiona. Datum fuit apud S. Severum.

Don que les habitants de Labour faisaient en mourant à leur évêque. — 1170.

Dubitatum fuit ab hominibus de Labord, et de Arberoe, quid vel quantùm deberent relinquere Baionensi ecclesiæ in morte sua, pro salute animarum suarum. Quocirca B. vicecomes de Baiona in festo Nativitatis S. Mariæ, præsente F. Baionensi episcopo, et universis canonicis, statuit cùm consilio et voluntate et assensu baronum terræ.

et totius populi, ut qui haberet duas equitaturas, unam in morte sua relinqueret episcopo. Qui non habet equitaturam nisi unam, et qui haberet quatuor boves aratorios, equitaturam vel meliorem bovem relinqueret episcopo : qui haberet tantùm duos boves aratorios, et alia decem capita boum, vaccam praegnantem, vel bovem de vacca praegnante, relinqueret episcopo : qui haberet tantùm duos boves aratorios et non haberet alia decem capita boum, sed haberet porcos vel oves, quinque solidos relinqueret episcopo et hoc tali pacto, ut si amici vel cognati ejus qui mortuus esset vellent, episcopus in ecclesia ubi defunctus jaceret, missam celebraret; sin autem in cathedrali ecclesia. Praetereà statutum est ut fideliter darent decimas equarum, vaccarum, porcorum, ovium; et si episcopus vel nuntius ejus conquereretur, quod male decimatum esset, juraret ille qui decimam dedisset cùm duobus de melioribus mansionariis ejusdem parochiae, qui conjugati essent, quòd fideliter reddidisset decimam. Hoc statutum fecerunt sicut scriptum est, B. vicecomes de Baiona, et G. de Baiona, S. Bonion et fili ejus, B. de Urtubie, A. de Naubies, An. de Saut, A. de Urtucega, Brase. de Sance.

(Extrait du *Gallia Christiana*.)

Bulle du pape Célestin III qui établit les possessions de l'évêché de Bayonne. — 1190.

« Célestin pape, etc. au venér. Père B. et aux discrets fils, les chanoines de Bayonne ...... voulant acquiescer avec plaisir à vos justes prières, afin que vous puissiez demeurer dans une ferme et stable possession de tous les biens qui appartiennent à présent ou qui pourront dans la suite appartenir à votre église, nous avons résolu de les exprimer ici par leurs propres noms, qui sont : le lieu même où cette église est située avec ses appartenances et dépendances ; les églises de Mayer, de S. Vincent d'Ustaritz, d'Uzquit, de Pagazu, d'Orsai et de Bonloc ; l'hôpital et oratoire d'Apat, l'hôpital et oratoire d'Irizuri avec les appartenances et dépendances, tant des dites églises que desdits hôpitaux ; la vallée appelée de Labourd, la vallée appelée d'Orseïs, la vallée appelée de Cize, la vallée appelée de Baygorri, la vallée de Bastan, la vallée appelée de Lésaca, la vallée appelée d'Otarzu jusqu'à S. Sébastien : et nous vous confirmons aussi, par ces présentes lettres, tout ce que votre église a acquis par de voies raisonnables et dont elle est à présent dans une possession paisible par la donation des princes tant au dedans qu'au dehors de la ville, soit en censives sur des maisons, sur des jardins et sur le four, soit en péages et en revenus de la boucherie, en vignes, vergers, moulins et dîmes

qui vous sont dues des novales de votre évêché, en droits, pêche, tant
à la mer que dans les eaux douces, et dans les terres, tant cultivées que
celles qui ne le sont pas. »

(Extrait du manuscrit de Bayonne.)

ÉVÊCHÉ DE CONDOM.

Bulle d'érection de l'évêché de Condom. — 1317.

Joannes vigesimus secundus servus servorum Dei ad perpetuam
rei memoriam. Salvator noster cujus nutui cuncta subserviunt in agro
mundi hujus messem multam aspiciens et operariorum raritatem attendens dominum messis rogandum esse ut in illam operarios mit-
teret censuit et ipse idem exiens mane, veluti pater familia diligens,
horis diei variis operarios in vineam suam misit. Romanus itaque
pontifex qui sicut eodem domino disponente vicarius ejus in terris
dignoscitur, sic et ipsius actibus quantum sinit humana fragilitas se
conformare tenetur, ubi supercrescere messem, populi videlicet multitudinem viderit, operarios debet oportunos adjicere et juxtà pro-
pheticum verbum augere, custodiam levare, custodes ac cultores
idoneos in dominicam vineam destinare. Sane considerantes attentius
et intr...ctoris claustra meditatione sollicità revolventes, quòd in
tantà ...titudine populi quantà fœcundaverit altissimus civitatem
et dio...sim Aginnensem, singulorum nullus nequibat, ut condecet
unicus,...tor inspicere et alias partes boni pastoris implere, quòdque
durum er...atque difficile in eàdem diœcesi, quæ lata et diffusa existit, ad u...m tantùm a tot personis ecclesiasticis et mundanis recursum haberi, nos cultum augere divinum et spiritualem animarum
profectum quem ex subscriptis indubiè provenire speramus, promovere salubriter intendentes, præmissis et aliis suadentibus justis
causis cum fratribus nostris habito super hoc diligenti tractatu, de
ipsorum consilio et ex certà nostrà scientià ac apostolicæ plenitudine
potestatis ad laudem Dei et exaltationem ecclesiæ fideliumque salutem Aginnensem diœcesim autoritate apostolicà dividimus in duas
diœceses quas per certos distingui limites faciemus : volentes ac etiam
decernentes autoritate prædictà de fratrum nostrorum consilio et ejusdem plenitudine potestatis quòd præter civitatem Aginnensem quæ
suam propriam et distinctam habebit diœcesim certis finibus limitan-
dam, villa de Condomio dictæ olim diœcesis, quam velut ad hoc con-
venientem et accomodam eàdem autoritate in civitatem erigimus et
civitatis vocabulo insignimus, separatam diœcesim habeat à diœces.
remansurà civitati Aginnensi certis limitibus distinguendam, quòd

quæ ecclesia sancti Petri quondam monasterii Condomiensis civitatis
ejusdem sit de cætero et habeatur perpetuò ecclesia cathedralis, ipsâ
et civitate Condomiensi prædictâ cum suis capitulo et diœcesi per
nos, ut præmittitur, limitandâ, ab omni jurisdictione potestate ac su
perioritate Aginnensis episcopi et capituli et ecclesiæ Aginnensis re
manentibus omninò liberis et exemptis. Hæc igitur per dictæ sedis
providentiam circumspectam sic facta salubriter et utiliter ordinata
perpetuis esse valitura temporibus et robur incommutabilis firmita
tis obtinere volentes, autoritate prædictâ districtius inhibemus ne
aliquis cujuscumque præeminentiæ, ordinis, conditionis, autoritatis,
etiamsi archiepiscopali vel episcopali seu regiâ præfulgeat dignitate,
hujusmodi ordinationem apostolicam, seu aliqua vel aliquam de con
tentis in eâ quovis quæsito colore, vel modo sive causâ vel occasione
quâlibet adinventis turbare seu quomodolibet impedire præsumat.
Nos enim irritum decernimus et inane, si secùs super his a quoquam
quâvis auctoritate contigerit attentari, et nihilominus in eos qui ex
certa scientiâ contrarium præsumpserint, nisi infra octo dierum spa
tium post publicationem præsentium resipuerint, cum effectu excom
municationis in personas et interdicti in universitates ac suspensionis
sententias in conventus, capitula seu collegia promulgamus de con
silio ac auctoritate prædictis nonnisi per romanum pontificem abso
lutionis beneficium præterquam in mortis articulo valeant obtinere.
Nulli ergo omninò hominum liceat hanc paginam nostræ divisionis
voluntatum, distinctionum, erectionis, inhibitionis et promulgationis
infringere vel ei ausu tenerario contraïre. Si quis autem hoc atten
tare præsumpserit, indignationem omnipotentis Dei et beatorum
Petri et Pauli apostolorum ejus se noverit incursurum. Datum Ave
nione idibus Augusti pontificatus nostri anno primo.

*Bulle qui établit et confirme les possessions de l'abbaye de Condom
dans le 12ᵐᵉ siècle.*

Alexander episcopus servus servorum Dei dilectis filiis Garsiæ
abbati monasterii dicti Petri *situm* (sic) in loco qui dicitur Con
domus et ejus fratribus tàm præsentibus quàm futuris regularem vitam
professis. Quotiès illud à nobis petitur, quod religioni et honestati
convenire dignoscitur, animo nos decet libenti concedere . . . .
Quapropter , dilecti , vestris justis postulationibus clementer annui
mus et præfatum monasterium in quo divino mancipati estis obsequio
sub beati Petri et nostra protectione suscipimus et præsentis scripti
privilegio communivimus, statuentes ut quascumque possessiones
quæcumque bona id em monasterium in præsentiarum justè et cano

nice possidet aut in futurum justis modis præstante domino poterit adipisci, firma vobis vestrisque successoribus et illibata permaneant in quibus propriis duximus exprimenda vocabulis, ex dono Hugonis quondam Aginnensis episcopi quidquid in pago Leumaniæ ex jure patrimonii sui vobis contulit : videlicet ecclesiam dicti Petri et locum qui dicitur Condomus cum omnibus suis appenditiis, ecclesiam quoque de Golard cum appenditiis suis, ecclesiam sancti Sigismundi et villam cum omnibus ... ecclesiam de Coyssed, ecclesiam dictæ Mariæ de Cassaneâ et villam cum ... ecclesiam de Bornaco cum ... ecclesiam sanctæ Rufinæ de Gelebat cum ... ecclesiam de Marsano cum ... ecclesiam de Marcary et villam quæ appellatur Serra cum ... ecclesiam de Sendet cum ... ecclesiam de Pujol cum ... ecclesiam de Calsdrot et villam cum omnibus pertinentiis suis, ecclesiam de Neraco et villam cum appenditiis suis, ecclesiam de Lauset cum ... ecclesiam de Molas cum ... ecclesiam de Brus cum ... ecclesiam de Franciscano et villam cum ... ecclesiam Salvitatis et villam cum ... ecclesiam de Nadesna cum ... ecclesiam de Stasvilla cum ... ecclesiam de Malavat cum appenditiis suis et villam quæ appellatur Jauvilla cum ... ecclesiam de Lagarda in Fezensiaco et ecclesiam Villænovæ, ecclesiam sancti Gorgorii, ecclesiam sanctæ Geletæ juxtà castrum Pardillani terram quæ vocatur Calanetum et terram Bilote, ecclesiam de Captessa et villam cum ...

Hoc quoque præsenti capitulo subjungimus ut ipsum monasterium et abbas ejus vel monachi ab omni secularis servitii sint infestatione securi, omnique gravamine mundanæ oppressionis remoti, in perpetuæ religionis observatione seduli atque quieti et nulli seculari potestati nec abbas nec ipsi monachi aliqua sint ratione subjecti. Obeunte vero te nunc ejusdem loci abbate, vel tuorum cuilibet successorum nullus ibi qualibet subreptionis astutiâ seu violentiâ proponatur nisi quem fratres communi consensu vel fratrum pars consilii sanioris secundùm Dei timorem et beati Benedicti regulam providerint eligendum. In parochialibus autem ecclesiis quas tenetis, liceat vobis sacerdotes eligere et electos episcopo representare quibus si idonei inventi fuerint episcopus animarum curam committat et de plebis quidem curâ iidem sacerdotes episcopo, de temporalibus nobis respondeant; decernimus ergo ut nulli omninò hominum liceat prædictam ecclesiam temerè perturbare ...... ad indicium autem hujus a sede apostolicâ perceptæ protectionis quinque solidos monetæ illius terræ nobis nostrisque successoribus annis singulis persolvetis .....

Datum Turonis nonis junii indictione tandecimâ Incarnationis Domini anno millesimo centesimo sexagintesimo tertio, pontificatu vero domini Alexandri PP. III anno quarto.

Délégation de la dame de Valette à Guillaume de Galard, pour mettre l'évêque de Lectoure en possession de son siège. — 1450.

In Dei nomine amen. Noverint universi, et singuli præsentes pariter et futuri hoc præsens publicum instrumentum inspecturi, visuri, lecturi seu etiam audituri, quòd constituta personaliter apud locum Castrinovi Arbei videlicet nobilis domina Alexia de Franchis, condomina dicti loci Castrinovi Arbei vicecomitatus Fesensaguelli, dicens et in veritate asserens, ad ipsam et suos antecessores ac successores expectare ex antiquâ consuetudine aliàs, ut ibidem asserit dum de novo creatus in episcopum Lectorensem vult facere intratam sive introitum in ipsam et intra civitatem Lectorensem recipereque propriam corporalem de novo possessionem ipsius civitatis sive ecclesiæ suæ cathedralis cum certis solempnitatibus et honoribus inter quos est adestratio ratione honoris et jocundi adventûs eidem episcopo et noviter advenienti per ipsam constituentem et suos inpendendere cumque ipsa constituens sit mulier, et ad prædicta debita servicia et honores in prædictâ intratâ inpendendum propter fragilitatem naturæ mulier non sit sufficiens nec ad impendandum ut deceret et esset congruum prædictum debitum honorem esset persona habilis, ad prædicta et infra scripta impendenda constituit creavit ac solempniter ordinavit suâ certâ scientiâ suum verum, certum, indubitatum, specialem procuratorem facienda et perficienda videlicet, nobilem Guilhermum Bernardi de Guolardo virum suum specialiter et expressè ad ponendum sive inducendum in possessionem de civitate, castro et aliis usitatis in ipsâ civitate Lectorensi reverendum in Christo patrem et dominum dominum Bernardum Andream in decretisdoctorem, miseratione divinâ Lectorensem episcopum per ipsum in brevi de novo recipiendum et quando prælibatus reverendus in Christo Pater voluerit facere et faciet suam intratam in prædictâ civitate Lectorensi recipereque voluerit et recipiet ipsam suam possessionem in propriâ persona faciendam cum certis solempnitatibus super præmissâ intratâ ab antiquo observatis. Actum fuit hoc apud dictum locum Castrinovi Arbey die vicesimâ octavâ mensis madii anno Domini millesimo quadringentesimo quinquagesimo, regnante domino Carolo Dei gratiâ Franciæ rege, dominanteque domino Joanne comite Amaniaci, Fezensiaci, Ruthenæ et Insulæ Jordani et vicecomitatuum Leomanie et Altivillaris vicecomite, et domino nostro domino Andrea miseratione divinâ Lectorensis episcopo existente; hujus rei sunt testes nobilis Joannes de sancto Joanne habitator loci des Flamarensis et Geraldus de Pruno loci prædicti Castrinovi Arbey habitator, et ego Arnaldus de Pomareda.

Paréage de l'évêque de Lectoure avec le roi d'Angleterre. — 1487.

Notum sit universis præsentes litteras inspecturis, quod reverendus pater G. Dei gratia Lectorensis episcopus, habito diligenti tractatu cum suo capitulo Lactorensi, considerans maximam et evidentem utilitatem ecclesiæ suæ, permutavit, et nomine permutationis tradidit cum consensu et expressa voluntate dicti capituli sui, pro se et successoribus suis illustri dom. Eduardo Dei gratia regi Angliæ, domino Hiberniæ, et pro se et successoribus suis, medietatem totius dominii, justitiatus, jurisdictionis altæ et bassæ quam habet et tenet, et habere et tenere debet in civitate, et suburbio Lactorensi, cum commissis, seu incurramentis, exercitibus, cavalcatis, pedagiis, leudis, vadiis seu pœnis, nundinis, mercatis, macellis, furno, et aliis juribus et deveriis, ad dictam medietatem pertinentibus quocumque nomine censeantur, nundina diei Lunæ in... carnio dumtaxat excepta. Necnon medietatem illius partis quam habet, et tenet in molendino de Rapassac cum pertinentiis suis, pro centum libris re.. lalibus monetæ usualis Burdegalensis, quas centum libras idem dominus rex pro se, hæredibus et successoribus suis tenetur assignare eidem episcopo, pro se et successoribus suis infra quadriennium continuum, et completum a data præsentium in episcopatu suo, vel in diœcesi Agennensi citra Garomnam ad arbitrium bonorum virorum. Pro quibus centum libris assignavit et tradidit in præsenti idem dominus rex dicto episcopo tres pogesias, seu pictas, seu tres partes unius denarii Burdegalensis pedagii, cum honore et pertinentiis suis : de illis tribus denariis et obolo quos habet in pedagio suo de Millano, per ipsum episcopum, et successores suos cum suo honore, commissis incurrementis et pertinentiis pacifice possidendas, quousque prædictæ centum libræ ut prædictum est, sint assignatæ et extunc dictus dominus rex constituit se nomine dicti domini episcopi tres pogesias possidere, etc. Et sciendum quod idem episcopus nomine suo et ecclesiæ suæ, et successorum, dedit, donavit et cessit ex causa permutationis prædicto regi, hæredibus et successoribus suis, omne jus, et omnem actionem realem, personalem et mixtam, quam idem episcopus nomine suo et ecclesiæ suæ habebat, et habere debebat contra quoscumque ratione medietatis prædictæ. Et dictum dominum regem posuit idem episcopus in possessionem omnium prædictorum, et dedit regi prædicto vel alii nomine s.o, authoritatem et potentiam mittendi in possessionem omnium prædictorum, ac constituit idem episcopus se possidere nomine regis prædictam medietatem domini, justitiatus et jurisdictionis, et pertinentiarum ipsarum, etc. Et dom

Lucas de Thaney miles, senescallus Vasconiæ, vel qui pro tempore
fuerit requisitus per episcopum, vel ejus mandatum, tenetur jurare
se integre servaturum permutationem dictam, et jura et libertates
ecclesiæ Lactorensis defensare, etc. Actum in capitulo ecclesiæ Lactorensis v. die exitus Februarii anno domini millesimo ducentesimo
septuagesimo tertio regnante Edwardo rege Angliæ, sede Burdegalensi vacante. P. Gondaumerio majore Burdegalensi. Testes dominus
Thom. de Clar. dominus Oto de Pardeilano; dominus Oto de Leoman.
Fortanerius de Casanova milites. Petrus de Pomeriis archid. Leo-
manensis, Jordanus archid. Lactorensis, et alii canonici.

(Extrait du *Gallia Christiana*.)

Pierre de Galard met en possession l'évêque de Lectoure — 1487.

In nomine Domini amen. Noverint universi et singuli præsentes
pariter et futuri quod anno Incarnationis Domini millesimo quadragintesimo octuagesimo septimo et die quadam dominica intitulata
sive computata quinta mensis augusti regnante illustrissimo principe et domino nostro domino Carolo Dei gratiâ Francorum rege
apud civitatem Lectoræ hora prima ejusdem diei, in janua ejusdem
civitatis Lectoræ vocata la Porta Pintha alias vocata antiquitus la
Porta de Bacnoera ubi reverendus in Christo pater et dominus dominus Petrus de Abraco miseratione div. Lectorensis episcopus equester
super quandam mulam existebat causa possessionis dicti episcopatus
adipiscendæ existente cum eo magnifico et potenti viro domino Joanne
de Bosco Rotundo domino baroniarum de Ruppe et de Armano
consiliario et cambellano domini nostri regis et senescallo armanachi
nobilibus viris Bernardo de Bassabat domino de Pordeac, domino
Joanne de Testeto judice majore senescalli Armanachi, domino Guillelmo de Vitraco licentiato in legibus, Jacobo Honedius, Stephano
de Laumeto, Arpino de Fogeraco, Bertrando Abeda et Geraldo de
Santlana consulibus civitatis Lectoræ et pluribus aliis metabilibus
personis cum eodem equitantibus usque ad numerum ducentum et
centum equorum, coràm quo domino episcopo venit et se presenta-
vit nobilis Petrus de Guolardo Condominus Castrinovi Arbey pedes-
ter absque clamide sine sotularibus et cum caligiis separtitis, associatus
pluribus pagesiis usque ad numerum sexaginta vel circà cum magnis
baculis albis qui quidem de Guolardo coràm eodem domino episcopo et
in præsentiâ assistentium et mei notarii infrà scripti verbotenus dixit
et eidem significavit quomodo ipse de Golardo et ejus prædecessores
erant in possessione et saisinâ à quadraginta, quinquaginta, sexaginta
et centum annis citrà et ultra et à tanto tempore quod non erat in

memoriâ hominum die, quâ episcopus Lectorensis electus et confirmatus vult ingredi civitatem causâ suæ consecrationis et possessionis ut episcopus et dominus ejusdem civitatis in quartâ parte adipiscendæ in habitu in quo ipse de Golardo existebat ponendum ipsum episcopum in possessione, videlicet accipiendo equum quem equitat episcopus ad frenum et tenendo per frenum ducere equum à dictâ portâ eundo per carreriam rectam usque ad ecclesiam sancti spiritus dictæ civitatis et à dictâ ecclesiâ per alteram carreriam reducere et conducere equum semper per frenum usque ad portam ecclesiæ cathedralis beatorum Gervasii et Protasii dictæ civitatis et ibi ante ipsum episcopum manibus suis propriis ab equo descendere, et ipse de Golardo et ejus prædecessores ibidem incontinenti consuevisse suprà equum ascendere tanquam suum proprium et cum suis pagesiis iterum equester cum equo ipsius episcopi à dictâ portâ de Porta Pinta per carreriam rectam equitare usque ad ecclesiam sancti spiritus et à dictâ ecclesiâ per aliam carreriam usque ad portam ecclesiæ prædictæ sancti Gervasii redire, et deindè cum equo episcopi sive mula, tanquàm suo proprio ubi eidem de Golardo placuerit recedere et suas voluntates de hujusmodi equo sive mula facere; et cum ipse de Golardo videret ipsum dominum episcopum equestrum causâ suæ possessionis adipiscendæ eumdem humiliter cum quibus honore et reverentiâ decebat requisivit et eidem supplicavit ut de jure, libertate, honore et prærogativâ consuetis uti et gaudere faceret et permitteret prout sui prædecessores facere consueverant. Tunc ipse dominus episcopus auditâ hujusmodi supplicatione sive requestâ ejusdem de Guolardo ibidem certificatus per plures et notabiles personas ibidem assistentes qui præmissa sciebant fore vera et ita observare viderunt per prædecessores ipsius domini episcopi et etiam quia constabat eidem domino episcopo de propositis coràm eo per instrumenta publica per ipsum de Guolardo coràm eo ostenta hujusmodi supplicationem tanquam juris consonam et rationabilem admisit et eidem annuere volens frenum suæ mulæ accipere ad fines præfatos ut dictus de Guolardo cum voluntate ipsius episcopi mulam ad frenum accepit intrando civitatem et tenendo hujusmodi mulam ad frenum, pagesiis suis cum baculis albis ante ipsum præeuntibus a dictâ portâ per carreriam rectam equitando ipse episcopus possessionem suam ut episcopus et dominus in quartâ parte dictæ civitatis accipiendo usque ad ecclesiam sancti spiritus dictæ civitatis conduxit et per aliam carreriam reducendo, et equum sive mulam per frenum semper tenendo usque ad portam ecclesiæ cathedralis beatorum Gervasii et Protasii ejusdem civitatis adduxit et ibi manibus propriis ipsum episcopum de hujusmodi mula descendit et incontinenti suprà equum sive mulam ejusdem domini episcopi in ejus præsentiâ ascendit et cum suis pagesiis equester ad portam prædictam de Porta Pinta accessit et à dicta Porta prout sui prædecessores facere consueverant equitavit per carreriam rectam usque ad eamdem ecclesiam sancti spiritus et ab eadem ecclesiâ sancti spiritus per aliam carreriam usque ad prædictam ecclesiam sancti Gervasii et facto hujusmodi cursu in præsentiâ ejusdem domini episcopi et aliorum dominorum cum hujusmodi mula tanquàm suâ cum pagesiis suis exivit de civitate de quibus omnibus et singulis prænominatus nobilis Petrus de Guolardo petiit et requisivit sibi fieri et retineri publicum instrumentum per me notarium infrà scriptum unum et plura tot quot sibi esset necessarium quod feci de voluntate ejusdem domini episcopi.

Acta enim fuerunt præmissa anno die mense loco et regnante prædictis in præsentiâ et testimonio nobilium et honorabilium virorum Bernardi de Bassabat domini de Pordeac, Guillelmi de Vitraco licentiati, magistrorum Joannis de Job, Deodati de Borcio, Jacobi, Brucelli bacchalaurei et plurium aliorum ibidem existentium testium ad præmissa vocatorum et mei Georgii Lucas notarii authoritate imperiali publici civis Lectoræ qui in præmissis omnibus et singulis præsens fui eaque sic fieri vidi et audivi et de his requisitus notam sumpsi quam in meis inserui protocollis à quibus hoc præsens publicum instrumentum manu mea propria scripsi et signo meo publico quo in meis publicis utor actibus sequenti signavi in fidem omnium et singulorum præmissorum.

(Extrait des archives du Séminaire.)

ÉVÊCHÉ DE TARBES.

Privilége accordé par Charles de la Marche, comte de Bigorre à l'evêque de Tarbes Guillaume Hunauld. — 1319.

Carolus regis Franciæ filius, comes Marchiæ et Bigorræ, ac dominus Criciaci et Fulgeriarum salutem. Notum facimus quòd cum dilectus et fidelis noster Guillelmus Hunaldi Tarviensis episcopus, nobis cùm instantia supplicasset, ut super quibusdam infrà scriptis quibus dicebat se, ecclesiam suam, clericos et personas ecclesiasticas, à nobis seu nostris gentibus contrà justitiam gravatos, eidem provideremus de remedio opportuno; videlicet quòd cùm contingit infra comitatum nostrum Bigorræ clericum vulnerare, vel percutere clericum aut laïcum; aut si contingat clericum vulnerari vel percuti usque ad effusionem sanguinis, vel fractionem membri, vel à se ipso aut bruto animali, vel casu fortuito, nisi plagam seu vulnus et membri tractionem ostendat gentibus nostris in recentia facti, licet de jure communi, et consuetudine notoria regni Franciæ, dictorum clericorum de factis personalibus punitio, cognitio, et correctio ad ipsum episcopum pertinere noscatur; nihilominùs senescallus vel alii officiales nostri Bigorræ, indebitè compellunt eosdem clericos ad solvendum sibi pro præmissis emendam, legem seu pœnam sexaginta quinque solidos Morlanenses, vel ad tradendum ipsum brutum animal, aut rem damnificantem pro dicta lege seu noxa; quòd non obstante ista abolenda consuetudine, quæ corruptela dici potius debet, in præjudicium jurisdictionis ecclesiasticæ, de cetero per gentes nostras fieri prohibemus præmissos abusus, ad jus commune penitus reducentes. Item quòd quando contingit aliquem laicum falsum dicere, aut aliam delinquere tali delicto cujus punitio et cognitio de consuetudine regni notoriè ad judicem ecclesiasticum spectat, si idem episcopus capiat eosdem laicos sic delinquentes, et ultra unam noctem teneat, ad faciendum de ipsis justitiæ complementum, dictus senescallus, seu alii nostri officiales Bigorræ indebitè petunt ab ipso episcopo pro qualibet nocte sexaginta quinque solidos Morlanenses, licet idem episcopus carcerem habeat, et ejus prædecessores habuerint ab antiquo, et ad ipsum pertinere noscatur detentio, punitio et correctio prædictorum, quam exactionem quacumque corruptela in contrarium nonobstante per senescallum, et alios officiales nostros de cetero fieri prohibemus; cùm nostræ intentionis non existat jurisdictionem ecclesiasticam impedire quominùs delinquentes ipsos tenere debeat et punire. Item quòd si contingat per aliquem de subditis, servitoribus vel familiaribus ipsius episcopi vel clericorum, seu personarum ecclesiasticarum aliquem vulnerari vel sanguinem ab ipso abstrahi, seu membrum aliquod frangi, et persona delinquens fugiat, aut solvendo non existat, vel episcopus ipse, aut alia ecclesiastica persona ecclesiasticam ipsam personam delinquentem non tradat eisdem senescallo seu nostris officialibus, præfatus senescallus seu alii nostri officiales compellunt ipsos episcopum, clericum, seu personam ecclesiasticam ad solvendum sibi pro delinquente legem, seu pœnam 65. solidorum Morlanensium, licet idem episcopus, clericus, seu persona ecclesiastica culpabiles non existant; quem abusum seu corruptelam de medio tollentes, juri communi damus reducendum.

Item quod si aliquis clericus vel persona ecclesiastica in habitu et tonsura clericali capiatur per dictas gentes nostras, quavis ratione vel causa dicti officiales nostri compellant eumdem ad solvendum carceragium, seu personagium, quod abusum in contrarium nonobstante de cetero fieri vetamus, nisi hoc casu quo clericus a jure permittitur a secularibus capi. Item volumus quòd excommunicati qui per annum et ampliùs in excommunicatione pertinaciter steterunt, bonorum suorum captione, et aliis juris remediis per nostros officiales, si, et quando ab episcopo, vel ejus officiali extiterint requisiti, debitè compellantur redire ad ecclesiasticam unitatem, prout in aresto regio super hoc edito videbitur contineri, mandantes senescallo, et aliis officialibus nostris Bigorræ modernis, et qui pro tempore fuerint, ut prædicta omnia et singula compleant, tenerique et inviolabiliter observari in posterum faciant cùm effectu : in quorum omnium fidem et testimonium et ut præmissa firma perpetuo ac stabilia perseverent, præsentes litteras præfato episcopo concessimus, sigilli nostri appensione munitas.

Datum Rabastench in Bigorra vigesimo uno die februarii, anno Domini millesimo trecentesimo decimo nono.

(Extrait du *Gallia Christiana*).

Droit de l'abbé de St-Savin sur une partie des cerfs et sangliers pris dans la vallée de Lavedan. — 1364.

Joannes Elifi dominus et locum tenens nobilis et potentis viri domini Rechardi de Toteshani militis et senescalli Bigorræ pro domino nostro principe Aquitaniæ, bajulo de Lavedano et Castello de Vidalossono modernis et qui pro tempore fuerint vel eorum locum tenentibus salutem : ex parte venerabilis in Christo patris domini abbatis monasterii sancti Savini et conventus sui monasterii prælibati percepimus cauthelosè quod bajulus prædictus modernus super jure sibi et dicto monasterio competentia in receptione consueta femedarii seu specillarii cervorum et porquorum silvestrorum seu sangulorum eumdem dominum abbatem et dictum suum monasterium impediret et perturbaret injustè et in grande ipsius et sui monasterii prejudicium atque damnum ac gratia donationum facta ab olim dominis comitibus Bigorræ domino abbati et monasterio prælibato et antecessoribus abbatis ejusdem ac etiam contra sententiam per curiam regiam nomine dicti domini nostri regis principis latam : hinc est quod vobis et vestrum cuilibet in solidum præcipimus et mandamus quatenus contra tenorem dictarum donationis et sententiæ de quibus liquebit ut dictum est, transivit in rem judicatam non impediatur, perturbatur nec inquietetur sub pœna viginti librarum Turonentium parvorum dicto domino nostro principi aplicanda et à vobis et à quolibet vestrum exigenda.

Datum Tarviæ die vigesima septembris anno Domini millesimo trecentesimo sexagesimo quarto.

Extrait du chartrier du Séminaire

Archevêché d'Auch.

Donations faites à l'église d'Auch par Clovis — 509.

Quoniam memoria hominis labilis est, etc. Ad notitiam igitur et memoriam tam modernorum quam futurorum per Præsentis scripti linguam transmittere curamus; quod Clodovæus rex Francorum piæ recordationis, vir in armis strenuus, et Bellicis negotiis exercitatus, cum Auxiorum Civitatem et Terras circumadjacentes in manu forti et in brachio extento de manu Saracenorum liberasset, recognoscens et credens quia nutu divino Victoria sibi collata fuerat; Venerabilem Ecclesiam Sanctæ Mariæ Auxiensis, communicato majorum consilio, magnificentiâ regali, Terris ac pretiosis Donis ampliavit, dilatavit, augmentavit, et immunitatibus omnimodis eam multis modis decoravit; ab omni servitio seu debito vel exactione Fisci regalis eam immunem efficiens et liberam; et insuper totum jus, totumque dominium regale ei et in eam conferens. Sanè eo tempore Alericus Rex, qui quidem primò in nomine Christi Jesu Baptismi gratiam susceperat; sed in Hæresim posteà lapsus fuerat, regni lora regebat per totam Equitaniam, quem præfatus Clodovæus cælesti fretus auxilio de tota Equitania potenter exturbavit, et Tolosam usque effugavit. Sub Alerico autem præsidebat in Metropoli Auxitana Archipræsul nomine Perpetuus miræ Sanctitatis; qui cognito adventu Clodovæi, qui in Regibus Francorum primus susceperat Christianitatis insignia, gaudio gavisus est immenso, et exiens obviam ei protulit et obtulit ei panem et vinum, sicut alteri Abrahæ alter Melchisedech; unde factum est ut præfatus Rex Clodovæus jàm dictum Archipræsulem in sacrarium amoris sui reciperet, et speciali eum suâ gratiâ donaret. Dedit ei etiam et successoribus ejus canonicè instituendis totum Corpus Civitatis et subardium totum : Ecclesiam sancti Joannis Evangelistæ super Ercium; Ecclesiam sancti Petri; Ecclesiam sancti Martini, quam ipse Clodovæus ad intercessionem uxoris suæ Clotildæ reginæ sumptibus suis miro opere construxit, et eam donis regiis mirificè exornavit. Inter cætera verò dona, quæ enumerare longum et forte supervacaneum esset, obtulit Rex Deo et Beatæ Mariæ tunicam et chlamydem suam, necnon et Urceolum aureum quo effundebatur aqua ad lavandas manus Regis et Reginæ. Obtulit etiam propriâ manu in altari centum solidos aureos, ut coronas aureas inde facerent ad accedenda laminaria. Præcepitque, ut omne tributum quod de diversis civitatibus solvebatur annuatim Fisco regio t. XII. aurei ab eadem die in posterum solverentur Auxiensi ecclesiæ per singulos annos. Omnes quoque civitates totius Guasconiæ subjecit beatæ Mariæ Auxiensi, ut esset, et diceretur metropolis, hoc est mater aliarum civitatum. Nihilominùs dedit sæpè dictus rex Deo et beatæ Mariæ et antefato pontifici jure perpetuò possidendam ecclesiam et villam sancti Petri de Vico, cùm omnibus appendiciis suis; quæ quidem villa sive ecclesia eo tempore regalis Fisci erat. Hoc donum inconcussum et integrum habuit, quietè tenuit, et pacificè possedit per multorum curricula dierum Auxitana ecclesia, et pontifices et habitatores ejus.

(Extrait du Cartulaire d'Auch).

Dommages causés à l'archevêché d'Auch par Bernard IV, comte d'Armagnac et Geraud son fils, vers 1200.

Notum habeant tam præsentes quam posteri, quod cum Raimundus Aimerici de Montesquivo captus esset a Geraldo de Arbeissano, cum quo guerram habebat, et in castro de Lavardenes vinculis ferreis mancipatus, venerabiles viri Bernardus episcopus Bigoritanus, et Geraldus de la Barta tunc Auxitanus archidiaconus avunculus ejus, ut solveretur diu laboraverunt : tandem cum multis impedientibus causis id de facili fieri non posset, præfatus G. obsidem pro eo se posuit in prædicto castro; nominatus autem R. Aimerici indè exiens visitatis parentibus et amicis suis, et postulante ab eis, super hoc auxilium, cum redemptionem habere non posset, in magna positus angustia veniens Auxium, magna precum instantia supplicavit domno archiepiscopo felicis memoriæ Villelmo, et canonicis B. Mariæ sedis Auxitanæ, ut super terra sua de Berzale nomine pignoris conderent sibi necessariam pecuniam. Undè factum est quod canonici habito cum domno archiepiscopo super hoc consilio, acceperunt in pignus pro septingentis solidos Morlanenses præfato R. Aimerico ad multas preces ejus omnem terram suam de Berzal cultam seu incultam, et omnia jura sua quæcunque in ecclesiis, villis, rusticis et redditibus quocunque modo ibi possidere videbatur. Omnia si quidem hæc prædictus R. Aimericus impigneravit canonicis B. Mariæ bona fide et absque malo ingenio, pro se et tota successione sua, pro prædicta pecunia. Et ut in omnibus his major indubitanter adhiberetur sibi fides, obtulit se Deo et B. Mariæ in jam dicta ecclesia in canonicum ; et dum vixit cum esset ibi tanquam canonicus præbendam accipiebat, et adhuc fit tantum pro eo quantum pro aliquo canonico defuncto. Procedente vero tempore cum prælibatus G. promotus esset in episcopum Tolosanum, quoniam amore prædicti nepotis sui propensiori cura præfatam Berzale quam ut defenderet canonici consilio et assensu dicti domini archiepiscopi et R. Aimerici commendaverunt eidem episcopo nominatam terram et ecclesiam de Marsano. Postmodum defuncto bonæ memoriæ dicto archiepiscopo nominatus G. episcopus Tolosanus electus fuit in archiepiscopum; quod utique grave fuit nimis domino B. Arman. Unde ipso adeunte ecclesiam Romanam pro habendo pallio, ipse B. occupavit violenter et indebite ecclesiam Auxitanam; rediens vero nominatus G. jam archiepiscopus . . . . a curia Romana per religiosos viros episcopos, abbates et alios amicos et parentes utrorumque, et deinde per se ipsum quacumque potuit precum instantia præfatum B. diligenter et humiliter convenit et exoravit, ut præscriptam ecclesiam sibi redderet ut suam propriam, et quæ ad ipsum B. nullo prorsus jure spectabat: quod si quidem idem B. pravorum usus et fultus consilio facere renuit; archiepiscopus vero habito super his jam dicti nepotis sui R. Aimerici et aliorum amicorum consilio, jus suum armis persequi decrevit. Unde ecclesiam prædictam de Marsano consilio, voluntate et assensu ejusdem nepotis sui R. Aimerici, contra B. Armeniacensem munivit. Postmodum vero idem B. collecta non modica manu militum et peditum, ex improviso de subito irruit in præfatam ecclesiam de Marsano, eamque et turrem quæ in capite ecclesiæ eminebat, diruit. Tandem sopita inter G. archiepiscopum et B. Armeniacensem prædicta guerra, præfatus R. Aimerici Auxim veniens in capitulo coram archiepiscopo et canonicis movit querimoniam super destructione præscriptæ ecclesiæ et turris, dicens occasione eorum et guerra hæc esse demolita; et iccirco hæc ab eis in pristinum statum debere restitui. Ad quod canonici responderunt unanimiter prædictam guerram inter dominum archiepiscopum et B. Armaniacensem nunquam suo factam aliquo modo fuisse consilio, voluntate vel assensu; et ideo in nullo se et teneri. Post multam autem verborum super hoc disceptationem, ad preces et instantiam domini archiepiscopi, canonici gratia habenda in posterum pacis, ne quis de successione sua occasione hac injuste eos inquietare, seu molestare falso posset, concesserunt et firmiter statuerunt, ut per triennium sequens quidquid ad celerarium B. Mariæ, et commune eorum ibi spectabat, in restitutionem jam dictæ ecclesiæ et turris de Marsano cederet: quod nimirum eidem R. Aimerico valde placuit, et pro pagato se de hoc tenuit, et constituit ibi ad hoc recipiendum, et opus perficiendum villicum suum quemdam nomine W. Sans cognomento Eisevid: hic quidem prædictos redditus percepit tres continuos annos, quibus prædicta ecclesia et turris in majori quantitate et fortitudine et altitudine restaurari posset: sicque factum est quod ipse omnia hæc in inutiles usus consumpsit et ecclesia Auscitana magna inde eo tempore incurrit incommoda. Postea vero cum idem R. Aimerici Jerosolimam ire disponeret, et ad hoc perficiendum ab avunculo suo nominato archiepiscopo sumptus necessarios expeteret, ne domnus archiepiscopus ejus petitioni satisfaceret, Geraldus de Archomont et Forto de Anglez archidiaconi Auxitani, cum Ezicio de la Serra, et Garcia de Arroeda ejusdem ecclesiæ canonicis, ex parte sua et conventus Auxitanæ sedis, et domini papæ, inhibuerunt quoùsque dictæ querimoniæ pro se et tota successione sua renuntiaret; cumque idem R. a domino archiepiscopo pertinaciter instaret, ut postulatum sibi subsidium conferret, respondit domnus archiepiscopus non se venturum aliquo modo contra prædictorum virorum inhibitionem, nec se ei quidquam de his quæ postulaverat facturum. Undè factum est quod ipse Remundus Aimerici habito super hoc parentum et amicorum suorum consilio, constitutus apud montem Cassinum juxta castrum Diverii, cum jam arripuisset viam versus Jerosolimam, firmavit et guerpivit in manu nominati G. archiepiscopi, quod nec ipse nec aliquis de tota successura progenie sua unquam reclamaturum, seu conqueratur super destructione dictæ ecclesiæ de Marsano, vel turris, contentus semper eo quod, ut superius dictum est, canonici pro restauratione ejusdem ecclesiæ et turris eidem Raimundo Aimerici olim in redditibus suis concesserant illapso triennio. Ut autem hujusmodi querelæ enuntiatio suam firmitatem et robur habeat, et robur in perpetuum, idem Remundus Aymerici dedit fidejussores B. de Maloleone avunculum suum, et A. W. de la Bartha consanguineum suum, B. de Panesac, et Willelmum Bernardi filium ejus et Villelmum Bernardi de Mazeres, et plures alios; hi omnes sub religione sacramenti fidei suæ juraverunt et firmaverunt pro R. A. et tota posteritate sua, ita ut expressum est omni tempore guerpitionem hanc et renuntiationem inviolabiliter eos observaturos.

Hæc sunt damna et malefacta a Bernardo Armaniacensi et filiis et sagittatoribus suis ecclesiæ Auscitanæ irreverenter et violenter illata. Imprimis cum dominus bonæ memoriæ Guilhelmus Auscitanus archiepiscopus Auscitanam urbem ei tradidisset, et comitem Feziacensem, quoad potuit eum levasset, et innumeras pro eo expensas fecisset, ipso mortuo præfatus Bernardus Auscitanam ecclesiam ex magna parte destruxit, domos quoque et munitiones claustri, scilicet tres turres, et cellarium, et septem millia laterum qui parati erant ad chorum in ecclesia faciendum, et ex his et de ruina sedis et aulæ archiepiscopalis, et ecclesiæ sancti Martini constructum est oppidum, de dormitorio et de domo infirmorum extracti fuerunt viginti quatuor lecti, de coquina canonicorum extracta fuerunt caldaria et cramallum magnum ferreum, et caminale similiter ferreum, cathena longa putei et citula, de domo archiepiscopi abstraxit caldaria et cramalla, et duas concas æneas, armaria ubi libri et vestimenta archiepiscopi servabantur, tabula quoque rotunda ubi archiepiscopus comedebat; demum tam de claustro quam de domo archiepiscopi omnia utensilia et omnium officiorum firmitates abstractæ fuerunt et asportatæ, et de cellario beatæ Mariæ trecentas concas mili et mixturæ unde turris de Jegun facta est. Item, idem Bernardus dominum archiepiscopum Geraldum bonæ memoriæ Roma cum pallio redeuntem, et in altari beatæ Mariæ, ut moris est, celebrare volentem, ecclesiam quam violenter occupaverat, intrare non permisit; quamobrem dominus archiepiscopus et canonici per biennium et eo amplius sub gravi labore et pecunia per provinciam exularunt, et ipse Bernardus interim omnia jura archiepiscopalia et canonicorum, tam in eadem urbe, quam per totam terram, a servientibus suis occupari fecit. Præterea Bernardus Armaniacensis pro redemptione Bernardi de Coisinhe constituit fidejussorem dominum Geraldum archiepiscopum et a Odonem de Leomania pro quinque millibus solidis, de quibus idem Bernardus nihil ei vel alicui persolvit; pro qua re archiepiscopi et ecclesia Auscitana passa est damnum valens decem millia solidorum. Item, quod primo poni debuit, cum dominus archiepiscopus Roma redisset, et ad sedem suam, prædicto Bernardo impediente, accedere non posset, magna nimis compulsus necessitate, cum episcopis et aliis multis religiosis viris, qui ibi aderant, ad ecclesiam sancti Martini, qui ecclesia regalis est, declinavit, et ibi ipso domino archiepiscopo divina celebrante, familia dicti Bernardi oblationem panis clericis domini archiepiscopi violenter abstulit; deinde cum dominus archiepiscopus jus suum armis persequi cœpisset, et ad quamdam munitionem nepotis sui Raimundi Aimerici, quæ Marsanum dicitur, se contulisset, præfatus Bernardus collecta ingenti armatorum multitudine, dictam munitionem cepit et destruxit, et turrem quæ in capite ecclesiæ ibi erat, usque ad solum demolitus est; pro qua re sedes Auscitana jam incurrit damnum duo millia solidorum et eo amplius. Apud Castinum pignus centum solidorum violenter abstulit, et hactenus possedit. Apud Nugarolium quoddam decimarium de Fogaco del Cer, quod ecclesia beati Nicolai in pace possedit nomine pignoris mille quingentorum solidorum, et ipsum pignus Guilhelmus Raimundi del Cer per violentiam detinet, de censu comitatus Armaniacensis, quem censum annuatim ecclesiæ Auscitanæ faciebat, triginta annis violenter retento. Tandem intercurrentibus utriusque patris amicis, facta fuit qualiscumque concordia inter dominum archiepiscopum et Bernardum, et archiepiscopus rediit ad ecclesiam suam. Postmodum vero idem Bernardus in solita malitia et pertinacia perseverans in nullo factae stetit compositioni, clericum et scriptorem domini archiepiscopi cepit et inturravit, et resuscitatis inter eos iterum inimicitiis, pro eo maxime quia ipse Bernardus et Geraldus filius ejus praescriptam ecclesiam dominam et matrem suam sibi subjugare intendebant, jura archiepiscopalia et canonicorum ubique invadentes, praefatus Geraldus praescriptam ecclesiam ausu diabolico cum exercitu Raimundi comitis Pictaviensis, qui tunc Lectorae erat, expugnavit et cepit eamque, claustra et domos canonicorum et archiepiscopi apposito igne combussit, et ecclesiam magna ex parte demolitus est, et de ecclesia tapeta et alia ornamenta extrahi fecit et asportari, et arcam quae adhuc est in aula castri; sacristam quoque ad redemptionem centum viginti solidorum coegit; deinde etiam expulso de ecclesia archiepiscopo et canonicis, omnia jura eorum per biennium sicut prius utique, et usibus suis applicavit, in nullo deferens dominae et matri suae ecclesiae Auscitanae. Ecclesiam quoque sancti Martini cum officinis suis comburi fecit, et vineam domini archiepiscopi truncari. Omnia autem haec facta sunt Sancio de Labatut existente bajulo, cui successit Forto filius ejus, qui proprium castrum archiepiscopi de Lamaguere combussit, et apposuit ignem turri in quo erat dominus archiepiscopus una cum Artinguere, qui utique vix evasit incendii et mortis periculum, equos etiam ejusdem archiepiscopi et totam castri suppellectilem et praedam inde abduxit. Apud Jugun praelibatus Bernardus Armaniacensis incastellavit ecclesiam, invito et contradicente domino archiepiscopo successore ejus, et canonicis sanctae Mariae, et in cimeterio circa ecclesiam construxit castrum cum tota terra circa ecclesiam infra sexaginta stadia sit sanctae Mariae et sanctae Candidae, de unaquaque domo........ apud Trenbledam quemdam honorem beatae Mariae qui reddebat duodecim denarios, et per triginta annos canonicis abstulit. Item apud Vicum molendinum, quod in nostra terra constructum erat, nobis violenter abstulerunt, et quandiu duravit per voluntatem suam possederunt. Apud Vicum ecclesiam occupaverunt, eamque cum omnibus redditibus suis per biennium possederunt, omnia jura archiepiscopalia et ecclesiae infra villam et extra irreverenter usurpantes. Ab archidiacono mulam abstulerunt, et clericos ecclesiae ad redemptionem coegerunt; unum de clericis diaconem naso et oculis et labio privaverunt, Bernardo de S. Felice bajulo existente per tempus quando ecclesia occupata fuit usque ad diem mortis suae, procedente vero tempore in transmarinis partibus domino archiepiscopo Geraldo defuncto, iterum Geraldus Armaniacensis praescriptam ecclesiam occupavit, et incastellavit ecclesiam, et in magno fossato totam circumdari fecit

Extumulati fuerunt plusquam centum homines et mulieres de cimiteriis; etiam ecclesiæ omnes destructæ, scilicet aula, camera et solarium magnum; in prima congressione passa est ecclesia de Vico damnum, in his quæ ad eam spectabant valens plusquam quatuor millia solidorum. In secunda vero congressione plusquam tria millia solidorum valentia; nam in ecclesia per annum nulla divina celebrata fuerunt. Item cum dominus archiepiscopus transmarinas partes visitare pararet, Geraldo Armaniacensi nepoti suo domos, ecclesias, villas, et omnia jura sua tuenda usque in reditum suum commendavit; quo abeunte idem Geraldus castrum de las Laceras quod archiepiscopo pro mille et trecentis solidis obligatum erat violenter occupavit, et Raimundo d'Arcamont qui de manu archiepiscopi ipsum tenebat abstulit, et postea reddere noluit. Præterea notandum quod cum quidam civis nomine de Priano domini archiepiscopi Bernardus bajulus monetarios quos idem Geraldus et pater suus adduxerat, quadam die increparet pro eo, quia falsam monetam faciebant, unus ex eis ipsum ad mortem cultelio percussit; nec his contentus Geraldus dictum Petrum ad redemptionem trecentorum solidorum coegit, in nullo deferens domino archiepiscopo, nec civibus qui omnes clamabant, istud contra omnem justitiam et antiquam urbis consuetudinem id de novo esse violenter attentatum. Item quidam homo Joannes nomine in propria parte urbis beatæ Mariæ et archiepiscopi habitans, quamdam feminam fratris sui uxorem, usque ad effusionem sanguinis quasi percussit, quo facto Guillelmus Raimundi de Lacaate bajulus dicti Geraldi, non requisito juris et rationis ordine contra inhibitionem ex parte domini archiepiscopi et ecclesiæ nostræ interpositam, omnes res ejus hostili more confiscavit; domum quoque ejus ubi comes in parte urbis beatæ Mariæ et archiepiscopi nullam comites unquam habuerunt jurisdictionem ad castrum irreverenter asportari fecit. Petrus vero Bonec bajulus constitutus ne ulli prædecessorum suorum in malitia videretur deterior, Guillelmum de Gabrioti venerabilem Auscitanum odio canonicorum et sacerdotum ausu diabolico cepit, et ipsum ab urbe extrahens in castro de las Laceras vinculis ferreis mancipari fecit. Præterea dominus Bernardus de Sedirac archiepiscopus constituit nominatum Geraldum fid jussorem debitoribus suis Tholosanis civibus, pro qua re cum dictus Geraldus omnes res et possessionem occupasset, canonici in arcto constituti nominato Geraldo mille solidos mutuaverunt, accepto ab eo juramento quod et debitoribus suis satisfaceret, et chartas nobis redderet; de quibus omnibus nihil penitus hactenus fecit; pro qua re archiepiscopi Auscitani et canonici, gravia valde et innumera damna incurrerant, ad hoc dicto Geraldo in vinculis apud Olorium constituto, Bernardus frater ejus

Viviano de Aignano bajulo existente, ecclesiam sancti Martini, quam Garsias Darwide familiaris canonicus Auscitanæ sedis tenebat, violenter cepit tam ipse quam dictus bajulus et familiæ eorum, et omnia quæ ibi invenerunt, et trecentas concas bladi quæ erant dicti Garciæ de cellario sanctæ Mariæ extrahentes ad castrum asportaverunt, quæ omnia ad duo millia solidorum aperte præcensita sunt. Si quid minus est supplete.

(Extrait du *Gallia Christiana*).

Bulle du Pape Célestin III confirmant les possessions de l'église d'Auch. — 1195.

Cælestinus episcopus servorum Dei, venerabili fratri Bernardo Auxitanensis ecclesiæ archiepiscopo, ejus successoribus canonicè substituendis, in perpetuam memoriam. In eminenti sedis apostolicæ speculâ disponente Domino constituti, fratres nostros episcopos tam propinquos quàm longè positos fraternâ debemus charitate diligere, et ecclesiis sibi à Deo commissis paternâ sollicitudine providere : quacircà, venerabilis in Christo frater Bernarde Archiepiscope, tuis justis postulationibus clementer annuimus, et præfatam Auxitanam ecclesiam, cui auctore domino præesse dignosceris, sub beati Petri et nostra protectione suscipimus, et præsentis scripti privilegio communimus : statuentes, ut quascumque possessiones, quæcumque bona eadem ecclesia in præsentiarum justè ac canonicè possidet, aut in futurum concessione pontificum, largitione regum vel principum, oblatione fidelium, vel aliis justis modis præstante domino poterit adipisci, firma tibi tuisque successoribus et illibata permaneant. Adjicimus etiam ut eadem Auxitanensis ecclesia quæ soli sacrosanctæ romanæ ecclesiæ noscitur subjecta fuisse, nulli prorsus alicui debeat subjici potestati ; sed in ea libertate consistat quàm ipsam recolendæ memoriæ Clodovæus quondam Francorum rex de Sarracenorum manibus liberatam piâ devotione donavit, et multis ac variis donis nec non et possessionibus ampliavit ; addens quòd quidquid juris in ecclesia illa vel civitate habebat totum in usus ejusdem loci archiepiscopi nomine perpetui et successorum suorum ex tunc et in perpetuum proveniret, sicut memoratus rex archiepiscopo qui ecclesiam præscriptam tunc temporis præsidebat, noscitur indulcisse : et prædecessores sui hactenùs possederunt.

Ad hæc quidquid in corpore civitatis vel extra, citrà flumen Ercii vel ultrà, jure parrochali sivè jure fundi, memorata Auxitanensis ecclesia in vineis, culturis, et aliis terris, ac molendinis hujusque possedit, infrà illos videlicet terminos, qui ab antiquioribus veridicâ sunt terminatione distincti atque calcati: ecclesiam sancti Laurentii extrà muros; ecclesiam sancti Martini cum appenditiis suis; ecclesiam sancti Petri: quartas etiam omnium ecclesiarum, de quibus eas habere, et sub custode suo prædecessores tui percipere consueverunt, sicut ipsas à tempore bonæ memoriæ Austindi quondàm Auxitanensis archiepiscopo, qui easdem quartas dicitur acquisivisse, et antecessores tui habuisse noscuntur, tibi et successoribus tuis præsentis privilegii paginà communimus. In Armaniacho ecclesiam de Nugarol, cum tota parrochia sua, sicut Bernardus comes cum uxore sua Naupasia, et filiis suis Geraldo, et Ottone quondam ipsi Auxitanensi ecclesiæ vendiderunt, nihil juris in ea vel pertinentiis ejus sibi vel posteris suis reservantes, et eamdem venditionem cum rerum suarum additamentis super evangelia sancta firmantes, ecclesiam Castelli de Corneliano, cùm domibus, possessoribus, decimis, oblationibus, et parrochianorum Cimererio, ecclesiam sancti Saturnini Sotiensis, cùm ipso castro et appenditiis suis. Ecclesiam sancti Petri de Vico cùm ipso castro et appenditiis suis, cùm decimis et cæmeteriis suis: ecclesiam de Lugajano. In Pardiaco ecclesiam sancti Christophori, et sanctæ Mariæ de Marceliano cùm decimis et oblationibus suis. In Asteriaco ecclesiam de Idrag, cùm ipso castro et appenditiis suis. Castrum quoque de Lamaguera, cùm ipsa ecclesia, decimis terris et hominibus. Ecclesiam sanctæ Venantiæ cùm tota villa: et quòd habet in ecclesia de Duroforti, ecclesiam de Arbeissano, ecclesiam de Vignau, ecclesiam de Gaubissano, ecclesiam de Artigua, ecclesiam de Castellonovo, ecclesiam de Sajano, et censum quem habet in grangia de Artiuues, videlicet 30. mensuras tritici de 1. pala, ecclesiam de Barrads, ecclesiam de Pipios, ecclesiam de Orbessano. In Magnoaco ecclesiam sancti Mammetis. In civitate Elizana ecclesiam sanctæ Mariæ cùm decimis, oblationibus et parrochianorum suorum cimiterio. In ipso Burgo possessiones et proprias domos quas ibi habes In Ausano ecclesiam de Agraulet, cùm vineis et aliis appenditiis suis, ecclesiam de Fremosens et S. Petri de Genens, et ecclesiam S. Joannis de Ispanis, cum possessionibus et aliis pertinentiis suis, ecclesiam de Lafita, ecclesiam de Castilhono, cum decimis, et oblationibus suis. In Savaneis ecclesiam sancti Joannis, et S. Candidæ de Jeguno cum decimis, oblationibus, et aliis pertinentiis suis, ecclesiam de Principanio, ecclesiam de Bretos, ecclesiam sancti Ægidii de Peyrusse. In Juliacensi archidiaconatu medietatem proventuum ecclesiæ de Laviniaco. In Corrensaqueis ecclesiam sancti Joannis et sancti Bibiani, et sancti Martini de Berdale, cùm appenditiis, decimis et cæmeteriis suis, ecclesiam de Cabesolas, totam villam sanctæ Christinæ, cum terris, vineis et villaris. In Angles ecclesiam de Insula, et jus quod habes in eadem villa ecclesiam sancti Michaelis de Crotera, tertiam partem ecclesiæ sancti Joannis de Ordesano, decimas de Barser, ecclesiam de Villa Nova, et ipsam villam, et domum de Rivoforto, cùm terris suis cultis et incultis, ecclesiam de Niesto, ecclesiam Despeirolii, ecclesiam de Basiano, ecclesiam Despujos; et quod habes in ecclesia de Rutissano, et in ecclesia sancti Joannis, ecclesiam de Arcaiag. In Spania ecclesiam de Pedrola, et Azoer, cùm terris, decimis, et oblationibus suis, domos et possessiones quas habes Tudelæ. In Sarreria ecclesiam sancti ferreoli, et sancti Frajolfi; episcopos quoque inferiùs annotatos, ecclesiæ Auxitanensi metropolitano jure subjectos, tibi tuisque successoribus auctoritate apostolicâ nihilominùs confirmamus, videlicet Bigorritanum, Lascurrensem, Olorensem, Aquensem, Bayonensem, Adurensem, Vasatensem, Convenarum, Conseranensem et Lactorensem. Usum insuper Pallii, plenitudine videlicet pontificalis officii tuæ fraternitati apostolicæ sedis liberalitate largimur; quo utique illis diebus utaris, quibus antecessores tuos usos esse cognoscis, videlicet in Nativitate Domini, in festo Protomartyris Stephani, Circumcisionis Domini, Epiphania, Hypapanthi, dominica in Ramis Palmarum, Cœna Domini, Sabbato sancto, Pascha, Feria 2. post Pascha, Ascensione, Pentecoste, tribus festivitatibus beatæ Mariæ, in natalitio beati Joannis Baptistæ, Commemoratione omnium Sanctorum, solemnitatibus omnium Apostolorum: Dedicationibus ecclesiarum, consecrationibus episcoporum, ordinationibus clericorum, ecclesiæ tuæ principalibus festivitatibus, et anniversario tuæ Consecrationis die.

Antiquas et rationabiles consuetudines, et regulares observantias circa ordinem canonicum, et institutiones seu destitutiones personarum, quas prædecessores tui hactenùs tenuerunt, tibi nihilominùs confirmamus. Adjicimus etiam, ut liceat tibi, frater Archiepiscope, auctoritate nostrâ, habito concilio canonicorum regularium, in Auxitana ecclesia substituere regulares. Disponendi quoque et liberè ordinandi honores, et beneficia, dignitates et officia ipsius ecclesiæ, in capitulo canonicorum regularium, in personis regularibus tantùm, et non in aliis, liberam habeas facultatem. Non liceat tibi seu alii cuilibet personæ in eamdem ecclesiam canonicos intromittere sæculares. Statuimus insuper, ut beneficia ecclesiæ, ac dignitates quæ ipsa ecclesia vel canonici tui in præsentiarum justè ac canonicè possident de ipsis canonicis regularibus, et non de aliis personis, præter consensum majoris et sanioris partis capituli ordinentur. Statuimus quoque et a te, frater Archiepiscope, inviolabiliter observari præcipimus, ut quicumque in prælibatis ecclesiis sancti Martini extra civitatem, sancti Nicolai de Nazarol, sancti Saturnini de Sotio, sancti Petri de Vico, sanctæ Candidæ de Jegumo, sancti Jacobi de Idrag, canonicari vohuerint, capitulo Auxitanæ ecclesiæ prius se præsentent, et in ejus præsentiâ, assensu et auctoritate tuâ in nominatis ecclesiis divinis obsequiis mancipandi canonicam suscipiant, et eidem matri ecclesiæ tanquàm spirituali matri suæ debitam semper obedientiam et reverentiam humiliter exhibeant, proùt consuetum est hactenus et servatum. Sancimus etiam juxta decretum beatæ recordationis Urbani papæ in parrochialibus ecclesiis, quos infra episcopatum tuum monachi tenent, tuo consilio præsbyteros collocent, qui præsbiteri à te parrochiæ curam cùm abbatum consensu suscipiant et de plebis curâ tibi rationem reddant, abbati verò pro rebus temporalibus ad monasterium pertinentibus debitam subjectionem exhibeant.

Obeunte verò te, ejusdem ecclesiæ archiepiscopo, vel tuorum quolibet successorum, nullus ibi qualibet subreptionis astutiâ seu violentiâ preponatur, nisi quem canonici regulares ejusdem ecclesiæ communi consensu, vel pars consilii sanioris secundum Dei timorem et sanctorum patrum institutionem providerint eligendum; et eidem electioni nulla de cætero secularis persona seu potestas se aliquâ occasione ingerere, seu immiscere, eamque impedire, seu perturbare aliquo modo præsumat. Decernimus ergo, ut nulli omninò hominum liceat præfatam ecclesiam temerè perturbare, aut ejus possessiones auferre, vel ablatas retinere, minuere, seu quibuslibet vexationibus fatigare; sed illibata omnia et integra conserventur, eorum pro quorum gubernatione et substentatione concessa sunt usibus omnimodis profutura, salvâ nimirùm apostolicæ sedis auctoritate. Si qua igitur in futurum ecclesiastica secularisve persona hanc nostræ constitutionis paginam sciens contra eam venire tentaverit, secundò, tertiove commonita, si non reatum suum congruâ satisfactione correxerit, potestatis honorisque sui careat dignitate, reamque de divino judicio existere de perpetratâ iniquitate cognoscat, et à sacratissimo corpore Dei et Domini nostri Jesu-Christi, aliena fiat, atque in extremo examine divinæ ultioni subjaceat: cunctis autem eidem loco sua jura servantibus sit pax Domini nostri Jesu-Christi, quatenus et hic fructum bonæ actionis percipiant, et apud districtum judicem præmia æternæ pacis inveniant. Amen. Amen. Amen.

Datum Laterani per manum Censii sanctæ Luciæ, in Orcha domini papæ Camerarii II. Idus septembris, indictione decimâ tertiâ, Incarnationis Dominicæ, anno millesimo centesimo nonagesimo quinto. Pontificatus verò Domini Cœlestini PP. III. anno quinto

Droit de tester accordé aux clercs — 1326

Primò, omnes Auscitanæ diœcesos præsbyteri bona sua, uti in vitâ quibus volent, sic in obitu liberè, uti jura permittunt, largiantur.

nullâ antistitis expectatâ facultate, quam ex nunc illis ultró concedit. Secundó, si quis præsbyter ultimum diem intestatus clauserit, istius bona suus archipræsbyter sic distribuat : ut primó funeris, deinde creditorum, tum ministrorum ipsius ratio ut par est habeatur. Reliquum tripartitó dividatur, ac primam partem fabrica ecclesiæ cui inserviebat : secundam pauperes ejusdem ecclesiæ ; tertiam parentes obtineant, etc. Tertió, si quis præsbyter curam administrans, in festo Paschæ vel post illud obierit, mediam partem fructuum majorum proximè colligendorum habeat, de iisque disponere valeat, mediâ reliquâ futuro Curio asservatâ. Quòd si non disposuerit, eodem modo quo dictum est distribuantur. Quartó, semel in anno post octavam Paschalis Synodus celebretur, cujus tempore 150 libræ Turonenses reverendissimo archiepiscopo ab omnibus diœcesis Curionibus solvantur, eorum quilibet pro portione sibi taxatâ.

Hæc omnia arbitrorum pronunciata Guillelmus archiepiscopus rata habuit, et ad alios quoscumque beneficiatos extendit : quibus item ii qui tunc aderant Guillelmus de Cardallaco archidiaconus Anglesii, Amaneus de Lauro, Magnoaci, Arnaldus de Moleria, Elizonæ, Emengardus de Posolis, Pardiaci, Petrus de Vallatis, Sumpodii, Vitalis de Cogeto, Astariaci citrà Ercium archidiaconi : Bernardus de Magueria abbas de Idraco, Bernardus Planha Operarius, Joannes de Mureto abbas Cellæ-Fractæ, ac canonici in ecclesiâ Auxitanâ, pro se, et tanquàm capitulum repræsentantes : et archipresbyteri de Vico, de Monte-Ferrando, de Valentia, et de Gondrino, tàm suo quàm cæterorum ecclesiasticorum nomine consenserunt : Auxis in Mirandâ episcopali seu aulâ die vigesimo nono aprilis, anno millesimo trecentesimo trigintesimo sexto, indictione quarta, Benedicti XII summi pontificis anno secundo.

Extrait du cartulaire d'Auch.

Serment prêté au Chapitre métropolitain par l'archevêque d'Auch. — 1324.

Pateat universis quod die dominica proxima post festum sanctorum Philippi et Jacobi sub anno Domini millesimo trecentesimo vigesimo quarto. R. in Christo pater D. Guill. divinâ permissione, archiepiscopus Auscitanus in suo ingressu, ante partem ecclesiæ cathedralis Auxis in præsentiâ egregiorum virorum dominorum Bernardi, Dei gratiâ, comitis Astariacensis, et Joannis de Tria militis senescalli Tolos et Albient, ac totius capituli Auscitani et plurimorum aliorum requisitus per dictum capitulum, præstitit capitulo et ecclesiæ prædictis juramentum, sub modo et formâ qui sequuntur. Nos Guillelmus pro visione sedis apostolicæ archiepiscopus Auscit. ad sta dei evangelia nostris manibus corporaliter tacta juramus, jura, libertates dictæ nostræ ecclesiæ Auscit. ac personatuum, ac dignitatum ejusdem, pro posse nostro deffendere et tueri, nec non laudabiles consuetudines, et bonos mores prædictæ ecclesiæ, in quantum nobis erit possibile, inviolabiliter tenere, et observare. In cujus rei memoriam prædictus R. Pater ac capitulum, sigilla sua præsentibus duxerunt apponenda in pendenti. Datum anno, die et loco quibus supra.

Dénombrement des terres et seigneuries appartenant à Mgr. l'Archevêque, extrait du livre rouge de l'Archevêché et de celui du Chapitre, écrit en 1450 en ces termes

Civitates, villæ, loca et castra infra scripta pertinent ad dominum archiepiscopum Auxitanum quoad temporaliter in solidum vel in parte Civitas Auxsis in toto su o Parsano. Villa de Bacrano pro dimidia parte pro indiviso. Villa de Vico pro dimidia pro indiviso. Castrum de Mazeriis in solidum, et ibi pluries tenuit curiam dominus archiepiscopus, instrumentum signatum folio 224. Villa et Castrum de Bassua in solidum. Terra et locus de Idraco in solidum. Locus et castrum de Magueria in solidum. Locus sive castrum de Seissano pro dimidia parte pro indiviso. Locus sive villa de Fageto pro dimidia parte pro indiviso. Locus sive villa de Calliano in solidum. Castrum cum villa de socio in solidum. Locus de Rimbosio in solidum. Locus seu villa de Nogarialo in certo Parsano. Domus cum terris de Aureal lanserro in solidum fol. 290. Domus de Figarede cum suis pertinentiis et de Brouillano cum quibusdam aliis Grangis, fol. 375. Villæ loca seu castra infra scripta alias fuere acquisitæ mensæ archi-piscopali in solidum vel in parte; dici est tamen quod a dominis non nullis temporalibus possidentur. Locus seu castrum de Samarana in Astariaco in solidum, quem occupat dominus comes Astariaci. Locus seu castrum de Barbarensis in Astariaco pro quarta parte et pro indiviso, quam occupat dominus comes Astariaci. Locus deu Litges in Pardiaco inferiori quo ad quartam partem pro indiviso, instrumentum, 14 maii 1274. Locus de Monteferrando in Pardiaco inferiori quoad quartam partem et pro indiviso. Villa cum Castro de Mancieto in Armaniaco in solidum. Fuit olim domus hospitalis sancti Joannis Hierosolymitani; locus sive castrum sancti Lupi in diocesi Convenarum pro dimidio et indiviso, et pro alio dimidio acquisitum capitulo Auxcitano per instrumentum mensis junii 1314. Castrum de Moissano cum suis pertinentiis pro dimidio et pro indiviso in Fezensiaco per instrumentum, 4 aprilis 1207.

Lettre écrite au pape par le Chapitre d'Auch, en faveur de l'archevêque. — 1494.

Beatissime pater ac clementissime Domine, post humillima pedum oscula beatorum, nobis attendentibus quam triste et inauditum sit, pontifices in dei ecclesiâ absque re sedem eorum turbari, ac indebite molestari, his veruntamen non obstantibus, verbo et facto intelleximus dignissimum archipræsulem nostrum Auscitanum incredibiles ac indicibiles perpeti tribulationes; sic quod aliud nihil superest nobis, nisi flebilis occasio mæroris et tristitiæ; quoniam percusso capite membra solita sunt tristari; igitur nos pastore languente grex sibi commissus, quod absit insidiatoris laniandus exponatur dentibus; non opus est verbis immorari, verum rejecto omnis desidiæ sæculo, cum omni velocitate eidem vestræ sanctitati scripta nostra dirigere, quod in præsentiarum. R. cardinalis de Fuxo, insudat sine intermissione, regem nostrum Christianissimum sollicitare, quatenus pontifex noster ad Franciæ regem sic delatus, ut sub pœna banimenti a toto regno Franciæ, confiscationis corporis, et bonorum temporalitate et ecclesiæ jam de facto cæpta, ad conspectum Christianissimi regis cogatur personaliter accedere... ut exatione ac oppressione nostri archipræsulis Auscit . . . . cedere in ipsius cardinalis favorem, et huic rei nefandæ suum præbere consensum; quod procul à mente ejus extat alienum. Immo Nabuthæ imitans vestigia, ad effusionem usque sanguinis tueri et non cum aliquali afflictionum amaritudine deserere, cui nodo indissolubili annexus permanet; neque ecclesiæ ipsius expediret; neque gregi suo pastorique congrueret, quoniam nedum bona quæ in egressu ecclesiæ erant possidet. Porro acquisita ruinosis facultatibus ampliare, ac dilatare cura pervigili conatur, imitans patrem Augustinum, ac B. Hilarium gloriam episcoporum, puta pauperum opibus providens, quia scilicet tempore totalis excidii terrarum Armaniaci quæ propter duram guerrarum commotionem quæ pluribus annorum spatiis viguit in illis loculos et horrea annonæ plena haberet, non tamen in terris sed potius in cœlestibus thesaurisare, per manus pauperum concupivit, ubi ferme decem millia creaturarum fame ac egestate periissent nisi innumerosa bladorum sui abundantia sustentata fuissent. Neque ab inceptis destitit; verum, undique concurrentes omni momento dominiis in suis alimoniam recipiunt necdum in victu, sed in vestitu subveniendo, quoniam annis singulis certam pannorum copiam inter mendicos et egenos distribuere facit; Ulterius Fœlici Nicolai modo suis sumptibus donat conjuges, inopes Scholasticos sustinet aliique in studio, his et similibus ecclesiæ fruitur patrimonio. Neque enim prætereundum putamus grandes instaurationes, ac mirabiles reparationes, quas in castris, domibus, aliisque ædificiis hucusque peregit; sponsam ipsius ecclesiam quæ potius velut synagoga quam Christi fidelium ecclesia in hodiernum diem conspiciebatur, totis nititur viribus denuò construere. Ita quod vasto temporum curriculo centum aut plures sustinuit latomos ac operarios; et nisi præfata turbatio supervenisset, eam paulominus ad consummationem perduci fecisset. Vah, quam dolenda est tanti boni retardatio; Præterimus quia præterire licet quod venit in vivorum memoriam, capitulum Auscitanum cum suo prælato in pace vix persistere absque debato et quæstione. Nunc vero pacifica tranquillitate et fælici unione membra sunt cum capite, quo nobis cuncta succedunt ad votum, et nos regi regum adstringimur juge præstare obsequium.

Serment prêté au Chapitre par Henri de Navarre lors de sa réception de chanoine honoraire. — 1327.

Anno millesimo ducentesimo vigesimo septimo, cum die 31 decembris Henricus Navarræ rex et Magareta Valesia comitissa Armaniaci conjuges solemni ritu, Auscorum civitatem ingressi fuissent, hujusmodi juramentum præstiterunt. Ego Henricus Armaniaci comes promitto bona et jura ecclesiæ et capituli Auscitani non occupare, nec detinere, sed eamdem ecclesiam et capitulum in sua libertate relinquere et manu tenere et si aliquis occuparet aut occupare vellet bona et jura dictæ ecclesiæ aut capituli illa tueri et defendere, dando opem, auxilium et favorem adversus et contra quoscumque detinentes, et occupantes aut occupare volentes dicta bona et jura sic me Deus adjuvet et hæc sancta dei evangelia.

Droit dû à la reine de Navarre pour son assistance au chœur. — 1347.

Le 1er jour d'octobre 1347 dans la maison archiepiscopale, pardevant Madame Margueritte comtesse d'Armagnac, ont comparu venerables peres en Dieu, messire Arnaud Montezun chanoine et sindic du chapitre, et pour tout le chapitre parlant a ladite dame, a dit que par son procureur avoit été requis de luy payer ce quelle pouvoit avoir gaigné de sa prebende canonicale, tant du jour precedent de sa venue que du present jour; a quoy faire led. Montezun syndic setoit offert faire a lad. dame et partant pour le droit des compties du jour de sa venue, avoit gaigné comme un chanoine, deux liards, un pain. Et led. jour, des heures Matines, prime, tierce, sexte none et messe et pour tout en pain montoit 15 pains 2 socs vin et 3 sols argent et du tout led. Montezun sindic au nom dud. chapitre, en faisoit payement a lad. dame comtesse ; de quoy elle s'est tenuë pour bien contente : et aud. chapitre elle en a quitté et tient quitte. Presens a ce R. pere en Dieu l'Eveque d'Oleron, Dominique de Gabrié vicaire general de l'Archeveque d'Auch, Julien Ginestes docteur en medecine et autres. Anté, notaire.

Lettre du roi Louis XII au chanoine Rufo, abbé de Faget.

Cher et bien amé pour ceque nous desirons singulierement etre pourvû a votre eglise a present vacant par le trepas de feu notre cousin le cardinal de la Tremouille de quelque bon notable et verteux personage dautorité et maison qu'il nous soit seur et feable ainsi quil est tres requis pour le bien de votre ditte eglise surté de nous et de notre royaume nous écrivons presentement a votre chapitre en general a ce qu'ils ne veuillent proceder a faire aucunne élection, postulation de leur futeur arcevesque sans preumer etre adverti de notre vouloir et intention sur ce dont nous avons bien voulu .... vous écrire particulierement vous priant vouloir tenir men a ce qu'il ni soit aucunne chose faite que ne soyés adverti de notre dite intention laquelle nous esperons vous faire entendre de brief par aucuns bons personnages que avons ordonnés aller de vers vous ainsi que vous diront plus a plein de par nous nos amis et feaux conseilliers l'évêque de Vabre et l'abbé de Lodeve et le sieur de Verdusant, lun des cent gentilhommes de notre hostel lesquels vous croires de ce qu'ils vous diront comme nous memes. Donné en Ast le 19e de juin.

Entrée à Auch du cardinal de Tournon. — 1547.

Au nom de Dieu. Amen. Sachent tous presents et aucnir que l'an de l'Incarnation de nostre Seigneur 1547. et le mercredy 21 jour du mois de decembre fête de St. Thomas l'apôtre heure de neuf ou environ de matin regnant trés puissant et souverain seigneur Henry par la grace de Dieu, Roy de France en la ville et citté d'Auch et à l'entrée et porte principale de ladite ville communement nommée la porte de la Treille en presence de nous notaires royeaux et des temoins sous nommez etant personelement etablis, sçauoir est noble puissant seigneur Guillaume de Voisins seigneur et baron de Montaut et de toutes les baronies de Corrensaguetz, de plusieurs autres villes, lieus et plasses etant a pied auec les chausses sans souliers ajant semeles de cuir au lieu de souliers corroyés auec lassets de tafetas, accompagné de plusieurs gentils hômes aussi a pied un chacun d'eux aiant un baton blanc en les mains, vetus de casaques de velours noir, portant liurée de tafetas blanc et rouge excepté ledit seigneur de Montaut qui estoit seulement accoutré de velours noir comme et tout ainsi qu'il est accoutumé faire de toute ancieneté chaqun nouueau auenement d'archeueque d'Auch faisant sa nouuelle entrée dans ladite cité, lequel seigneur de Montaut s'est presenté à monseigneur le reuerendissime François de Tournon cardinal du titre de St. Pierre et Marcellien en l'eglise romaine, et par diuine permission archeueque d'Auch, qui vouloit faire son entrée, et nouuelle venue en lad. cité d'Auch, où en tel cas est accoustumé faire, a tels et semblables prelats a leurs dioceses et archeuechés, estant en son habit de cardinal, et pontifical accompagné de grands nombres d'euesques, prelats, et autres gens nobles et officiers tant ecclesiastiques que seculiers pour prendre possession actuele et corporele de sond. archeueché auquel ledit sieur de Montaut dit et remontra a haute et intelligible voix que tant lui que ses predecesseurs ancestres etoint par si deuant et sont de present et de si longtems qu'il n'auoit memoire du contraire en possession et seisine de chaqun nouueau auenement du seigneur archeueque d'Auch faisant sa nouuelle et joyeuse entrée pour prendre possession dudit archeueché, emmener led. seigr. archeueque par les renes droites alant de lad. porte de la Treille droit a l'eglise metropolitaine nommée de Ste-Marie, tenant en la main la bride de la mule sur laquelle led. seigr. archeueque etoit monté pour faire lad. entrée a cause de quoy et pour faire led. seruice aud. seigr. etoit lee venu accompagné comme dessus pour en ce et en tout autre endroit lui faire seruice et qu'il à accoutumé faire à ces prédescesseurs ancestres aux archeueques dud. archeueché : auquel seigneur de Montaut, led. seigneur archeueque à rendu graces a l'offre dud. seruice qu'il lui presentoit duquel se contente lui etre fait comme par si deuant auoit etoit fait a ses predescesseurs archeueques par led. seigneur de Montaut ou ses predescesseurs et il lui fairoit tout le deuoir accoutumé et bailloiroit aud. seigneur de Montaut tout ce qu'il luy appartenoit sans prejudice de ses droits et dud. seigneur de Montaut.

Et tout incontinent led. seigneur de Montaut honorablement et auec grande reuerence tete decouuerte etant a pied sans souliers auec semelles de cuir ses pieds attachez auec lassets de tafetas comme dit est vetu d'une casaque de velours noir a pris la bride de la mule sur laquelle led. seigneur archeueque etoit monté de poil couuerte et housée d'ecarlate rouge et en icelle bride ou frain lui a mis un lasset de tafetas pour en tenant led. lasset l'amener et conduire jusqu'à lad. eglise, ce que benignment et sans contradiction à souffert led. seigneur archeueque, et pour ce que led. seigneur de Montaut lors par inconuenient étant denenu impotent sans pouuoir cheminer qu'à difficulté pria led. seigneur archeueque vouloir permetre que led. seruice lui fut fait par noble Aymeric de Voisins son fils ainé illec present auquel led. seigneur archeueque à repondu qu'attendu limpotence dud. seigneur de Montaut il vouloit et consentoit led. seruice, et tout autre accoutume faire en semblable cas lui être fait par ledit Eymeric le touts ans consequence : et incontinent led. noble Eymeric de Voisins fils ainé dud. seigneur de Montaut ès mandement de sondit pere à prins ladite mule par les renep de lad. bride étant à pied en semblable equipage que sondit pere et la mené en tel état jusqu'au denant de la porte principale de lad. eglise metropolitaine Ste-Marie tout le long de lad. ruë; de quoy led. seigneur de Montaut tant pour luy que pour ses heritiers successeurs à l'auenir a requis nous notaires sous écrits acte lui en être retenu pour la conseruation de ses droits et lui en être expedié en forme authentique et probante ce que lui auons offert faire en presence de nobles Manaut de la Roque seigneur de Fontarailles Pierre Desparbez seigneur de Baulieu et de la Boubée, Bertrand Desparbez seigneur de Lussan Jean de Maignaut seigneur de Montaigut, Bernard de Beaumont seigneur de Malartic, Bernard de Villeres seigneur de Mons, Aymeric Berdusan seigneur de St-Criq, Jaques du Coré seigneur de Lafite, Hector de Pins seigneur du Bourg, Jean d'Aignan seigneur du Sendat, Arnaud Guillem de Maigneaut fils ainé dud. seigneur de Montegut, Jean de Nouilhan seigneur de Peirail en Condomois prés de Sos, Bernardin Dupuy ecuyer tranchant du roy de Nauarre, capitaine de Lanardens homme d'armes de la compagnie dud. roy de Nauarre, Raymont de Peirac écuier, seigneur dudit lieu, Louis de Montlesune seigneur d'Aux, Bernard de Montlesune capitaine d'Aux, messe. Manaut Moressier pretre en theologie licentier de Miremont, Me Jean Cema pretre de Montaut; et honorables hommes Me Dominique Cabanier bachelier aux loix consul et assesseur d'Auch, Pierre d'Aignan, Jean Limosin, Pierre de Bailac, Fris de Bettribusco, Guillem Coder, Dominique Gras, Guiraud de Lisle consuls de lad. cité d'Auch, et grand nombre dautres tant nobles que autres assistans, et nous notaires royaux subsignez, et un peut aprés .... etant led. seigneur archeueque ariné audenant la porte de leglise par lad. conduite dud. noble Aymeric et descendu de lad. mule auec laide dud. Aymeric, et incontinent led. Aymeric tenant lad. mule par le frêm de lad. bride icelle mule parée comme dit est à baillée comme appartenant aud. seigneur de Montaut son pere pour raison dudit seruice a .... Pierre Desparbez seigneur de Beaulieu lequel la prinse en garde au nom dud. seigneur de Montaut, et la faite mener a l'ecurie dud. seigneur de Montaut et ce fait led. Aymeric prit led. seigneur archeueque par l'un de ses bras le conduit et mena jusqua la porte principale du cœur de lad. eglise, et dillec icelui seigneur archeueque confirma les priuileges du chapitre et chanoines de lad. eglise, et dillec que incontinent apres led. noble Aymeric conduit par l'un de ses bras et emmena led. seigneur archeueque jusquau grand autel de lad. eglise et icelui seigneur archeueque auec inclination baisa led. autel, et icelui seigneur archeueque commença l'introibo de la messe presens lesd. nobles et consuls dessus nommez et plusieurs autres et icelui archeueque fut conduit et emmené par led. Aymeric jusques a la chaire et siege principal à ce ordonné et paré au fonds du cœur d'icelle eglise accompagné desd. nobles, et étant auprès dud. siege et chaire dud. cœur illec fut reçeu par led. seigneur de Montaut, lequel seigneur de Montaut aida assoir led. seigneur archeueque dans lad. chaire le tenant par le bras et apres incontinent le fit leuer, et le baisa en sa joue gauche et le remit aud. siege en signe de prinse de possession dud. archeueché suiuant la louable et ancienne coutume à jamais obseruée par lui et ses predecesseurs en tels et semblables cas ainsi qu'a dit led. seigneur de Montaut de quoy pareillement led. seigneur de Montaut à nous notaires subsignez pour la conseruation de ses droits et pour l'auenir de ses successeurs et ancetres à requis acte et instrument lui être retenu et expedié en forme probante et authentique ce que lui auons offert faire, presens lesd. nobles dessus nommez et cognommez et plusieurs autres, et ce fait et celebrée lad. messe et demi seruice led. seigneur archeueque estant prêt a diner dans la grand-sale dud. archeueché ja assis a table en la compagnie desd. prelats, eueques, abbés, et autres nobles gens, led. seigneur de Montaut accompagné desd. nobles dessus nommez et cognommez, et de plusieurs autres seigneurs et gentilshommes s'est presenté deuant led. seigneur archeueque et à commencé de seruir de maitre d'hotel lui demontrant que tant lui que ses predecesseurs ancêtres estoint en posession et saisine en telles et semblables nouuelles entrées des seigneurs archeueques d'Auch à leur premier diner dud. jour lui seruir de maitre d'hotel, lui priant vouloir accepter led. seruice, auquel led. seigneur archeueque repondit qu'il acceptoit icellui seruice, mais attendu l'impotence dud. seigneur de Montaut le pria soi assoir vis auis de lui a table et diner auec lui lui disant et declarant qu'il tenoit led. seruice pour fait comme si actuellement auoit été fait par led. seigneur de Montaut ce que icellui seigneur de Montaut accepte et pour obeir aud. seigneur archeueque soi assis a table vis a vis dud.

seigneur archeueque et dina auec lui et apres diner incontinent le seruice leué led. seigneur de Montaut requit aud. seigneur archeueque lui declarer s'il se contentoit entierement desd. seruices que lui deuoit pour raison des choses susd. suiuant les coutumes anciennes et priuileges .... et à jamais par ses predecesseurs obseruez et entretenus, lequel seigneur archeueque lui a repondu qu'il se contentoit de tous les seruices que pour raison des choses susd. lui deuoit et incontinant ouïe lad. reponse ledit seigneur de Montaut est alle droit au dressoir estant à la grand-sale et aupres de la cheminée d'icelle et a fait prendre toute la vaisclle d'argent qu'étoit sur led. dressoir et buffet pour le seruice dud. seigneur archeueque et ce par led. noble Pierre Desparbez seigneur de Beaulieu, Frix de Poussin son ecuyer et M⁰ d'hotel qui au nom dud. seigneur de Montaut en ont emporté toute la vaisclle d'argent dud. buffet à lui appartenant en recompense desd. seruices comme disoit led. seigneur de Montaut. Ce tout present et voiant led. seigneur archevêque sans contradiction aucune : des quelles choses susd. led. seigneur de Montaut à demande et requis acte lui etre retenu et expedié en forme probante par nous susd. notaires subsignez ce que auons offert faire presens lesd. nobles consuls dessus nommez et cognommez et plusieurs autres illec qu'estoint tant de la compagnie dud. seigneur archeueque que dud. seigneur de Montaut et nous Pierre de Hennisterie notaire royal habitant de lad. cité d'Auch, et Arnaud Rolhier aussi notaire royal du lieu de Montaut qui de toutes et chacunes les choses susd. par led. seigneur de Montaut requis les actes presens auons retenu et led. Henniterie registré en ses protocoles lesquels en la presente publique et authentique forme par autre clerc à nous feable auons fait ecrire et grosoyer et apres deument collationné à son original de nos seins publics et authentiques l'auons signé en foy et approbation de toutes et chacunes les choses susdites.

Donation de Barran au Chapitre d'Auch. — 1073.

In nomine Domini nostri Jesu Christi. Ego Eicius Sancius offero filium meum Gillelmum Deo, et B. Mariæ in præsentia domini Willelmi archiepiscopi et canonicorum ejus, ut sit perpetualiter Clericus et canonicus prædictæ gloriosæ Virginis Mariæ, et dono ei cum filio meo, laudante et favente uxore mea Azinetta matre jam dicti pueri, honorem quem ego comparavi de Rolgerio de Chercob consobrino uxoris meæ, tertiam partem ecclesiæ de Barran, et tertiam partem honoris quem Willelmus dat et tenuit et possedit avus prædicti Rotgery et dono sponsalitium quod de uxore mea accepi vineam de Cazarias et casalum de Busans, et vineam de Mumulbad et casalum de Buudger et campum quem comparavi de Forto sanctio Despied, et usum et expletam de Bosco de Calaied ad ædificationem et reparationem ecclesiæ de Barran. Hanc donationem facio cum uxore mea Azineta et cum filio meo cerebruno, B. Mariæ cum hac charta. Præsente Willelmo archiepisco et Clericis ejus præposito, atque Arnaldo Aymerico, et Enardo et Garsia et alio Garsia et cœteris Clericis, præsentibus militibus Oddone de Montalt et fratre ejus Otgerio, et Bernardo de Cresteras, Aliis multis. Hanc chartam fecit Bernardus Monachus capellanus archiepiscopi prædicti, residente in romana sede Grego. PP VII. Regnante Philippo rege Francorum, signum Eicii sancii authoris hujus chartæ de honore quem ego Eicius sanctius comparavi de Rotgerio hanc insertam chartam quæ huic est adjuncta feci.

Accord entre le Chapitre et le Sacristain de Ste-Marie, au sujet du casuel. — 1130.

Noverint itaque et præsentes et secuturi quod residentibus in capitulo domino Willelmo archiepiscopo omnibusque canonicis, sacrista procedens in medium proposuit quærimoniam in conspectu eorum dicens se nimis gravari et injustè tractari a cellerario, quod in ecclesiâ sancti Laurentii sibi indebitè usurparet ea quæ ad sacristæ dignitatem pertinere constaret. Cumque ad hæc reclamaret et viva voce contradiceret cellerarius, asserens et contestans se sua non illius tollere, ex præcepto archiepiscopi secesserunt in partem judices ab utroque delecti, duo archidiaconi, Vitalis de Camassas, et Antenius de Logarsono ; et alii duo Arnaldus de Jegun, et R. de Poy qui debitum finem, et justitiæ consentaneum huic causæ imposuerunt, tenorem etenim antiquæ consuetunis recensentes, adjudicaverunt vivâ voce, item juris per omnia debere habere sacristam in ecclesia beati Laurentii sicut in ecclesia beatæ Mariæ, in penitentiis, in sepulturis, et in caudelis tam in ipso dies festo, quam in reliquis diebus. Hujusmodi ergo judicium in commune prolatum, et in omnium audientia expositum, collaudantibus et approbantibus universis archiepiscopo et canonicis, decretum est ab illis sic observari inconcussum, et illibatum, in sæculum sæculi. Hac tamen conditione, ut quotiescumque missæ celebratæ fuerint ibidem, si candellæ defluerint, sacrista abundanter largiatur, ceteraque præparet necessaria.

État des offrandes pour le sacristain du Chapitre. — 1136

Notum habeant, et præsens ætas et secutura posteritas, quod singulis annis V diebus panem accipere debet sacrista, in ecclesia ad comparandum, juncum, quo substernantur monasterii pavimenta prima videlicet, ante natale Domini dominica, dominica in ramis palmarum; dominica ante Pentecosten; dominica ante festum omnium sanctorum; dominica ante festum Purificationis beatæ Mariæ; decima quoque tam panis quam annonæ sive frumenti, et solamei in Assumptione et Nativitate beatæ Mariæ; nec solum his diebus, verum etiam quorumque die, infra jannas vel ante, cujuscumque generis annona ceciderit, totum solemne in jure sacristæ constat cedere, linum quoque quod in his festivitatibus in altare beatæ Mariæ oblatum fuerit, in unum adunari debet, et decima sacristæ dari. Candelæ vero, quæ in altari sancti Stephani ceciderint, in potestatem sacristæ devenient. Altare enim sancti Joannis his diebus propriè proprium dinoscitur esse sacristæ : decima quoque et vinearum et agrorum, quæ cælerarius propriis bobus vel sumptibus excoluerit in sacristæ horrea debet recondi : debet huic cellararius duos solidos annuatim per solvere ad emendas signorum cordas.

Règlement des prières lors du décès des Chanoines. — 1136.

Quoniam provida et misericors sanctorum prudentia in plerisque sacræ scripturæ locis efficaciter admonet, omnes debere ubicumque terrarum christianitas dilatatur, pro animabus fidelium defunctorum pauperibus Eleemozinas erogare, et suas preces Deo fundere : Idcircò Willelmus hujus sedis archiepiscopus, consensu et comuni canonicorum consilo hujus sanctæ ecclesiæ decrevit, et in posterum observari constituit; ut postquam frater ab hoc vita migraverit, quisque sacerdotum, infrà 30^m. diem, decem missas prò defuncto fratre celebret; diacones verò, et subdiacones, et cæteri inferiori ordinis, singuli quinque psalteria legant : et si quis frater inter eos fuerit nesciens psalterium, toties dicat pater noster, aut aliquem psalmum, si scit, quousque numerum psalmodiæ trium psalteriorum compleat; et per unum annum ad mensam cum cæteris fratribus, libra panis et obba vini pauperi tribuatur: de carne verò et cæteris victualibus conveniens ei portio detur. Completo anno ejus anniversarium hoc modo fiet annuatim : Defunctorum matutinæ 9. lectionum, cum laudibus et responsariis dicantur, et missa prò eo celebretur, et in refectorio fratres tam cibo quàm patre pauperem diligenter pasci procurent.

Nombre des Chanoines. — 1331

Noverint universi quod nos Guilhelmus permissione divina archiepiscopus ause una cum capitulo nostro videlicet venerabilibus et dis cretis viris dominis ; A. de Lauro, H. de Pardailhano, Guilliamneo de Villafrancisca, Fortanerio de Baulaco, B. de Magneria, Arnaldo de Moleria, B. de Sonis, Garcia de Malartico, Odone de Mass, B. de Planch, Armengodo de Posalis, Joanne de Falgario, Petro de Vallatis, Vitalis de Rogero, Gastone de Jumato, Odone de Montealto canonicis in ecclesiâ Auscit : ut moris est ad sonum campanæ in capitulo ecclesiæ Auscit, congregati capitulantes et capitulum facientes tractantes quæ sæpe sæpius super statu prædicto ecclesiæ Auscit; volentes cultum divinum in prædicta ecclesia augeri, et ut sine litigio in eadem eccl. habitantes valeant famulari, compensatis facultatibus ejusdem capituli, inspectisque oneribus ipsius tum ratione capellarum, præbendariorum, clericorum, familiarium, procuratorum ac notariorum, consiliatorum et aliorum necessariorum servitorum ipsius capituli cum ratione hospitalitatis cum ratione charitatis quas necessario habent diciturnæ contra occupantes et usurpantes bona et jura ad dictum capitulum pertinentia . . . . . . cum ratione conditionis terræ istius seu nationis; considerandoque quia sufficienter et decenter facultates non suppetunt dictis canonicis nunc existentibus, contra impetrantes habent appellationes interponere et sic ecclesia sumptibus variis et importabilibus aggravatur, et cultus divinus diminuitur cum nisi tempore pacis bonæ auctor pacis colatur.

Volentes hiis occurere ut tenemur et statum dicti capituli et eccl melius reformare cum tot sint in ecclesiâ canonici et servitores ponendi quot possint et facultatibus ipsius ecclesiæ commode sustentari, cum consilio et assensu nostri prædicti capituli et canonicorum prædictorum certum numerum videlicet viginti canonicorum in prædicta ecclesiâ duximus statuendum, ita quod illi qui nunc sunt, licet facultates condecenter non suportent, bona dicti capituli inter se charitative condividant donec ad prædictum numerum sint redacti : sicque postquam ad prædictum numerum devenerint, ex tunc ultra dictum numerum in dicta ecclesia aliquem in canonicum creare non possimus nec recipere teneamur ; super hoc statutum perpetuum facientes salvo sanctæ sedis authoritate, retento quod nos archiepiscopus et nostri successores unum canonicum intra dictum numerum in nostro et successorum jucundo adventu in dictâ ecclesiâ ponere valeamus, et istud statutum tenere et non contra facere vel venire ego prædictus archiepiscopus supra sta dei evangelia juro et nos canonici prædicti capitulum facientes, et ego Amanevus de Lauro sindicus dicti capituli sindicatus nomine, prædictum statum supra sancta Dei evangelia corporaliter manu tacta servare juramus, promittentes bona fide quod ut citius poterimus confirmationem a sede apost. obtinebimus super istis et prædicto statuto. Facta fuerunt hæc in capitulo eccl. Auscit. die undecima mensis septembris anno domini 1331 regnante Philippo Francorum rege, Guilhelmo prædicto archiepiscopo Auscit., et Joanne comite Armaniaci et Fezensiaci, requirentes tàm dominus omnes archiepiscopus quàm dicti domini canonici, nos Robertum Latine, et Biguesium de Martino notarios publicos quod de prædictis omnibus retineamus publica instrumenta duo vel plura si necesse sit : horum omnium sunt testes, venerabiles viri dominus Andreas de Pistore legum doctor, dominus Guilhelmus de Floremigio, dominus Garsias de la Berreria, Joannes... presbyteri etc.

(Tiré du Manuscrit de M. d'Aignan.)

Fondation du monastère de Gavarret. — 1080.

Notum sit præsentibus et futuris, quòd ego Petrus Gavardensis vicecomes, incepi monasterium in meo teritorio, quòd dicitur Gavarretum, in nomine Domini, et sancti ejus sepulcri, quòd concedo domino Geraldo Silvæ majoris abbati, et omnibus ejus successoribus : ut semper abbas silvæ majoris sit abbas sancti sepulcri : et qualis religio, et vita ibi tenetur, talem faciat et hic teneri, et qualem potestatem habet in illius ecclesiæ monachis, rebus et possessionibus, talem habeat et in istius : quatenùs semper locus silvæ majoris, et sancti sepulchri in Dei servitio, et bona religione concessa sint, pariterque paupertatem et abondantiam patiantur, salva semper auctoritate Auxiensis archiepiscopi, et Adurensis episcopi, qui hoc donum concesserunt, et confirmaverunt. Signum Guillelmi archiepiscopi Auxiensis. S. Petri Adurensis episcopi. Hoc donum quoque confirmavit Guillelmus Aquitaniæ dux, et salvitates ipsi loco concessit, et omnibus ad eum pertinentibus. S. Guillelmi Aquitaniæ ducis. S. Arnaldi Rogerii fratris vicecomitis ipsius. S. Stephani de Calmonte. S. Raymundi Guillelmi de Mezerolis. S. Petri de Vico. S. Petri de Gavarreto vice comitis. S. Amanevi de Tilleto. S. Odonis de Pardeliano.

Confirmation de cette fondation. — 1181.

Gasto, vicecomes Bearnensis et Gavarretanus, et de Bruillas et comes de Bigorra, et vicecomes de Marsan, Geraldo Auxitano archiepiscopo, et omnibus episcopis terræ, abbatibus, baronibus, justitiis, militibus, ministris, et omnibus fidelibus suis : salutem in perpetuum sciatis quòd ego Gasto vicecomes veniens ad silvam majorem amore Dei, et sanctæ Mariæ juravi libertatem, et salvitates ipsius ecclesiæ et villæ, securitatem omnium hominum, et rerum cunctarum quæ ad monachos pertinent ubique, et concessi, et confirmavi Deo et sanctæ Mariæ, et beato Geraldo silvæ majoris primo abbati, et monachis ibidem Deo servientibus, totum quidquid prædecessores mei Gavarretani vicecomites; videlicet Petrus cognominatus Sorguers (*aliàs Soriguers*) proavus meus, et cæteri vicecomites Gavarretani concesserunt, tertiam scilicet partem omnium redituum qui ratione pædagii ubicumque Gavarreto recipiantur. Concessi etiam omnium quæ venduntur in villa unde redditus accipiuntur tertiam partem, et in mercato quòd vocatur Gavardina decimam totam, ab integro, et cum tribus digitis palmatas de sale in eadem Gavardina et censum totius villæ quod vocatur vulgariter Cirimonatge, etc. concessi etiam ecclesiam cum silvariis et appenditiis, et decimam totam ex integro sicut supra dictus proavus meus Petrus Soriguers eam concesserat, cum assensu videlicet et voluntate Guillelmi tunc archiepiscopi Auxitani, volente quoque hoc idem atque confirmante Petro Adurensi episcopo, in cujus episcopatu tunc temporis erat nominatus locus de Gavarreto, qui etiam ecclesiæ contulit in perpetuum quidquid in ea juris habebat, præter procurationem sibi semel in anno debitam et capellanorum presentationem. Concessi eidem ecclesiæ caldariam judiciariam cum marmore, ita quod in toto archidiaconatu non habeatur nisi ibi tantummodo. Hanc concessionem seu confirmationem, ego Gasto vicecomes feci apud silvam majorem in capitulo assistentibus dominis episcopis Bernardo Olorensi, et Sancii Anerii Lascurensi. Testes sunt Arnaldus Guillelmi de Marsiano, et Odo de Cadaino, Garsias Arnaud de Navailhas, Arnaldus de Codarasa, Arnaldus Guillelmi de Bascoos, Amanevus de Lamota, Peregrinus Burdegala, Burgensis de Morlaas, et alii plures factum est autem hoc anno incarnationis Verbi millesimo centesimo octogintesimo primo indictione 14 epacta cyclo decemnovennali 1 feria 2 idus februarii Philippo rege Francorum regnante vigesimo anno regni sui, Ricardo filii Henrici regis Anglorum ducatum Aquitaniæ obtinente, signum Gastonis vicecomes.

(Pièce communiquée par M. Laborde de Cazaubon).

Casuel des Curés dans le 13me *siècle.* — 13 *janvier* 1278.

Notum sit cunctis præsentibus et futuris quod dominus Guillelmus de Valetamna, rector ecclesiæ Bastitæ Montisfortis pro se et successoribus suis ex parte unâ et consules Montisfortis prædicti videlicet Guillelmus de Denanto, Ramundus de Linanto et Ramundus Guillelmi de Marcasus, Ramundus de Salis et Bertrandus de Albiano pro se et successoribus suis et universitate dictæ Bastitæ ex alterâ, fecerunt inter se et etiam ordinaverunt avenimentum seu etiam præpau samentum de deveriis quæ pertinent ad ecclesiam supra dictam seu pertinere debent videlicet : primò de matrimoniis et nuptiis concedentes inter se spontaneâ voluntate, quòd si in prædictâ Bastidâ seu villâ aut in parochiâ prædictâ aliquis fecerit vel facere voluerit matrimonium de filio suo vel de filiâ quòd dominus supra dictæ ecclesiæ et rector ejusdem illa die in qua prædictum matrimonium completum fuerit possit comedere illâ die in nuptiis cum duabus personis secum attrahentibus.

Item si in dictâ Bastidâ sive villâ advenerint duo paria vel tres vel quatuor vel ultrà nuptiarum, quòd dominus ecclesiæ supra dictæ possit comedere ut dictum est cum illo vel cum illâ cum quo sibi magis placuerit et qui ipsum invitaverit, et quòd dominus ecclesiæ faciat vel facere faciat aliis nuptiis quæ in illâ die fuerint, totum suum deverium ut consuetum est et quòd illi qui matrimonium fecerint vel nuptias cum quibus non comederit reddant et solvant sine omni contradictione et impedimento vij denarios Morlanorum domino rectori ecclesiæ supra dictæ. Item si aliquis existens in prædictâ villâ vel in parochiâ suâ dederit maritum extra villam filiæ suæ vel uxorem filio suo, vel pro se ipso attraxerit matrimonium extra villam, quòd ille aut illa persolvat vij denarios ejusdem monetæ prædicto domino rectori ecclesiæ supra dictæ et quòd dominus vel ejus locum tenens faciat eis omne deverium suum, de litteris sigillo suo sigillatis vel de signis. Item si aliquis de nobili genere vel baquerius fuerit, persolvat domino rectori ecclesiæ prædictæ xiij denarios monetæ supra dictæ ratione arrarum et alii parochiani iij denarios sine plure.

Item de mortuis fuerunt inter se concordantes et etiam concedentes, quòd si homo vel femina in prædictâ villâ vel in parochiâ suâ decesserit, quòd dominus rector ecclesiæ supra dictæ habeat et recipiat vestimentum suum de illo vel de illâ cujuslibet mortuus fuerit, videlicet tunicam et super tunicale si habuit, vel etiam tunicam et mantam tantum si habuit. Si autem ille qui mortuus fuerit habuerit duo paria vel tres vel quatuor vestimentorum vel ultrà, dominus rector ecclesiæ prædictæ habeat et recipiat meliora ut supra dictum est sine plure. Item si mulier decesserit, quòd dominus rector ecclesiæ habeat vestimentum suum, videlicet capam cum tunicâ tantum, vel garnacha tantum si melior fuerit, vel chlamidem cum tunicâ tantum vel garnacha si melior fuerit. Item si mulier quæ mortua fuerit habuerit duo paria vel tres vel quatuator vestimentorum, quòd dominus rector ecclesiæ habeat meliora ut supra dictum est et etiam declaratum, et quòd parentes defunctorum vel tenentes bona sua reddant vestimenta supra dicta domino rectori ecclesiæ prædictæ, et hoc per sacramentum si rector voluerit. Item fuerunt concordantes et concedentes quod si mulier ad ecclesiam venerit ad purificationem quod secum portet oblationem videlicet placentam ut consuetum est et candelam valentem unum denarium Morlanum, et si candelam non habuit vel placentam solvat unum denarium Morlanum et quod dominus rector ecclesiæ sibi faciat officium suum.

Item fuerunt concordantes et concedentes inter se, quod si infantes a septem annorum inferius decesserint, quod dominus rector ecclesiæ habeat ex inde quatuor denarios bonorum Morlanorum pro sepultura. Si à septem annis ultrà, habeat vestimentum, ut supra dictum est et etiam declaratum; oblationes vero et alia deveria retinuit dictus rector ecclesiæ ut consuetum est præter tantum de lana et de cassis, de quibus parochiani non tenentur eidem dare nec partem facere ratione decimæ, et ibidem dictus dominus Guillelmus rector ecclesiæ suprà dictæ pro se et successoribus suis promisit firmiter prædicta omnia in dicto instrumento contenta, et pacificata singulariter vel generaliter tenere, complere, et in perpetuum exequi bonâ fide et non contravenire nec contra facere ullo modo aliquo tempore vel momento, et propter quod ea in præsenti instrumento continentur revocare non possit dictus rector ecclesiæ renunciavit omnibus legibus et decretis scriptis et non scriptis et auxilio utriusque juris, canonici et civilis cujuscumque fori et consuetudini seu statui, per quod prædicta vel de prædictis aliquid posset in aliquo revocari, annullari, seu etiam irritari; volentes et concedentes tamen dictus rector ecclesiæ et dicti consules pro se et nomine quo suprà, quod de prædictis fiant duo instrumenta ejusdem tenoris per alphabetum divisa, quorum dictus dominus rector ecclesiæ habeat unum et dicti consules et universitatis dictæ villæ habeant aliam.

Actum fuit hoc decimo quinto die introitûs januarii, regnante Odeardo rege Angliæ, Guillelmo episcopo Lectorensi, et Geraldo comite Armaniaci et Fezenciaci, ac vicecomite Fezensaguelli, anno Domini millesimo ducentesimo septuagesimo octavo, horum omnium sunt testes Petrus de Tarrasconis presbyter, Guillelmus Barrani, notarius Montisfortis, Ramundus Bernardi de Prinhano, domicellus, Guillelmus de Podio Radulphi, Joannes Amat, Arnaldus de Mosteriis et Joannes de Martello, publicus Montisfortis notarius qui cartam istam scripsit utriusque concessu et superlineavit supra XXVj lineâ in perpetuum et hoc signum apposuit.

Extrait du cartulaire de Montfort, communiqué de M. ca...
cette pièce semblable.

Guilhaume, archevêque d'Auch, publie la trève de Dieu.

Guillelmus Dei gratia Auscitanus archiepiscopus, sedis apostolicæ legatus, carissimis in Christo fratribus venerabilibus episcopis, aliisque ecclesiarum prælatis, et dilectis filiis comitibus, vicecomitibus, aliisque baronibus, universo quoque clero et populo per Auscitanam provinciam constituto, salutem et benedictionem. Cum ex officii nostri debito teneamur universis fidelibus curæ nostræ commissis salubri dispositione providere, nunc præsertim urgente apostolici mandati auctoritate, ad quem spectat totius populi profectibus invigilare, oportet nos bono pacis et treuguæ Dei subditis nostris propensiorem curam impendere. Inde est quod juxta statuta generalis concilii Romæ nuper celebrati, pacem et treugam Dei in provincia nostra et parte Dei, et domini papæ, et nostra ab omnibus inconcusse et inviolabiliter præcipimus observari. Forma pacis et treuguæ Dei talis est. Treugas a quarta feria post occasum solis, usque ad secundam feriam post ortum solis; et ab adventu Domini usque ad octavas Epiphaniæ, et a septuagesima usque ad octavas Paschæ, ab omnibus inviolabiliter observari præcipimus. Si quis autem treugam violare tentaverit, post commonitionem factam, si non satisfecerit, princeps suus et episcopus cum clero et populo cogant eum injuriis passis satisfacere, ad arbitrium episcopi et principis sui, et aliorum vicinorum baronum. Quod si princeps, seu barones vel populus dissimulaverint, tam princeps, quam barones excommunicentur, et tota terra eorum interdicto subjiciatur, omni privilegio personæ, et ecclesiæ cessante. His vero temporibus, et omnibus festis B. Mariæ cum præcedenti die, et subsequenti, S. quoque Joannis Baptistæ, et beatorum apostolorum Petri et Pauli; et a vigilia Pentecostes usque ad octavas, et omnium sanctorum festo, omnia pacem et securitatem habebunt. Omni vero tempore perpetua pace et securitate gaudebunt canonici, monachi, presbiteri, clerici, et omnes religiosæ personæ, conversi, perigrini, mercatores, rustici, euntes et redeuntes, et in agricultura existentes, et animalia quibus arant, et quæ semen portant ad agrum: dominæ cum sociis suis inermibus, et omnes feminæ, et omnes res clericorum et religiosorum ubique et molendina ; principibus autem, et dominis terrarum jura sua, et consuetudines non contradicimus in terris suis. Ecclesiæ salvitatem habant xxx. passuum circumcirca, monasteria vero lx. Hæc vero ut firmius observentur, comites, vicecomites, barones, universum quoque clerum in præsentia episcoporum, populum in præsentia clericorum, a septem annis et supra, jusjurandum præstare præcipimus. Forma juramenti talis est. Jurabunt se pacem et treugam Dei juxta præscriptum tenorem observaturos, et violatores pacis et treugæ Dei persecuturos, et quod de rapina nihil scienter emant. Quod si quis huic decreto contraire tentaverit in non jurando, vel in non persequendo, seu in conductitias gentes vel raptores tenendo, aut favendo, vel rapinam emendo, princeps illius terræ et tota ejus terra nisi debitam vindictam exsequatur, omni interdicto et excommunicationi subjiciatur omni privilegio personæ, et ecclesiæ cessante. Excommunicati non salutentur, non tondeantur capita eis, non abluantur, in mappa non comedant, neque ad aliam communionem christianam recipiantur, præter baptisma parvulorum, et pænitentias in fine. Princeps autem, et cuncti fideles nostris obedientes mandatis, qui bonum pacis ope et consilio foverint, et contra violatores pacis fideliter decertaverint, et præsertim contra conductitias et pestilentes gentes, si in vera pænitentia in hoc Dei servitio decesserint, auctoritate Dei, et domini papæ, et ecclesiæ universalis, omnium peccatorum suorum indulgentiam, et fructum mercedis æternæ se non dubitent habituros. Ceteris vero qui contra eos arma susceperint, et ad episcoporum sive aliorum prælatorum consilium, ad eos decertaverint expugnandos, biennium de injuncta pænitentia relaxamus, aut si longiorem ibi moram habuerint, episcoporum discretioni, quibus hujus rei cura fuerit injuncta committimus, ut ad eorum arbitrium major eis indulgentia tribuatur. Illos autem qui admonitioni episcoporum in hujusmodi parere contempserint, a perceptione corporis et sanguinis Domini jubemus fieri alienos Episcopi vero sive presbyteri, qui talibus fortiter non restiterint, officii sui suspensione mulctentur, donec apostolicæ sedis misericordiam obtinuerint.

Extrait du *Gallia Christiana*

Longs débats à l'occasion du cimetière d'Auch.

Cunctis Ecclesiæ fidelibus Pateat Raymundum Metropolis Ausciensis Præsulem, cum consensu sive favore Comitis Guillelmi seu Clericorum nec-non totius populi, convenisse, Matrem-Ecclesiarum, quæ favente supradicto Comite vel Præsule, jam adornata Canonicorum Regulâ extiterat, consecrari, quo Canonici vel Principes terræ, sive totius Urbis vel Regionis Plebs, qui vellent corpora sua post mortem in eadem sacra Sede tumulari esset licitum ac absolutum Itâ tamen ut non solùm à præsente Episcopo, sed à cunctis etiam successoribus, talis et tam magna absolutio concessa et ordinata sit, quo omnes qui hunc locum Deo dicatum sui corporis tumulatione honoraverint, cunctis careant peccatis: et insuper benedictione omnium Episcoporum locupletentur, cum Patriarchis et Prophetis, Apostolis, Martyribus et Confessoribus, ac Virginibus, animâ collocatâ in superna Polorum sede. Constituta sunt hæc II. nonas Novembris, regnante Henrico nobilissimo Francorum rege. Signum Raymundi Præsulis. Signum Guillelmi comitis. Signum Machari Abbatis. Signum Einardi Burgundini. Signum Austindi Clerici Burdigalensis Ecclesiæ.

Leo Episcopus servus servorum Dei Raymundo Archiepiscopo Auxiensi salutem et Apostolicam benedictionem. Pervenit ad Aures nostras Clamor Monachorum Sancti Orientii commorantium in Suburbio tuæ Civitatis, pro injuria quam loco illorum inferre niteris de Cæmiterio extra usum antiquæ Consuetudinis : Non enim meliores sumus quam patres nostri. Quapropter tibi mandamus, atque sub authoritate Dei, et Sancti Petri, et nostra præcipimus, ne prædictum Monasterium novis legibus, et inauditis consuetudinibus in nullo infestes, in nullo molestes, tam in Cæmiterio, quàm in aliis rebus ad ipsum locum pertinentibus. Decernimus itaque Canonicâ et Apostolicâ authoritate, ut nulla Ecclesia terminos Statutos à Patribus audeat transire. Undè vos admonere volumus, et præcipimus, ut quod usque modo non habuistis, nec intrà urbem, nec extra vobis injustè vendicetis ; sed sicut fuit Cæmiterium temporibus antecessorum vestrorum, itâ permaneat in sæculum. Datum, etc.

Privilegio accepto Præsul Auscitanus Bernardus, consecrationem Cæmiterii indixit, et ad eam convocavit fratres et Coepiscopos suos G. Bigorritanum, B. Convenarum, L. Coseranæum, W. tunc Lactorensem : Cumque peragerent Consecrationis solemnia, ecce Monachi Sancti Orientii, deposito habitu Monachali, sumpta autem militari, non parvâ militum ac peditum manu collectâ, de repente irruerunt, et ex improviso civitatem invadunt, domos Ecclesiæ vicinas non satis pacificè ingredientes, tam vilia quam preciosa violenter diripiunt, quidquid mobile reperiri potest voraciter tollunt. Demum ad ipsam venerabilem Ecclesiam unanimiter confluunt et corruerunt, invadere, violare, ac incendere, postquàm venerari cupientes, sed et ut ipsius rei exitus evidenter edocuit, sanguinem consecrantium ardentissimè sitientes, et avidissimè cohibere gestientes ; nam sicut pro vero asserebant qui tunc præsentes aderant, unus ex Monachis G. parietibus Ecclesiæ qui tunc lignei erant apposuit manu suâ, eos qui intus erant concremare desideranter desiderans, unus etiam ex eorum execranda turba arcum rapide tetendit, sagittam argute emisit, et illa inter missarum solemnia super sacro-sanctum altare Beatæ Mariæ, corporalem pallam perforavit, quam G. Bigorritanus Episcopus qui de Deo sacrificium persolvebat officiose colligens studiosius servare curavit, et illam et corporale quod latum fuerat et in oculis totius curiæ publice monstravit Tolosæ, in generali Synodo. Alius autem sagittâ emissâ armigerum militis cujusdam qui dicebatur Vicecomes de Tours sub sinistra mamma læthali vulnere læsit ; de cujus vita cum desperaretur positus fuit post altare Beatæ Mariæ sepulturæ tradendus non Medicinæ adhibendus ; ubi cum post aliquot horas semivivus jaceret, proximior mori quam vitæ, velut in extasi positus vidit sibi astare Virginem Mariam quæ solitæ pietatis visceribus miserata est super eum, quia pro defensione Ecclesiæ suæ mortiferam in interioribus admisisset plagam, atque piam mævum admovens blanda voce consolata suavius, ægrotantem pristinæ et integræ cum restituit sanitati. Qui Cælestis miraculo antidoti de subito et insperato incolumis factus bellicis negociis se interim immiscuit ; sicque circumstantes novâ multâque admiratione percussit ; qui peracto prælio cum subintrare comperiebant. Inter hæc nescio quis ex præliantibus sotulam G. Bigonitani Episcopi Missam tunc decantantis jaculo perforavit. Sed nec ista nec alia quam plurima à Monachis nimis crudeliter illata gravamina impedire potuerunt, quin debito consummationis fine clauderetur consecratio Cimiterii, et altaris Beati Joanni-Baptistæ, et Beati Joannis Evangelistæ. Post aliquot autem dierum curricula generale Concilium convocavit et celebravit apud Tolosam Dominus Papa Calixtus, cujus suprà mentionem fecimus ; huic concilio inter Cæteros interfuit supranominatus Archipræsul Auscitanus Bernardus, etc. Et quod apud Anicium Dominus Papa concesserat, Tolosæ confirmavit, secundum super eadem re ei tradens privilegium collaudantibus processibus Sacri Palatii ; sicque gaudens ad propria remeavit.

Consécration de l'église Ste-Marie. — 1121.

Reverendus Metropolita Bernardus, Diœcesis suæ Clerum et populum nec-non et universos ferè totius Guasconiæ Episcopos, Abbates, et alios Religiosos viros generaliter convocavit ad Dedicationem Altaris Beatæ Mariæ, festivè peragendam. Ad hujusmodi Celeberrimum Conventum allata sunt undique Corpora Sanctorum ; videlicet Sancti Ceratii, Sancti Juliani, Sanctæ Dodæ, S. Mauri, S. Justini, S. Frisii, Sancti Lupercii, Sancti Austrigisili, Sancti Salvii ; per quorum preces et merita, numerosa inibi est operatus mirabilia omnipotens Deus, sicut sæpissimè testati sunt hi qui præsentes extiterunt ; sic expletis Consecrationis Mysteriis, illa solemnis Dedicatio Altaris summa cum festivitate ac lætitia, ad debitum fidem authore Deo perducta est.

Pose de la première pierre de l'église Métropolitaine. — 1489.

L'an 1489 et le 4. Juillet, fut commencée à bâtir l'Eglise nouvelle de Nôtre-Dame d'Aux; et led. jour fut dite et célébrée une Messe solemnelle du Saint Esprit, par Messire Pierre Lary, Chanoine et Sacristain de lad. Eglise: Après laquelle Messe tous Messieurs les Chanoines, Prébendiers et autres Habitués de lad. Eglise, avec les Consuls et Habitans de lad. Ville, allerent en Procession aux Fondemens, que furent commencés au bas de la Chapelle de Montesquieu touchant à la muraille du Chapitre de lad. Eglise ; et fut mise la première pierre par R. Père en Dieu, Monseigneur le Protonotaire d'Armaignac, Abbé de Faget, Recteur de Barsalone et de Saint Orens, Chanoine et Archidiacre d'Anglez en lad. Eglise ; et fut après retourné rendre graces à Dieu en lad. Eglise.

(Extrait du Cartulaire d'Auch.)

DIVERSES PIÈCES SUR LE CHAPITRE D'AUCH.

Ego Oddo comes dono beatæ Mariæ, vel cononicis suis qui ibidem Deo serviunt vel adveniendi sunt, dono in loco quem dicunt sancti Joannis et sancti Martini de Berdala ipsas ecclesias, ut quidquid ex inde facere voluerint liberam et firmissimam habeant potestatem. — Ab anno 935. Apud civitatem Auxiorum, Willelmus comes, et Raymundus archiepiscopus, instituerunt canonicam in sede archiepiscopali, hæc pro victu suo et canonicorum donantes, archiepiscopus dedit quinque archidiaconatus, medietatem oblationum, mediam partem mercati et terram quæ ad sedis ecclesiam pertinet. Comes dedit ecclesias Despans, de Seran, mediam partem ecclesiæ de Orbesan, in sanctâ Christinâ XV deneratas de vineis, unum rusticum, totam terram de Gasant et terras de Ponicas. — 1040. Ego Gastonus reddo medietatem ecclesiæ sanctæ Venantiæ in Astariacensi comitatu, in comitatu Magnoaco, medietatem ecclesiæ sancti Mametis, Deo et sanctæ Mariæ Ausciensis ecclesiæ, et archiepiscopo et canonicis ibi manentibus, accipiens ab illis caballum cum sellâ et freno et decem solidos. — 1070. Placitum hujusmodi fecit comes cum archiepiscopo et canonicis sanctæ Mariæ, de Molendinis quos fecerat in villâ Auxciæ, in manu archiepiscopi et Arnaldi Aimerici præpositi, et aliorum canonicorum reliquit eos beatæ Mariæ post mortem suam, et interim se ipse erit in Jerusalem, essent beatæ Mariæ, et archiepiscopi et canonicorum. — 1078. Comitissa Fezenciacensis Adalmus reddidit Deo et beatæ Mariæ. Molendina de Filerâ et canonicos, quos spoliatos te nuerat, plenè reinvestivit; nec est prætereundum, quod oportuit canonicos persolverent priùs centum solidos. — 1125. Ego Pictavina dedi filium meum cum parte quam habeo in ecclesiâ de la Artigâ et casallum de Laians, cum quartâ parte ecclesiæ de Pepiuns et de Gaubissan et de Castelnuovo, Deo et beatæ Mariæ, et Ausciensi archiepiscopo et canonicis ejusdem ecclesiæ, in præsentiâ totius capituli. — 1143. Raymundus de Solhajan concessit beatæ Mariæ in perpetuum et canonicis ibi Deo servientibus, mediam partem decimarum de Montesquivo quæ ad ipsum spectabant — 1145.

Postquam Oddo Arbeissanensis vitam finivit, quidquid in honore de Rivotorto habuerat, totum in proprietatem fratrum suorum canonicorum migravit, quod vivens eis in capitulo donaverat, quod cum Mariæ Bearnensi innotuisset, locum à G. archiepiscopo et canonicis, communi ipsorum consensu accepit, tali conditione, ut singulis annis, sex concas frumenti ad portam cellarii canonicorum faciat afferri. — 1180. Compositio inter canonicos Auxitanos et fratres de Flarano talis erat, ut de ecclesiis et terris quas hic nominabimus, quæ ad ecclesiam Auxitanam spectare videntur, viginti concas frumenti annuatim Auxitanis ecclesiæ canonicis redderent, quod dicti fratres diu ecclesiæ Auxitanæ reddiderunt. — 1126. Nos archiepiscopus Auxitanus cum consilio et voluntate Auxitanorum archidiaconorum et canonicorum et totius capituli damus vobis quartam decimæ ecclesiæ in cujus parrochiâ ædificata est abbatia vestra de Flarano. Sane pro ecclesiâ sancti Mikaelis de Flarano, de sancto Avito, de Ponte ac et pro terris de Bailino et de Larivet, et pro ecclesiâ de Jembielâ et de Seissos et de Stuguâ, dabitis annuatim Auxitanis ecclesiæ canonicis, quinquaginta solidos Morlanos. — 1220. Arbitri, auditis rationibus utriusque partis, dixerunt quod capitulum Auxitanum haberet integraliter ecclesiam de Zezerano, et partem de sanctâ Gemâ, et quartam de Cossiano. Et sciendum quod canonici Auxitani, persolverunt centum solidos Morlanos fratribus de Flarano pro dictâ ecclesiâ de Zezerano (*Cesan*). — 1247. Bresca dedit Deo et beatæ Mariæ et canonicis ecclesiæ Auxitanæ ecclesiam de Godiniam, dedit etiam Deo et beatæ Mariæ, et prænominatis canonicis, censum quem habebat in cazali de Clavariâ — 1228.

Arnaud Barochalaure ab bolentad de Ugh et de sas filos, tate la demne de St. Pe Barochalaure dé à lon fils Guillem Arnaud. Et lo dit Guillem Arnaud dé en aumoine ladite demne aus canonjes de madaune sente Marie d'Aux, aus presens e aus abinedors; jo Bertrand de Brugens, mos fils Peir et Bernard, et jo Ugh Barochalaure, frau dedit Guillem Arnaud, autrejam ladite donation ausdits canonies, aus presens et aus abiedors, e volem que aie tengude et valor; eus seiors dits canonies, en remuneration de questes causes, de on cent sols de bos Morlas, que nos avem recebuds. — 1256.

Cum G. de Arbeissano contulerit quinque solidos Morlanorum annuatim super decimam de Vicnau capitulo Auxitano, ut arderet lampas in dormitorio canonicorum Auxitanorum, tandem vero Oddo de Arbeissano dedit totam decimam de Vicnau ; cum Oddo de Camasses ut particeps efficeretur omnium bonorum quæ fiunt in ecclesiâ Auxitanâ, contulerit casale Despifas capitulo ecclesiæ Auxitanæ, dictus Oddo de Arbeissano contulit omnia jura quæ habebat in dicto casali, et approbavit prædictam donationem quam dictus Oddo de Camasses fecerat Ecclesiæ Auxitanæ 1258.

Nos Arnaud B. d'Armaiac reconeisem qu'en Guiraud d'Armaiac nestre frai, comte de Fezenzac et d'Armaiac, ab boleniat de nos a dat franquement lo casau quius ten de la une part dab la vighe deus canonilhes, à Dieu et à la maison de madaune sente Marie d'Auxs, et aus canonilhes de ladite maison, aus presens et aus abiedors, et qu'el dit Guiraud a recebuds del avant dit casau, cinq cens sols de bos Morlas dels avants dits canonihes d'Auxs, et que deldit casau nos em debestids, en avem bestids los dits canonilhes d'Auxs. — 1159.

Galardus de Grinsnihac et uxor sua, quitaverunt medietatem omnium decimarum sancti Petri de Gulhaco Deo et beatæ Mariæ et capitulo ecclesiæ Auxitanæ, divestientes se et capitulum investientes. — 1277. Oddo, Vitalis et Geraldus de Arbeissano fratres, dederunt Deo et beatæ Mariæ et capitulo Auxitano, decimam de sancto Maurits et de sancto Corvo, et quidquid juris in ipsis habebant ; hanc autem donationem factam præfato capitulo, promiserunt servare. — 1280. Cùm fuisset debatum inter capitulum ecclesiæ Auxitanæ, et abbatem et conventum Casæ Dei, super limitibus decimarii sancti Andreæ de Fremensano quòd est dicti capituli, B. de Magueria Cellarius et Guillelmus Carpini, canonici in ecclesiâ Auxitanâ pro se et capitulo, et prior, et syndicus dicti monasterii pro se et nomine dicti abbatis et conventûs, inter se convenerunt, quòd decimarium de Fremensano quòd est dicti capituli, sicut hic includitur, sit et remaneat semper cum dicto capitulo, et juraverunt facere ratificare prædictam ordinationem per venerabiles viros capitulum ecclesiæ Auxitanæ. — 1331. Guillelmus archiepiscopus Auxitanensis ex parte unâ et venerabiles viri Hugo de Pardellano, etc.... nec non Amanevus de Lauro, suo et sindicario nomine totius capituli Auxitanensis, cujus sindicatus inferiùs est inscriptus, canonici Auxis capitulantes et capitulum facientes vocatis absentibus, sicut de vocatione patet per litteras quarum tenores inferiùs sunt inserti, pro se et mensâ capituli ex aliâ parte, volentes pacem ad invicem habere super omnibus de mandis motis et movendis compromiserunt in dominum de Bistur- et dominum de Lobersano, et nos praedicti arbitri pronunciamus quod decimae de Montesquivo et Basiano, de Montelasuno, Petruciâ veteri, Olieges, Gasade, Basquarissa, Bezies, Estieus, Ferris, Nagolbes, Marcellano, de Sowis, quas petebat capitulum à domino archiepiscopo, penes archiepiscopum remaneant. Item quòd pro emendâ praemissorum, idem capitulum habeat à dicto archiepiscopo arrendamentum et decimas Insulae Arbeissani. Item decimae de Tordano pertinent ad archiepiscopum. Item super quartis decimarum archidiaconatûs afflitarum, quòd dictae quartae ad archiepiscopum pertineant. Item prioratum Cellae-Grandis incorporamus et damus mensae capituli, ratione compensationis reddituum petitorum per capitulum Auxitanum, et per nos archiepiscopo assignatorum. Quòd quidem dictum partes approbaverunt. Tenor sindicatûs de quo superius est talis cùm tractaretur inter archiepiscopum et capitulum ecclesiae Auscitanae, super quaestionibus quae inter eos erant, dicti capituli, videlicet, domini Hugo de Pardellano, etc...... canonici in capitulo congregati unà cùm Amanevo de Lauro, etiam canonico capitulum facientes, fecerunt dictum de Lauro syndicum, ad compromittendum et transigendum archiepiscopo praedicto, de omnibus litibus quae sunt inter ipsum et dictum capitulum, cum relevamine ab omni onere, sub obligatione bonorum omnium dicti capituli. Tenor litterarum citationis talis est : Galhardus de Lobersano, etc... canonici in ecclesiâ Auscitanâ capitulum facientes, Bertrando Porterii salutem. Ordinavimus quod die Jovis proximâ ante festum beatae Mariae, in nostrâ ecclesiâ omnes canonici Auscitani interessent, ad tractandum cum archiepiscopo de omnibus demandis motis et movendis usque ad hanc diem inter nos et dictum archiepiscopum. Idcirco mandamus quatenus citetis dominos N... canonicos in dictâ ecclesiâ, ut dictâ die in nostro capitulo personaliter intersint, vel si sint impediti, alicui canonico Auscitano committant vices suas, ad tractandum prout nobis et aliis praesentibus Auscitanis canonicis videbitur, absentiâ aliorum non obstante. Idem Bertrandus accessit ad domum dominorum.. canonicorum Auscitanorum, et citavit eos. — 1334.

Nos Guillelmus, archiepiscopus Auscitanus, unà cum capitulo nostro videlicet dominis A. de Lauro, H. de Pardellano, .. Oddone de Montealto, canonicis in ecclesiâ Auscitanâ, in capitulo congregati et capitulum facientes, compensatis facultatibus ejusdem capituli, inspectisque oneribus ipsius, cùm ratione capellanorum praebendatorum, clericorum, familiarium, procuratorum, advocatorum, consulariorum, et aliorum necessariorum servitorum ipsius capituli, volentes statum dicti capituli in melius reformare, cum consilio et assensu

nostri prædicti capituli et canonicorum prædictorum, certum numerum viginti canonicorum in prædictâ ecclesiâ duximus statuendum,
itâ quòd illi qui nunc sunt, bona dicti capituli inter se caritativè condividant, donec ad prædictum numerum sint redacti; super hoc statutum perpetuum facientes : et ego prædictus archiepiscopus, et nos
canonici prædicti capitulum facientes, et ego Amanenius de Lauro,
syndicus dicti capituli, syndicatûs nomine, prædictum statutum
servare juramus — 1331. Guillelmus Carpini de voluntate capituli
tradidit Vitali, duo casalia in pertinentiis Auxis, pro quatuor solidis
Morlanis, quos idem Vitalis solvere promisit dicto capitulo, anno
quolibet. — 1352.

Nos Arnaldus, archiepiscopus Auscitanus, ordinamus in ecclesiâ
Auscitanâ decem capellanias, in quibus decem capellani instituantur
qui vocentur capellani capellaniæ sancti Martialis. Quamvis nostræ
intentionis existat quòd omnibus et singulis canonicis præfatæ ecclesiæ, præfati presbyteri obedientes sint et subditi, ipsum tamen priorem
claustralem qui communiter assiduus est in ecclesiâ, specialiter de
curâ eorum volumus esse oneratum. Volumus quòd omnes decem
capellani sint præbendarii ecclesiæ præfatæ Auxis, et unà cum aliis
chorum intrent, et intersint divinis officiis, diurnis pariter et noctur-
nis, distributionesque in pane et vino et pecuniâ et aliis recipiant,
proùt aliis præbendariis ipsius ecclesiæ consuetum est elargiri, tres
panes videlicet, et unum quartum et medium vini, et duo denarii
Morlani diebus singulis ; missis de requie et cæteris obventionibus,
ut alios istos partem eorum habere, et si deficiant sive in missis, vel
cæteris horis in choro dicendis, ut alii præbendarii punctuentur.
Intentionis autem nostræ extitit quod de natione nostrâ patriæ Le-
movicensis, aliqui præsbyteri in dictâ capellaniâ instituantur, et volumus quod cæteris paribus, in institutione præferantur. Istis autem
capellanis præbendariis volumus quod Cellerarius et administratores
et clavarii capituli, qui quidem clavarii et administratores habeant eis
distributiones panis et vini et pecuniæ dare, sicut aliis præbendariis
dictæ ecclesiæ est dari consuetum, nos enim dicto capitulo nostro,
pro præmissis et infrà scriptis solvendis, certos redditus et census,
decimas et feuda tradidimus, proùt in instrumento et litteris conven-
tionis cùm capitulo habitis, pleniùs continetur. Tradet autem diebus
singulis idem administrator, singulis præsbyteris, tres panes, et unum
quartum et medium vini secundùm mensuram capituli Auxis, et
etiam duos denarios Morlanos, ultrà illa quæ in processionibus et
missis de requie, est eis solitum elargiri. Panis tamen et vinum diebus singulis, pecunia autem singulis mensibus exsolvatur — 1357.
Domini canonici capitulantes, nomine eorum capituli et aliorum con-

canonicorum absentium, voluerunt quòd Arnaldus Guillelmi, de omnibus bladis atque vinis proventuris de culturis quæ tenet infra decimaria de Monteastruco et de Martinoserræ dicto capitulo spectantia, decimas solvere capitulo teneatur, tanquàm sibi pertinentes plenore juris. Actum in testimonio dominorum Petri Maire, Pagani de Bellopodio, Raymundi de Troyolio præbendariorum in ecclesiâ Auscitanâ. — 1367.

Coràm domino Joanne comite Armaniaci, venerabiles viri, domini N.... canonici pro parte capituli habentes ut dixerunt ab aliis concanonicis suis speciale mandatum, ex parte unâ, et honorabiles viri N... consules Auxis ex alterâ, devenerunt dicto comite tractante ad accordium in modum qui sequitur : Per sé que lo molin de l'Ilera es del capitol de la Glieya d'Auxs,, fara lo digh capitol le mur del cor del digh molin.— 1369. Arnaldus Guillelmi de Curiis, presbyter syndicus et claviger capituli Auxis, dicti sui syndicatûs nomine, infeudavit Dominico de Montanerio vineam sitam in territorio de Bugueto, ità quòd dictus Dominicus et sui successores, solvant in futurum dicto capitulo, quindecim denarios et decimam. — 1378. Vendiderunt capitulo ecclesiæ Auscitanæ vineam à Comalonga, divestiverunt se de dictâ vineâ, et dominum Odlonem de Maravato canonicum et cellerarium capituli, et Arnaldum de Aulâ syndicum dicti capituli præsentes, investiverunt. — 1382. Statuimus quòd qui de matutinis missâ majori aut vesperis defecerit, pro cujuslibet dictarum horarum defectu, duos panes; qui autem interfuerit, sed in choro usquè in finem non permanserit, unum panem pro defectu cujuslibet horarum amittat ; qui verò aliis horis scilicet primæ, tertiæ, sextæ meridie vel completorii defecerit, pro quâlibet illarum horarum absentiâ, unum Morlanum amittat. Si autem ante finem ipsarum exiverit, pro defectu cujuslibet, quartam partem uniûs Morlani amittat, qui Morlani nulli singulari personæ accrescent, sed penés capitulum remanebunt, et idem erit de panibus quos canonici amittant propter absentiam ; permittimus tamen quòd canonicus absque amissione panis, de matutinis bis in septimanâ valeat remanere. Statuimus quòd capellanus qui defecerit de matutinis, perdat portionem suam vinâ diei in quo defecerit, et si usquè ad finem matutinorum in choro non permanserit, et quousque officium beatæ Mariæ dictum fuerit, unum panem amittat, perdatque alium si de missâ majori defecerit, aut in choro non permanserit usquequo missa fuerit finita. Si autem in aliis horis defecerit, vel usque ad finem non permanserit, quod pro cujuslibet horarum scilicet, primæ, tertiæ et meridiei absentiâ vel defectu quartam partem uniûs Morlani, vesperorum verò unum panem amittat, qui nulli singulari accrescent. Permittimus tamen quòd quilibet præbendarius, sine pœnà amissionis vini, semel in septimanà de matutinis valeat remanere. Acta Auscis per nos Joannem archiepiscopum Auscitanensem, anno 1383, præsentibus venerabilibus viris N.... canonicis in nostrà ecclesià vocatis in capitulo, et eorum consensum pariter et assensum præstantibus

Bernardus de Marabato, canonicus et cellerarius capituli, et Arnaldus de Aulà præbendarius, ut claviger et syndicus dicti capituli, nomine biscambii tradiderunt Vitali de Peyroto, totum hospicium quod dictum capitulum habebat, infrà locum de Insulà, et dictus Vitalis nomine biscambii tradidit dicto capitulo, totum hospicium situatum infrà locum de Insulà francum. — 1383. Precurator Petronæ de Grosso dedit dominis canonicis et capitulo omnia bona quæ quondam fuerunt Joannis de Grosso, donatione purà inter vivos, ità quòd dicti canonici superiùs nominati, vice dicti eorum capituli promiserunt solvere testamentum dicti Joannis, testes Arnaldus Aula. Domini N.... canonici capitulum facientes infeudarunt duo hospicia cum casalibus infrà villam Auscis, pro feudo decem solidorum Morlanorum annuatim solvendorum capitolo. Canonici capitulum facientes infeudarunt Arnaldo de Aulà præbendario duo casalia infrà villam Auscis, pro feudo annuali exsolvendo dicto capitolo duorum solicrum Morlanorum. Divestiverunt se et dictum Arnaldum investiverunt. — 1387. Dominus Stephanus de Barés, canonicus et cellerarius capituli ecclesiæ Auscitanæ, et dominus Arnaldus de Aulà præbendarius in eàdem ecclesià, ut syndicus et nomine syndicatûs dicti capituli, et de mandato, ut dixerunt, dominorum canonicorum et capituli prædicti, infeudarunt Petro de Monteastruco et Petro de Vineis totam eorum vineam quam dixerunt dictum eorum capitulum habere in pertinentiis loci de Insulà, et dicti cellerarius et syndicus promiserunt portare eis guirentiam, sub obligatione bonorum capituli, divestiverunt dictum capitulum de dictà vineà, et dictos feudatarios investiverunt — 1387.

Domini N.... canonici capitulum facientes, nomine permutationis tradiderunt totam eorum vineam loco à Raga; et vice versà Joannes de Rupeforti, nomine permutationis tradidit dictis dominis canonicis et capitulo præsentibus suas duas vineas in pertinentiis Auxis dicto territorio à Raga. Dicti domini canonici capitulum facientes infeudaverunt Raymundo de Podio totam eorum vineam sitam in Auxis, pro quà promisit solvere dicto capitulo quinque solidos Morlanos. — 1388. Domini canonici capitulantes infeudaverunt Bordili de Palhano, Joanni Martris et Dominico de Squirolio, ità quòd promiserunt solvere dicto capitulo viginti solidos Morlanos, disvestiverunt se de dicto Bordili, et dictos feudatarios investiverunt. — 1389. Ortà dudum inter religiosos viros dominos capitulum ecclesiæ Auxitanæ ex parte unâ et Bernardum de Baslino, nec non dominum Philippum archiepiscopum Auxitanum, super archidiaconatu de Summopodio de quo idem Bernardus ad se pertinere, capitulum autem ipsum archidiaconatum, nec non prioratum sancti Christophori in Pardiniaco, ac beneficia de Moreriis et de Valentinis, suæ mensæ auctoritate apostolicâ unita, archiepiscopus verò uniones hujusmodi rescindendas fore, materiâ quæstionis; tandem domini Petrus de Momeriis...... et Raymundus de Petrâ Latâ, canonici in ecclesiâ prædictâ, capitulum ecclesiæ præfatæ facientes, coram archiepiscopo personaliter constituti, ipsi archiepiscopo supplicaverunt quatenus hujusmodi liti finem dare dignaretur, memoratus verò archiepiscopus pro responsione quamdam Papiri cedulam obtulit, quâ per præfatos dominos archidiaconos, priorem sacristam et canonicos capitulum prædictæ ecclesiæ facientes intellectâ, iidem in eâ contenta acceptaverunt; et illico supra dictus de Baslino in archidiaconatu de Summopodio jus habere credens, liti prædictæ finem dare præstolans, quam jam concordiâ inter ipsum et dictum capitulum initâ cedulam tradidit, quam ibidem innovarunt. Quibus peractis dominus archiepiscopus, quòd prædictæ uniones earum sortiantur effectum suum consensum præstare se dixit. — 1428.

Nobilis Bertrandus de Orbessano, recognovit dominis canonicis capitulantibus, se habere in feudum à dicto capitulo decimas loci de Orbessano, sub pensione annuâ quinquaginta solidorum. Statuimus quòd panis vinum et pecunia, quæ per canonicos et præbendarios, propter defectus perdentur, nulli singulari personæ accrescant, sed penès capitulum remaneant. — 1431. Condominus de Monteastruco vendidit capitulo et dominis canonicis ejusdem, quoddam hospicium situatum in loco de Monteastruco francum ab omni feudo et onere. — 1447. Domini canonici vendiderunt Bernardo Ressegueri usum fructum duorum hospiciorum situatorum infra corpus villæ Vici. — 1447. B. de Bartha vendidit capitulo et canonicis unam petiam terræ et prati à rivo deus Castanhés a Gaspons *Barran*, usque ad planas terrarum pertinentium dicto capitulo. — 1453. Bonus homo et Petrus Auriti fratres vendiderunt feudum capitulo et canonicis præsentibus unius scuti, pretio decem scutorum. Testes Petrus de Agennio, Guillelmus de Isaurato præbendarii in dictâ ecclesiâ. — 1453.

Lous canonges d'Auch tenen à Gaspounts *Barran* uno peço que soue de pey deu Bosq, confronto ab lous medis. — 1538 ...... Joannes de Rupe canonicus Auxis et syndicus capituli dictæ ecclesiæ, ac Raymundus de Luco claviger ipsius capituli tradiderunt in feudum petiam terræ ipsius capituli quam habet loco vocato ad Solanum sancti Martini de Lacloterâ, sub feudo annuatum exsolvendo prædicto capitulo. Item recognovit tenere in feudum à dicto capitulo et domi nis canonicis ejusdem, vineam sitam in pertinentiis dicti loci, confrontatam ab uno latere cum terris dicti capituli, sub feudo annuatim dicto capitulo solvendo. 1460. Convocati pro eorum capitulum celebrando domini N..... canonici, pro se et aliis canonicis absentibus, majorem partem et saniorem dictorum canonicorum facientes, oneraverunt Petro de Serris quoddam eorum hospicium intrà locum de Rupelaurà, per spatium octo annorum. Dictus Petrus promisit finito tempore, eamdem domum dimittere dicto capitulo et dominis canonicis ejusdem. — 1460. Congregati et capitulum suum celebrantes domini N.... canonici majorem partem aliorum canonicorum facientes, auditâ permutatione factâ de territorio dicto à Casaus sito in Ruppelaurà, pro se et aliis canonicis, laudaverunt hujusmodi permutationem, cùm suis vendis, quas habuisse recognoverunt. Testes N... praebendarii Auxis — 1460. Ordinaverunt canonici capitulantes quòd quotiès aliquam contigerit vacare praebendam, Hebdomadarius possit praesentare ad praebendam vacantem desserviendam unum clericum sufficienter litterarum, et si non reperiretur ille clericus sufficiens, hoc est in arte musicâ, quòd eidem praesentato per capitulum detur tempus et respitus unius anni computandi à die praesentationis, et quòd in fine dicti anni, si non reperiatur scientificus in musicâ arte, pro privato dictae praebendae habeatur, et dictus Hebdomadarius possit alium de novo praesentare, tamen expertum in dictâ arte musicâ. — 1462. Cùm Raphetus de Sedilhaco vendidisset Guillelmo de Fitali praesbytero praebendarioque ecclesiae Auxis decimam nuncupatam sancti Petri de Clemensaco in pertinentiis loci de Summopodio, praetio 300 scutorum, dictus de Fitali pro se et suis, promisit domino de Lebreto Gaurae comiti, dictam decimam de Clemensaco vendere durante termino quatuor annorum pro praedicto praetio — 1462.

Joannes de Mansis quamdam domum intus civitatem Auxis recognovit tenere in feudum à capitulo et canonicis ejusdem praesentibus et majorem partem facientibus. Testes P. de Berriaco praebendarius Auxis. — 1465. Bernardus Ressegnerii dixit quòd ipse tanquam Hebdomadarius secundâ die aprilis anni elapsi praesentaverat ad praebendam vacantem Joannem de Anglesio qui fuerat admissus juxtà tenorem statuti nuperrimè facti; quòd dictus de Anglesio non sit habilis juxtà dicti statuti formam in arte musicâ, quare canonici praesentavit tamquam idoneum, Jacobum de Prato, et canonici dictum de Prato admiserunt, quem examinare fecerunt, et sufficientem repererunt, quibus peractis dictus de Prato juravit quòd erit bonus fidelis, obediens, et alia jurari solita. — 1467. Oddo de Massanis vendidit capitulo et canonicis ecclesiae Auxis agraria et decimas quas habet in locis de Salvitate, de Regalimonte, de Summoepulio et de Manso pratio quod à præfatis canonicis habuit. Exuit se et emptores investivit. — 1469. Raphetus de Sedilaco vendidit syndico capituli Auxi et canonicis ejusdem, decimam et agreria loci de Prolhaco et in facto de Florentià eidem pertinentia. Joannes de Furro promisit dictis canonicis supra capitulantibus, guirentiam portare super dictà venditione — 1469. Domini canonici infeudarunt Bernardo de Baringuo petiam terræ loco à Comalonga, sub feudo quod solvere promisit Clavigero dicti capituli testes N....... præbendarii ecclesiæ Auxis — 1469. Domini N....... canonici pro se et toto capitulo, vendiderunt omnia feuda quæ ipsi canonici seu capitulum emerant à domino loci de sanctâ Christinâ. — 1470. Domini N...... canonici infeudaverunt Petro de sancto Petro, præbendario Auxis quamdam eorum capituli vineam loco à la Porta-Nova. — 1471. Domini N..... canonici capitulantes pro se et toto capitulo, tradiderunt in emphyteosim ut domini directi, totam eorum et dicti capituli Bordam vocatam à Laclotera cum feudo dicto capitulo exsolvendo. — 1476.

Joannes de Montealto vendidit capitulo et canonicis Auxis præsentibus totam decimam in facto de sancto Stephano de Urdenx, una cum omnibus agreriis in dicto territorio eidem pertinentibus. Supplicavit tutor Antonii de Giera præfatis canonicis capitulantibus, quatenus feuda et jurisdictionem facti d'Esparbés, præfato Antonio eorum gratià speciali ac intuitu pietatis et misericordiæ, dare donatione purâ et irrevocabili inter vivos dignarentur : qui quidem canonici majorem et saniorem partem facientes, pro se ac capitulo, dederunt donatione inter vivos dicto Antonio totam jurisdictionem dicti facti d'Esparbés, exceptis et salvis eisdem canonicis decimis agreriis quibuscumque hanc autem donationem fecerunt propter plura servitia per prædecessores dicti Antonii eidem capitulo impensa. — 1476. Sancius Doutrey recognovit tenere vineam in pertinentiis Auxis quaterdariam à venerabili capitulo. Promisit quartam partem fructuum ad torcular dicti capituli suis sumptibus portare. — 1477. Domini N.... canonici capitulantes tradiderunt ad emphyteosim Sancio de Arci quamdam eorum et capituli terræ petiam in pertinentiis Auxis, cum feudo decem arditorum eidem capitulo exsolvendorum. — 1477

Guilhelmus de Feuzaria recognovit tenere hospitium intus Auxs sub feudo unius suti quod solvere promisit eidem capitulo — 1477 Bertrandus de Caergos recognovit tenere mansum pro se et a capitulo Auxis, vineam in pertinentiis villæ Vici situatam quoad toties quoties requisitus fuerit eidem capitulo restituere promisit — 1478 Capitulantes domini N..... canonici pro se et aliis infeudarunt plateam vacuam cum feudo 5 solidorum eidem capitulo exsolvendorum pro miserunt portare guirentiam dicti canonici, obligando bona capituli. Item infeudaverunt tres plateas hospicii infrà civitatem Auxis sitas cum feudo 3 solidorum eidem capitulo exsolvendorum. — 1478.

Jacobus de Massanis vendidit syndico capitulo Auxis et canonicis ejusdem præsente syndico generali dictorum canonicorum quartam partem decimæ loci de Castillione — 1479. Domini N.... canonici pro se et nomine capituli promiserunt revendere Jacobo de Massanis, suprà scriptam quartam partem decimæ dicti loci de Castillione, quoties recuperare voluerit cum simili pretio — 1479. Maurinus de Birano vendidit syndico capituli Auxis et canonicis ejusdem præsentibus ibidem N.... canonicis unà cùm Arnaldo Guillelmi de Lasserio eorum syndico, decimam de Sebihac et de Sentenha. — 1479. Domini N.... canonici capitulantes vendiderunt duo sua prata in pertinentiis loci de Lasserano situata. — 1480. Cùm quæstio mota fuerit in curiâ parlamenti Burdigalæ, inter Ayssinetum de Golardo, et syndicum capituli (*Auxis*, super juribus quartorum fructuum decimalium de Raretges, dictus Ayssinetus ipsum syndicum juxtà ordinationem per senescallum Agennensem super hoc latam, veré possessorem dicti territorii constituit, et fructus per ipsum receptos reddere promisit. — 1480. Domini N.... Canonici capitulantes infeudarunt tanquàm domini directi, peciam terræ heremam in pertinentiis loci de sancto Christophoro, cùm feudo trium arditorum exsolvendorum eidem capitulo, et cùm decimâ eidem capitulo exsolvendâ. Item infeudarunt duas pecias terræ, cùm feudo sex arditorum eidem capitulo exsolvendorum. — 1481. Item domini N.... canonici infeudarunt decem arpenta terrarum eidem capitulo tanquàm domino directo pertinentium, cùm feudo sex arditorum pro quolibet arpento, unà cùm gallinis, decimâ et aliis juribus. — 1481.

Nobilis Jaques de Massanis vendidit capitulo et canonicis Auxis totam quartam partem totiùs suæ decimæ de Castillione — 1481. Item vendidit canonicis dictæ ecclesiæ præsentibus aliam suam quartam partem suæ decimæ de Castillione. — 1481. Domini N.... canonici auditâ venditione factâ de medietate vineæ in pertinentiis loci de Auhano situatæ, quæ movetur in feudum à capitulo, dictam venditionem laudaverunt, cùm vendis quas habuerunt. — 1482. Pelagorius de Montefugduno vendidit capitulo et canonicis ejusdem totam decimam eidem pertinentem in loco de Merens, pretio 110 scutorum auri quod habuit ab eisdem canonicis præsentibus, exuit se et ipsos investivit. — 1482. Domini N.... canonici de eorum gratiâ speciali promiserunt Carbonello de Furco revenditionem facere de quartâ parte decimæ de Bonassio et aliorum jurium eidem nuper pertinentium in locis de Bonassio, de Casterato-Vivente et de Jegun, eidem capitulo venditorum. — 1383. Domini N... canonici infeudaverunt suum hospicium à la Posterla, cujus feudo exsolvendo eidem capitulo. — 1383. In capitulo ecclesiæ Auxis in quo erant congregati domini N... canonici pro se et aliis canonicis dictæ ecclesiæ ac toto capitulo, fuit transactum quòd dictum capitulum et canonici ejusdem teneantur solvere pro omnibus eorumdem canonicorum bonis in loco de Insulâ Arbissani situatis, ac eisdem canonicis pertinentibus, tamen contribulibus, annis singulis duo scuta cum dimidio. — 1385.

Joannes de Bartha vendidit capitulo et canonicis ecclesiæ Auxis præsentibus N... canonicis pro se et aliis absentibus decimam loci de Cinisirits pretio 100 scutorum, quod recepit à dictis canonicis præsentibus. — 1386. Domini N... canonici capitulantes et eorum capitulum tenentes, pro se et aliis canonicis absentibus, vendiderunt Joanni de Cruce quoddam eorum et dicti capituli hospicium intus civitatem Auxis. — 1386. Domini N... canonici capitulantes infeudarunt Raimundo de Aurethano præbendario Auxis quamdam capituli plateam intus civitatem Auxis. — 1386. Dominus de Castets recognovit tenere à capitulo Auxis et canonicis ejusdem vineam quartaneriam dicti capituli in pertinentiis civitatis Auxis. — 1389. Merigonus de sancto Ylario vendidit capitulo ecclesiæ Auxitanensis et canonicis ejusdem omnem decimam eisdem in loco de sancto Ylario pertinentem. — 1389. Petrus et Joannes de Agennio cohæredes quondam dominici, renunciaverunt omni juri quòd habent in hospicio et vineâ in pertinentiis Auxis sitâ, mediante summâ decem scutorum quam à dominis canonicis hæredibus Petri de Agennio præbendarii Auxis, receperunt, de quâ capitulum et canonicos quittaverunt. — 1390. Cùm Merigonus de sancto Ylario vendiderit capitulo et canonicis decimam de sancto Ylario, et præfati canonici, de eorum gratiâ speciali, eidem promiserint revendere dictam decimam; dictus vero de sancto Ylario velit dictum recuperium vendere eidem capitulo, et ad hoc suos constituerit procuratores : hinc fuit quòd dicti procuratores vendiderunt dictis canonicis præsentibus, dictum recuperium supra dictæ decimæ. Testes N.... Præbendarii Auxis — 1391.

Domini N......... canonici pro se et aliis absentibus, infeudarunt Joanni Ponsani præbendario Auxis quamdam capituli vineam in Auxis sitam, cum pactis quòd tenebitur solvere nomine feudi dicto capitulo, quartam partem vindemiæ. Testes N... præbendarii Auxis. — 1391. In capitulo ecclesiæ Auxis constituti N.... præbendarii capellæ sancti Martialis in ecclesiâ Auxis fundatæ, pro se et aliis capellanis et totâ capellâ, habuerunt ibidem à capitulo et canonicis ecclesiæ Auxis, hæredibus defuncti Petri de Agennio præbendarii in dictâ ecclesiâ præsentibus ibidem, summam 25 scutorum, ratione legati facti per dictum de Agennio dictis præbendariis in suo testamento. Item constituti N.... capellani capellæ sancti Bartholomæi in ecclesiâ Auxis fundatæ, pro se et aliis, habuerunt à supra dictis canonicis hæredibus dicti Petri de Agennio, summam 20 scutorum ratione legati facti eisdem capellanis per dictum de Agennio in suo testamento. — 1491. In capellâ sancti Martialis constituti N.... capellani dictæ capellæ, recognoverunt habuisse à capitulo et canonicis Auxis, hæredibus Petri de Agennio præbendarii Auxis, decem octo scuta, quam summam dictus de Agennio in custodiâ receperat, de quâ summâ dictos canonicos quittaverunt. — 1491. Domini N.... canonici vendiderunt domum cùm horto intùs civitatem Tolosæ situatam, prætio 160 scutorum quod habuerunt dicti canonici à dicto emptore. — 1491.

Joannes de Pardelhano vendidit canonicis et capitulo ecclesiæ Auxis decimam eidem domino de Gondrino in dicto loco et ejus pertinentiis pertinentem. — 1492. Quatenus concernit territorium de Begaut, fuit concordatum quòd capitulum seu canonici et syndicus illius levabit fructus decimarios à rivo de Parraberà usquè ad fontem Dandebin, etc., in quibus fuerunt apposita confina. Et quòd à modo in anteà, decima fructuum in territorio de Comasegar excrescendorum, æqualiter inter syndicos capituli et monasterii Berdomarum dividetur. — 1493. Cùm canonici et capitulum ecclesiæ Auxis emissent à nobili Amanevo de Lasserano tres partes decimæ fructuum loci de Summopodio, conventumque extiterit quòd dictus Amanevus teneretur habere consensum Alani de Albreto, comitis Gauræ, et facere fidem quomodò rex fecit donationem de comitatu Gauræ dicto de Albreto, hinc est quòd in capitulo, ubi erant congregati domini N.... canonici capitulantes majorem et saniorem partem aliorum canonicorum facientes, constitutus superiùs nominatus de Lasserano, promisit eisdem canonicis dicta pacta tenere. — 1494

Dominus de Baradato canonicus de consensu dominorum N....... canonicorum capitulantium, vendidit Balthazari de Bellaforti domum intùs canoniam Auxis, cùm pacto quòd post mortem dicti Balthazaris deveniat ad manus capituli. — 1493. Bernardus de Prenhano recognovit tenere à capitulo et canonicis ecclesiæ Auxis, peciam terræ à St-Maures ad agrerium. Item Petrus de Laplaigna recognovit tenere à capitulo et canonicis ecclesiæ Auxis, peciam terræ à St-Maures, pro quâ promisit facere feudum trium solidorum capitulo et canonicis ecclesiæ Auxis. Item domini N... canonici pro se et aliis canonicis absentibus ac totius capituli infeudaverunt peciam terræ à St-Maures cum feudo duorum solidorum solvendo capitulo et canonicis ecclesiæ Auxis. Item Antonius de Serris recognovit tenere à capitulo et canonicis, totum Bordile à St-Maures cum feudo sex solidorum solvendo capituli. — 1495

Domini N..... canonici capitulantes, domini directi horti infrascripti, auditâ permutatione factâ per Petrum de Lissâ, de suo horto in pertinentiis loci de Anhaus situato, cum Arnaldo de Planterio et suo horto, qui hortus quem dictus de Planterio habet tenetur in feudum à capitulo, dictam permutationem laudaverunt cum suis vendis quas habuisse recognoverunt dicti canonici à dicto de Planterio. 1396. Veraudus de Faudoaris canonicus in ecclesiâ Auxitanâ, coram abbate monasterii de Pessano, dicens litem motam fuisse inter poenitentiarium in monasterio de Pessano, et syndicum capituli Auxis, ratione decimæ de Granad.tâ: tandem dictæ partes concordaverant: quare nomine dicti capituli supplicavit abbati, ut dictum accordium approbare dignaretur, ad cujus canonici instantiam, abbas auditâ accordio, illud ratificavit, præsentibus monachis et consentientibus. — 1396. Nos judex major pronunciamus bene per syndicum capituli Auxis appositum, manutenendo diffinitivè eundem in possessione percipiendi quartam partem decimarum loci de Villamuro. — 1397

Domini N..... canonici capitulantes, infeudaverunt hospicium juxta villam Barrani situm eidem capitulo pertinens, et feudum capitulo solvere promisit. — 1397. Item infeudaverunt hospicium eidem capitulo pertinens situm intus villam Bassoar, cum feudo quatuor sentorum quod solvere promisit eidem capitulo. — Cum vivente Petro de Armaniaco canonico Auxis, vicario ecclesiæ sancti Orientii Auxis, summam quinquaginta scutorum receperit à consulibus loci de Montealto, et in suos usus converterit, post ejus obitum Vitalis de Fageto successerit in dictâ Vicariâ, petendo a canonicis, tanquam successoribus dicti de Armaniaco, dictam summam restitui sibi, ad finem illam convertendi in pristinam petitionem quinque scutorum pro dicto rectore: hinc est quod dictus vicarius recepit dictam summam à dictis capitulo et canonicis. — 1398. Amanevus de Mocencoma vendidit capitulo et canonicis ecclesiæ Auxis præsentibus N...... canonicis pro se et aliis canonicis absentibus, suam partem decimæ cum agreriis nostræ dominæ den Sabat in pertinentiis de Salvitate. Item suam partem alteriûs decimæ vocatæ St. Joan de Gimbela, in pertinentiis de Summopodio. Exuit se de dictis decimis, et canonicos emptores investivit. — 1398. Domini N..... canonici capitulantes vendiderunt nobilem Aulam de Lasca, item Bordam de Cassas in pertinentiis loci de Rupelaurâ, cum omnibus ipsarum pertinentiis. — 1398. Bernardus de Berdusano vendidit capitulo et canonicis Auxis, præsentibus pro se et aliis, decimas de Ampelhs et de Tens pretio quod recepit a dictis canonicis. Testes N...... Præbendarii Auxis. — 1398. Canonici capitulantes statuerunt quod deinceps fiat augmentatio quinque pauperum ultra numerum octo à vero amore Dei in ecclesiâ ordinatum, nec-non augmentatio duorum choreriorum, ultrà numerum quatuor priscis temporibus ordinatum : dicti canonici ordinaverunt quod de Mensâ capituli suppleatur expensa, et pro supportatione oneris dictorum duorum choreriorum, unitum extitit per sedem apostolicam, quartam partem decimarum de Aquâtinctâ, sancti Petri de Vivento Testes N..... Præbendarii Auxis. 1498. — Cum Domini canonici, de eorum gratiâ speciali, dederunt Amanevo de Mancencoma recuperium de dicimis den Sabat et de Gimbela, hinc est quod dictus de Macencoma vendidit dominis canonicis præsentibus jus dicti recuperii. 1498. — In capitulo Auxis coram vicario generali et unâ, et dominis N..... canonicis statuta facta fuerunt infrà scripta, etc., etc. Et primo, etc. Item adjiciendo statutis dictæ ecclesiæ ordinaverunt, quod, ut facilius canonici et præbendati dictæ ecclesiæ possint onera corumdem in victu et aliis necessariis supportare, et in augmentum cultûs divini, quod amodò in anteâ, quilibet canonicus dictæ ecclesiæ, in augmentum distributionum quotidianarum dictæ ecclesiæ, et computatis antiquis distributionibus ejusdem, in præsenti civitate et ecclesiâ præsens et divinis officiis interessens, lucrabitur in matutinis tres panes et pariter in missâ majori alios tres panes, et in vesperis etiam tres panes, et in commemoratione defunctorum post completorium, unum panem. Item quod quilibet ex præbendariis dictæ ecclesiæ præsens, et in divinis officiis interessens, ultrà antiquas distributiones dictæ ecclesiæ, lucrabitur unum panem in matutinis, et similiter qui fuerit in commemoratione defunctorum, quæ fit post completorium, lucrabitur medium panem. Cum Joannes de Jaulino vendidisset capitulo et canonicis Auxis quartam partem decimæ loci de Ascos, post quam venditionem dicti canonici, de eorum gratiâ, eidem Joanni promiserunt facere recuperium dictæ decimæ : hinc est quod Joannes de Jaulino vendidit præfatis capitulo et canonicis recuperium prædictæ decimæ, prætio 100 scutorum quod habuit à prænominatis canonicis. Testes N..... præbendarii Auxis. — 1479. Joannes de Serinhaes vendidit capitulo et canonicis ecclesiæ Auxis præsentibus N........ pro se et aliis, decimam ei in loco de Salvitate pertinentem. — 1480. Procurator Bernardi de Pardelhano vendidit dominis capitulo et canonicis, præsentibus N....., canonicis pro se et aliis canonicis absentibus, decimam de Lamazerâ. — 1500. Domini N..... canonici capitulum tenentes pro se et aliis canonicis absentibus arrendaverunt nobili Jacques de Massanis, medietatem decimæ de Castillione, prætio viginti scutorum, quod dictus nobilis Jacques, anno quolibet solvere promisit eisdem canonicis. Testes N..... præbendarii Auxis. — 1500.

In testimonio dominorum N.... præbendariorum in ecclesia Auxis. Domini N. Canonici dictæ ecclesiæ capitulantes, et eorum capitulum celebrantes, majorem partem canonicorum ejusdem facientes, fecerunt eorum et dicti capituli syndicum, Guillelmum Maurini præbendarium in dictâ ecclesiâ auxis. Qui syndicus narravit vicario generali Lectorensis episcopi, qualiter dicti canonici auxis emerant à Petro de Golardo partem fructuum decimalium Castrinovi, dictisque syndicus supplicavit vicarium, quatenus venditione approbare vellet, qui dictam venditionem approbavit. — 1303. Canonici dictæ ecclesiæ arrendaverunt Dominico Decrue majori et alteri Decrue Juniori fratribus, aulam deu salagran cum Bordili deu Baron dicto capitulo pertinentibus, per tempus sex annorum, cum pactis quod dicti deu Crue tenebantur solvere dictis canonicis, de frumento 30 conchas, de avenâ 10 conchas, 3 pipas vini, sex paria gallinarum, et sex paria pullorum. — 1303. Joannes Famielis dedit capitulo et canonicis Auxis, suum hospitium situm infra Auxis, ad usus choreriorum dicti capituli et eorum Magistri. — 1303. Cum nuper Bernardus et Bertrandus, per modum arrendamenti susceperint a capitulo et canonicis Auxis, fructus decimales de Marsano pertinentes dictis Canonicis, pro quantitate 113 concharum frumenti, quam exolverunt exceptis 30 conchis; alloraverunt dictum bladum pro quolibet sacro, ad summam duodecim solidorum, quam recognoverunt debere prædictis canonicis. — 1304. Cum locum tenens judicis Albigensii, syndicum capituli ecclesiæ Auxis in fructibus Abbatiæ de Fageto dicto capitulo pertinentibus, et existentibus de spolio canonici prædictæ ecclesiæ Auxis resaisivisset, fuit pro parte syndici ecclesiæ de Fageto ad parlamenti curiam Appellatum; per dictæ curiæ judicium dictum extitit, appellantem malè appellasse. — 1306.

Domini N.... canonici capitulantes, majorem et saniorem partem canonicorum facientes, vendiderunt quamdam capituli salam vulgó lo salagran nuncupatam, pratio centum scutorum quod habuisse recognoverunt. — 1307. domini N.... canonici capitulantes, majorem partem aliorum canonicorum facientes, vendiderunt peciam terræ in pertinentiis de Podiosecuro, pretio 16 scutorum, quam summam dicti venditores recepisse recognoverunt. — 1308. Joannes de Bezolis vendidit capitulo et canonicis Auxis ibidem præsentibus, pro se et aliis canonicis absentibus, suam Decimam loci de Bezolis, pretio ducentorum scutorum quod à dictis canonicis recepit. — 1308. Domini N.... canonici capitulantes, tam eorum nomine quam aliorum canonicorum et totius capituli, consentiunt quod ecclesiasticum de Lapotya à Mensâ capitulari dismembretur, et rectoriæ loci de Debessano per summum pontificem uniatur, cum pensione annuâ quinque scutorum syndico capituli et canonicis ejusdem reservandâ, et per rectorem præfatum eidem syndico et canonicis exolvendâ. — 1309.

Capitulantes et eorum capitulum facientes canonici præsentes, majorem partem aliorum repræsentantes, de eorum et totius eorum capituli gratiâ, dederunt terminum recuperandi decimam de salvitate decem annorum testem N..... Præbendarius Auxis. — 1510.

Arnaldus de Osono decimam de Rupe Manhoaei vendidit Dominis N..... canonicis capitulantibus. Et ibidem dicti canonici capitulantes, dederunt terminum decem annorum recuperandi dictam decimam de Rupe Manhoaei cùm simili prætio. — 1511. In loco capitulari canonicorum, coràm Dominis Aymerico manhani vicario generali Auxis archiepiscopi, et N..... canonicis ibidem in loco capitulari eorum capitulum facientibus, comparuit Simon de Montibus præbendarius capellæ sancti martialis de novo institutus, qui dictis canonicis dixit quod una de præbendis sancti Martialis vacaverat, quam eidem Simoni dictus vicarius archiepiscopi contulerat, requirendo eisdem canonicis et eorum capitulo, quatenus in præbendarium ipsum in Choro ut moris est reciperent, quibus per dictos canonicos capitulantes auditis, mandaverunt collationem in capitulo perlegi, quâ per dictos canonicos intellectâ, Dominus Jacobus Manhani dixit quod in dictâ collatione cavebatur quod dicto de Montibus assignetur stallum in choro, quod solis Dominis canonicis illud pertinebat, et non præbendariis, sed sufficiebat quod ipsi præbendarii haberent ingressum in choro, petens illud verbum corrigi et emendari per dictum vicarium; quibus per vicarium auditis, contentus fuit quod verbum stallum in choro removeretur, et in loco illius poneretur ingressum in choro. Et in hoc canonici consentierunt, et his itâ peractis, ipsum de Montibus, præbendarium capellæ sancti Martialis, ut est moris, receperunt. — 1516.

Assemblés MM. N..... chanoines de lad. église, capitulans et leur chapitre tenans, s'est humblement présenté Me Jean Combalbert, prébendier en lad. église, lequel parlant auxdits capitulans, a dit que le jour de St. Thomas l'apôtre, comme Mgr. l'Archevêque étoit en sa chaire archiepiscopale oyant la grand'messe dans le chœur de lad. église, ledit Combalbert fut commandé par Mre d'Ornesan, chanoine et ayant charge de par led. chapitre, pour donner ordre au règlement et police du chœur, pour faire place à MM. les évêques et autre noblesse qui avoient accompagné led. seigneur, suivant l'ordonnance sur ce faite par ledit chapitre; auquel d'Ornesan ledit Combalbert n'auroit voulu obéir, ains lui auroit répondu par paroles outrageuses, et qu'il auroit en ce offensé le chapitre, se remontrant rebel et désobéissant aux commandemens faits de son autorité, et que il étoit marri et déplaisant, à cause de quoi s'en remettoit et soumettoit entièrement à la correction dud. chapitre. Et d'avantage a dit que pour semblable rebellion et désobéissance qu'il avoit faites aud. chapitre le 13 juin an que dessus, il auroit été condamné par ledit chapitre en une comque blad, un pipot vin, et un écu, desquelles ordonnances et peines il seroit appelant à mond. seigneur l'Archevêque ou à son vicaire M. François d'Arjaco, devant lequel ledit procès étoit pendant et indécis, auquel procès led. Combalbert connoissant mauvaise cause, et que justement led. chapitre auroit ordonné qu'il seroit puncturé comme dessus, il a renoncé et renonce de présent.

Quilibet ex capellanis, antequam capitulum permittat eisdem intrare chorum, præstat juramentum fidelitatis capitulo et canonicis, in hunc modum. Ego N.... promitto et juro quod ero bonus, fidelis et obediens præceptis et mandatis capituli, et portare honorem et reverentiam canonicis Auxis, et si propter coleram contingeret in quemquam canonicorum proferre injurias, subjicio me ordinationi atque totali correctioni capituli. Item si quis procuraret aut procurare vellet damnum ecclesiæ et capituli Auxitani aut canonicis ejusdem, si ad meam notitiam pervenerit, revelare capitulo aut canonicis ejusdem. Item statuta, usus et consuetudines laudabiles ecclesiæ et capituli Auxitani tenere et observare, sic Deus me adjuvet et hæc sancta quatuor Dei evangelia.

(Extrait d'un imprimé copié sur les divers livres du Chapitre et appartenant à l'auteur.)

NÉCROLOGE DE L'ÉGLISE MÉTROPOLITAINE D'AUCH.

1 octobris.

2 oct. Obiit dom. de Armaignaco qui dedit quartam partem decimæ facti de Roques cujus annui reditus integri distribuuntur in capitulo inter dominos canon. 3 oct. Obiit dom. Gailhardus de Leopodio canonicus et archidiac. de Vico qui dedit decimam facti de Lamaseria cujus redditus distribuuntur in capitulo inter dominos canon. præter. sex libras et quindecim solidos T. qui distribuuntur in choro. 4 octobris. Obiit domin. Geraldus comes Armaniaci qui dedit totum factum sancti Pauli de Baisa cujus integri redditus distribuuntur in capitulo inter dom. canonicos. 6 oct. Obiit dom. Arnaldus de Baylino canonicus et archidiaconus de Summopodio qui dedit mediam partem facti de Rufiac cujus redditus integri distribuuntur in capitulo inter dom. canonicos. 8 oct. Obiit dom. Raymundus Mairessii canonicus et cardinalis qui dedit septem libras et quinque solidos T. annuatim percipiendos ex consulibus de Peyrusse Prope auscos et distribuuntur in capitulo inter dom. Obiit dom. Bernardus de Bailino can. qui dedit sexdecim scuta p. de Annuo proventu debita per consules de Masseube

quæ distribuuntur in capitulo inter dom. can. præter distributionem quæ fit in choro pro parvo obitu. 10 oct. O. M. Joannes Cassaignole qui dedit tredecim scuta de annua proventu debita per dom. Petrum de Nolhes. canon. quæ distribuuntur in capitulo præter parvam distributionem quæ fit in choro pro parvo obitu. 11 octob. O. dom. Petrus de Garsan canon. et sacrista qui dedit decem scuta de annuo proventu debita a consulibus loci de Simorre et totum factum de Brana borda utrumque distribuendum in capitulo, inter dom. can. 13 oct. Fundatio dom. Gerardi d'Aignan canonici et archidiac. de Moigneaco qui constituit et dedit viginti sex libras et quinque solid. T. de annuo reditu qui distribuitur in cap. inter dom. canon. præsentes concioni per unum de cap. faciendæ etc. et posteà dicitur per præsentes de profundis. pater noster etc. Deus qui inter etc. 14 oct. Familiares hujus ecclesiæ dom. Philippus de la Baronne. 15 oct. Familiares hujus ecclesiæ Petrus Savoye. 17 oct. O. D. Michaël Cabanderii can. qui dedit sexdecim scuta P. de annuo proventu quorum decem persolvuntur a consulibus loci de Simorre et alia sex a consul. loci de Salas quæ distribuuntur in cap. præter parvam distributionem que fit in choro dando cuilibet canonico unum solid. T. et præbendato sexdenarios etc... Secundum ordinem obitus Bernardi de Baylino. 18 oct. Familiares, hujus ecclesiæ dom. Anna Mariol. 26 octob. Familiares hujus ecclesiæ Joanna Dabadia. 29 oct. Obiit R. P. D. Leonardus des Trapes archiep. Auxitanus pro cujus fondatione constituta sunt de annuo reditu quinquaginta septem libræ et decem solid. T. ex quibus deducitur distrib. viginti librarum pro obitu chori, residuum vero distribuitur in capitulo inter dom. can. Familiares hujus ecclesiæ M. Joannes Lafarga preb. R. P. D. Leonardus de Trapes archiep. Auxit.

1 novembris. Familiares hujus ecclesiæ cabanerii judex. Fez. 4 nov. Familiares hujus ecclesiæ dom. Franciscus Vedelly canon. et abb. Fageti. 6 nov. Familiares hujus ecclesiæ O. Joanna Vignaux. 8 nov. Obiit magister Petrus de Bordis qui dedit totum redditum facti de Roquotaillade distribuendum in capitulo inter dominos canonicos Familiares hujus ecclesiæ Sabbaterii. Joannes Vignec loci de Areau obitus domin. Mascaras rectoris de Manciet. 9 novemb. Obiit domicella Gratia de Artinis quæ dedit mediam partem redditus facti de Bacarisse........ distribuendam in cap. inter dom. canon. 10 nov. Obiit Martinus a Sancto Martino qui dedit mediam partem redditus facti de Nelens et quinque scuta P. annuatim debita per Stephanum de Suncetz; utrumque distribuitur in cap. inter dom. canon. 11 nov. Obiit Martinus Martinolat qui dedit mediam partem redditus facti de Baccarisse, alias deus distribuendam annuatim in cap. inter domi-

nos canon. 12 nov. Obiit M. Guillelmus Gregolis qui dedit dimidium facti de Camasses cujus annui redditus distribuuntur in capitulo inter dominos canonicos. 14 nov. Obiit Colom de Faurica qui dedit dimidium facti de Pardeilhan cujus annui redditus distribuuntur in capitulo inter dominos canon. 15 nov. M. Guillelmus de Carduco qui dedit totum factum decimæ de Gueux cujus annui redditus distribuuntur integri in cap. inter dominos canon... 23 nov. Familiares hujus ecclesiæ Guilhermus Larroque.

4 decembris. Familiares hujus ecclesiæ Joannes Sabatier. Joannes Splau. 6 dec. Obiit dom. Bernardus Recegnerii canonicus et archid. de Pardeilhano qui dedit totum factum de Laroque in Maignoaco cujus annui redditus distrib. in cap. dempta distrib. parvi obitus quæ fit in choro. 8 decemb. Familiares hujus ecclesiæ Anna de Lebe. 9 dec. Obiit dom. Joannes de Cruce canon. et archid. de Pardeilhano qui constituit et dedit de annuo redditu quatuordecim scuta P. et quatuordecim solidos bonos et tres denarios debitos per dom. Petrum de Nolhes canonicum et distribuuntur in cap. dempta distrib. parvi obitus qui fit in choro. Famil. hujus ecclesiæ Maria de Sole. 10 dec. Obiit Martinus de Lasbatz qui dedit dimidium facti de Marseilhano cujus reditus annui integri distribuuntur in cap. cum viginti scutis de annuo etiam proventu debitis per dom. Lary canonicum. 11 dec. Obiit D. Petrus de Massonis canon. qui dedit de annuo redditu octo scuta p. cum duobus solidis bonis et tribus denariis debitis per consules de Vicusano et quatuor scuta P. debita per dom. de Noilhes can. et distrib. in capitulo dempta distributione parvi obitus quæ fit in choro. Familiares hujus ecclesiæ Hugo de Noilhan. 13 dec. Obiit Lucia de Bucade quæ dedit viginti septem scuta P. et quatuordecim solid. de annuo redditu qui debetur per dominum loci de Belloc et distribuitur in capitulo inter dom. canon. 15 dec. Familiares hujus ecclesiæ Antonius St. Martin. 16 dec. obiit dom. Sancius de Arrerio canon. qui dedit decem scuta P. debita per dom. Deferreriis can. pro parte pensionis quam fecit ex conducto prati quod tenet et distribuuntur in cap. dempta distribut. quæ fit in parvo obitu chori. Familiares hujus ecclesiæ Petrus Castets. 17 dec. Obiit dom. cardinalis de Cadelhac qui dedit annuum redditu. hæred. partis facti de Asco distribuendum in cap. inter dom. can. 20 oct. Obiit R. P. D. Joan de Trimoilhe archiepiscopus Auxitanensis, qui constituit quinque scuta P. debita per dom. de Scribando can. distribuenda in choro et viginti sex scuta P. debita per dom. de Fageto can. annuacim distribuenda in solo cap. inter D. can. 21 dec. Obiit Raymundus de Fabrica qui dedit dimidium facti de Marseilhano et sex scuta debita per dom. Petrum de Noilhes canon. pro parte pensionis quam facit qua

annuatim distribuuntur in cap. inter dominos canon. 24 dec. Fundatio dom. Petri Brie canon. qui constituit et dedit cap. et dom. can. octodecim libras et quindecim solid. T. de annuo reditu, ex quo deducerentur sexdecim asses pro celebratione unius missæ singulis annis eadem die 24 decembris per unum ex dictis dom. canon. celebrandæ, residuum vero distribuitur in capit. Inter præsentes canon. et eum qui celebravit dictam missam et postea dicitur psal. de profundis pater noster etc. oratio. Deus qui inter apostolicos etc. Familiares hujus ecclesiæ Landon. Ob. dom. Petrus Brie canonicus. 25 dec. Obiit Bona de Senholes quæ dedit tertiam partem facti de Terra Nova cujus annui redditus distrib. in cap. inter canon. Familiares hujus ecclesiæ Anna de maruque. 29 dec. Obiit R. P. D. Berengarius Guilhot archiep. Auxit. qui dedit quartam partem decimæ de Casa Nova distribuendam in cap. inter dom. canon. 31 dec. Obitus dom. D. Raimundi et Bertrandi de Armaignaco qui solvitur ex dimidio redditûs facti de Russiac et integ. distribuitur in cap. inter dom. canon.

1 Januarii. Familiares hujus ecclesiæ Joannes Boria. 4 jan. Familiares hujus eccl. Arnaldus Corhelii not. reg. 7 jan. Obitus Bertrandi de Cahors et ejus uxoris qui dederunt de annuo reditu viginti scuta P. quatuordecim solid. bonos et tres den. distribuendos in cap. deducta prius distributione parvi obitus quæ fit in choro. 8 jan. Familiares hujus ecclesiæ dom. Petrus Huc can. et sac. et prior Eluzæ. 9 januarii Familiares hujus ecclesiæ M. Arnaldus Laverio M. Dominicus vives advocatus. 10 jan. Obiit Guirautia de Averio quæ dedit viginti tria scuta P. cum duobus solid. de annuo reditu distribuenda in cap. deducta prius distrib. parvi obitus quæ fit in choro. 18 jan. Obiit dom. Americus de Vico can. et archid. de Maignoaco qui dedit dimidium decimæ de Bonas cujus reditus distribuitur in cap. deducta prius distributione decem scutorum P. pro obitu chori; familiares hujus ecclesiæ Mr Dominicus Boria præb. 21 Januarii obiit dom. Manaldus de Bezolles can. qui dedit de annuo reditu decem scuta P. distribuenda capit. deducta prius distributione parvi obitus quæ fit in choro. 23 januarii. Familiares hujus ecclesiæ Maria de Limouzin. 24 januarii. Obiit domicella Puncella de Armaignaco quæ dedit dimidium reditus annui facti de Miremont distribuend. in cap. inter dom. can. 25 jan. Obiit R. P. D. Philipus de Levis archiep. Auxit. qui dedit de annuo reditu quindecim scuta P. distribuenda in cap. deducta distributione parvi obitus quæ fit in choro. Familiares hujus ecclesiæ dom. Joannes Tremoleto can. 26 januarii. Familiares hujus ecclesiæ M. Dominicus Martres præb. 28 januarii. Obiit R. P. dom. Petrus Vaurensis episc. qui dedit de annuo redditu undecim scuta et sex solid. distribuen. in cap. deducta distributione parvi obitus quæ

tit in choro. 29 januarii. Obiit M.......... archibresbiter de Salvitate qui dedit tertiam partem reditus facti nostræ dominæ de Ordano distribuendam in cap. inter dom. canon. Obiit M. Guilhelmus de Cadeilhac qui dedit quatuor scuta annuatim distribuenda in cap. inter dom. can. Familiares hujus ecclesiæ M. Arnaldus Peyrusse præbend

1 Fevruarii obiit Sancius Massonerii qui constituit quatuor scuta annuatim distribuenda in cap. inter dom. canon. Obiit dom. Joannes Cambrerii can. et archid. qui constituit decem scuta P. distribuenda in cap. deducta distributione quatuor scutorum P. cum novem solidis pro obitu chori. 4 fevruarii. Obiit dom. Bernardus de Villerio can abbas da Fageto et de Pessano et prior de Montesquieu qui constituit viginti quatuor scuta novem solidos et quatuor denar. distrib in cap. deducta distributione quæ fit in choro pro parvo obitu. Familiares hujus ecclesiæ Lapide not. 8 fevruarii. Familiares hujus ecclesiæ M. Petrus Semezies præb. 9 fevruarii. Familiares hujus ecclesiæ dom. Martra de Montault. 12 februarii. Obiit R. P. D. Armaneus de Armaignaco archiep. Auxit. qui dedit tertiam partem reditus facti de Ordanno distribuendam in cap. deduct. distributione parvi obitus chori. 18 fevruari. Obiit R. P. D. Joannes de Armaignaco archiep. Auxit. qui constituit novendecim scuta P. distrib. in capitulo deducta distributione sex. scut. et duorum solid. pro obitu chori. 19 fevruarii Familiares hujus ecclesiæ boneta Catharina Souffares. 20 fevruarii. Familiares hujus ecclesiæ Bertranda Molas. 23 fevruarii. Familiares hujus ecclesiæ M. Antonius Burin præb. Ultima fevruarii obiit R P. D. Hugo de Pardeilhano episc. Adurensis qui dedit dimidium reditus annui facti de Birano als. Ramensan distribuendum in cap inter dom. canon.

1 martii. Dom. Vitalis de Rapassaco abbas Fageti qui dedit dim duum reditus obituum de Castilhone distribuendum annuatim in cap inter dom. canon. Obiit Joannes de Campis porterius pro cujus solutione de annuo reditu constituta sunt novem scuta P. cum septem solid. et quatuor den. ex quibus deducitur distributione parvi obitus chori residuum vero distribuitur in cap. inter dom. can. Familiares hujus ecclesiæ Bertrandus a lapide Joannes Colomes præb. 3 martii Obitus Gartiæ Despas et de Bessaignet qui solvitur ex toto reditu annuo facti de Sancta Christina et sexdecim scutorum P. cum tredecim solid. et tribus den. de annuo reditu constitutis, distribuitur utrumque in cap. inter dom. can. Familiares hujus ecclesiæ Marca Cinqfrais. 4 martii. Familiares hujus ecclesiæ. Guilhelmus Bidou jud temp. dom. Magdal. d'Aure. Dom. Joanna de Geneston uxor domini de Verdun advocati. 7 martii. Obiit dom. Bertrandus de Birano qui dedit quartam partem et omnem reditum decimæ de Lermes in Ma

gnoaco cum septemdecim scutis P. septem solid. et quatuor den. de annuo reditu constitutis ex quibus deducitur distributio quatuor scutorum P. pro obitu chori residuum distribuit. in cap inter dom. can. 11 martii. Familiares hujus ecclesiæ Anna de Limouzin. 12 martii. Familiares hujus ecclesiæ dom. Arnaldus Lupault canon. et archid. Magnoaci. 14 martii. Familiares hujus ecclesiæ dom. Francisca Demont. Casalia Despiau. 15 martii. Familiares hujus ecclesiæ...... M. Franciscus Astugue præb. 18 martii. Obitus dom. Bertrandi de Resseguier can. pro cujus solutione de annuo reditu constituta sunt triginta et unum scutum ex quibus deducitur distrib. parvi obitus chori residuum distrib. in cap. inter dom. can. 19 martii. Familiares hujus ecclesiæ M..... Navarre. 21 martii. Familiares hujus ecclesiæ Chatarina Demont. 23 martii. Obitus Martialis textoris pro cujus reditus annuo constituto distribuuntur in capitulo inter dom. canon. viginti et unum scutum. Familiares hujus ecclesiæ dom. Joannes Dufaur prior de Villapruna et alias abbas Casædei. 26 martii. Obiit Raymundus de Rapassaco qui dedit dimidium reditus facti de Miramonte distribuendum annuatim in capitulo inter dom. canon. Obitus R. P. D. Berengarii Guilhot archiep. Auxit. qui soluitur ex toto annuo reditu facti Dexpaux distribuendo in cap. deducta prius distrib. parvi obitus chori. 27 Martii familiares hujus ecclesiæ. Magdalena. 28 martii. Obiit dom. Guilhelmus de Rolie qui dedit dimidium reditus facti de Pardeilhano distribuendum annuatim in cap. inter dom. can.

3 aprilis. Obitus dom. Michaëlis Cabanderii canon. et archid. de Astaraco pro cujus solut. de reditu annuo constituta sunt decem scuta P. ex quibus deducitur distrib. parvi obitus chori : residuum distrib. in cap. inter dom. can. 5 aprilis. Familiares hujus ecclesiæ damoiselle Anna de Brete. 8 aprilis. Familiares hujus ecclesiæ Petrona Cabiran Petrus Souffren. 9 aprilis. Familiares hujus ecclesiæ M. Antonius Joanni præb. 10 aprilis. Familiares hujus ecclesiæ M. Joannes Chalaboruye præb. 11 aprilis. Obitus dom. Bertrandi de Garsano can. pro cujus reditu annuo distribuuntur in cap. inter dom. can. quinque scuta P. Obiit dom. Guilhelmus Dufaur qui dedit tertiam partem reditus facti de Terra Nova distrib. annuatim inter dom. can. Familiares hujus ecclesiæ O. D. M. Joannes Escouboé canon. hujus eccl. 12 aprilis. Familiares hujus ecclesiæ M. Arnaldus Falagua præben. 13 aprilis. Obitus dom. Petri de Recurto canon. pro cujus solutione de annuó reditu constituta sunt septemdecim scuta P. cum sex solid. bonis et tribus denar. ; ex quibus deducitur distrib. sex scutorum P. pro obitu chori residuum vero distribuitur in cap. inter dom. can. 15 aprilis. Familiares hujus ecclesiæ M. Joannes St. Martin doct.

Bernardus Falago. 17 aprilis. Obiit Guilhelmus Daubas qui dedit dimidium Reditus facti de Prechaco distribuendum annuatim in cap. inter dom. can. 20 aprilis. Familiares hujus ecclesiæ dom. Petrus de Nolheriis can. et archid. de Pardelh. 22 aprilis. Obitus de Gailhardi de Leopodio can. et archid. de Vico pro cujus solut. de annuo reditu constituta sunt triginta scuta ex quibus deducitur distrib. quinque scutorum P. pro obitu chori residuum vero distrib. in cap. inter dom. can. 23 aprilis. Familiares hujus ecclesiæ dom. Bernardus Dufaur. 24 aprilis. Obitus dom. Joannis de Cizodorio can. pro cujus solutione de annuo reditu constituta sunt viginti quatuor scuta septem solidi et quatuor denar. ex quibus deducitur distrib. quinque scutorum P. pro obitu chori; residuum vero distribuitur in cap. inter dom. canon. 26 aprilis. Familiares hujus ecclesiæ dom. Antonius de Legun jud. 28 aprilis. Obiit Guilhelmus de Rapassaco qui dedit dimidium reditus annui facti de Lupersano ex quo deducitur distrib. parvi obitus chori residuum vero distribuitur in cap. inter dom. can.

1 maii. Obitus R. P. D. Espan archiep. Auxit. pro cujus solutione de annuo reditu constituta sunt septemdecim scuta P. quindecim solid. et tres denar. distrib. in cap. inter dom. can. Familiares hujus ecclesiæ M. Petrus Castets præb. 2 maii. Obitus dom. Condorina Matris R. P. D. de Barthe archiep. Auxit. qui solvitur ex tertia parte reditus annui facti de Arquamont distribuend. in cap. inter dom. cap. Obiit dom. Joannis de Lauro can. pro cujus solutione de annuo reditu constituta sunt quinque scuta P. ex quibus deducitur distrib. parvi obitus chori; residuum vero distribuitur in cap. inter dom. can. 4 maii. Familiares hujus ecclesiæ M. Vitalis Cardonne port. 7 maii. Obitus R. P. Petri de Betous episcop. Adurensis pro cujus annuo reditu distrib. in cap. duodecim scuta P. 8 maii. Obitus Forcii de Castello qui distribuitur in capitulo et solvitur ex tertia parte annui reditus duorum factorum sancti Petri de Cossian. Familiares hujus ecclesiæ Joanna Corneti. 9 maii. Obitus Sancii de Aubas qui distribuitur in cap. et solvitur ex dimidio annui reditus facti de Gimbrere cum viginti quinque scutis P. quatuordecim solid. bonis et tribus den. de annuo etiam reditu constitutis: Familiares hujus ecclesiæ M. Claudius Brienot... 10 maii. Obitus M. Guilhelmy a Rupe vel a Lapide præbend. pro cujus solutione de annuo reditu constituta sunt septemdecim scuta P. septem solid. et quatuor den. ex quibus ded. distrib. parui obitus chori; residuum vero distrib. in cap. inter dom. canon. 12 maii. Obitus R. P. D. Gartia de Bartha archiep. Auxit. qui distribuitur in cap. inter dom. can. et solvitur ex dimidio reditus facti de Birano als. Ramensan. 13 maii. Familiares hujus ecclesiæ. M. Simon Aignasse præb. 14 maii. Familiares

hujus ecclesiæ Bernardus Tremoleto can. dom. Joannes Baquier can. 15 maii. Familiares hujus ecclesiæ Jacobus Castera bourgois. 17 maii. Obitus Alamandi de Soleriis pro cujus annuo reditu constituto distribuuntur in capitulo inter dom. can. septemdecim scuta septem sol. et quatuor denar. Familiares hujus ecclesiæ Joannes Arqué. 18 maii. Obitus R. P. D. Joannes de Armaignaco archiep. Auxit. pro cujus solutione de annuo reditu constituta sunt viginti scuta P. quorum sex distribuuntur in choro residuum vero in cap. inter can. 19 maii. Familiares hujus ecclesiæ dom. Arnaldus Demont can. et archid. de Sab. 22 maii. Obitus capellani de Montlezun qui solvitur ex tertia parte reditus facti de Ordano distrib. in cap. inter dom. can. 23 maii. Obitus dom. Joannis de Labardaco canon. et abbatis Fageti pro cujus solutione de annuo reditu constituta sunt quindecim scuta P. Quorum quinque distribuuntur in choro; residua vero in cap. inter dom. canon. 25 maii. Obitus Arnaldi de Arquamont qui distribuitur in cap. inter dom. canon. et soluitur ex dimidio reditus annui facti de Gondrin cum uno scuto parvo quatuor solid. 6. et uno den. de annuo etiam reditu constit. 26 maii. Obitus M^{ri}...... de Rapassaco qui distribuitur in cap. inter dom. can. et soluitur ex dimidio reditus facti de Lobersan cum decem scutis de annuo etiam reditu constitutis. 28 maii. Familiares hujus ecclesiæ M. Joannes Mascaras doct Manaldus d'Aignan. 29 maii. Obitus dom. Bertrandi Ressegueril can. pro cujus solutione de annuo reditu constituta sunt viginti scuta P super aulam de Lafite ex quibus deducitur distributio parvi obitus chori; residuum vero distribuitur in cap. Familiares hujus ecclesiæ. Joannes Castera præbendatus. 31 maii. Obitus Mariæ de Scoberiis qui distribuitur in cap. inter dom. can. et soluitur ex tertia parte reditus facti de Terra Nova cum duobus scutis et sex solid. de annuo etiam reditu constitutis.

1 junii. Obitus Arnaldi de Merato et Bernardi Marquezio pro cujus solutione constituta sunt de annuo reditu viginti scuta P. ex quibus deducitur distrib. parvi obitus chori residuum vero distribuitur in cap. inter dom. can. 6 junii. Obitus dom. Guillelmy de Basin can. pro cujus solutione constituta sunt de annuo reditu tredecim scuta P. et duodecim solidi ex quibus deducitur distributio quinque scutorum pro obitu chori residuum vero distribuitur in cap. inter dom. can. 7 junii. Familiares hujus ecclesiæ dom. Bernardus Dubarry can. et archid. Armaniaci. 8 junii. Familiares hujus ecclesiæ Joannes Daure. Dom. Nob. Antonius de Roquelaure marescallus fran. et pro rex Aquitaniæ. 2 junii. Obitus R. P. D. Espan archiep. Auxit. qui distribuitur in cap. inter dom. can. et solvitur ex toto reditu annuo facti de Panjas. 12 junii. Obitus R. P. D. Philippi de Levis archiep

Auxit, pro cujus solutione constituta sunt de annuo reditu undecim scuta P. ex quibus deducitur distributio parvi obitus chori, residuum vero distribuitur in cap. inter dom. can. Familiares hujus ecclesiæ Petrus Ladoix. 13 junii. Familiares hujus ecclesiæ M. Andreas de Gan præb. Dom. Bernardus Julien can. et officialis jud. dom. Anna Dufaur. 14 junii. Familiares hujus ecclesiæ M. Joannes Peyrusse. 15 junii. Obitus Francisci Costeriis qui distribuitur in capitulo inter dom. can. et solvitur ex tertia parte reditus annui de Cossian. Obitus dom. Merigonis de sancto Hilario pro cujus solutione constituta sunt de annuo reditu novem scuta P. ex quibus deducitur distributio parvi obitus chori; residuum vero distrib. in cap. inter dom. canon. Familiares hujus ecclesiæ Antonius Espiau. 16 junii. Obitus Arnaldi de Furco pro cujus solutione de annuo reditu constituta sunt viginti scuta, tres solid. et quatuor den. ex quibus deducitur distributio parvi obitus chori; residuum vero distribuitur in cap. inter dom. canon. Familiares hujus ecclesiæ dom. Joannes Dufaur, dom. Debats. 17 junii. Obitus M^{ri} Cascareto præb. pro cujus solutione constituta sunt de annuo reditu decem scuta P. septem solid. et quatuor den. ex quibus deducitur distrib. parvi obitus chori, residuum vero distrib. in cap. inter dom. can.

12 jullii. Familiares hujus ecclesiæ Cecilia Dupin. 13 jullii. Familiares hujus ecclesiæ dom. Anna Dufaur.

3 augusti. Obiit dom. Baptiste de Boco can. qui dedit dimidium reditus annui decimæ de Mansencome et constituit decem scuta P de annuo reditu ex quibus deducitur distributio parvi obitus chori residuum vero distrib. in cap. inter dom. canon. 5 augusti. Obitus R. P. D. Manaldi de Condomio episc. Castrensis canon. et archid. hujus ecclesiæ qui dedit integrum reditum annuum facti dom. Montesquieu als. de Geleas ex quo deducitur distributio parvi obitus chori residuum distrib. in cap. inter dom. canon. Familiares hujus ecclesiæ dom. Joannes Espiau can. dom. Sanx Chapuix canon. et archid. Astariaci. 6 augusti. Familiares hujus ecclesiæ Jacoba de Berdusan. 7 augusti. Familiares hujus ecclesiæ Anna Garrigon. 8 augusti. Obitus Gartiæ de Mirailhet qui distribuitur in capitulo inter dom. can. et solvitur ex dimidio reditus annui facti de Arpentianet et duodecim scutis P. et septem solid. de annuo reditu constitutis. 10 augusti. Obitus dom. Arnaldi Baradat canonici et abb. de Ydraco qui pro ejus solutione constituit viginti scuta P. de annuo reditu ex quibus deducitur distrib. parvi obitus chori residuum vero distribuitur in cap. inter dom. can. Familiares hujus ecclesiæ, Antonius Despax. Dom. Joseph Spiau can. et sac. 11 augusti. Obiit M^{ri} Joannis de Baget præb. qui pro ejus solutione constituit triginta

tria scuta P. cum septem solid. de annuo reditu ex quibus deducitur distributio parvi obitus chori residuum vero distrib. in cap. inter dom. can. Familiares hujus ecclesiæ Nob. Bernardus dom. Isaudon. 14 augusti. Familiares hujus ecclesiæ dom. Raymundus Dumas can. et sac. 15 augusti. Familiares hujus ecclesiæ Aguete de Menuete. 16 augusti. Familiares hujus ecclesiæ dom. Joannes Gabin canon. et archid. arm. et prior S. Orien. Joannes Souffron in utroque jure doctor. 17 augusti. Familiares hujus ecclesiæ. Joanna de Tremoleto. M. Dominicus Fageto præb. 18 augusti. Familiares hujus ecclesiæ Antonia de Julian. M. Pierre Barciet lieutenant au presidial d'Auch. 20 augusti. Obitus dom. Bernardi de Aqua can. et abb. de Ydraco qui pro ejus solutione constituit tredecim scuta unum solid. et tres den. de annuo reditu ex quibus deducitur distributio parvi obitus chori; residuum vero distribuitur in cap. inter dom. can. 21 augusti. Bartholomea de Rouede familiaris hujus ecclesiæ. 22 augusti. Familiares hujus ecclesiæ Gratiana Pellissié. 23 augusti. Obitus. Nob. de Guilhelmi de Vicinis baronis de Montealto qui pro ejus solutione constituit novemdecim scuta P. de annuo reditu ex quibus deducitur distributio parvi obitus chori; residuum vero distribuitur in cap. inter dominos canon. Familiares hujus ecclesiæ Joanna de Barciet. 24 augusti. Obitus Guilhelmy de Lupiae qui distribuitur in capitulo inter dom. canonicos et solvitur ex dimidio reditus annui facti de Ascos. 25 augusti. Familiares hujus ecclesiæ M. Amatus de Boutepain præb. 26 augusti. Obitus dom. Oddonis de Camasses qui distrib in cap. inter dom. canon. et solvitur ex dimidio reditus annui facti de Camasses. 26 augusti. Obitus dom. Rigaldi de Ruffin can. et archid. de Vico qui pro ejus solutione constituit quindecim scuta P. de annuo reditu ex quibus deducitur distributio parvi obitus chori residuum vero distribuitur in cap. inter dom. can. 28 augusti. Obitus R. P. D. Joannis de Armaignaco archiep. Auxit. qui pro ejus solutione constituit viginti tria scuta P. et tres solid. de annuo red. ex quibus deducitur distributio sex scutorum P. cum duobus solid. pro obitu chori residuum vero distribuitur in cap. inter dom. canon. 30 augusti. Obitus R. P. D. Joannis de Trimoilh archiep. Auxit. qui pro ejus solutione constituit viginti quinque scuta P. cum novem solid. de annuo reditu ex quibus deducitur distrib. quinque scutorum pro obitu chori residum vero distribuitur in cap. inter dom. canon. Familiares hujus ecclesiæ. Joannes Codere, Constantia Rey 31 augusti. Familiares hujus ecclesiæ. Dom. Antonius Falgoux can. et prior de nivibus.

1 septembris. Obitus Sancii a Martino qui distribuit in cap. inter dom. can. et solvitur ex annuo reditu quartæ partis decimæ de No

lens et viginti et uno scuto P. de annuo etiam reditu constituto. Familiares hujus ecclesiæ M. Joannes de Cruce præb. 4 septembris. Obitus Mr Petri de Vieusos præb. qui pro ejus solutione constituit viginti et unum scutum cum quatuor solid. de annuo reditu ex quibus deducitur distributio parvi obitus chori residuum vero distrib. inter dom. canonicos in cap. 5 septembris. Obitus M. Petri de Genio præb. qui pro ejus solutione constituit viginti scuta P. de annuo reditu ex quibus deducitur distributio trium scutorum P. pro obitu chori residuum vero distribuitur in cap. inter dom. can. 9 septemb. Familiares hujus ecclesiæ. Arnaldus Limozin advocatus. 11 septemb. Obitus dom. Guillelmy de Armaignaco qui distribuitur in cap. inter dom. can. et solvitur ex quarta parte reditus annui facti de Nolenx. Obitus Mr Pontii vel Petri Ponsonis præb. qui pro ejus solutione constituit duodecim scuta P. de annuo reditu ex quibus deducitur distributio parvi obitus chori residuum distribuitur in cap. inter dom. canon. 11 septembris. Obitus Raymundi de Jugo qui distrib. in cap. inter dom. can. et solvitur ex viginti duobus scutis et quatuordecim solid. de annuo reditu constitutis. Obitus Mr Petri Bosqueriis præb. qui pro ejus solutione constituit septem scuta septem solid. et quatuor denar. de annuo reditu ex quibus deducitur distributio parvi obitus chori residuum distribuitur in cap. inter dom. can. 16 septembris. Familiares hujus ecclesiæ D.......... de Testassi. 17 septembris. Familiares hujus ecclesiæ dom. Anna de Soffron. 21 septemb. Obitus Audinæ de Lasseran quæ pro ejus solutione constituit de annuo reditu viginti quatuor... ex quibus deducitur distrib. parvi obitus chori residuum vero distribuitur in cap. inter dom. canon. Familiares hujus ecclesiæ. Noble Jean Jacques Dufaur s^r de St Christaut. 22 septemb. Obitus Geraldis pro dom. canonicis et capitulo hujus ecclesiæ qui solvitur ex toto reditu annuo facti de Vilameur et ex decem scutis de annuo reditu constitutis ex quibus deducitur distrib. decem scutor P. pro obitu chori residuum vero distrib. in cap. inter dom. canon. 23 septembris. Familiares hujus ecclesiæ M. Raymond Lanacastets præb. 24 septembris. Obitus dom. Joannis Philippi can. qui distribuitur in cap. inter dom. canon. et solvitur ex decem scutis de annuo reditu constitutis. Obitus Mr Bernardi Despenae qui solvitur ex octo scutis quatuordecim solidis bonis de annuo reditu constitutis ex quibus deducitur distributio parvi obitus chori residuum vero distribuitur in cap. inter dom. can. 26 septembris. Obitus R. P. D. Berengarii Guilhot archiep. Auxit qui solvitur ex dimidio reditus annui facti de Cacarens ex quo deducitur distributio parvi obitus chori residuum vero distribuitur in cap. inter dom. canon. 27 septembris. Fundatio nobilis Jacobi Dufaur domini de St. Christau qui consti tuit et dedit cap. et dominis canon. de annuo reditu octodecim libras et quindecim solid. T. ex quibus deducuntur sexdecim asses pro celebratione unius missæ singulis annis eadam die 27 septembris per unum ex dictis dominis canon. celebrandæ in cappella vulgo privilegiata seu crucifixi nuncupata residuum vero distribuitur in capitulo inter præsentes dom. canon. et eum qui celebravit dictam missam bassam et postea dicitur ps. de prof. pater noster etc. Oratio pro defuncto. Familiares hujus ecclesiæ obiit noble Jacques Dufauro sieur de St. Christau. 29 septembris. Fundatio dom. Joannis de Astarac. canon. theol. qui pro ejus solutione constituit de annuo reditu septem libras et decem solid. T. distrib. in cap. inter dom. can. Dicitur autem pro fundatoribus psalmus undecimus. Salvum me fac. Pater noster etc. oratio pro tentatis et tribulatis. Familiares hujus ecclesiæ M. Antonius lapide præben. M. Joannes Biri doct. 30 septembris. Obitus R. P. D. Philippi de Levis archiep. Auxit. qui pro ejus solutione constituit de annuo reditu octo scuta P. quatuor decim solid. T. et tres den. ex quibus deducitur distrib. parvi obitus chori residuum vero distribuitur in cap. inter dom. canonicos.

(Tiré du Manuscrit de M. d'Aignan.)

Hommages des seigneurs du Marsan à Marguerite de Foix. — 1312.

Noverint universi quòd anno Domini millesimo trecentesimo duodecimo die dominicâ antè festum beati Gregorii papæ in curiâ del Sers diœcesis Adurensis citatis et mandatis ad dictam curiam nobilibus et ignobilibus qui de dictâ curiâ erant per bajulos vicecomitatûs Martiani nobilis dominæ Margarittæ comitissæ Fuxi vicecomitissæ Bearnii et Martiani proùt moris est ut iidem bajuli retulerunt quòd illà dictâ die comparerent in dictâ curiâ in præsentiâ dictæ dominæ Margarittæ ibidem præsentis . . . . ipsa domina Margaritta comitissa et vicecomitissa prædicta ac vigueria Martiani juravit ad santa Dei Evangelia et crucem corporaliter manu tacta omnibus nobilibus et ignobilibus qui de dictâ curiâ erant quòd erit ipsis et corum hæredibus et cuilibet eorum bona domina et legalis et eos defendere procurabit ab omnibus injuriis et violentiis tàm à se quàm ab aliis quibuscumque et eisdem servabit foros, consuetudines et dictæ curiæ statuta et ibidem omnes et singuli nobiles et ignobiles ibi præsentes qui de prædictâ curiâ erant videlicet Vitalis Amanæi de Beyrossano, Bernardus dominus de Toyosa, Geralda de Gontaldo tutrix hæredum ut dicebatur Joannis de sancto Germano, Bernardus de Cararet, Petrus de Farbaus, Guillelmus de Podio, Arnaldus dominus d'Ognoas, Bernardus de Besle, Bernardus de Brux, Otho dominus de Clarac, Fortanerius de Garderon, Raymundus de Mediacarreria et Bertrandus de Mant comparuerunt et ad sancta Dei evangelia et crucem per quemlibet eorum manu tacta corporaliter ipsi dominæ ut comitissæ et vigueriæ Martiani vice versa juraverunt quòd ipsi erunt fideles et legales ac obedientes prædictæ dominæ vicecomitissæ et suis successoribus vicecomitibus et testificabunt et judicabunt legaliter et justè juxtà foros et consuetudines ac statuta dictæ curiæ secundùm discretionem suam requisiti. Horum omnium testes sunt nobilis vir dominus Arnaldus Guillelmus, dominus de Rupeforti in suâ parte, miles, dominus Arnaldus Dabos, dominus Bernardus de Burosse militis, Guillelmus Athoni de Andoniis domicellus, dominus Petrus de Mediacarreria archipresbyter Montismartiani, magister Menaldus de Castellino canonicus jaccensis, magister Joannes de Chabanesio et ego Joannes de Benetto communis notarius Montismartiani ac ducatûs Aquitaniæ qui de prædictis omnibus scripsi et confeci hoc præsens publicum instrumentum, regnante Edoardo rege Angliæ duce Aquitaniæ, dominante Margaritta comitissa ac vicecomitissa prædicta, B. episcopo Adurensi.

(Collationné à l'orizinal qui est au trésor des chartres de la maison de Navarre dans le château de Pau).

Autre hommage. — 1323.

Coneguda cause sie que en l'an de nostre senhor Diu mil tres cens vingt et tres, dimenge prosimag après feste de sante Crots de septembre en la claustre de la gleise de Sante Marie Magdelene de la vielle deu Mont de Marsan, los jurats et communautat et los besins de ladite vielle deu Mont de Marsan aqui ajustats ab lo corn et ab la cride communau segond que acostumat es en presencie del noble et poderos senhor mossenhor en Gaston per la gracie de Diu comte de Foix, vescomte de Bearn et de Marsan aqui present, lo sober dit mossenhor lo comte cum a senher et vescomte de Marsan jura sober la crots benesite et sober los sants evangelis de Diu corporalemens tocats de sa proprie mang dextre, laqual crots et evangelis tene en las mangx d'Arnant de Micarere maire de ladite vielle du Mont de Marsan que el sera bon senhor et leyau aus jurats, besins et communautat de ladite vielle deu Mont de Marsan et a lors successors, els deffenera, els emparera de tort et de forse, de injurie et de violensse de si medixs et d'autruy a son leyau poder, els tiéra, els saubera lors fors et lors costumes et lors establiments, els fera dret et judgement quant requerit ne sera. Et aqui medis los jurats et communautat de ladite viele deu Mont de Marsan reconeissens lodit mossenhor en Gaston esser vescomte de Marsan et senhor de ladite viele deu Mont de Marsan et lor senhor, juran singulariments cadeun sober la crots et sober los sants evangelis de Diu per cadeun tocats de lors propris maugs dextres laqual crots et evangelis lo sober dit mossenhor lo comte tene en sas mangs en la forme quis seg. Jo Arnaut de Micarere maire de la viele deu Mont de Marsan de l'avescat Dayre jury per aquets sants que sere bon, fideu et leyau a vos mossenhor en Gaston comte de Foix, vescomte de Bearn et de Marsan cum à senhor et vescomte de Marsan et a vostre orden et hereter, et que no sere en stat, dit, ni cosseilh, ne sere cossent que vostre persone, ni vite, ni membres, ni terre, ni honor perguats, ne que préés contre vostre voluntat, siats detiencut, et se jo sabi ne enteni que auguns contre vos augunes de las causes dessus dites volossen cometer, a mon poder ag destorberé, ó si no ag podi destorbar, a tantost cum jo poire per mi medis, ó per messadge ó per mas letres ó en autre manvire a vos ag denunciaré, et votre terre a mon poder vos ajudere a emparar et deffener, et que bon cosseilh quant men demanderats segont ma sabiensse vos deré et secret vos tere. Et en la medisse forme et condition juran los dejus escriuts, soes assaber mossenhor en Fortaner de Lescunh, en Pés de Ferbaux N'auger de Lassus, en Fortons de Besaudunh, en Romon de Micarere, Guilhem Arnaut de Nacataline, en Vidau de Calen, en Bernad de Gontaut, en Pés de Poy, Pés Dauros, Gualhard de Calen, Pés Deneitz, Bernad-Ramon de Lassus, Arnaut de Mercadér, Arnaut de Besaudunh, en Pés de Micarere archipreste deu Mont, Arnaut Despes, Bernad Guanguar, Bernad de Barreston, Maeste Pés Darruaub, Johan de Lassus, Arnaut-Guilhem de Caissen, Pés de Bordeu, Arnauton de Sent-German, Per-Arnaut de Lassus, Gassie-Arnaut Daudaus, en Gassion de Larte, baile deu Mont. De lasquaus causes dessus dites requerin losdits mossenhor lo comte et vescomte de une part, et lodit N'arnaut de Micarere maire per nom de si et de tote la communautat de ladite viele deu Mont si cum dis dautre part mi notari dejus escriut quels ne fes instruments publics a tants cum requerits ne seri. Actum fuit hoc loco, die es anno quibus supra, testimonis son dequestes causes lo reverend pay en Christ mossenhor en Bernad per la gracie de Diu abesque d'Ayre, mossenhor en Ramon-Arnaut senhor de Coarrase, en Guilhemot senhor d'Andoins, en Bernad de Bearn senhor Derrudi, en Guiraut de Montlesunh consels, maestre Bernad de Barére canonge de Bajone, maeste Pes de Redbeder preste et mots d'autres, et maestre Vidau de Larte notari deu Mont de Marsan.

Collationé ut supra.

Autre hommage des mêmes seigneurs. — 1343.

In nomine Domini amen. Coneguda causa sie a tots que lo dissapte apres la feste de sent Mathié qui fo lo vingt sept die deu mées de feurer l'an de nostre senhor mil tres cens quarante tres la mot noble et poderose done madone Nalianors per la graci de Diu comtesse de Foixs vescomtesse de Bearn et de Marsan may et tutries testamentari deu mot noble et poderos senhor mossenhor en Gaston per la medixe graci comte et vescomte deusdits comtat et vescomtats, se presentan en la cort deu Cers, la quau aven feite manar à daqueg medix dissapte per far et per receber lo sagrament acostumat de far a mudé de senhor en Marsan ab lors lettres patents, la tenor de las quaus dessus escriute, et lors medix madone la comtesse et vescomtesse sedents pro tribunal en ladite cort deu cers fo de la part de lor domanat sieren aqui los bailes ó lors messadges qui los mans aven feits, et aqui medix de la part deu baile deu Mont fo presentada la lettre deu man de la cort et une cedule en paper escriute contient los nomis deus manats de son bailiadge segont que aqui fo dit, de lasquaus letres et cedule et prumer de la letre la tenor es atau. Alianors de Comenge comtesse de Foix, vescomtesse de Bearn et de Marsan may et tutries testamentarie de nostre car filh Gaston comte et vescomte deusdits comtat et vescomtats et Beguer de la Beguerie de la cort deus cers en Marsan, et nos Gaston comte et vescomte et Beguier dessus dit de autoritat de ladite madone et tutries nostre, au baile deu Mont ó a son locthient, saluts, manam vos que manets ó fazats manar per los beguers et messadges deguts et acostumats per espaci de nau dies tots et sengles nobles et no nobles qui son de man de ladite cort deus Cers losquaus vos avets acostumat de manar, que dissapte apres la feste de sent Mathie prosinan vient comparesquen per davant nos en ladite cort deu Cers à receber de nos et a far a nos lo sagrament degut et acostumat a mudament de senhor es a far a nos las esplés et autres devers qui en la dite cort deus Cers egs et lors predecessors an acostumat de far a nostres predecessors, ab intimation que si no comparivem et asso no fazen sere contre lor procedit en tant quant sere darrason et lo cas requer, ausquans die et loc vos siats ab los beguers et messadges qui los mans auran feits apparelhats de far feé dequegs mans. Dades au Mont de Marsan diluns sedze dies de feurer anno Domini mil tres cens quarante tres. Et la tenor de la cedule des nomis es atau. Deu Mont, la done de Montoliu, P. Marsan, lo senhor de Campet, la done de Dezert et de Gareng, Lubat senhor de Gareng en sa partide.

lo senhor de Casaux, lo senhor de Garenh, lo senhor de Mayssent, Vidau de Campet, lo senhor de Lacassanhe, lo senhor de Sent Avit, Per-Arnaut de Crabere senhor de Martienx en sa partide, los senhors de Gere, Amaniu de Casaus, lo senhor de Cezeron, Philip. de Carrasset, P. de Carrasset, lo senhor de Castranhé, P. de Farbaust, Guilhem Sans de Casteg, lo senhor de Ladins, Bebian de Caussit, lo senhor de Beutle, l'éréter de Guilhem Ramon de Lugautenh, Fortanier de Guarderon, lo senhor de Parentier, lo senhor de Genteng per Lucbardes Sobian, lo senhor de Galhere, Johan de Gontaut per .... Moly deu Caveroo, Arnaut de Lobar senhor Darlhey et los autres qui no son escriuts et son deu man de la cort, le baile deu Mont Manié los dessus nomiats et fasé la relation aixicum es contengut en manement a lui feit per letre. Item après de la part deu baile de Perquié fo presentade la letre de la cort deu Man et une cedule en paper escriute contient los nomis deus manats de son bailiadge etc. Et theites lasdites cedules et feites las comparitions, lodit mossenhor lo comte et vescomte de voluntat et autoritat de ladite madone la comtesse et vescomtesse may et tutries soe mana a las dites gents qui son deu man de ladite cort deus Cers que a lui cum à senhor naturau per tot lo temps de sa vite et a ladite madone sa may et tutries cum a sa tutries et per lo temps de sa tutele fessen lo segrament acostumat de far à naveg senhor quant naveraments comense a senhoreyar car eg et ladite madone sa may et tutries son aparelhats de far aixi medix alor aqueg sagrament que far los deven et dequest manement requeri et mena à lui esser feite carte publique per mi notari dessus escriut. Et à qui medix las dites gents dixon que egs eront aparelhats de obedir cum far deven et son thienents au manement deudit mossenhor lo comte et vescomte, et lo reverend pay en Christ mossen en Sans Auer per la gracie de Diu abat deu mostier de sent Johan de la Castele, mossen en Fortaner Desgarrebaque Caver, en Galhart de Rexac senhor Dastaa donzel jolhs enclis estants davant losdits madone la comtesse et vescomtesse et comte et vescomte et tients enter lors maas los quoate sants evangelis de Diu et la benedite crots dessus pausade, ladite madone la comtesse et vescomtesse cum à tutrich deudit mossenhor lo comte et vescomte et per lo temps de sa tutele, et lo medix mossenhor lo comte et vescomte cum a vesconte de Marsan per tot lo temps de sa vite de voluntat et autoritat de ladite madone la comtesse et vescomtesse sa may et tutries juran aux medix sants evangelis et benedite crots tocats corporaumens ab lors maas dextres que aus nobles et gents qui son deu man de ladite cort deu Cers, seran boos fideus et leyaus senhors, fors et costumes los tieyran et sauberan, de tort et de force los sauberan et empararan de lor medixs et de totes autres persones a lor leyau poder segont que senhor leyau et fideu es tiengut de sauhar et emparar sous boos fideus et leyaus sosmes et que prejudici nous faran et per judgement, en cas que age loc, segont losdits fors et costumes los micran. Aixi medixs losdits mossen l'abat, mossen en Fortaner et senhor Dastaa et los autres nobles de ladite cort les nomis deusquaus dejus son escriuts l'un après l'autre segont que son escriuts reconegon que tot quant aven en Marsan tien en fieu deudit mossenhor lo comte cum a vescomte de Marsan, et per aquero prometon et juran aus medixs evangelis et benedite crots dessus pausade, losquaus losdits madone et mossenhor tien enter lors maas, que egs a ladite madone la comtesse et vescomtesse cum a tutrix dessus dite et per lo temps de sa tutele et audit mossenhor lo comte et vescomte cum a vescomte de Marsan et per tot lo temps de sa vite seran boos, fideus et leyaus et obediens sosmes. Seguens se los nomis deus qui jurat, lodit mossen l'abat deu Sent Johan de Lacastele, mossen en Fortaner Desgarrabaque, en Galhart de Rexac senhor Dastaa, Bos senhor de Lamiusants, Arnaut senhor de Meurri et Dartassen, Ramon-Arnaut senhor de Minhos, P. Arnaut de Montlizun senhor deu Binhau etc. Miramonde de Castegpugon daune de Feugardes, Bernad de Poy per so qui ha en la bailie Darremm, P. de l'erbans per so que a en Marsan, P. Arnaut de Cassas, Ramon de Micarrere per Parenties et per Uxac en sa partide, Per-Arnaut de Crabere senhor de Martienx en sa partide etc.

Asso fo feit en ladite cort deus Cers lo die et an que dessus, testimonis mossen N'Arnaut-Guilhem senhor de Poeylaut Caver, mossen en Bernad de Malebesine comanador de Noarrin, mossen en P. Destiroo licentiat en leys, maeste Jacmes Camela, Maurii de Labadie, mossen en P. Doremy, maeste Bidau de Larce, en Guilhem de Seixos et J. P. Ramon den Perauger notari en los vicomtats de Bearn et de Marsan etc.

Collectione ut supra.

Autre hommage. — 1346.

In nomine Domini amen. Conegude cause sie a tots que lo diluns après Nostre Done de mars l'an de Nostre senhor mil tres cens quarante sieys, lo mot noble et poderos senhor mossenhor en Gaston per la graci de Diu comte de Foix, vescomte de Bearn et de Marsan se presenta en la cort deus Cers, laquau ave fait manar ad aqueg diluns per far et per receber lo segrament acostumat de far a mude de senhor en Marsan ab sas letres patentes la tenor de losquaus dejus es escriute, et lodit mossenhor lo comte et vescomte sedent pro tribunal en ladite cort deus Cers fo de part de luy domanat sieren aqui los bayles ó lors messadges qui los mans aven feits, et aqui medix de la part deu baile deu Mont fo presentade la letre deu man de la cort et une cedule en paper escriute contient los nomis deus manats de son bailiadge segont que aqui fo dit, de lasquaus letre et cedule et prumer de la letre la tenor es atau. Gaston per la graci de Diu comte de Foix vescomte de Bearn et de Marsan et Beguer de la Beguerie de la cort deus Cers en Marsan au baile deu Mont ó a son loethient, saluts, manam vos que manets ó fazats manar per los beguers et messadges deguts et acostumats per espaci de nau dies tots et sengles nobles et no nobles qui son deu Man de ladite cort deus Cers losquaus vos avets acostumat de manar que diluns après la feste de Nostre Done de mars posinan vient comparesquen per davant nos en ladite cort deus Cers a receber de nos et a far a nos lo segrament degut et acostumat a mudament de senhor ab intimation que si no compariben et asso no fazen contre lor sere precedit en tant quant sere darrason et lo cas requer, ausquaus die et loc vos siats ab los beguers et messadges qui los mans auran feits aparelhats de far feé dequegs mans. Dades au Mont de Marsan dijaus dotze dies en mars anno Domini mil tres cens quarante-cinq, et la tenor de la cedule deus nomis es atau. Deu Mont. La done de Montoliu, P. Marsan, lo senhor de Campet, la done Dezest per Gareng, Lubas senhor de Gareng en sa partide, lo senhor de Gareng, lo senhor de Casaus, lo senhor de Maysent, Vidau de Campet, lo senhor de Lacassanhe, lo senhor de Sent Avid, Pey-Arnaud de Crabere senhor de Martienx en sa partide, los senhors de Sere, Amaniu de Casaus, lo senhor de Cezeron, Phelip de Carrasset, P. de Carrasset, Guiraut de Carrasset, lo senhor de Cassanhe, P. de Farbaus, P. de Castet, lo senhor de Ladius, Bibian de Caussit, Bernad deu Poy en la parroquie et deu Mont, lo senhor de Beulle, Ramon-Guilhem de Lugautenh ó son hereter, Fortaner de Garderon, lo senhor de Parentiés, lo senhor de Lugautenh per Luchardes Sobiran, lo senhor de Galhere, Johan de Gontaut peu Castezar et peu moly deu Caveroo, Arnaut de Lobars senhor Darlhey. Lo baile deu Mont Manié los dessus nomiats et fasé relation aixi cum es contengut eu manement a lui feyt per lettre et los autres qui no son escriuts et an acostumat de anar a la cort deus Cers, et los manadors qui siau ausdits loc et die per far la relation. Item après de la part deu bailé de Perquie fo presentade la letre deu Man de la cort et une cedule en paper escriute contient los nomis deus manats de son bailiadge segont que aqui fo dit, la quau letre sendressave a luy et de mot a mot la tenor ere atau cum la deu baile deu Mont dessus encorporade, et de la cedule la tenor es atau de Perquié, mossen l'abesque d'Ayre, lo senhor Dastao, etc. Et lheites lasdites cedules et feites las comparitions, lodit mossenhor lo comte et vescomte jura aus sants evangelis de Diu et la veraye crots dessus pausade tocats corporauments ab sa maa dextre que aus nobles et gens qui son deu Man de ladite cort deus Cers sera bon, leyau et fiden senhor, fors et coutumes los tiera, eus saubera de tort et de force, los emparera de si medix et de totes autres persones a son leyau poder, segont que senhor bon et fiden es tengut de saubar et emparar sous boos, fidens et leyaus sosmes et que prejudici nous fara et per judjamens, en cas age loc, segont losdits fors et costumes los miera. Et aqui medix los nobles et gents deu Man de ladite cort comparents los nomis deus quaus dejus son escriuts l'un aprés l'autre segont que son escriuts reconegon que tot quant aven en Marsan tien en fieu deudit mossenhor lo comte cum a vescomte de Marsan, et per aquero prometon et jurien aus medix evangelis et beneirte crots dessus pausade, losquaus mossenhor lo comte et vescomte tie enter sas maas, que egs au medix mossenhor lo comte et vescomte cum a vescomte de Marsan seran boos, fidens, leyaus et obediens sosmes et lempareran, sa vite, sous membres, sa terre et sa honor a lor leyau poder, et favor et ajude et bon cossellh requerits lo donaran segont lors sabers, et sons secrets tieyran et aquets no reveleran en lor perilh dampnadje ni bergonhe, ni seran en loc ni en cossellh ou de son dampnadge ni bergonhe sie tractat ni procurat, et si ac eren si poden ac destorberan, et si destorber no ac poden a lui ac significueran per lor ò per messadges ò letres au plus tot que poyran et totes et sengles las autres causes qui son compreses en homenadge et segrament de fideutat, com boos et leyaus sosmes son tiencuts de saubar et gardar enta lor senhor, sauberan, en garderan, tieyran et compliran sens far ni vier en contre : seguense los nomis deus qui juran, mossen en Sans Aner abat deu Mortier deu sent Johan de Lacastele. Arnaut-Bernad Dastaa senhor de Puyoo, mossen de Fortaner Desgarrebaque senhor de Fontaux, Bos de Losgrate senhor de Lamiusans. Ramon senhor de Sent Maurici, Gassissans senhor de Meury, Bertran senhor de Molées, en P. de Farbaus, Vidan de Brisquit senhor de Lacassanhe en sa partide, Arnaut Desgarrebaque senhor de Gaube. Ramon Bernad senhor de Minhos etc. Lopbergunh Desgarrebaque senhor de Gontaut de Sent Justy, et aprés lodit mossenhor lo comte et vescomte requeri la soberdite cort deus Cers, so es assaber los qui eren manats presents et comparents que egs en judyan declarassen a lui per quau maneire ave ni deve procedir contre aquegs qui a sa cort sober dite deus Cers manats no eren viencuts ni vien, et aqui medix los soberdits comparens acordademens en judyan dixon que aquegs qui eren estats manats et no eren comparents a ladite cort, eren en deffaute et en aquere los meten sauban las leyaus escusations si naven et que ere procedidor contre lor segont et per la maneire que per aqueste cort autre bets fo judya quant lodit mossenhor lo comte et vescomte et madone sa may recebon lo sagrament de fideutat, et fo plus per losdits comparents en judyas declarat que los procuradors qui per auguns eren tremetats pausat que fossen procuradors ab cartes et ab sufficient poder no eren recebedors ni a tapauc los escusadors, entro lo senhor los plus encert de las escusations que fossen verayes et tous que fossen recebedores. Actum en ladite cort deus Cers lo die et an que dessus, testimonis le reverend pay en Christ mossen en Ramon per la graci de Diu abesque de Lascar, mossenhor.............. mossen Roger de Rovenac Darrevenac, mossen en Bertran.............. de Genaas canonge d'Ayre, en Ramon de Bons dit Mondoye et jo P. Ramon den Perauger notari en los vescomtats de Bearn et de Marsan etc.

(Collationné ut supra.)

Lettre de Pierre de Galard au roi d'Angleterre. — 1323.

A nostre seigneur le roi et à soun bon conseil monstre le vostre lige homme Pierre de Galard fielz del vostre chevaler Bertrand de Galard, que comme en la guerre de Gascoigne, le dit Pierres ad perdu son père et tous ses chateaux et rentes, et le noble homme mon seigneur Edmons comte de Kent et lieu-tenant à donges de nostre Seigneur le roi en la duchée de Guyenne donnast al dit mon seigneur mon père en recompensation de ces chateaux et rentes qu'il avait perdu en soun service en sa dite gerre le châstel et lieu de Belly et Mote d'Ensarre ove tutes les apartenances, si com il piert par les letres overtes ensialcez du seal ledit mo ensmon et comme ledit Pierres nat doum il vivre, ne dequoi sustener sa mère ne ses autres compaignons for que tant seulement de ladite donatioun. Suplie ledit Pierres à nostre seigneur le roi et à son boun conseil qe il vous plese ladite donacion confirmer et garentir par vos letres patentes en tieu manière qe il puisse meintener son estaet al honur de vous et al profit de lui.

(Extrait du tome 8 de la collection Brequigny.)

Charge de lieutenant du pays d'Aure donnée à noble Hugues de Cazaux par Jean de Galard, seigneur de l'Isle-Bouzon et chambellan du roi. — 1556.

Jean de Golard chevalier et baron de l'Isle et de sainte Lieurade conseilher et chambrelan des roy et reyne de Navarre comtes d'Ar maignac et leur sénéchal et gouverneur du païs et terres d'Armaignac deçà la rivière de Garonne à noble Hugues de Cazaux seigneur de Larau en Maignoac salut : pour ce que souvant et ordinairemant nous sont dressées et envoyées plusieurs patentes comissions et ordonences concernant les affaires et services du roy et des roy et reyne de Navarre nos princes pour la providence et entretennement desquels nous ne pouvons estre et vaquer par toute notre sénéchaussée pour la longueur et estendue d'icelle, mêsmes à l'endroit du païs de Magnoac vallée et montaignes d'Aure, Barousse et Nestes à cause de quoy est besoing dy commettre en nostre lieu quelque notable personne : a ces causes et d'autant que vous estes résidant sur le lieu, confians à plain de vos sens, vertus, prudence et bonne diligence nous vous avons commis et députés, commettons, députons et instituons nostre lieutenant en iceux païs de Maignoac, montaignes et vallée d'Aure, Barousse et Nestes, pour prendre guarde, tenir l'œil et avoir le soin et vigilence à ce que toutes les ordonences et comissions qui vous ont esté et seront ci-après dressées et envoyées soient bien et duement exécutées, etc. Mandons et commettons à tous les justiciers, officiers et subjets de nostre sénéchaussée que à vous en ce fesant comme à nous prestent et donnent secours, faveur, aide et prisons si besoing est et requis en sont.

Donné à l'Isle en Lomaigne sous nos seing et seel le vingt-unième jour de janvier mil cinq cents cinquante six.

(Copie sur un extrait collationné avec l'original).

Hommage de Manaud de Gélas, seigneur de Bonas, au comte d'Armagnac. — 1433.

Innotescat cunctis præsentibus et futuris quod anno Domini millesimo quadringentesimo decimo nono et die ultimâ mensis junii serenissimo principe domino Carolo Dei gratiâ francorum rege regnante et inclito ac egregio principe et domino nostro domino Johanne eâdem gratiâ comite Armaniaci, Fezensiacii, Ruthenæ et Pardiaci vicecomiteque Leomaniæ, Altivillaris, Fezensageti, Brulhesii, Creysellii et Carlacesii ac domino terrarum Ripariæ Auræ et montanorum Ruthenensium apud Castrum comitate villæ Insulæ Jordani et in camerâ superiori ejusdem castri . . . . in mei notarii publici regii et dicti domini nostri comitis secretarii, ac testium subscriptorum præsentiâ existens et personaliter constitutus nobilis Manaldus de Gelasio dominus de Bonasio comitatus Fezensiacii et de Lagniano comitatus Pardiaci, coram dicto domino nostro comite et prius investitus per eumdem dominum nostrum comitem de Rebainferius designatis de feudo suo nobili moventibus inde venit esse homo et Vassallus dicti domini nostri comitis et flexis genibus, amotisque a se capucio et zonâ ac ambabus suis manibus complosis, sive junctis inter manus ejusdem domini nostri comitis positis supra librum missalem et crucem desuper positam, quos idem dominus noster comes sedens in dictâ camera super quemdam gradum super genua sua tenebat eidem domino nostro comiti, ut comiti Fezensiaci, prædicto præsenti stipulanti soli et recipienti pro se suisque hæredibus et successoribus quibuscumque dicti comitatus comitibus Fezensaci fecit homatgium et fidelitatis præstitit juramentum. Et promisit atque juravit idem nobilis Manaldus de Gelasio super dictos librum et crucem quod erit semper bonus et fidelis homo et Vassallus dicto domino nostro comiti suisque hæredibus et successoribus, proùt bonus et fidelis homo et Vassallus domino suo esse debet, ejusdem personam, vitam, membra, terras, statum jurisdictiones et honores, suo posse, custodiet et deffendet; et quod non erit in facto dicto vel consilio quod dictus dominus noster comes ejus personam, vitam, membra, terras, statum, jurisdictiones et honores perdat seu amittat; et si sciret, vel ad ejus notitiam deveniret quod aliquis vellet contra eumdem dominum nostrum comitem suosque liberos, ejus honorem seu statum, aliquid facere seu attentare ; illud toto suo posse impediet et perturbabit, et quantum poterit per se vel per alium per quem posset citius, ad ejus notitiam deveniet, eidem nuntiabit et notificabit; consilium quoque, si quod ab eodem dicto nobili Manaldo de Gelasio ipsius domini nostri comitis aut officiariorum suorum ex parte petitum fuerit, fidele secundum ejus providentiam dabit ; et secreta si quæ ei commissa fuerint, nemini pandet seu revelabit cum non debeant revelari, utitiaque eidem domino procurabit et inutilia atque damnosa totis suis viribus evitabit et omnia alia et singula in juramento fidelitatis comprehensa, suo juramento faciet et complebit, et dictus dominus noster comes gratanter et liberaliter eumdem dictum nobilem Manaldum de Gelasio in hominem suum recepit et Vassallum, salvum in aliis jure suo et in omnibus quolibet alieno : et in signum veræ dilectionis, amicitiæ et fœderis ligamentum, inter dictum dominum nostrum comitem et dictum nobilem Manaldum de Gelasio, oris osculum intervenit ; quibus his omnibus et singulis ita peractis, ibidem prælibatus dictus nobilis Manaldus de Gelasio gratis et ex ejus certâ scientiâ, pro se et suis hæredibus et successoribus quibuscumque recognovit se tenere et tenere velle ac debere tenere ab eodem domino nostro comite ut comite Fezenciaci prædicto præsente et ut supra stipulante, in feudum nobile et gentile ac sub dictis homatgio et fidelitatis juramento videlicet locum de Laguiano cum suis pertinentiis et cum juridictione bassâ prout et quemadmodum alii nobilis dicti comitatûs habent et percipiunt in eorum locis, terris quoque cultis et incultis, pratis, herbagiis, pascuis, nemoribus, et confrontatur dictus locus cum juridictione locorum de Castro-Franco, d'Aux et de Ossaco et cum aliis justis et debitis confrontationibus. Item plus omnia feuda et oblias quæ et quas habet et percipit et sui prædecessores percipere consueverunt in loco de Castro-Franco prædicto et ejus honore cum quodam molendino sito et constructo supra rivum infrà supradictas pertinentias vocatum de Bouès cum suis paxeriis, aquis et aliis juribus et emolumentis et dominationibus feudalitatis ad dicta feuda et molendinum pertinentibus et spectantibus de quibus his omnibus et singulis supradictis dictus noster comes pro se atque etiam dictus Manaldus de Gelasio etiam pro se et suis petierunt eis fieri cuilibet unum publicum instrumentum per me notarium præsentibus nobilibus viris Aymerico do Castrosserio, Raymundo Pelet Rafini militibus, Antonio Bernardo de Caylario domicello etc... et me Bertrando Barceriæ publico regiâ auctoritate notario et dicti domini nostri comitis secretario.

(Collationné sur l'original.)

Serment de fidélité prêté à noble Guilhem-Ramond de Ferbaux, seigneur de Magnos, par les emphytéotes de sa terre en présence du sénéchal de Marsan. — 1420.

In nomine Domini, Amen. Conegude cause sie à tots, que lo vingt cinq jorn de julh l'an mil quoatre cens vingt en la paroqui de saint Caune de Bogue au terratory comun aperat lo Mothar de Menhos et aupres discert constituit personnalement perdabant et en la presenci del mot et podens senhor Moss. Johan Bernard de Benquet et de sainte Crots, Cavalher, senechal de Marsan et de Gabardan per Moss. lo prince de Navarre, comte de Foyx, de Bearn, comte de Bigorre, viscomte de Marsan et de Gabardan, lo noble Guilhem Ramond de Farbaux senhor de Menhos dixo et verbaremenets expausa per davant lo avand. Moss. lo senechal que cum ed no agessa agut lese et fosse estat à tot jorn occupat per la besogne dead. Moss. de Foyx, deffar present segrement assous fivaters destar fidele et leyau . . . . s'offrisse de le far en bref loc en la forme et maneyre que bon senhor gentiu fussan ha usat et accostumats deffar en reguerin à sosd. fivaters que los prestasson lo segrement de fidelitat et fussen envers lui ce que bons et leyaux fivaters debon et son tenguts far enverts luy cum à soun fussau en pregan et per lo deget de justici requerin aud. Moss. lo senechal quese aixi, los y aget à cometer le mandar, per los fivaters suscriuts fo dit et verbaments expausat que jasser eds en fossen mandats per lo avand. Moss. lo senechal que agessen à prestar lod. segrement dixon et respondon que eds eren contents deffar lo segrement aprés que lod. senhor de Menhos .... laura prestat ab aixi que los lui sont prets a perdonar per tots et un special per tote partide de Menhos aixi que va selon à qui pusquen apeissar et apastemar et padoensar de tots troucatges, fuste morte, rivatge, camin à la gleyse et à la font exceptat la fuste verde et que losd. fivaters sien tenguts de pagar de quoate manos un et de qui en suus ce qui no age mayson sié quites ab dets et hoeyt ardits, lenhe et gare pagar per cascun aixi que es usat et accostumat et feyt fo dessus lod. de Manhos priesta jurament en las mangs de lo avand. Moss. lo senechal et en medix aux fivaters dejuns scruits de los star bon et fidel senhor fuisau et los sostenir emparar et gardar de tort et de force et los leyssar gaudar dous privileges que sous predecessors los an prometut et de leyssar usar et gaudar : los noms deus avandits fivaters sen seguen noms per noms la ung aprés l'autre, Peyrot Fontan, Blasion Tahi, Johan Tahi, Peyroton Tahi, Johan Tahi Molier, Bernadon Tahi, Menjon Darricau, Menjon Tahi, Johan Deupoy, Guiraut Danany, Bidalot Tahi, Peyrot de Bopilhere, Bertranon Tahi et Peyroton Tahi de lad. paroqui; losquouaux aixi vien lun aprés l'autre scruits per juden deu senhor mayor juran sus lo libe missau et santo Veraye Crots d'estar bons et leyaux fivaters et lo sostenir et emparar à lor poder et de pagar et gardar sous drets et lo far asabut si mau ni damnatge lodeve vier et totos aoutes causes far ayssi com bons, verays et leyaux fivaters et sostenir de bon far a lor seignor fiousaou et per ayssi thier et coumplir de punt à punt et a countré no anar ; lo susdit Guillem Ramond de Ferbaux, senhor de Meignaux quen obligo enver losdit fivaters de tenir et defendre lor bens et caouses mobles et immobles presens et futurs, per tots los locs que los aouran, etc.

Asso fo feyt en lad. paroqui de Bogue au loc aperat lo Motar de Menhos, lo jorn, mées et an que dessus, senhoreyant lo illustre et tres trepotand senhor Gaston per la graci de Diu, prince de Navarre, comte de Foyx, senhor de Bearn, comte de Bigorre, viscomte de Marsan et de Gabardan et lo reverand Payre en Diu, Moss. Tristand Dauro per la divine miseration abesque dayre existant. Testimonis sont dasso lo noble Johan de Lamusans senhor Dagos, Peyrot Campanhe, Peyroton de Micarere de la Viele du Mondemarsan, et lo hannot de Betprés aperat Copueliçot den loc de Villanave, et lo Johan Deubose notari.

Collationne sur l'original.

Hommage de noble Pierre de Ferbaux, seigneur de Maignos, au roi et à la reine de Navarre. — 1506.

In nomine Domini, Amen. Noverint universi et singuli præsentes atque futuri, que constituit personalement dins la ville de Gabarret, par devant et en la presence deu Moss. noble et potent senhor Moss. Francés de Bearn, cavalher, senhor de Montés, conseiller de très illustres princes Moss. Johan rey de Navaraa, comte de Foyx, senhor de Bearn, comte de Bigorre, viscomte de Marsan et de Gavardan et la serrissime dame, madame Cathaline regine et princesse deudit Reaume, comtissa, senhoressa et viscomtessa deusd. comtats, senhories et viscomtats et lors senechal de Marsan, Tursan et Gabardan, Jo noble Pierre de Farbeaux senhor de Manhos et de son bon grat, reconege thenir desd. serenissimes senhors cum viscomtes de Marsan et de Gabardan et susdites senhories, le gentilessa, senhorie et mayson de Menhos et de la Baicher ab tots las apartenences, drets, preminences et prerogatives de que et de tots los cens, rendes et revenus et autres causes nobles que a then et pocedeys en lod. viscomtat de Marsan et Gabardan et se presenta perdevant que dessus cum a senechal de la procuration la presente à lui donade .... per far lo homatge et segrement de fidelitat que sous ancessors et predecessors an accostumat de far et prestar à monsd. senhors et viscomtes habandits auquouau homatge lo medis Moss. lo senechal lo admete et à qui pren et recebo insems ab lod. segrement de fidelitat et la forme et maneyre sequenta, sau d'autres drets deud. senhor rey et regina et susço lod. Pierre de Ferbaux senhor de Menhos en senhau de vassalatges et subjets, estan d'agenouilhs debant lod. Moss. lo senechal et then sas mangs juntes sur lo libre missau te igitur et sante Beraye Crots dessus pausade, jura que sera bon, fidel vassal et leyau subyet deusd. serenissimes senhors rey et regine cum à viscomtes d' Marsan et Gabardan et à lors heris et successors, lors bits et membres gardera, tot mal et dammatge qui saures los degos benir en per somne ni en res de lor, asson poder honnera, per si medis et per expres messatge, lo pous tots que bruxmenti poyra ed los ordonentitra, bon ysolh à son saver los donnera quant requerit en sera et les causes que en segret lo commanderan a dammatge deusd. serenissimes ni de lors successors no revellara, havertin aqueres segretes thiera, et totes et sengles autres causes fara et observera qui sout contengu des en lo capital de nove forme fidelitatis juramenti si lo ajuddan aquesta beraye ley. Et en axi fey lodit jurament lod. Moss. lo senechal au nom de serenissimes senhors rey et regine, cum à viscomtes susd que permeto et jura que losd. senhors gardaran de tort et de jounte de lor credit et de totes autres persones et los emparans et sostende en sous drets, terres, gentillesses, senhories et fius, fors, costumes, franchisses et libertat en lor poder et saver, saux exceptat en aquesta part los drets deusd. serenissimes senhors rey et regine .... et lo faren et faran far dret, rasou et fustau et totes autres causes apartemen far de senhor Abasul et en aixi lo porenge son homenatge et segrement do fidelitat. De lesquouaux causes totes et sengles soberd. et en lo present instrument contengudes et declarades lod. Pierre de Ferbaux senhor de Menhos requeri mi notari public dejuns escriut que per mon degut public offici lo retengoi et fosse present instrument tan bou, fort et suffisent cum far mi reffer .... per coufirmation de son bon dret et de souns herts in futur.

Asso fo feyt en la ville de Gabarret en la mayson de Arnaud Cassa lo dets et hoeyt journ deu mes de aost l'an mil cinq cens et syeis, à que fon present et per testimonis aperats et pregats Bernadon de Michestres, Bertrenon de Castallan, noble home Joannes de Ferbaux senhor de Boudinhan, Mossen Antoni Cassa Presta, habitans de la ville de Gabaret, de Joannes de Motis notari public.

(Collationné sur l'original).

Autre hommage du même. — 1538.

Notum sit que lo vingt et sieys jorns deu mees de feurer l'an mil cinq cens trente et veyt en la ville deu Mont de Marsan per davant illustre et révérend pay en Diu Mossenhor Jacques de Foix evesque de Lascar, abbas de Foix et de Lareule, chanceller de Foix et Béarn, prumer et grand aumoyner et loctenent general en totes la terres et senhories de très haut et très puissant senhor et prince Henric per la gracie de Diu rey de Navarre senhor soviran de Béarn, viscomte de Marsan, Tursan, Gavardan, et comissari per sa majestat deputat per receber los homages deus nobles et autres tenens noblement fius, rentes, senhories, juridictions et autres drets nobles cum appar per la comision pars dessus inscride etc. compari et se presenta noble Pierres de Farbaust senhor de Menhos et Gontault loqual balh lo denombrement deus bees et causes de lasdites senhories et lors appartenences qui tien et possedeix en lodit viscomtat de Marsan signat de sa man, reconego et confersa tenir en fe et homage deudit senhor viscomte de Marsan las dites terres senhorios fuiscentes en lodit denombrement declarades et tenent sas maas juntes enter las maas deu dit senhor evesque sus lo libe missau te igitur et sante crots dessus pausade jura que lui sera bon leyau subject et vassal au dit senhor viscomte de Marsan et sous successors, et sa personns et de sous infants et successors, honors, biens, terres, juridictions à son poder et saver gardera et defendera envers et contre totes personnes deu mon sauh lo rey soviran et no se trobera en loc ni en place ond se face augune conspiration contre luy et quant augune enhiera à sa notice lon avertira lo plus promptement que poyra et a daquere de tot son poder obbiara, bon consell to balhera quant requerit en sera, tots los segrets qui lo seran dits fidelement gardera et a degun no los revellera son bien et son honar procurara et tot mal et dampnage evitura et tot autrements fara com un bon, vray vassal et subjets estengut far à son senhor, ausquaus fe et homaige mondit senhor loctenent et comisari lo recebo saubs los drets deu dit senhor viscomte et d'autruy et a balhat per redevance de homage un fer de lance que a dit estar tengut far a mudance de senhor, et verificara lo dit denombrement per davant los comissaris etc. deffens quarante jours apres que la comission luy sera entimade etc. informa etc. les temoins Menyno Daubar de Conblats, Arnauton de Labat, senhor de Donnarios, Johan Chantole, Johan deu Cos de la ville de Caseres et plusors autres et yo Menaud de Maucor secretari et notari etc.

(Collationné à l'original qui est au trésor des chartes de la maison, couronne et chambre des comptes de Navarre au château de Pau par nous conseiller du roy, garde dudit trésor). LESCHES.

Le sieur de Lamesan, chevalier des ordres du roi et commandant une compagnie de 50 hommes d'armes. — 1576.

Henry par la grâce de Dieu, roy de France et de Pologne a nos amés et feaux conseillers, les gens tenans notre cour de parlement de Toulouse, salut. L'humble supplication de notre amé Geraud de Gemit seigneur de Luscan, enseigne de la compagnie des chevcaus legers de notre cousein le sr de Villemur chevalier de notre ordre, avons reçeu, contenant que après la prise et invasion faite de notre ville de st Girons, au diocese de Couserans, par ceux de la nouvelle opinion perturbateurs du repos public de notre royaume, le 8 janvier 1576. Notre cousein le sr de Lamezan, aussi chevalier de notre ordre, et lieutenant de la compagnie de cinquante homes darmes de nos ordonnances de notre cousein le sr Francisco d'Est, qui pour lors faisait tenir les etats de notre comté de Comenge en notre ville de l'Ille dodon, auait été prié des dits etats daller loger la compagnie de gens darmes en notre ville de St Lizier, voisine et séparée seulement dun quart de lieue du dit St Girons, principale forteresse du pays de Couserans, laquelle sans ce que dit est, etait en grande periclitation, et le commerce que se fait par nos bons et fidelles subjets catholiques sur les rivières du Salat et Garonne empeché ce qu'il aurait diligeament exécuté, ayant assemblé auprés de soy, et dans notre d. ville de St-Lizier la plus grande partie de la noblesse de notre dit comté de Comenge, et tous ensemble fait sur ce de notables et remarquables exploits pour notre service contre les dits perturbateurs, desorte quil y étant devenu malade, et conseillé par lavis des medecins changer d'air et se retirer en sa maison, ne sachant ezdites troupes catoliques personage plus experimenté et plus occulé que le dit de Gemit, laurait subvoqué en sa place, et laissé en main le commandement, tant de notre dite ville de St Lizier, de la dite compagnie de gendarmes, que de ladite noblesse du pays; avec laquelle celui de Gemit aurait depuis le premier jour de mars dudit an 1576 iusques au iour de la publication de notre penultieme edit de pacification demeuré au dit St Lezer, y faisant plusieurs et notables exploits de guerre contre les dits perturbateurs.

(Extrait des lettres patentes du roi).

Hommage de noble Jean du Lyon, seigneur du Campet. — 1475.

In nomine domini amen : a tous presans et advenir soit notoire que pardevant moy notaire royal en la senechaussée des Lannes a esté presant et personnellement etably noble homme Jean de Campet du Lion escuyer seigneur de Campet et Geloux, lequel de son bon gré et volonté a confessé et advoué, confesse et advoüe tenir en foy et hommage du roi notre souverain seigneur a cause de sa duché de Guienne le chateau, terre, et seigneurie de Campet assis en la senechaussée des Lannes au siége de St. Sever, avec droit de jurisdiction haute moyenne et basse, mere mixte impere et ce qui en deppend et pour lexercice de ladite jurisdiction droit de constituer guge, procureur, greffier, sergents et autres officiers et lequel chateau est assis en haut lieu sur une mothe deffensable, Bructué de murailles, tours et fossés garnis de portail et de pont levis, lucarnes, canonieres, machecoulis et autres edifices de forteresses et laquelle seigneurie confronte devers le levant a la paroisse du chacq landes et lamoulere et au cartier de sainte Croix qui despend du marsan et du midi au meme quartier et aux paroisses de saint Ourens, St-Martin et Meillan, la riviere de Ladouze dependant de ladite seigneurie de Campet entre deux, de couchant au quartier de St-Martin dependant du Marsan, et de septentrion au meme quartier, la grave, et ruisseau de lamole de Casaux entre deux et à la paroisse de Geloux appartenante audit seigneur de Campet, de laquelle seigneurie dependent les fiefs, cens, rentes et choses qui sensuivent, sçavoir est les édiffices, les granges du circuit du chateau avec les pactus, jardins, maisons, terres labourables, preds, vignes, broustés, bois a haute et basse fustaye, garennes, landes, gravers, a vu tenant de la contenance de cent trente journaux ou environ.

Item une maiterie appellée au bois de Breuil, de la contenance de cent dix sept journaux ou environ, consistant en maison, granges, pactus, jardins, terres labourables, preds, bois, et landes, laquelle maiterie et biens susdits peuvent donner de rentes chacune année quatre charrets de toute sortes de grenages, douze charrets de foin, une pipe de vin, et led. bois sont en tout temps deffensables meme aux habitants de la dite seigneurie et peuvent donner de glandage et herbage par chacun an quatre sacqs d'avoine et quinze pâires de poules. Item toutes les eaux courantes et non courantes meme la rivière et Ladouze autant qu'elle s'étend du long de ladite terre avec droit de passage et tous droits de pesche. Item un droit de peage sur toutes sortes de voitures, bestiaux, et marchandises qui passent dans ladite terre et sur la dite rivière de Ladouze qui se payent en argent sauf pour le sel qui se paye en espèce, sçavoir : pour chacque pettit batteau qui porte deux cas de sel ou au delà jusques a trois, paye une mesure de sel, chacqu'un moyen batteau qui porte de quatre a six cas de sel paye deux mesures de sel et chaccun grand batteau qui porte de dix a douze cas de sel paye quatre mesures de sel, le tout mesurage de Dax et les autres batteaux qui portent moins de deux cas de sel ou au dela de douze payent à proportion et si les dits batteaux montent vides, est loisible audit sieur Denombrant de les faire payer comme s'ils étaient chargés de sel en toutes fois leur quittant le peage des marchandises qu'ils porteront en descendant et toute autre marchandise qui passe sur ladite rivière, soit en montant ou descendant, payent suivant la table dudit peage. Item toutes les landes fausses et crues avec droit d'herbage et de carnan sur les bestiaux des paroisses voisines et autres etrangers qui peut donner annuellement un charret d'avoine et vingt paires de poules. Item un droit de dixieme sur toutes sortes de fruits croisans en l'etendué du d. terroir de l'eglise Ste Croix de Campet du revenu de six charets de tous blés, une barrique de vin et trente douzaines de lin.

Item un moulin bannal ou tous les habitans de lad. seigneurie de Campet sont tenus et obliges d'aller moudre leurs grains scittué sur le ruisseau appellé de Lamole avec deux etancqs, terriers, maisons et terres en dependans qui donnent de revenu annuellement six charetes de tous bled. Comme aussy a cause de ladite seigneurie sont deues aud. seigneur, les fiefs, cens, rantes ci apres declares avec tous droits de prelation, lods, vantes, investiture et devestiture sçavoir que chacque habitant et terres tenant dans la seigneurie est tenu payer aud. sieur au jour et feste de saint Martin de chacune année pour chascune journade de terre quatre ardits et demy de fief. Item au jour et fete de Noël tous les habitans feu allumants en icelle sont tenus payer chascun de fief annuel une poule portés et rendus led. argent et poule au chateau dud. Campet qui reviennent en tout a cent francs bourdalois, quinze sols jacquets et trente paires de poules. Item de plus tous lesd. habitans sont tenus de venir chascune années trois jours a la manœuvre, sçavoir ceux qui tiennent labourage avec leurs bœufs et charrettes et les autres a la brasse et ce outre le travail necessaire pour les moulins qui sont tenus de faire ; aussy sont tenus chascuns desd. habitans finalement de faire filer un poids de filasse chascune année et de venir faire guet et garde aud. chateau de Campet quand ils seront commandés par led. sieur ou son bayle.

Item si rend lad. seigneurie de Campet sur le sol, lieu et place ou est seituée l'église de St. Martin, cimetiere, maison presbiteralle, jardin qui font de fief annuel audit sieur quatre sols et demi Tournois. Item a dit et confessé, dit et confesse ledit seigneur de Campet tenir du roy nostredit seigneur a cause que dessus la seigneurie et terre de Geloux qu'il a cydevan baillé en usufruit au seigneur de Luxe, laquelle confronte du levan avec les paroisses de Cever Cezeron et Vehaq, du midy a lad. parroisse de Campet et au quartier de la paroisse de St. Martin dependant du Marsan, du couchant au meme quartier et aux paroisses de St. Saturnin et Igots et de septentrion à la paroisse de Gaveing ou pareillement il et ses predecesseurs a et ont eu tous droits de justice et jurisdiction haute, moyenne et basse mere, mixte jmpere, et tout cequi en depead et pour l'exercice de la dite jurisdiction droits de constituer juge, procureur, sergent, et greffier et autres officiers, de laquelle seigneurie despendent les choses et droits qui sensuivent : premierement toutes les landes lausses et ermes de lad. paroisse avec droits d'herbage et de carnan sur les bestiaux des paroisses voisines et autres etrangers qui peut donner annuellement deux charrets d'avoine. Item deux garennes et bois appelés tachoueres et marres. Item toutes les eaux courantes et non courantes. Item un moulin bannal sur le ruisseau appelé Geloux ou tous les habitans de lad. seigneurie sont tenus et obligés de faire moudre leurs grains qui peut donner annuellement jusques a dix charrets de bled. Item un droit de peage sur toutes sortes de marchandises et bestiaux étrangers qui passent dans ladite seigneurie qui peut donner annuellement jusques a dix francs bourdelois. Item aussy a cause de ladite seigneurie sont deubs audit seigneur les fiefs vifs, cens et rentes cy apres declarées avec tous droits de prélation, lods et ventes, investiture et devestiture sçavoir que chacque habitant et terretenant de ladite seigneurie est tenu de payer annuellement au jour et feste de St. Martin quatre ardits et demi de fief pour chascune journade de terre. Item au jour et feste de Noël tous les habitans seulement sont tenus de payer de fief annuellement une poule. Item au jour et feste de Notre Dame de Mars chascun des habitants qui auront jusques a douze bournats de mouches a miel sont tenus payer annuellemen une livre de cire pour chascun. Item au jour et feste de Pentecostet chascun des habitants et bientenants qui tiennent gazaille de brebis ou moustons jusques a douze est tenu payer annuellement un mouton d'un an et s'ils tiennent chevres, un chevrau.

Item chascun des habitans ou bientenans qui tient gazaille de pourçeaux est tenu payer annuellement un pourçeau par chascune ventrée s'il y en a trois porcs, et rendus les susdits fiefs, poules, cire, mouttons, chevraux et pourçeaux, au chateau dudit Campet et reviennent en tout a deux cents quinze francs bourdalois, un sol jacquet et une bacquette de fief, vingt moutons, huit chevraux, quinze livres de cire, trente paires de poules et quatre pourçeaux. Item sont tenus tous lesd. habitans de venir chascune année chascun trois jours à la manœuvre sçavoir ceux qui tiennent labourage avec leurs bœufs et charrette et les autres a la brasse et ce outre le travail necessaire au moulin qu'ils sont tenus de faire, comme aussy sont tenus chascuns desdits habitants de faire filer un poids de filasse chascune année et de faire guet et garde audit chateau quand ils sont commandés par ledit seigneur de Campet ou son bayle et ledit seigneur de Campet a affirmé et juré aux saints evangiles de Dieu qu'il ne tient autre chose a cause desdites seigneuries de Campet et Géloux que ce qu'il a dessus declaré, qu'il en ait apresant nulle souvenance et proteste que si plus y en a des a present l'advoue tenir dudit siegneur en la forme et manieae que dessus et ladjoutera a ce presant denombrement quand il viendra a sa notice et connoissance.

Acta fuit hæc declaratio in villa sancti Severi die vigesima septima mensis marsii anno Domini millesimo quadringentesimo septuagesimo quarto præsentibus ibidem honorabilibus viris Johanneto de Sort, Johannes Dufau, Arnaido Sanpaim et Petro de Serris burgensibus dictæ villæ testibus ad præmissa vocatis et rogatis et me Antonio de Lacombe clerico Burdigalensis diœcesis publicis autoritatibus apostolica et regia in senescallia Landarum notario qui præsentem declarationem retinui et manu mea propria duo instrumenta ejusdem tenoris scripsi signoque meo solito firmavi in fidem et testimonium præmissorum, rogatus et requisitus.

Receu avons ladveu et denombrement en forme due des terres et seigneuries de Campet et Geloux dont un double est cydessus de Jehan de Campet escuye seigneur desdits lieux pour les porter en la chambre des comptes à Paris ainsi que par le roy notre sire m'a esté commis et mandé par lettres patentes : eu temoin de ce jay signé ces présentes de mon seing manuel.

Fait à St. Sever le 17 de mai 1474. Ainsi signé Destrain.

Ce Jean du Lyon seigneur du Campet était le frère puiné de Gaston du Lyon, sénéchal de Toulouse ; ils comptaient l'un et l'autre Espain du Lyon pour leur ayeul.

(Copié sur l'original.)

Hommage de noble Carbonnel de Luppé. — 1319.

Noverint universi quod in mei notarii et testium infrà scriptorum præsentia Carbonnellus de Lupée domicellus genibus flexis, manibus junctis positis super sancta Dei evangelia inter manus egregii et potentis viri domini Joannis Dei gratià comitis Armaniaci Fezensiaci et Ruthenæ fecit homagium eidem domino comiti et promisit et juravit dictus domicellus super sancta Dei evangelia ante dicta quod esset bonus et fidelis et servaret corpus et vitam et membra ipsius domini comitis et secreta et consilia et obedientiam servaret eidem et quod procuraret sibi utilia et inutilia evitaret pro posse suo et alia universa et singula capitula contenta in juramento fidelitatis et ibidem dictus dominus comes recepit ipsum domicellum in hominem suum salvo jure suo et quolibet alieno et in signum amoris inter ipsos osculum intervenit et ibidem dictus Carbonellus recognovit se tenere a dicto domino comite castrum de Lupés cum juribus et pertinenciis suis quod confrontatur cum pertinenciis castri de Olino ex parte unà et cum territorio de Binholes ex altera et cum territorio de Daumunio ex aliis : item abbatiam seu territorium de Fruclino quòd confrontatur cum pertinenciis castri de Sanguineda ex parte una et cum pertinenciis castri de Lupée ex altera et cum territorio de Lane So birana ex alia pro quo territorio de Fruclino tenetur dictus domicellus facere in mutatione domini unam lanceam cum ferro deaurato quam lanceam ibidem solvit dicto domino comiti præsenti et recipienti salvo jure suo et quolibet alieno. Acta fuerunt hæc apud solyarium die martis ante festum beati Laurencii Martiris. Anno Domini millesimo trecentesimo decimo nono. Regnante Philipo Franciæ et Navarræ rege et dicto domino Joanne comitatuum Armaniaci Fezensiaci et Ruthenæ prædictorum comite existente et in terra Riparia dominante et sede Auxitana vacante. Testes hujus rei sunt reverendus pater in Christo dominus Rogerius de Armaniaco Dei gratià

Clericus Vaurensis patruus dicti domini comitis ; dominus Bernardus Dei gratiâ abbas monasterii de Flarano, domini Otho de Massanis Audebertus Mascaronis, Petrus de Berglusio milites, dominus Guillelmus Arnaldi de Jaulino judex ordinarius Armaniaci et Fesensiaci, Guillelmus de Monte Catano, Arnaldus Guillelmus de Armaniaco dominus de Terminis domicelli et ego Joannes de Gorgna publicus notarius ...... qui de voluntate et ad requisitionem domini comitis et Carbonelli prædictorum hoc præsens publicum instrumentum scripsi et in formam publicam redegi signo meo consueto signavi in testimonia præmissorum.

(Collationné sur le livre des hommages des comtes de Fezensac et d'Armagnac, à Montauban.)

Commission du gouverneur de la baronie de Barbazan, pour noble Raymond de Luppé. — 1520.

Odet, comte de Foix et de Comminge, seigneur et vicomte de Lautrec et de Barbazan, gouverneur de Guienne et lieutenant-général du roi en Italie à notre cher et bien amé Raymonet de Lupé, sieur dudit lieu, escuyer de nos escuries, salut et dilection : Pour ce que Bernard d'Arsisac lequel avait de par nous la charge et surintendance du gouvernement de nos terres et baronie de Barbazan est allé de vie à trespas et qu'il est besoing qu'au lieu de luy nous commettions et depputions quelqu'autre bon personnage à nous sur et feable, a ceste cause confiant de vos sens, loyaulté, preudommie et grande dévotion envers nous, vous avons donné et donnons par ces présentes toute telle charge, autorité et superintendance sur nos dites terres et baronnie de Barbazan que le dit d'Arsisac et autres ses prédécesseurs en la dite charge y avaient pour y faire pour et à l'utilité de nous et de nos subjets tout ce qui sera nécessaire en mandant à tous officiers et subjets d'icelles nos terres et baronnie de Barbazan qu'ils aient a vous obéir et entendre diligemment ès choses touchant et concernant la dite charge et surintendance sans y faire nulle difficulté car tel est notre vouloir et intention donné à Millan, le quart jour de janvier l'an mil cinq cents et vingt.   ODET DE FOIX.

(Copie sur l'original.)

Hommage de Bernard de Luppé au comte d'Armagnac. — 1421.

Manifeste et evidenter appareat cunctis præsentibus et posteris seriem hujus præsentis publici instrumenti visuris et audituris quod anno Domini millesimo quadringentesimo vigesimo primo et die decimâ sextâ mensis martii serenissimo principe domino Carolo Dei gratiâ francorum rege regnante et inclito ac egregio principe et domino

nostro domino Johanne eâdem gratiâ comite Armaniaci, Fezensiaci, Ruthenæ et Pardiaci vicecomiteque Leomaniæ, Altivillaris, Fezensagueti, Brulhesii, Creysellii et Carlacesii ac domino terrarum Rippariæ, Auræ et montanorum Ruthenensium apud Castrum comitate villæ Insulæ Jordoni et in camerâ superiori ejusdem castri.......
.... in mei notarii publici, regi et dicti domini nostri comitis secretarii, ac testium subscriptorum præsentiâ existens et personaliter constitutus nobilis Bernard de Luppé dominus de Pujali coram dicto domino nostro comite et priùs investitus per eumdem dominum nostrum comitem de Rebus inferius designatis de feudo suo nobili moventibus inde venit esse homo et Vassallus dicti domini nostri comitis et flexis genibus, amotisque a se capucio et zonâ ac ambabus suis manibus complosis, sive junctis inter manus ejusdem domini nostri comitis positis suprà librum missalem et crucem desuper positam, quos idem dominus noster comes sedens in dictâ camera super quemdam gradum super genua sua tenebat eidem domino nostro comiti, ut comiti Fezensiaci, prædicto præsenti stipulanti soli et recipienti pro se suisque hæredibus et successoribus quibuscumque dicti comitatus comitibus Fezensaci fecit homatgium et fidelitatis præstitit juramentum. Et promisit atque juravit idem nobilis Bernard de Luppé super dictos librum et crucem quod erit semper bonus et fidelis homo et Vassallus dicto domino nostro comiti suisque hæredibus et successoribus, proùt bonus et fidelis homo et Vassallus domino suo esse debet, ejusdem personam, vitam, membra, terras, statum, jurisdictiones et honores, suo posse, custodiet et deffendet; et quod non erit in facto, dicto vel consilio quod dictus dominus noster comes ejus personam, vitam, membra, terras, statum, jurisdictiones et honores perdat seu amittat; et si sciret, vel ad ejus notitiam deveniret quod aliquis vellet contra eumdem dominum nostrum comitem suosque liberos, ejus honorem seu statum, aliquid facere seu attentare; illud toto suo posse impediet et perturbabit, et quantum poterit per se vel per alium per quem posset citius, ad ejus notitiam deveniet, eidem nuntiabit et notificabit; consilium quoque, si quod ....
.... ipsius domini nostri comitis aut officiariorum suorum ex parte petitum fuerit, fidele secundum ejus providentiam dabit; et secreta si quæ ei commissa fuerint, nemini pandet seu revelabit cum non debeant revelari, utiliaque eidem domino procurabit et inutilia atque damnosa totis suis viribus evitabit et omnia alia et singula in juramento fidelitatis comprehensa, suo juramento faciet et complebit, et dictus dominus noster comes gratanter et liberaliter eumdem dictum nobilem Bernardum de Luppé in hominem suum recepit et Vassallum, salvo in aliis jure suo et in omnibus quolibet

alieno : et in signum veræ dilectionis, amicitiæ et fœderis ligamentum, inter dictos dominum nostrum comitem et nobilem Bernardum de Luppé oris osculum intervenit ; quibus his omnibus et singulis ita peractis, ibidem prælibatus dictus nobilis Bernardus de Luppé gratis et ex ejus certâ scientiâ, pro se et suis hæredibus et successoribus quibuscumque recognovit se tenere a domino comite Fezenzaci quoddam hospitium vocatum de Pujale infra jurisdictionem loci de Castronovo Elisoni situm et constructum cum omnibus pertinentiis suis et cum duobus pisquariis seu estanguis et duobus molinariis ibidem constructis ac etiam cum terris, pratis, nemoribus, lanis, herbagiis, pascuis et aliis juribus deveriis, emolumentis atque dominationibus feudalibus eidem Bernardo in dicto hospitio et ejus honore pertinentibus. Et confrontatur dictum hospitium cum rivo vocato Isaut, cum molendino et terris domini de Castillone et cum terris cazalis vocati de sancto Petro et cum terris Sensoriti de la Sauba et cum aliis suis justis et debitis confrontationibus ; item plus omnia et singula feuda, census et oblias quæ et quas habet et percipit in locis et juridictionibus de Barreriâ, de Castronovo Elisoni et de Cazalibono ad dictum hospitium de Pujale pertinentibus et spectantibus cum vendis Laudimiis et aliis juribus. . . . .

Acta fuerunt hæc anno die loco et regnante quibus supra, præsentibus testibus et magistro Bertrando Barrierâ publico et dicti comitis authoritate notario.

(Extrait des anciens registres du comté de Fezensac
déposés dans la ville de Vic.)

Procuration donnée à noble Paul de Luppé par la noblesse du Fezensac, du Fezensaguet et de la Lomagne. — 1633.

L'an mil six cens trente-trois et le vingt-sept du mois d'octobre apres midy dans la ville de Lectoure en Lomaigne et senechaussée d'Armagnac regnant Louis par la grâce de Dieu roy de France et de Nauarre, pardeuant moy notaire royal Soubné presens les tesmoins bas nommez, s'estans en leurs personnes constitués Me Gaston de Foix de Candale seigneur de Villefranche, noble Bernard de Lary sieur de la Tour, noble Gilles de Preyssac sieur Desclignac, noble Charles de Goullard sieur de Lisle, messire Aymeric de Leaumont seigneur de Puyquichard, noble Jacques de Mauléon sieur de Sabalhan, noble Charles de Castera sieur dud. lieu, noble Jean de Grossolles sieur de Saint Martin, noble Jean de Guignard seigneur d'Albignac, noble Jean du Gouth seigneur du Touset, noble François de Fourquevaux sieur de la Chapelle, noble Jean François d'Helie seigneur Desparbes, noble Jean Bertrand de Manas sieur d'Homps, noble Prince de Luppé seigneur de Tilhac, noble François de Monlezun sieur de Saint Pesserre, noble Paul de Merens, sieur de Lafitte, noble Jacques de Saint Sivié sieur de Malartic, noble Arnault Guilhaume de Montault sieur de Castelnau, noble Pierre d'Arbieu sieur de Poupas, noble Octobien du Bouset, sieur du Vivès, noble Mathurin de Bonnefont seigneur de Fieux, noble Arnault de Grossolles seigneur du Pin et Angeville, noble Berault de Voisins sieur du Farandat, noble Honoré de Caumont sieur de la Motherouge, noble Charles de Luppé seigneur de la Cassaigne et du Garané, noble Jean Antoine Desparbés seigneur de Oignax, noble Herard de Gere sieur de Ste Geme, lesquelles s'étant rendus dans ladite ville de Lectoure sur lassignation qui leur à esté donnée deuant Messieurs les commissaires establis a la reception des hommages et apres iceux auoir rendus, considerant qu'il leur est expedient pour la verification de leurs denombremens de faire tres humbles suplications a Sa Majesté pour la conseruation de leurs priuileges, confirmation d'iceux en execution des arrests contradictoires cydeuant obtenus au conseil des 20. nouembre 1612. et 15 may 1614., ont à cette fin fait leur procureur especial et general, lespecialité ne derogeant a la generalité ny aux parties, scauoir est noble Paul de Luppé sieur de Marauat illec present et lad. charge acceptant pour et au nom desd. sieurs constituans faire lesd. tres humbles remonstrances a sadite Majesté et presenter les requestes necessaires a son conseil pour suiure les arrests necessaires et generalement faire dire et procurer au conseil du roy ce qu'il jugera estre besoin requis et necessaire pour la conseruation de leurs priuileges et execution desd. arrests et tout ainsy que led. sieur de Marauat verra estre a faire auec promesse d'agreer tout ce que par luy sera fait et negocié et le releuer indempne de tous depens domages et interest auquel effect ont obligé et hipotequez tous et chacuns leurs biens presens et aduenir que ont soubmis aux rigueurs de justice et ainsi l'ont promis et juré en presence de noble Henry de Mauléon sieur Dancaussan noble Joseph de Garros et M⁰ Mathieu Scribiac secretaire ordinaire de la chambre du roy signez avec lesdits sieurs constituans et led. sieur de Marauat et moy notaire royal de Tournecoupe requis signé.

(Collationné sur l'original.)

Lettre du maréchal de Biron à M. de Monbrun, chevalier de l'ordre du roi, 3 auril. — 1580.

Monsieur mon cousin, je ne puis faire telle réponse à vostre lettre que vous desirés parce que j'atans de jour à autre Mons⁰ le G⁰ⁿᵃˡ de

Gourgues qui doit apporter toutes les despeches necessaires pour le fait de Tarride; il est très raysonnable vous soiés satisfait, aiant conservé cette place dont tout le païs vous en est obligé; je vous prie avoir encore patience pour quelques sept ou huit jours que led. G^nal de de Gourges sera venu, car incontinent je vous avertiray; quand a moi je ne puis me charger de la place de Tarride, atandu que la royne vous la baillée, et c'est entre ses mains qu'elle doit estre remise. Vous me mandez qu'il a été destroussé quelque pacquet que je vous escrivais; je ne sçay quel c'est. Je vous prie me mander, sy c'est celui que je vous envoiois par un de vos gentilshommes. Vous adviserés en quoy j'aurai moyen de vous servir ce que je ferai d'aussy bon cœur que je me recommande affectueusement à vostre bonne grâce, priant Dieu vous donner Monsr mon cousin en santé heureuse et longue vie. De Bordeaux ce 3e d'avril 1580.

 Vostre bien affectionné à vous fere servir.   BIRON.

La souscription porte :

Monsieur mon cousin, Monsr de Montbrun chev^r du roi.

(Copiée sur l'original).

Gratification accordée en 1369 par le duc d'Anjou au sire de Castelbajac (Arnaud-Raymond, baron de Castelbajac, chevalier Banneret, etc.)

Ludovicus, regis quondam Francorum filius, domini nostri regis germanus, ejusque locum tenens in partibus Occitanis, dux Andegavensis, ac comes Cenomanensis, Stephano de Montemediano thesaurario nostro guerrarum, salutem.

Cum nos domino de Castrobayaco, pro tuitione, custodiâ et defentione castrorum suorum de Castro-Bayaco, de Campistros, de Bruxtro, de Monteastruco, de Orihis, de sancto Luchâ, de Lube, de Bugariâ, de Munio, de Bolhes, de Arris, de Peyreguerio, de Cabanaco, de Podio-Astruco, de Godono, de Claraco, de Avereda, de Avessaco, de Ossonio, de Orleisco, de Sarlabonis et de Argeleriis, dederimus et concesserimus de gratiâ speciali tria millia florenorum auri francorum una vice habendorum et recipiendorum per ipsum dominum de Castro-Bayaco in et super vestra recepta; qua florenorum summa dicto domino de Castrobayaco vel ejus certo mandato solvetur in modum qui sequitur et in formam, videlicet : octies centum florini franci, visis præsentibus et in promptu. Mille et centum franci primâ die maii proxime futuri. Et alii mille et centum franci primâ die junii exindè sequentis; quod circa vobis præcipimus et mandamus quod dictam francorum summam dicto domino de Castro-Bayaco, aut ejus certo mandato, solvatis et deliberatis ex causâ prædicta modo, forma et termino suprà dictis, absque alterius expectatione mandati; quam florenorum summam per vos, eidem domino de Castro-Bayaco aut ejus dicto recto mandato solutam, reportando presens nostrum mandatum seu copiam ipsius sub sigillo authentiquo cum litteris quittatoriis dicti domini de Castro-Bayaco, in vostris computis allocavi et de vestra deduci receptâ per illum seu illos ad quos pertinuerit volumus et jubemus. Datum Tholosæ XII° aprilis, anno Domini millesimo trecentesimo sexagesimo nono, per dominum ducem in suo consilio domini regis. Au dos est écrit : *Le seigneur de Chasteau-Bayac.*

Dénombrement des terres du même seigneur. — 1389.

Anno Domini millesimo trecentesimo octagesimo nono, et die secundà januarii apud Tholosam, nobilis Arnaldus-Raymundi de Castro-Bayaco senescalliæ Bigorræ, recognovit tenere à domino nostro Francorum rege sub fide et homatgio, bona et res quæ sequuntur : et primùm locum et baroniam de Castro-Bayaco dictæ senescalliæ Bigorræ, cum jurisdictione altâ et bassâ, ac mero mixtoque imperio; XL. florenos auri obliarum annui redditus; item duo arpenta terræ cultæ, vel circà; item L. arpenta terræ incultæ, vel circà; item XX. arpenta nemoris, vel circa. Item locum de Monteastruco, dictæ senescalliæ, cum jurisdictione altâ et bassâ, meroque et mixto imperio; item XXXI. florenos auri obliarum annui redditûs; item X. arpenta terræ cultæ vel circà; item XX. arpenta terrarum incultarum vel circà; item unum molendinum super flumen de Baysâ quod valet quolibet annuo de redditu sexdecim cestaria bladi, vel circà; item XXX. Gallinas censuales, interdùm plùs interdum minùs secundùm quod contingit esse habitatores in dicto loco. Item sex sarcinatas avenæ censuales quolibet annuo. Item locum de Burex dictæ senescalliæ, cum jurisdictione altâ et bassâ meroque et mixto imperio. Item XL. florenos auri obliarum annui redditûs. Item quoddam molendinum super dictum flumen Baysæ quod valet quolibet anno quatuor sarcinatas bladi de annuo redditu. Item X. arpenta nemoris, vel circà. Item sex sarcinatas avenæ censuales vel circà quolibet anno. Item centum aripenta terrarum incultarum vel circà. Item XXX. gallinas censuales quolibet anno. Item locum de Semeaco dictæ senescalliæ cum jurisdictione bassâ usquè ad summam quinque solidorum Morlanorum. Item XL. florinos auri obliarum annui redditûs. Item X. aripenta terræ incultæ vel circà. Item quinque sarcinatas avenæ censuales vel circà quolibet anno... Item XXV. gallinas censuales quolibet annuo. Item locum de Orieux dictæ senescalliæ, cum jurisdictione hausâ usque ad summam v. solidorum Morlanorum. Item xv. florenos auri obliarum annui redditûs. Item quindecim gallinas censuales quolibet anno. Item duas sarcinatas avenæ censuales quolibet anno. Item locum de sancto Lucho, dictæ senescalliæ, cum suis pertinentiis, cum jurisdictione altâ et bassâ, mero et mixto imperio. Item xv. florenos auri obliarum annui redditûs. Item duas sarcinatas bladi censuales quolibet anno. Item x. gallinas quolibet anno. Item locum de Bolbs dictæ senescalliæ cum jurisdictione altâ et bassâ, sed destructum per anglios et inimicos regis. Item locum de Camplstrous dictæ senescalliæ, cum jurisdictione altâ et bassâ, cum mero et mixto imperio. Item xv. florenos auri obliarum annui redditûs. Item lx. gallinas obliales quolibet anno. Item unum molendinum super flumen de Bayselâ quod valet quolibet anno duas sarcinatas bladi vel circà. Item xv. aripenta nemoris, vel circà. Item c. aripenta terrarum incultarum vel circà. Item locum de Taijano dictæ senescalliæ, cum jurisdictione altâ et bassa, mero et mixto imperio. Item xviii. florenos auri obliarum annui redditus. Item xx. gallinas censuales quolibet anno. Item iv. sarcinatas avenæ censuales quolibet anno. Item unum molendinum super flumen Gierris (le Gers) quod valet quolibet anno tres sarcinatas bladi vel circà. Item iii. aripenta nemoris vel circà. Item locum de Aspii dictæ senescalliæ, cum jurisdictione ᵃltâ et bassâ, ac mero et mixto imperio. Item xv. florenos obliar   annui redditûs. Item xl. arpenta nemoris vel circà. Item locum ᵈᵉ Vernedâ dictæ senescalliæ, cum jurisdictione altâ et bassâ, sed eˢᵗ destructum per anglicos.

Item locum ᵈᵉ Cazanovà dictæ senescalliæ cum jurisdictione altâ et bassâ ac meʳᵒ ᵉᵗ mixto imperia. Item viii florens auri obliarum annui redditûs. Item l. aripenta terrarum incultarum vel circa Item locum de forgis, sed est destructum per anglicos, et fuit protestatus dictus domicellus quod casu quo veniret recognoscere aliqua alia feuda, redditus seu jurisdictiones, oblivionem vel inadvertentiam, aut alios errores, quod illa de die in diem possit recognoscere, dùm ad sui notitiam devenerint recognoscet, et ea de presenti recognoscit. In quorum testimonio, sigillum regium senescalliæ Tolosanæ authenticum fuit hic impendenti appositum.

(Les deux pièces ci-dessus ont été extraites d'un manuscrit intitulé recherches historiques et généalogiques sur la maison de Castelbajac, en Bigorre, de 1064 à 1789, par M. Dumont, payeur du Département.)

FIN.

ERRATA.

Dans la note qui suit les coutumes de Ste-Gemme il s'est glissé deux erreurs de date. Page 283, lisez 1646 à la place de 1846, et à la page 284, lisez 1245 à la place de 2245.

Nous prions nos lecteurs de vouloir rectifier eux-mêmes et nous pardonner quelques-autres erreurs si faciles à commettre dans un travail long et écrit en grande partie en un latin incorrect, ou un gascon qui date de plusieurs siècles.

TABLE

DES MATIÈRES DU SIXIÈME VOLUME

	Page
Priviléges du comte de Fezensac (1285)	1
Confirmation de ces priviléges. (1383)	19
Coutumes du comté d'Armagnac et de la vicomté de Lomagne (1428)	22
Coutumes de Fensaguet (1295)	31
Coutumes du Pardiac (1300, 1322)	47
Coutumes d'Aure, Magnoac, Nestes et Barousse (1300)	53
Coutumes de la ville d'Auch (1301)	60
Coutumes de Lectoure (1290)	79
Coutumes de Castera-Rouzet (1300)	94
Coutumes du Labourt	105
Coutumes du Montbernard aujourd'hui Lacastagnère (1493)	107
Coutumes de Barran (1279)	110
Coutumes de Marciac (1298)	117
Coutumes de Montesquiou (1307)	123
Priviléges de la ville de Pau (1582)	132
Revues, rôles ou montres, bans et arrière-bans	136
Fondation du monastère de Saramon	193
Fondation de l'église de Nogaro	195
Fondation de la nouvelle ville de Simorre	197
Paréage de Seyssan entre le comté d'Astarac et l'abbé de Faget	199
Concession de l'abbé de Gimont au comte de Toulouse	201
Paréage de Gimont	205
Fondation de Mirande et de Pavie	209
Confirmation du paréage de Beaumarchez	218
Ampliation du même paréage	220
Paréage de Montferran	221
Ratification de la vente de Rive-Haute (Plaisance) à la Case-Dieu	226
Quittance de partie du prix de l'acquisition de Plaisance	229

	Page
Vente faite à la Case-Dieu d'un fief à Plaisance	231
Serment de Jean de Ribaute sur les limites de Ribaute	231
Paréage de Plaisance	233
Paréage de Marciac	241
Accession des seigneurs de Tourdun et de Juillac audit paréage	251
Autre acte sur ce paréage	254
Paréage de Solomiac	255
Confirmation des priviléges de la ville de Miélan	264
Permission donnée par Ayssin de Galard aux habitants de Terraube d'entourer leur ville de murs	266
Coutumes de Ste-Gemme (1275)	269
Fondation de la ville de Mont-de-Marsan	284
Serment du maire de Mont-de-Marsan	295
Paréage de Pimbe	294
Reconnaissance de la ville d'Aignan à Pierre de Beaujeu, comte d'Armagnac	296
Fondation de St-Gaudens	298
Etymologie celtique de quelques noms principaux de la Gascogne	298
Cession de l'Agenais et du Condomois au roi d'Angleterre en (1279)	301
Charte d'Alaon (832)	303
Destruction des cités de Gascogne par les Normands	310
Généalogie des premiers comtes héréditaires de Fezensac, d'Armagnac et d'Astarac	312
Relation de plusieurs faits depuis le roi Clovis I, jusqu'à l'archevêque Guillaume II	313
Fondation du monastère de St-Mont	315
Soumission du comte d'Armagnac, Bernard III, à l'église d'Auch	316
Donation faite par le même à l'hôpital de Barran	316
Hommage du comte d'Armagnac à Simon de Montfort	317
Testament de Régine de Goth	318
Accord entre Jean III et son frère Bernard	321
Pacte de mariage entre Jean, fils du connétable d'Armagnac et Blanche de Bretagne	323
Hommages de la noblesse de Fezensac au comte d'Armagnac	326
Accord entre Isabelle d'Armagnac et Gaston du Lyon	332
Pénitence imposée à Guillaume, comte d'Astarac	335
Testament de Centulle I, comte d'Astarac	336
Serment des États d'Astarac au comte	338
Déclaration d'Arnaud Guilhem, comte de Pardiac	340
Constitution de dot d'Isabelle de Montlezun	341

	Page
Hommage du comte de Pardiac au roi de France	346
Les exécuteurs testamentaires du comte de Pardiac donnent en jouissance Marciac et Beaumarchez à Gérard de Fezensaguet	347
Procuration de Marguerite de Comminges pour traiter de son mariage avec Jean, fils du comte de Pardiac	354
Sur l'élargissement de Marguerite	358
Hommage rendu au comte de Pardiac	359
Cession de la baronnie de l'Isle par Jean d'Armagnac	361
Cour des Cers	362
Le fidéi commis établi en Bigorre	363
Actes sur la succession de Petronille, comtesse de Bigorre	366
Alliance du comte de Foix avec Bertrand, seigneur de Noé	369
Contrat de mariage de Catherine, reine de Navarre, avec Jean d'Albret	370
Echange de la vicomté de Soule, contre le Marensin	375
Lettre de Montgoméry aux consuls de Tarbes	376
Le même aux consuls de Bagnères	376
Testament de Blaise de Montluc	376
Assemblée des seigneurs de Lomagne	379
Union de l'abbaye du Mas à l'évêché d'Aire	380
Paréage d'Aire	381
Le bâtard de Béarn assiège l'évêque d'Aire dans son château	384
Punition de ce méfait	386
Usage particulier à l'église d'Aire	389
Usage particulier à l'Évêché d'Aire	389
Dénombrement du diocèse de Bayonne	390
Guillaume, duc d'Aquitaine, donne la moitié de la ville de Bayonne à l'Évêque	391
Don que les habitants de Labour faisaient en mourant, à leur Évêque	391
Bulle du pape Célestin III qui établit les possessions de l'Évêché de Bayonne	392
Bulle d'érection de l'Évêché de Condom	393
Bulle qui établit et confirme les possessions de l'abbaye du Condom dans le 12e siècle	394
Délégation de la dame de Valette à Guillaume de Galard, pour mettre l'Évêque de Lectoure en possession de son siège	396
Paréage de l'Évêque de Lectoure avec le roi d'Angleterre	397
Pierre de Galard met en possession l'Évêque de Lectoure	398
Privilège accordé par Charles de la Marche, comte de Bigorre, à l'Évêque de Tarbes, Guillaume Hunauld	400

	Page
Droit de l'abbé de St Savin, sur une partie des cerfs et sangliers pris dans la vallée de Lavedan	402
Donations faites à l'Église d'Auch par Clovis	403
Dommages causés à l'Archevêché d'Auch par Bernard IV, comte d'Armagnac et Géraud son fils	404
Bulle du pape Célestin III confirmant les possessions de l'Église d'Auch	410
Droit de tester accordé aux clercs	413
Serment prêté au chapitre par l'Archevêque d'Auch	414
Dénombrement des terres et seigneuries appartenant à l'Archevêque d'Auch	415
Lettre écrite au Pape par le chapitre d'Auch, en faveur de l'Archevêque	416
Serment prêté au Chapitre par Henri de Navarre, lors de sa réception de chanoine honoraire	417
Droit dû à la reine de Navarre pour son assistance au chœur	417
Lettre du roi Louis XII au chanoine Rufo, abbé de Faget	418
Entrée à Auch du cardinal de Tournon	418
Donation de Barran au chapitre d'Auch	422
Accord entre le chapitre et le sacristain de Ste-Marie, au sujet du casuel	423
État des offrandes pour le sacristain du chapitre	423
Règlement des prières lors du décès des chanoines	424
Nombre des chanoines	424
Fondation du monastère de Gavarret	426
Confirmation de cette fondation	426
Casuel des Curés dans le 13e siècle	427
Guillaume, Archevêque d'Auch, publie la trève de Dieu	430
Longs débats à l'occasion du cimetière d'Auch	431
Consécration de l'Église Ste-Marie	433
Pose de la première pierre de l'Église Métropolitaine (1489)	434
Diverses pièces sur le chapitre d'Auch	434
Nécrologe de l'Église Métropolitaine d'Auch	451
Hommage des seigneurs du Marsan à Marguerite de Foix (1312)	463
Autre hommage des mêmes (1323)	463
Autre hommage des mêmes (1343)	465
Autre hommage des mêmes (1346)	467
Lettre de Pierre de Galard au roi d'Angleterre (1323)	470
Charge donnée par Jean de Galard de l'Isle-Bouzon (1356)	470
Hommage de Manaud de Gelas (1433)	471
Serment prêté à Guil. Ramond de Ferbeaux par ses vassaux (1420)	473

	Page
Hommage de Pierre de Ferbeaux (1506)	475
Autre hommage du même (1538)	476
Le sieur de Lamesan, chevalier des ordres du roi (1576)	477
Hommage de Jean du Lyon, seigneur de Campet	478
Hommage de Carbonnel de Luppé (1319)	482
Commission du gouverneur de la baronie de Barbazan, pour Raymond de Luppé (1520)	483
Hommage de Bernard de Luppé au comte d'Armagnac (1421)	483
Procuration donnée à Paul de Luppé par la noblesse du Fezensac, du Fezensaguet et de la Lomagne (1633)	485
Lettre du maréchal de Biron à M. de Monbrun, chevalier des ordres du roi, 3 avril. (1580)	486
Gratification accordée en 1369 par le duc d'Anjou au sire de Castelbajac	487
Dénombrement des terres du même seigneur	488

FIN DE LA TABLE DES MATIÈRES

www.ingramcontent.com/pod-product-compliance
Lightning Source LLC
Chambersburg PA
CBHW050609230426
43670CB00009B/1336